ENGINEERING MATHEMATICS – III

(With Large Number of MCQ's & Solved Problems)

FOR

S.E. SEMESTER – II

ELECTRONICS/ELECTRONICS & TELECOMMUNICATION ENGINEERING

**ACCORDING TO NEW REVISED SYLLABUS OF
SAVITRIBAI PHULE PUNE UNIVERSITY**

(EFFECTIVE FROM ACADEMIC YEAR – 2013)

Dr. M. Y. GOKHALE
M. Sc. (Pure Maths.), M. Sc. (App. Maths.)
Ph. D. (I. I. T., Mumbai)
Professor and Head, Deptt. of Mathematics,
Maharashtra Institute of Technology,
PUNE.

Dr. N. S. MUJUMDAR
M. Sc., M. Phil., Ph. D. (Maths.)
Professor in Mathematics,
JSPM's Rajarshi Shahu
College of Engineering,
Tathawade, PUNE.

Prof. S. S. KULKARNI
M. Sc. (Maths.) (I. I. T. Mumbai)
Associate Professor, Deptt. of Mathematics,
Dhole Patil College of Engineering,
Wagholi PUNE.

Prof. A. N. SINGH
M. A. (Mathematics Gold Medalist)
Formerly Head of Mathematics, Deptt.
D. Y. Patil College of Engineering,
Pimpri, PUNE.

Prof. K. R. ATAL
M. Sc. (Mathematics)
Lecturer (Selection Grade) Deptt. of Applied Sciences,
Pune Institute of Computer Technology,
Dhankawdi, PUNE

N2861

ENGINEERING MATHEMATICS-III (E & TC)	ISBN 978-93-83750-54-2

Third Edition : January 2016 (C.T.P)

© : Authors

The text of this publication, or any part thereof, should not be reproduced or transmitted in any form or stored in any computer storage system or device for distribution including photocopy, recording, taping or information retrieval system or reproduced on any disc, tape, perforated media or other information storage device etc., without the written permission of Authors with whom the rights are reserved. Breach of this condition is liable for legal action.

Every effort has been made to avoid errors or omissions in this publication. In spite of this, errors may have crept in. Any mistake, error or discrepancy so noted and shall be brought to our notice shall be taken care of in the next edition. It is notified that neither the publisher nor the authors or seller shall be responsible for any damage or loss of action to any one, of any kind, in any manner, therefrom.

Published By :	Printed By :
NIRALI PRAKASHAN	**REPRO INDIA LTD.**
Abhyudaya Pragati, 1312, Shivaji Nagar,	50/2 T.T.C. MIDC,
Off J.M. Road, Pune – 411005	Industrial Area, Mahape, Navi Mumbai Tel - (022)
Tel - (020) 25512336/37/39, Fax - (020) 25511379	2778 2011
Email : niralipune@pragationline.com	

☞ **DISTRIBUTION CENTRES**

PUNE

Nirali Prakashan : 119, Budhwar Peth, Jogeshwari Mandir Lane, Pune 411002, Maharashtra
Tel : (020) 2445 2044, 66022708, Fax : (020) 2445 1538
Email : bookorder@pragationline.com, niralilocal@pragationline.com

Nirali Prakashan : S. No. 28/27, Dhyari, Near Pari Company, Pune 411041
Tel : (020) 24690204 Fax : (020) 24690316
Email : dhyari@pragationline.com, bookorder@pragationline.com

MUMBAI

Nirali Prakashan : 385, S.V.P. Road, Rasdhara Co-op. Hsg. Society Ltd.,
Girgaum, Mumbai 400004, Maharashtra
Tel : (022) 2385 6339 / 2386 9976, Fax : (022) 2386 9976
Email : niralimumbai@pragationline.com

☞ **DISTRIBUTION BRANCHES**

JALGAON

Nirali Prakashan : 34, V. V. Golani Market, Navi Peth, Jalgaon 425001,
Maharashtra, Tel : (0257) 222 0395, Mob : 94234 91860

KOLHAPUR

Nirali Prakashan : New Mahadvar Road, Kedar Plaza, 1st Floor Opp. IDBI Bank
Kolhapur 416 012, Maharashtra. Mob : 9850046155

NAGPUR

Pratibha Book Distributors : Above Maratha Mandir, Shop No. 3, First Floor,
Rani Jhanshi Square, Sitabuldi, Nagpur 440012, Maharashtra
Tel : (0712) 254 7129

DELHI

Nirali Prakashan : 4593/21, Basement, Aggarwal Lane 15, Ansari Road, Daryaganj
Near Times of India Building, New Delhi 110002, Mob : 08505972553

BENGALURU

Pragati Book House : House No. 1, Sanjeevappa Lane, Avenue Road Cross,
Opp. Rice Church, Bengaluru – 560002.
Tel : (080) 64513344, 64513355,Mob : 9880582331, 9845021552
Email:bharatsavla@yahoo.com

CHENNAI

Pragati Books : 9/1, Montieth Road, Behind Taas Mahal, Egmore,
Chennai 600008 Tamil Nadu, Tel : (044) 6518 3535,
Mob : 94440 01782 / 98450 21552 / 98805 82331,
Email : bharatsavla@yahoo.com

niralipune@pragationline.com | www.pragationline.com

Also find us on www.facebook.com/niralibooks

PREFACE TO THE THIRD EDITION

We are very glad and excited to announce that the Second Edition of this book received an overwhelming response from the engineering student community, compelling us to release its Third Edition within a very short period of time.

This thoroughly revised Third Edition has been updated with additional matter, many solved problems, including solutions to all University Examination Problems, Numerous Exercises for Practice and recent University Question Papers (May 2013 to Nov. 2015).

Special care has been taken to maintain high degree of accuracy in the Theory and Numericals throughout the book.

We sincerely hope that this "Third Edition" will also be warmly received by all concerned as in the past.

Valuable suggestions from our esteemed readers to improve the book are most welcome and highly appreciated.

Pune   **Authors**

PREFACE TO FIRST EDITION

Our text books on **Engineering Mathematics-III** have occupied place of pride among engineering student's community for more than fifteen years now. All the teachers of this group of authors have been teaching mathematics in engineering colleges for the past several years. Difficulties of engineering students are well understood by the authors and that is reflected in the text material.

As per the policy of the University, Engineering Syllabi is revised every five years. Last revision was in the year 2009. New revision is coming little earlier, as university has introduced **online** system of examination from year 2012.

As per the new system, the **online** examinations (Phase-I will be conducted based on first & second units & Phase-II on third and fourth units). The **Online** examinations will have objective types of questions with multiple choices. End semester examination will be based on all the six units and that will be conducted in traditional way.

New text book is written for Second Year Degree Course in Electronics, Electronics & Telecommunication Engineering, taking in to account all the new features that have been introduced. Students will find the subject matter presentation quite lucid and definitely find this book, complete in all respect. There are large number of illustrative examples and well graded exercises. **Addition of multiple choice questions will be very useful to the students**, especially for **online** examinations.

We take this opportunity to express our sincere thanks to Shri. Dineshbhai Furia of Nirali Prakashan, pioneer in all fields of education. Thanks are also due to Shri. Jignesh Furia, whose dynamic leadership is helpful to all the authors of Nirali Prakashan.

We specially appreciate the efforts of Shri. M. P. Munde and entire staff of Nirali Prakashan for making the publication of this book possible, well in time.

We also thankful to Mr. Santosh Bare for DTP and Mrs. Angha Kaware for proof reading.

We have no doubt that like our earlier texts, student's community will respond favourably to this new venture.

The advice and suggestions of our esteemed readers to improve the text are most welcomed, and will be highly appreciated.

Pune   Authors

SYLLABUS

Section - I

Unit I : Linear Differential Equations (LDE) and Applications : (09 Hrs.)

LED of nth order with constant coefficients, Method of variation of parameters, Cauchy's and Legendre's DE, Simultaneous and Symmetric simultaneous DE. Modelling of Electrical circuits.

Unit II : Transformers (09 Hrs.)

Fourier Transform (FT) : Complex exponential form of Fourier series, Fourier integral theorem, Sine and Cosine integrals, Fourier transform, Fourier sine and cosine transform and their inverses.

Z-Transform (ZT) : Introduction, Definition, Standard properties, ZT of standard sequences and their inverse. Solution of difference equations.

Unit III : Numerical Methods (09 Hrs.)

Interpolation : Finite differences, Newton's and Lagrange's interpolation formulae, Numerical differentiation.

Numerical integration : Trapezoidal and Simpson's rule, Bound of truncation error, Solution of ordinary differential equations : Euler's, Modified Euler's, Runge-Kutta fourth order methods.

Section - II

Unit IV : Vector Differential Calculus (09 Hrs.)

Physical interpretation of Vector differentiation, Vector differential operator, Gradient, Divergence and Curl, Directional derivative, Solenoidal, Irrotational and Conservative fields, Scalar potential, Vector identities.

Unit V : Vector Integral Calculus and Applications (09 Hrs.)

Line, Surface and Volume integrals, Work-done, Green's Lemma, Gauss's Divergence theorem, Stoke's theorem. Applications to problems in Electro-magnetic fields.

Unit VI : Complex Variables (09 Hrs.)

Functions of complex variables, Analytic functions, Cauchy-Riemann equations, Conformal mapping, Bilinear transformation, Cauchy's integral theorem, Cauchy's integral formula, Laurent's series, Residue theorem.

• • •

CONTENTS

Unit-I

1. Linear Differential Equations with Constant Coefficients — 1.1 – 1.84
2. Simultaneous Linear Differential Equations, Symmetrical Simultaneous D.E. and Applications of Differential Equations — 2.1 – 2.42

Unit-II

3. Fourier Transform — 3.1 – 3.60
4. The Z-Transform — 4.1 – 4.100

Unit-III

5. Interpolation, Numerical Differentiation and Integration — 5.1 – 5.76
6. Numerical Solution of Ordinary Differential Equations — 6.1 – 6.58

Unit-IV

7. Vector Algebra — 7.1 – 7.10
8. Vector Differentiation — 8.1 – 8.76

Unit-V

9. Vector Integration — 9.1 – 9.44
10. Applications of Vectors to Electromagnetic Fields — 10.1 – 10.14

Unit-VI

11. Complex Differentiation — 11.1 – 11.28
12. Complex Integration and Conformal Mapping — 12.1 – 12.44

- **Model Question Paper : Online Examination (Phase I and II)** — P.1 – P.6
- **Model Question Paper : Theory Examination** — T.1 – T.2
- **University Question Papers (May 2014 to Nov. 2015)** — P.1-P.8

•••

UNIT - I : LINEAR DIFFERENTIAL EQUATIONS AND APPLICATIONS
CHAPTER ONE

LINEAR DIFFERENTIAL EQUATIONS WITH CONSTANT COEFFICIENTS

1.1 INTRODUCTION

Differential equations are widely used in fields of Engineering and Applied Sciences. Mathematical formulations of most of the physical problems are in the forms of differential equations. Use of differential equations is most prominent in subjects like Circuit Analysis, Theory of Structures, Vibrations, Heat Transfer, Fluid Mechanics etc. Differential equations are of two types : Ordinary and Partial Differential Equations. In ordinary equations, there is one dependent variable depending for its value on one independent variable. Partial differential equations will have more than one independent variables.

In what follows, we shall discuss ordinary and partial differential equations, which are of common occurrence in engineering fields. Applications to some areas will also be dealt.

1.2 PRELIMINARIES

I. Second Degree Polynomials and Their Factorization :

(a)

(i) $D^2 - 2D - 3 = (D + 1)(D - 3)$ (ii) $D^2 + 5D + 6 = (D + 2)(D + 3)$
(iii) $D^2 + 2D + 1 = (D + 1)^2$ (iv) $D^2 - 5D + 6 = (D - 2)(D - 3)$
(v) $D^2 + 3D + 2 = (D + 2)(D + 1)$ (vi) $D^2 - D - 2 = (D - 2)(D + 1)$
(vii) $D^2 - 4D + 4 = (D - 2)^2$ (viii) $D^2 - a^2 = (D - a)(D + a)$
(ix) $D^2 + a^2 = (D + ia)(D - ia)$

(b) The roots of $ax^2 + bx + c = 0$ are $x = \dfrac{-b \pm \sqrt{b^2 - 4ac}}{2a}$, these roots are imaginary if $b^2 - 4ac < 0$.

(i) $D^2 + 2D + 2 = 0 \Rightarrow D = \dfrac{-2 \pm \sqrt{4 - 8}}{2} = -1 \pm i$

(ii) $D^2 + D + 1 = 0 \Rightarrow D = \dfrac{-1 \pm \sqrt{1 - 4}}{2} = \dfrac{-1}{2} \pm \dfrac{\sqrt{3}}{2} i$

If $D = \dfrac{-1}{2} \pm i\dfrac{\sqrt{3}}{2} = \alpha \pm i\beta$ then $\alpha = -\dfrac{1}{2}$, $\beta = \dfrac{\sqrt{3}}{2}$, β is always positive; α may be positive, negative or zero.

(iii) $D^2 + 1 = 0 \Rightarrow D^2 = -1$ i.e. $D = \pm i$ $\therefore$ $\alpha = 0, \beta = 1$.
(iv) $D^2 + 4 = 0 \Rightarrow D^2 = -4$ i.e. $D = \pm 2i$ $\therefore$ $\alpha = 0, \beta = 2$.

II. Third Degree Polynomials and Their Factorization :

(a) (i) $D^3 - a^3 = (D - a)(D^2 + aD + a^2)$ (iii) $D^3 + a^3 = (D + a)(D^2 - aD + a^2)$

(ii) $D^3 + 3D^2 + 3D + 1 = (D + 1)^3$ (iv) $D^3 - 3D^2 + 3D - 1 = (D - 1)^3$

(b) Use of synthetic division :

(i) $f(D) = D^3 - 7D - 6 = 0$; for $D = -1$, $f(-1) = 0$ $\therefore$ $(D + 1)$ is one of the factors.

$$\begin{array}{c|cccc} -1 & 1 & 0 & -7 & -6 \\ & & -1 & 1 & 6 \\ \hline & 1 & -1 & -6 & \underline{|0} \end{array}$$

$\therefore$ $D^3 - 7D - 6 = 0 \Rightarrow (D + 1)(D^2 - D - 6) = 0$

$(D + 1)(D - 3)(D + 2) = 0 \Rightarrow D = -1, -2, 3$.

(ii) For $D^3 - 2D + 4 = 0$; $D = -2$ $\therefore$ $f(-2) = 0$ $\therefore$ $(D + 2)$ is one of the factors.

$$\begin{array}{c|cccc} -2 & 1 & 0 & -2 & 4 \\ & & -2 & 4 & -4 \\ \hline & 1 & -2 & 2 & \underline{|0} \end{array}$$

$\therefore$ $D^3 - 2D + 4 = 0 \Rightarrow (D + 2)(D^2 - 2D + 2) = 0$

$D = -2$ and $D = 1 \pm i$, $\alpha = 1$, $\beta = 1$.

III. Fourth Degree Polynomials and Their Factorization :

(a) $D^4 - a^4 = (D^2 - a^2)(D^2 + a^2) = (D - a)(D + a)(D + ia)(D - ia)$

(b) Making a perfect square by introducing a middle term :

(i) For $D^4 + a^4 = 0$; consider $(D^2 + a^2)^2 = D^4 + 2a^2 D^2 + a^4$

$$D^4 + a^4 = (D^4 + 2a^2 D^2 + a^4) - (2a^2 D^2) = (D^2 + a^2)^2 - (\sqrt{2}\, aD)^2$$

$$D^4 + a^4 = (D^2 - \sqrt{2}\, aD + a^2)(D^2 + \sqrt{2}\, aD + a^2)$$

(ii) For $\quad D^4 + 1 = D^4 + 2D^2 + 1 - 2D^2 = (D^2 + 1)^2 - (\sqrt{2}\, D)^2$

$$D^4 + 1 = (D^2 - \sqrt{2}\, D + 1)(D^2 + \sqrt{2}\, D + 1)$$

(c) $\quad D^4 + 8D^2 + 16 = (D^2 + 4)^2$, $D^4 + 2D^2 + 1 = (D^2 + 1)^2 = (D + i)^2 (D - i)^2$

$\quad D^4 + 10D^2 + 9 = (D^2 + 9)(D^2 + 1) = (D + 3i)(D - 3i)(D + i)(D - i)$

(d) (i) $f(D) = D^4 - 2D^3 - 3D^2 + 4D + 4 = 0$, for $D = -1$, $f(-1) = 0$

$$\begin{array}{c|ccccc} -1 & 1 & -2 & -3 & 4 & 4 \\ & & -1 & 3 & 0 & -4 \\ \hline -1 & 1 & -3 & 0 & 4 & \underline{|0} \\ & & -1 & 4 & -4 & \\ \hline 2 & 1 & -4 & 4 & \underline{|0} & \\ & & 2 & -4 & & \\ \hline & 1 & -2 & \underline{|0} & & \end{array}$$

$\therefore$ Factors are $(D + 1)^2 (D - 2)^2 = 0$.

On a similar line,

(ii) $D^4 - D^3 - 9D^2 - 11D - 4 = (D+1)^3(D-4)$

(e) Perfect square of the type $(a+b+c)^2$

(i) $D^4 + 2D^3 + 3D^2 + 2D + 1 = (D^2)^2 + 2 \cdot D^2 \cdot D + D^2 + 2D^2 + 2D + 1$
$= (D^2 + D)^2 + 2(D^2 + D) + 1$
$= [(D^2 + D) + 1]^2 = (D^2 + D + 1)^2$

(ii) $D^4 - 4D^3 + 8D^2 - 8D + 4 = (D^2)^2 - 2D^2 \cdot 2D + (2D)^2 + 4D^2 - 8D + 4$
$= (D^2 - 2D)^2 + 4(D^2 - 2D) + 4$
$= [(D^2 - 2D) + 2]^2 = (D^2 - 2D + 2)^2$

IV. Fifth Degree Polynomials and Their Factorization :

(i) $D^5 - D^4 + 2D^3 - 2D^2 + D - 1 = D^4(D-1) + 2D^2(D-1) + 1(D-1)$
$= (D^4 + 2D^2 + 1)(D-1) = (D-1)(D^2+1)^2$
$= (D-1)(D+i)^2(D-i)^2$

1.3 THE nth ORDER LINEAR DIFFERENTIAL EQUATION WITH CONSTANT COEFFICIENTS

A differential equation which contains the differential coefficients and the dependent variable in the first degree, does not involve the product of a derivative with another derivative or with dependent variable, and in which the coefficients are constants is called a *linear differential equation with constant coefficients.*

The general form of such a differential equation of order "n" is

$$a_0 \frac{d^n y}{dx^n} + a_1 \frac{d^{n-1} y}{dx^{n-1}} + a_2 \frac{d^{n-2} y}{dx^{n-2}} + \ldots + a_{n-1} \frac{dy}{dx} + a_n y = f(x)$$ ... (1)

Here $a_0, a_1, a_2 \ldots$ are constants. Equation (1) is a nth order linear differential equation with constant coefficients.

e.g. Put $n = 3$ in equation (1), we get $a_0 \frac{d^3 y}{dx^3} + a_1 \frac{d^2 y}{dx^2} + a_2 \frac{dy}{dx} + a_3 y = f(x)$ which is a 3rd order linear differential equation with constant coefficients.

Using the differential operator D to stand for $\frac{d}{dx}$ i.e. $Dy = \frac{dy}{dx}$; $D^2 y = \frac{d^2 y}{dx^2}$, ... $D^n y = \frac{d^n y}{dx^n}$, the equation (1) will take the form

$a_0 D^n y + a_1 D^{n-1} y + a_2 D^{n-2} y + \ldots + a_{n-1} Dy + a_n y = f(x)$

OR $(a_0 D^n + a_1 D^{n-1} + a_2 D^{n-2} + \ldots + a_{n-1} D + a_n) y = f(x)$ ... (2)

in which each term in the parenthesis is operating on y and the results are added.

Let $\phi(D) \equiv a_0 D^n + a_1 D^{n-1} + a_2 D^{n-2} + \ldots + a_{n-1} D + a_n$, $\phi(D)$ is called as n^{th} order polynomial in D.

$\therefore$ Equation (2) can be written as $\boxed{\phi(D)\, y = f(x)}$ ... (3)

Note : In equation (1), if $a_0, a_1, \ldots a_n$ are functions of x then it is called n^{th} order linear differential equation.

1.4 THE NATURE OF DIFFERENTIAL OPERATOR "D"

It is convenient to introduce the symbol D to represent the operation of differentiation with respect to x. i.e. $D \equiv \dfrac{d}{dx}$, so that

$$\frac{dy}{dx} = Dy;\quad \frac{d^2y}{dx^2} = D^2y;\quad \frac{d^3y}{dx^3} = D^3y;\quad \ldots;\quad \frac{d^ny}{dx^n} = D^ny \text{ and } \frac{dy}{dx} + ay = (D + a)\,y$$

The differential operator D or (D^n) obeys the laws of Algebra.

Properties of the operator D :

If y_1 and y_2 are differentiable functions of x and "a" is a constant and m, n are positive integer then

(i) $D^m (D^n)\, y = D^n (D^m)\, y = D^{m+n}\, y$

(ii) $(D - m_1)(D - m_2)\, y = (D - m_2)(D - m_1)\, y$

(iii) $(D - m_1)(D - m_2)\, y = [D^2 - (m_1 + m_2) D + m_1 m_2]\, y$

(iv) $D(au) = a \cdot D(u);\quad D^n(au) = a \cdot D^n(u)$

(v) $D(y_1 + y_2) = D(y_1) + D(y_2);\quad D^n(y_1 + y_2) = D^n(y_1) + D^n(y_2)$.

1.5 LINEAR DIFFERENTIAL EQUATION $\phi(D)\, y = 0$

Consider $\quad \phi(D)\, y = 0$ ... (4)

where, $\phi(D) = a_0 D^n + a_1 D^{n-1} + a_2 D^{n-2} + a_3 D^{n-3} + \ldots + a_{n-1} D + a_n$ is n^{th} order polynomial in D and D obeys the laws of algebra, we can in general factorise $\phi(D)$ in n linear factors as $\phi(D) = (D - m_1)(D - m_2)(D - m_3) \ldots (D - m_n)$ where $m_1, m_2, m_3, \ldots m_n$ are the roots of the algebraic equation $\phi(D) = 0$

$\therefore$ Equation (4) can be written as

$\phi(D)\, y = (D - m_1)(D - m_2)(D - m_3) \ldots (D - m_n)\, y = 0$ ... (5)

Note : These factors can be taken in any sequence.

1.6 AUXILIARY EQUATION (A.E.)

The equation $\phi(D) = 0$ is called as an *auxiliary equation* (A.E.) for equations (3), (4).

e.g. $\quad \dfrac{d^2y}{dx^2} - 5\dfrac{dy}{dx} + 6y = 0$

By using operator D for $\dfrac{d}{dx}$, we have $(D^2 - 5D + 6)\, y = 0$

$\therefore \quad \phi(D) = D^2 - 5D + 6 = 0$ is the A.E.

$\therefore \quad (D^2 - 5D + 6)\, y = (D - 3)(D - 2)\, y = (D - 2)(D - 3)\, y$.

1.7 SOLUTION OF $\phi(D) y = 0$

Being n^{th} order DE, equation (4) or (5) will have exactly n arbitrary constants in its general solution.

The equation (5) will be satisfied by the solution of the equation $(D - m_n) y = 0$

i.e. $\dfrac{dy}{dx} - m_n y = 0$

On solving this 1st order 1st degree DE by separating variables, we get $y = c_n e^{m_n x}$, where, c_n is an arbitrary constant.

Similarly, since the factors in equation (5) can be taken in any order, the equation will be satisfied by the solution of each of the equations $(D - m_1) y = 0$, $(D - m_2) y = 0$ ... etc., that is by $y = c_1 e^{m_1 x}$, $y = c_2 e^{m_2 x}$ .... etc.

It can, therefore, easily be proved that the sum of these individual solutions, i.e.

$$y = c_1 e^{m_1 x} + c_2 e^{m_2 x} + \ldots + c_n e^{m_n x} \qquad \ldots (6)$$

also satisfies the equation (5) and as it contains n arbitrary constants, and the equation (4) is of the nth order, (6) constitutes the general solution of the equation (4).

∴ **The general solution of the equation $\phi(D) y = 0$ is**

$$y = c_1 e^{m_1 x} + c_2 e^{m_2 x} + \ldots + c_n e^{m_n x}$$

where $m_1, m_2, \ldots m_n$ are the roots of the auxiliary equation $\phi(D) = 0$.

Ex. 1 : Solve $\dfrac{d^3 y}{dx^3} - 6 \dfrac{d^2 y}{dx^2} + 11 \dfrac{dy}{dx} - 6y = 0$.

Sol. : Let D stand for $\dfrac{d}{dx}$ and the given equation can be written as

$(D^3 - 6D^2 + 11D - 6) y = 0$.

Here auxiliary equation is $D^3 - 6D^2 + 11D - 6 = 0$

i.e. $(D - 1)(D - 2)(D - 3) = 0 \Rightarrow m_1 = 1, m_2 = 2, m_3 = 3$, are roots of AE.

∴ The general solution is $y = c_1 e^x + c_2 e^{2x} + c_3 e^{3x}$.

2. For $(4D^2 - 8D + 1) y = 0$, $D = 1 \pm \dfrac{\sqrt{3}}{2} \Rightarrow y = c_1 e^{\left(1 + \frac{\sqrt{3}}{2}\right) x} + c_2 e^{\left(1 - \frac{\sqrt{3}}{2}\right) x}$.

1.8 DIFFERENT CASES DEPENDING UPON THE NATURE OF ROOTS OF THE AUXILIARY EQUATION $\phi(D) = 0$.

A. The Case of Real and Different Roots :

If roots of $\phi(D) = 0$ be $m_1, m_2, m_3 \ldots m_n$, all are real and different, then the solution of $\phi(D) y = 0$ will be

$$\boxed{y = c_1 e^{m_1 x} + c_2 e^{m_2 x} + c_3 e^{m_3 x} + \ldots + c_n e^{m_n x}}$$

B. The Case of Real and Repeated Roots (The Case of Multiple Roots):

Let $m_1 = m_2, m_3, m_4 \ldots m_n$ be the roots of $\phi(D) = 0$, then the part of solution corresponding to m_1 and m_2 will look like

$$c_1 e^{m_1 x} + c_2 e^{m_1 x} \ (m_1 = m_2) = (c_1 + c_2) e^{m_1 x} = c' e^{m_1 x}$$

But this means that number of arbitrary constants now in the solution will be $n - 1$ instead of n. Hence it is no longer the general solution. The anomaly can be rectified as under.

Pertaining to $m_1 = m_2$, the part of the equation will be $(D - m_1)(D - m_1) y = 0$

Put $(D - m_1) y = z$, temporarily, then we have $(D - m_1) z = 0 \quad \therefore z = c_1 e^{m_1 x}$

Hence putting value of z in $(D - m_1) y = z$, we have

$$(D - m_1) y = c_1 e^{m_1 x} \quad \text{or} \quad \frac{dy}{dx} - m_1 y = c_1 e^{m_1 x}$$

which is a linear differential equation. Its I.F. $= e^{-\int m_1 dx} = e^{-m_1 x}$ and hence solution is

$$y \left(e^{-m_1 x} \right) = \int c_1 e^{m_1 x} \cdot e^{-m_1 x} \, dx + c_2 = c_1 x + c_2$$

$$\therefore \quad y = (c_1 x + c_2) e^{m_1 x}$$

If $m_1 = m_2$ are real, and the remaining roots $m_3, m_4, m_5, \ldots, m_n$ are real and different then solution of $\phi(D) y = 0$ is

$$\boxed{y = (c_1 x + c_2) e^{m_1 x} + c_3 e^{m_3 x} + c_4 e^{m_4 x} + \ldots + c_n e^{m_n x}}$$

Similarly, when three roots are repeated. i.e. if $m_1 = m_2 = m_3$ are real, and the remaining roots $m_4, m_5, \ldots m_n$ are real and different then solution of $\phi(D) y = 0$ is

$$\boxed{y = (c_1 x^2 + c_2 x + c_3) e^{m_1 x} + c_4 e^{m_4 x} + \ldots + c_n e^{m_n x}}$$

If $m_1 = m_2 = m_3 = \ldots = m_n$ i.e. n roots are real and equal then solution of $\phi(D) y = 0$ is

$$\boxed{y = (c_1 x^{n-1} + c_2 x^{n-2} + \ldots + c_{n-1} x + c_n) e^{m_1 x}}$$

Ex. 1. For $(D^2 - 6D + 9) y = 0$ A.E. $= (D - 3)^2 = 0$ and solution is $y = (c_1 x + c_2) e^{3x}$

2. For $(D - 1)^3 (D + 1) y = 0$, solution is $y = (c_1 x^2 + c_2 x + c_3) e^x + c_4 e^{-x}$

3. For $(D - 1)^2 (D + 1)^2 y = 0$, solution is $y = (c_1 x + c_2) e^x + (c_3 x + c_4) e^{-x}$.

C. The Case of Imaginary (Complex) Roots

For practical problems in engineering, this case has special importance. Since the coefficients of the auxiliary equation are real, the imaginary roots (if exists) will occur in conjugate pairs. Let $\alpha \pm i\beta$ be one such pair. Therefore $m_1 = \alpha + i\beta$, $m_2 = \alpha - i\beta$

The corresponding part of the solution of the equation $\phi(D) y = 0$, then takes the form

$$y = A e^{(\alpha + i\beta) x} + B e^{(\alpha - i\beta) x}$$
$$= e^{\alpha x} [A e^{i\beta x} + B e^{-i\beta x}]$$

$$= e^{\alpha x} [A (\cos \beta x + i \sin \beta x) + B (\cos \beta x - i \sin \beta x)]$$
$$= e^{\alpha x} [(A + B) \cos \beta x + i (A - B) \sin \beta x]$$

$$\boxed{y = e^{\alpha x} [c_1 \cos \beta x + c_2 \sin \beta x]}$$

where, $c_1 = A + B$ and $c_2 = i(A - B)$ are arbitrary constants.

Using $c_1 = C \cos \theta$, $c_2 = -\sin \theta$, this can also be put sometimes into the form as given below (recall SHM).

$$\boxed{y = C e^{\alpha x} \cos (\beta x + \theta) \text{ where } C, \theta \text{ are arbitrary constants.}}$$

ILLUSTRATIONS

Ex. 1 : *Solve $(D^2 + 2D + 5) y = 0$.*

Sol. : The auxiliary equation is $D^2 + 2D + 5 = 0$ whose roots are $D = -1 \pm 2i$ which are both imaginary. Here $\alpha = -1$, $\beta = 2$. Hence the solution is

$$y = e^{-x} [A \cos 2x + B \sin 2x]$$

Ex. 2 : *Solve $\dfrac{d^4 y}{dx^4} - 5 \dfrac{d^2 y}{dx^2} + 12 \dfrac{dy}{dx} + 28y = 0$.*

Sol. : The auxiliary equation is $D^4 - 5D^2 + 12D + 28 = 0$ having roots $D = -2, -2, 2 \pm \sqrt{3} i$.

(Here $\alpha = 2$, $\beta = \sqrt{3}$). Hence the solution is

$$y = (c_1 x + c_2) e^{-2x} + e^{2x} [A \cos \sqrt{3} x + B \sin \sqrt{3} x]$$

Ex. 3 : For $(D^2 + 4) y = 0$, $D = 0 \pm 2i$ (Here $\alpha = 0$, $\beta = 2$) $\Rightarrow y = A \cos 2x + B \sin 2x$.

D. The Case of Repeated Imaginary Roots :

If the imaginary roots $m_1 = \alpha + i\beta$ and $m_2 = \alpha - i\beta$ occur twice, then the part of solution of $\phi (D) y = 0$ will be

$$y = (Ax + B) e^{m_1 x} + (Cx + D) e^{m_2 x} \qquad \ldots \text{(by using case B)}$$
$$= (Ax + B) e^{(\alpha + i\beta) x} + (Cx + D) e^{(\alpha - i\beta) x}$$
$$= e^{\alpha x} [(Ax + B) e^{i\beta x} + (Cx + D) e^{-i\beta x}]$$
$$= e^{\alpha x} [(Ax + B) \{\cos \beta x + i \sin \beta x\} + (Cx + D) \{\cos \beta x - i \sin \beta x\}]$$
$$= e^{\alpha x} [(Ax + B + Cx + D) \cos \beta x + i (Ax + B - Cx - D) \sin \beta x]$$

$$\boxed{y = e^{\alpha x} [(c_1 x + c_2) \cos \beta x + (c_3 x + c_4) \sin \beta x]}$$

with proper changes in the constants c_1, c_2, c_3 and c_4.

ILLUSTRATIONS

Ex. 1 : Solve $\dfrac{d^6y}{dx^6} + 6\dfrac{d^4y}{dx^4} + 9\dfrac{d^2y}{dx^2} = 0$.

Sol. : The auxiliary equation $D^6 + 6D^4 + 9D^2 = 0$ has roots $D = 0, 0, \pm i\sqrt{3}, \pm i\sqrt{3}$ where the imaginary roots $\pm i\sqrt{3}$ are repeated. Hence the solution is

$$y = c_1 x + c_2 + (c_3 x + c_4)\cos\sqrt{3}\,x + (c_5 x + c_6)\sin\sqrt{3}\,x$$

Ex. 2 : $(D^4 + 2D^2 + 1)y = 0$.

Sol. : The auxiliary equation $D^4 + 2D^2 + 1 = 0$ has roots $D = \pm i, \pm i$, repeated imaginary roots. Hence the solution is

$$y = (c_1 x + c_2)\cos x + (c_3 x + c_4)\sin x$$

Now we will summarise the four cases for ready reference.

Case 1 : Real & Distinct Roots : A.E. $\Rightarrow (D - m_1)(D - m_2)(D - m_3)\ldots(D - m_n) = 0$

$\therefore$ Solution is $y = c_1 e^{m_1 x} + c_2 e^{m_2 x} + c_3 e^{m_3 x} + \ldots + c_n e^{m_n x}$

Case 2 : Repeated Real Roots :

For $m_1 = m_2 \Rightarrow$ A.E. $\Rightarrow (D - m_1)(D - m_1)(D - m_3) \ldots (D - m_n) = 0$

Solution is $y = (c_1 x + c_2)e^{m_1 x} + c_3 e^{m_3 x} + \ldots + c_n e^{m_n x}$

For $m_1 = m_2 = m_3 \Rightarrow$ A.E. $\Rightarrow (D - m_1)(D - m_1)(D - m_1)(D - m_4)\ldots(D - m_n) = 0$

Solution is $y = (c_1 x^2 + c_2 x + c_3)e^{m_1 x} + c_4 e^{m_4 x} + \ldots + c_n e^{m_n x}$

Case 3 : Imaginary Roots : For $D = \alpha \pm i\beta$

Solution is $y = e^{\alpha x}[c_1 \cos \beta x + c_2 \sin \beta x]$

Case 4 : Repeated Imaginary Roots : For $D = \alpha \pm i\beta$ be repeated twice

Solution is $y = e^{\alpha x}[(c_1 x + c_2)\cos \beta x + (c_3 x + c_4)\sin \beta x]$

ILLUSTRATIONS

1. Solve $\dfrac{d^2 x}{dt^2} + 4x = 0$. Let D stand for $\dfrac{d}{dt}$.

   $\therefore$ A.E. : $D^2 + 4 = 0 \Rightarrow D = 0 \pm 2i$

   $\therefore$ The solution is $x = c_1 \cos 2t + c_2 \sin 2t$.

2. Solve $\dfrac{d^4 y}{dz^2} - 16y = 0$. Let D stand for $\dfrac{d}{dz}$.

   $\therefore$ A.E. : $D^4 - 16 = 0$, $(D - 2)(D + 2)(D^2 + 4) = 0$.

   $\therefore$ The solution is $y = c_1 e^{2z} + c_2 e^{-2z} + c_3 \cos 2z + c_4 \sin 2z$.

Special Case : If the two real roots of $\phi(D)y = 0$ be m and $-m$ [e.g. $D^2 - m^2 = 0$], then the corresponding part of the solution is

$$y = A e^{mx} + B e^{-mx}$$

OR $\quad y = A(\cosh mx + \sinh mx) + B(\cosh mx - \sinh mx)$

OR $\quad y = (A + B)\cosh mx + (A - B)\sinh mx$

i.e. $\boxed{y = c_1 \cosh mx + c_2 \sinh mx}$

We note here that (in some particular cases) solution of $D^2 - m^2 = 0$ can be written as
$$y = c_1 e^{mx} + c_2 e^{-mx} \quad \text{or} \quad y = c_1 \cosh mx + c_2 \sinh mx.$$

e.g. 1. $(D^2 - 1)y = 0 \Rightarrow y = c_1 \cosh x + c_2 \sinh x.$

2. $(D^2 - 4)y = 0 \Rightarrow y = c_1 \cosh 2x + c_2 \sinh 2x.$

EXERCISE 1.1

Solve the following differential equations :

1. $\dfrac{d^2y}{dx^2} - 5\dfrac{dy}{dx} - 6y = 0.$ $\qquad$ Ans. $y = c_1 e^{-x} + c_2 e^{6x}$

2. $2\dfrac{d^2y}{dx^2} - \dfrac{dy}{dx} - 10y = 0.$ $\qquad$ Ans. $y = c_1 e^{-2x} + c_2 e^{(5/2)x}$

3. $\dfrac{d^3y}{dx^3} + 2\dfrac{d^2y}{dx^2} + \dfrac{dy}{dx} = 0.$ $\qquad$ Ans. $y = c_1 + e^{-x}(c_2 x + c_3)$

4. $(D^4 - 2D^3 + D^2)y = 0.$ $\qquad$ Ans. $y = c_1 x + c_2 + (c_3 x + c_4)e^x$

5. $(D^6 - 6D^5 + 12D^4 - 6D^3 - 9D^2 + 12D - 4)y = 0.$
$\qquad$ Ans. $y = (c_1 x^2 + c_2 x + c_3)e^x + (c_4 x + c_5)e^{2x} + c_6 e^{-x}$

6. $(D^3 + 6D^2 + 11D + 6)y = 0.$ $\qquad$ Ans. $y = c_1 e^{-x} + c_2 e^{-2x} + c_3 e^{-3x}$

7. $4y'' - 8y' + 7y = 0.$ $\qquad$ Ans. $y = e^x \left[A \cos\left(\dfrac{\sqrt{3}}{2} x\right) + B \sin\left(\dfrac{\sqrt{3}}{2} x\right) \right]$

8. $\dfrac{d^2x}{dt^2} + 2\dfrac{dx}{dt} + 5x = 0, \; x(0) = 2, \; x'(0) = 0.$ $\qquad$ Ans. $x = e^{-t}(2\cos 2t + \sin 2t)$

9. $\dfrac{d^2s}{dt^2} = -16\dfrac{ds}{dt} - 64s, \; s = 0, \; \dfrac{ds}{dt} = -4$ when $t = 0.$ $\qquad$ Ans. $s = -4e^{8t} t$

10. $(D^3 + D^2 - 2D + 12)y = 0.$ $\qquad$ Ans. $y = c_1 e^{-3x} + e^x \left[A \cos \sqrt{3}\, x + B \sin \sqrt{3}\, x \right]$

11. $(D^2 + 1)^3 (D^2 + D + 1)^2 y = 0.$
$\qquad$ Ans. $y = (c_1 + c_2 x + c_3 x^2) \cos x + (c_4 + c_5 x + c_6 x^2) \sin x$
$\qquad \quad + e^{-x/2} \left[(c_7 + c_8 x) \cos\left(\dfrac{\sqrt{3}}{2} x\right) + (c_9 + c_{10} x) \sin\left(\dfrac{\sqrt{3}}{2} x\right) \right]$

12. $\dfrac{d^4y}{dx^4} + m^4 y = 0.$ $\qquad$ Ans. $y = e^{(mx/\sqrt{2})} \left[A \cos\left(\dfrac{mx}{\sqrt{2}}\right) + B \sin\left(\dfrac{mx}{\sqrt{2}}\right) \right]$
$\qquad \quad + e^{-(mx/\sqrt{2})} \left[C \cos\left(\dfrac{mx}{\sqrt{2}}\right) + D \sin\left(\dfrac{mx}{\sqrt{2}}\right) \right]$

13. $4\dfrac{d^2s}{dt^2} = -9s.$ $\qquad$ Ans. $s = c_1 \sin \dfrac{3t}{2} + c_2 \cos \dfrac{3t}{2}$

14. The equation for the bending of a strut is $EI \dfrac{d^2y}{dx^2} + Py = 0$. If $y = 0$ when $x = 0$ and $y = a$ when $x = \dfrac{l}{2}$, find y.   **Ans.** $y = \dfrac{a \sin \sqrt{\dfrac{P}{EI}} \, x}{\sin \sqrt{\dfrac{P}{EI}} \cdot \dfrac{l}{2}}$

MULTIPLE CHOICE QUESTIONS (MCQ's)

Type I : Complementary Functions :

1. If the roots $m_1, m_2, m_3, ..., m_n$ of auxiliary equation $\phi(D) = 0$ are real and distinct, then solution of $\phi(D) y = 0$ is (1)

(A) $c_1 e^{m_1 x} + c_2 e^{m_2 x} + ... + c_n e^{m_n x}$

(B) $c_1 \cos m_1 x + c_2 \cos m_2 x + ... + c_n \cos m_n x$

(C) $m_1 e^{c_1 x} + m_2 e^{c_2 x} + ... + m_n e^{c_n x}$

(D) $c_1 \sin m_1 x + c_2 \sin m_2 x + ... + c_n \sin m_n x$

2. The roots $m_1, m_2, m_3 ..., m_n$ of auxiliary equation $\phi(D) = 0$ are real. If two of these roots are repeated say $m_1 = m_2$ and the remaining roots $m_3, m_4, ..., m_n$ are distinct then solution of $\phi(D) y = 0$ is (1)

(A) $c_1 e^{m_1 x} + c_2^{m_2 x} + ... + c_n^{m_n x}$

(B) $(c_1 x + c_2) \cos m_1 x + c_3 \cos m_3 x + x ... + c_n \cos m_n x$

(C) $(c_1 x + c_2) e^{m_1 x} + c_3 e^{m_3 x} + ... + c_n e^{m_n x}$

(D) $(c_1 x + c_2) \sin m_1 x + c_3 \sin m_3 x + ... + c_n \sin m_n x$

3. The roots $m_1, m_2, m_3 ..., m_n$ of auxiliary equation $\phi(D) = 0$ are real. If three of these roots are repeated, say, $m_1 = m_2 = m_3$ and the remaining roots $m_4, m_5, ... m_n$ are distinct then solution of $\phi(D) y = 0$ is (1)

(A) $c_1 e^{m_1 x} + c_2^{m_2 x} + ... + c_n \, e^{m_n x}$

(B) $(c_1 x^2 + c_2 x + c_3) e^{m_1 x} + c_4 e^{m_4 x} + ... + c_n e^{m_n x}$

(C) $(c_1 x^2 + c_2 x + c_3) \cos m_1 x + c_4 \cos m_4 x + ... + c_n \cos m_n x$

(D) $(c_1 x^2 + c_2 x + c_3) \sin m_1 x + c_4 \sin m_4 x + ... + c_n \sin m_n x$

4. If $m_1 = \alpha + i\beta$ and $m_2 = \alpha - i\beta$ are two complex roots of auxiliary equation of second order DE $\phi(D) y = 0$ then it's solution is (1)

(A) $e^{\beta x} [c_1 \cos \alpha x + c_2 \sin \alpha x]$

(B) $e^{\alpha x} [(c_1 x + c_2) \cos \beta x + (c_3 x + c_4) \sin \beta x]$

(C) $c_1 e^{\alpha x} + c_2 e^{\beta x}$

(D) $e^{\alpha x} [c_1 \cos \beta x + c_2 \sin \beta x]$

5. If the complex roots $m_1 = \alpha + i\beta$ and $m_2 = \alpha - i\beta$ of auxiliary equation of fourth order DE $\phi(D)y = 0$ are repeated twice then it's solution is (1)

   (A) $e^{\beta x}[c_1 \cos \alpha x + c_2 \sin \alpha x]$
   (B) $e^{\alpha x}[(c_1 x + c_2) \cos \beta x + (c_3 x + c_4) \sin \beta x]$
   (C) $(c_1 x + c_2) e^{\alpha x} + (c_3 x + c_4) e^{\beta x}$
   (D) $e^{\alpha x}[c_1 \cos \beta x + c_2 \sin \beta x]$

6. The solution of differential equation $\dfrac{d^2 y}{dx^2} - 5\dfrac{dy}{dx} + 6y = 0$ is (1)

   (A) $c_1 e^{2x} + c_2 e^{-3x}$
   (B) $c_1 e^{-2x} + c_2 e^{3x}$
   (C) $c_1 e^{-2x} + c_2 e^{-3x}$
   (D) $c_1 e^{2x} + c_2 e^{3x}$

7. The solution of differential equation $\dfrac{d^2 y}{dx^2} - 5\dfrac{dy}{dx} - 6y = 0$ is (1)

   (A) $c_1 e^{-x} + c_2 e^{6x}$
   (B) $c_1 e^{-2x} + c_2 e^{-3x}$
   (C) $c_1 e^{3x} + c_2 e^{2x}$
   (D) $c_1 e^{-3x} + c_2 e^{-2x}$

8. The solution of differential equation $2\dfrac{d^2 y}{dx^2} - \dfrac{dy}{dx} - 10y = 0$ is (1)

   (A) $c_1 e^{2x} + c_2 e^{\frac{5}{2}x}$
   (B) $c_1 e^{-2x} + c_2 e^{-\frac{5}{2}x}$
   (C) $c_1 e^{-2x} + c_2 e^{\frac{5}{2}x}$
   (D) $c_1 e^{-2x} + c_2 e^{\frac{3}{2}x}$

9. The solution of differential equation $\dfrac{d^2 y}{dx^2} - 4y = 0$ is (1)

   (A) $(c_1 x + c_2) e^{2x}$
   (B) $c_1 e^{4x} + c_2 e^{-4x}$
   (C) $c_1 \cos 2x + c_2 \sin 2x$
   (D) $c_1 e^{2x} + c_2 e^{-2x}$

10. The solution of differential equation $\dfrac{d^2 y}{dx^2} - \dfrac{dy}{dx} - 2y = 0$ is (1)

    (A) $c_1 e^{2x} + c_2 e^{x}$
    (B) $c_1 e^{2x} + c_2 e^{-x}$
    (C) $c_1 e^{-2x} + c_2 e^{x}$
    (D) $c_1 e^{-2x} + c_2 e^{-x}$

11. The solution of differential equation $2\dfrac{d^2 y}{dx^2} - 5\dfrac{dy}{dx} + 3y = 0$ is (1)

    (A) $c_1 e^{x} + c_2 e^{\frac{3}{2}x}$
    (B) $c_1 e^{2x} + c_2 e^{-3x}$
    (C) $c_1 e^{-x} + c_2 e^{\frac{3}{2}x}$
    (D) $c_1 e^{\frac{x}{2}} + c_2 e^{\frac{3}{2}x}$

12. The solution of differential equation $\dfrac{d^2y}{dx^2} + 2\dfrac{dy}{dx} + y = 0$ is (1)

    (A) $c_1 e^{2x} + c_2 e^x$
    (B) $c_1 e^x + c_2 e^{-x}$
    (C) $(c_1 x + c_2) e^{-x}$
    (D) $(c_1 x + c_2) e^x$

13. The solution of differential equation $4\dfrac{d^2y}{dx^2} - 4\dfrac{dy}{dx} + y = 0$ is (1)

    (A) $c_1 e^{\frac{x}{2}} + c_2 e^{-\frac{x}{2}}$
    (B) $(c_1 + c_2 x) e^{-2x}$
    (C) $c_1 \cos 2x + c_2 \sin 2x$
    (D) $(c_1 + c_2 x) e^{\frac{x}{2}}$

14. The solution of differential equation $\dfrac{d^2y}{dx^2} - 4\dfrac{dy}{dx} + 4y = 0$ is (1)

    (A) $(c_1 x + c_2) e^{2x}$
    (B) $(c_1 x + c_2) e^{-2x}$
    (C) $c_1 e^{4x} + c_2 e^{-4x}$
    (D) $c_1 e^{2x} + c_2 e^{-2x}$

15. The solution of differential equation $\dfrac{d^2y}{dx^2} + 6\dfrac{dy}{dx} + 9y = 0$ is (1)

    (A) $c_1 e^{-6x} + c_2 e^{-9x}$
    (B) $(c_1 x + c_2) e^{-3x}$
    (C) $(c_1 x + c_2) e^{3x}$
    (D) $c_1 e^{3x} + c_2 e^{2x}$

16. The solution of differential equation $\dfrac{d^2y}{dx^2} + y = 0$ is (1)

    (A) $c_1 e^x + c_2 e^{-x}$
    (B) $(c_1 x + c_2) e^{-x}$
    (C) $c_1 \cos x + c_2 \sin x$
    (D) $e^x (c_1 \cos x + c_2 \sin x)$

17. The solution of differential equation $\dfrac{d^2y}{dx^2} + 9y = 0$ is (1)

    (A) $c_1 \cos 2x + c_2 \sin 2x$
    (B) $(c_1 x + c_2) e^{-3x}$
    (C) $c_1 e^{3x} + c_2 e^{-3x}$
    (D) $c_1 \cos 3x + c_2 \sin 3x$

18. The solution of differential equation $\dfrac{d^2y}{dx^2} + 6\dfrac{dy}{dx} + 10y = 0$ is (1)

    (A) $e^{-3x} (c_1 \cos x + c_2 \sin x)$
    (B) $e^x (c_1 \cos 3x + c_2 \sin 3x)$
    (C) $c_1 e^{5x} + c_2 e^{2x}$
    (D) $e^x (c_1 \cos x + c_2 \sin x)$

19. The solution of differential equation $\dfrac{d^2y}{dx^2} + \dfrac{dy}{dx} + y = 0$ is (1)

    (A) $e^x (c_1 \cos x + c_2 \sin x)$
    (B) $e^{x/2} \left[c_1 \cos \left(\dfrac{3}{2}\right) x + c_2 \sin \left(\dfrac{3}{2}\right) x \right]$
    (C) $e^{-\frac{1}{2}x} \left[c_1 \cos \left(\dfrac{\sqrt{3}}{2}\right) x + c_2 \sin \left(\dfrac{\sqrt{3}}{2}\right) x \right]$
    (D) $c_1 e^x + c_2 e^{-x}$

20. The solution of differential equation $4\dfrac{d^2y}{dx^2} + 4\dfrac{dy}{dx} + 5y = 0$ is (1)

(A) $e^{-x}(c_1 \cos 2x + c_2 \sin 2x)$
(B) $e^{-x/2}[c_1 \cos x + c_2 \sin x]$
(C) $e^{-2x}(c_1 \cos x + c_2 \sin x)$
(D) $c_1 e^{-4x} + c_2 e^{-5x}$

21. The solution of differential equation $\dfrac{d^3y}{dx^3} + 6\dfrac{d^2y}{dx^2} + 11\dfrac{dy}{dx} + 6y = 0$ is (2)

(A) $c_1 e^x + c_2 e^{2x} + c_3 e^{3x}$
(B) $c_1 e^{-x} + c_2 e^{2x} + c_3 e^{-3x}$
(C) $c_1 e^{-x} + c_2 e^{-2x} + c_3 e^{-3x}$
(D) $c_1 e^x + c_2 e^{-2x} + c_3 e^{3x}$

22. The solution of differential equation $\dfrac{d^3y}{dx^3} - 7\dfrac{dy}{dx} - 6y = 0$ is (2)

(A) $c_1 e^x + c_2 e^{2x} + c_3 e^{3x}$
(B) $c_1 e^{-x} + c_2 e^{-2x} + c_3 3^{6x}$
(C) $c_1 e^{-x} + c_2 e^{2x} + c_3 e^x$
(D) $c_1 e^{-x} + c_2 e^{-2x} + c_3 e^{3x}$

23. The solution of differential equation $\dfrac{d^3y}{dx^3} + 2\dfrac{d^2y}{dx^2} + \dfrac{dy}{dx} = 0$ is (2)

(A) $c_1 + e^x(c_2 x + c_3)$
(B) $c_1 + e^{-x}(c_2 x + c_3)$
(C) $e^{-x}(c_2 x + c_3)$
(D) $c_1 + c_2 e^x + c_3 e^{-x}$

24. The solution of differential equation $\dfrac{d^3y}{dx^3} - 5\dfrac{d^2y}{dx^2} + 8\dfrac{dy}{dx} - 4y = 0$ is (2)

(A) $c_1 e^x + (c_2 x + c_3) e^{2x}$
(B) $c_1 e^x + c_2 e^{2x} + c_3 e^{3x}$
(C) $(c_2 x + c_3) e^{2x}$
(D) $c_1 e^{-x} + (c_2 x + c_3) e^{-2x}$

25. The solution of differential equation $\dfrac{d^3y}{dx^3} - 4\dfrac{dy}{dx} = 0$ is (2)

(A) $c_1 e^{2x} + c_2 e^{-2x}$
(B) $c_1 + c_2 \cos 2x + c_3 \sin 2x$
(C) $c_1 e^x + c_2 e^{-2x} + c_3 e^{-3x}$
(D) $c_1 + c_2 e^{2x} + c_3 e^{-2x}$

26. The solution of differential equation $\dfrac{d^3y}{dx^3} + y = 0$ is (2)

(A) $c_1 e^x + e^x\left(c_2 \cos \dfrac{\sqrt{3}}{2}x + c_3 \sin \dfrac{\sqrt{3}}{2}x\right)$
(B) $c_1 e^{-x} + e^{\frac{1}{2}x}\left(c_2 \cos \dfrac{1}{2}x + c_3 \sin \dfrac{1}{2}x\right)$
(C) $c_1 e^{-x} + e^{\frac{1}{2}x}\left(c_2 \cos \dfrac{\sqrt{3}}{2}x + c_3 \sin \dfrac{\sqrt{3}}{2}x\right)$
(D) $(c_1 + c_2 x + c_3 x^2) e^{-x}$

27. The solution of differential equation $\dfrac{d^3y}{dx^3} + 3\dfrac{dy}{dx} = 0$ is (2)

(A) $c_1 + c_2 \cos x + c_3 \sin x$
(B) $c_1 + c_2 \cos \sqrt{3}x + c_3 \sin \sqrt{3}x$
(C) $c_1 + c_2 e^{\sqrt{3}x} + c_3 e^{-\sqrt{3}x}$
(D) $c_1 \cos x + c_2 \sin x$

28. The solution of differential equation $\dfrac{d^3y}{dx^3} + \dfrac{d^2y}{dx^2} - 2\dfrac{dy}{dx} + 12y = 0$ is (2)

(A) $c_1 e^{-3x} + e^x(c_2 \cos\sqrt{3}x + c_3 \sin\sqrt{3}x)$
(B) $c_1 e^{-3x} + (c_2 \cos 3x + c_3 \sin 3x)$
(C) $c_1 e^{3x} + e^{-x}(c_2 \cos\sqrt{3}x + c_3 \sin\sqrt{3}x)$
(D) $c_1 e^{-x} + c_2 e^{-\sqrt{3}x} + c_3 e^{\sqrt{3}x}$

29. The solution of differential equation $(D^3 - D^2 + 3D + 5)y = 0$ where $D = \dfrac{d}{dx}$ is (2)

(A) $c_1 e^{-x} + e^x(c_2 \cos 2x + c_3 \sin 2x)$
(B) $c_1 e^{-x} + (c_2 \cos 3x + c_3 \sin 3x)$
(C) $c_1 e^x + e^{-x}(c_2 \cos 2x + c_3 \sin 2x)$
(D) $c_1 e^{-x} + c_2 e^{-2x} + c_3 e^{-3x}$

30. The solution of differential equation $\dfrac{d^3y}{dx^3} - \dfrac{d^2y}{dx^2} + 4\dfrac{dy}{dx} - 4y = 0$ is (2)

(A) $(c_1 + c_2 x)e^{-2x} + c_3 e^{-x}$
(B) $c_1 e^x + c_2 \cos 4x + c_3 \sin 4x$
(C) $c_1 e^x + c_2 \cos 2x + c_3 \sin 2x$
(D) $c_1 e^x + c_2 e^{2x} + c_3 e^{-2x}$

31. The solution of differential equation $\dfrac{d^4y}{dx^4} - y = 0$ is (2)

(A) $(c_1 x + c_2)e^{-x} + c_3 \cos x + c_4 \sin x$
(B) $(c_1 x + c_2)\cos x + (c_3 x + c_4)\sin x$
(C) $(c_1 + c_2 x + c_3 x^2 + c_4 x^3)e^x$
(D) $c_1 e^x + c_2 e^{-x} + c_3 \cos x + c_4 \sin x$

32. The solution of differential equation $(D^4 + 2D^2 + 1)y = 0$ where $D = \dfrac{d}{dx}$ is (2)

(A) $(c_1 x + c_2)e^x + (c_3 x + c_4)e^{-x}$
(B) $(c_1 x + c_2)\cos x + (c_3 x + c_4)\sin x$
(C) $c_1 e^x + c_2 e^{-x} + c_3 \cos x + c_4 \sin x$
(D) $(c_1 x + c_2)\cos 2x + (c_3 x + c_4)\sin 2x$

33. The solution of differential equation $(D^2 + 9)^2 y = 0$, where $D = \dfrac{d}{dx}$ is (2)

(A) $(c_1 x + c_2)e^{3x} + (c_3 x + c_4)e^{-3x}$
(B) $(c_1 x + c_2)\cos 3x + (c_3 x + c_4)\sin 3x$
(C) $(c_1 x + c_2)\cos 9x + (c_3 x + c_4)\sin 9x$
(D) $(c_1 x + c_2)\cos x + (c_3 x + c_4)\sin x$

34. The solution of differential equation $\dfrac{d^4y}{dx^4} + 8\dfrac{d^2y}{dx^2} + 16y = 0$ is (2)

(A) $c_1 e^{2x} + c_2 e^{-x} + c_3 e^x + c_4 e^{-2x}$
(B) $(c_1 x + c_2)e^{2x} + (c_3 x + c_4)e^{-2x}$
(C) $(c_1 x + c_2)\cos 4x + (c_3 x + c_4)\sin 4x$
(D) $(c_1 x + c_2)\cos 2x + (c_3 x + c_4)\sin 2x$

35. The solution of differential equation $\dfrac{d^6y}{dx^6} + 6\dfrac{d^4y}{dx^4} + 9\dfrac{d^2y}{dx^2} = 0$ is (2)

(A) $c_1 x + c_2 + (c_3 x + c_4)\cos\sqrt{3}x + (c_3 x + c_6)\sin\sqrt{3}x$
(B) $c_1 x + c_2 + (c_3 x + c_4)\cos 3x + (c_5 x + c_6)\sin 3x$
(C) $(c_1 x + c_2)\cos\sqrt{3}x + (c_3 x + c_4)\sin\sqrt{3}x$
(D) $c_1 x + c_2 + (c_3 x + c_4)e^{\sqrt{3}x}$.

Answers

1. (A)	2. (C)	3. (B)	4. (D)	5. (B)	6. (D)	7. (A)	8. (C)
9. (D)	10. (B)	11. (A)	12. (C)	13. (D)	14. (A)	15. (B)	16. (C)
17. (D)	18. (A)	19. (C)	20. (B)	21. (C)	22. (D)	23. (B)	24. (A)
25. (D)	26. (C)	27. (B)	28. (A)	29. (A)	30. (C)	31. (D)	32. (B)
33. (B)	34. (D)	35. (A)					

1.9 THE GENERAL SOLUTION OF THE LINEAR DIFFERENTIAL EQUATION $\phi(D) y = f(x)$

The general solution of the equation $\phi(D)y = f(x)$ can be written as $\boxed{y = y_c + y_p}$ where,

1. y_c is the solution of the given equation with $f(x) = 0$, that is of equation $\phi(D) y = 0$ (which is known as Associated equation or Reduced equation) and is called the *complimentary function* (C.F.). It involves n arbitrary constants and is denoted by C.F. then $\boxed{\phi(D) y_c = 0}$.

2. y_p is any function of x, which satisfies the equation $\phi(D) y = f(x)$, so that

$$\boxed{\phi(D) y_p = f(x)}$$

y_p is called the particular integral and is denoted by P.I. It does not contain any arbitrary constant.

Thus, on substituting $y = y_c + y_p$ in $\phi(D) y$,

$$\phi(D) [y_c + y_p] = \phi(D) y_c + \phi(D) y_p = 0 + f(x) = f(x)$$

$\therefore$ $y = y_c + y_p$ satisfies the equation $\phi(D) y = f(x)$ and as it contains exactly n arbitrary constants, is the general (or complete) solution of the equation.

Note : 1. The complete solution of $\phi(D) y = f(x)$ is $y = $ C.F. + P.I. $= y_c + y_p$.

2. The general solution of $\phi(D) y = f(x)$ has *arbitrary constants equal in number to the order of the differential equation.*

1.10 THE INVERSE OPERATOR $\frac{1}{\phi(D)}$ AND THE SYMBOLIC EXPRESSION FOR THE PARTICULAR INTEGRAL

We define $\frac{1}{\phi(D)} f(x)$ as that function of x which when acted upon by the differential operator $\phi(D)$ gives $f(x)$.

Thus by this definition, $\phi(D)\left\{\dfrac{1}{\phi(D)} f(x)\right\} = f(x)$ and so $\left\{\dfrac{1}{\phi(D)} f(x)\right\}$ satisfies the equation $\phi(D) y = f(x)$ and so is the P.I. of the equation $\phi(D) y = f(x)$.

Thus the P.I. of the equation $\phi(D) y = f(x)$ is symbolically given by

$$\boxed{P.I. = y_p = \dfrac{1}{\phi(D)} f(x)}$$

e.g. 1. $(D^2 - 1) y = x^2 \quad \therefore \quad y_p = \dfrac{1}{D^2 - 1} x^2$

  2. $(D^2 - 3D + 2) y = \sin e^x \quad \therefore \quad y_p = \dfrac{1}{D^2 - 3D + 2} \sin e^x$.

1.11 METHODS OF OBTAINING PARTICULAR INTEGRAL

There are three methods to evaluate the particular integral $y_p = \dfrac{1}{\phi(D)} f(x)$.

(A) General method
(B) Short-cut methods
(C) Method of variation of parameters.

Now we will discuss these methods in detail.

(A) General Method

This method is useful when the short-cut methods given in (B) are not applicable. This method involves integration.

(i) $\dfrac{1}{D - m} f(x)$: By definition of the P.I., $\dfrac{1}{D - m} f(x)$ will be the P.I. of the equation $(D - m) y = f(x)$ i.e. the part in the solution of this equation which does not contain the arbitrary constant. We have, $\dfrac{dy}{dx} - my = f(x)$ (linear)

$\quad$ I.F. $= e^{-mx}$ and the general solution is

$\quad y e^{-mx} = \int f(x) \cdot e^{-mx} dx + c_1$

$\therefore \quad y = (c_1 e^{mx}) + \left(e^{mx} \int e^{-mx} f(x) \cdot dx \right)$

i.e. $\quad y = y_c + y_p$

Here $c_1 e^{mx}$ is the C.F. and $e^{mx} \int e^{-mx} f(x) dx$ must be the P.I.

$\therefore \quad \boxed{y_p = P.I. = \dfrac{1}{D - m} f(x) = e^{mx} \int e^{-mx} f(x) dx}$

Similarly, $\quad \boxed{y_p = P.I. = \dfrac{1}{D + m} f(x) = e^{-mx} \int e^{mx} f(x) dx}$

Put m = 0
$$y_p = \frac{1}{D} f(x) = \int f(x)\, dx$$

Also,
$$y_p = \frac{1}{D^2} f(x) = \frac{1}{D}\left[\frac{1}{D} f(x)\right]$$
$$= \frac{1}{D}\left[\int f(x)\, dx\right] = \int\left[\int f(x)\, dx\right] dx$$

∴
$$y_p = \frac{1}{D^2} f(x) = \int\left[\int f(x)\, dx\right] dx$$

Similarly,
$$y_p = \frac{1}{D^3} f(x) = \int\left\{\int\left[\int f(x)\, dx\right] dx\right\} dx \quad \text{... and so on.}$$

(ii) $\dfrac{1}{(D-m_1)(D-m_2)} f(x)$:

$$y_p = \frac{1}{(D-m_1)(D-m_2)} f(x) = \frac{1}{(D-m_1)} e^{m_2 x} \int e^{-m_2 x} f(x)\, dx$$

$$y_p = e^{m_1 x} \int e^{-m_1 x}\left[e^{m_2 x} \int e^{-m_2 x} f(x)\, dx\right] dx$$

(iii) **Use of Partial Fraction :**

$$y_p = \frac{1}{(D-m_1)(D-m_2)} f(x)$$

$$= \frac{1}{(m_1-m_2)}\left[\frac{1}{D-m_1} - \frac{1}{D-m_2}\right] f(x)$$

$$= \frac{1}{m_1-m_2}\left\{\frac{1}{D-m_1} f(x) - \frac{1}{D-m_2} f(x)\right\}$$

$$y_p = \frac{1}{m_1-m_2}\left\{e^{m_1 x}\int e^{-m_1 x} f(x)\, dx - e^{m_2 x}\int e^{-m_2 x} f(x)\, dx\right\}$$

ILLUSTRATIONS ON GENERAL METHOD

Ex. 1 : Solve $\dfrac{d^2 y}{dx^2} + 3\dfrac{dy}{dx} + 2y = e^{e^x}$ (May 2010)

Sol. : For C.F., A.E. is $D^2 + 3D + 2 = 0 \Rightarrow (D+2)(D+1) = 0$
Hence $D = -1, -2$ and C.F. $= c_1 e^{-x} + c_2 e^{-2x}$

Here
$$\text{P.I.} = y_p = \frac{1}{(D+2)(D+1)} (e^{e^x})$$
$$= \frac{1}{D+2}\left[\frac{1}{D+1} e^{e^x}\right]$$

$$= \frac{1}{D+2} \left[e^{-x} \int e^x e^{e^x} dx \right] \qquad [\text{put } e^x = t \therefore e^x dx = dt]$$

$$= \frac{1}{D+2} \left[e^{-x} \int e^t dt \right]$$

$$= \frac{1}{D+2} \left[e^{-x} e^{e^x} \right]$$

$$= e^{-2x} \int e^{2x} e^{-x} e^{e^x} dx$$

$$\text{P.I.} = e^{-2x} \int e^x e^{e^x} dx = e^{-2x} e^{e^x}$$

Hence the complete solution will be

$$y = c_1 e^{-x} + c_2 e^{-2x} + e^{-2x} e^{e^x}$$

Ex. 2 : *Solve* $\dfrac{d^2y}{dx^2} + \dfrac{dy}{dx} = \dfrac{1}{1+e^x}$. **(Dec. 2008)**

Sol. : We have $(D^2 + D) y = \dfrac{1}{1+e^x}$, here $D \equiv \dfrac{d}{dx}$

$\therefore$ AE $\Rightarrow D(D+1) = 0 \quad \therefore \quad D = 0, -1.$

$\therefore \qquad \text{C.F.} = y_c = c_1 + c_2 e^{-x}$

$$\text{P.I.} = \frac{1}{D(D+1)} \left(\frac{1}{1+e^x} \right)$$

$$= \left(\frac{1}{D} - \frac{1}{D+1} \right) \left(\frac{1}{1+e^x} \right) \qquad \text{by partial fraction}$$

$$= \frac{1}{D} \left(\frac{1}{1+e^x} \right) - \frac{1}{D+1} \left(\frac{1}{1+e^x} \right)$$

$$= \int \frac{1}{1+e^x} dx - e^{-x} \int e^x \frac{dx}{1+e^x}$$

$$= \int \frac{e^x dx}{e^x(1+e^x)} - e^{-x} \int e^x \frac{dx}{1+e^x} \qquad \left[\begin{array}{l} \text{put } 1+e^x = t \\ e^x dx = dt \end{array} \right]$$

$$= \int \frac{dt}{t(t-1)} - e^{-x} \int \frac{dt}{t}$$

$$= \int \left(\frac{1}{t-1} - \frac{1}{t} \right) dt - e^{-x} \log(e^x + 1)$$

$$= \log(t-1) - \log t - e^{-x} \log(e^x + 1)$$

$$= \log(e^x) - \log(1+e^x) - e^{-x} \log(e^x + 1)$$

$$= x - \log(1+e^x) - e^{-x} \log(e^x + 1)$$

Hence the complete solution is

$$y = c_1 + c_2 e^{-x} + x - \log(1+e^x) - e^{-x} \log(1+e^x)$$

Ex. 3 : *Solve* $(D^2 + 5D + 6) y = e^{-2x} \sec^2 x (1 + 2 \tan x)$ **(Dec. 2005, May 2008)**

Sol. : $D^2 + 5D + 6 = 0$ gives $(D + 2)(D + 3) = 0 \Rightarrow D = -2, -3$

$$\text{C.F.} = c_1 e^{-2x} + c_2 e^{-3x}$$

$$\text{P.I.} = \frac{1}{(D+3)(D+2)} [e^{-2x} \sec^2 x (1 + 2 \tan x)]$$

$$= \frac{1}{D+3} \left[e^{-2x} \int e^{2x} \cdot e^{-2x} \sec^2 x (1 + 2 \tan x) \, dx \right]$$

$$= \frac{1}{D+3} \left[e^{-2x} \int \sec^2 x (1 + 2 \tan x) \, dx \right] \quad \text{put } \tan x = t, \sec^2 x \, dx = dt$$

$$= \frac{1}{D+3} \left[e^{-2x} \int (1 + 2t) \, dt \right]$$

$$= \frac{1}{D+3} [e^{-2x} (t + t^2)]$$

$$= \frac{1}{D+3} [e^{-2x} (\tan x + \tan^2 x)]$$

$$= e^{-3x} \int e^{3x} \cdot e^{-2x} [(\tan x - 1) + \sec^2 x] \, dx$$

$$= e^{-3x} \int e^x [(\tan x - 1) + \sec^2 x] \, dx$$

$$= e^{-3x} [e^x (\tan x - 1)] \qquad \because \int e^x [f(x) + f'(x)] \, dx = e^x f(x)$$

$$= e^{-2x} (\tan x - 1)$$

Hence the complete solution is

$$y = c_2 e^{-3x} + e^{-2x} [c_1 + \tan x - 1]$$

$$= c_2 e^{-3x} + e^{-2x} [c_3 + \tan x]$$

Ex. 4 : *Solve* $\dfrac{d^2y}{dx^2} + 9y = \sec 3x$ **(May 2008)**

Sol. : A.E. is $D^2 + 9 = 0$, or $D = \pm 3i$

$$\text{C.F.} = c_1 \cos 3x + c_2 \sin 3x \text{ and}$$

$$\text{P.I.} = \frac{1}{D^2 + 9} (\sec 3x) = \frac{1}{(D + 3i)(D - 3i)} \sec 3x$$

$$= \frac{1}{6i} \left[\frac{1}{D - 3i} - \frac{1}{D + 3i} \right] \sec 3x$$

$$= \frac{1}{6i} \frac{1}{D - 3i} \sec 3x - \frac{1}{6i} \frac{1}{D + 3i} \sec 3x \qquad \ldots (1)$$

Now, $\dfrac{1}{D - 3i} \sec 3x = e^{3ix} \int e^{-3ix} \sec 3x \, dx$

$$= e^{3ix} \int \frac{\cos 3x - i \sin 3x}{\cos 3x} \, dx$$

$$= e^{3ix} \int [1 - i \tan 3x] \, dx$$

$$= e^{3ix} \left[x + \frac{i}{3} \log (\cos 3x) \right]$$

Changing i to – i in this, we have

$$\frac{1}{D + 3i} (\sec 3x) = e^{-3ix} \left[x - \frac{i}{3} \log (\cos 3x) \right]$$

Putting values in (1), we have

$$\text{P.I.} = \frac{1}{6i} \left[e^{3ix} \left\{ x + \frac{i}{3} \log (\cos 3x) \right\} - e^{-3ix} \left\{ x - \frac{i}{3} \log (\cos 3x) \right\} \right]$$

$$= \frac{x}{6i} \cdot e^{3ix} + \frac{e^{3ix} \log (\cos 3x)}{18} - \frac{x \, e^{-3ix}}{6i} + \frac{e^{-3ix} \log (\cos 3x)}{18}$$

Combining the like terms, we get

$$= \frac{x}{3} \left[\frac{e^{3ix} - e^{-3ix}}{2i} \right] + \frac{1}{9} \left[\frac{e^{3ix} + e^{-3ix}}{2} \right] \log (\cos 3x)$$

$$\text{P.I.} = \frac{x}{3} \sin 3x + \frac{1}{9} \cos 3x \log (\cos 3x)$$

Hence the general solution will be

$$y = c_1 \cos 3x + c_2 \sin 3x + \frac{x}{3} \sin 3x + \frac{1}{9} \cos 3x \cdot \log (\cos 3x)$$

Ex. 5 : Solve $\dfrac{d^2 y}{dx^2} - \dfrac{dy}{dx} - 2y = 2 \log x + \dfrac{1}{x} + \dfrac{1}{x^2}$ **(May 2006)**

Sol. : $(D^2 - D - 2) y = 2 \log x + \dfrac{1}{x} + \dfrac{1}{x^2}$

$$\text{A.E.} : D^2 - D - 2 = 0 \quad \therefore \quad (D - 2)(D + 1) = 0$$

$$\therefore \quad y_c = c_1 e^{2x} + c_2 e^{-x}$$

$$y_p = \frac{1}{(D - 2)(D + 1)} \left(2 \log x + \frac{1}{x} + \frac{1}{x^2} \right)$$

$$= \frac{1}{D - 2} \left[e^{-x} \int e^x \left(2 \log x + \frac{1}{x} + \frac{1}{x^2} \right) dx \right]$$

$$= \frac{1}{D - 2} \left[e^{-x} \int e^x \left\{ 2 \log x + \frac{2}{x} - \frac{1}{x} + \frac{1}{x^2} \right\} dx \right]$$

$$= \frac{1}{D-2} \left\{ e^{-x} \int e^{x} \left[\left(2 \log x - \frac{1}{x}\right) + \left(\frac{2}{x} + \frac{1}{x^2}\right) \right] dx \right\}$$

$$= \frac{1}{D-2} \; e^{-x} \cdot e^{x} \left(2 \log x - \frac{1}{x}\right) = \frac{1}{D-2} \left(2 \log x - \frac{1}{x}\right)$$

$$= e^{2x} \int e^{-2x} \left(2 \log x - \frac{1}{x}\right) dx$$

$$= e^{2x} \left\{ \int 2 \log x \cdot e^{-2x} dx - \int e^{-2x} \frac{1}{x} dx \right\}$$

$$= e^{2x} \left\{ 2 \log x \left(\frac{e^{-2x}}{-2}\right) - \int \frac{2}{x} \cdot \left(\frac{e^{-2x}}{-2}\right) dx - \int e^{-2x} \cdot \frac{1}{x} dx \right\}$$

$$= e^{2x} \left\{ -\log x \cdot e^{-2x} + \int e^{-2x} \frac{1}{x} dx - \int e^{-2x} \frac{1}{x} dx \right\}$$

$$= e^{2x} \{-\log x \; e^{-2x}\} \; = -\log x$$

$\therefore \quad y = \text{C.F.} + \text{P.I.} = y_c + y_p$

$\quad y = c_1 e^{2x} + c_2 e^{-x} - \log x$

Ex. 6 : *Solve* $(D^2 - 1) y = e^{-x} \sin e^{-x} + \cos e^{-x}$. **(Dec. 10, May 11)**

Sol. : AE : $D^2 - 1 = 0$ or $(D-1)(D+1) = 0 \Rightarrow D = -1, +1 \quad \therefore y_c = c_1 e^{x} + c_2 e^{-x}$

$$y_p = \frac{1}{(D-1)(D+1)} (e^{-x} \sin e^{-x} + \cos e^{-x})$$

$$= \frac{1}{D-1} \left\{ e^{-x} \int e^{x} (\cos e^{-x} + e^{-x} \sin e^{-x}) dx \right\} \quad \left\{\text{Use } \int e^{x} [f + f'] dx = e^{x} \cdot f\right\}$$

$$= \frac{1}{D-1} \{e^{-x} \cdot e^{x} \cos e^{-x}\} = \frac{1}{D-1} \cdot \cos e^{-x}$$

$$= e^{x} \int e^{-x} \cos e^{-x} dx = -e^{x} \int \cos e^{-x} (-e^{-x} dx) \qquad \{\text{Use } e^{-x} = t\}$$

$$= -e^{x} \sin e^{-x}$$

$\therefore \quad y = c_1 e^{x} + c_2 e^{-x} - e^{x} \sin e^{-x}$.

Ex. 7 : *Solve* $(D^2 - 1) y = (1 + e^{-x})^{-2}$.

Sol. :   A.E. : $D^2 - 1 = 0$

       C.F. $= c_1 e^{x} + c_2 e^{-x}$

$$\text{P.I.} = \frac{1}{(D+1)(D-1)} (1 + e^{-x})^{-2}$$

$$= \frac{1}{D+1} \; e^{x} \int e^{-x} (1 + e^{-x})^{-2} dx$$

$$= \frac{1}{D+1} (-e^{x}) \int (1 + e^{-x})^{-2} (-e^{-x} dx)$$

$$= \frac{-1}{D+1} \left[-e^x (1+e^{-x})^{-1} \right]$$

$$= e^{-x} \int \frac{e^x \cdot e^x}{1+e^{-x}} \, dx$$

$$= e^{-x} \int \frac{e^{2x} \cdot (e^x \, dx)}{1+e^x} \quad (1+e^x = t)$$

$$= e^{-x} \int \frac{(t-1)^2}{t} \, dt$$

$$= e^{-x} \left[\frac{t^2}{2} - 2t + \log t \right]$$

$$= e^{-x} \left[\frac{(1+e^x)^2}{2} - 2(1+e^x) + \log(1+e^x) \right]$$

$$\therefore \quad y = c_1 e^x + c_2 e^{-x} + \frac{e^{-x}}{2}(1+e^x)^2 + e^{-x}\log(1+e^x) - 2e^{-x} - 2$$

or $\quad y = A e^x + B e^{-x} + e^{-x}\left[\frac{(1+e^x)^2}{2} + \log(1+e^x)\right] - 2$

Ex. 8 : Solve $(D^2 + 3D + 2) y = e^{e^x} + \cos e^x$. **(Dec. 07, 10, 11)**

Sol. : A.E. : $D^2 + 3D + 2 = (D+2)(D+1) = 0$

$\quad$ C.F. $= c_1 e^{-2x} + c_2 e^{-x}$

$$\text{P.I.} = \frac{1}{(D+2)(D+1)} (e^{e^x} + \cos e^x)$$

$$= \frac{1}{D+2} \, e^{-x} \int e^x (e^{e^x} + \cos e^x) \, dx$$

$$= \frac{1}{D+2} \, e^{-x} (e^{e^x} + \sin e^x)$$

$$= e^{-2x} \int e^{2x} e^{-x} (e^{e^x} + \sin e^x) \, dx$$

$$= e^{-2x} \int e^x (e^{e^x} + \sin e^x) \, dx$$

$$= e^{-2x} (e^{e^x} - \cos e^x)$$

$\therefore \quad y = c_1 e^{-2x} + c_2 e^{-x} + e^{-2x} (e^{e^x} - \cos e^x)$

Ex. 9 : Solve $(D^2 + 3D + 2) y = \sin e^x$.

Sol. : A.E. : $D^2 + 3D + 2 = (D+2)(D+1) = 0 \Rightarrow D = -2, -1$.

$\quad$ C.F. $= c_1 e^{-2x} + c_2 e^{-x}$

$$\text{P.I.} = \frac{1}{(D+2)(D+1)} \sin e^x = \frac{1}{D+2} e^{-x} \int e^x \sin e^x \, dx$$

$$= \frac{1}{D+2} e^{-x} (-\cos e^x) = -e^{-2x} \int e^x \cos e^x \, dx$$
$$= -e^{-2x} \sin e^x$$
$$\therefore \quad y = c_1 e^{-2x} + c_2 e^{-x} - e^{-2x} \sin e^x$$

Ex. 10 : Solve $\dfrac{d^2 y}{dx^2} + y = \operatorname{cosec} x$.

Sol. : A.E. : $D^2 + 1 = (D + i)(D - i) = 0 \Rightarrow D = \pm i$.

C.F. $= c_1 \cos x + c_2 \sin x$

$$\text{P.I.} = \frac{1}{D^2 + 1} \operatorname{cosec} x = \frac{1}{2i} \left(\frac{1}{D-i} - \frac{1}{D+i} \right) \operatorname{cosec} x$$

$$= \frac{1}{2i} \left[\frac{1}{D-i} \operatorname{cosec} x - \frac{1}{D+i} \operatorname{cosec} x \right]$$

$$= \frac{1}{2i} \left[e^{ix} \int e^{-ix} \operatorname{cosec} x \, dx - e^{-ix} \int e^{ix} \operatorname{cosec} x \, dx \right]$$

$$= \frac{1}{2i} \left[e^{ix} \int (\cos x - i \sin x) \operatorname{cosec} x \, dx - e^{-ix} \int (\cos x + i \sin x) \operatorname{cosec} x \, dx \right]$$

$$= \frac{1}{2i} \left[e^{ix} \int (\cot x - i) \, dx - e^{-ix} \int (\cot x + i) \, dx \right]$$

$$= \frac{1}{2i} \left[e^{ix} (\log \sin x - ix) - e^{-ix} (\log \sin x + ix) \right]$$

$$= \frac{1}{2i} \left[(\log \sin x)(e^{ix} - e^{-ix}) - ix(e^{ix} + e^{-ix}) \right]$$

$$= \sin x \log \sin x - x \cos x$$

$$\therefore \quad y = c_1 \cos x + c_2 \sin x + \sin x \log \sin x - x \cos x$$

(B) Short-cut Methods for Finding P.I. in Certain Standard Cases

Although the general method (A) discussed in the previous article will always work in the theory, it many a times leads to laborious and difficult integration. To avoid this, short methods of finding P.I. without actual integration are developed depending upon the particular form of function f(x).

Case I : P.I. when $f(x) = e^{ax}$, a is any constant.

To obtain $y_p = \dfrac{1}{\phi(D)} e^{ax}$, we have $D e^{ax} = a e^{ax}$, $D^2 e^{ax} = a^2 e^{ax}$ ...... $D^n e^{ax} = a^n e^{ax}$

$\therefore \quad (a_0 D^n + a_1 D^{n-1} + \ldots + a_n) e^{ax} = (a_0 a^n + a_1 a^{n-1} + \ldots + a_n) e^{ax}$

or $\quad \phi(D) e^{ax} = \phi(a) e^{ax}$

Operating on both sides by $\dfrac{1}{\phi(D)}$, we have

$$\dfrac{1}{\phi(D)} [\phi(D) e^{ax}] = \dfrac{1}{\phi(D)} [\phi(a) e^{ax}]$$

or $\qquad e^{ax} = \phi(a) \dfrac{1}{\phi(D)} (e^{ax})$, $\qquad\qquad (\because \dfrac{1}{\phi(D)}$ is a linear operator$)$

Dividing by $\phi(a)$, we have the formula

$$\boxed{\dfrac{1}{\phi(D)} e^{ax} = \dfrac{1}{\phi(a)} e^{ax} \text{ provided } \phi(a) \ne 0} \qquad \ldots (A)$$

Case of failure : If $\phi(a) = 0$, above rule fails and we proceed as under.

Since $\phi(a) = 0$, $D - a$ must be a factor of $\phi(D)$ (by Factor Theorem).

Let $\qquad\qquad \phi(D) = (D - a) \psi(D)$ where, $\psi(a) \ne 0$. Then

$$\begin{aligned}
\dfrac{1}{\phi(D)} (e^{ax}) &= \dfrac{1}{D-a} \dfrac{1}{\psi(D)} e^{ax} \\
&= \dfrac{1}{D-a} \dfrac{e^{ax}}{\psi(a)} &&\ldots \text{from (A)} \\
&= \dfrac{1}{\psi(a)} \dfrac{1}{D-a} e^{ax} \\
&= \dfrac{1}{\psi(a)} e^{ax} \int e^{-ax} e^{ax} dx &&\ldots \text{(refer 1.11-A (i))} \\
&= \dfrac{1}{\psi(a)} e^{ax} \int dx \\
&= x \cdot \dfrac{1}{\psi(a)} e^{ax}, \text{ where } \psi(a) = \phi'(a) \ne 0.
\end{aligned}$$

i.e. $\qquad \boxed{\dfrac{1}{\phi(D)} e^{ax} = x \cdot \dfrac{1}{\phi'(a)} e^{ax} \text{ provided } \phi'(a) \ne 0} \qquad \ldots (B)$

If $\phi'(a) = 0$ then we shall apply (B) again to get

$$\boxed{\dfrac{1}{\phi(D)} (e^{ax}) = x^2 \dfrac{1}{\phi''(a)} e^{ax}, \text{ provided } \phi''(a) \ne 0}\text{ , and so on.}$$

Remark 1 : Since $\quad \phi(D) = (D - a) \psi(D)$

$\qquad\qquad\qquad\qquad \phi'(D) = (D - a) \psi'(D) + \psi(D)$

$\therefore \qquad\qquad\qquad \phi'(a) = 0 + \psi(a)$

or $\qquad\qquad\qquad \phi'(a) = \psi(a)$

Remark 2 : It can also be established that

$$\frac{1}{(D-a)^r \psi(D)} e^{ax} = \frac{1}{\psi(a)} \frac{x^r}{r!} e^{ax}, \text{ provided } \psi(a) \neq 0.$$

Remark 3 : Any constant k can be expressed as $k = k \cdot e^{0x}$

$$\therefore \quad y_p = \frac{1}{\phi(D)} (k) = \frac{1}{\phi(D)} k \cdot e^{0x} = k \cdot \frac{1}{\phi(D)} e^{0x}$$

$$= k \cdot \frac{1}{\phi(0)}, \ \phi(0) \neq 0$$

Remark 4 : If $f(x) = a^x$ then we use $a^x = e^{x \log a}$

$$\therefore \quad y_p = \frac{1}{\phi(D)} a^x = \frac{1}{\phi(D)} e^{x \log a}$$

$$= \frac{1}{\phi(\log a)} a^x \qquad \text{Replace D with log a.}$$

If $f(x) = a^{-x}$ then we use $a^{-x} = e^{x \log 1/a} = e^{x(-\log a)}$

$$\therefore \quad y_p = \frac{1}{\phi(D)} a^{-x} = \frac{1}{\phi(D)} e^{x(-\log a)}$$

$$= \frac{1}{\phi(-\log a)} a^{-x}. \qquad \text{Replace D with } -\log a.$$

Formulae for Ready Reference :

1. $\dfrac{1}{D-a} e^{ax} = x \cdot e^{ax}$ 2. $\dfrac{1}{(D-a)^2} e^{ax} = \dfrac{x^2}{2!} e^{ax}$ 3. $\dfrac{1}{(D-a)^3} e^{ax} = \dfrac{x^3}{3!} e^{ax}$

4. $\dfrac{1}{(D-a)^r} e^{ax} = \dfrac{x^r}{r!} e^{ax}$

5. $\dfrac{1}{(D-a)^r \psi(D)} e^{ax} = \dfrac{1}{\psi(a)} \dfrac{1}{(D-a)^r} e^{ax} = \dfrac{1}{\psi(a)} \dfrac{x^r}{r!} e^{ax}, \ \psi(a) \neq 0$

ILLUSTRATIONS

Ex. 1 : *Find the Particular Integral of* $(D^2 - 5D + 6) y = 3 e^{5x}$.

Sol. : $\quad$ P.I. $= \dfrac{3}{D^2 - 5D + 6} (e^{5x})$

$$= \frac{3 e^{5x}}{5^2 - 5.5 + 6} = \frac{e^{5x}}{2}$$

Ex. 2 : *Find the Particular Integral of* $\dfrac{d^2y}{dx^2} + 4 \dfrac{dy}{dx} + 3y = e^{-3x}$

Sol. : Here $\quad$ P.I. $= \dfrac{1}{D^2 + 4D + 3} (e^{-3x}), \quad \phi(D) = D^2 + 4D + 3$

But $\quad \phi(-3) = 9 - 12 + 3 = 0$ hence $\phi(-3) = 0$ and case I fails.

$$\therefore \quad \text{P.I.} = \frac{x \, e^{-3x}}{\phi'(a)} = x \cdot \frac{1}{2D+4} \cdot e^{-3x}, \ D \to a = -3$$

$$= \frac{x \, e^{-3x}}{2(-3)+4} = \frac{x \, e^{-3x}}{-2}$$

Ex. 3 : *Find the Particular Integral of* $(D-1)^3 y = e^x + 2^x - \frac{3}{2}$.

Sol. :
$$y_p = \frac{1}{(D-1)^3} e^x + \frac{1}{(D-1)^3} 2^x - \frac{3}{2} \frac{1}{(D-1)^3} e^{0x}$$

$$= \frac{x^3}{3!} e^x + \frac{1}{(\log 2 - 1)^3} 2^x - \frac{3}{2} \frac{1}{(0-1)^3}$$

$$= \frac{x^3}{6} e^x + \frac{1}{(\log 2 - 1)^3} 2^x + \frac{3}{2}$$

Ex. 4 : *Find the Particular Integral of* $(D-2)^2 (D+1) y = e^{2x} + 2^{-x}$

Sol. :
$$y_p = \frac{1}{(D-2)^2(D+1)} e^{2x} + \frac{1}{(D-2)^2(D+1)} 2^{-x}$$

$$= \frac{1}{(D-2)^2} \cdot \frac{1}{(2+1)} e^{2x} + \frac{2^{-x}}{(-\log 2 - 2)^2 (-\log 2 + 1)}$$

$$= \frac{1}{3} \cdot \frac{x^2}{2!} e^{2x} + \frac{2^{-x}}{(-\log 2 - 2)^2 (-\log 2 + 1)}$$

Case II : P.I. when $f(x) = \sin(ax+b)$ or $\cos(ax+b)$.

To obtain $y_p = \dfrac{1}{\phi(D^2)} \sin(ax+b)$ or $\dfrac{1}{\phi(D^2)} \cos(ax+b)$, we have

$$D \sin(ax+b) = a \cos(ax+b)$$
$$D^2 \sin(ax+b) = -a^2 \sin(ax+b)$$
$$D^3 \sin(ax+b) = -a^3 \cos(ax+b)$$
$$D^4 \sin(ax+b) = a^4 \sin(ax+b)$$

or $\quad (D^2)^2 \sin(ax+b) = (-a^2)^2 \sin(ax+b)$

Similarly $\quad (D^2)^p \sin(ax+b) = (-a^2)^p \sin(ax+b)$

and we may generalise that

$$\phi(D^2) \sin(ax+b) = \phi(-a^2) \sin(ax+b)$$

Operating on both sides by $\dfrac{1}{\phi(D^2)}$, we have

$$\frac{1}{\phi(D^2)} [\phi(D^2) \sin(ax+b)] = \frac{1}{\phi(D^2)} [\phi(-a^2) \sin(ax+b)]$$

$$\sin(ax+b) = \phi(-a^2) \frac{1}{\phi(D^2)} \sin(ax+b)$$

Dividing now by $\phi(-a^2)$, we have

$$\boxed{\frac{1}{\phi(D^2)}\sin(ax+b) = \frac{1}{\phi(-a^2)}\sin(ax+b), \text{ provided } \phi(-a^2) \neq 0}$$

Case of failure : But if $\phi(-a^2) = 0$, above rule fails and we proceed as under :
We know by Euler's Theorem that $\cos(ax+b) + i\sin(ax+b) = e^{i(ax+b)}$ hence

$$\frac{1}{\phi(D^2)}\sin(ax+b) = \text{Imag. Part of } \frac{1}{\phi(D^2)} e^{i(ax+b)}$$

$$= \text{I.P. of } \frac{1}{\phi(D^2)} e^{i(ax+b)}$$

$$= \text{I.P. of } x\frac{1}{\phi'(D^2)} e^{i(ax+b)}, \quad (D^2 = -a^2)$$

Hence $\boxed{\dfrac{1}{\phi(D^2)}\sin(ax+b) = x\dfrac{1}{\phi'(-a^2)}\sin(ax+b) \text{ provided } \phi'(-a^2) \neq 0}$

Add if $\phi'(-a^2) \neq 0$, we have

$$\boxed{\frac{1}{\phi(D^2)}\sin(ax+b) = x^2 \frac{1}{\phi''(-a^2)}\sin(ax+b), \text{ provided } \phi''(-a^2) \neq 0}$$

Similarly formulae for $\cos(ax+b)$ viz.

$$\boxed{\frac{1}{\phi(D^2)}\cos(ax+b) = \frac{1}{\phi(-a^2)}\cos(ax+b), \text{ provided } \phi(-a^2) \neq 0}$$

But if $\phi(-a^2) = 0$, we have

$$\boxed{\frac{1}{\phi(D^2)}\cos(ax+b) = x\frac{1}{\phi'(-a^2)}\cos(ax+b), \text{ provided } \phi'(-a^2) \neq 0}$$

And if $\phi'(-a^2) = 0$, we have

$$\boxed{\frac{1}{\phi(D^2)}\cos(ax+b) = x^2 \frac{1}{\phi''(-a^2)}\cos(ax+b), \text{ provided } \phi''(-a^2) \neq 0}$$

and so on and so forth.

Additional Results :

$$\frac{1}{\phi(D^2)}\sin ax = \frac{1}{\phi(-a^2)}\sin ax, \quad \phi(-a^2) \neq 0 \quad (\text{Replace } D^2 \text{ with } -a^2)$$

$$\frac{1}{\phi(D^2)}\cos ax = \frac{1}{\phi(-a^2)}\cos ax, \quad \phi(-a^2) \neq 0, \quad (\text{Replace } D^2 \text{ with } -a^2)$$

For the case of failure, it can also be established that

$$\boxed{\frac{1}{D^2+a^2}\sin(ax+b) = -\frac{x}{2a}\cos(ax+b)}$$

$$\boxed{\frac{1}{D^2 + a^2} \cos(ax+b) = \frac{x}{2a} \sin(ax+b)}$$

$$\boxed{\frac{1}{(D^2+a^2)^r} \sin(ax+b) = \left(\frac{-x}{2a}\right)^r \frac{1}{r!} \sin\left(ax+b+\frac{r\pi}{2}\right)}$$

$$\boxed{\frac{1}{(D^2+a^2)^r} \cos(ax+b) = \left(\frac{-x}{2a}\right)^r \frac{1}{r!} \cos\left(ax+b+\frac{r\pi}{2}\right)}$$

Useful Formulae :

$$\sin^2 x = \frac{1-\cos 2x}{2} = \frac{e^{0x}}{2} - \frac{\cos 2x}{2}$$

$$\cos^2 x = \frac{1+\cos 2x}{2} = \frac{e^{0x}}{2} + \frac{\cos 2x}{2}$$

$$\sin A \sin B = \frac{1}{2}[\cos(A-B) - \cos(A+B)]$$

$$\sin A \cos B = \frac{1}{2}[\sin(A+B) + \sin(A-B)]$$

$$\cos A \cos B = \frac{1}{2}[\cos(A+B) + \cos(A-B)]$$

$$\sin x = 2 \sin \frac{x}{2} \cos \frac{x}{2}; \sin 2x = 2 \sin x \cos x.$$

Note : Write $D^3 = D^2 \cdot D$; $D^4 = (D^2)^2$; $D^5 = (D^2)^2 \cdot D$. Always replace D^2 by $-a^2$ and *keep D as it is.* To get D^2 in the denominator, rationalise the denominator and then replace D^2 by $-a^2$. Now numerator will contain an operator in D, therefore open the bracket.

ILLUSTRATIONS

Ex. 1 : *Solve* $(D^2 + 2D + 1) y = 4 \sin 2x.$

Sol. : A.E. is $D^2 + 2D + 1 = 0 \Rightarrow D = -1, -1.$

$$\text{C.F.} = (c_1 x + c_2) e^{-x}$$

$$\text{P.I.} = \frac{1}{D^2 + 2D + 1} (4 \sin 2x)$$

$$= \frac{1}{-4 + 2D + 1} (4 \sin 2x) \quad \text{(putting } D^2 = -2^2 = -4\text{)}$$

$$= \frac{4}{2D - 3} (\sin 2x)$$

$$= \frac{4(2D+3)}{4D^2 - 9} (\sin 2x)$$

[Multiply numerator and denominator by $(2D+3)$]

$$= \frac{4(2D+3)}{4(-4) - 9} (\sin 2x) \quad \text{(replace } D^2 \text{ with } -4\text{)}$$

$$= -\frac{4}{25}(2D+3)(\sin 2x)$$

$$= -\frac{4}{25}[4\cos 2x + 3\sin 2x]$$

∴ General solution is

$$y = (c_1 x + c_2)e^{-x} - \frac{4}{25}[4\cos 2x + 3\sin 2x]$$

Ex. 2 : *Solve* $\frac{d^3y}{dx^3} + 4\frac{dy}{dx} = \sin 2x.$

Sol. : A.E. will be $D^3 + 4D = 0 \Rightarrow D(D^2 + 4) = 0$

Hence $D = 0$ and $D = \pm 2i$.

$\quad$ C.F. = Complementary Function = $c_1 + c_2 \cos 2x + c_3 \sin 2x$

$$\text{P.I.} = \frac{1}{D(D^2+4)}(\sin 2x) \qquad [\because D^2 + 4 = 0,\ \text{for}\ D^2 = -2^2 = -4\,]$$

$$= x\frac{1}{3D^2+4}(\sin 2x),\ \left[\frac{d}{dD}(D^3+4D) = 3D^2+4,\ \text{then put}\ D^2 = -4\right]$$

$$= x \cdot \frac{1}{3(-4)+4}(\sin 2x)$$

$$= -\frac{x}{8}\sin 2x.$$

Hence the solution is

$$y = c_1 + c_2 \cos 2x + c_3 \sin 2x - \frac{x\sin 2x}{8}$$

Ex. 3 : *Solve* $(D^2 + 1)y = \sin x \sin 2x.$ $\hfill$ **(May 2010, Dec. 2012)**

Sol. : A.E. is $D^2 + 1 = 0 \Rightarrow D = \pm i$

∴ $\quad$ C.F. $= c_1 \cos x + c_2 \sin x$

We have $\quad$ P.I. $= \dfrac{1}{D^2+1}(\sin x \sin 2x)$

$$= \frac{1}{D^2+1}\left[\frac{1}{2}(\cos x - \cos 3x)\right]$$

$$= \frac{1}{2}\frac{1}{D^2+1}\cos x - \frac{1}{2}\frac{1}{D^2+1}\cos 3x$$

$\hfill (D^2 \to -9\ \text{in 2nd term, case fails for 1st term})$

$$= \frac{1}{2}x \cdot \frac{1}{2D}\cos x - \frac{1}{2}\frac{1}{-9+1}\cos 3x$$

$$= x \cdot \frac{1}{4} \frac{D}{D^2} \cos x + \frac{1}{16} \cos 3x, \quad (D^2 \to -1)$$

$$= \frac{1}{4} x \cdot \frac{D(\cos x)}{-1} + \frac{1}{16} \cos 3x$$

$$= \frac{1}{4} x \sin x + \frac{1}{16} \cos 3x$$

Hence the solution is

$$y = c_1 \cos x + c_2 \sin x + \frac{1}{4} x \sin x + \frac{1}{16} \cos 3x$$

Case III : P.I when $f(x) = \cosh(ax + b)$ or $\sinh(ax + b)$.

To find $y_p = \dfrac{1}{\phi(D^2)} \cosh(ax + b)$ or $\dfrac{1}{\phi(D^2)} \sinh(ax + b)$

As earlier on the similar line, we can prove that

$$\frac{1}{\phi(D^2)} \cosh(ax+b) = \frac{1}{\phi(a^2)} \cosh(ax+b), \quad \phi(a^2) \neq 0$$

and $\quad \dfrac{1}{\phi(D^2)} \sinh(ax+b) = \dfrac{1}{\phi(a^2)} \sinh(ax+b), \quad \phi(a^2) \neq 0$

ILLUSTRATION

Ex. 1 : *Solve* $\dfrac{d^3y}{dx^3} - 4\dfrac{dy}{dx} = 2 \cosh 2x$

Sol. : A.E. is $D^3 - 4D = 0 \Rightarrow D(D^2 - 4) = 0, \; D = 0, \pm 2$

Hence $\quad$ C.F. $= c_1 + c_2 e^{2x} + c_3 e^{-2x}$

$$\text{P.I.} = \frac{1}{(D^2-4)} \left[\frac{1}{D} (2 \cosh 2x) \right]$$

$$= \frac{1}{D^2-4} \int 2 \cosh 2x \, dx$$

$$= \frac{2}{D^2-4} \left(\frac{\sinh 2x}{2} \right)$$

$$= \frac{1}{D^2-4} (\sinh 2x) \quad \text{[case of failure, hence differentiate } \phi(D)\text{]}$$

$$= \frac{x (\sinh 2x)}{2D} = \frac{x D (\sinh 2x)}{2D^2}$$

$$= \frac{x}{2} \frac{D(\sinh 2x)}{(4)} = \frac{x}{8} D(\sinh 2x)$$

$$= \frac{x}{4} \cosh 2x$$

$\therefore$ Solution is $\quad y = c_1 + c_2 e^{2x} + c_3 e^{-2x} + \dfrac{x}{4} \cosh 2x$

Case IV : P.I. when f(x) = x^m

To find $y_p = \dfrac{1}{\phi(D)} x^m$, we write $\dfrac{1}{\phi(D)} (x^m) = [\phi(D)]^{-1} x^m$.

We shall now expand $[\phi(D)]^{-1}$ in ascending powers of D as far as the term in D^m and operate on x^m term by term. Since $(m+1)^{th}$ and higher derivatives of x^m will be zero, we need not consider terms beyond D^m.

Important Formulae :

$$\frac{1}{1+x} = (1+x)^{-1} = 1 - x + x^2 - x^3 + \ldots\ldots$$

$$\frac{1}{1-x} = (1-x)^{-1} = 1 + x + x^2 + x^3 + \ldots\ldots$$

$$(1+x)^n = 1 + nx + \frac{n(n-1)}{2!} x^2 + \ldots\ldots$$

Also note that $D^n(x^n) = n!$ and $D^{n+1}(x^n) = 0$.

Note : To find $y_p = \dfrac{1}{\phi(D)} x^m$

(i) we always take constant term common from the denominator and use the formulae $(1+x)^{-1}, (1-x)^{-1}, (1+x)^n, (1-x)^n$.

(ii) if constant term is absent in the denominator then the minimum power of D is taken common from the denominator.

e.g. $\dfrac{1}{D^2 - 3D - 2} x^m = \dfrac{1}{-2\left[1 - \left(\dfrac{D^2 - 3D}{2}\right)\right]} x^m$

$\dfrac{1}{D^2 - 3D + 3} x^m = \dfrac{1}{3\left[1 + \left(\dfrac{D^2 - 3D}{3}\right)\right]} x^m$

$\dfrac{1}{D^3 - 3D^2 + 2D} x^m = \dfrac{1}{2D\left[1 + \left(\dfrac{D^2 - 3D}{2}\right)\right]} x^m$

ILLUSTRATION

Ex. 1 : *Find the particular solution of* $\dfrac{d^2y}{dx^2} - \dfrac{dy}{dx} + y = x^3 - 3x^2 + 1$.

Sol. : It can be put as $(D^2 - D + 1) y = x^3 - 3x^2 + 1$.

$$\text{P.I.} = \frac{1}{(1 - D + D^2)} (x^3 - 3x^2 + 1)$$

$$= [1 - (D - D^2)]^{-1} (x^3 - 3x^2 + 1)$$

Expanding by Binomial theorem upto D^3 terms

$$= [1 + (D - D^2) + (D - D^2)^2 + (D - D^2)^3 + \ldots] (x^3 - 3x^2 + 1)$$

$$= [1 + D - D^2 + D^2 - 2D^3 + \ldots + D^3 + \ldots] (x^3 - 3x^2 + 1)$$

$$= (1 + D - D^3)(x^3 - 3x^2 + 1)$$
$$= x^3 - 6x - 5$$
Hence   P.I. $= x^3 - 6x - 5$.

Case V : P.I. when $f(x) = e^{ax} V$, where V is any function of x.

To find $y_p = \dfrac{1}{f(D)} e^{ax} V$, we have

$$D(e^{ax} V) = e^{ax} DV + a e^{ax} V = e^{ax}(D + a) V$$

and
$$D^2(e^{ax} V) = e^{ax} D^2 V + 2a\, e^{ax} DV + a^2\, e^{ax} V$$
$$= e^{ax}(D + a)^2 V$$

and proceeding similarly, we may have in general
$$D^n(e^{ax} V) = e^{ax}(D + a)^n V$$

Hence $\phi(D)(e^{ax} V) = e^{ax} \phi(D + a) V$ ... (I)

Now, let $\phi(D + a) V = V_1 \Rightarrow V = \dfrac{1}{\phi(D + a)} V_1$

If we put value of V in (I), we have

$$\phi(D)\left[e^{ax} \dfrac{1}{\phi(D + a)} V_1 \right] = e^{ax} V_1$$

Operating on both sides by $\dfrac{1}{\phi(D)}$ now, we get

$$e^{ax} \dfrac{1}{\phi(D + a)} V_1 = \dfrac{1}{\phi(D)} (e^{ax} V_1)$$

Here V_1 is any function of x, and hence, we have the formula

$$\boxed{\dfrac{1}{\phi(D)}(e^{ax} V) = e^{ax} \dfrac{1}{\phi(D + a)} (V)}$$

ILLUSTRATION

Ex. 1 : *Solve $(D^2 - 4D + 3) y = x^3 e^{2x}$.*   **(May 2010)**

Sol. :   A.E. $= D^2 - 4D + 3 = (D - 1)(D - 3) \Rightarrow D = 1, 3$.
Hence   C.F. $= c_1 e^x + c_2 e^{3x}$

$$\text{P.I.} = \dfrac{1}{D^2 - 4D + 3}(x^3 e^{2x})$$

$$= e^{2x} \dfrac{1}{(D + 2)^2 - 4(D + 2) + 3}(x^3) \qquad \ldots (D \to D + 2)$$

$$= e^{2x} \dfrac{1}{D^2 + 4D + 4 - 4D - 8 + 3}(x^3)$$

$$= e^{2x} \dfrac{1}{D^2 - 1}(x^3) = -e^{2x}(1 - D^2)^{-1}(x^3) \qquad \text{(by case IV)}$$

$$= -e^{2x}[1 + D^2 + D^4 + \ldots](x^3) = -e^{2x}[x^3 + 6x]$$

Hence solution is $y = c_1 e^x + c_2 e^{3x} - e^{2x}(x^3 + 6x)$

Case VI :   P.I. when $f(x) = x^m \sin ax$, or $x^m \cos ax$.

To find $y_p = \dfrac{1}{f(D)} x^m \sin ax$ or $\dfrac{1}{f(D)} x^m \cos ax$, we have

$$\dfrac{1}{\phi(D)} x^m [\cos ax + i \sin ax] = \dfrac{1}{\phi(D)} x^m e^{iax}$$

$$= e^{iax} \dfrac{1}{\phi(D + ia)} x^m$$

Now $\dfrac{1}{\phi(D + ia)} x^m$, can be evaluated by method of case IV and equating the Real and Imaginary parts, we get the required results.

ILLUSTRATION

Ex. 1 : *Solve* $(D^4 + 2D^2 + 1) y = x^2 \cos x$.

Sol. : A.E. is $(D^2 + 1)^2 = 0 \Rightarrow D = \pm i, \pm i$.

$\therefore$ C.F. $= (c_1 x + c_2) \cos x + (c_3 x + c_4) \sin x$

For Particular Integral, we have

$\dfrac{1}{(D^2+1)^2} [x^2 (\cos x + i \sin x)] = \dfrac{1}{(D^2+1)^2} x^2 \cdot e^{ix}$

$$= e^{ix} \dfrac{1}{[(D+i)^2 + 1]^2} (x^2) = e^{ix} \dfrac{1}{(D^2 + 2iD)^2} (x^2)$$

$$= e^{ix} \dfrac{1}{-4D^2 \left(1 - \dfrac{iD}{2}\right)^2} (x^2) \qquad \left(\because \dfrac{1}{i} = -i\right)$$

$$= -\dfrac{e^{ix}}{4} \dfrac{1}{D^2} \left(1 - \dfrac{iD}{2}\right)^{-2} (x^2)$$

$$= -\dfrac{e^{ix}}{4} \dfrac{1}{D^2} \left(1 + iD - \dfrac{3}{4} D^2 + \ldots\right) (x^2)$$

$$= -\dfrac{e^{ix}}{4} \dfrac{1}{D^2} \left[x^2 + 2ix - \dfrac{3}{2}\right]$$

$$= -\dfrac{e^{ix}}{4} \left[\dfrac{x^4}{12} + \dfrac{ix^3}{3} - \dfrac{3}{4} x^2\right] \text{ Integrating twice}$$

$$= -\dfrac{1}{4} [\cos x + i \sin x] \left[\dfrac{x^4}{12} + \dfrac{ix^3}{3} - \dfrac{3}{4} x^2\right]$$

Equating the real parts on both sides,

$$\dfrac{1}{(D^2+1)^2} (x^2 \cos x) = -\dfrac{1}{4} \left(\dfrac{x^4}{12} - \dfrac{3}{4} x^2\right) \cos x + \dfrac{1}{12} x^3 \sin x$$

Hence the general solution is

$$y = (c_1 x + c_2) \cos x + (c_3 x + c_4) \sin x + \dfrac{x^3 \sin x}{12} - \dfrac{(x^4 - 9x^2)}{48} \cos x$$

Case VII : P.I. when $f(x) = xV$, V being any function of x.

To find $\dfrac{1}{f(D)} xV$ we have by successive differentiations

$$D(xV) = x\,DV + V$$
$$D^2(xV) = x\,D^2V + 2DV$$
$$D^3(xV) = x\,D^3V + 3D^2V$$

and so on, we may have

$$D^n(xV) = x\,D^n V + n\,D^{n-1}(V)$$

Or $$D^n(xV) = x\,D^n V + \dfrac{d}{dD}(D^n)\,V \qquad \ldots (A)$$

Since $\phi(D)$ is a polynomial in D, we may write in general from (A) using $\phi'(D) = \dfrac{d}{dD}\phi(D)$

$$\phi(D)(xV) = x\,\phi(D)V + \phi'(D)\,V \qquad \ldots (B)$$

Now, put $\phi(D)V = V_1$ so that $V = \dfrac{1}{\phi(D)}V_1$ in equation (B), we have

$$\phi(D)\left[x\dfrac{1}{\phi(D)}V_1\right] = x\,V_1 + \phi'(D)\dfrac{1}{\phi(D)}V_1$$

Operating on both sides by $\dfrac{1}{\phi(D)}$, we get

$$x \cdot \dfrac{1}{\phi(D)}V_1 = \dfrac{1}{\phi(D)}[xV_1] + \dfrac{1}{\phi(D)}\phi'(D)\dfrac{1}{\phi(D)}V_1$$

and if we adjust the terms on both sides, we get

$$\dfrac{1}{\phi(D)}[xV_1] = \left[x - \dfrac{1}{\phi(D)}\phi'(D)\right]\dfrac{1}{\phi(D)}V_1$$

But here V_1 is any function of x, hence we have the formula

$$\boxed{\dfrac{1}{\phi(D)}[xV] = \left[x - \dfrac{1}{\phi(D)}\phi'(D)\right]\dfrac{1}{\phi(D)}V}$$

Remark : 1. The rule xV is applied if
(i) power of x is one
(ii) $\dfrac{1}{\phi(D)}V$ is not a case of failure.

2. If power of x is one and $\dfrac{1}{\phi(D)}V$ is a case of failure then do not apply xV rule. In this case, apply rule given by case (VI).

e.g. $$y_p = \dfrac{1}{D^2+1}\,x\sin x$$

Here $\dfrac{1}{D^2+1}\sin x$ is a case of failure. Therefore use case (VI) method.

ILLUSTRATIONS

Ex. 1 : Solve $\dfrac{d^2y}{dx^2} + 4y = x \sin x.$ (Dec. 2012)

Sol. : A.E. : $D^2 + 4 = 0 \Rightarrow D = \pm 2i$

∴ C.F. $= c_1 \cos 2x + c_2 \sin 2x,$

and P.I. $= \dfrac{1}{D^2 + 4} (x \sin x)$

$= \left[x - \dfrac{2D}{D^2 + 4}\right] \dfrac{1}{D^2 + 4} (\sin x)$ [by case (VII)]

$= \left[x - \dfrac{2D}{D^2 + 4}\right] \dfrac{1}{-1 + 4} (\sin x)$

$= \dfrac{1}{3}\left[x - \dfrac{2D}{D^2 + 4}\right] \sin x = \dfrac{1}{3}\left[x \sin x - \dfrac{2D}{D^2 + 4} \sin x\right]$

$= \dfrac{1}{3}\left[x \sin x - \dfrac{2D(\sin x)}{-1 + 4}\right] = \dfrac{1}{3}\left[x \sin x - \dfrac{2}{3}(\cos x)\right]$

$= \dfrac{1}{3} x \sin x - \dfrac{2}{9} \cos x.$

Hence the complete solution is

$$y = c_1 \cos 2x + c_2 \sin 2x + \dfrac{x \sin x}{3} - \dfrac{2}{9} \cos x$$

Ex. 2 : Solve $(D^2 - 2D + 1) y = x e^x \sin x$ (May 2007, Dec. 2010, 2014)

Sol. : A.E. : $D^2 - 2D + 1 = 0$

$\Rightarrow (D - 1)^2 = 0,\ D = 1, 1.$

Hence C.F. $= (c_1 x + c_2) e^x$

P.I. $= \dfrac{1}{(D - 1)^2} [x e^x \sin x]$

$= e^x \dfrac{1}{(D + 1 - 1)^2} (x \sin x)$ (by case V)

$= e^x \dfrac{1}{D^2} (x \sin x)$

$= e^x \left[x - \dfrac{2D}{D^2}\right] \dfrac{1}{D^2} (\sin x)$ (by case VII)

$= e^x \left[x - \dfrac{2}{D}\right] (-\sin x) = -e^x \left[x \sin x - \dfrac{2}{D} \sin x\right]$

$= -e^x [x \sin x + 2 \cos x]$

Hence the complete solution is

$$y = (c_1 x + c_2) e^x - e^x [x \sin x + 2 \cos x]$$

Now, we will summarise the short-cut methods of P.I. and the corresponding formulae :

Case I : $\dfrac{1}{\phi(D)} e^{ax} = \dfrac{e^{ax}}{\phi(a)}, \; \phi(a) \neq 0$

Case of failure : If $\phi(a) = 0$, $\dfrac{1}{\phi(D)} e^{ax} = x \cdot \dfrac{1}{\phi'(a)} e^{ax}, \; \phi'(a) \neq 0$

$\dfrac{1}{(D-a)^r} e^{ax} = \dfrac{x^r}{r!} e^{ax}; \quad \dfrac{1}{\phi(D)} (k) = k \cdot \dfrac{1}{\phi(0)}, \; \phi(0) \neq 0$

$\dfrac{1}{\phi(D)} a^x = \dfrac{a^x}{\phi(\log a)}$

Case II : $\dfrac{1}{\phi(D^2)} \sin(ax+b) = \dfrac{1}{\phi(-a^2)} \sin(ax+b), \; \phi(-a^2) \neq 0$

$\dfrac{1}{\phi(D^2)} \cos(ax+b) = \dfrac{1}{\phi(-a^2)} \cos(ax+b), \; \phi(-a^2) \neq 0$

Case of failure : If $\phi(a^2) = 0$, $\dfrac{1}{\phi(D^2)} \sin(ax+b) = x \cdot \dfrac{1}{\phi'(-a)^2} \sin(ax+b), \; \phi'(-a)^2 \neq 0$

If $\phi(a^2) = 0$, $\dfrac{1}{\phi(D^2)} \cos(ax+b) = x \cdot \dfrac{1}{\phi'(-a^2)} \cos(ax+b), \; \phi'(-a^2) \neq 0$

Case of failure formulae :

$\dfrac{1}{D^2+a^2} \sin ax = -\dfrac{x}{2a} \cos ax; \quad \dfrac{1}{D^2+a^2} \cos ax = \dfrac{x}{2a} \sin ax$

$\dfrac{1}{(D^2+a^2)^r} \sin(ax+b) = \left(-\dfrac{x}{2a}\right)^r \dfrac{1}{r!} \sin\left(ax+b+r\dfrac{\pi}{2}\right)$ and

$\dfrac{1}{(D^2+a^2)^r} \cos(ax+b) = \left(-\dfrac{x}{2a}\right)^r \dfrac{1}{r!} \cos\left(ax+b+r\dfrac{\pi}{2}\right)$

Case III : $\dfrac{1}{\phi(D^2)} \sinh ax = \dfrac{1}{\phi(a^2)} \sinh ax, \; \phi(a^2) \neq 0$ and

$\dfrac{1}{\phi(D^2)} \cosh ax = \dfrac{1}{\phi(a^2)} \cosh ax, \; \phi(a^2) \neq 0$

Case IV : $\dfrac{1}{\phi(D)} x^m = [\phi(D)]^{-1} x^m$, expand by using Binomial theorem.

Case V : $\dfrac{1}{\phi(D)} e^{ax} V = e^{ax} \boxed{\dfrac{1}{\phi(D+a)}} V$

Case VI : $\dfrac{1}{\phi(D)} x^m \sin ax = $ I.P. of $\dfrac{1}{\phi(D)} x^m e^{iax} = $ I.P. of $e^{iax} \dfrac{1}{\phi(D+ia)} x^m$

$\dfrac{1}{\phi(D)} x^m \cos ax = $ R.P. of $\dfrac{1}{\phi(D)} x^m e^{iax} = $ R.P. of $e^{iax} \dfrac{1}{\phi(D+ia)} x^m$

Case VII : $\dfrac{1}{\phi(D)} xV = \left[x - \dfrac{\phi'(D)}{\phi(D)} \right] \dfrac{1}{\phi(D)} V$

ILLUSTRATIONS ON SHORT-CUT METHODS

Ex. 1 : Solve $(D^2 + 2D + 1)y = 2\cos x + 3x + 2 + 3e^x$.

Sol. : Here AE is $(D+1)^2 = 0 \Rightarrow D = -1, -1$

$\therefore \quad$ C.F. $= (c_1 x + c_2) e^{-x}$

and $\quad$ P.I. $= 2 \dfrac{1}{D^2 + 2D + 1} \cos x + \dfrac{1}{[1 + (2D + D^2)]} (3x + 2) + 3 \dfrac{1}{(D+1)^2} e^x$

$= \dfrac{1}{-1 + 2D + 1} 2 \cos x + [1 + (2D + D^2)]^{-1} (3x + 2) + \dfrac{3e^x}{4}$

$= \int \cos x \, dx + [1 - 2D - D^2 + \ldots] (3x + 2) + \dfrac{3}{4} e^x$

$= \sin x + 3x + 2 - 6 + \dfrac{3e^x}{4}$

$= \dfrac{3e^x}{4} + \sin x + 3x - 4$

Hence the complete solution is

$$y = (c_1 x + c_2) e^{-x} + \dfrac{3e^x}{4} + \sin x + 3x - 4$$

Ex. 2 : Solve $\dfrac{d^2y}{dx^2} + a^2 y = \dfrac{a^2 R}{p}(l-x)$ where a, R, p and l are constants, subject to the conditions $y = 0, \dfrac{dy}{dx} = 0$ at $x = 0$.

Sol. : Given equation is

$$(D^2 + a^2)y = \dfrac{a^2 R}{p}(l - x)$$

A.E. $= D^2 + a^2 = 0 \quad$ or $\quad D = \pm ia$

$\quad$ C.F. $= c_1 \cos ax + c_2 \sin ax$

$\quad$ P.I. $= \dfrac{1}{D^2 + a^2} \dfrac{a^2 R}{p}(l - x) = \dfrac{a^2 R}{p} \cdot \dfrac{1}{a^2} \dfrac{1}{\left(1 + \dfrac{D^2}{a^2}\right)} (l - x)$

$= \dfrac{R}{p} \left(1 + \dfrac{D^2}{a^2}\right)^{-1} (l - x) = \dfrac{R}{p} \left[1 - \dfrac{D^2}{a^2}\right] (l - x) = \dfrac{R}{p} (l - x)$

Hence the general solution is

$$y = c_1 \cos ax + c_2 \sin ax + \dfrac{R}{p}(l - x) \qquad \ldots (1)$$

For initial conditions, now put $y = 0$ when $x = 0$ in (1), we get

$$0 = c_1 + \dfrac{R}{p} l \Rightarrow c_1 = \dfrac{-Rl}{p}$$

If we differentiate equation (1),

$$\frac{dy}{dx} = -ac_1 \sin ax + ac_2 \cos ax - \frac{R}{p}$$

Putting $x = 0$ and $\frac{dy}{dx} = 0$ in this, we get

$$0 = ac_2 - \frac{R}{p}, \text{ hence } c_2 = \frac{R}{ap}$$

Now put values of c_1 and c_2 in A, then the required particular solution is

$$y = \frac{R}{p}\left[\frac{\sin ax}{a} - l\cos ax + l - x\right]$$

Ex. 3 : Solve $(D^3 - 1)y = (1 + e^x)^2$. (Dec. 2010)

Sol. : A.E. : $D^3 - 1 = 0$ or $(D - 1)(D^2 + D + 1) = 0$ ∴ $D = 1, -\frac{1}{2} \pm i\frac{\sqrt{3}}{2}$

$$y_c = c_1 e^x + e^{(-1/2)x}[c_2 \cos(\sqrt{3}/2)x + c_3 \sin(\sqrt{3}/2)x]$$

$$y_p = \frac{1}{D^3 - 1}(1 + e^x)^2 = \frac{1}{D^3 - 1}(1 + 2e^x + e^{2x})$$

$$= \frac{1}{D^3 - 1}e^{0x} + 2\frac{1}{D^3 - 1}e^x + \frac{1}{D^3 - 1}e^{2x}$$

$$= -1 + \frac{2}{3}xe^x + \frac{1}{7}e^{2x}$$

∴ $y = c_1 e^x + e^{(-1/2)x}[c_2 \cos(\sqrt{3}/2)x + c_3 \sin(\sqrt{3}/2)x] - 1 + \frac{2}{3}xe^x + \frac{1}{7}e^{2x}$

Ex. 4 : Solve $(D - 1)^2 (D^2 + 1)^2 y = \sin^2 \frac{x}{2}$.

Sol. : A.E. : $(D - 1)^2 (D^2 + 1)^2 = 0$, $D = 1, 1, \pm i, \pm i$.

$$y_c = (c_1 x + c_2)e^x + (c_3 x + c_4)\cos x + (c_5 x + c_6)\sin x.$$

$$y_p = \frac{1}{(D-1)^2(D^2+1)^2}\sin^2\frac{x}{2} = \frac{1}{(D-1)^2(D^2+1)^2}\left(\frac{1 - \cos x}{2}\right)$$

$$= \frac{1}{2}\left[\frac{1}{(D-1)^2(D^2+1)^2}e^{0x} - \frac{1}{(D-1)^2(D^2+1)^2}\cos x\right]$$

$$= \frac{1}{2}\left[1 - \frac{1}{(D^2+1)^2(-1-2D+1)}\cos x\right]$$

$$= \frac{1}{2}\left[1 + \frac{1}{2}\frac{1}{(D^2+1)^2}\sin x\right]$$

$$= \frac{1}{2}\left[1 + \frac{1}{2}x^2 \frac{1}{-8}\sin x\right]$$

$$\left\{\frac{d^2}{dD^2}(D^2+1)^2 = \frac{d}{dD}2(D^2+1)2D = 4(3D^2+1), \text{ then put } D^2=-1\right\}$$

$$= \frac{1}{2} - \frac{1}{32}x^2 \sin x$$

$$y = (c_1 x + c_2)e^x + (c_3 x + c_4)\cos x + (c_5 x + c_6)\sin x + \frac{1}{2} - \frac{1}{32}x^2 \sin x$$

Ex. 5 : *Solve* $(D^4 - 2D^3 - 3D^2 + 4D + 4)y = x^2 e^x$.

Sol. :   A.E. : $(D-2)^2(D+1)^2 = 0$

$$y_c = (c_1 x + c_2)e^{2x} + (c_3 x + c_4)e^{-x}$$

$$y_p = \frac{1}{(D^2-D-2)^2}e^x \cdot x^2 = e^x \frac{1}{[(D+1)^2-(D+1)-2]^2}x^2$$

$$= e^x \frac{1}{(D^2+D-2)^2}x^2 = \frac{e^x}{4}\frac{1}{\left[1-\left(\frac{D^2+D}{2}\right)\right]^2}x^2$$

$$= \frac{e^x}{4}\left[1 + (D^2+D) + \frac{3}{4}(D^2+D)^2 + \ldots\right]x^2$$

$$= \frac{e^x}{4}\left[1 + D + \frac{7}{4}D^2 + \ldots\right]x^2 = \frac{e^x}{4}\left[x^2 + 2x + \frac{7}{2}\right]$$

∴ $y = (c_1 x + c_2)e^{2x} + (c_3 x + c_4)e^{-x} + \frac{e^x}{4}\left(x^2 + 2x + \frac{7}{2}\right).$

Ex. 6 : *Solve* $(D^4 - 1)y = \cos x \cosh x$ **(Dec. 2006, May 2010)**

Sol. :   A.E. : $(D-1)(D+1)(D+i)(D-i) = 0$

$$y_c = c_1 e^x + c_2 e^{-x} + c_3 \cos x + c_4 \sin x.$$

$$y_p = \frac{1}{D^4-1}\cos x \left(\frac{e^x + e^{-x}}{2}\right)$$

$$= \frac{1}{2}\frac{1}{D^4-1}e^x \cos x + \frac{1}{2} \cdot \frac{1}{D^4-1}e^{-x}\cos x$$

$$= \frac{e^x}{2}\frac{1}{(D+1)^4-1}\cos x + \frac{e^{-x}}{2}\frac{1}{(D-1)^4-1}\cos x$$

$$= \frac{e^x}{2} \cdot \frac{1}{D^4+4D^3+6D^2+4D+1-1}\cos x +$$

$$\frac{e^{-x}}{2}\frac{1}{D^4-4D^3+6D^2-4D+1-1}\cos x$$

$$= \frac{e^x}{2} \frac{1}{1-4D-6+4D} \cos x + \frac{e^{-x}}{2} \frac{1}{1+4D-6-4D}$$

$$= \frac{e^x}{2} \cdot \frac{\cos x}{-5} + \frac{e^{-x}}{2} \frac{\cos x}{-5} = \frac{\cos x}{-5} \cosh x$$

∴ $y = c_1 e^x + c_2 e^{-x} + c_3 \cos x + c_4 \sin x - \dfrac{\cos x \cosh x}{5}$

Ex. 7 : *Solve $(D^4 + 1) y = 2 \sinh x \sin x$.* **(Dec. 2004)**

Sol. : A.E. : $D^4 + 1 = 0$ ∴ $D^4 + 2D^2 + 1 - 2D^2 = 0$

or $(D^2 + 1)^2 - (\sqrt{2} D)^2 = 0$ or $(D^2 - \sqrt{2} D + 1)(D^2 + \sqrt{2} D + 1) = 0$

∴ $D = \dfrac{1}{\sqrt{2}} \pm \dfrac{1}{\sqrt{2}} i,$ $D = \dfrac{-1}{\sqrt{2}} \pm \dfrac{1}{\sqrt{2}} i$

$$y_c = e^{x/\sqrt{2}} \left[c_1 \cos \frac{x}{\sqrt{2}} + c_2 \sin \frac{x}{\sqrt{2}} \right] + e^{-x/\sqrt{2}} \left[c_3 \cos \frac{x}{\sqrt{2}} + c_4 \sin \frac{x}{\sqrt{2}} \right]$$

$$y_p = \frac{1}{D^4 + 1} \, 2 \sinh x \sin x$$

$$= \frac{1}{D^4 + 1} (e^x - e^{-x}) \sin x$$

$$= \frac{1}{D^4 + 1} e^x \sin x - \frac{1}{D^4 + 1} e^{-x} \sin x$$

$$= e^x \frac{1}{(D+1)^4 + 1} \sin x - e^{-x} \frac{1}{(D-1)^4 + 1} \sin x$$

$$= e^x \cdot \frac{1}{D^4 + 4D^3 + 6D^2 + 4D + 2} \sin x - e^{-x} \frac{1}{D^4 - 4D^3 + 6D^2 - 4D + 2} \sin x$$

$$= e^x \frac{1}{(-1)^2 + 4D(-1) + 6(-1) + 4D + 2} \sin x$$

$$- e^{-x} \frac{1}{(-1)^2 - 4D(-1) + 6(-1) - 4D + 2} \sin x$$

$$= e^x \left(\frac{\sin x}{-3} \right) - e^{-x} \left(\frac{\sin x}{-3} \right)$$

$$= \frac{-2}{3} \sin x \cdot \left(\frac{e^x - e^{-x}}{2} \right) = -\frac{2}{3} \sin x \sinh x$$

∴ $y = $ C.F. + P.I.

$$y = e^{x/\sqrt{2}} \left[c_1 \cos \frac{x}{\sqrt{2}} + c_2 \sin \frac{x}{\sqrt{2}} \right] + e^{-x/\sqrt{2}} \left[c_3 \cos \frac{x}{\sqrt{2}} + c_4 \sin \frac{x}{\sqrt{2}} \right] - \frac{2}{3} \sin x \sinh x$$

Ex. 8 : Solve $\dfrac{d^3y}{dx^3} - 7\dfrac{dy}{dx} - 6y = e^{2x}(1+x)$. **(Dec. 2004)**

Sol. : Given D.E. is written as

$$(D^3 - 7D - 6)y = e^{2x}(1+x) \text{ where } D \equiv \dfrac{d}{dx}$$

A.E. : $D^3 - 7D - 6 = 0 \quad \therefore \quad (D+1)(D+2)(D-3) = 0$

$\therefore \qquad \text{C.F.} = c_1 e^{-x} + c_2 e^{-2x} + c_3 e^{3x}$

$$\text{P.I.} = \dfrac{1}{D^3 - 7D - 6} e^{2x}(1+x)$$

$$= e^{2x} \dfrac{1}{(D+2)^3 - 7(D+2) - 6}(1+x), \qquad \text{by } D \to D+2$$

$$= e^{2x} \dfrac{1}{D^3 + 6D^2 + 5D - 12}(1+x)$$

$$= \dfrac{-e^{2x}}{12}\left[1 - \dfrac{D^3 + 6D^2 + 5D}{12}\right]^{-1}(1+x)$$

$$= \dfrac{-e^{2x}}{12}\left[1 + \dfrac{5D}{12} + \ldots\right](1+x)$$

$$= \dfrac{-e^{2x}}{12}\left(1 + x + \dfrac{5}{12}\right) = \dfrac{-e^{2x}}{12}\left(x + \dfrac{17}{12}\right)$$

$\therefore \qquad y = \text{C.F.} + \text{P.I.} = c_1 e^{-x} + c_2 e^{-2x} + c_3 e^{3x} - \dfrac{e^{2x}}{12}\left(x + \dfrac{17}{12}\right)$

Ex. 9 : Solve $(D^2 - 1)y = x\sin x + (1+x^2)e^x$. **(Dec. 2010, May 2014)**

Sol. : A.E. : $D^2 - 1 = 0$

$(D-1)(D+1) = 0 \qquad \therefore \quad \text{C.F.} = c_1 e^x + c_2 e^{-x}$

$$\text{P.I.} = \dfrac{1}{D^2 - 1} x\sin x + \dfrac{1}{D^2 - 1} e^x(1+x^2)$$

$$= x\dfrac{1}{D^2 - 1}\sin x - \dfrac{2D}{(D^2-1)^2}\sin x + e^x \dfrac{1}{(D+1)^2 - 1}(1+x^2)$$

$$= \dfrac{x \sin x}{-2} - \dfrac{2D}{4}\sin x + e^x \dfrac{1}{D^2 + 2D}(1+x^2)$$

$$= -\dfrac{x}{2}\sin x - \dfrac{\cos x}{2} + e^x \dfrac{1}{2D}\left(1 - \dfrac{D}{2} + \dfrac{D^2}{4} + \ldots\right)(1+x^2)$$

$$= -\dfrac{x}{2}\sin x - \dfrac{\cos x}{2} + \dfrac{e^x}{2}\dfrac{1}{D}\left(1 + x^2 - x + \dfrac{1}{2}\right)$$

$$= -\dfrac{x}{2}\sin x - \dfrac{\cos x}{2} + \dfrac{e^x}{2}\left(\dfrac{x^3}{3} - \dfrac{x^2}{2} + \dfrac{3x}{2}\right)$$

$$y = c_1 e^x + c_2 e^{-x} - \dfrac{1}{2}(x\sin x + \cos x) + \dfrac{e^x}{12}(2x^3 - 3x^2 + 9x)$$

Ex. 10 : $(D^2 - 4D + 4)y = e^x \cos^2 x$.

Sol. : A.E. is $D^2 - 4D + 4 = 0$ $\therefore$ $D = 2, 2$

$$y_c = (c_1 x + c_2) e^{2x}$$

$$y_p = \frac{1}{(D-2)^2} e^x \cos^2 x = e^x \frac{1}{(D-1)^2} \cos^2 x$$

$$= e^x \frac{1}{(D-1)^2} \left(\frac{1 + \cos 2x}{2}\right) = 0$$

$$= \frac{e^x}{2} \left[\frac{1}{(D-1)^2} e^{0x} + \frac{1}{D^2 - 2D + 1} \cos 2x\right]$$

$$= \frac{e^x}{2} \left[1 - \frac{1}{(2D+3)} \cos 2x\right] = \frac{e^x}{2} \left[1 - \frac{(2D-3)}{4D^2 - 9} \cos 2x\right]$$

$$= \frac{e^x}{2} \left[1 + \frac{1}{25} (2D - 3) \cos 2x\right] = \frac{e^x}{2} \left[1 - \frac{1}{25} (4 \sin 2x + 3 \cos 2x)\right]$$

$$y = (c_1 x + c_2) e^{2x} + \frac{e^x}{2} \left[1 - \frac{1}{25} (4 \sin 2x + 3 \cos 2x)\right]$$

Ex. 11 : Solve $(D^2 + 1) y = x^2 \sin 2x$.

Sol. : A.E. is $D^2 + 1 = 0$ $\therefore$ $D = \pm i$.

$$y_c = c_1 \cos x + c_2 \sin x$$

$$y_p = \frac{1}{D^2 + 1} x^2 \sin 2x = \text{I.P. of } \frac{1}{D^2 + 1} e^{i2x} x^2$$

$$= \text{I.P. of } e^{i2x} \frac{1}{(D + 2i)^2 + 1} x^2 = \text{I.P. of } e^{i2x} \frac{1}{D^2 + 4iD - 4 + 1} x^2$$

$$= \text{I.P. of } \frac{e^{i2x}}{(-3)} \frac{1}{\left[1 - \frac{1}{3}(4iD + D^2)\right]} x^2 = \text{I.P. of } \frac{e^{i2x}}{(-3)} \left[1 - \frac{1}{3}(4iD + D^2)\right]^{-1} x^2$$

$$= \text{I.P. of } \frac{e^{i2x}}{(-3)} \left[1 + \frac{1}{3}(4iD + D^2) + \frac{1}{9}(-16D^2 + 8iD^3 + D^4) + \ldots\right] x^2$$

$$= \text{I.P. of } \frac{e^{i2x}}{(-3)} \left[1 + \frac{4}{3} iD - \frac{13}{9} D^2 + \ldots\right] x^2$$

$$= \text{I.P. of } \frac{(\cos 2x + i \sin 2x)}{(-3)} \left[\left(x^2 - \frac{26}{9}\right) + i \frac{8}{3} x\right]$$

$$= -\frac{1}{3} \left(x^2 - \frac{26}{9}\right) \sin 2x - \frac{8}{9} x \cos 2x$$

$\therefore$ $y = c_1 \cos x + c_2 \sin x - \frac{1}{3} \left(x^2 - \frac{26}{9}\right) \sin 2x - \frac{8}{9} x \cos 2x$

Ex. 12 : $(D^2 + D + 1) y = x \sin x.$

Sol. : A.E. is $D^2 + D + 1 = 0$ ∴ $D = -\frac{1}{2} \pm i \frac{\sqrt{3}}{2}$.

$$y_c = e^{(-1/2)x} [c_1 \cos (\sqrt{3}/2) x + c_2 \sin (\sqrt{3}/2) x]$$

$$y_p = \frac{1}{D^2 + D + 1} x \sin x = \left[x - \frac{2D + 1}{D^2 + D + 1} \right] \frac{1}{D^2 + D + 1} \sin x$$

$$= \left[x - \frac{2D + 1}{D^2 + D + 1} \right] \frac{1}{D} \sin x = \left[x - \frac{2D + 1}{D^2 + D + 1} \right] (-\cos x)$$

$$= -x \cos x + (2D + 1) \frac{1}{D} \cos x$$

$$= -x \cos x + (2D + 1) \sin x$$

$$= -x \cos x + 2 \cos x + \sin x$$

∴ $y = e^{(-1/2)x} [c_1 \cos (\sqrt{3}/2) x + c_2 \sin (\sqrt{3}/2) x] - x \cos x + 2 \cos x + \sin x$

Ex. 13 : $(D^2 + 2D + 1) y = x e^{-x} \cos x.$ **(Dec. 2011)**

Sol. : A.E. is $D^2 + 2D + 1 = 0$ ∴ $D = -1, 1$.

$$y_c = (c_1 x + c_2) e^{-x}$$

$$y_p = \frac{1}{(D+1)^2} e^{-x} x \cos x = e^{-x} \frac{1}{D^2} x \cos x$$

$$= e^{-x} \left[x - \frac{2D}{D^2} \right] \frac{1}{D^2} \cos x = e^{-x} \left[x - \frac{2}{D} \right] (-\cos x)$$

$$= e^{-x} (-x \cos x + 2 \sin x)$$

$$y = (c_1 x + c_2) e^{-x} + e^{-x} (-x \cos x + 2 \sin x)$$

Ex. 14 : Solve $(D^2 + 4) y = x \sin^2 x.$

Sol. : A.E. : $D^2 + 4 = 0$ ∴ $D = \pm 2i$

$$y_c = c_1 \cos 2x + c_2 \sin 2x$$

$$y_p = \frac{1}{D^2 + 4} x \cdot \left(\frac{1 - \cos 2x}{2} \right) = \frac{1}{2} \cdot \frac{1}{D^2 + 4} x - \frac{1}{2} \frac{1}{D^2 + 4} x \cos 2x.$$

$$= y_{p_1} + y_{p_2}$$

$$y_{p_1} = \frac{1}{2} \cdot \frac{1}{D^2 + 4} x = \frac{1}{8} \frac{1}{1 + \frac{D^2}{4}} x = \frac{1}{8} \left(1 - \frac{D^2}{4} + \ldots \right) x = \frac{x}{8}$$

$$y_{p_2} = -\frac{1}{2} \cdot \frac{1}{D^2 + 4} x \cos 2x.$$

Here we can not apply "xV" rule (case VII) because $\frac{1}{D^2 + 4} \cos 2x$ is a case of failure.

$$\therefore \quad \frac{1}{D^2+4} \times e^{i2x} = e^{i2x} \frac{1}{(D+2i)^2+4} \times x$$

$$= e^{i2x} \frac{1}{D^2+4iD} \times x = \frac{e^{i2x}}{4iD}\left(\frac{1}{1-\frac{Di}{4}}\right) x$$

$$= -\frac{e^{i2x} i}{4D}\left(1+\frac{iD}{4}\right) x = \frac{-e^{i2x} i}{4D}\left(x+\frac{i}{4}\right)$$

$$= -\frac{e^{i2x} i}{4}\left(\frac{x^2}{2}+\frac{ix}{4}\right)$$

$$= -\frac{1}{16}(\cos 2x + i \sin 2x)(-x + i 2x^2)$$

Taking real parts on both sides,

$$\frac{1}{D^2+4} \times \cos 2x = -\frac{1}{16}(-x\cos 2x - 2x^2 \sin 2x)$$

$$\therefore \quad y_{p_2} = -\frac{1}{2}\left[\frac{1}{16}(x\cos 2x + 2x^2 \sin 2x)\right]$$

$$y_p = \frac{x}{8} - \frac{1}{32}(x\cos 2x + 2x^2 \sin 2x)$$

$$y = c_1 \cos 2x + c_2 \sin 2x + \frac{x}{8} - \frac{1}{32}(x\cos 2x + 2x^2 \sin 2x)$$

EXERCISE 1.2

Solve the following differential equations :

(A) On General Method :

1. $(D^2 + 5D + 6) y = e^{e^x}$.   **Ans.** $y = c_1 e^{-2x} + c_2 e^{-3x} + (e^{-2x} - 2e^{-3x}) e^{e^x}$.

2. $\frac{d^2y}{dx^2} + a^2 y = \tan ax$ **Ans.** $y = c_1 \cos ax + c_2 \sin ax - \frac{1}{a^2} \cos ax \log [\sec ax + \tan ax]$

3. $(D^2 - 3D + 2) y = \frac{1}{e^{e^{-x}}} + \cos\left(\frac{1}{e^x}\right)$ **Ans.** $y = c_1 e^{2x} + c_2 e^x + e^{2x}\left[e^{-e^{-x}} - \cos(e^{-x})\right]$

(Dec. 2005, 2008)

4. $(D^2 - 9D + 18) y = e^{e^{-3x}}$ **Ans.** $y = c_1 e^{6x} + c_2 e^{3x} + \frac{e^{6x}}{9} e^{e^{-3x}}$

5. $(D^2 - 2D - 3) y = 3e^{-3x} \sin(e^{-3x}) + \cos(e^{-3x})$ (Dec. 2011)

Ans. $y = c_1 e^{3x} + c_2 e^{-x} - \frac{e^{3x}}{3} \sin e^{-3x}$

(B) On Short Methods :

1. $\frac{d^2y}{dx^2} - 7\frac{dy}{dx} + 6y = e^{2x}$ **Ans.** $y = c_1 e^{6x} + c_2 e^x - \frac{e^{2x}}{4}$

2. $\frac{d^2y}{dx^2} - 4y = (1 + e^x)^2 + 3$ **Ans.** $y = c_1 e^{2x} + c_2 e^{-2x} - 1 - \frac{2}{3} e^x + \frac{xe^{2x}}{4}$

3. $(D^3 - 5D^2 + 8D - 4)y = e^{2x} + 2e^x + 3e^{-x} + 2$

Ans. $y = c_1 e^x + (c_2 + c_3 x)e^{2x} + \dfrac{e^{2x} x^2}{2} + 2xe^x - \dfrac{e^{-x}}{6} - \dfrac{1}{2}$

4. $(D^4 - 4D^3 + 6D^2 - 4D + 1)y = e^x + 2^x + \dfrac{1}{3}$.   **(Dec. 2005, May 2007)**

Ans. $y = (c_1 x^3 + c_2 x^2 + c_3 x + c_4)e^x + \dfrac{x^4}{24} e^x + \dfrac{1}{(\log 2 - 1)^4} 2^x + \dfrac{1}{3}$

5. $\dfrac{d^2 y}{dx^2} + 4y = \cos x \cdot \cos 2x \cdot \cos 3x$

Ans. $y = A \cos 2x + B \sin 2x + \dfrac{1}{16} + \dfrac{x \sin 2x}{16} - \dfrac{1}{48} \cos 4x - \dfrac{1}{128} \cos 6x$

6. $(D^5 - D^4 + 2D^3 - 2D^2 + D - 1)y = \cos x$ **(May 2007, 2008)**

Ans. $y = c_1 e^x + (c_2 x + c_3) \cos x + (c_4 x + c_5) \sin x + \dfrac{1}{16}[(x^2 + 2x)\cos x - x^2 \sin x]$

7. $(D^4 - m^4)y = \sin mx$

Ans. $y = c_1 e^{mx} + c_2 e^{-mx} + c_3 \cos mx + c_4 \sin mx + \dfrac{x}{4m^3} \cos mx$

8. $(D^3 + D)y = \cos x$ Ans. $c_1 + c_2 \cos x + c_3 \sin x - \dfrac{x \cos x}{2}$

9. $\operatorname{cosec} x \dfrac{d^4 y}{dx^4} + y \operatorname{cosec} x = \sin 2x$

Ans. $y = e^{\frac{x}{\sqrt{2}}}\left[c_1 \cos \dfrac{x}{\sqrt{2}} + c_2 \sin \dfrac{x}{\sqrt{2}}\right] + e^{-\frac{x}{\sqrt{2}}}\left[c_3 \cos \dfrac{x}{\sqrt{2}} + c_4 \sin \dfrac{x}{\sqrt{2}}\right] + \dfrac{1}{2}\left(\dfrac{\cos x}{2} - \dfrac{\cos 3x}{82}\right)$

10. $\dfrac{d^2 x}{dt^2} + 9x = 4\cos\left(\dfrac{\pi}{3} + t\right)$, given that $x = 0$ at $t = 0$ and $x = 2$ at $t = \dfrac{\pi}{6}$.

Ans. $x = \dfrac{1}{4} \cos 3t + 2 \sin 3t + \dfrac{1}{2} \cos\left(\dfrac{\pi}{3} + t\right)$

11. $\dfrac{d^2 y}{dt^2} + 2 \dfrac{dy}{dt} + 5y = \sin^2 t$ **(May 2012)**

Ans. $y = e^{-t}[A \cos 2t + b \sin 2t] + \dfrac{1}{10} - \dfrac{1}{34}[4 \sin 2t + \cos 2t]$

12. $\dfrac{d^2 y}{dx^2} + 2 \dfrac{dy}{dx} + 2y = \sin 2x - 2 \cos 2x$, given that $y = 0$ and $\dfrac{dy}{dx} = 0$ when $x = 0$.

Ans. $y = e^{-x} \sin x - \dfrac{1}{2} \sin 2x$

13. $\dfrac{d^2 y}{dx^2} + n^2 y = h \sin px$, where h, p and n are constants satisfying the condition $y = 0$, $\dfrac{dy}{dx} = b$ for $x = 0$.   Ans. $y = a \cos nx + \left[\dfrac{b}{n} - \dfrac{ph}{n(n^2 - p^2)}\right] \sin nx + \dfrac{h \sin px}{(n^2 - p^2)}$

14. $(D^3 + 1) y = \cos(2x - 1) - \cos^2 \dfrac{x}{2}$

Ans. $y = c_1 e^{-x} + e^{x/2} \left[c_2 \cos \dfrac{\sqrt{3}}{2} x + c_3 \sin \dfrac{\sqrt{3}}{2} x \right]$

$+ \dfrac{1}{65} [\cos(2x - 1) - 8 \sin(2x - 1)] - \dfrac{1}{2} - \dfrac{1}{4} (\cos x - \sin x)$

15. $\dfrac{d^2 y}{dx^2} - 2 \dfrac{dy}{dx} + 5y = 10 \sin x.$ **(Dec. 2011)**

Ans. $y = e^x (A \cos x + B \sin x) + 2 \sin x + \cos x$

16. $(D^4 + 10 D^2 + 9) y = 96 \sin 2x \cos x$
    Given that at $x = 0$, $y = 0$, $y' = -2$, $y'' = -8$, $y''' = -18$.

Ans. $y = \cos 3x - \cos x + x (\cos 3x - 3 \cos x)$

17. $(D^4 + 6D^2 + 8) y = \sin^2 x \cos 2x$

Ans. $y = c_1 \cos 2x + c_2 \sin 2x + c_3 \cos \sqrt{2}\, x + c_4 \sin \sqrt{2}\, x - \dfrac{x \sin 2x}{16} - \dfrac{1}{32} - \dfrac{\cos 4x}{672}$

18. $(D^3 + 3D) y = \cosh 2x \sinh 3x.$

Ans. $y = c_1 + \left(c_2 \cos \sqrt{3}\, x + c_3 \sin \sqrt{3}\, x \right) + \dfrac{\cosh 5x}{280} + \dfrac{\cosh x}{8}$

19. $(D^3 - 25 D) y = \cosh 2x \sinh 3x.$

Ans. $y = c_1 + c_2 e^{5x} + c_3 e^{-5x} + \dfrac{x}{100} \sinh 5x - \dfrac{1}{48} \cosh x$

20. $(D^4 - 1) y = \cosh x \sinh x$ Ans. $y = c_1 e^x + c_2 e^{-x} + c_3 \cos x + c_4 \sin x + \dfrac{1}{30} \sinh 2x$

21. $(D^2 + 13 D + 36) y = e^{-4x} + \sinh x.$ **(Nov. 2015)**

Ans. $y = c_1 e^{-9x} + c_2 e^{-4x} + \dfrac{x}{5} e^{-4x} - \dfrac{1}{1200} (13 \cosh x - 37 \sinh x)$

22. $(D^3 + 1) y = \sin(2x + 3) + e^{-x} + 2^x.$

Ans. $y = c_1 e^{-x} + e^{(1/2) x} [c_2 \cos (\sqrt{3}/2) x + c_3 \sin (\sqrt{3}/2) x]$

$+ \dfrac{1}{65} [\sin(2x + 3) + 8 \cos(2x + 3)] + \dfrac{x}{3} e^{-x} + \dfrac{2^x}{(\log 2)^3 + 1}$

23. $\dfrac{d^2 y}{dx^2} + 6 \dfrac{dy}{dx} + 10 y = 50 x$ with $y = 0$, $\dfrac{dy}{dx} = 1$ at $x = 0$

Ans. $y = 5x - 3 + e^{-3x} (3 \cos x + 5 \sin x)$

24. $(D^2 - 2D + 5) y = 25 x^2.$ Ans. $y = e^x [c_1 \cos 2x + c_2 \sin 2x] + 5x^2 + 4x - \dfrac{2}{5}$

25. $(D^4 + D^2 + 1) y = 53 x^2 + 17$ **(Dec. 2008)**

Ans. $y = e^{-x/2} \left[c_1 \cos \dfrac{\sqrt{3}}{2} x + c_2 \sin \dfrac{\sqrt{3}}{2} x \right] + e^{x/2} \left[c_3 \cos \dfrac{\sqrt{3}}{2} x + c_4 \sin \dfrac{\sqrt{3}}{2} x \right] + 53 x^2 - 89$

26. $(D^2 + 5D + 4) y = x^2 + 7x + 9.$ **(May 2006)**

Ans. $y = c_1 e^{-4x} + c_2 e^{-x} + \dfrac{1}{4} \left(x^2 + \dfrac{9x}{2} + \dfrac{23}{8} \right)$

27. $(D^4 + 6D^2 + 25)y = x^4 + x^2 + 1$.
   Ans. $y = e^x [c_1 \cos 2x + c_2 \sin 2x] + e^{-x} [c_3 \cos 2x + c_4 \sin 2x] + \dfrac{1}{25}\left[x^4 - \dfrac{47}{25}x^2 + \dfrac{589}{625}\right]$

28. $(D^2 - D + 1)y = x^3 - 3x^2 + 1$
   Ans. $y = e^{x/2}\left[c_1 \cos \dfrac{\sqrt{3}}{2}x + c_2 \sin \dfrac{\sqrt{3}}{2}x\right] + x^3 - 6x - 5$

29. $(D^3 - 3D^2 + 3D - 1)y = 2x^3 - 3x^2 + 1$.
   Ans. $y = (c_1 x^2 + c_2 x + c_3)e^x - (2x^3 + 15x^2 + 54x + 85)$

30. $(D^3 - 2D + 4)y = 3x^2 - 5x + 2$.
   Ans. $c_1 e^{-2x} + e^x (c_2 \cos x + c_3 \sin x) + \dfrac{1}{4}(3x^2 - 2x + 1)$

31. $\dfrac{d^3 y}{dx^3} + 8y = x^4 + 2x + 1$.
   Ans. $y = c_1 e^{-2x} + e^x [A \cos \sqrt{3}\,x + B \sin \sqrt{3}\,x] + \dfrac{1}{8}(x^4 - x + 1)$

32. $(D^2 - 3D + 2)y = x^2 + \sin x$.
   Ans. $y = c_1 e^x + c_2 e^{2x} + \dfrac{1}{2}(x^2 + 3x + \dfrac{7}{2}) + \dfrac{1}{10} \sin x + \dfrac{3}{10} \cos x$

33. $(D^3 + 3D^2 - 4)y = 6e^{-2x} + 4x^2$. **Ans.** $y = c_1 e^x + (c_2 x + c_3)e^{-2x} - x^2 e^{-2x} - x^2 - \dfrac{3}{2}$

34. $(D^3 + 6D^2 + 12D + 8)y = e^{-2x} + x^2 + 3^x + \cos 2x$.
   Ans. $y = (c_1 x + c_2 x + c_3)e^{-2x} + \dfrac{x^3}{6}e^{-2x} + \dfrac{1}{8}(x^2 - 3x + 3)$
   $+ \dfrac{1}{(\log 3 + 2)^3} 3^x + \dfrac{1}{32}(\sin 2x - \cos 2x)$

35. $(D^2 - 4D + 4)y = 8(e^{2x} + \sin 2x + x^2)$. **(May 2006)**
   Ans. $y = (c_1 x + c_2)e^{2x} + 4x^2 e^{2x} + \cos 2x + 2\left(x^2 + 2x + \dfrac{3}{2}\right)$

36. $(D^5 - D)y = 12 e^x + 8 \sin x - 2x$
   Ans. $y = c_1 + c_2 e^{-x} + c_3 e^x + A \cos x + B \sin x + 3x e^x + 2x \sin x + x^2$

37. $(D^2 - 1)y = e^x + x^3$. **Ans.** $y = c_1 e^x + c_2 e^{-x} + \dfrac{1}{2}xe^x - x^3 - 6x$

38. $(D^2 - 4D + 4)y = e^{2x} + x^3 + \cos 2x$ **(May 2011)**
   Ans. $y = (c_1 + c_2 x)e^{2x} + \dfrac{1}{2}x^2 e^{2x} - \dfrac{1}{8} \sin 2x + \dfrac{1}{8}[2x^3 + 6x^2 + 9x + 6]$

39. $(D^5 - D)y = 12e^x + 85mx + 2^x$ **(May 2008)**
   Ans. $y = c_1 + c_2 e^x + c_3 e^{-x} + c_4 \cos x + c_5 \sin x + 3x e^x - 35\,m\,\dfrac{x^2}{2} + \dfrac{2^x}{(\log 2)^5 - \log 2}$

40. $(D^2 - 4)y = e^{3x} x^2$. **(May 12) Ans.** $y = c_1 e^{2x} + c_2 e^{-2x} + \dfrac{e^{3x}}{125}(125x^2 - 60x + 62)$

41. $\dfrac{d^3y}{dx^3} - 7\dfrac{dy}{dx} - 6y = e^{2x}(1+x^2)$ Ans. $y = c_1 e^{-x} + c_2 e^{-2x} + c_3 e^{3x} - \dfrac{e^{2x}}{12}\left[\dfrac{169}{72} + x^2 + \dfrac{5x}{6}\right]$

42. $(D^3 - 3D^2 + 3D - 1)y = \sqrt{x}\, e^x$. **(May 12)** Ans. $y = (c_1 x^2 + c_2 x + c_3)e^x + \dfrac{8e^x x^{7/2}}{105}$

43. $(D^2 - 4D + 4)y = e^{2x}\sin 3x$ \qquad Ans. $y = (c_1 + c_2 x)e^{2x} - \dfrac{1}{9} e^{2x}\sin 3x$

44. $(D^3 - D^2 + 3D + 5)y = e^x \cos 3x$

Ans. $y = c_1 e^{-x} + e^x(c_2 \cos 2x + c_3 \sin 2x) - \dfrac{e^x}{65}(3\sin 3x + 2\cos 3x)$

45. $(D^2 + 2D + 1)y = \dfrac{e^{-x}}{x+2}$ \hfill **(Dec. 2007)**

Ans. $y = (c_1 + c_2 x)e^{-x} - e^{-x}[x\log(x+2) + 2\log(x+2) - x]$

46. $(D^2 + 6D + 9)y = \dfrac{1}{x^3}e^{-3x}$ \qquad **(Dec. 2012)** Ans. $y = (c_1 x + c_2)e^{-3x} + \dfrac{e^{-3x}}{2x}$

47. $(D^4 - 3D^3 - 2D^2 + 4D + 4)y = x^2 e^x$. \hfill **(Dec. 2008)**

Ans. $y = (c_1 x + c_2)e^{-x} + (c_3 x + c_4)e^{2x} + \dfrac{e^x}{4}\left(x^2 + 2x + \dfrac{7}{2}\right)$

48. $(D^3 - 3D - 2)y = 540\, x^3 e^{-x}$.

Ans. $y = (c_1 x + c_2)e^{-x} + c_3 e^{2x} - 180 e^{-x}\left(\dfrac{x^5}{20} + \dfrac{x^4}{12} + \dfrac{x^3}{9} + \dfrac{x^2}{9}\right)$

49. $\dfrac{d^2 y}{dx^2} + 2\dfrac{dy}{dx} + 2y = e^{-x}\sec^3 x$ \quad Ans. $y = e^{-x}\left[c_1 \cos x + c_2 \sin x + \dfrac{\sin x}{2}\tan x\right]$

\hfill **(Dec. 2005)**

50. $(D^2 + 2D + 1)y = e^{-x}\log x$. \qquad Ans. $y = (c_1 x + c_2)e^{-x} + \dfrac{e^{-x} x^2}{4}(2\log x - 3x^2)$

\hfill **(May 2006)**

51. $(D^4 + D^2 + 1)y = e^{-x/2}\cos\left(\dfrac{\sqrt{3}}{2}x\right)$

Ans. $y = e^{x/2}\left[c_1\cos\dfrac{\sqrt{3}}{2}x + c_2\sin\dfrac{\sqrt{3}}{2}x\right] + e^{-x/2}\left[c_3\cos\dfrac{\sqrt{3}}{2}x + c_4\sin\dfrac{\sqrt{3}}{2}x\right]$

$+ \dfrac{1}{4\sqrt{3}}\, x\, e^{-x/2}\left[\sin x \dfrac{\sqrt{3}}{2} + \sqrt{3}\cos x \dfrac{\sqrt{3}}{2}\right]$

52. $(D^3 - D^2 - D + 1)y = \cosh x \sin x$.

Ans. $y = (c_1 x + c_2)e^x + c_3 e^{-x} + \dfrac{e^x}{10}(\cos x - 2\sin x) - \dfrac{e^{-x}}{50}(3\cos x - 4\sin x)$

53. $\dfrac{d^2 y}{dx^2} - y = \cosh x \cos x$ \quad Ans. $y = c_1 e^x + c_2 e^{-x} + \dfrac{1}{5}(2\sinh x \sin x - \cosh x \cos x)$

54. $(D^2 + 40D + 8)y = 12 e^{-2x}\sin x \sin 3x$. \hfill **(Dec. 2004)**

Ans. $y = e^{-2x}(c_1 \cos 2x + c_2 \sin 2x) + \dfrac{3}{2}x\, e^{-2x}\sin 2x + \dfrac{1}{2}e^{-2x}\cos 4x$

55. $(D^3 - 6D^2 + 11D - 6) y = e^x x + \sin x + \cos x$.

Ans. $y = c_1 e^x + c_2 e^{2x} + c_3 e^{3x} + \dfrac{e^x}{2}\left(\dfrac{x^2}{3} + \dfrac{3}{2} x\right) - \dfrac{1}{10} \cos x + \dfrac{1}{10} \sin x$

56. $\dfrac{d^2y}{dx^2} + 5 \dfrac{dy}{dx} + 6y = e^{-2x} \sin 2x + 4x^2 e^x$ **(May 2011, 2015)**

Ans. $y = c_1 e^{-2x} + c_2 e^{-3x} - \dfrac{e^{-2x}}{10} (\cos 2x + 2 \sin 2x) + \dfrac{e^x}{3}\left(x^2 - \dfrac{7}{6} x + \dfrac{37}{72}\right)$

57. $\dfrac{d^3y}{dx^3} - \dfrac{d^2y}{dx^2} = 3x + x e^x$. Ans. $y = c_1 + c_2 x + c_3 e^x - 2x e^x + \dfrac{x^2 e^x}{2} - \dfrac{x^3}{2} - \dfrac{3x^2}{2}$

58. $\dfrac{d^2y}{dx^2} - 3 \dfrac{dy}{dx} + 2y = x e^{3x} + \sin 2x$.

Ans. $y = c_2 e^x + c_1 e^{2x} + e^{3x}\left(\dfrac{x}{2} - \dfrac{3}{4}\right) + \dfrac{1}{20} (3 \cos 2x - \sin 2x)$

59. $(D^2 - 6D + 13) y = 8 e^{3x} \sin 4x + 2^x$ **(Dec. 2004)**

Ans. $y = e^{3x} (A \cos 2x + B \sin 2x) - \dfrac{2e^{3x} \sin 4x}{3} + \dfrac{2^x}{(\log 2)^2 - 6 \log 2 + 13}$

60. $(D^4 + D^2 + 1) y = ax^2 + be^{-x} \sin 2x$.

Ans. $y = e^{(-1/2) x} [c_1 \cos (\sqrt{3}/2) x + c_2 \sin (\sqrt{3}/2) x]$
$+ e^{(1/2) x} [c_3 \cos (\sqrt{3}/2) x + c_4 \sin (\sqrt{3}/2 x] + a (x^2 - 2) - \dfrac{b}{481} e^{-x} (20 \cos 2x + 9 \sin 2x)$

61. $(D^2 - 4) y = x \sinh x$ **(May 2006, 2012)**

Ans. $y = c_1 e^{2x} + c_2 e^{-2x} - \dfrac{1}{3} [x \sinh x + \dfrac{2}{3} \cosh x]$

62. $(D^2 - 20D + 1) y = x^2 e^x \sin x$. Ans. $y = (c_1 x + c_2) e^x - e^x [4x \cos x + (x^2 - 6) \sin x]$

63. $\dfrac{d^2y}{dx^2} - 4 \dfrac{dy}{dx} + 4y = 8x^2 \cdot e^{2x} \sin 2x$. **(Dec. 2004)**

Ans. $y = e^{2x} [c_1 + c_2 x + 3 \sin 2x - 2x^2 \sin 2x - 4x \cos 2x]$

64. $(D^2 + 2D + 1) y = x \cos x$ Ans. $y = (c_1 x + c_2) e^{-x} + \dfrac{1}{2} (x \sin x + \cos x - \sin x)$

65. $\dfrac{d^2y}{dx^2} + 3 \dfrac{dy}{dx} + 2y = x \sin 2x$

Ans. $y = c_1 e^{-2x} + c_2 e^{-x} + \left(\dfrac{7 - 30x}{200}\right) \cos 2x + \left(\dfrac{12 - 5x}{100}\right) \sin 2x$

66. $(D^4 + 2D^2 + 1) y = x \cos x$. **(Dec. 2011)**

Ans. $y = (c_1 x + c_2) \cos x + (c_3 x + c_4) \sin x - \dfrac{x^3}{24} \cos x + \dfrac{x^2}{2} \sin x$

67. $(D^2 + 1)^2 y = 24x \cos x$.

Ans. $y = (c_1 x + c_2) \cos x + (c_3 x + c_4) \sin x - x^3 \cos x + 3x^2 \sin x$

68. $(D^2 + 2D + 5)^2 y = x e^{-x} \cos 2x$.

Ans. $y = e^{-x} [(c_1 x + c_2) \cos 2x + (c_3 x + c_4) \sin 2x] - \dfrac{e^{-x}}{32}\left[(x^3 - x^2) \cos 2x - \dfrac{2}{3} x^3 \sin 2x\right]$

69. $(D^2 - 2D + 4)^2 y = xe^x \cos[\sqrt{3} x + \alpha]$

Ans. $y = e^x \left[(c_1 + c_2 x) \cos \sqrt{3} x + (c_3 + c_4 x) \sin \sqrt{3} x\right]$
$- \dfrac{e^x}{12} \left[\dfrac{x^3}{6} \cos(\sqrt{3} x + \alpha) + \dfrac{x^2}{2\sqrt{3}} \sin(\sqrt{3} x + \alpha)\right]$

70. $(D^2 - 4D + 4) y = x e^{2x} \sin 2x$. **(Dec. 2005, 2008)**

Ans. $y = (c_1 x + c_2) e^{2x} - \dfrac{e^{2x}}{4} [x \sin 2x + \cos 2x]$

MULTIPLE CHOICE QUESTIONS (MCQ's)

Type : Particular Integral :

1. Particular Integral of linear differential equation with constant coefficient $\phi(D) y = f(x)$ is given by (1)

(A) $\dfrac{1}{\phi(D)} f(x)$
(B) $\dfrac{1}{\phi(D) f(x)}$
(C) $\phi(D) \dfrac{1}{f(x)}$
(D) $\dfrac{1}{\phi(D^2)} f(x)$

2. $\dfrac{1}{D - m} f(x)$, where $D \equiv \dfrac{d}{dx}$ and m is constant, is equal to (1)

(A) $e^{mx} \int e^{-mx} dx$
(B) $\int e^{-mx} f(x) dx$
(C) $e^{mx} \int e^{-mx} f(x) dx$
(D) $e^{-mx} \int e^{mx} f(x) dx$

3. $\dfrac{1}{D + m} f(x)$, where $D \equiv \dfrac{d}{dx}$ and m is constant, is equal to (1)

(A) $e^{-mx} \int e^{mx} dx$
(B) $\int e^{mx} f(x) dx$
(C) $e^{mx} \int e^{-mx} f(x) dx$
(D) $e^{-mx} \int e^{mx} f(x) dx$

4. Particular Integral $\dfrac{1}{\phi(D)} e^{ax}$, where $D \equiv \dfrac{d}{dx}$ and $\phi(a) \neq 0$ is (1)

(A) $\dfrac{1}{\phi(-a)} e^{ax}$
(B) $x \dfrac{1}{\phi(a)} e^{ax}$
(C) $\dfrac{1}{\phi(a^2)} e^{ax}$
(D) $\dfrac{1}{\phi(a)} e^{ax}$

5. Particular Integral $\dfrac{1}{(D - a)^r} e^{ax}$ where $D \equiv \dfrac{d}{dx}$ is (1)

(A) $\dfrac{1}{r!} e^{ax}$
(B) $\dfrac{x^r}{r} e^{ax}$
(C) $\dfrac{x^r}{r!} e^{ax}$
(D) $x^r e^{ax}$

6. Particular Integral $\dfrac{1}{\phi(D^2)} \sin(ax+b)$, where $D \equiv \dfrac{d}{dx}$ and $\phi(-a^2) \neq 0$ is (1)

   (A) $\dfrac{1}{\phi(-a^2)} \cos(ax+b)$
   (B) $\dfrac{1}{\phi(-a^2)} \sin(ax+b)$
   (C) $x \dfrac{1}{\phi(-a^2)} \sin(ax+b)$
   (D) $\dfrac{1}{\phi(a^2)} \sin(ax+b)$

7. Particular Integral $\dfrac{1}{\phi(D^2)} \sin(ax+b)$, where $D \equiv \dfrac{d}{dx}$ and $\phi(-a^2) = 0$, $\phi'(-a^2) \neq 0$ is (1)

   (A) $x \dfrac{1}{\phi'(-a^2)} \cos(ax+b)$
   (B) $x \dfrac{1}{\phi'(-a^2)} \sin(ax+b)$
   (C) $\dfrac{1}{\phi(-a^2)} \sin(ax+b)$
   (D) $\dfrac{1}{\phi'(-a^2)} \sin(ax+b)$

8. Particular Integral $\dfrac{1}{\phi(D^2)} \cos(ax+b)$, where $D \equiv \dfrac{d}{dx}$ and $\phi(-a^2) \neq 0$ is (1)

   (A) $\dfrac{1}{\phi(-a^2)} \cos(ax+b)$
   (B) $\dfrac{1}{\phi(-a^2)} \sin(ax+b)$
   (C) $x \dfrac{1}{\phi'(-a^2)} \cos(ax+b)$
   (D) $\dfrac{1}{\phi(a^2)} \cos(ax+b)$

9. Particular Integral $\dfrac{1}{\phi(D^2)} \cos(ax+b)$, where $D \equiv \dfrac{d}{dx}$ and $\phi(-a^2) = 0$, $\phi'(-a^2) \neq 0$ is (1)

   (A) $\dfrac{1}{\phi'(-a^2)} \cos(ax+b)$
   (B) $\dfrac{1}{\phi'(-a^2)} \cos(ax+b)$
   (C) $x \dfrac{1}{\phi'(-a^2)} \sin(ax+b)$
   (D) $x \dfrac{1}{\phi'(-a^2)} \cos(ax+b)$

10. Particular Integral $\dfrac{1}{\phi(D^2)} \sinh(ax+b)$, where $D \equiv \dfrac{d}{dx}$ and $\phi(a^2) \neq 0$ is (1)

    (A) $\dfrac{1}{\phi(a^2)} \cosh(ax+b)$
    (B) $x \dfrac{1}{\phi'(a^2)} \sinh(ax+b)$
    (C) $\dfrac{1}{\phi(a^2)} \sinh(ax+b)$
    (D) $\dfrac{1}{\phi(-a^2)} \sinh(ax+b)$

11. Particular Integral $\dfrac{1}{\phi(D^2)} \cosh(ax+b)$, where $D \equiv \dfrac{d}{dx}$ and $\phi(a^2) \neq 0$ is (1)

    (A) $\dfrac{1}{\phi(a^2)} \cosh(ax+b)$
    (B) $x \dfrac{1}{\phi'(a^2)} \cosh(ax+b)$
    (C) $\dfrac{1}{\phi(a^2)} \sinh(ax+b)$
    (D) $\dfrac{1}{\phi(-a^2)} \cosh(ax+b)$

12. Particular Integral $\dfrac{1}{\phi(D)} e^{ax}V$ where V is any function of x and $D \equiv \dfrac{d}{dx}$ is (1)

   (A) $e^{ax} \dfrac{1}{\phi(D-a)} V$ (B) $e^{ax} \dfrac{1}{\phi(a)} V$

   (C) $e^{ax} \dfrac{1}{\phi(D+a)} V$ (D) $\dfrac{1}{\phi(D+a)} V$

13. Particular Integral $\dfrac{1}{\phi(D)} xV$ where V is a function of x and $D \equiv \dfrac{d}{dx}$ is (1)

   (A) $\left[x - \dfrac{1}{\phi(D)} \right] \dfrac{1}{\phi(D)} V$ (B) $\left[x - \dfrac{\phi'(D)}{\phi(D)} \right] \phi(D) V$

   (C) $\left[x + \dfrac{\phi'(D)}{\phi(D)} \right] V$ (D) $\left[x - \dfrac{\phi'(D)}{\phi(D)} \right] \dfrac{1}{\phi(D)} V$

14. Particular integral $\dfrac{1}{D+1} e^{e^x}$, where $D \equiv \dfrac{d}{dx}$ is (2)

   (A) $e^{-x} e^{e^x}$ (B) e^{e^x}

   (C) $e^x e^{e^x}$ (D) $e^{-2x} e^{e^x}$

15. Particular Integral $\dfrac{1}{D+2} e^{-x} e^{e^x}$ where $D \equiv \dfrac{d}{dx}$ is (2)

   (A) $e^{2x} e^{e^x}$ (B) $e^{-2x} e^{e^x}$

   (C) e^{e^x} (D) $e^{-x} e^{e^x}$

16. particular Integral $\dfrac{1}{D+1} \sin e^x$, where $D \equiv \dfrac{d}{dx}$ is (2)

   (A) $-e^{-x} \sin e^x$ (B) $e^x \cos e^x$

   (C) $-e^{-x} \cos e^x$ (D) $e^{-x} \cos e^x$

17. Particular Integral $\dfrac{1}{D+2} e^{-x} \cos e^x$, where $D \equiv \dfrac{d}{dx}$ is (2)

   (A) $e^{-x} \cos e^x$ (B) $e^{-x} \sin e^x$

   (C) $e^{-2x} \cos e^x$ (D) $e^{-2x} \sin e^x$

18. Particular Integral $\dfrac{1}{D+2} e^{-2x} \sec^2 x (1 + 2\tan x)$, (use $\tan x = t$ and $D \equiv \dfrac{d}{dx}$) is (2)

   (A) $e^{-2x}(1 + 2\tan^2 x)$ (B) $e^{-2x}(\tan x + \tan^2 x)$

   (C) $e^{2x}(\tan x + 2\tan^2 x)$ (D) $e^{-2x}(\tan x + \sec x)$

19. Particular Integral $\dfrac{1}{D+1}\left(\dfrac{1}{1+e^x}\right)$ where $D \equiv \dfrac{d}{dx}$ is (2)

   (A) $e^x \log(1 - e^x)$
   (B) $\log(1 + e^x)$
   (C) $e^x \log(1 + e^x)$
   (D) $e^{-x} \log(1 + e^x)$

20. Particular Integral of differential equation $\dfrac{d^2y}{dx^2} - 7\dfrac{dy}{dx} + 6y = e^{2x}$ is (2)

   (A) $-\dfrac{xe^{2x}}{3}$
   (B) $-\dfrac{e^{2x}}{4}$
   (C) $\dfrac{e^{2x}}{4}$
   (D) $\dfrac{e^{2x}}{24}$

21. Particular Integral of differential equation $(D^2 - 5D + 6)y = 3e^{5x}$ is (2)

   (A) $\dfrac{e^{5x}}{2}$
   (B) $\dfrac{e^{5x}}{6}$
   (C) $-\dfrac{e^{5x}}{14}$
   (D) $-\dfrac{e^{2x}}{2}$

22. Particular Integral of differential equation $(D^2 - 9)y = e^{3x} + 1$ is (2)

   (A) $\dfrac{3x}{2}e^{3x} - \dfrac{1}{9}$
   (B) $x\dfrac{e^{3x}}{6} + \dfrac{3}{8}$
   (C) $x\dfrac{e^{3x}}{6} - \dfrac{1}{9}$
   (D) $xe^{3x} + \dfrac{1}{8}$

23. Particular Integral differential equation $(D^2 + 4D + 3)y = e^{-3x}$ is (2)

   (A) xe^{-3x}
   (B) $-\dfrac{1}{2}e^{-3x}$
   (C) $-\dfrac{x}{10}e^{-3x}$
   (D) $-\dfrac{x}{2}e^{-3x}$

24. Particular Integral of differential equation $(D - 2)^3 y = e^{2x} + 3^x$ is (2)

   (A) $\dfrac{x^3}{3!}e^{2x} + \dfrac{1}{(\log 3 - 2)^3}3^x$
   (B) $\dfrac{x^3}{3!}e^{2x} + \dfrac{1}{(e^3 - 2)^3}3^x$
   (C) $\dfrac{x}{3!}e^{2x} + \dfrac{1}{(\log 3 - 2)^3}3^x$
   (D) $\dfrac{x^3}{3!}e^{2x} + \dfrac{1}{(\log 3 - 2)^3}$

25. Particular Integral of differential equation $(D^5 - D)y = 12e^x$ is (2)

   (A) $3e^x$
   (B) $\dfrac{12}{5}xe^x$
   (C) $12xe^x$
   (D) $3xe^x$

26. Particular Integral of differential equation $(D^2 + 1)(D - 1)y = e^x$ is (2)

   (A) xe^x
   (B) $\dfrac{1}{2}x^2 e^x$
   (C) $\dfrac{1}{2}xe^x$
   (D) $x^2 e^x$

27. Particular Integral of differential equation $(D^2 - 4D + 4)y = \sin 2x$ is (2)

   (A) $-\dfrac{\cos 2x}{8}$
   (B) $\dfrac{\cos 2x}{8}$
   (C) $\dfrac{\sin 2x}{8}$
   (D) $x\dfrac{\cos 2x}{8}$

28. Particular Integral of differential equation $(D^3 + D) y = \cos x$ is (2)

(A) $-\dfrac{x}{2} \sin x$ (B) $\dfrac{x}{4} \cos x$

(C) $-\dfrac{1}{2} \cos x$ (D) $-\dfrac{x}{2} \cos x$

29. Particular Integral of differential equation $(D^2 + 1) y = \sin x$ is (2)

(A) $-\dfrac{x}{2} \cos x$ (B) $-\dfrac{x}{4} \cos x$

(C) $-\dfrac{x}{2} \sin x$ (D) $-\dfrac{1}{2} \cos x$

30. Particular Integral of differential equation $(D^3 + 9D) y = \sin 3x$ is (2)

(A) $-\dfrac{x}{18} \cos 3x$ (B) $-\dfrac{x}{18} \sin 3x$

(C) $-x \sin 3x$ (D) $-\dfrac{1}{18} \sin 3x$

31. Particular integral of differential equation $(D^4 + 10D^2 + 9) y = \sin 2x + \cos 4x$ is (2)

(A) $-\dfrac{1}{23} \sin 2x - \dfrac{1}{105} \cos 4x$ (B) $\dfrac{1}{15} \sin 2x + \cos 4x$

(C) $-\dfrac{1}{15} \sin 2x + \dfrac{1}{105} \cos 4x$ (D) $-\dfrac{1}{15} \sin 2x + \dfrac{1}{87} \cos 4x$

32. Particular Integral of differential equation $\dfrac{d^2 y}{dx^2} - 2 \dfrac{dy}{dx} + 5y = 10 \sin x$ is (2)

(A) $\dfrac{8}{3} \sin x$ (B) $\sin x - 2 \cos x$

(C) $4 \sin x + 2 \cos x$ (D) $2 \sin x + \cos x$

33. Particular Integral of differential equation $(D^4 - m^4) y = \cos mx$ is (2)

(A) $\dfrac{-x}{4m^3} \cos mx$ (B) $\dfrac{x}{m^3} \sin mx$

(C) $-x \sin mx$ (D) $\dfrac{-x}{4m^3} \sin mx$

34. Particular Integral of differential equation $\dfrac{d^3 y}{dx^3} - 4 \dfrac{dy}{dx} = 2 \cosh 2x$ is (2)

(A) $\dfrac{1}{4} \cosh 2x$ (B) $\dfrac{x}{8} \cosh 2x$

(C) $\dfrac{x}{4} \cosh 2x$ (D) $\dfrac{x}{4} \sinh 2x$

35. Particular Integral of differential equation $(D^2 + 6D - 9) y = \sinh 3x$ is (2)

(A) $\dfrac{1}{18} \cosh 3x$ (B) $\dfrac{1}{2} \cosh 3x$

(C) $\dfrac{1}{18} \sinh 3x$ (D) $-\dfrac{1}{18} \cosh 3x$

36. Particular Integral of differential equation $\dfrac{d^3y}{dx^3} + 8y = x^4 + 2x + 1$ is (2)

   (A) $\dfrac{1}{8}(x^4 + 5x + 1)$ (B) $\dfrac{1}{8}(x^3 - 3x^2 + 1)$

   (C) $x^4 - x + 1$ (D) $\dfrac{1}{8}(x^4 - x + 1)$

37. Particular Integral of differential equation $(D^4 + D^2 + 1)y = 53x^2 + 17$ is (2)
   (A) $53x^2 + 17$ (B) $53x^2 - 89$
   (C) $53x^2 + 113$ (D) $3x^2 - 17$

38. Particular integral of differential equation $(D^2 - D + 1)y = 3x^2 - 1$ is (2)
   (A) $3x^2 + 6x + 5$ (B) $x^2 - 6x + 1$
   (C) $3x^2 + 6x - 1$ (D) $x^2 + 18x - 11$

39. Particular Integral of differential equation $(D^2 - 1)y = x^3$ is (2)
   (A) $-x^3 + 6x$ (B) $x^2 + 6$
   (C) $x^3 + 6x$ (D) $-x^3 - 6x$

40. Particular Integral of differential equation $(D^3 + 3D^2 - 4)y = x^2$ is (2)

   (A) $-\dfrac{1}{4}\left(x^2 + \dfrac{3}{2}\right)$ (B) $\dfrac{1}{4}\left(x^2 + \dfrac{3}{2}x\right)$

   (C) $\left(x^2 + \dfrac{3}{2}\right)$ (D) $-\dfrac{1}{4}\left(x^2 - \dfrac{3}{2}\right)$

41. Particular Integral of differential equation $(D^4 + 25)y = x^4 + x^2 + 1$ is (2)

   (A) $\left(x^4 + x^2 - \dfrac{1}{25}\right)$ (B) $\left(x^4 + x^2 + \dfrac{49}{25}\right)$

   (C) $\dfrac{1}{25}(x^4 + x^2 + 24x + 1)$ (D) $\dfrac{1}{25}\left(x^4 + x^2 + \dfrac{1}{25}\right)$

42. Particular Integral of differential equation $(D^2 - 4D + 4)y = e^{2x} x^4$ is (2)

   (A) $\dfrac{x^6}{120} e^{2x}$ (B) $\dfrac{x^6}{60} e^{2x}$

   (C) $\dfrac{x^6}{30} e^{2x}$ (D) $\dfrac{x^5}{20} e^{2x}$

43. Particular Integral of differential equation $\dfrac{d^2y}{dx^2} + 2\dfrac{dy}{dx} + y = e^{-x} \cos x$ is (2)

   (A) $e^x \cos x$ (B) $-e^{-x} \sin x$
   (C) $-e^{-x} \cos x$ (D) $(c_1 x + c_2) e^{-x}$

44. Particular integral of differential equation $(D^2 + 6D + 9)y = e^{-3x} x^{-3}$ is (2)

   (A) $\dfrac{e^{-3x}}{2x}$ (B) $e^{-3x} x$

   (C) $\dfrac{e^{-3x}}{12x}$ (D) $(c_1 x + c_2) e^{-3x}$

45. Particular Integral of differential equation $(D^2 + 2D + 1)y = e^{-x}(1 + x^2)$ is (2)

(A) $e^{-x}\left(\dfrac{x^2}{2} - \dfrac{x^4}{12}\right)$

(B) $e^{-x}\left(x + \dfrac{x^3}{3}\right)$

(C) $e^{-x}\left(\dfrac{x^2}{2} + \dfrac{x^4}{12}\right)$

(D) $\left(\dfrac{x^2}{2} + \dfrac{x^4}{12}\right)$

46. Particular Integral of differential equation $(D - 1)^3 y = e^x \sqrt{x}$ is (2)

(A) $\dfrac{4}{15} e^x x^{5/2}$

(B) $\dfrac{8}{105} e^x x^{7/2}$

(C) $e^x x^{7/2}$

(D) $\dfrac{3}{8} e^x x^{-5/2}$

47. Particular integral of differential equation $\dfrac{d^2y}{dx^2} - 2\dfrac{dy}{dx} + y = xe^x \sin x$ is (2)

(A) $-e^x(x \sin x + 2 \cos x)$

(B) $e^x(x \sin x - 2 \cos x)$

(C) $(x \sin x + 2 \cos x)$

(D) $-e^x(x \cos x + 2 \sin x)$

48. Solution of differential equation $\dfrac{d^2y}{dx^2} + \dfrac{dy}{dx} + y = e^{2x}$ is (2)

(A) $e^x\left(c_1 \cos \dfrac{\sqrt{3}}{2}x + c_2 \sin \dfrac{\sqrt{3}}{2}x\right) - \dfrac{1}{7} e^{2x}$

(B) $e^{\frac{1}{2}x}\left(c_1 \cos \dfrac{\sqrt{3}}{2}x + c_2 \sin \dfrac{\sqrt{3}}{2}x\right) + \dfrac{1}{5} e^{2x}$

(C) $e^{-\frac{1}{2}x}\left(c_1 \cos \dfrac{1}{2}x + c_2 \sin \dfrac{1}{2}x\right) + \dfrac{1}{7} e^x$

(D) $e^{-\frac{1}{2}x}\left(c_1 \cos \dfrac{\sqrt{3}}{2}x + c_2 \sin \dfrac{\sqrt{3}}{2}x\right) + \dfrac{1}{7} e^{2x}$

49. Solution of differential equation $(D^2 + 1)y = x$ is (2)

(A) $c_1 \cos x + c_2 \sin x - x$

(B) $c_1 \cos x + c_2 \sin x + x$

(C) $c_1 \cos x + c_2 \sin x + 2x$

(D) $c_1 \cos x + c_2 \sin x - 2x$

Answers

1. (A)	2. (C)	3. (D)	4. (D)	5. (C)	6. (B)	7. (B)	8. (A)
9. (D)	10. (C)	11. (A)	12. (C)	13. (D)	14. (A)	15. (B)	16. (C)
17. (D)	18. (B)	19. (D)	20. (B)	21. (A)	22. (C)	23. (D)	24. (A)
25. (D)	26. (C)	27. (B)	28. (D)	29. (A)	30. (B)	31. (C)	32. (D)
33. (D)	34. (C)	35. (A)	36. (D)	37. (B)	38. (C)	39. (D)	40. (A)
41. (D)	42. (C)	43. (C)	44. (A)	45. (C)	46. (B)	47. (A)	48. (D)
49. (B)							

(C) Method of Variation of Parameters

When the short-cut methods (Art. 1.13) fail to determine the particular integral then one has to make use of general method. But this method involves laborious integration and in such cases other methods are available. One such method is the method of variation of parameters. This method is due to a great Mathematician named Lagrange. To explain the rigours of this method, let us start with a simple differential equation

$$\frac{d^2y}{dx^2} + y = \tan x \qquad \ldots (1)$$

Here C.F. is very simple but the P.I. will be difficult to obtain even by general method because it is not of those special cases discussed before.

The complementary function is

$$A \cos x + B \sin x \qquad \ldots (2)$$

where, A and B are Arbitrary constants. Here Lagrange has shown his ingenuity by evolving the Particular Integral from this C.F. only by assuming that (temporarily) the constants A and B are some functions of x say A (x) and B (x) (of course it looks ridiculous).

Since the method assumes that the quantities A and B vary, this method is called *The Method of Variation of Parameters or Variation of Constants.*

Since two functions A (x) and B (x) are to be determined, they must satisfy two conditions. First is that the assumed solution (P.I.)

$$y = A(x) \cos x + B(x) \sin x \qquad \ldots (3)$$

must satisfy the differential equation. When determined, (3) actually will deliver to us the Particular Integral. The second condition is at our disposal and we shall choose it at proper time so as to evaluate A (x) and B (x) and thereby solving the equation.

If we differentiate equation (3), we get

$$y' = -A(x) \sin x + B(x) \cos x + A'(x) \cos x + B'(x) \sin x \ldots (4)$$

Since further differentiation will involve higher differentials of unknown functions A(x) and B(x), we apply our choice of second condition here only and that is what we assume

$$A'(x) \cos x + B'(x) \sin x = 0 \qquad \ldots (5)$$

and then (4) becomes simpler as

$$y' = -A(x) \sin x + B(x) \cos x \qquad \ldots (6)$$

One further differentiation will give

$$y'' = -A(x) \cos x - B(x) \sin x - A'(x) \sin x + B'(x) \cos x \ldots (7)$$

Substituting from (3) and (7) in the given differential equation, we find that

$$-A'(x) \sin x + B'(x) \cos x = \tan x \qquad \ldots (8)$$

Now, if we solve equations (5) and (8) simultaneously, we get

$$A'(x) = -\frac{\sin^2 x}{\cos x} \quad \text{and} \quad B'(x) = \sin x$$

and hence by integration, we get

$$A(x) = \int \frac{\cos^2 x - 1}{\cos x} \, dx = \int (\cos x - \sec x) \, dx$$

$$= \sin x - \log(\sec x + \tan x)$$

and $\quad\quad B(x) = -\cos x$

We are not using here constants of integration because it is P.I. part.

Now we frame our P.I. as follows :

$$y = A(x) \cos x + B(x) \sin x$$

$$\text{P.I.} = \cos x [\sin x - \log(\sec x + \tan x)] - \sin x \cos x$$

$$= -[\log(\sec x + \tan x)] \cos x$$

Hence the complete solution is

$$y = y_c + y_p$$

$$y = c_1 \cos x + c_2 \sin x - \cos x \log(\sec x + \tan x)$$

Note : Lagrange's method may be extended to higher order linear differential equations too, as may be seen by further exercises.

SECOND METHOD OF VARIATION OF PARAMETERS

When we have to solve equation of the type $a\dfrac{d^2y}{dx^2} + b\dfrac{dy}{dx} + cy = X$

where, a, b, c are constants and X, any function of x, we also have an alternative method of variation of parameters.

Let the complementary function $= Ay_1 + By_2$ then the particular integral $= uy_1 + vy_2$

where $\quad\quad u = \int \dfrac{-y_2 X}{W} \, dx, \quad v = \int \dfrac{y_1 X}{W} \, dx$

where $\quad\quad W = \begin{vmatrix} y_1 & y_2 \\ y_1' & y_2' \end{vmatrix} = $ called "WRONSKIAN" $= (y_1 y_2' - y_1' y_2)$

ILLUSTRATIONS ON METHOD OF VARIATION OF PARAMETERS

Ex. 1 : *Solve the equation $(D^2 + 4) y = \sec 2x$ by the method of variation of parameters.*

Sol. : $\quad\quad$ C.F. $= A \cos 2x + B \sin 2x$ $\quad\quad\quad\quad\quad\quad\quad\quad\quad\quad$ ... (1)

Let $\quad\quad$ P.I. $= y = A(x) \cos 2x + B(x) \sin 2x$ $\quad\quad\quad\quad\quad\quad$ ... (2)

Differentiating (2), we have

$$y' = -2A(x) \sin 2x + 2B(x) \cos 2x + A'(x) \cos 2x + B'(x) \sin 2x \quad \ldots (3)$$

Assume here that

$$A'(x) \cos 2x + B'(x) \sin 2x = 0 \quad\quad\quad\quad\quad\quad\quad\quad \ldots (4)$$

Then equation (3) will become

$$y' = -2A(x) \sin 2x + 2B(x) \cos 2x \quad\quad\quad\quad\quad\quad\quad\quad \ldots (5)$$

If we differentiate (5) again, we get
$$y'' = -4A\cos 2x - 4B\sin 2x - 2A'\sin 2x + 2B'\cos 2x \quad \ldots (6)$$
[Briefly $A(x) = A$, $A' = A'(x)$, $B(x) = B$, $B' = B'(x)$]
Putting values of y, y' and y" in the differential equation
$$\frac{d^2y}{dx^2} + 4y = \sec 2x, \text{ we have}$$
$(-4A\cos 2x - 4B\sin 2x - 2A'\sin 2x + 2B'\cos 2x) + (4A\cos 2x + 4B\sin 2x) = \sec 2x$
$$\Rightarrow -2A'\sin 2x + 2B'\cos 2x = \sec 2x \quad \ldots (7)$$

Solving (4) and (7) simultaneously, we have
$$A'\cos 2x + B'\sin 2x = 0$$
$$-A'\sin 2x + B'\cos 2x = \frac{1}{2}\sec 2x$$
$$B' = \frac{1}{2} \Rightarrow B = \frac{1}{2}x \text{ and}$$
$$A' = \frac{-1}{2}\tan 2x \Rightarrow A = \frac{1}{4}\log(\cos 2x)$$

Hence
$$\text{P.I.} = A\cos 2x + B\sin 2x$$
$$= \frac{1}{4}\cos 2x \log(\cos 2x) + \frac{x}{2}\sin 2x$$

Hence the complete solution is
$$y = c_1\cos 2x + c_2\sin 2x + \frac{x}{2}\sin 2x + \frac{1}{4}\cos 2x \log \cos 2x$$

Alternative Method :
$$(D^2 + 4)y = \sec 2x$$
$$\text{C.F.} = A\cos 2x + B\sin 2x = Ay_1 + By_2$$
Here $\quad y_1 = \cos 2x$ and $y_2 = \sin 2x$
Let $\quad \text{P.I.} = u(x)y_1 + v(x)y_2$

$$W = \begin{vmatrix} y_1 & y_2 \\ y_1' & y_2' \end{vmatrix} = \begin{vmatrix} \cos 2x & \sin 2x \\ -2\sin 2x & 2\cos 2x \end{vmatrix} = 2(\cos^2 2x + \sin^2 2x) = 2$$

$$u = \int \frac{-y_2 X}{W} dx = \int \frac{-\sin 2x \sec 2x}{2} = -\frac{1}{2}\int \tan 2x \, dx$$
$$= \frac{1}{4}\log(\cos 2x)$$

$$v = \int \frac{y_1 X}{W} dx = \int \frac{\cos 2x \sec 2x}{2} dx = \frac{1}{2}\int dx = \frac{1}{2}x$$

$\therefore \quad \text{P.I.} = \left\{\frac{1}{4}\log(\cos 2x)\right\}\cos 2x + \left\{\frac{1}{2}x\right\}\sin 2x$

Hence the general solution is
$$y = A\cos 2x + B\sin 2x + \frac{1}{4}\cos 2x \log(\cos 2x) + \frac{1}{2}x\sin 2x$$

Ex. 2 : *Solve by method of variation of parameters* $\dfrac{d^2y}{dx^2} + y = \cosec x$.

(Dec. 2004, 2010, May 2014)

Sol. : A.E. is $D^2 + 1 = 0$ $\therefore$ $D = \pm i$

$$\text{C.F.} = A \cos x + B \sin x$$
$$= A y_1 + B y_2$$

Here $y_1 = \cos x$ and $y_2 = \sin x$

Let $\text{P.I.} = u y_1 + v y_2$

$$W = \begin{vmatrix} y_1 & y_2 \\ y_1' & y_2' \end{vmatrix} = \begin{vmatrix} \cos x & \sin x \\ -\sin x & \cos x \end{vmatrix} = 1$$

$$u = \int \dfrac{-y_2 X}{W} dx = \int \dfrac{-\sin x \cosec x}{1} dx = \int -dx$$
$$= -x$$

and $v = \int \dfrac{y_1 X}{D} dx = \int \dfrac{\cos x \cosec x}{1} dx = \int \cot x \, dx$

$$= \log (\sin x)$$

$\therefore$ $\text{P.I.} = (-x) \cos x + \{\log (\sin x)\} \sin x$

Hence the general solution is

$$y = A \cos x + B \sin x - x \cos x + \sin x \log (\sin x)$$

Ex. 3 : *Solve by method of variation of parameters* $\dfrac{d^2y}{dx^2} - y = \dfrac{2}{1 + e^x}$.

Sol. : A.E. is $D^2 - 1 = 0$ $\therefore$ $D = \pm 1$ **(Dec. 2005, 2006, 2010)**

$$\text{C.F.} = c_1 e^x + c_2 e^{-x}$$
$$= c_1 y_1 + c_2 y_2$$

Here $y_1 = e^x$ and $y_2 = e^{-x}$, then

$$W = \begin{vmatrix} y_1 & y_2 \\ y_1' & y_2' \end{vmatrix} = \begin{vmatrix} e^x & e^{-x} \\ e^x & -e^{-x} \end{vmatrix} = -2$$

$$u = \int \dfrac{-y_2 X}{W} dx = -\int \dfrac{y_2 X}{-2} = -\int \dfrac{e^{-x}}{-2} \left(\dfrac{2}{1 + e^x} \right) dx$$

$$= \int \dfrac{e^{-x}}{1 + e^x} dx = \int \dfrac{dx}{e^x (1 + e^x)} = \int \left(\dfrac{1}{e^x} - \dfrac{1}{1 + e^x} \right) dx$$

$$u = \int e^{-x} dx - \int \dfrac{e^{-x} dx}{e^{-x} + 1} = -e^{-x} + \log (1 + e^{-x})$$

$$v = \int \frac{y_1 X}{W} dx = \int \frac{e^x}{-2} \left(\frac{2}{1+e^x}\right) dx$$

$$= -\int \frac{e^x dx}{1+e^x} = -\log(1+e^x)$$

∴   P.I. $= u y_1 + v y_2 = [-e^{-x} + \log(1+e^{-x})] e^x - \{\log(1+e^x)\} e^{-x}$

$$= -1 + e^x \log(e^{-x}+1) - e^{-x} \log(e^x+1)$$

∴ Hence the general solution is

$$y = c_1 e^x + c_2 e^{-x} - 1 + e^x \log(e^{-x}+1) - e^{-x} \log(e^x+1)$$

Ex. 4 : *Solve by method of variation of parameters*

$$(D^2 - 6D + 9)y = \frac{e^{3x}}{x^2}.$$
(May 2009, 2015)

Sol. : A.E. is $D^2 - 6D + 9 = 0$ ∴ $D = 3, 3$

$$\text{C.F.} = (c_1 x + c_2) e^{3x}$$

$$= c_1 y_1 + c_2 y_2$$

Here $y_1 = x e^{3x}$ and $y_2 = e^{3x}$

Let   P.I. $= u y_1 + v y_2$

$$W = \begin{vmatrix} y_1 & y_2 \\ y_1' & y_2' \end{vmatrix} = \begin{vmatrix} x e^{3x} & e^{3x} \\ (3x+1)e^{3x} & 3e^{3x} \end{vmatrix} = -e^{6x}$$

$$u = \int \frac{-y_2 X}{W} dx = \int \frac{-e^{3x}(e^{3x}/x^2)}{-e^{6x}} dx = \int \frac{1}{x^2} dx$$

$$= -\frac{1}{x}$$

and $v = \int \frac{y_1 X}{W} dx = \int \frac{x e^{3x}(e^{3x}/x^2)}{-e^{6x}} dx = \int -\frac{1}{x} dx$

$$= -\log x$$

∴   P.I. $= -\frac{1}{x}(x e^{3x}) - \log x (e^{3x}) = -e^{3x}(1 + \log x)$

Hence the general solution is

$$y = (c_1 x + c_2) e^{3x} - e^{3x}(1 + \log x)$$

Ex. 5 : *Use method of variation of parameters to solve* $(D^2 - 2D + 2)y = e^x \tan x$.

Sol. : A.E. is $D^2 - 2D + 2 = 0$ ∴ $D = 1 \pm i$. (May 2007, 2008)

$$\text{C.F.} = e^x (c_1 \cos x + c_2 \sin x)$$

$$= c_1 y_1 + c_2 y_2$$

Here, $\quad y_1 = e^x \cos x \quad$ and $\quad y_2 = e^x \sin x$

Let $\quad$ P.I. $= uy_1 + vy_2$

$$W = \begin{vmatrix} y_1 & y_2 \\ y_1' & y_2' \end{vmatrix} = \begin{vmatrix} e^x \cos x & e^x \sin x \\ e^x(\cos x - \sin x) & e^x(\sin x + \cos x) \end{vmatrix} = e^{2x}$$

$$u = \int \frac{-y_2 X}{W} dx = \int \frac{-e^x \sin x \; e^x \tan x}{e^{2x}} dx$$

$$= \int \frac{-\sin^2 x}{\cos x} dx = -\int \frac{(1 - \cos^2 x)}{\cos x} dx$$

$$= -\log(\sec x + \tan x) + \sin x$$

$$v = \int \frac{y_1 X}{W} dx = \int \frac{e^x \cos x \; e^x \tan x}{e^{2x}} dx = \int \sin x \, dx = -\cos x$$

$\therefore \quad$ P.I. $= (-\log \sec x + \tan x + \sin x) e^x \cos x + (-\cos x) e^x \sin x$

Hence the general solution is

$$y = e^x(c_1 \cos x + c_2 \sin x) - e^x \cos x \log(\sec x + \tan x)$$

Ex. 6 : *Solve by method of variation of parameters* $(D^2 + 9) y = \dfrac{1}{1 + \sin 3x}$

Sol. : A.E. is $D^2 + 9 = 0 \quad \therefore \quad D = \pm i3.$ **(Dec. 2008)**

$\quad$ C.F. $= c_1 \cos 3x + c_2 \sin 3x$

$\qquad = c_1 y_1 + c_2 y_2$

Here, $\quad y_1 = \cos 3x \quad$ and $\quad y_2 = \sin 3x$

Let $\quad$ P.I. $= uy_1 + vy_2$

$$W = \begin{vmatrix} y_1 & y_2 \\ y_1' & y_2' \end{vmatrix} = \begin{vmatrix} \cos 3x & \sin 3x \\ -3 \sin 3x & 3 \cos 3x \end{vmatrix} = 3$$

$$u = \int \frac{-y_2 X}{W} dx = \int \frac{-\sin 3x \, (1/1 + \sin 3x)}{3} dx$$

$$= -\frac{1}{3} \int \frac{\sin 3x \, (1 - \sin 3x)}{(1 + \sin 3x)(1 - \sin 3x)} dx$$

$$= -\frac{1}{3} \int \frac{\sin 3x - \sin^2 3x}{\cos^2 3x} dx = -\frac{1}{3} \int (\sec 3x \tan 3x - \tan^2 3x) dx$$

$$= -\frac{1}{3} \int (\sec 3x \tan 3x - \sec^2 3x + 1) dx$$

$$= \frac{1}{3} \left(-\frac{1}{3} \sec 3x + \frac{1}{3} \tan 3x - x \right)$$

$$v = \int \frac{y_1 X}{W} dx = \int \frac{\cos 3x \, (1/1 + \sin 3x)}{3} dx = \frac{1}{3} \int \frac{\cos 3x}{1 + \sin 3x} dx$$

$$= \frac{1}{9} \log (1 + \sin 3x)$$

$\therefore$ P.I. $= \left\{\frac{1}{9}(-\sec 3x + \tan 3x - 3x)\right\} \cos 3x + \left\{\frac{1}{9} \log (1 + \sin 3x)\right\} \sin 3x$

Hence the general solution is

$$y = (c_1 \cos 3x + c_2 \sin 3x) + \frac{1}{9}(-1 + \sin 3x - 3x \cos 3x)$$

$$+ \frac{1}{9} \sin 3x \log (1 + \sin 3x)$$

Ex. 7 : *Solve by method of variation of parameters*

$$\frac{d^2y}{dx^2} - y = e^{-x} \sin (e^{-x}) + \cos (e^{-x}) \qquad \ldots (1)$$

Sol. :   C.F. $= A e^x + B e^{-x}$

Let   P.I. $= y = A(x) e^x + B(x) e^{-x}$ ... (2)

$A(x)$ and $B(x)$ are functions to be determined.

Differentiating (2), we have

$$y' = A e^x - B e^{-x} + A' e^x + B' e^{-x} \qquad \ldots (3)$$

Put $A' e^x + B' e^{-x} = 0$, ... (4)

then (3) will become $y' = A e^x - B e^{-x}$

Differentiating again

$$y'' = A e^x + B e^{-x} + A' e^x - B' e^{-x} \qquad \ldots (5)$$

Putting values of y'' and y in (1), we have

$$A e^x + B e^{-x} + A' e^x - B' e^{-x} - A e^x - B e^{-x} = e^{-x} \sin (e^{-x}) + \cos (e^{-x})$$

$\therefore$ $A' e^x - B' e^{-x} = e^{-x} \sin (e^{-x}) + \cos (e^{-x})$ ... (6)

Solving (4) and (6) simultaneously for A', B',

$$A' e^x + B' e^{-x} = 0$$

$$A' e^x - B' e^{-x} = e^{-x} \sin (e^{-x}) + \cos (e^{-x}) \qquad \ldots (7)$$

Adding the equations in (7), we have

$$2 A' e^x = e^{-x} \sin (e^{-x}) + \cos (e^{-x})$$

$\therefore$ $A' = \frac{1}{2} e^{-x} [e^{-x} \sin (e^{-x}) + \cos (e^{-x})]$ ... (8)

and similarly, $B' = -\frac{1}{2} e^x [e^{-x} \sin (e^{-x}) + \cos (e^{-x})]$ ... (9)

Integrating (8)

$$A = \frac{1}{2} \int e^{-x} [e^{-x} \sin(e^{-x}) + \cos(e^{-x})] \, dx \quad [\text{put } e^{-x} = t, \; -e^{-x} dx = dt]$$

$$A = -\frac{1}{2} \int [t \sin t + \cos t] \, dt = -\frac{1}{2} [-t \cos t + \sin t + \sin t]$$

$$= \frac{1}{2} t \cos t - \sin t$$

Hence $\quad A(x) = \frac{1}{2} e^{-x} \cos(e^{-x}) - \sin(e^{-x})$ ... (10)

If we integrate (9),

$$B = -\frac{1}{2} \int e^x (e^{-x} \sin e^{-x} + \cos e^{-x}) \, dx = -\frac{1}{2} e^x \cdot \cos e^{-x}$$

$B(x) = -\frac{1}{2} e^x \cos e^{-x}$, hence P.I. will be given by

$$y = e^x \left[\frac{1}{2} e^{-x} \cos e^{-x} - \sin e^{-x} \right] - \frac{1}{2} e^x \cos(e^{-x}) \cdot e^{-x}$$

$$= \frac{1}{2} \cos(e^{-x}) - e^x \sin(e^{-x}) - \frac{1}{2} \cos e^{-x} = -e^x \sin(e^{-x})$$

Hence the complete solution is

$$y = A e^x + B e^{-x} - e^x \sin(e^{-x})$$

Ex. 8 : *By the method of variation of parameters, solve*

$\qquad (D^3 + D) y = \text{cosec } x$ ... (I)

Sol. : $\qquad$ C.F. $= A + B \cos x + C \sin x$

Let the $\qquad$ P.I. $= y_p = A(x) + B(x) \cos x + C(x) \sin x$ ... (II)

where $A(x)$, $B(x)$ and $C(x)$ are the parameters to be determined. For brevity, take $A(x) = A$, $B(x) = B$, $C(x) = C$.

Hence $\qquad$ P.I. $= y = A + B \cos x + C \sin x$

$\qquad y' = A' + (B' \cos x - B \sin x) + (C' \sin x + C \cos x)$

Put $A' + B' \cos x + C' \sin x = 0$ ... (III)

So that the new value of y' becomes

$\qquad y' = -B \sin x + C \cos x$

$\therefore \qquad y'' = -B' \sin x - B \cos x + C' \cos x - C \sin x$

Choose B' and C' such that

$\quad -B' \sin x + C' \cos x = 0$ ... (IV)

hence $\qquad y'' = -B \cos x - C \sin x$

and $\qquad y''' = -B' \cos x + B \sin x - C' \sin x - C \cos x$

Substituting in (I) values of y, y' and y''', we get

$\quad -B' \cos x - C' \sin x = \text{cosec } x$ ...(V)

Solving simultaneously (III), (IV) and (V), we get

$\qquad A' = \text{cosec } x$, $B' = -\cot x$ and $C' = -1$

and integration yields   A = log [cosec x − cot x]
B = − log sin x
C = − x

∴   P.I. = log (cosec x − cot x) − cos x log sin x − x sin x

Hence the complete solution is
y = A + B cos x + C sin x + log [cosec x − cot x] − cos x log (sin x) − x sin x

EXERCISE 1.3

Solve the following differential equations by the method of variation of parameters.

1. $\dfrac{d^2y}{dx^2} + 4y = \tan 2x$ **Ans.** $y = A \cos 2x + B \sin 2x - \dfrac{1}{4} \cos 2x \log (\sec 2x + \tan 2x)$

(May 2007, 2011; Dec. 2011)

2. $\dfrac{d^2y}{dx^2} + y = x \sin x.$ **Ans.** $y = A \cos x + B \sin x + \dfrac{x}{2} \sin x - \dfrac{x^2}{4} \cos x$

3. $(D^2 + 3D + 2) y = \sin e^x$ **(Dec. 2012) Ans.** $y = c_1 e^{-x} + c_2 e^{-2x} - e^{-2x} \sin e^x$

4. $\dfrac{d^2y}{dx^2} - 2\dfrac{dy}{dx} = e^x \cdot \sin x$ **(Dec. 2014) Ans.** $y = A + B e^{2x} - \dfrac{e^x}{2} \sin x$

5. $(D^2 + 4) y = 4 \sec^2 2x.$ **(May 2005)**

   Ans. $y = A \cos 2x + B \sin 2x - 1 + \sin 2x \log (\sec 2x + \tan 2x)$

6. $(D^2 - 1) y = (1 + e^{-x})^{-2}$ **(May 06, 08) Ans.** $y = A e^x + B e^{-x} - 1 + e^{-x} \log (1 + e^x)$

7. $\dfrac{d^2y}{dx^2} + 3\dfrac{dy}{dx} + 2y = e^{e^x}$ **(Dec. 2005, 2006) Ans.** $y = Ae^{-x} + B e^{-2x} + e^{-2x} e^{e^x}$

8. $(D^2 + 1) y = 3x - 8 \cot x.$

   Ans. $y = c_1 \cos x + c_2 \sin x + 3x - 8 \sin x \log (\cosec x - \cot x)$

9. $(D^2 - 4D + 4) y = e^{2x} \sec^2 x$ **Ans.** $y = [c_1 + c_2 x + \log (\sec x)] e^{2x}$

10. $\dfrac{d^2y}{dx^2} + y = \tan x.$ **(Dec. 2004) Ans.** $y = A \cos x + B \sin x - \cos x \log (\sec x + \tan x)$

11. $\dfrac{d^2y}{dx^2} + y = \sec x \tan x$ **(Dec. 2008, Nov. 2015)**

    Ans. $y = A \cos x + B \sin x + x \cos x - \sin x + \sin x \log (\sec x)$

12. $y'' + y = \sec x$ **(Dec. 2004)**

    Ans. $y = A \cos x + B \sin x + x \sin x + \cos x \log \cos x$

13. $(D^2 + D) y = (1 + e^x)^{-1}$ **Ans.** $y = c_1 + c_2 e^{-x} + x - \log (1 + e^x) - e^{-x} \log (1 + e^x)$

14. $(D^2 + 4) y = \dfrac{1}{1 + \cos 2x}$

    Ans. $y = c_1 \cos 2x + c_2 \sin 2x + \dfrac{1}{4} (\cos 2x) \log (1 + \cos 2x)$

    $+ \dfrac{1}{2} \left(x - \dfrac{1}{2} \tan x \right) \sin 2x$

MULTIPLE CHOICE QUESTIONS (MCQ's)

Type : Method of Variation of Parameter :

1. Complimentary function of differential equation $a_0 \dfrac{d^2y}{dx^2} + a_1 \dfrac{dy}{dx} + a_2 y = f(x)$ is $c_1 y_1 + c_2 y_2$. Then by method of variation of parameters, particular integral is $u(x, y)\, y_1 + v(x, y)\, y_2$ where u is obtained from (1)

   (A) $\displaystyle\int \dfrac{f(x)}{y_1 y'_2 + y_2 y'_1}\, dx$
   (B) $\displaystyle\int \dfrac{y_1 f(x)}{y_1 y'_2 - y_2 y'_1}\, dx$
   (C) $\displaystyle\int \dfrac{y_2 f(x)}{y_1 y'_2 - y_2 y'_1}$
   (D) $\displaystyle\int \dfrac{-y_2 f(x)}{y_1 y'_2 - y_2 y'_1}\, dx$

2. Complementary function of differential equation $a_0 \dfrac{d^2y}{dx^2} + a_1 \dfrac{dy}{dx} + a_2 y = f(x)$ is $c_1 y_1 + c_2 y_2$. Then by method of variation of parameters, particular integral is $u(x, y)\, y_1 + v(x, y)\, y_2$ where v is obtained from (1)

   (A) $\displaystyle\int \dfrac{y_1 f(x)}{y_1 y'_2 - y_2 y'_1}\, dx$
   (B) $\displaystyle\int \dfrac{-y_1 f(x)}{y_1 y'_2 - y_2 y'_1}\, dx$
   (C) $\displaystyle\int \dfrac{-y_2 f(x)}{y_1 y'_2 - y_2 y'_1}\, dx$
   (D) $\displaystyle\int \dfrac{f(x)}{y_1 y'_2 + y_2 y'_1}\, dx$

3. In solving differential equation $\dfrac{d^2y}{dx^2} + y = \operatorname{cosec} x$ by method of variation of parameters, complimentary function $= c_1 \cos x + c_2 \sin x$, Particular Integral $= u \cos x + v \sin x$ then u is equal to (2)

   (A) $- \log \sin x$
   (B) x
   (C) $- x$
   (D) $\log \sin x$

4. In solving differential equation $\dfrac{d^2y}{dx^2} + 4y = \sec 2x$ by method of variation of parameters, complimentary function $= c_1 \cos 2x + c_2 \sin 2x$, Particular Integral $= u \cos 2x + v \sin 2x$ then u is equal to (2)

   (A) $-\dfrac{1}{2} x$
   (B) $\dfrac{1}{4} \log(\cos 2x)$
   (C) $-\dfrac{1}{4} \log(\cos 2x)$
   (D) $\left(\dfrac{1}{2}\right) x$

5. In solving differential equation $\dfrac{d^2y}{dx^2} - y = (1 + e^{-x})^{-2}$ by method of variation of parameters, complimentary function $= c_1 e^x + c_2 e^{-x}$, Particular Integral $= u e^x + v e^{-x}$ then u is equal to (2)

   (A) $\dfrac{1}{(1 + e^{-x})}$
   (B) $\dfrac{1}{2(1 + e^{-x})^2}$
   (C) $\log(1 + e^x)$
   (D) $\dfrac{1}{2(1 + e^{-x})}$

6. In solving differential equation $\frac{d^2y}{dx^2} + 3\frac{dy}{dx} + 2y = \sin e^x$ by method of variation of parameters, complimentary function $= c_1 e^{-x} + c_2 e^{-2x}$, Particular Integral $= u e^{-x} + v e^{-2x}$ then u is equal to (2)

   (A) $-e^x \cos(e^x) + \sin(e^x)$
   (B) $-\cos(e^x)$
   (C) $\cos(e^x)$
   (D) $e^x \sin(e^x) + \cos(e^x)$

7. In solving differential equation $\frac{d^2y}{dx^2} - 6\frac{dy}{dx} + 9y = \frac{e^{3x}}{x^2}$ by method of variation of parameters, complimentary function $= c_1 x e^{3x} + c_2 e^{3x}$, Particular Integral $= u x e^{3x} + v e^{3x}$ then u is equal to (2)

   (A) $-\frac{2}{x^3}$
   (B) $\frac{1}{x}$
   (C) $-\frac{1}{x}$
   (D) $-\log x$

8. In solving differential equation $\frac{d^2y}{dx^2} + y = \tan x$ by method of variation of parameters, complimentary function $= c_1 \cos x + c_2 \sin x$, Particular Integral $= u \cos x + v \sin x$ then v is equal to (2)

   (A) $-\cos x$
   (B) $[\log(\sec x + \tan x)] - \sin x$
   (C) $-[\log(\sec x + \tan x)] + \sin x$
   (D) $\cos x$

9. In solving differential equation $\frac{d^2y}{dx^2} + 9y = \frac{1}{1 + \sin 3x}$ by method of variation of parameters, complimentary function $= c_1 \cos 3x + c_2 \sin 3x$, Particular Integral $= u \cos 3x + v \sin 3x$ then v is equal to (2)

   (A) $\frac{1}{3}\left(-\frac{1}{3}\sec 3x + \frac{1}{3}\tan 3x - x\right)$
   (B) $-\frac{1}{9}\log(1 + \sin 3x)$
   (C) $\frac{1}{9}\log(1 + \sin 3x)$
   (D) $\frac{1}{3}\log \cos x$

10. In solving differential equation $\frac{d^2y}{dx^2} - y = \frac{2}{1 + e^x}$ by method of variation of parameters, complimentary function $= c_1 e^x + c_2 e^{-x}$, particular integral $= u e^x + v e^{-x}$ then v is equal to (2)

    (A) $e^{-x} - \log(1 + e^{-x})$
    (B) $-\log(1 + e^x)$
    (C) $\log(1 + e^x)$
    (D) $-e^{-x} + \log(1 + e^{-x})$

11. In solving differential equation $\dfrac{d^2y}{dx^2} + 3\dfrac{dy}{dx} + 2y = e^{e^x}$ by method of variation of parameters, complimentary function $c_1 e^{-2x} + c_2 e^{-x}$, Particular Integral $= u e^{-2x} + v e^{-x}$ then v is equal to (2)

(A) $-e^{e^x}$
(B) $e^{-2x} e^{e^x}$
(C) $e^x e^{e^x}$
(D) e^{e^x}

12. In solving differential equation $\dfrac{d^2y}{dx^2} + 4y = 4\sec^2 2x$ by method of variation of parameters, complimentary function $= c_1 \cos 2x + c_2 \sin 2x$, Particular Integral $= u \cos 2x + v \sin 2x$ then v is equal to (2)

(A) $\log(\sec 2x + \tan 2x)$
(B) $-\sec 2x$
(C) $\sec 2x + \tan 2x$
(D) $\log(\tan 2x)$

Answers

1. (D)	2. (A)	3. (C)	4. (B)	5. (D)	6. (B)	7. (C)	8. (A)
9. (C)	10. (B)	11. (D)	12. (A)				

1.12 EQUATIONS REDUCIBLE TO LINEAR WITH CONSTANT COEFFICIENTS

We shall now study two types of linear differential equations with *variable coefficients* which can be reduced to the case of linear differential equation with constant coefficients by suitable transformations of variables.

1.13 CAUCHY'S OR EULER'S HOMOGENEOUS LINEAR DIFFERENTIAL EQUATION

An equation of the type

$$(a_0 x^n D^n + a_1 x^{n-1} D^{n-1} + \ldots + a_{n-1} x D + a_n) y = F(x)$$

where $a_0, a_1, a_2 \ldots a_n$ are constants is called Cauchy's Homogeneous Equation. It is sometimes attributed to Euler also. It may also be written as

$$a_0 x^n \dfrac{d^n y}{dx^n} + a_1 x^{n-1} \dfrac{d^{n-1} y}{dx^{n-1}} + \ldots + a_{n-1} x \dfrac{dy}{dx} + a_n y = F(x) \quad \ldots (1)$$

It can be reduced to linear differential equation with constant coefficients by putting

$$x = e^z \text{ or } z = \log x \quad \ldots (2)$$

Now $\quad \dfrac{dy}{dx} = \dfrac{dy}{dz} \dfrac{dz}{dx} = \dfrac{1}{x} \dfrac{dy}{dz}$

or $\quad x \dfrac{dy}{dx} = \dfrac{dy}{dz} = Dy$, here we took $D \equiv \dfrac{d}{dz}$

Also, $\quad \dfrac{d^2y}{dx^2} = \dfrac{d}{dx}\left(\dfrac{1}{x}\dfrac{dy}{dz}\right) = -\dfrac{1}{x^2}\dfrac{dy}{dz} + \dfrac{1}{x}\dfrac{d}{dz}\left(\dfrac{dy}{dz}\right)\dfrac{dz}{dx}$

$$= -\dfrac{1}{x^2}\dfrac{dy}{dz} + \dfrac{1}{x}\left(\dfrac{d^2y}{dz^2}\right)\dfrac{1}{x}$$

$$= -\dfrac{1}{x^2}\dfrac{dy}{dz} + \dfrac{1}{x^2}\dfrac{d^2y}{dz^2}$$

Hence $\quad x^2 \dfrac{d^2y}{dx^2} = -Dy + D^2y = D(D-1)y$

Similarly, we can show that

$$x^3 \dfrac{d^3y}{dx^3} = D(D-1)(D-2)y \text{ and so on.}$$

....
....

$$x^r \dfrac{d^ry}{dx^r} = D(D-1)(D-2) \ldots (D-r+1)y \qquad \ldots (3)$$

Making these substitutions in (1) it can be reduced to linear differential equation with constant coefficients. The following examples can clarify further.

ILLUSTRATIONS

Ex. 1 : *Solve* $x^2 \dfrac{d^2y}{dx^2} - x \dfrac{dy}{dx} + 4y = \cos(\log x) + x \sin(\log x)$ **(Dec. 04, 2014, May 05)**

Sol. : Given equation is Cauchy's homogeneous linear differential equation. We use substitution $z = \log x$ or $x = e^z$ and let $D \equiv \dfrac{d}{dz}$.

Then we note from article (1.18),

$$x^2 \dfrac{d^2y}{dx^2} = D(D-1)y, \quad x \dfrac{dy}{dx} = Dy, \text{ where } D \equiv \dfrac{d}{dz}$$

and equation is transformed into

$$D(D-1)y - Dy + 4y = \cos(z) + e^z \sin z$$

or $\quad (D^2 - D - D + 4)y = \cos(z) + e^z \sin z$

or $\quad (D^2 - 2D + 4)y = \cos(z) + e^z \sin z$

which is linear with constant coefficients in y and z. Now

A.E. is $D^2 - 2D + 4 = 0 \implies D = 1 \pm i\sqrt{3}$

Hence $\quad$ C.F. $= e^z [A \cos\sqrt{3}\,z + B \sin\sqrt{3}\,z]$

and $\quad$ P.I. $= \dfrac{1}{D^2 - 2D + 4} \cos z + \dfrac{1}{D^2 - 2D + 4} e^z \sin z$

$= \dfrac{1}{-1 - 2D + 4} \cos z + e^z \dfrac{1}{(D+1)^2 - 2(D+1) + 4} \sin z$

$= \dfrac{1}{3 - 2D} \cos z + e^z \dfrac{1}{D^2 + 3} \sin z$

$= -\dfrac{2D + 3}{4D^2 - 9} \cos z + e^z \dfrac{1}{-1 + 3} (\sin z)$

$= -\dfrac{(2D + 3)\cos z}{-4 - 9} + e^z \dfrac{1}{2} \sin z$

$= \dfrac{1}{13}[-2 \sin z + 3 \cos z] + \dfrac{1}{2} e^z \sin z$

Hence the general solution in terms of y and z is

$$y = e^z \left[A \cos(\sqrt{3}\,z) + B \sin(\sqrt{3}\,z)\right] + \frac{1}{13}[3\cos z - 2\sin z] + \frac{1}{2} e^z \sin z$$

Changing to y and x, we have

$$y = x\left[A \cos\sqrt{3}(\log x) + B \sin\sqrt{3}(\log x)\right]$$
$$+ \frac{1}{13}[3\cos(\log x) - 2\sin(\log x)] + \frac{1}{2} x \sin(\log x)$$

Ex. 2 : *Find the equation of the curve, which satisfies the differential equation* $4x^2 \dfrac{d^2y}{dx^2} - 4x \dfrac{dy}{dx} + y = 0$ *and crosses the x-axis at an angle of 60° at $x = 1$.*

Sol. : Given equation is Cauchy's homogeneous linear differential equation. The solution will be the equation of the curve.

Put $x = e^z \Rightarrow z = \log x$, and $\dfrac{d}{dz} \equiv D$, then the given equation is transformed into

$$[4D(D-1) - 4D + 1]\, y = 0$$

A.E. is $4D^2 - 8D + 1 = 0$ $\therefore$ $D = 1 \pm \dfrac{\sqrt{3}}{2}$

$$\text{C.F.} = c_1 e^{\left(1+\frac{\sqrt{3}}{2}\right)z} + c_2 e^{\left(1-\frac{\sqrt{3}}{2}\right)z} \text{ and solution is}$$

$$y = c_1 x^{\left(1+\frac{\sqrt{3}}{2}\right)} + c_2 x^{\left(1-\frac{\sqrt{3}}{2}\right)} \qquad \ldots (1)$$

But initially when $x = 1$, $y = 0$ and $\dfrac{dy}{dx} = \sqrt{3}$

$\therefore$ $0 = c_1 + c_2 \Rightarrow c_1 = -c_2$ $\qquad \ldots (2)$

Differentiating (1) w.r.t. x

$$\frac{dy}{dx} = \left(1+\frac{\sqrt{3}}{2}\right) c_1 x^{\frac{\sqrt{3}}{2}} + \left(1-\frac{\sqrt{3}}{2}\right) c_2 x^{-\frac{\sqrt{3}}{2}}$$

Put $x = 1$ and $\dfrac{dy}{dx} = \sqrt{3}$ in this

$$\sqrt{3} = \left(1+\frac{\sqrt{3}}{2}\right) c_1 + \left(1-\frac{\sqrt{3}}{2}\right) c_2$$

Solving with (2), we get $c_1 = 1$, $c_2 = -1$

$\therefore$ Solution or the equation of the curve will be

$$y = x^{\left(1+\frac{\sqrt{3}}{2}\right)} - x^{\left(1-\frac{\sqrt{3}}{2}\right)}$$

Ex. 3 : Solve $x^3 \cdot \dfrac{d^3y}{dx^3} + 2x^2 \cdot \dfrac{d^2y}{dx^2} + 2y = 10\left(x + \dfrac{1}{x}\right)$ **(May 2008, 2015 Dec. 2011)**

Sol. : The given equation is Cauchy's homogeneous linear differential equation.

Put $x = e^z$, $\Rightarrow z = \log x$ and $\dfrac{d}{dz} \equiv D$ then equation is transformed into

$[D(D-1)(D-2) + 2D(D-1) + 2]\, y = 10\,(e^z + e^{-z})$

A.E. is $D^3 - D^2 + 2 = 0$ $\therefore$ $D = -1,\ 1 \pm i$

$$\begin{aligned}
\text{C.F.} &= c_1 e^{-z} + e^z [c_2 \cos z + c_3 \sin z] \\
&= \dfrac{c_1}{x} + x\,[c_2 \cos(\log x) + c_3 \sin(\log x)]
\end{aligned}$$

$$\begin{aligned}
\text{P.I.} &= 10\,\dfrac{1}{D^3 - D^2 + 2}\,(e^z + e^{-z}) \\
&= 10\left[\dfrac{1}{D^3 - D^2 + 2} e^z + \dfrac{1}{D^3 - D^2 + 2} e^{-z}\right] \\
&= 10\left[\dfrac{1}{1 - 1 + 2} e^z + z\,\dfrac{1}{3D^2 - 2D} e^{-z}\right] = 10\left[\dfrac{e^z}{2} + \dfrac{1}{5} z\, e^{-z}\right] \\
&= 5 e^z + 2 z\, e^{-z} = 5x + \dfrac{2}{x}\log x
\end{aligned}$$

Hence the general solution will be

$$y = \dfrac{c_1}{x} + x\,[c_2 \cos(\log x) + c_3 \sin(\log x)] + 5x + \dfrac{2}{x}\log x$$

Ex. 4 : *Solve* $x^2 \dfrac{d^2 y}{dx^2} - 3x \dfrac{dy}{dx} + 5y = x^2 \sin(\log x)$. **(May 09, 10; Dec. 10)**

Sol. : Given equation is Cauchy's homogeneous linear differential equation.

Put $z = \log x$ or $x = e^z$ and $\dfrac{d}{dz} \equiv D$, then equation is transformed into

$[D(D-1) - 3D + 5]\, y = e^{2z} \sin z$
$(D^2 - 4D + 5)\, y = e^{2z} \sin z$

A.E. is $D^2 - 4D + 5 = 0$ $\therefore$ $D = 2 \pm i$.

$$\begin{aligned}
\text{C.F.} &= e^{2z}(c_1 \cos z + c_2 \sin z) \\
\text{P.I.} &= \dfrac{1}{D^2 - 4D + 5}\,e^{2z}\sin z = e^{2z}\,\dfrac{1}{(D+2)^2 - 4(D+2) + 5}\sin z \\
&= e^{2z}\,\dfrac{1}{D^2 + 1}\sin z = -e^{2z}\,\dfrac{z}{2}\cos z \\
&= -\dfrac{1}{2} e^{2z}\, z \cos z
\end{aligned}$$

General solution in terms of y and z is

$$y = e^{2z}(c_1 \cos z + c_2 \sin z) - \dfrac{1}{2} e^{2z}\, z \cos z$$

General solution in terms of y and x is

$$y = x^2 [c_1 \cos(\log x) + c_2 \sin(\log x)] - \dfrac{1}{2} x^2 (\log x) \cos(\log x)$$

Ex. 5 : *Solve* $u = r\dfrac{d}{dr}\left(r\dfrac{du}{dr}\right) + r^3$. **(May 2007)**

Sol. : Given equation is $u = r\left\{r\dfrac{d^2u}{dr^2} + \dfrac{du}{dr}\right\} + r^3$ or $r^2\dfrac{d^2u}{dr^2} + r\dfrac{du}{dr} - u = -r^3$

which is a homogeneous equation.

Put $z = \log r$ or $r = e^z$ and using D for $\dfrac{d}{dz}$, equation is transformed into

$$[D(D-1) + D - 1]\,u = -e^{3z} \quad \text{or} \quad (D^2 - 1)\,u = -e^{3z}.$$

A.E. is $D^2 - 1 = 0 \quad \therefore \quad D = \pm 1$

$$\text{C.F.} = c_1 e^z + c_2 e^{-z}$$

$$\text{P.I.} = \dfrac{1}{D^2 - 1}(-e^{3z}) = -\dfrac{1}{8}e^{3z}$$

$$\therefore \quad u = c_1 e^z + c_2 e^{-z} - \dfrac{1}{8}e^{3z}$$

The general solution in u and r is

$$u = c_1 r + \dfrac{c_2}{r} - \dfrac{r^3}{8}$$

1.14 LEGENDRE'S LINEAR EQUATION

An equation of the type

$$a_0(ax+b)^n \dfrac{d^n y}{dx^n} + a_1(ax+b)^{n-1} \dfrac{d^{n-1} y}{dx^{n-1}} + \ldots + a_n y = F(x)$$

where, $a_0, a_1, a_2 \ldots \ldots a_n$ are constants is called *Legendre's Linear Equation*.

In case of such equations, we put $ax + b = e^z$ to reduce it to linear with constant coefficients.

If we put $ax + b = e^z \Rightarrow z = \log(ax+b)$

then $\dfrac{dy}{dx} = \dfrac{dy}{dz} \cdot \dfrac{dz}{dx} = \left(\dfrac{a}{ax+b}\right)\dfrac{dy}{dz}$

$\Rightarrow \quad (ax+b)\dfrac{dy}{dx} = a\dfrac{dy}{dx} = a\,Dy \qquad \left[\because \dfrac{d}{dz} = D\right]$

$$\dfrac{d^2 y}{dx^2} = \dfrac{d}{dx}\left(\dfrac{a}{ax+b} \cdot \dfrac{dy}{dz}\right)$$

$$= \dfrac{-a^2}{(ax+b)^2}\dfrac{dy}{dz} + \dfrac{a}{ax+b}\dfrac{d}{dz}\left(\dfrac{dy}{dz}\right)\dfrac{dz}{dx}$$

$$= -\dfrac{a^2}{(ax+b)^2}\dfrac{dy}{dz} + \dfrac{a^2}{(ax+b)^2}\dfrac{d^2 y}{dz^2}$$

$$= \dfrac{a^2}{(ax+b)^2}\left[\dfrac{d^2 y}{dz^2} - \dfrac{dy}{dz}\right]$$

$\Rightarrow \quad (ax+b)^2 \dfrac{d^2y}{dx^2} = a^2[D^2-D]y = a^2 D(D-1)y$

Similarly, we shall get

$(ax+b)^3 \dfrac{d^3y}{dx^3} = a^3 D(D-1)(D-2)y$ and so on.

If we make these substitutions in the differential equation (Legendre's), we shall see that it has been transformed into one with constant coefficients.

ILLUSTRATIONS

Ex. 6 : Solve $(2x+1)^2 \dfrac{d^2y}{dx^2} - 2(2x+1)\dfrac{dy}{dx} - 12y = 6x$ \hfill (Dec. 2005)

Sol. : Put $2x+1 = e^z \Rightarrow z = \log(2x+1)$, $\dfrac{dz}{dx} = \dfrac{2}{2x+1}$, $\dfrac{d}{dz} \equiv D$.

Then we shall have

$(2x+1)^2 \dfrac{d^2y}{dx^2} = 4 \cdot D(D-1)y$, $(2x+1)\dfrac{dy}{dx} = 2Dy$

and the equation is transformed into

$4D(D-1)y - 4(Dy) - 12y = 6\left(\dfrac{e^z - 1}{2}\right)$

$\Rightarrow \quad [4(D^2-D) - 4D - 12]y = 3e^z - 3$

$\Rightarrow \quad (4D^2 - 8D - 12)y = 3e^z - 3$

$\Rightarrow \quad (D^2 - 2D - 3)y = \dfrac{3}{4}(e^z - 1)$

which is now linear with constant coefficient in y, z.

A.E. : $D^2 - 2D - 3 = 0 \Rightarrow D = 3, -1$

C.F. $= c_1 e^{3z} + c_2 e^{-z}$

P.I. $= \dfrac{1}{D^2 - 2D - 3} \cdot \dfrac{3}{4}(e^z - e^{0z})$

P.I. $= \dfrac{3}{4}\left[\dfrac{1}{D^2 - 2D - 3}e^z - \dfrac{1}{D^2 - 2D - 3}e^{0z}\right]$

$= \dfrac{3}{4}\left[\dfrac{e^z}{1 - 2 - 3} - \dfrac{e^{0z}}{0 - 0 - 3}\right] = \dfrac{3}{4}\left[\dfrac{e^z}{-4} + \dfrac{1}{3}\right]$

$= \dfrac{3e^z}{-16} + \dfrac{1}{4}$

Hence the complete solution in terms of y and z is

$y = c_1 e^{3z} + c_2 e^{-z} - 3\dfrac{e^z}{16} + \dfrac{1}{4}$

Changing back to y and x, we have

$y = c_1(2x+1)^3 + c_2(2x+1)^{-1} - \dfrac{3}{16}(2x+1) + \dfrac{1}{4}$

Ex. 7 : Solve $(1 + x)^2 \dfrac{d^2y}{dx^2} + (1 + x) \dfrac{dy}{dx} + y = 2 \sin [\log (1 + x)]$ **(Dec. 2007)**

Sol. : Put $(1 + x) = e^z \Rightarrow z = \log (1 + x)$, $\dfrac{d}{dz} \equiv D$

Then the equation will become

$$D(D-1)y + Dy + y = 2 \sin z$$

$\Rightarrow \qquad (D^2 + 1) y = 2 \sin z$

Here A.E. : $D^2 + 1 = 0$, $D = \pm i$, hence

C.F. $= A \cos z + B \sin z$

$$\text{P.I.} = \dfrac{2 \sin z}{D^2 + 1} = \dfrac{2 \sin z}{-1 + 1} \quad \text{(case of failure)}$$

$\therefore \qquad$ P.I. $= z \dfrac{1}{2D} 2 \sin z = z \int \sin z \, dz = -z \cos z$

General solution in terms of y and z is

$$y = A \cos z + B \sin z - z \cos z$$

$\therefore \qquad y = A \cos [\log (1 + x)] + B \sin [\log (1 + x)] - \log (1 + x) \cos [\log (1 + x)]$

Ex. 8 : Solve $(3x + 2)^2 \dfrac{d^2y}{dx^2} + 3(3x + 2) \dfrac{dy}{dx} - 36y = 3x^2 + 4x + 1.$

(May 07, 10; Dec. 10)

Sol. : Given equation is Legendre's linear differential equation.

Put $z = \log (3x + 2)$ or $(3x + 2) = e^z$ and let $\dfrac{d}{dz} \equiv D$ then the equation is transformed into $[9D(D-1) + 3.3D - 36] y = \dfrac{1}{3}(e^{2z} - 1)$ or $(D^2 - 4) y = \dfrac{1}{27}(e^{2z} - 1)$

A.E. is $D^2 - 4 = 0 \quad \therefore \quad D = \pm 2.$

C.F. $= c_1 e^{2z} + c_2 e^{-2z}$

$$\text{P.I.} = \dfrac{1}{27} \dfrac{1}{D^2 - 4} (e^{2z} - 1) = \dfrac{1}{27} \left[\dfrac{1}{D^2 - 4} e^{2z} - \dfrac{1}{D^2 - 4} e^{oz} \right]$$

$$= \dfrac{1}{27} \left[\dfrac{z \, e^{2z}}{4} + \dfrac{1}{4} \right] = \dfrac{1}{108} [ze^{2z} + 1]$$

The general solution in y and z is

$$y = c_1 e^{2z} + c_2 e^{-2z} + \dfrac{1}{108} [ze^{2z} + 1]$$

The general solution in y and x is

$$y = c_1 (3x + 2)^2 + c_2 (3x + 2)^{-2} + \dfrac{1}{108} [(3x + 2)^2 \log (3x + 2) + 1]$$

EXERCISE 1.4

Solve following differential equations with variable coefficients.

1. $x^2 \dfrac{d^2y}{dx^2} - 4x \dfrac{dy}{dx} + 6y = x^5$ \hfill (May 2014)

   Ans. $y = c_1 x^2 + c_2 x^3 + \dfrac{x^5}{6}$

2. $x^2 \dfrac{d^2y}{dx^2} - 2x \dfrac{dy}{dx} - 4y = x^2 + 2 \log x$ \hfill (Dec. 2007, 2012, Nov. 2015)

   Ans. $y = c_1 x^4 + \dfrac{c_2}{x} - \dfrac{x^2}{6} - \dfrac{1}{2} \log x + \dfrac{3}{8}$

3. $x^2 \dfrac{d^3y}{dx^3} + 3x \dfrac{d^2y}{dx^2} + \dfrac{dy}{dx} + \dfrac{y}{x} = \log x$

   Ans. $y = \dfrac{c_1}{x} + \sqrt{x}\,[c_2 \cos(\sqrt{3}/2) \log x + c_3 \sin(\sqrt{3}/2) \log x] + \dfrac{x}{2}\left(\log x - \dfrac{3}{2}\right)$

4. $x^3 \dfrac{d^3y}{dx^3} + x^2 \dfrac{d^2y}{dx^2} - 2y = x^2 + x^{-3}$.

   Ans. $y = c_1 x^2 + c_2 \cos(\log x) + c_3 \sin(\log x) + \dfrac{x^2}{5} \log x - \dfrac{1}{50} x^{-3}$

5. $(x^3 D^3 + x^2 D^2 - 2)\, y = x + x^{-3}$ \hfill (May 2008)

   Ans. $y = c_1 x^2 + c_2 \cos(\log x) + c_3 \sin(\log x) - \dfrac{x}{2} - \dfrac{1}{50} x^{-3}$

6. $\dfrac{d^2y}{dx^2} + \dfrac{1}{x} \dfrac{dy}{dx} = A + B \log x$

   Ans. $y = (c_1 + c_2 \log x) + \dfrac{A}{4} x^2 + \dfrac{B}{4} x^2 (\log x - 1)$

7. $\left(\dfrac{d^2}{dx^2} - \dfrac{2}{x^2}\right)^2 y = 0$ \hfill (May 2008)

   Ans. $y = c_1 x^4 + c_2 x^2 + c_3 x + \dfrac{c_4}{x}$

8. $\left(\dfrac{d^2}{dx^2} - \dfrac{2}{x^2}\right)^2 y = x^2$ \hfill (May 2006)

   Ans. $y = c_3 x^2 + \dfrac{c_4}{x} + c_5 x^4 + c_6 x + \dfrac{x^6}{280}$

9. $(x^2 D^2 - xD + 1) y = x \log x$

   Ans. $y = x [A \log x + B] + \dfrac{x}{6} (\log x)^3$

10. $x^2 \dfrac{d^2y}{dx^2} - 3x \dfrac{dy}{dx} + 5y = x^2 \log x.$ (Dec. 2005, May 2011)

    Ans. $y = x^2 [c_1 \cos (\log x) + c_2 \sin (\log x)] + x^2 \log x$

11. $x^3 \dfrac{d^2y}{dx^2} + 3x^2 \dfrac{dy}{dx} + xy = \sin (\log x)$ (May 2008; Dec. 2008, 2011)

    Ans. $y = \dfrac{1}{x} \{c_1 + c_2 \log x - \sin (\log x)\}$

12. The radial displacement 'u' in a rotating disc at a distance 'r' from axis is given by

    $\dfrac{d^2u}{dr^2} + \dfrac{1}{r} \dfrac{du}{dr} - \dfrac{u}{r^2} + kr = 0$

    Find the displacement if $u = 0$ for $r = 0, r = a$

    Ans. $u = \dfrac{kr}{8} (a^2 - r^2)$

13. $x^2 \dfrac{d^2y}{dx^2} + x \dfrac{dy}{dx} - y = \dfrac{x^3}{1 + x^2}$

    Ans. $y = Ax + \dfrac{B}{x} + \dfrac{x}{4} \log (1 + x^2) - \dfrac{x}{4} + \dfrac{1}{4x} \log (x^2 + 1)$

14. $u = r \dfrac{d}{dr} \left[r \dfrac{du}{dr} \right] + ar^3$

    Ans. $u = Ar + \dfrac{B}{r} - \dfrac{a}{8} r^3$

15. $x \dfrac{d^2y}{dx^2} + \dfrac{dy}{dx} + x = 0$

    [**Hint :** Multiply by x] Ans. $y = A + B \log x - \dfrac{x^2}{4}$

16. $(x^3 D^3 + 2 x^2 D^2 + 3 x D - 3) y = x^2 + x$

    Ans. $y = c_1 x + c_2 \cos (\log x) + c_3 \sin (\log x) + \dfrac{x}{7} + \dfrac{x}{4} \log x$

17. $x^2 \dfrac{d^2y}{dx^2} + 3x \dfrac{dy}{dx} + y = \dfrac{1}{(1-x)^2}$

    Ans. $y = \dfrac{1}{x} \left[c_1 \log x + c_2 + \log \left(\dfrac{x}{x-1} \right) \right]$

18. $x^2 \dfrac{d^2y}{dx^2} + x \dfrac{dy}{dx} + y = \sin(\log x^2)$ **(Dec. 2004)**

Ans. $y = c_1 \cos(\log x) + c_2 \sin(\log x) - \dfrac{1}{3} \sin(\log x^2)$

19. $x^3 \dfrac{d^3y}{dx^3} + 3x^2 \dfrac{d^2y}{dx^2} + x \dfrac{dy}{dx} + 8y = 65 \cos(\log x).$

Ans. $y = c_1 x^{-2} + x(c_2 \cos \sqrt{(3)} \log x + c_3 \sin(\sqrt{3}) \log x)$
$- \sin(\log x) + 8 \cos(\log x)$

20. $(x^2 D^2 + 5xD + 3) y = \left(1 + \dfrac{1}{x}\right)^2 \log x$

21. $(x^2 D^2 - 3xD + 1) y = \log x + \left[\dfrac{\sin(\log x) + 1}{x}\right]$

22. $\left(D^3 - \dfrac{4}{x} D^2 + \dfrac{5}{x^2} D - \dfrac{2}{x^3}\right) y = 1$

Ans. $y = c_1 x^2 + c_2 x^{\left(\frac{5-\sqrt{21}}{2}\right)} + c_3 x^{\left(\frac{5-\sqrt{21}}{2}\right)} - \dfrac{x^3}{5}$

23. $(x^2 D^2 - 4xD + 6) y = -x^4 \sin x$

Ans. $y = c_1 x^2 + c_2 x^3 + x^2 \sin x$

24. $(2x + 3)^2 \dfrac{d^2y}{dx^2} - 2(2x + 3) \dfrac{dy}{dx} - 12y = 6x$ **(May 2009)**

Ans. $y = c_1 (2x + 3)^3 + c_2 (2x + 3)^{-1} - \dfrac{3}{16} (2x + 3) + \dfrac{3}{4}$

25. $(x + a)^2 \dfrac{d^2y}{dx^2} - 4(x + a) \dfrac{dy}{dx} + 6y = x$ **(Dec. 2008)**

Ans. $y = A(x + a)^3 + B(x + a)^2 + \dfrac{3x + 2a}{6}$

26. $7(2 + x)^2 \dfrac{d^2y}{dx^2} + 8(2 + x) \dfrac{dy}{dx} + y = 4 \cos[\log(2 + x)]$

27. $(1 + x)^2 \dfrac{d^2y}{dx^2} + (1 + x) \dfrac{dy}{dx} + y = 4 \cos[\log(1 + x)]$ **(May 2011)**

Ans. $y = c_1 \cos[\log(x + 1)] + c_2 \sin[\log(1 + x)]$

28. $(x + 2)^2 \dfrac{d^2y}{dx^2} - (x + 2) \dfrac{dy}{dx} + y = 3x + 4$

Ans. $y = (x + 2)[c_1 + c_2 \log(x + 2)] + \dfrac{3}{2}(x + 2)[\log(x + 2)]^2 - 2$

29. $(x+2)^2 \dfrac{d^2y}{dx^2} + 3(x+2)\dfrac{dy}{dx} + y = 4\sin[\log(x+2)]$

    Ans. $y = [\{c_1 + c_2 \log(x+2)\}](x+2)^{-1} - 2\cos[\log(x+2)]$

30. $(2x+1)^2 \dfrac{d^2y}{dx^2} - 6(2x+1)\dfrac{dy}{dx} + 16y = 8(2x+1)^2.$

    Ans. $y = [c_1 + c_2 \log(2x+1)](2x+1)^2 + (2x+1)^2 [\log(2x+1)]^2$

31. $(x+1)^2 \dfrac{d^2y}{dx^2} + (x+1)\dfrac{dy}{dx} = (2x+3)(2x+4).$

    Ans. $y = c_1 + c_2 \log(x+1) + (x+1)^2 + 6(x+1) + [\log(x+1)]^2$

32. $(4x+1)^2 \dfrac{d^2y}{dx^2} + 2(4x+1)\dfrac{dy}{dx} + y = 2x+1.$

    Ans. $y = [c_1 + c_2 \log(4x+1)](4x+1)^{1/4} + \dfrac{1}{18}(4x+1) + \dfrac{1}{2}$

33. $(x+1)^2 \dfrac{d^2y}{dx^2} + (x+1)\dfrac{dy}{dx} - y = 2\log(x+1) + x - 1.$

    Ans. $y = c_1(x+1) + c_2(x+1)^{-1} - 2\log(x+1) + \dfrac{1}{2}(x+1)\log(x+1) + 2$

34. $(x-1)^3 \dfrac{d^3y}{dx^3} + 2(x-1)^2 \dfrac{d^2y}{dx^2} - 4(x-1)\dfrac{dy}{dx} + 4y = 4\log(x-1)$

    Ans. $y = c_1 + c_2(x-1)^2 + c_3(x-1)^{-2} - \dfrac{4}{3}(x-1)\log(x-1)$

MULTIPLE CHOICE QUESTIONS (MCQ's)

Type : Cauchy's and Legendre's Linear Differential Equations :

1. The general form of Cauchy's linear differential equation is (1)

    (A) $a_0 \dfrac{d^n y}{dx^n} + a_1 \dfrac{d^{n-1} y}{dx^{n-1}} + a_2 \dfrac{d^{n-2} y}{dx^{n-2}} + \ldots + a_n y = f(x)$, where $a_0, a_1, a_2, \ldots, a_n$ are constants.

    (B) $\dfrac{dx}{P} = \dfrac{dy}{Q} = \dfrac{dz}{R}$, where P, Q, R are functions of x, y, z.

    (C) $a_0 x^n \dfrac{d^n y}{dx^n} + a_1 x^{n-1} \dfrac{d^{n-1} y}{dx^{n-1}} + a_2 x^{n-2} \dfrac{d^{n-2} y}{dx^{n-2}} + \ldots + a_n y = f(x)$, where $a_0, a_1, a_2 \ldots a_n$ are constants

    (D) $a_0 (ax+b)^n \dfrac{d^n y}{dx^n} + a_1 (ax+b)^{n-1} \dfrac{d^{n-1} y}{dx^{n-1}} + a_2 (ax+b)^{n-2} \dfrac{d^{n-2} y}{dx^{n-2}} + \ldots + a_n y = f(x)$, where $a_0, a_1, a_2 \ldots, a_n$ are constant.

2. Cauchy's linear differential equation $a_0 x^n \frac{d^n y}{dx^n} + a_1 x^{n-1} \frac{d^{n-1} y}{dx^{n-1}} + a_2 x^{n-2} \frac{d^{n-2} y}{dx^{n-2}} + \ldots + a_n y$
= f(x) can be reduced to linear differential equation with constant coefficients by using substitution (1)

(A) $x = e^z$
(B) $y = e^z$
(C) $x = \log z$
(D) $x = e^{z^2}$

3. The general form of Legendre's linear differential equation is (1)

(A) $a_0 \frac{d^n y}{dx^n} + a_1 \frac{d^{n-1} y}{dx^{n-1}} + a_2 \frac{d^{n-2} y}{dx^{n-2}} + \ldots + a_n y = f(x)$, where $a_0, a_1, a_2 \ldots, a_n$ are constant.

(B) $\frac{dx}{P} = \frac{dy}{Q} = \frac{dz}{R}$, where P, Q, R are functions of x, y, z.

(C) $a_0 x^n \frac{d^n y}{dx^n} + a_1 x^{n-1} \frac{d^{n-1} y}{dx^{n-1}} + a_2 x^{n-2} \frac{d^{n-2} y}{dx^{n-2}} + \ldots + a_n y = f(x)$, where $a_0, a_1, a_2 \ldots, a_n$ are constant

(D) $a_0 (ax+b)^n \frac{d^n y}{dx^n} + a_1 (ax+b)^{n-1} \frac{d^{n-1} y}{dx^{n-1}} + a_2 (ax+b)^{n-2} \frac{d^{n-2} y}{dx^{n-2}} + \ldots + a_n y = f(x)$, where $a_0, a_1, a_2, \ldots, a_n$ are constant.

4. Legendre's linear differential equation $a_0 (ax+b)^n \frac{d^n y}{dx^n} + a_1 (ax+b)^{n-1} \frac{d^{n-1} y}{dx^{n-1}} + a_2 (ax+b)^{n-2} \frac{d^{n-2} y}{dx^{n-2}} + \ldots + a_n y = f(x)$ can be reduced to linear differential equation with constant coefficients by using substitution (1)

(A) $x = e^z$
(B) $ax + b = e^z$
(C) $ax + b = \log z$
(D) $ax + b = e^{z^2}$

5. To reduce the differential equation $x^2 \frac{d^2 y}{dx^2} - 4x \frac{dy}{dx} + 6y = x^4$ to linear differential equation with constant coefficients, substitutions is (1)

(A) $x = z^2 + 1$
(B) $x = e^z$
(C) $x = \log z$
(D) $x^2 = \log z$

6. To reduce the differential equation $(x+2)^2 \frac{d^2 y}{dx^2} - (x+2) \frac{dy}{dx} + y = 4x + 7$ to linear differential equation with constant coefficients, substitution is (1)

(A) $x + 2 = e^{-z}$
(B) $x = z + 1$
(C) $x + 2 = e^z$
(D) $x + 2 = \log z$

7. To reduce the differential equation $(3x + 2)^2 \dfrac{d^2y}{dx^2} + 3(3x + 2)\dfrac{dy}{dx} - 36y = x^2 + 3x + 1$ to linear differential equation with constant coefficients, substitution is (1)
   (A) $3x + 2 = e^z$
   (B) $3x + 2 = z$
   (C) $x = e^z$
   (D) $3x + 2 = \log z$

8. On putting $x = e^z$ and using $D \equiv \dfrac{d}{dz}$ the differential equation $x^2 \dfrac{d^2y}{dx^2} + x\dfrac{dy}{dx} + y = x$ is transformed into (1)
   (A) $(D^2 - 1)y = e^z$
   (B) $(D^2 + 1)y = e^z$
   (C) $(D^2 + 1)y = x$
   (D) $(D^2 + D + 1)y = e^z$

9. The differential equation $x^2 \dfrac{d^2y}{dx^2} - x\dfrac{dy}{dx} + 4y = \cos(\log x) + x\sin(\log x)$, on putting $x = e^z$ and using $D \equiv \dfrac{d}{dz}$ is transformed into (1)
   (A) $(D^2 - D + 4)y = \sin z + e^z \cos z$
   (B) $(D^2 - 2D + 4)y = \cos(\log x) + x\sin(\log x)$
   (C) $(D^2 + 2D + 4)y = \cos z + e^{-z}\sin z$
   (D) $(D^2 - 2D + 4)y = \cos z + e^z \sin z$

10. On putting $x = e^z$ the transformed differential equation of
    $x^2 \dfrac{d^2y}{dx^2} - 3x\dfrac{dy}{dx} + 5y = x^2 \sin(\log x)$ using $D \equiv \dfrac{d}{dz}$ is (1)
    (A) $(D^2 - 4D + 5)y = e^{2z}\sin z$
    (B) $(D^2 - 4D + 5)y = x^2 \sin(\log x)$
    (C) $(D^2 - 4D - 4)y = e^z \sin z$
    (D) $(D^2 - 3D + 5)y = e^{z^2}\sin z$

11. The differential equation $x^2 \dfrac{d^2y}{dx^2} + x\dfrac{dy}{dx} - y = \dfrac{x^3}{1 + x^2}$, on putting $x = e^z$ and using $D \equiv \dfrac{d}{dz}$ is transformed into (1)
    (A) $(D^2 - 1)y = \dfrac{x^3}{1 + x^2}$
    (B) $(D^2 - 2D - 1)y = \dfrac{e^{3z}}{1 + e^{2z}}$
    (C) $(D^2 - 1)y = \dfrac{e^{3z}}{1 + e^{2z}}$
    (D) $(D^2 - 1)y = \dfrac{e^{z^3}}{1 + e^{z^2}}$

12. The differential equation $x^2 \frac{d^2y}{dx^2} - 5x \frac{dy}{dx} + 5y = x^2 \log x$, on putting $x = e^z$ and using $D \equiv \frac{d}{dz}$ is transformed into (1)

    (A) $(D^2 - 5D + 5) y = z\, e^{z^2}$
    (B) $(D^2 - 5D - 5) y = e^{2z} z$
    (C) $(D^2 - 6D + 5) y = x^2 \log x$
    (D) $(D^2 - 6D + 5) y = z\, e^{2z}$

13. The differential equation $(2x + 1)^2 \frac{d^2y}{dx^2} - 2(2x+1) \frac{dy}{dx} - 12y = 6x$, on putting $2x + 1 = e^z$ and putting $D \equiv \frac{d}{dz}$ is transformed into (1)

    (A) $(D^2 - 2D - 3) y = \frac{3}{4}(e^z - 1)$
    (B) $(D^2 + 2D + 3) y = 3(e^z - 1)$
    (C) $(D^2 + 2D - 12) y = \frac{3}{4}(e^z - 1)$
    (D) $(D^2 - 2D - 3) y = 6x$

14. The differential equation $(3x + 2)^2 \frac{d^2y}{dx^2} + 3(3x + 2) \frac{dy}{dx} - 36y = \frac{1}{3}[(3x + 2)^2 - 1]$. On putting $3x + 2 = e^z$ and using $D \equiv \frac{d}{dz}$ is transformed into (1)

    (A) $(D^2 + 3D - 36) y = \frac{1}{27}(e^{2z} - 1)$
    (B) $(D^2 + 4) y = \frac{1}{9}(e^{2z} - 1)$
    (C) $(D^2 - 4) y = \frac{1}{27}(e^{2z} - 1)$
    (D) $(D^2 - 9) y = (e^{2z} - 1)$

15. The differential equation $(1 + x)^2 \frac{d^2y}{dx^2} + 3(1 + x) \frac{dy}{dx} - 36y = 4 \cos[\log(1 + x)]$ on putting $1 + x = e^z$ and using $D \equiv \frac{d}{dz}$ is transformed into (1)

    (A) $(D^2 + 2D - 36) y = 4 \cos[\log(1+x)]$
    (B) $(D^2 + 2D - 36) y = 4 \cos z$
    (C) $(D^2 + 3D - 36) y = 4 \cos z$
    (D) $(D^2 - 2D - 36) y = 4 \cos(\log z)$

16. The differential equation $(4x + 1)^2 \frac{d^2y}{dx^2} + 2(4x + 1) \frac{dy}{dx} + 2y = 2x + 1$ on putting $4x + 1 = e^z$ and using $D \equiv \frac{d}{dz}$ is transformed into (1)

    (A) $(D^2 + D + 2) y = \frac{1}{2}(e^z + 1)$
    (B) $(16D^2 + 8D + 2) y = (e^z + 1)$
    (C) $(16D^2 - 8D + 2) y = \frac{1}{2}(e^z + 1)$
    (D) $(D^2 + 2D + 2) y = (e^z - 1)$

17. The differential equation $(x + 2)^2 \frac{d^2y}{dx^2} + 3(x + 2)\frac{dy}{dx} + y = 4 \sin[\log(x + 2)]$ on putting $x + 2 = e^z$ and using $D \equiv \frac{d}{dz}$ is transformed into (1)

   (A) $(D^2 + 3D + 1)y = 4 \sin(\log z)$ (B) $(D^2 + 1)y = 4 \sin z$
   (C) $(D^2 + 2D + 1)y = 4 \sin[\log(x + 2)]$ (D) $(D^2 + 2D + 1)y = 4 \sin z$

18. For the differential equation $x^2 \frac{d^2y}{dx^2} + x\frac{dy}{dx} + y = x^2 + x^{-2}$, complimentary function is given by (2)

   (A) $c_1 x + c_2$
   (B) $c_1 \log x + c_2$
   (C) $c_1 \cos x + c_2 \sin x$
   (D) $c_1 \cos(\log x) + c_2 \sin(\log x)$

19. For the differential equation $\frac{d^2y}{dx^2} + \frac{1}{x}\frac{dy}{dx} = A + B \log x$, complimentary function is given by (2)

   (A) $c_1 x + c_2$
   (B) $c_1 x^2 + c_2$
   (C) $c_1 \log x + c_2$
   (D) $\frac{c_1}{x} + c_2$

20. For the differential equation $x^2 \frac{d^2y}{dx^2} - 4x\frac{dy}{dx} + 6y = x^5$, complimentary function is given by (2)

   (A) $c_1 x^2 + c_2 x^3$
   (B) $c_1 x^2 + c_2 x$
   (C) $c_1 x^{-2} + c_2 x^{-3}$
   (D) $c_1 x^5 + c_2 x$

21. For the differential equation $x^2 \frac{d^2y}{dx^2} - x\frac{dy}{dx} + 4y = \cos(\log x) + x \sin(\log x)$, complimentary function is given by (2)

   (A) $[c_1 \cos\sqrt{3}(\log x) + c_2 \sin\sqrt{3}(\log x)]$
   (B) $x[c_1 \cos\sqrt{2}(\log x) + c_2 \sin\sqrt{2}(\log x)]$
   (C) $x[c_1 \cos(\log x) + c_2 \sin(\log x)]$
   (D) $x[c_1 \cos\sqrt{3}(\log x) + c_2 \sin\sqrt{3}(\log x)]$

22. For the differential equation $r^2 \frac{d^2u}{dr^2} + r\frac{du}{dr} - u = -kr^3$, complimentary function is given by

   (A) $(c_1 \log r + c_2)r$
   (B) $c_1 r + \frac{c_2}{r}$
   (C) $[c_1 \cos(\log r) + c_2 \sin(\log r)]$
   (D) $c_1 r^2 + \frac{c_2}{r^2}$

23. For the differential equation $x^2 \dfrac{d^2y}{dx^2} + x \dfrac{dy}{dx} + y = x$, particular integral is given by (2)

(A) x (B) $\dfrac{x}{2}$

(C) $\dfrac{x}{3}$ (D) $2x$

24. For the differential equation $x^2 \dfrac{d^2y}{dx^2} - 4x \dfrac{dy}{dx} + 6y = x^5$, particular integral is given by (2)

(A) $\dfrac{x^5}{6}$ (B) $\dfrac{x^5}{56}$

(C) $\dfrac{x^4}{6}$ (D) $-\dfrac{x^5}{44}$

25. Solution of differential equation $x \dfrac{d^2y}{dx^2} + \dfrac{dy}{dx} = x$ is (2)

(A) $(c_1 x + c_2) - \dfrac{x^2}{4}$ (B) $(c_1 x^2 + c_2) + \dfrac{x^2}{4}$

(C) $(c_1 \log x + c_2) - \dfrac{x^2}{4}$ (D) $(c_1 \log x + c_2) + \dfrac{x^2}{4}$

26. Solution of differential equation $x^2 \dfrac{d^2y}{dx^2} + 2x \dfrac{dy}{dx} = \dfrac{1}{x^2}$ is (2)

(A) $(c_1 x + c_2) - \dfrac{x^2}{4}$ (B) $(c_1 x^2 + c_2) + \dfrac{x^2}{4}$

(C) $c_1 + c_2 \dfrac{1}{x} + \dfrac{1}{2x^2}$ (D) $(c_1 \log x + c_2) + \dfrac{x^2}{4}$

27. For the differential equation $(x+1)^2 \dfrac{d^2y}{dx^2} + (x+1) \dfrac{dy}{dx} + y = 2 \sin[\log(x+1)]$, complimentary function is given by (2)

(A) $c_1 (x+1) + c_2 (x+1)^{-1}$
(B) $c_1 \cos[\log(x+1)] + c_2 \sin[\log(x+1)]$
(C) $[c_1 \log(x+1) + c_2](x+1)$
(D) $c_1 \cos(\log x) + c_2 \sin(\log x)$

28. For the differential equation $(2x+3)^2 \dfrac{d^2y}{dx^2} - 2(2x+3) \dfrac{dy}{dx} - 12y = 6x$, complimentary function is given by (2)

(A) $c_1 (2x+3)^3 + c_2 (2x+3)^{-1}$ (B) $c_1 (2x+3)^{-3} + c_2 (2x+3)$
(C) $c_1 (2x+3)^3 + c_2 (2x+3)^2$ (D) $c_1 (2x-3)^2 + c_2 (2x-3)^{-1}$

29. For the differential equation $(3x + 2)^2 \dfrac{d^2y}{dx^2} + 3(3x+2)\dfrac{dy}{dx} - 36y = (3x+2)^2$, complimentary function is given by (2)

(A) $c_1(3x+2)^3 + c_2(3x+2)^{-3}$
(B) $[c_1 \log(3x+2) + c_2](3x+2)^{-2}$
(C) $c_1(3x+2)^2 + c_2(3x+2)^{-2}$
(D) $c_1(3x-2)^2 + c_2(3x-2)^{-2}$

30. For the differential equation $(x+2)^2 \dfrac{d^2y}{dx^2} - (x+2)\dfrac{dy}{dx} + y = (3x+6)$, complimentary function is given by (2)

(A) $c_1(x+2) + c_2(x+2)^{-1}$
(B) $c_1 \log(x+2) + c_2$
(C) $c_1(x-2) + c_2(x-2)^{-1}$
(D) $[c_1 \log(x+2) + c_2](x+2)$

Answers

1. (C)	2. (A)	3. (D)	4. (B)	5. (B)	6. (C)	7. (A)	8. (B)
9. (D)	10. (A)	11. (C)	12. (D)	13. (A)	14. (C)	15. (B)	16. (C)
17. (D)	18. (D)	19. (C)	20. (A)	21. (D)	22. (B)	23. (B)	24. (A)
25. (D)	26. (C)	27. (B)	28. (A)	29. (C)	30. (D)		

CHAPTER TWO

SIMULTANEOUS LINEAR DIFFERENTIAL EQUATIONS, SYMMETRIC SIMULTANEOUS D.E. AND APPLICATIONS

2.1 INTRODUCTION

Sometimes in applications we come across equations, containing one independent but two or more dependent variables. For example :

$$\frac{dx}{dt} + 3\frac{dy}{dt} + y = t$$

$$\frac{dy}{dt} - x - y = t^2$$

Here t is single independent and x and y are the two dependent variables. Such equations are called *Simultaneous Linear Differential Equations*. The number of equations is the same as the number of dependent variables.

2.2 METHOD OF SOLUTION

Method of solution is analogous to that of solving two linear simultaneous equations in algebra; either by Elimination or by Substitution. The equations of the system are so combined as to get a simple equation containing only one of the dependent variables and its derivatives. Then by integration, a relation between this dependent and the independent variable is found. Then either in a similar way or by substitution, a relation between the second dependent variable and the independent variable can be easily obtained. Examples will explain more.

ILLUSTRATIONS ON SIMULTANEOUS LINEAR DIFFERENTIAL EQUATIONS

Ex. 1 : *Solve* $\quad \frac{dx}{dt} + 2x - 3y = t$

$$\frac{dy}{dt} - 3x + 2y = e^{2t}$$

Sol. : Writing in terms of operator $D = \frac{d}{dt}$, we have

$\quad$ Dx + 2x − 3y = t $\quad$ or $\quad$ (D + 2) x − 3y = t $\hfill$ ... (1)

$\quad$ Dy − 3x + 2y = e^{2t} $\quad$ or $\quad$ (D + 2) y − 3x = e^{2t} $\hfill$ ... (2)

Solving for x (i.e. eliminating y) :

Operating (1) by (D + 2), we have

$\quad$ (D + 2)^2 x − 3 (D + 2) y = (D + 2) t

(2.1)

or $\quad (D+2)^2 x - 3(D+2)y = 1 + 2t$ ... (3)

Multiplying (2) by 3, we have
$$3(D+2)y - 9x = 3e^{2t} \quad ...(4)$$

Adding (3) and (4), we have
$$(D^2 + 4D - 5)x = 1 + 2t + 3e^{2t} \quad ...(5)$$

This is a linear differential equation with constant coefficients.

$\quad$ AE : $D^2 + 4D - 5 = 0$ gives $D = -5, 1$

$\quad\quad$ C.F. $= c_1 e^{-5t} + c_2 e^t$

$$\text{P.I.} = \frac{1}{D^2 + 4D - 5}(1 + 2t) + \frac{3e^{2t}}{D^2 + 4D - 5}$$

$$= -\frac{1}{5}\left[1 - \frac{4D + D^2}{5}\right]^{-1}(1 + 2t) + \frac{3e^{2t}}{4 + 8 - 5}$$

$$= -\frac{1}{5}\left(1 + \frac{4D}{5}\right)(1 + 2t) + \frac{3}{7}e^{2t}$$

$$= -\frac{1}{5}\left(\frac{13}{5} + 2t\right) + \frac{3e^{2t}}{7}$$

Hence the general solution for x is
$$x = c_1 e^{-5t} + c_2 e^t - \frac{13}{25} - \frac{2t}{5} + \frac{3e^{2t}}{7} \quad ...(6)$$

Next, the general solution for y :

Differentiating (6) with respect to t,
$$\frac{dx}{dt} = -5c_1 e^{-5t} + c_2 e^t - \frac{2}{5} + \frac{6}{7}e^{2t}$$

Putting values of x and $\frac{dx}{dt}$ in equation (1), we have

$$y = \frac{1}{3}\left[\frac{dx}{dt} + 2x - t\right]$$

$$= \frac{1}{3}\left[-5c_1 e^{-5t} + c_2 e^t - \frac{2}{5} + \frac{6}{7}e^{2t} + 2c_1 e^{-5t} + 2c_2 e^t - \frac{26}{25} - \frac{4t}{5} + \frac{6e^{2t}}{7} - t\right]$$

Simplifying, we get
$$y = -c_1 e^{-5t} + c_2 e^t - \frac{12}{25} - \frac{3t}{5} + \frac{4e^{2t}}{7} \quad ...(7)$$

Hence (6) and (7) together constitute the general solution.

Ex. 2 : *Solve the simultaneous linear differential equations with given conditions.*

$$\frac{du}{dx} + v = \sin x$$

$$\frac{dv}{dx} + u = \cos x$$

Given that when $x = 0$, then $u = 1$ and $v = 0$. **(Dec. 2006)**

Sol.: In terms of operator $D \equiv \dfrac{d}{dx}$, the equations become:

$$Du + v = \sin x \quad \ldots (1)$$

$$Dv + u = \cos x \quad \ldots (2)$$

On differentiating (1), we get

$$D^2 u + Dv = \cos x \quad \ldots (3)$$

Now subtracting (2) from (3), we get

$$D^2 u - u = 0 \Rightarrow (D^2 - 1) u = 0,$$

whose solution is $\quad u = c_1 e^x + c_2 e^{-x} \quad \ldots (4)$

and $\quad \dfrac{du}{dx} = c_1 e^x - c_2 e^{-x} \quad \ldots (5)$

Now if we put value of $\dfrac{du}{dx}$ from (5) in (1), we get v, as

$$v = \sin x - c_1 e^x + c_2 e^{-x} \quad \ldots (6)$$

Hence (4) and (6) together constitute the general solution.

To find c_1, c_2, we apply initial condition at $x = 0$, $u = 1$ and $v = 0$, hence

$$c_1 + c_2 = 1 \quad \text{and} \quad c_2 - c_1 = 0$$

Solving for c_1 and c_2, we obtain $c_1 = c_2 = \dfrac{1}{2}$

Hence $\quad u = \dfrac{1}{2}(e^x + e^{-x}) \text{ and } v = \sin x - \dfrac{1}{2}(e^x - e^{-x}) \quad \ldots (7)$

or $\quad u = \cosh x \quad \text{and} \quad v = \sin x - \sinh x \quad \ldots (8)$

Hence the solution of equations are given by equation (7) and (8).

Ex. 3: *Solve simultaneously* **(Dec. 2008)**

$$\dfrac{dx}{dt} - 3x - 6y = t^2 \quad \ldots (1)$$

$$\dfrac{dy}{dt} + \dfrac{dx}{dt} - 3y = e^t \quad \ldots (2)$$

Sol.: Using $D \equiv \dfrac{d}{dx}$, equations (1) and (2) can be written as

$$(D - 3) x - 6y = t^2 \quad \ldots (3)$$

$$Dx + (D - 3) y = e^t \quad \ldots (4)$$

To eliminate x from (3) and (4), operating (3) by D and (4) by $(D - 3)$, we get

$$D(D - 3) x - 6Dy = 2t \quad \ldots (5)$$

$$D(D - 3) x + (D - 3)^2 y = (D - 3) e^t = e^t - 3e^t = -2e^t \quad \ldots (6)$$

Subtracting (5) from (6), we have

$$(D^2 + 9) y = -2e^t - 2t$$

whose general solution is

$$y = c_1 \cos 3t + c_2 \sin 3t - \frac{e^t}{5} - \frac{2t}{9} \qquad \ldots (7)$$

To eliminate y from (3) and (4), operate (3) by (D – 3) and multiply (4) by 6 and subtract, we obtain

$$(D^2 + 9) x = 6e^t - 3t^2 + 2t$$

whose general solution is

$$x = c_3 \cos 3t + c_4 \sin 3t + \frac{3e^t}{5} - \frac{t^2}{3} + \frac{2t}{9} + \frac{2}{27} \qquad \ldots (8)$$

We have too many constants. To deal with this problem (i.e. to obtain relation between c_1, c_2 and c_3, c_4), we put values of x and y in (3) to find

$$(\sin 3t)(-3c_3 - 3c_4 - 6c_2) + \cos 3t\,(3c_4 - 3c_3 - 6c_1) + t^2 = t^2$$

This must be identity, hence

$$-3c_3 - 3c_4 - 6c_2 = 0 \qquad \text{and} \qquad 3c_4 - 3c_3 - 6c_1 = 0$$

Solving and simplifying these, we get

$$c_1 = \frac{c_4}{2} - \frac{c_3}{2} \qquad \text{and} \qquad c_2 = -\frac{c_3}{2} - \frac{c_4}{2}$$

Hence on substituting c_1, c_2 in (8) the required solutions are

$$x = c_3 \cos 3t + c_4 \sin 3t + \frac{3}{5} e^t - \frac{1}{3} t^2 + \frac{2t}{9} + \frac{2}{27}$$

and

$$y = \left(\frac{c_4}{2} - \frac{c_3}{2}\right) \cos 3t + \left(-\frac{c_3}{2} - \frac{c_4}{2}\right) \sin 3t - \frac{e^t}{5} - \frac{2t}{9}$$

Remark : *Alternatively, we note that in equation (1), coefficient of y is constant. Hence, we can solve the system for x first and then using this solution we can obtain y. Thus we can avoid obtaining a relation between constants c_1, c_2 and c_3, c_4 in the solutions for x and y.*

Ex. 4 : *The currents x and y in the coupled circuits are given by*

$$L \frac{dx}{dt} + Rx + R(x - y) = E$$

$$L \frac{dy}{dt} + Ry - R(x - y) = 0$$

Find x and y in terms of t, given that $x = y = 0$ at $t = 0$. **(Dec. 2005, 2010)**

Sol. : In terms of operator $D \equiv \dfrac{d}{dt}$, the equations are :

$$(LD + 2R) x - Ry = E \qquad \ldots (1)$$
$$(LD + 2R) y - Rx = 0 \qquad \ldots (2)$$

To eliminate y, operating (1) by (LD + 2R), we have

$(LD + 2R)^2 x - R(LD + 2R) y = (LD + 2R) E = 0 + 2RE$

or $\quad (LD + 2R)^2 x - R(Rx) = 2RE$ (since from (2), we have $(LD + 2R) y = Rx$)

or $\quad (LD + 2R)^2 x - R^2 x = 2RE$

i.e. $\quad L^2 \dfrac{d^2x}{dt^2} + 4RL \dfrac{dx}{dt} + 3R^2 x = 2RE$

A.E. is $\quad L^2 D^2 + 4RLD + 3R^2 = 0 \quad$ or $\quad (LD + 3R)(LD + R) = 0$

$\therefore \qquad D = -\dfrac{3R}{L}, -\dfrac{R}{L}$

$$C.F. = c_1 e^{-(Rt/L)} + c_2 e^{-(3Rt/L)}$$

$$P.I. = 2RE \dfrac{1}{L^2 D^2 + 4RLD + 3R^2} e^{0t}$$

$$= 2RE \dfrac{1}{0 + 0 + 3R^2} e^{0t} = \dfrac{2E}{3R}$$

Hence the general solution for x is

$$x = c_1 e^{-(Rt/L)} + c_2 e^{-(3Rt/L)} + \dfrac{2E}{3R} \qquad \ldots (3)$$

To find y, from (1), we have $\quad y = \dfrac{1}{R}[(LD + 2R) x - E] \qquad \ldots (4)$

Now, $(LD + 2R) x = L \cdot \dfrac{dx}{dt} + 2Rx$

$$= L \left[-\dfrac{c_1 R}{L} e^{-(Rt/L)} - \dfrac{3R}{L} c_2 e^{-(3Rt/L)} \right]$$

$$+ 2R \left[c_1 e^{-(Rt/L)} + c_2 e^{-(3Rt/L)} + \dfrac{2E}{3R} \right]$$

$$= -c_1 R e^{-(Rt/L)} - 3R c_2 e^{-(3Rt/L)} + 2R c_1 e^{-(Rt/L)} + 2R c_2 e^{-(3Rt/L)} + \dfrac{4E}{3}$$

$\therefore \quad (LD + 2R) x = c_1 R e^{-(Rt/L)} - c_2 R e^{-(3Rt/L)} + \dfrac{4E}{3} \qquad \ldots (5)$

Putting value of $(LD + 2R)x$ from (5) in (4), we obtain

$$y = \frac{1}{R}\left[c_1 R e^{-(Rt/L)} - c_2 R e^{-(3Rt/L)} + \frac{4E}{3} - E\right]$$

$$\therefore \quad y = c_1 e^{-(Rt/L)} - c_2 e^{-(3Rt/L)} + \frac{E}{3R} \qquad \ldots (6)$$

Initially, at $t = 0$, $x = 0$ and $y = 0$, hence

$$0 = c_1 + c_2 + \frac{2E}{3R} \quad \text{and} \quad 0 = c_1 - c_2 + \frac{E}{3R}$$

Solving for c_1 and c_2, we get

$$c_1 = -\frac{E}{2R} \quad \text{and} \quad c_2 = -\frac{E}{6R}$$

Putting these values of c_1 and c_2 in (3) and (6) for x and y,

$$x = \frac{E}{R}\left[\frac{2}{3} - \frac{1}{2}e^{-(Rt/L)} - \frac{1}{6}e^{-(3Rt/L)}\right]$$

$$y = \frac{E}{R}\left[\frac{1}{3} - \frac{1}{2}e^{-(Rt/L)} + \frac{1}{6}e^{-(3Rt/L)}\right]$$

Ex. 5 : *The equations of motion of an electron under certain conditions are :*

$$m\frac{d^2x}{dt^2} + eH\frac{dy}{dt} = eE$$

$$m\frac{d^2y}{dt^2} - eH\frac{dx}{dt} = 0 \qquad \ldots (I)$$

with condition $x = \frac{dx}{dt} = y = \frac{dy}{dt} = 0$ when $t = 0$, find the path of the electron.

Sol. : Multiply the second equation of (I) by an arbitrary constant k and add to the first of equation (I).

$$m\frac{d^2}{dt^2}(x + ky) + eH\frac{d}{dt}(y - kx) = eE$$

or $\quad m\dfrac{d^2}{dt^2}(x + ky) - eHk\dfrac{d}{dt}\left(x - \dfrac{1}{k}y\right) = eE \qquad \ldots (II)$

Herein choose k such that :

$$x - \frac{1}{k}y = x + ky \implies k = -\frac{1}{k}$$

or $\qquad k^2 + 1 = 0$, hence $k = \pm i \qquad \ldots (III)$

Now put $x + ky = u$, then from (II),

$$m\frac{d^2u}{dt^2} - eHk\frac{du}{dt} = eE$$

$$\Rightarrow \quad \frac{d^2u}{dt^2} - wk\frac{du}{dt} = \frac{eE}{m} \quad \text{where,} \quad w = \frac{eH}{m} \quad \ldots \text{(IV)}$$

If we solve equation (IV) as linear with constant coefficients, we get

$$u = x + ky = A + B\,e^{wkt} - \frac{E\,t}{H\,k} \quad \ldots \text{(V)}$$

Also, $\quad \dfrac{du}{dt} = -\dfrac{E}{Hk}\,Bwk\,e^{wkt} \quad \ldots \text{(VI)}$

$$= Bwk\,e^{wkt}$$

But initially $x = y = \dfrac{dx}{dt} = \dfrac{dy}{dt} = 0$ at $t = 0$ and $x + ky = u$, we can easily get

$$u = \frac{du}{dt} = 0 \text{ at } t = 0 \text{ and from (V) and (VI), we have at } t = 0$$

$$A + B = 0 \quad \text{and} \quad wkB = \frac{E}{Hk}$$

Solving these two, we get

$$A = -\frac{E}{Hwk^2} \quad \text{and } B = \frac{E}{Hwk^2}$$

Putting for A and B in (V),

$$u = x + ky = -\frac{E}{Hwk^2} + \frac{E}{Hwk^2}\cdot e^{wkt} - \frac{Et}{Hk} \quad \ldots \text{(VII)}$$

But $k = i$ and $-i$.

when $(k = i)$, $\quad x + iy = \dfrac{E}{Hw} - \dfrac{E}{Hw}e^{iwt} + \dfrac{iEt}{H} \quad \ldots \text{(VIII)}$

and $(k = -i)$, $\quad x - iy = \dfrac{E}{Hw} - \dfrac{E}{Hw}e^{-iwt} - \dfrac{iEt}{H} \quad \ldots \text{(IX)}$

If we add and subtract (VIII) and (IX), we can easily get

$$x = \frac{E}{Hw}(1 - \cos wt) \qquad \left[w = \frac{eH}{m}\right]$$

$$y = \frac{E}{Hw}(wt - \sin wt)$$

Alternative Method :

System (I) can also be written as

$$\frac{d^2x}{dt^2} + a\frac{dy}{dt} = b \quad \ldots (1)$$

$$\frac{d^2y}{dt^2} - a\frac{dx}{dt} = 0 \quad \text{where } a = \frac{eH}{m} \text{ and } b = \frac{eE}{m} \quad \ldots (2)$$

Integrating (2) with respect to t, we get

$$\frac{dy}{dt} - ax = c_1$$

Initially, $x = \frac{dy}{dt} = 0$ at $t = 0$ ∴ $c_1 = 0$

∴ $\frac{dy}{dt} - ax = 0$ ... (3)

Next, integrating (1) with respect to t, we get

$$\frac{dx}{dt} + ay = bt + c_2$$

Initially, $\frac{dx}{dt} = y = 0$ at $t = 0$ ∴ $c_2 = 0$

∴ $\frac{dx}{dt} + ay = bt$ ... (4)

From (3), substituting $x = \frac{1}{a}\frac{dy}{dt}$ in (4), we get

$$\frac{1}{a}\frac{d^2y}{dt^2} + ay = bt$$

or $\frac{d^2y}{dt^2} + a^2 y = abt$ ... (5)

which is a linear differential equation.

A.E. is $D^2 + a^2 = 0$ ∴ $D = \pm ia$

C.F. $= c_1 \cos at + c_2 \sin at$

$$P.I. = \frac{1}{D^2 + a^2} abt = \frac{ab}{a^2}\left[1 + \frac{D^2}{a^2}\right]^{-1} t = \frac{b}{a}\left(1 - \frac{D^2}{a^2}\right) t = \frac{b}{a} t$$

∴ $y = c_3 \cos at + c_4 \sin at + \frac{b}{a} t$ ... (6)

Again initially, $y = 0$, $t = 0$ ∴ $c_3 = 0$

∴ $y = c_4 \sin at + \frac{b}{a} t$

and $\frac{dy}{dt} = a c_4 \cos at + \frac{b}{a}$

Also, given $\frac{dy}{dt} = 0$, $t = 0$ ∴ $c_4 = -\frac{b}{a^2}$

∴ $y = -\frac{b}{a^2} \sin at + \frac{b}{a} t = \frac{b}{a^2}(at - \sin at)$ ... (7)

From (3), $\quad x = \dfrac{1}{a} \dfrac{dy}{dt}$

$$x = \dfrac{1}{a}\left[\dfrac{b}{a^2}(a - a\cos at)\right] = \dfrac{b}{a^2}(1 - \cos at) \qquad \ldots (8)$$

where $a = \dfrac{eH}{m},\quad b = \dfrac{eE}{m}$

Hence, (7) and (8) constitute the solution.

Ex. 6 : *Solve* $\quad t\,dx = (t - 2x)\,dt$

$\qquad\qquad\qquad t\,dy = (tx + ty + 2x - t)\,dt \qquad \ldots (I)$

Sol. : From first of equation (I), we have

$$\dfrac{dx}{dt} + \dfrac{2}{t}x = 1 \text{ which is linear in x.}$$

its solution is $\quad x = \dfrac{t}{3} + \dfrac{c_1}{t^2} \qquad \ldots (II)$

If we add the two equations in (I), we get,

$$t(dx + dy) = [t - 2x + tx + ty + 2x - t]\,dt = t(x + y)\,dt$$

or $\qquad \dfrac{dx + dy}{x + y} = dt$

Integrating, $\displaystyle\int \dfrac{dx + dy}{x + y} = \int dt$

we get, $\quad \log(x + y) = t + c_2'$

or $\qquad\qquad x + y = c_2\,e^t \qquad\qquad\qquad (c_2' = \log c_2)$

$\therefore \qquad\qquad y = c_2\,e^t - x$

or $\qquad\qquad y = c_2\,e^t - \dfrac{t}{3} - \dfrac{c_1}{t^2}$

Hence the general solution is

$$x = \dfrac{t}{3} + \dfrac{c_1}{t^2}$$

$$y = c_2\,e^t - \dfrac{t}{3} - \dfrac{c_1}{t^2} \qquad \ldots \text{Ans.}$$

EXERCISE 2.1

Solve the following simultaneous equations :

1. $\quad \dfrac{dx}{dt} + y = e^t \qquad\qquad$ **Ans.** $x = c_1 \cos t + c_2 \sin t + \dfrac{1}{2}(e^t - e^{-t})$

   $\quad \dfrac{dy}{dt} - x = e^{-t} \qquad\qquad\qquad y = c_1 \sin t - c_2 \cos t + \dfrac{1}{2}(e^t - e^{-t})$

2. $(D+2)x + (D+1)y = t$
   $5x + (D+3)y = t^2$

   Ans. $x = \left(\dfrac{c_1 - 3c_2}{5}\right)\sin t - \left(\dfrac{3c_1 + c_2}{5}\right)\cos t - t^2 + t + 3$

   $y = c_1 \cos t + c_2 \sin t + 2t^2 - 3t - 4$

3. $\dfrac{dx}{dt} + 5x - 2y = t$

   $\dfrac{dy}{dt} + 2x + y = 0$

   having been given that $x = y = 0$ at $t = 0$.

   Ans. $x = -\dfrac{1}{27}(1+6t)e^{-3t} + \dfrac{1}{27}(1+3t)$

   $y = -\dfrac{2}{27}(2+3t)e^{-3t} + \dfrac{2}{27}(2-3t)$

4. If $\dfrac{dx}{dt} - wy = a\cos pt$ **(May 2007, 2011)**

   and $\dfrac{dy}{dt} + wx = a\sin pt$

   Show that $x = A\cos wt + B\sin wt + \dfrac{a\sin pt}{p+w}$

   $y = B\cos wt - A\sin wt - \dfrac{a\cos pt}{p+w}$

5. In a heat exchange, the temperatures u and v of two liquids, satisfy the equations

   $4\dfrac{du}{dx} = v - u = 2\dfrac{dv}{dx}$ **(May 2009)**

   Solve the equations for u and v, given that
   u = 20 and v = 100 when x = 0.

   Ans. $u = -60 + 80\,e^{x/4}$
   $v = -60 + 160\,e^{x/4}$

6. The equations of motion of a particle are given by **(Dec. 2006)**

   $\dfrac{dx}{dt} + wy = 0,\quad \dfrac{dy}{dt} - wx = 0$ **Ans.** $x = A\cos wt + B\sin wt$

   Find the path of the particle. $y = A\sin wt - B\cos wt$

7. Solve the simultaneous equations for r and θ. **(May 2005, 2007)**

   $\dfrac{dr}{dt} - 2r - \theta = 0$

   $\dfrac{d\theta}{dt} + r - 4\theta = 0$ **Ans.** $r = 3(e^{3t} - te^{3t})$

   given that $\theta(0) = 0$ and $r'(0) = 6$ $\theta = -3t\,e^{3t}$

8. Solve the simultaneous equations

$2\dfrac{dx}{dt} - x + 3y = \sin t$, and obtain x and y if $x = \dfrac{1}{4}$ and $y = -\dfrac{1}{20}$ at t = 0.

$2\dfrac{dy}{dt} + 3x - y = \cos t$ **Ans.** $x = \dfrac{1}{10}[e^{2t} + e^{-t}] + \dfrac{1}{20}[\cos t + 2\sin t]$

$\qquad\qquad y = -\dfrac{1}{10}e^{2t} + \dfrac{1}{10}e^{-t} + \dfrac{2}{5}\sin t - \dfrac{1}{20}\cos t$

9. Solve $(D + 5)x + (D + 7)y = 2$

$(2D + 1)x + (3D + 1)y = \sin t$ **Ans.** $x = -\dfrac{4}{3}e^{t} + \dfrac{4}{3}e^{-2t} - 1 + \cos t + 2\sin t$

under conditions $x = y = 0$, when $t = 0$ $y = -e^{t} + \dfrac{4}{5}e^{-2t} + 1 - \dfrac{4}{5}\cos t - \dfrac{7}{5}\sin t$

10. $(D - 2)x + (D - 1)y = e^{t}$ **Ans.** $x = c_1 \cos t + c_2 \sin t - \dfrac{1}{2}e^{t}$

$(D + 3)x + y = 0$ $y = (c_1 - 3c_2)\sin t - (3c_1 + c_2)\cos t + 2e^{t}$

11. $(D - 1)x + Dy = t$ **(Dec. 2012) Ans.** $x = -2c_1 e^{2t} - \dfrac{2}{3}c_2 e^{-2t} - \dfrac{1}{4} - \dfrac{1}{2}t$

$3x + (D + 4)y = t^{2}$ $y = c_1 e^{2t} + c_2 e^{-2t} + \dfrac{1}{4}t + \dfrac{1}{4}t^{2} + \dfrac{1}{8}$

12. $(5D + 4)y - (2D + 1)z = e^{x}$ **Ans.** $y = c_1 e^{x} + c_2 e^{-2x} - \dfrac{1}{2}xe^{x} + \dfrac{5}{4}e^{-x}$

$(D + 8)y - 3z = 5e^{-x}$ $z = 3c_1 e^{x} + 2c_2 e^{-2x} - \dfrac{1}{6}e^{x} - \dfrac{3}{2}xe^{x} + \dfrac{5}{4}e^{-x}$

13. $\dfrac{dx}{dt} + x - y = te^{t}$

$2y - \dfrac{dx}{dt} + \dfrac{dy}{dt} = e^{t}$ **Ans.** $x = (A\cos t + B\sin t)e^{-t} + \dfrac{1}{25}(15t - 2)e^{t}$

given that $x = y = 0$ when $t = 0$. $y = (B\cos t - A\sin t)e^{-t} + \dfrac{1}{25}(5t + 11)e^{t}$

14. $4\dfrac{dx}{dt} + 9\dfrac{dy}{dt} + 44x + 49y = t$ **Ans.** $x = Ae^{-t} + Be^{-6t} + \dfrac{19}{3}t - \dfrac{56}{9} - \dfrac{29}{7}e^{t}$

$3\dfrac{dx}{dt} + 7\dfrac{dy}{dt} + 34x + 38y = e^{t}$ $y = -Ae^{-t} + 4Be^{-6t} - \dfrac{17}{3}t + \dfrac{55}{9} + \dfrac{24}{7}e^{t}$

15. $\dfrac{d^{2}x}{dt^{2}} + 4x + 5y = t^{2}$

$\dfrac{d^{2}y}{dt^{2}} + 5x + 4y = t + 1$

Ans. $x = c_1 e^{t} + c_2 e^{-t} + c_3 \cos 3t + c_4 \sin 3t - \dfrac{1}{9}\left(4t^{2} - 5t + \dfrac{37}{9}\right)$

$y = -c_1 e^{t} - c_2 e^{-t} + c_3 \cos 3t + c_4 \sin 3t + \dfrac{1}{9}\left(5t^{2} - 4t + \dfrac{44}{9}\right)$

16. A mechanical system with two degrees of freedom satisfies the equations

$$2\frac{d^2x}{dt^2} + 3\frac{dy}{dt} = 4$$

$$2\frac{d^2y}{dt^2} - 3\frac{dx}{dt} = 0 \quad \text{(May 2011)}$$

Obtain the expressions for x and y in terms of t, given x, y, $\frac{dx}{dt}, \frac{dy}{dt}$ all vanish at t = 0. **Ans.** $x = \frac{8}{9}\left(1 - \cos\frac{3t}{2}\right), y = \frac{t}{3} - \frac{8}{9}\sin\frac{3t}{2}$

17. $\frac{d^2x}{dt^2} - y = 0$ **Ans.** $x = c_1 e^x + c_2 e^{-x} + c_3 \cos x + c_4 \sin x - 1$

$\frac{d^2y}{dt^2} - x - 1 = 0$ $y = c_1 e^x + c_2 e^{-x} - c_3 \cos x - c_4 \sin x$

18. The small oscillations of a certain system with two degrees of freedom are given by two simultaneous equations

$D^2 x + 3x - 2y = 0$
$D^2 x + D^2 y - 3x + 5y = 0$

If $x = 0 = y$ and $Dx = 3$, $Dy = 2$ when $t = 0$, find x and y when $t = \frac{1}{2}$.

Ans. $x = \frac{11}{4}\sin\frac{1}{2} + \frac{1}{12}\sin\frac{3}{2}$

$y = \frac{11}{4}\sin\frac{1}{2} - \frac{1}{4}\sin\frac{3}{2}$

19. The acceleration components of a particle moving in a plane are given by

$$\frac{d^2x}{dt^2} = b\frac{dy}{dt}$$

and $\frac{d^2y}{dt^2} = a - b\frac{dx}{dt}$

where, a and b are constants, if the particle is initially at rest at the origin then show that the path of the particle is the cycloid.

$b^2 x = a(bt - \sin bt)$
$b^2 y = a(1 - \cos bt)$

MULTIPLE CHOICE QUESTIONS (MCQ's)

Type : Simultaneous Linear Differential Equations :

1. For the simultaneous linear differential equations
$\frac{dx}{dt} + 2x - 3y = t, \frac{dy}{dx} - 3x + 2y = e^{2t}$ solution of x using $D \equiv \frac{d}{dt}$ is obtain from (2)

(A) $(D^2 + 4D - 5)x = 1 + 2t + 3e^{2t}$
(B) $(D^2 - 4D - 5)x = 1 + 2t - 3e^{2t}$
(C) $(D^2 + 4D - 5)x = 3t + 3e^{2t}$
(D) $(D^2 + 4D - 5)y = 3t + 4e^{2t}$

2. For the system of linear differential equations $\frac{dx}{dt} + 2x - 3y = t, \frac{dy}{dt} - 3x + 2y = e^{2t}$ elimination of x results in $\left(\text{use } D \equiv \frac{d}{dt}\right)$ (2)

   (A) $(D^2 + 4D - 5) x = 1 + 2t + 3e^{2t}$
   (B) $(D^2 - 4D - 5) y = t - 4e^{2t}$
   (C) $(D^2 - 4D + 5) y = 3t - 2e^{2t}$
   (D) $(D^2 + 4D - 5) y = 3t + 4e^{2t}$

3. For the simultaneous Linear DE $\frac{du}{dx} + v = \sin x, \frac{dv}{dx} + u = \cos x$ solution of u using $D \equiv \frac{d}{dx}$ is obtain from (2)

   (A) $(D^2 + 1) u = 2 \cos x$
   (B) $(D^2 - 1) u = 0$
   (C) $(D^2 - 1) u = \sin x - \cos x$
   (D) $(D^2 - 1) v = -2 \sin x$

4. For the simultaneous Linear DE $\frac{du}{dx} + v = \sin x, \frac{dv}{dx} + u = \cos x$ eliminating u results in $\left(\text{use } D \equiv \frac{d}{dx}\right)$ (2)

   (A) $(D^2 + 1) v = 0$
   (B) $(D^2 - 1) u = 0$
   (C) $(D^2 - 1) v = -2 \sin x$
   (D) $(D^2 + 1) v = \sin x + \cos x$

5. For the simultaneous Linear DE $\frac{dx}{dt} - 3x - 6y = t^2, \frac{dy}{dt} + \frac{dx}{dt} - 3y = e^t$ solution of x using $D \equiv \frac{d}{dt}$ is obtain from (2)

   (A) $(D^2 + 9) x = 6e^t - 3t^2 + 2t$
   (B) $(D^2 + 9) y = -2e^t - 2t$
   (C) $(D^2 - 9) x = 6e^t - 3t^2$
   (D) $(D^2 + 12D + 9) x = 6e^t + 3t^2 + 2t$

6. For the simultaneous Linear DE $L\frac{dx}{dt} + Rx + R(x - y) = E, L\frac{dy}{dt} + Ry - R(x - y) = 0$ where L, R and E are constants, solution of x using $D \equiv \frac{d}{dt}$ is obtain from (2)

   (A) $(L^2D^2 + 4RLD + 5R^2) x = 2RE + 2R$
   (B) $(L^2D^2 + 4RLD + 3R^2) y = RE$
   (C) $(L^2D^2 + 4RLD + 3R^2) x = 2RE$
   (D) $(L^2D^2 + 2RLD + 5R^2) x = 2RE$

7. For the simultaneous Liner DE $L\frac{dx}{dt} + Rx + R(x - y) = E, L\frac{dy}{dt} + Ry - R(x - y) = 0$ where L, R and E are constants, solution of y using $D \equiv \frac{d}{dt}$ is obtain from (2)

   (A) $(L^2D^2 + 4RLD + 5R^2) y = RE + 2R$
   (B) $(L^2D^2 + 4RLD + 3R^2) y = RE$
   (C) $(L^2D^2 + 4RLD + 3R^2) x = 2RE$
   (D) $(L^2D^2 + 2RLD + 5R^2) y = 2RE$

8. For the simultaneous Linear DE $\frac{dx}{dt} + y = e^t, \frac{dy}{dt} + x = e^{-t}$ solution of x using $D \equiv \frac{d}{dt}$ is obtain from (2)

    (A) $(D^2 - 1) x = 2e^t$
    (B) $(D^2 - 1) y = -e^t - e^{-t}$
    (C) $(D^2 + 1) x = e^{-t} + e^t$
    (D) $(D^2 - 1) x = e^t - e^{-t}$

9. From the simultaneous Linear DE $\frac{dx}{dt} + y = e^t, \frac{dy}{dt} + x = e^{-t}$, solution of y using $D \equiv \frac{d}{dt}$ is obtain from (2)

    (A) $(D^2 - 1) y = 2e^t$
    (B) $(D^2 - 1) y = -e^t - e^{-t}$
    (C) $(D^2 + 1) y = e^{-t} + e^t$
    (D) $(D^2 - 1) x = e^t - e^{-t}$

10. For the simultaneous Linear DE $\frac{dx}{dt} + 5x - 2y = t, \frac{dy}{dt} + 2x + y = 0$, solution of x using $D \equiv \frac{d}{dt}$ is obtain from (2)

    (A) $(D^2 + 6D + 9) x = 1 + t$
    (B) $(D^2 - 6D + 9) x = 2t$
    (C) $(D^2 + 6D + 1) x = t$
    (D) $(D^2 + 6D + 9) y = 2t$

11. For the simultaneous Linear DE $\frac{dx}{dt} + 5x - 2y = t, \frac{dy}{dt} + 2x + y = 0$, solution of y using $D \equiv \frac{d}{dt}$ is obtain from (2)

    (A) $(D^2 - 6D - 9) y = 2t$
    (B) $(D^2 + 6D + 9) x = 1 + t$
    (C) $(D^2 + 6D + 1) y = t$
    (D) $(D^2 + 6D + 9) y = -2t$

Answers

1. (A)	2. (D)	3. (B)	4. (C)	5. (A)	6. (C)	7. (B)	8. (D)
9. (B)	10. (A)	11. (D)					

2.3 SYMMETRICAL SIMULTANEOUS DIFFERENTIAL EQUATIONS

Definition : Equations of the type : $\frac{dx}{P} = \frac{dy}{Q} = \frac{dz}{R}$ ...(1)

where P, Q, R are the functions of x, y and z, are said to be *symmetrical simultaneous differential equations*.

There are mainly two methods of solving such equations. The solutions of such a system consist of two independent relations of the type :

$$F_1(x, y, z) = c_1 \text{ and } F_2(x, y, z) = c_2$$

(A) METHOD OF COMBINATION OR GROUPING

If we can observe that z is missing from first group $\frac{dx}{P} = \frac{dy}{Q}$ or, may be cancelled from this equation, then it becomes a differential equation in x and y only. Solution of this will give one relation in the solution of simultaneous equations. Then we consider the second group $\frac{dy}{Q} = \frac{dz}{R}$. If it does not contain x, it is most ideal otherwise we cancel x (if possible) and if not try to eliminate x by the help of first relation just reached. It will then be a differential equation in y and z only and after integration yields the second relation in the solution of the system of simultaneous equations. Following examples will illustrate this method.

ILLUSTRATIONS ON SYMMETRICAL SIMULTANEOUS DIFFERENTIAL EQUATIONS

Ex. 1 : *Solve* $\quad \dfrac{dx}{y^2} = \dfrac{dy}{x^2} = \dfrac{dz}{x^2 \, y^2 \, z^2}$

Sol. : Consider $\quad \dfrac{dx}{y^2} = \dfrac{dy}{x^2}$

or $\quad x^2 \, dx = y^2 \, dy$

On integration $\quad x^3 = y^3 + c_1$

$\Rightarrow \quad x^3 - y^3 = c_1 \qquad \ldots (1)$

which is the first solution.

Now consider $\quad \dfrac{dy}{x^2} = \dfrac{dz}{x^2 \, y^2 \, z^2}$

Cancelling the common factors, we have

$$\frac{dy}{1} = \frac{dz}{y^2 \, z^2} \Rightarrow y^2 \, dy = \frac{dz}{z^2}$$

On integration $\quad \dfrac{1}{3} y^3 = -\dfrac{1}{z} + c'_2 \quad$ or $\quad y^3 = -\dfrac{3}{z} + c_2$

$\Rightarrow \quad y^3 + \dfrac{3}{z} = c_2 \qquad \ldots (2)$

Equations (1) and (2) taken together constitute the answer.

Note : Here in this question, we could have considered $\dfrac{dx}{y^2} = \dfrac{dz}{x^2 \, y^2 \, z^2}$ either and after cancelling y^2, got the equation $\dfrac{dx}{1} = \dfrac{dz}{x^2 \, z^2}$ which would have yielded the solution $x^3 + \dfrac{3}{z} = c_2 \qquad \ldots (3)$

But (2) and (3) are actually the same in the light of solution (1).

Ex. 2 : *Solve* $\dfrac{dx}{y^2} = \dfrac{dy}{-xy} = \dfrac{dz}{x(z-2y)}.$

Sol. : Consider first two terms,

$$\dfrac{dx}{y^2} = \dfrac{dy}{-xy} \quad \text{or} \quad x\,dx + y\,dy = 0$$

On integrating, $\quad x^2 + y^2 = c_1$ ... (1)

Next, consider second and third terms,

$$\dfrac{dy}{-xy} = \dfrac{dz}{x(z-2y)} \quad \text{or} \quad z\,dy + y\,dz - 2y\,dy = 0$$

On integrating, $\quad yz - y^2 = c_2$ ... (2)

Hence, (1) and (2) together constitute the solution.

Ex. 3 : *Solve* $\dfrac{dx}{2x} = \dfrac{dy}{-y} = \dfrac{dz}{4xy^2 - 2z}.$ **(Dec. 05, 10; May 11)**

Sol. : Consider first two terms together.

$$\dfrac{dx}{2x} = \dfrac{dy}{-y} \quad \text{or} \quad \dfrac{dx}{x} + 2\dfrac{dy}{y} = 0$$

On integrating,

$$\log x + 2\log y = \log c_1$$
$$xy^2 = c_1 \quad \text{... (1)}$$

Next, consider first and last terms together.

$$\dfrac{dx}{2x} = \dfrac{dz}{4xy^2 - 2z}$$

Using the solution (1), we remove y from this equation and obtain

$$\dfrac{dx}{2x} = \dfrac{dz}{4c_1 - 2z} \quad \text{or} \quad \dfrac{dx}{x} - \dfrac{dz}{2c_1 - z} = 0$$

On integrating,

$$\log x + \log(2c_1 - z) = \log c_2$$
$$x(2c_1 - z) = c_2$$

Putting back the expression for $c_1 = xy^2$, we have

$$x(2xy^2 - z) = c_2 \quad \text{... (2)}$$

Hence, (1) and (2) constitute the solution of given symmetrical equations.

Ex. 4 : *Solve* $\quad \dfrac{dx}{x} = \dfrac{dy}{y} = \dfrac{dz}{z - a\sqrt{x^2 + y^2 + z^2}}$

Sol. : First group of equations gives :

$$\dfrac{dx}{x} = \dfrac{dy}{y}$$

$\Rightarrow \quad \log x = \log y + \log c_1$

$\Rightarrow \quad \log\left(\dfrac{x}{y}\right) = \log c_1 \Rightarrow x = c_1 y \Rightarrow y = c_2 x$

We shall put value of y in third ratio and eliminate it from 1st and 3rd ratios, to yield

$$\frac{dx}{x} = \frac{dz}{z - a\sqrt{x^2 + z^2 + c_2^2 x^2}}$$

$\Rightarrow \qquad \dfrac{dz}{dx} = \dfrac{z - a\sqrt{x^2(1 + c_2^2) + z^2}}{x}$

which is homogeneous, we now put $z = vx$ and $\dfrac{dz}{dx} = v + x\dfrac{dv}{dx}$

$\Rightarrow \qquad v + x\dfrac{dv}{dx} = \dfrac{vx - a\sqrt{x^2(1 + c_2^2) + v^2 x^2}}{x}$

$\qquad\qquad\qquad = v - a\sqrt{v^2 + (1 + c_2^2)}$

$\Rightarrow \qquad x\dfrac{dv}{dx} = -a\sqrt{v^2 + (1 + c_2^2)}$

$\Rightarrow \qquad \displaystyle\int \dfrac{dv}{\sqrt{(1 + c_2^2 + v^2)}} = -a\int \dfrac{dx}{x}$ (variable separable)

$\Rightarrow \log\left[v + \sqrt{1 + c_2^2 + v^2}\right] + a\log x = \log c_3$

$\Rightarrow \qquad \left(v + \sqrt{1 + v^2 + c_2^2}\right)(x^a) = c_3$

Now, put $v = \dfrac{z}{x}$ and $c_2 = \dfrac{y}{x}$

$\Rightarrow \qquad z + \sqrt{x^2 + y^2 + z^2} = c_3\, x^{1-a}$

Hence the required solution is given by :

$$y = c_2 x \text{ and } z + \sqrt{x^2 + y^2 + z^2} - c_3 x^{1-a} = 0$$

(B) METHOD OF MULTIPLIERS

Sometimes we select one or two sets of multipliers say l, m, n or l', m', n', not necessarily constants to find a fourth ratio by which we come to solutions viz. if the equation is

$$\frac{dx}{P} = \frac{dy}{Q} = \frac{dz}{R}$$

then choose multipliers l, m, n such that

$$\frac{dx}{P} = \frac{dy}{Q} = \frac{dz}{R} = \frac{l dx + m dy + n dz}{lP + mQ + nR} \qquad \ldots (1)$$

Now, suppose the choice of l, m, n such that

$lP + mQ + nR = 0$ then $l dx + m dy + n dz = 0$

and if it is exact we may find its integral as
$$F_1(x, y, z) = c_1 \qquad \ldots (2)$$
which is the first solution of the system.

If it is further possible to find the other set of multipliers say l', m', n' such that :
$$\frac{dx}{P} = \frac{dy}{Q} = \frac{dz}{R} = \frac{l'dx + m'dy + n'dz}{l'P + m'Q + n'R}$$
and also if $\quad l'P + m'Q + n'R = 0$, then $l'dx + m'dy + n'dz = 0$
and solving we get another solution like
$$F_2(x, y, z) = c_2 \qquad \ldots (3)$$
Thus (2) and (3) constitute the solution of the given set of symmetrical equations.

ILLUSTRATIONS

Ex. 5 : *Solve* $\quad \dfrac{dx}{y-z} = \dfrac{dy}{z-x} = \dfrac{dz}{x-y}$

Sol. : If we take the first set of multipliers as 1, 1, 1 we have
$$\frac{dx}{y-z} = \frac{dy}{z-x} = \frac{dz}{x-y} = \frac{dx + dy + dz}{1(y-z) + 1(z-x) + 1(x-y)}$$
$$= \frac{dx + dy + dz}{0}$$
$$dx + dy + dz = 0$$
and by integration we get
$$x + y + z = c_1 \qquad \ldots (1)$$
as first solution.

Next the question itself suggests that even x, y, z may be a set of multipliers, then
$$\frac{dx}{y-z} = \frac{dy}{z-x} = \frac{dz}{x-y} = \frac{x\,dx + y\,dy + z\,dz}{x(y-z) + y(z-x) + z(x-y)}$$
$\Rightarrow \quad x\,dx + y\,dy + z\,dz = 0$

On integration, it yields
$$x^2 + y^2 + z^2 = c_3 \qquad \ldots (2)$$
Thus the equations (1) and (2) together constitute the required solutions of the set.

Ex. 6 : *Solve* $\dfrac{dx}{mz - ny} = \dfrac{dy}{nx - lz} = \dfrac{dz}{ly - mx}$ **(Dec. 2006)**

Sol. : The equation suggests that (x, y, z) may be the first set of multipliers, hence
$$\frac{dx}{mz - ny} = \frac{dy}{nx - lz} = \frac{dz}{ly - mx}$$
$$= \frac{x\,dx + y\,dy + z\,dz}{x(mz - ny) + y(nx - lz) + z(ly - mx)}$$
$$= \frac{x\,dx + y\,dy + z\,dz}{0}$$
$\Rightarrow \quad x\,dx + y\,dy + z\,dz = 0$

On integrating,
$$x^2 + y^2 + z^2 = c_1 \qquad \ldots (1)$$

Let l, m, n be second set of multipliers, then each ratio equals

$$= \frac{l\,dx + m\,dy + n\,dz}{l(mz - ny) + m(nx - lz) + n(ly - mx)}$$

$$= \frac{l\,dx + m\,dy + n\,dz}{0}$$

$\Rightarrow \quad l\,dx + m\,dy + n\,dz = 0$

On integration, it gives
$$lx + my + nz = c_2 \qquad \ldots (2)$$

Equations (1) and (2) together constitute the solution.

Note : In some cases, the 4th term $\dfrac{l\,dx + m\,dy + n\,dz}{lP + mQ + nR}$ turns out to be a more convenient ratio than the previous three ratios and in such a case numerator often turns out to be differential of the denominator. By this fact and by opting one or two given ratios, we are able to solve the system. Examples will strengthen this method further.

Ex. 7 : *Solve* $\quad \dfrac{dx}{3z - 4y} = \dfrac{dy}{4x - 2z} = \dfrac{dz}{2y - 3x}$

Sol. : Let us choose multipliers x, y, z then each ratio equals $\dfrac{x\,dx + y\,dy + z\,dz}{0}$

$\Rightarrow \quad x\,dx + y\,dy + z\,dz = 0$, on integration, we get
$$x^2 + y^2 + z^2 = c_1 \qquad \ldots (1)$$

Second set of multipliers may be conveniently chosen as 2, 3, 4 and then each ratio equals $\dfrac{2\,dx + 3\,dy + 4\,dz}{0}$, from where

$$2\,dx + 3\,dy + 4\,dz = 0$$
$\Rightarrow \quad 2x + 3y + 4z = c_2 \qquad \ldots (2)$

Equations (1) and (2) constitute the answer.

Ex. 8 : *Solve* $\dfrac{dx}{x(2y^4 - z^4)} = \dfrac{dy}{y(z^4 - 2x^4)} = \dfrac{dz}{z(x^4 - y^4)}$ **(May 06, 07, 08)**

Sol. : First set of multipliers may be x^3, y^3, z^3 which will equal each ratio to
$$\frac{x^3\,dx + y^3\,dy + z^3\,dz}{0}$$
$\Rightarrow \quad x^3\,dx + y^3\,dy + z^3\,dz = 0$

On integration, this yields
$$x^4 + y^4 + z^4 = c_1 \qquad \ldots (1)$$

If we choose conveniently the second set of multipliers as $\dfrac{1}{x}, \dfrac{1}{y}, \dfrac{2}{z}$, then each ratio will be equal to

$$\dfrac{\dfrac{dx}{x} + \dfrac{dy}{y} + \dfrac{2 \cdot dz}{z}}{0}$$

$$\Rightarrow \quad \dfrac{dx}{x} + \dfrac{dy}{y} + \dfrac{2 \cdot dz}{z} = 0$$

On integration, we have
$$\log x + \log y + 2\log z = \log c_2$$
$$\Rightarrow \quad x\, y\, z^2 = c_2 \qquad \ldots (2)$$

Here equations (1) and (2) constitute the answer.

Ex. 9 : Solve $\dfrac{a\, dx}{(b-c)\, yz} = \dfrac{b\, dy}{(c-a)\, xz} = \dfrac{c\, dz}{(a-b)\, xy}$

Sol. : Use multipliers x, y, z, then each ratio equals

$$\dfrac{ax\, dx + by\, dy + cz\, dz}{0} \Rightarrow ax\, dx + by\, dy + cz\, dz = 0$$

Integration yields, $\quad ax^2 + by^2 + cz^2 = c_1 \qquad \ldots (1)$

Next we shall use multipliers ax, by, cz then each ratio equals

$$\dfrac{a^2 x\, dx + b^2 y\, dy + c^2 z\, dz}{0} \Rightarrow a^2 x\, dx + b^2 y\, dy + c^2 z\, dz = 0$$

Integration will yield,
$$a^2 x^2 + b^2 y^2 + c^2 z^2 = c_2 \qquad \ldots (2)$$

Equations (1) and (2) constitute the answer.

Ex. 10 : Solve $\dfrac{dx}{y + zx} = \dfrac{dy}{-x - yz} = \dfrac{dz}{x^2 - y^2}.$ \hfill **(May 2010)**

Sol. : Using the first set of multipliers y, x, 1,

$$\text{each term} = \dfrac{y\, dx + x\, dy + dz}{0}$$

$\therefore \quad y\, dx + x\, dy + dz = 0$

On integration, $\quad xy + z = c_1 \qquad \ldots (1)$

Again using second set of multipliers $x, y, -z$,

$$\text{each term} = \frac{x\,dx + y\,dy - z\,dz}{0}$$

$\therefore \quad x\,dx + y\,dy - z\,dz = 0$

On integration, $x^2 + y^2 - z^2 = c^2$ ... (2)

Thus (1) and (2) are solutions of the given equations.

Ex. 11 : *Solve* $\quad \dfrac{dx}{1} = \dfrac{dy}{1} = \dfrac{dz}{(1 + 2xy + 3x^2 y^2)(x + y)z}$

Sol. : From the first two ratios, we have

$$\frac{dx}{1} = \frac{dy}{1}$$

On integration, $\quad x - y = c_1$ ... (1)

Also, $\quad$ each ratio $= \dfrac{y\,dx + x\,dy}{y + x}\quad$ and hence

$$\frac{y\,dx + x\,dy}{y + x} = \frac{dz}{(1 + 2xy + 3x^2 y^2)(x + y)z}$$

$\Rightarrow \quad \dfrac{y\,dx + x\,dy}{1} = \dfrac{dz}{(1 + 2xy + 3x^2 y^2)z}$

$\Rightarrow \quad \dfrac{d(xy)}{1} = \dfrac{dz}{(1 + 2xy + 3x^2 y^2)z}$

$\Rightarrow \quad (1 + 2xy + 3x^2 y^2)\,d(xy) = \dfrac{dz}{z}$

For convenience, put $\quad xy = v$

$\Rightarrow \quad x\,dy + y\,dx = dv$

$\Rightarrow \quad d(xy) = dv$

$\Rightarrow \quad (1 + 2v + 3v^2)\,dv = \dfrac{dz}{z}$ (from where variables are separable)

$\Rightarrow \quad v + v^2 + v^3 = \log z + c_2$

$\Rightarrow \quad xy + (xy)^2 + (xy)^3 - \log z = c_2$ ... (2)

Hence equations (1) and (2) together represent the solution set of the system.

Ex. 12 : *Solve* $\quad \dfrac{dx}{1} = \dfrac{dy}{1} = \dfrac{dz}{(x + y)[e^{xy} + \sin xy + x^2 y^2]}$

Sol. : Consider the first group $\dfrac{dx}{1} = \dfrac{dy}{1}$, which yields

$\Rightarrow \quad x - y = c_1$ ... (1)

Now each ratio equals $\dfrac{y\,dx + x\,dy}{y + x}$, hence

$$\dfrac{y\,dx + x\,dy}{y + x} = \dfrac{dz}{(x + y)\,[e^{xy} + \sin xy + (xy)^2]}$$

$\Rightarrow \quad [e^{xy} + \sin xy + (xy)^2]\,(y\,dx + x\,dy) = dz$

Put $xy = v$, then $x\,dy + y\,dx = dv$

$\Rightarrow \quad (e^v + \sin v + v^2)\,dv = dz$

On integration, we get $e^v - \cos v + \dfrac{v^3}{3} = z + c_2$

$\Rightarrow \quad 3e^v - 3\cos v + v^3 = 3z + c_3$

$\Rightarrow \quad 3e^{xy} - 3\cos(xy) + (xy)^3 - 3z = c_3$ ... (2)

Equations (1) and (2) constitute the answer.

Ex. 13 : *Solve* $\dfrac{dx}{x^2 - yz} = \dfrac{dy}{y^2 - zx} = \dfrac{dz}{z^2 - xy}$ ... (1)

Sol. : Each ratio equals

$$\dfrac{dx - dy}{(x + y + z)(x - y)} = \dfrac{dy - dz}{(x + y + z)(y - z)} = \dfrac{dz - dx}{(x + y + z)(z - x)}$$

$\Rightarrow \quad \dfrac{dx - dy}{x - y} = \dfrac{dy - dz}{y - z} = \dfrac{dz - dx}{z - x}$ ... (2)

Consider the first two ratios in (2)

$$\dfrac{dx - dy}{x - y} = \dfrac{dy - dz}{y - z}$$

Each being exact, we may integrate to get

$\log(x - y) = \log(y - z) + \log c_1$

$\Rightarrow \quad \dfrac{x - y}{y - z} = c_1$ ... (3)

Next we shall select two sets of multipliers say x, y, z and $(1, 1, 1)$ and obtain by their help the second relation. Each ratio in (1) equals

$\dfrac{x\,dx + y\,dy + z\,dz}{x^3 + y^3 + z^3 - 3xyz}$ as well as $\dfrac{dx + dy + dz}{x^2 + y^2 + z^2 - yz - zx - xy}$

Equating these two, we have

$$\dfrac{x\,dx + y\,dy + z\,dz}{(x + y + z)(x^2 + y^2 + z^2 - xy - yz - zx)} = \dfrac{dx + dy + dz}{x^2 + y^2 + z^2 - yz - zx - xy}$$

Cancelling factor $x^2 + y^2 + z^2 - xy - yz - zx$, we get

$$\dfrac{x\,dx + y\,dy + z\,dz}{x + y + z} = \dfrac{dx + dy + dz}{1}$$

$\Rightarrow \quad x\,dx + y\,dy + z\,dz = (x + y + z)(dx + dy + dz)$

Integration yields

$x^2 + y^2 + z^2 = (x + y + z)^2 + c_2$ ... (4)

$\therefore$ Equations (3) and (4) constitute the solution of the system.

Ex. 14 : *Solve* $\dfrac{dx}{x^2 - y^2 - z^2} = \dfrac{dy}{2xy} = \dfrac{dz}{2xz}$ ... (1)

Sol. : Here it is convenient to consider the later two ratios to yield $\dfrac{dy}{y} = \dfrac{dz}{z}$ which on integration gives $\log y = \log z + \log c_1$.

$\Rightarrow \quad \dfrac{y}{z} = c_1 \Rightarrow y = c_1 z$ ... (2)

Next we shall use multipliers x, y, z then each ratio in (1) equals

$$\dfrac{x\,dx + y\,dy + z\,dz}{x(x^2 - y^2 - z^2) + 2xy^2 + 2xz^2} = \dfrac{x\,dx + y\,dy + z\,dz}{x^3 + xy^2 + xz^2} = \dfrac{x\,dx + y\,dy + z\,dz}{x[x^2 + y^2 + z^2]}$$

If we consider this with the second ratio in (1)

$$\dfrac{dy}{2xy} = \dfrac{x\,dx + y\,dy + z\,dz}{x(x^2 + y^2 + z^2)}$$

$\Rightarrow \quad \dfrac{dy}{y} = \dfrac{2(x\,dx + y\,dy + z\,dz)}{x^2 + y^2 + z^2}$

Hence its integration yields

$$\log y = \log(x^2 + y^2 + z^2) + \log c_2$$

$\Rightarrow \quad \dfrac{y}{x^2 + y^2 + z^2} = c_2$ ... (3)

Equations (2) and (3) constitute the answer.

EXERCISE 2.2

Solve the following system of symmetrical simultaneous equations :

1. $\dfrac{dx}{y^2 z} = \dfrac{dy}{x^2 z} = \dfrac{dz}{y^2 x}$ **Ans.** $x^3 - y^3 = c_1$ and $x^2 - z^2 = c_2$

2. $\dfrac{x\,dx}{y^3 z} = \dfrac{dy}{x^2 z} = \dfrac{dz}{y^3}$ (Dec. 2012) **Ans.** $x^4 - y^4 = c_1$, $x^2 - z^2 = c_2$

3. $\dfrac{dx}{y} = \dfrac{dy}{-x} = \dfrac{dz}{x\,e^{x^2 + y^2}}$ **Ans.** $x^2 + y^2 = c_1$, $y\,e^{x^2 + y^2} + z = c_2$

4. $\dfrac{dx}{x(z - 2y^2)} = \dfrac{dy}{y(z - y^2 - 2x^3)} = \dfrac{dz}{z(z - y^2 - 2x^3)}$

  Ans. $\dfrac{y}{z} = c_1$, $\dfrac{z}{x} - \dfrac{y^2}{x} + x^2 = c_2$

  Hint : Use solution $y_1 = c_1 z$ to find second solution.

5. $\dfrac{dx}{x} = \dfrac{dy}{y} = \dfrac{dz}{-(x+z)}$.   **Ans.** $x = c_1 y$, $\dfrac{1}{2}xy + yz = c_2$

  Hint : Use solution $x = c_1 y$ to find second solution.

6. $\dfrac{dx}{1} = \dfrac{dy}{3} = \dfrac{dz}{5z + \tan(y - 3x)}$.   **Ans.** $y - 3x = c_1$,

                $5x = \log[5z + \tan(y - 3x)] + c_2$

7. $\dfrac{dx}{x(y^2+z)} = \dfrac{dy}{-y(x^2+z)} = \dfrac{dz}{z(x^2-y^2)}$ **Ans.** $xyz = c_1$, $x^2 + y^2 - 2z = c_2$

   Hint: Use the multipliers $1/x$, $1/y$, $1/z$ and $x, y, -1$.

8. $\dfrac{dx}{x^2(y-z)} = \dfrac{dy}{y^2(z-x)} = \dfrac{dz}{z^2(x-y)}$. **Ans.** $\dfrac{1}{x} + \dfrac{1}{y} + \dfrac{1}{z} = c_1$, $xyz = c_2$

   Hint: Use the multipliers $1/x^2$, $1/y^2$, $1/z^2$ and $1/x$, $1/y$, $1/z$.

9. $\dfrac{dx}{y} = \dfrac{dy}{-x} = \dfrac{dz}{2x-3y}$ **Ans.** $x^2 + y^2 = c_1$, $3x + 2y + z = c_2$

   Hint: Use the multipliers 3, 2, 1.

10. $\dfrac{dx}{z(x+y)} = \dfrac{dy}{z(x-y)} = \dfrac{dz}{x^2+y^2}$ **Ans.** $x^2 - y^2 - 2xy = c_1$, $x^2 - y^2 - z^2 = c_2$

11. $\dfrac{dx}{y^3x - 2x^4} = \dfrac{dy}{2y^4 - x^3y} = \dfrac{dz}{9z(x^3-y^3)}$ **Ans.** $x^3 y^3 z = c_1$, $(x^3 + y^3) z^2 = c_2$

    Hint: Use the multipliers $1/x$, $1/y$, $1/3z$ and then x^2, y^2 for the first two terms.

12. $\dfrac{x\,dx}{z^2 - 2yz - y^2} = \dfrac{dy}{y+z} = \dfrac{dz}{y-z}$ (May 12) **Ans.** $x^2 + y^2 + z^2 = c_1$, $y^2 - 2yz - z^2 = c_2$

    Hint: Use the multipliers $1, y, z$ and then consider last two terms.

13. $\dfrac{dx}{x(y^2-z^2)} = \dfrac{dy}{-y(z^2+x^2)} = \dfrac{dz}{z(x^2+y^2)}$ **Ans.** $\dfrac{yz}{x} = c_2$, $x^2 + y^2 + z^2 = c_1$

14. $\dfrac{x^2\,dx}{y^3} = \dfrac{y^2\,dy}{x^3} = \dfrac{dz}{z}$ **Hint:** each ratio $= \dfrac{x^2\,dx + y^2\,dy}{y^3 + x^3}$ etc.

    (Dec. 2004) **Ans.** $x^6 - y^6 = c_1$, $x^3 + y^3 = c_2 z^3$

15. $\dfrac{dx}{1} = \dfrac{dy}{1} = \dfrac{dx}{(x+y)e^{xy} + \sin xy + x^2 y^2}$

    Ans. $x - y = c_1$, $3e^{xy} - 3\cos xy + (xy)^3 - 3z = c_2$

16. $\dfrac{dx}{x^2+y^2} = \dfrac{dy}{2xy} = \dfrac{dz}{(x+y)^3 z}$ (Dec. 08, 11) **Ans.** $(x+y)^2 - 2\log z = c_1$, $c_2 y = x^2 - y^2$

    Hint: $\dfrac{dx+dy}{(x+y)^2} = \dfrac{dz}{(x+y)^3 z}$ and $\dfrac{dx+dy}{(x+y)^2} = \dfrac{dx-dy}{(x-y)^2}$

17. $\dfrac{dx}{y+z} = \dfrac{dy}{z+x} = \dfrac{dz}{x+y}$ **Ans.** $\dfrac{x-y}{y-z} = c_1$, $(x-y)^2 (x+y+z) = c_2$

    Hint: $\dfrac{dx-dy}{x-y} = \dfrac{dy-dz}{y-z}$ and $\dfrac{dx-dy}{x-y} = \dfrac{dx+dy+dz}{2(x+y+z)}$

18. $dx + dy + (x+y)\,dz = 0$,

    $z(dx+dy) + (x+y)\,dz = 0$ **Ans.** $x + y = c_1 e^{-z}$, $x + y = c_2/z$

19. $(x-z)\,dx + 2(x+z)\,dy + (z-x)\,dz = 0$

    $x(z-x)\,dx + 4y(x+z)\,dy - z(z-x)\,dz = 0$

    Ans. $x + z = c_1 (2y+z) = c_2 (x-2y)$

MULTIPLE CHOICE QUESTIONS (MCQ's)

Type : Symmetrical Simultaneous Differential Equations :

1. The general form of symmetric simultaneous DE is (1)

   (A) $a_0 \dfrac{d^n y}{dx^n} + a_1 \dfrac{d^{n-1}y}{dx^{n-1}} + a_2 \dfrac{d^{n-2}y}{dx^{n-2}} + \ldots + a_n y = f(x)$, where $a_0, a_1, a_2 \ldots, a_n$ are constant

   (B) $\dfrac{dx}{P} = \dfrac{dy}{Q} = \dfrac{dz}{R}$, where P, Q, R are function of x, y, z

   (C) $a_0 x^n \dfrac{d^n y}{dx^n} + a_1 x^{n-1} \dfrac{d^{n-1}y}{dx^{n-1}} + a_2 x^{n-2} \dfrac{d^{n-2}y}{dx^{n-2}} + \ldots + a_n y = f(x)$, where $a_0, a_1, a_2 \ldots, a_n$ are constant

   (D) $a_0 (ax+b)^n \dfrac{d^n y}{dx^n} + a_1 (ax+b)^{n-1} \dfrac{d^{n-1}y}{dx^{n-1}} + a_2 (ax+b)^{n-2} \dfrac{d^{n-2}y}{dx^{n-2}} + \ldots + a_n y = f(x)$, where $a_0, a_1, a_2 \ldots, a_n$ are constant

2. Solution of symmetric simultaneous DE $\dfrac{dx}{1} = \dfrac{dy}{1} = \dfrac{dz}{1}$ is (1)

   (A) $x + y = 0, y + z = 0$
   (B) $x - y = c_1, y + z = c_2$
   (C) $x + y = c_1, y - z = c_2$
   (D) $x - z = c_1, y - z = c_2$

3. Solution of symmetric simultaneous DE $\dfrac{dx}{x} = \dfrac{dy}{y} = \dfrac{dz}{z}$ is (1)

   (A) $x = c_1 y, y = c_2 z$
   (B) $xy = c_1 z, yz = c_2 x$
   (C) $x + y = c_1, y + z = c_2$
   (D) $x + y = c_1, y - z = c_2$

4. Considering the first two ratio of the symmetrical simultaneous DE $\dfrac{dx}{y^2} = \dfrac{dy}{x^2} = \dfrac{dz}{x^2 y^2 z^2}$, one of the relation in the solution is DE is (1)

   (A) $\dfrac{1}{x} - \dfrac{1}{y} = c$
   (B) $x - y = c$
   (C) $x^2 - y^2 = c$
   (D) $x^3 - y^3 = c$

5. Considering the first two ratio of the symmetrical simultaneous DE $\dfrac{dx}{y^2} = \dfrac{dy}{-xy} = \dfrac{dz}{x(z - 2y)}$, one of the relation in the solution of DE is (2)

   (A) $x^2 + y^2 = c$
   (B) $x^3 + y^3 = c$
   (C) $-\dfrac{x^2}{2} = \dfrac{y^3}{3} + c$
   (D) $x^2 - y^2 = c$

6. Considering the first two ratio of the symmetrical simultaneous DE $\dfrac{dx}{y^2 z} = \dfrac{dy}{x^2 z} = \dfrac{dz}{y^2 x}$, one of the relation in the solution of DE is (2)

   (A) $x^2 - y^2 = c$
   (B) $x - y = c$
   (C) $x^3 - y^3 = c$
   (D) $x^3 + y^3 = c$

7. Considering the first and third ratio of the symmetrical simultaneous DE $\dfrac{xdx}{y^3z} = \dfrac{dy}{x^2z} = \dfrac{dz}{y^3}$, one of the relation in the solution of DE is (2)
   (A) $x^2 - z^2 = c$
   (B) $x^4 - y^4 = c$
   (C) $x^3 - z^3 = c$
   (D) $x - z = c$

8. Considering the second and third ratio of the symmetrical simultaneous DE $\dfrac{dx}{x^2 - y^2 - z^2} = \dfrac{dy}{2xy} = \dfrac{dz}{2xz}$, one of the relation in the solution of DE is (2)
   (A) $\dfrac{1}{y^2} - \dfrac{1}{z^2} = c$
   (B) $y^2 - z^2 = c$
   (C) $y = cz$
   (D) $x - z = c$

9. Using a set of multiplier as 1, 1, 1 the solution of DE $\dfrac{dx}{y-z} = \dfrac{dy}{z-x} = \dfrac{dz}{x-y}$ is (2)
   (A) $x^2 + y^2 + z^2 = c$
   (B) $x - y - z = c$
   (C) $x + y + z = c$
   (D) $-x + y - z = c$

10. Using a set of multiplier as x, y, z the solution of DE $\dfrac{dx}{3z - 4y} = \dfrac{dy}{4x - 2z} = \dfrac{dz}{2y - 3x}$ is (2)
    (A) $x^3 + y^3 + z^3 = c$
    (B) $\dfrac{1}{x} + \dfrac{1}{y} + \dfrac{1}{z} = c$
    (C) $x + y + z = c$
    (D) $x^2 + y^2 + z^2 = c$

11. Using a set of multiplier as x^3, y^3, z^3 the solution of DE $\dfrac{dx}{x(2y^4 - z^4)} = \dfrac{dy}{y(z^4 - 2x^4)} = \dfrac{dz}{z(x^4 - y^4)}$ is (2)
    (A) $x^3 + y^3 + z^3 = c$
    (B) $x^4 + y^4 + z^4 = c$
    (C) $x + y + z = c$
    (D) $xyz = c$

12. Using a set of multiplier as 3, 2, 1 the solution of DE $\dfrac{dx}{y} = \dfrac{dy}{-x} = \dfrac{dz}{2x - 3y}$ is (2)
    (A) $3x^2 + 2y^2 + z^2 = c$
    (B) $\dfrac{3}{x} + \dfrac{2}{y} + \dfrac{1}{z} = c$
    (C) $3x - 2y - z = c$
    (D) $3x + 2y + z = c$

13. Using a set of multiplier as 1, y, z the solution of DE $\dfrac{dx}{z^2 - 2yz - y^2} = \dfrac{dy}{y + z} = \dfrac{dz}{y - z}$ is (2)
    (A) $x^2 + y^2 + z^2 = c$
    (B) $x + \dfrac{y^2}{2} + \dfrac{z^2}{2} = c$
    (C) $x + y + z = c$
    (D) $x + y^2 + z^2 = c$

Answers

1. (B)	2. (D)	3. (A)	4. (D)	5. (A)	6. (C)	7. (A)	8. (C)
9. (C)	10. (D)	11. (B)	12. (D)	13. (B)			

APPLICATIONS OF DIFFERENTIAL EQUATIONS (ELECTRICAL CIRCUITS)

2.4 INTRODUCTION

As mechanics is governed by Newton's laws, Electrical circuits are governed by the laws known as *Kirchhoff's Laws,* which we shall study in this section. The simplest Electric circuit is a series circuit in which we have an e.m.f. (electromotive force) which acts as a source of energy such as a Battery or Generator and a *Resistor,* which uses energy, such as an electric bulb or toaster.

As stated in Physics, the e.m.f. is related to the current flow in the circuit. The law says that the instantaneous current I (in a circuit containing only an e.m.f. E and a resistor) is directly proportional to the e.m.f.. Symbolically, we have

$$I \propto E \Rightarrow E \propto I \Rightarrow E = IR \qquad \ldots (1)$$

where, R is a constant of proportion called the *coefficient of resistance* or simply *resistance.* The units used are : E is in *volts,* I in *amperes* and R is in *ohms.* Equation (1) is called *Ohm's law.*

More complicated circuits contain few more elements such as *inductors* and *capacitors.* An *inductor* opposes a change in current. It has an *inertia effect* in electricity in much the same way as mass has an inertia effect in mechanics. A *capacitor* is an element which stores energy. In physics, we speak of a *voltage drop* across an element. In practice, we can determine this voltage drop or sometimes known as *potential drop* or *potential difference,* by using a *voltmeter.* Experimentally, the following laws are found to hold.

1. **The voltage drop across a resistor is proportional to the current passing through the resistor :**

   If E_R is the voltage drop across the resistor and I is the current then

   $$E_R \propto I \Rightarrow E_R = RI$$

   where, R is the resistance (constant of proportion).

2. **The voltage drop across an inductor is proportional to the instantaneous time rate of change of the current :**

   If E_L is the voltage drop across the inductor,

   $$E_L \propto \frac{dI}{dt} \Rightarrow E_L = L\frac{dI}{dt}$$

   where, L is inductance.

3. **The voltage drop across a capacitor is proportional to the instantaneous electric charge on a capacitor :**

   If E_C is the voltage drop across the capacitor and Q is the instantaneous charge then

   $$E_C \propto Q \Rightarrow E_C = \frac{Q}{C}$$

   where, C is capacitance.

Units : The following is the summary of the important electrical quantities and their units, symbols and abbreviations.

Quantity	Symbol	Unit	Abbreviation
Voltage, e.m.f. or Potential	E or V	Volt	V
Resistance	R	Ohm	w or Ω
Inductance	L	Henry	h
Capacitance	C	Farad	f
Current	I	Ampere	amp.
Charge	Q	Coulomb	none

The unit of current, the ampere, corresponds to a coulomb of charge passing a given point in the circuit per second.

$$\left[I = \frac{dQ}{dt} \right]$$

Kirchhoff's Law

The Algebraic sum of all the Voltage Drops around an Electric Loop or Circuit is Zero : (The voltage supplied (e.m.f.) is equal to the sum of the voltage drops).

2.5 L–R–C CIRCUITS

We shall now consider the following cases :

Case I : Electrical circuit consists of inductance L and capacitance C in series (without applied e.m.f.).

Differential equation of the circuit is given by

$$L\frac{dI}{dt} + \frac{Q}{C} = 0$$

Or

$$L\frac{d^2Q}{dt^2} + \frac{Q}{C} = 0$$

$$\frac{d^2Q}{dt^2} + \omega^2 Q = 0 \qquad \left(\because \omega^2 = \frac{1}{LC} \right)$$

Case II : Electrical circuit consists of inductance L, capacitance C and applied e.m.f. $E_0 \sin nt$. Differential equation of the circuit is given by

$$L\frac{dI}{dt} + \frac{Q}{C} = E_0 \sin nt$$

Or

$$L\frac{d^2Q}{dt^2} + \frac{Q}{C} = E_0 \sin nt$$

$$\frac{d^2Q}{dt^2} + \omega^2 Q = E \sin nt \qquad \left(\because \omega^2 = \frac{1}{LC}, E = \frac{E_0}{L} \right)$$

Case III : Electrical circuit consists of inductance L, resistance R and capacitance C in series without applied e.m.f. Differential equation of the circuit is given by

$$L\frac{dI}{dt} + RI + \frac{Q}{C} = 0$$

Or

$$L\frac{d^2Q}{dt^2} + R\frac{dQ}{dt} + \frac{Q}{C} = 0$$

$$\frac{d^2Q}{dt^2} + k_1\frac{dQ}{dt} + \omega^2 Q = 0 \qquad \left(\because k_1 = \frac{R}{L},\ \omega^2 = \frac{1}{LC}\right)$$

Case IV : Electrical circuit consists of inductance L, resistance R and capacitance C in series with applied e.m.f. Differential equation of the given circuit is

$$L\frac{dI}{dt} + RI + \frac{Q}{C} = E_0 \sin nt$$

or

$$\frac{d^2Q}{dt^2} + \frac{R}{L}\frac{dQ}{dt} + \frac{Q}{LC} = E_0 \sin nt$$

$$\frac{d^2Q}{dt^2} + k_1\frac{dQ}{dt} + \omega^2 Q = E \sin nt \qquad \left(\because k_1 = \frac{R}{L},\ \omega^2 = \frac{1}{LC},\ E = \frac{E_0}{L}\right)$$

ILLUSTRATIONS

Ex. 1 : *An inductor of 0.5 henries is connected in series with a resistor of 6 ohms, a capacitor of 0.02 farads, a generator having alternative voltage given by 24 sin 10 t, t > 0 and a switch k.* **(Nov. 2015)**

(a) Set-up a differential equation for the instantaneous charge on the condenser.

(b) Find the charge and the current at time t if the charge on the capacitor is zero when the switch k is closed at t = 0. **(Dec. 2004)**

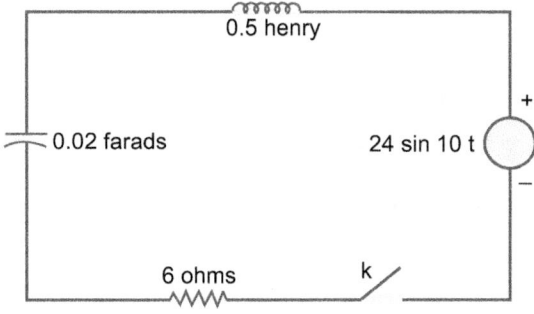

Fig. 2.1

Sol. : Voltage drop across resistor is 6I, voltage drop across inductor is $0.5 \dfrac{dI}{dt}$ and voltage drop across capacitor is $\dfrac{Q}{0.02} = 50\,Q$. Hence by Kirchhoff's law, we have

$$6I + 0.5\dfrac{dI}{dt} + 50\,Q = 24 \sin 10\,t.$$

$$\Rightarrow \quad 0.5 \dfrac{d^2Q}{dt^2} + 6 \dfrac{dQ}{dt} + 50\,Q = 24 \sin 10\,t \qquad \left[\because I = \dfrac{dQ}{dt}\right]$$

$$\Rightarrow \quad \dfrac{d^2Q}{dt^2} + 12 \dfrac{dQ}{dt} + 100\,Q = 48 \sin 10\,t \qquad \ldots (1)$$

The conditions are $Q = 0$, and $I = \dfrac{dQ}{dt} = 0$, at $t = 0$

If we solve equation (1),

A.E. $D^2 + 12\,D + 100 = 0$

$$\Rightarrow \quad D = -6 \pm 8i$$

Hence C.F. $= e^{-6t}\,[A \cos 8t + B \sin 8t]$ and P.I. given by

$$\text{P.I.} = \dfrac{48 \sin 10\,t}{D^2 + 12\,D + 100} = \dfrac{48 \sin 10\,t}{-100 + 12\,D + 100}$$

$$= \dfrac{4}{D} \sin 10\,t = 4 \int \sin 10\,t \; dt$$

$$= -\dfrac{4}{10} \cos 10\,t = -\dfrac{2}{5} \cos 10t$$

Hence the general solution of (1) is

$$Q = e^{-6t}\,[A \cos 8t + B \sin 8t] - \dfrac{2}{5} \cos 10\,t \qquad \ldots (2)$$

If we apply initial conditions, we get

$$A = \dfrac{2}{5},\; B = \dfrac{3}{10},\; \text{hence}$$

$$Q = \dfrac{e^{-6t}}{10}\,[4 \cos 8t + 3 \sin 8t] - \dfrac{2}{5} \cos 10\,t \qquad \ldots (3)$$

Here e^{-6t} is associated with *transient solution* and soon becomes negligible. The term $-\dfrac{2}{5} \cos 10t$ is the *steady-state solution* and remains after the *transient* term has virtually vanished.

Ex. 2 : *For an electric circuit with circuit constants L–R–C, the charge Q on the plate of the condenser is given by*

$$L \dfrac{d^2Q}{dt^2} + R \dfrac{dQ}{dt} + \dfrac{1}{C} Q = E \sin \omega t$$

and the current by $I = \dfrac{dQ}{dt}$. The current is tuned to resonance, so that $\omega^2 = \dfrac{1}{LC}$. If $R^2 > \dfrac{4L}{C}$ and $Q = I = 0$ at $t = 0$, show that

$$Q = \dfrac{E}{R\omega}\left[-\cos \omega t + e^{-(Rt/2L)}\left(\cos pt + \dfrac{R}{2Lp}\sin pt\right)\right]$$

where $\qquad p^2 = \dfrac{1}{LC} - \dfrac{R^2}{4L^2}$

Sol. : Equation can be put as :

$$\left(D^2 + \dfrac{R}{L}D + \dfrac{1}{LC}\right)Q = \dfrac{E}{L}\sin \omega t$$

A.E. is $D^2 + \dfrac{R}{L}D + \dfrac{1}{LC} = 0$

Hence $\qquad D = \dfrac{1}{2}\left[-\dfrac{R}{L} \pm \sqrt{\dfrac{R^2}{L^2} - \dfrac{4}{LC}}\right]$

$$= \dfrac{1}{2}\left[-\dfrac{R}{L} \pm 2\sqrt{-\left(\dfrac{1}{LC} - \dfrac{R^2}{4L^2}\right)}\right] = -\dfrac{R}{2L} \pm ip.$$

C.F. = $e^{-(Rt/2L)}(C_1 \cos pt + C_2 \sin pt)$

$$\text{P.I.} = \dfrac{\dfrac{E}{L}\sin \omega t}{D^2 + \dfrac{R}{L}D + \dfrac{1}{LC}}$$

$$= \dfrac{\dfrac{E}{L}\sin \omega t}{-\omega^2 + \dfrac{1}{LC} + \dfrac{RD}{L}} = \dfrac{E}{R}\dfrac{\sin \omega t}{D} \qquad \left(\because \omega^2 = \dfrac{1}{LC}\right)$$

$$= -\dfrac{E \cos \omega t}{R\omega}, \text{ hence}$$

$$Q = e^{-(Rt/2L)}(C_1 \cos pt + C_2 \sin pt) - \dfrac{E \cos \omega t}{R\omega} \text{ and}$$

$$\dfrac{dQ}{dt} = I = e^{-(Rt/2L)}(-C_1 \cdot p \sin pt + C_2 p \cos pt)$$

$$-\dfrac{R}{2L}e^{-(Rt/2L)}(C_1 \cos pt + C_2 \sin pt) + \dfrac{E \sin \omega t}{R}$$

Putting $t = 0, I = 0 = Q$, we get

$$C_1 = \dfrac{E}{R\omega}, \quad C_2 = \dfrac{E}{2\omega pL}$$

Hence, $Q = \dfrac{E}{R\omega}\left[-\cos \omega t + e^{-(Rt/2L)}\left(\cos pt + \dfrac{R}{2Lp}\sin pt\right)\right]$ **... Proved**

Ex. 3 : *A resistance R in series with inductance L is shunted by an equal resistance R with capacity C. An alternating e.m.f. sin pt produces I_1 and I_2 in two branches. If I_1 and I_2 are zero when t = 0, determine I_1 and I_2 from the equations :*

$$L \frac{dI_1}{dt} + RI_1 = E \sin pt$$

$$\frac{I_2}{C} + R \frac{dI_2}{dt} = p \cdot E \cos pt$$

Verify that if $R^2C = L$, the total current $I_1 + I_2$ will be equal to $\frac{E}{R} \sin pt$.

Sol. : $\qquad L \frac{dI_1}{dt} + RI_1 = E \sin pt$

$\Rightarrow \qquad \frac{dI_1}{dt} + \frac{R}{L} I_1 = \frac{E}{L} \sin pt$, which is linear.

Hence $\qquad$ I.F. $= e^{(Rt/L)}$ and solution will be

$$I_1 e^{(Rt/L)} = \int e^{(Rt/L)} \cdot \frac{E}{L} \cdot \sin pt \, dt + C$$

$$= \frac{\frac{E}{L}}{p^2 + \frac{R^2}{L^2}} \left[\frac{R}{L} e^{(Rt/L)} \sin pt - p \cdot e^{(Rt/L)} \cos pt \right] + C_1$$

Initially at t = 0, $I_1 = 0$, $C_1 = \dfrac{\frac{Ep}{L}}{\left(p^2 + \frac{R^2}{L^2}\right)}$

$\Rightarrow \qquad I_1 = \dfrac{\left[\frac{ER}{L^2} \sin pt - \frac{Ep}{L} \cos pt + \frac{Ep}{L} e^{-(Rt/L)}\right]}{\left(p^2 + \frac{R^2}{L^2}\right)}$ $\qquad$ ... (1)

Again $\qquad R \frac{dI_2}{dt} + \frac{I_2}{C} = pE \cos pt$

$$\frac{dI_2}{dt} + \frac{I_2}{RC} = \frac{pE}{R} \cos pt, \text{ I.F.} = e^{\frac{t}{RC}}$$

Solution will be

$$I_2 \cdot e^{t/RC} = \int e^{t/RC} \cdot \frac{pE}{R} \cos pt \, dt + C_2$$

$$= \frac{\frac{pE}{R}}{p^2 + \frac{1}{R^2C^2}} \left[e^{t/RC} \left\{ \frac{1}{RC} \cos pt + p \sin pt \right\} \right] + C_2$$

But $I_2 = 0$ at $t = 0$, $\quad C_2 = \dfrac{-\dfrac{pE}{R^2C}}{\left(p^2 + \dfrac{1}{R^2C^2}\right)}$

$\Rightarrow \qquad I_2 = \dfrac{\left[\dfrac{pE}{R^2C}\cos pt + \dfrac{p^2E}{R}\sin pt - \dfrac{pE}{R^2C}e^{-t/RC}\right]}{\left(p^2 + \dfrac{1}{R^2C^2}\right)}$ ... (2)

But if $R^2 C = L$,

then total current $= I_1 + I_2 = \dfrac{\left(\dfrac{ER}{L^2} + \dfrac{p^2E}{R}\right)\sin pt}{\left(p^2 + \dfrac{R^2}{L^2}\right)} = \dfrac{E}{R}\sin pt \qquad$ ... Proved

Ex. 4 : *An uncharged condenser of capacity C charged by applying an e.m.f. of value $E \sin \dfrac{t}{\sqrt{LC}}$ through the leads of inductance L and of negligible resistance. The charge Q on the plate of condenser satisfies the differential equation $\dfrac{d^2Q}{dt^2} + \dfrac{Q}{LC} = \dfrac{E}{L}\sin\dfrac{t}{\sqrt{LC}}$. Prove that the charge at any time t is given by $Q = \dfrac{EC}{2}\left[\sin\dfrac{t}{\sqrt{LC}} - \dfrac{t}{\sqrt{LC}}\cos\dfrac{t}{\sqrt{LC}}\right]$.*

(May 2005, 2015 Dec. 2011)

Sol. : For the sake of brevity, we put $\dfrac{1}{LC} = \omega^2 \Rightarrow \dfrac{1}{\sqrt{LC}} = \omega$, the differential equation becomes :

$$\dfrac{d^2Q}{dt^2} + \omega^2 Q = \dfrac{E}{L}\sin \omega t$$

Or $\quad (D^2 + \omega^2) Q = \dfrac{E}{L}\sin \omega t \qquad$ ... (1)

For C.F., A.E. is $\quad D^2 + w^2 = 0$ i.e. $D = \pm i\omega$

$\therefore \qquad$ C.F. $= C_1 \cos \omega t + C_2 \sin \omega t$

$$\text{P.I.} = \dfrac{E}{L}\dfrac{1}{D^2 + \omega^2}(\sin \omega t) = \dfrac{E}{L}\left(-\dfrac{t \cos \omega t}{2\omega}\right)$$

Hence, G.S. is $\quad Q = C_1 \cos \omega t + C_2 \sin \omega t - \dfrac{Et}{2\omega L}\cos \omega t \qquad$ ... (2)

Initially assume that :

$$Q = 0 \text{ when } t = 0 \text{ and } i = \dfrac{dQ}{dt} = 0$$

Then $\quad 0 = C_1 + 0 + 0 \Rightarrow C_1 = 0$, hence

$$Q = C_2 \sin \omega t - \frac{E}{2\omega L} t \cos \omega t \qquad \ldots (3)$$

But $\quad i = \dfrac{dQ}{dt}$ = the current at time t

∴ Differentiating (3), we have

$$i = \frac{dQ}{dt} = \omega C_2 \cos \omega t - \frac{E}{2\omega L}[\cos \omega t - \omega t \sin \omega t]$$

∴ $\quad 0 = \omega C_2 - \dfrac{E}{2\omega L}[1 - 0]$

$$C_2 = \frac{E}{2\omega^2 L} \qquad \ldots (4)$$

Putting value of C_2 in (3), we have

$$Q = \frac{E}{2L\omega^2} \sin \omega t - \frac{E}{2\omega L} t \cos \omega t$$

$$= \frac{E}{2L\omega^2}[\sin \omega t - \omega t \cos \omega t]$$

$$Q = \frac{EC}{2}\left[\sin \frac{t}{\sqrt{LC}} - \frac{t}{\sqrt{LC}} \cos \frac{t}{\sqrt{LC}}\right] \qquad \ldots \textbf{Proved}$$

Ex. 5 : *An e.m.f. E sin pt is applied at t = 0 to a circuit containing a condenser C and inductance L in series. The current x satisfies the equation*

$$L\frac{dx}{dt} + \frac{1}{C}\int x\, dt = E\, \sin pt, \text{ where } x = -\frac{dq}{dt}$$

If $p^2 = \dfrac{1}{LC}$ and initially the current x and the charge q are zero then show that the current in the circuit at time t is given by, $\dfrac{E}{2L} t \sin pt$ **(May 2006, 2008)**

Sol. : Given that $\quad x = -\dfrac{dq}{dt},\ p^2 = \dfrac{1}{LC}$

$$L\frac{dx}{dt} + \frac{1}{C}\int x\, dt = E\, \sin pt, \text{ becomes}$$

$$-L\frac{d^2q}{dt^2} - \frac{q}{C} = E\, \sin pt$$

$$\frac{d^2q}{dt^2} + \frac{q}{CL} = -\frac{E}{L} \sin pt$$

$$(D^2 + p^2)\, q = -\frac{E}{L} \sin pt \qquad \ldots (1)$$

A.E. = $D^2 + p^2 = 0$, hence $D = \pm ip$

C.F. = $C_1 \cos pt + C_2 \sin pt$, and

P.I. = $\dfrac{E}{L} \cdot \dfrac{1}{D^2 + p^2} \sin pt = \dfrac{E}{2 Lp} (t \cos pt)$

Complete solution is $q = C_1 \cos pt + C_2 \sin pt + \dfrac{E}{2 Lp} (t \cos pt)$ ... (2)

But initially at $t = 0$, $q = 0$, hence

$$0 = C_1 + \dfrac{E}{2 pL} (0) \Rightarrow C_1 = 0$$

$\therefore \qquad q = C_2 \sin pt + \dfrac{E}{2 Lp} t \cos pt$

Differentiating, we have

$$x = -\dfrac{dq}{dt} = -p C_2 \cos pt - \dfrac{E}{2 Lp} (\cos pt - pt \sin pt)$$

But $x = 0$ at $t = 0 \Rightarrow 0 = -p \cdot C_2 - \dfrac{E}{2 Lp} \Rightarrow C_2 = -\dfrac{E}{2 Lp^2}$

$$x = -p \left(-\dfrac{E}{2 Lp^2}\right) \cos pt - \dfrac{E}{2 Lp} [\cos pt - tp \sin pt]$$

$$= \dfrac{E}{2L} t \sin pt$$

$$x = \dfrac{E}{2L} t \sin pt. \qquad \text{... Proved}$$

Ex. 6 : *An electric current consists of an inductance 0.1 henry, a resistance R of 20 ohms and a condenser of capacitance C of 25 microfarads. If the differential equation of electric circuit is $L \dfrac{d^2q}{dt^2} + R \dfrac{dq}{dt} + \dfrac{q}{C} = 0$ then find the charge q and current i at any time t, given that, at $t = 0$, $q = 0.05$ coulombs, $i = \dfrac{dq}{dt} = 0$ when $t = 0$.*

(Dec. 06, 08, 10; May 10, 11, Dec. 2014)

Sol. : Circuit equation is

$$L \dfrac{d^2q}{dt^2} + R \dfrac{dq}{dt} + \dfrac{q}{c} = 0$$

Or $\qquad 0.1 \dfrac{d^2q}{dt^2} + 20 \dfrac{dq}{dt} + \dfrac{q}{25 \times 10^{-6}} = 0 \qquad$ [because 1 microfarad = 10^{-6} farad]

$\therefore \qquad \dfrac{d^2q}{dt^2} + 200 \dfrac{dq}{dt} + 4{,}00{,}000 \, q = 0$ ... (1)

A.E. is $\qquad D^2 + 200 D + 400000 = 0$

Solving $\quad D = -100 \pm 100\sqrt{39}\ i$, hence solution is

$$q = e^{-100t}\left[C_1 \cos(100\sqrt{39}\ t) + C_2 \sin(100\sqrt{39}\ t)\right] \qquad \ldots (2)$$

Differentiating, we get

$$\frac{dq}{dt} = -100\ e^{-100t}\left[C_1 \cos(100\sqrt{39}\ t) + C_2 \sin(100\sqrt{39})\ t\right]$$

$$+ e^{-100t}\left[-100\sqrt{39}\ C_1 \sin(100\sqrt{39}\ t)\right.$$

$$\left.+ 100\sqrt{39}\ C_2 \cos(100\sqrt{39}\ t)\right] \qquad \ldots (3)$$

Since $q = 0.05$, when $t = 0$ from (2), then $C_1 = 0.05$.

Also, $\dfrac{dq}{dt} = 0$ when $t = 0$ ∴ from (3)

$$0 = -100\ C_1 + 100\sqrt{39}\ C_2$$

∴ $\quad C_2 = 0.008$

Hence, $q = e^{-100t}[0.05 \cos(624.5\ t) + 0.008 \sin(624.5\ t)]$

and $\quad i = \dfrac{dq}{dt}$

$$= -100\ e^{-100t}\left[C_1 - (\sqrt{39}\ C_2)\cos 624.5\ t + (\sqrt{39}\ C_1 + C_2)\sin 624.5\ t\right]$$

$\quad i = -0.32\ e^{-100t}\sin(624.5\ t)$

because $\sqrt{39}\ C_2 = C_1$ ... **Ans.**

Ex. 7 : *A circuit consists of an inductance L and condenser of capacity C in series. An alternating e.m.f. E sin nt is applied to it at time $t = 0$, the initial current and charge on the condenser being zero, find the current flowing in the circuit at any time for (i) $\omega \neq n$, (ii) $\omega = n$.* **(Dec. 2005, 2012)**

Sol. : The circuit equation is

$$L\frac{d^2q}{dt^2} + \frac{q}{C} = E \sin nt$$

$$\frac{d^2q}{dt^2} + \frac{q}{LC} = \frac{E}{L}\sin nt\ .\ \text{Let}\ \omega^2 = \frac{1}{LC},$$

$$(D^2 + \omega^2)q = \frac{E}{L}\sin nt$$

$\quad$ C.F. $= C_1 \cos \omega t + C_2 \sin \omega t$

$\quad$ P.I. $= \dfrac{E}{L}\dfrac{1}{D^2 + \omega^2}\sin nt = \dfrac{E}{L}\dfrac{\sin nt}{\omega^2 - n^2}$

If $\omega \neq n$ then $\qquad q = C_1 \cos \omega t + C_2 \sin \omega t + \dfrac{E \sin nt}{L(\omega^2 - n^2)}$

But $q = 0$ at $t = 0 \Rightarrow C_1 = 0$.

$\therefore \qquad q = C_2 \sin \omega t + \dfrac{E \sin nt}{L(\omega^2 - n^2)}$

$$i = \dfrac{dq}{dt} = \omega C_2 \cos \omega t + \dfrac{nE \cos nt}{L(\omega^2 - n^2)}$$

But $i = 0$ at $t = 0 \Rightarrow 0 = \omega C_2 + \dfrac{nE}{L(\omega^2 - n^2)}$

$$C_2 = -\dfrac{nE}{L\omega(\omega^2 - n^2)}$$

$\therefore \qquad i = \dfrac{nE}{L(\omega^2 - n^2)}[\cos nt - 1]$ when $\omega \neq n$.

If $\omega = n$ then $\quad$ P.I. $= \dfrac{E}{L}\dfrac{1}{D^2 + n^2} \sin nt$

$$= \dfrac{E}{L}\left(-\dfrac{t \cdot \cos nt}{2n}\right) = -\dfrac{Et \cos nt}{2Ln}$$

$\therefore \qquad q = C_1 \cos nt + C_2 \sin nt - \dfrac{Et \cos nt}{2Ln}$

Now $q = 0$, $t = 0 \Rightarrow C_1 = 0$

$$q = C_2 \sin nt - \dfrac{Et \cos nt}{2Ln}$$

$$i = \dfrac{dq}{dt} = nC_2 \cos nt - \dfrac{E \cos nt}{2Ln} + \dfrac{Et \sin nt}{2L}$$

Now $i = 0$, $t = 0 \Rightarrow 0 = nC_2 - \dfrac{E}{2Ln}$

$$C_2 = \dfrac{E}{2Ln^2}$$

$\therefore \qquad i = \dfrac{E}{2Ln} \cos nt - \dfrac{E \cos nt}{2Ln} + \dfrac{Et \sin nt}{2L}$

$\therefore \qquad i = \dfrac{E}{2L}(t \sin nt) \qquad$ (when $\omega = n$)

2.6 COUPLED ELECTRICAL CIRCUITS

Ex. 8 : *Two coils of a transformer are identical with resistance R, inductance L, mutual inductance M and voltage E is impressed on the primary. Determine the currents in the coils at any instant, assuming that there is no current in either initially.*

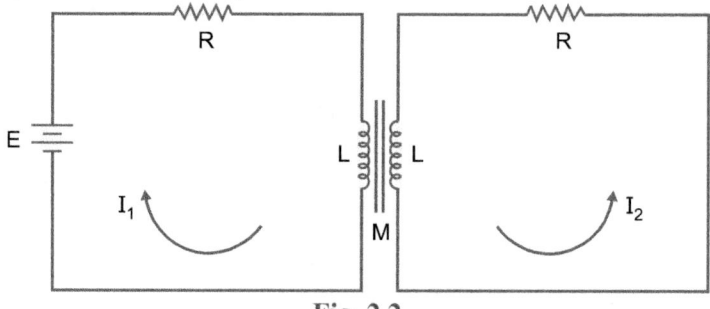

Fig. 2.2

Sol. : If I_1, I_2 be the currents flowing through the primary and secondary coils at time t secs, then by Kirchhoff's law, we must have for the primary,

$$L \frac{dI_1}{dt} + RI_1 + M \frac{dI_2}{dt} = E$$

and for secondary,

$$L \frac{dI_2}{dt} + RI_2 + M \frac{dI_1}{dt} = 0$$

Replacing D for $\frac{d}{dt}$ the equations are :

$$(LD + R) I_1 + MDI_2 = E \qquad \ldots (1)$$

$$MDI_1 + (LD + R) I_2 = 0 \qquad \ldots (2)$$

Eliminating I_2, we get

$$[(LD + R)^2 - M^2D^2] I_1 = (LD + R) E$$

$$\Rightarrow \quad [(L^2 - M^2) D^2 + 2 LRD + R^2] I_1 = RE \qquad \ldots (3)$$

whose A.E. is $(L^2 - M^2) D^2 + 2 LRD + R^2 = 0$

where
$$D = \frac{-R}{L+M}, \frac{-R}{L-M}$$

As L is usually > M, both values of D are negative and real. Hence,

$$\text{C.F.} = C_1 e^{-(Rt/L+M)} + C_2 e^{-(Rt/L-M)}$$

and
$$\text{P.I.} = \text{R.E.} \frac{1}{(L^2 - M^2) D^2 + 2 LRD + R^2} e^{0t} = \frac{E}{R}$$

Thus the complete solution of (3) is

$$I_1 = C_1 e^{-(Rt/L + M)} + C_2 e^{-(Rt/L - M)} + \frac{E}{R} \qquad \ldots (4)$$

and from (2), we have

$$I_2 = -\frac{MD}{LD + R}(I_1)$$

$$= -\frac{MD}{LD + R}[C_1 e^{-(Rt/L + M)} + C_2 e^{-(Rt/L - M)}] - \frac{MD}{LD + R}\left(\frac{E}{R}\right)$$

$$= -\frac{MC_1}{L\left(\frac{-R}{L+M}\right) + R} \cdot D e^{-(Rt/L + M)} - \frac{MC_2}{L\left(\frac{-R}{L-M}\right) + R} \cdot D e^{-(Rt/L - M)}$$

$$\therefore \quad I_2 = C_1 e^{-(Rt/L + M)} - C_2 e^{-(Rt/L - M)} \qquad \ldots (5)$$

But initially at t = 0, $I_1 = 0 = I_2$, hence

$$C_1 + C_2 = -\frac{E}{R} \quad \text{and} \quad C_1 - C_2 = 0$$

Hence, $\quad C_1 = C_2 = -\dfrac{E}{2R}$

Putting the values of C_1 and C_2 in (4) and (5) we get,

$$I_1 = \frac{E}{2R}[2 - e^{-(Rt/L + M)} - e^{-(Rt/L - M)}]$$

$$I_2 = \frac{E}{2R}[e^{-(Rt/L - M)} - e^{-(Rt/L + M)}] \qquad \ldots\text{Ans.}$$

EXERCISE 2.3

1. An e.m.f. of 200 V is in series with a 10 ohm resistor, a 1 henry inductor and a 0.02 farad capacitor. At t = 0, the charge Q and the current I are zero.
   (a) Find Q and I at any time t = 0.
   (b) Indicate the transient and steady-state terms in Q and I.
   (c) Find the charge and current after a long time.

   Ans. (a) $Q = 4 - 2 e^{-(5t/2)}(2 \cos 5t + \sin 5t)$, $I = 25 e^{-(5t/2)} \sin 5t$
   (b) Transient terms of Q and I are : $-2e^{-(5t/2)}(2 \cos 5t + \sin 5t)$ and $25 e^{-(5t/2)} \sin 5t$ respectively. Steady-state term of Q is 4.
   (c) Q = 4, I = 0.

2. A capacitor of 10^{-3} farads is in series with an e.m.f. of 20 volts and an inductor of 0.4 henries at $t = 0$, $Q = 0$ and $I = 0$. **(Dec. 2007)**
   (a) Find the natural frequency and period of the electric oscillations.
   (b) Find the maximum charge and current.

   Ans. (a) Period $= \dfrac{\pi}{20}$ sec; Frequency $= \dfrac{25}{\pi}$ cycles.
   (b) 0.04 coulombs, 1 amp.

3. A 0.1 henry inductor, a 4 microfarad capacitor and a generator having e.m.f. given by $180 \cos 40\, t$, $t \geq 0$ are connected in series. Find the instantaneous charge Q and current I if $I = Q = 0$ at $t = 0$.

   Ans. $Q = 2\,[\cos 40\, t - \cos 50\, t]$, $I = 20\,[5 \sin 50\, t - 4 \sin 40\, t]$

4. A resistance of 50 ohms, an inductor of 2 henries and a 0.005 farad capacitor are in series with an e.m.f. of 40 volts and an open switch. Find the instantaneous charge and current after the switch is closed at $t = 0$, assuming that at that time the charge on the capacitor is 4 coulomb. **(May 2014)**

   Ans. $Q = 5.07\, e^{-5t} - 1.27\, e^{-20t} + 0.20$
   $I = 25.4\, (e^{-20t} - e^{-5t})$ approximately.

5. A condenser of capacity C is discharged through the inductance L and a resistor R, in series and the charge Q at any time t satisfies the equation
   $$L \frac{d^2Q}{dt^2} + R \frac{dQ}{dt} + \frac{Q}{C} = 0$$
   Given that $L = 0.25$ henry, $R = 250$ ohms, $C = 2 \times 10^{-6}$ farads and that when $t = 0$, charge $Q = 0.02$ coulombs and current $\dfrac{dQ}{dt} = 0$. Find Q in terms of t.

   Ans. $Q = e^{-500t}\,[0.002 \cos 1323\, t + 0.0008 \sin 1323\, t]$

6. An e.m.f. $E \sin pt$ is applied at $t = 0$, to a circuit containing a capacitance C and inductance L. The current I satisfies the equation
   $$L \frac{dI}{dt} + \frac{1}{C} \int I\, dt = E \sin pt.$$
   If $p^2 = \dfrac{1}{LC}$ and initially the current I and the charge Q are zero, then show that the current at time t is $\dfrac{Et}{2L} \sin pt$, where $I = \dfrac{dQ}{dt}$.

7. A series circuit in which $Q_o = I_o = 0$ contains the elements $L = 0.02$, $R = 250$ and $C = 2 \times 10^{-6}$. A constant voltage $E = 28$ is suddenly switched into the circuit. Find the time it takes to reach the peak value of the current.

   Ans. 0.0002 sec.

8. An inductor L, capacitor C and resistor R are connected in series. At t = 0, the charge on the capacitor is Q_0, while the current is zero. Show that the charge Q and current I will be oscillatory if :

$$R = 2\sqrt{\frac{L}{C}} \text{ and will be given by}$$

$$Q = \frac{Q_0}{2\omega L} e^{-(Rt/2L)} \sqrt{R^2 + 4\omega^2 L^2} \sin(\omega t + \phi)$$

$$I = -Q_0 \frac{(R^2 + 4\omega^2 L^2)}{4\omega L^2} e^{-Rt/2L} \sin \omega t$$

where, $\omega = \sqrt{\frac{1}{LC} - \frac{R^2}{4L^2}}$ and $\phi = \arctan\left(\frac{2\omega L}{R}\right)$

What is the quasi–period of the oscillations ?

9. An electric circuit consists of an inductance L, a condenser of capacitance C and an e.m.f. force $E = E_0 \cos \omega t$, so that the charge q satisfies the differential equation

$$\frac{d^2q}{dt^2} + \frac{q}{LC} = \frac{E_0}{L} \cos \omega t$$

If $\omega = \frac{1}{\sqrt{LC}}$ and initially at t = 0

$q = q_0$ and the current $i = i_0$

Show that the charge q at time t is given by

$$q = q_0 \cos \omega t + \frac{i_0}{\omega} \sin \omega t + \frac{E_0}{2L\omega} t \sin \omega t$$

10. The charge Q of a condenser of capacity C, discharged in a circuit of resistance R and self-inductance L satisfies the equation :

$$L\frac{d^2Q}{dt^2} + R\frac{dQ}{dt} + \frac{Q}{C} = 0$$

Solve the equation, given that $Q = Q_0$ and $\frac{dQ}{dt} = 0$ when t = 0 and that $CR^2 < 4L$.

Ans. $Q = e^{-\frac{Rt}{2L}} \left[Q_0 \cos \frac{\lambda}{2L\sqrt{c}} t + \frac{Q_0 R\sqrt{c}}{\lambda} \sin \frac{\lambda}{2L\sqrt{c}} t \right]$ where, $\lambda = \sqrt{4L - CR^2}$.

11. Two resistanceless circuits L_1, C_1 and L_2, C_2 are coupled by mutual inductance M. If at t = 0, the currents and charges are zero, a battery of e.m.f. E_0 is applied in the primary, find the current in the secondary.

Ans. $I = \dfrac{\left[\left(E_0 - \dfrac{Q_1}{C_1}\right) L_2 + \left(\dfrac{Q_2}{C_2}\right) M\right] t}{(L_1 L_2 - M^2)}$

12. Currents I_1 and I_2 in two coupled circuits are given by

$$L\frac{dI_1}{dt} + RI_1 + R(I_1 - I_2) = E$$

$$L\frac{dI_2}{dt} + RI_2 - R(I_1 - I_2) = 0$$

where L, R, E are constants. Find I_1 and I_2 in terms of t given that $I_1 = I_2 = 0$ at $t = 0$.

$$\text{Ans.} \quad I_1 = \frac{E}{R}\left[\frac{2}{3} - \frac{1}{2}e^{-(Rt/L)} - \frac{1}{6}e^{-(3Rt/L)}\right]$$

$$I_2 = \frac{E}{R}\left[\frac{1}{3} - \frac{1}{2}e^{-(Rt/L)} + \frac{1}{6}e^{-(3Rt/L)}\right]$$

13. The motion of a particle is governed by the equation

$$\ddot{x} - ny = 0, \qquad \ddot{y} + nx = n^2 a$$

when $x = y = \dot{x} = \dot{y} = 0$ at $t = 0$.

Find x and y in terms of t.

$$\text{Ans.} \quad x = a(nt - \sin nt)$$
$$y = a(1 - \cos nt)$$

14. If the charges q_1 and q_2 in the coupled circuits are given by :

$$\frac{d^2q_1}{dt^2} + 9q_1 - 6(q_2 - q_1) = 0$$

$$\frac{d^2q_2}{dt^2} + 6(q_2 - q_1) = 0$$

find q_1, q_2 in terms of t, given that $q_1(0) = 2$, $q_2(0) = 1$, $\dot{q}_1(0) = 0$ and $\dot{q}_2(0) = 0$.

15. Solve the following system of differential equations which governs the vertical motion of the mechanical system of coupled masses, subject to the initial conditions $y_1(0) = -2$, $y_2(0) = 1$.

$$\dot{y}_1(0) = 0 \text{ and } \dot{y}_2(0) = 0$$

$$\frac{d^2 y_1}{dt^2} = 9y_1 + 6(y_2 - y_1)$$

$$\frac{d^2 y_2}{dt^2} = -6(y_2 - y_1)$$

UNIT - II : FOURIER AND Z-TRANSFORMS
CHAPTER THREE

FOURIER TRANSFORM

3.1 INTRODUCTION

Transformation is an operation which converts a mathematical expression into a different form with the help of which problems are either solved easily or methods of solution become simple. For example, Logarithmic transformation reduces multiplication, division and one expression raised to power another expression into addition, subtraction and simple multiplication. Transfer of origin and/or axes convert equations of curves and surfaces in simple or standard forms from which useful informations and important properties can be obtained. Similarly, elementary transformations in matrices are useful in solving various problems by simple methods.

Fourier series are powerful tools in treating various problems involving periodic functions. However, in many practical problems, the impressed force or voltage is non-periodic rather than periodic, a single unrepeated pulse, for instance. A suitable representation for non-periodic functions can be obtained by considering the limiting form of Fourier series when the fundamental period is made infinite. We shall find that in such a case, the Fourier series becomes a Fourier integral. Using symmetry, Fourier integral can conveniently be expressed in terms of Fourier transform which transforms a non-periodic function, say $f(t)$ in time domain, into a function $F(\lambda)$ in frequency domain.

The Fourier integrals and transforms are useful in solving boundary value problems arising in science and engineering e.g. Conduction of Heat, Wave Propagation, Theory of Communication, etc.

3.2 COMPLEX EXPONENTIAL FORM OF FOURIER SERIES

If $f(x)$ is a periodic function of period $2L$, defined in the interval $-L < x < L$, and satisfies Dirichlet's conditions then $f(x)$ can be represented by Fourier series :

$$f(x) = \frac{a_0}{2} + \sum_{n=1}^{\infty} \left(a_n \cos \frac{n\pi x}{L} + b_n \sin \frac{n\pi x}{L} \right) \qquad \ldots (i)$$

where

$$\left. \begin{array}{l} a_n = \dfrac{1}{L} \displaystyle\int_{-L}^{L} f(u) \cos \dfrac{n\pi u}{L} \, du \\[2mm] b_n = \dfrac{1}{L} \displaystyle\int_{-L}^{L} f(u) \sin \dfrac{n\pi u}{L} \, du \end{array} \right\} \qquad \ldots (ii)$$

(3.1)

Using exponential equivalent of cosine and sine terms

$$\cos\theta = \frac{e^{i\theta}+e^{-i\theta}}{2} \text{ and } \sin\theta = \frac{e^{i\theta}-e^{-i\theta}}{2i} = \frac{-i}{2}(e^{i\theta}-e^{-i\theta})$$

result (i) can be expressed as

$$f(x) = \frac{a_0}{2} + \sum_{n=1}^{\infty}\left[a_n\frac{1}{2}(e^{in\pi x/L}+e^{-in\pi x/L}) + b_n\left(-\frac{i}{2}\right)(e^{in\pi x/L}-e^{-in\pi x/L})\right]$$

$$= \frac{a_0}{2} + \sum_{n=1}^{\infty}\left[\left(\frac{a_n-ib_n}{2}\right)e^{in\pi x/L} + \left(\frac{a_n+ib_n}{2}\right)e^{-in\pi x/L}\right]$$

If we now define $c_0 = \frac{a_0}{2}$, $c_n = \frac{a_n-ib_n}{2}$, $c_{-n} = \frac{a_n+ib_n}{2}$

then the above series can be written in more symmetric form

$$f(x) = \sum_{n=-\infty}^{\infty} c_n e^{in\pi x/L} \quad \ldots \text{(iii)}$$

where $\quad c_0 = \frac{a_0}{2}$

$$c_n = \frac{1}{2}(a_n - ib_n) = \frac{1}{2}\left[\frac{1}{L}\int_{-L}^{L} f(u)\cos\frac{n\pi u}{L}du - i\frac{1}{L}\int_{-L}^{L} f(u)\sin\frac{n\pi u}{L}du\right]$$

$$= \frac{1}{2L}\int_{-L}^{L} f(u)\left[\cos\frac{n\pi u}{L} - i\sin\frac{n\pi u}{L}\right]du$$

$$= \frac{1}{2L}\int_{-L}^{L} f(u)e^{-in\pi u/L}du.$$

Similarly, $\quad c_{-n} = \frac{1}{2L}\int_{-L}^{L} f(u)e^{in\pi u/L}du.$

Clearly, the index n is positive, negative or zero, c_n is correctly given by the single formula

$$c_n = \frac{1}{2L}\int_{-L}^{L} f(u)e^{-in\pi u/L}du \quad \ldots \text{(iv)}$$

Thus the complex exponential form of a Fourier series is given by

$$\boxed{\begin{array}{l} f(x) = \sum_{n=-\infty}^{\infty} c_n e^{in\pi x/L} \\ \text{where} \quad c_n = \frac{1}{2L}\int_{-L}^{L} f(u)e^{-in\pi u/L}du \end{array}} \quad \ldots \text{(1)}$$

3.3 FOURIER INTEGRAL

We shall now consider the limiting form of Fourier series for periodic function of period 2 L, when $L \to \infty$.

For convenience, we start with the complex exponential form of a Fourier series

[result (1)] $$f(x) = \sum_{n=-\infty}^{\infty} c_n e^{in\pi x/L} \qquad \ldots \text{(i)}$$

where, $$c_n = \frac{1}{2L} \int_{-L}^{L} f(u) e^{-in\pi u/L} du \qquad \ldots \text{(ii)}$$

Substituting for c_n from (ii) in (i), we obtain

$$f(x) = \sum_{n=-\infty}^{\infty} \left[\frac{1}{2L} \int_{-L}^{L} f(u) e^{-in\pi u/L} du \right] e^{in\pi x/L}$$

$$= \sum_{n=-\infty}^{\infty} \left[\frac{1}{2\pi} \int_{-L}^{L} f(u) e^{-in\pi(u-x)/L} du \right] \left(\frac{\pi}{L} \right) \qquad \ldots \text{(iii)}$$

Now, let us denote $\lambda = \dfrac{n\pi}{L}$ (frequency of general term)

$\therefore \quad \Delta\lambda = \dfrac{(n+1)\pi}{L} - \dfrac{n\pi}{L} = \dfrac{\pi}{L}$ $\left(\begin{array}{l} \text{difference in frequency between} \\ \text{successive terms} \end{array} \right)$

Then $f(x)$ can be written as

$$f(x) = \sum_{n=-\infty}^{\infty} \left[\frac{1}{2\pi} \int_{-L}^{L} f(u) e^{-i\lambda(u-x)} du \right] \Delta\lambda \qquad \ldots \text{(iv)}$$

Now if $L \to \infty$, then $\Delta\lambda \to 0$ and the expression (iv) gives

$$f(x) = \lim_{L \to \infty} \sum_{n=-\infty}^{\infty} \left[\frac{1}{2\pi} \int_{-L}^{L} f(u) e^{-i\lambda(u-x)} du \right] \Delta\lambda$$

$$= \lim_{\Delta\lambda \to 0} \sum_{n=-\infty}^{\infty} \left[\frac{1}{2\pi} \int_{-\infty}^{\infty} f(u) e^{-i\lambda(u-x)} du \right] \Delta\lambda$$

$$= \frac{1}{2\pi} \int_{-\infty}^{\infty} \left[\int_{-\infty}^{\infty} f(u) e^{-i\lambda(u-x)} du \right] d\lambda$$

[By definition of integral as limit of sum]

Thus the Fourier integral representation of $f(x)$, where $-\infty < x < \infty$ is given by

$$f(x) = \frac{1}{2\pi} \int_{\lambda=-\infty}^{\lambda=\infty} \int_{u=-\infty}^{u=\infty} f(u) \, e^{-i\lambda(u-x)} \, du \, d\lambda \qquad \ldots (2)$$

The result (2) is also known as **Fourier integral theorem.**

The limitations on $f(x)$ for validity of the result (2) are as follows :

(i) In every finite interval, $f(x)$ satisfies the Dirichlet's conditions.

(ii) The integral $\int_{-\infty}^{\infty} |f(x)| \, dx$ exists.

Note that the above conditions are sufficient but not necessary.

Remark 1 : The result (2) holds if x is a point of continuity of $f(x)$. At a point of discontinuity $x = x_0$, the value of the Fourier integral equals the average value of the left-hand and right-hand limit of $f(x)$ at $x = x_0$ i.e. at $f(x_0) = \frac{1}{2}[f(x_0 + 0) + f(x_0 - 0)]$ as in the case of Fourier series.

Remark 2 : The result (2) can also be written as

$$f(x) = \frac{1}{2\pi} \int_{-\infty}^{\infty} e^{i\lambda x} \, d\lambda \int_{-\infty}^{\infty} f(u) \, e^{-i\lambda u} \, du \qquad \ldots (2\text{ a})$$

Remark 3 : Example of a periodic function $f(x)$ of period T and the limiting non-periodic function whose period becomes infinite.

Consider the function

$$f_T(x) = \begin{cases} 0, & -T/2 < x < -1 \\ 1, & -1 < x < 1 \\ 0, & 1 < x < T/2 \end{cases}$$

having period $T > 2$. For $T \to \infty$, we obtain a function which is no longer periodic [See Fig. 3.1]. Non-periodic function could be assumed to have infinite period.

$$f(x) = \lim_{T \to \infty} f_T(x) = \begin{cases} 1, & -1 < x < 1 \\ 0, & \text{otherwise} \end{cases}$$

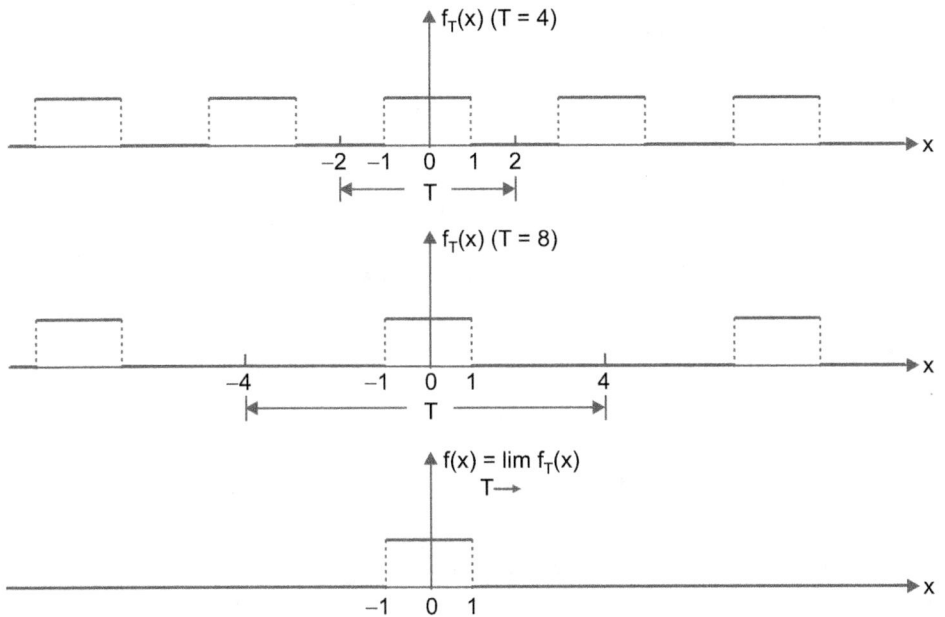

Fig. 3.1 : The Non-Periodic Limit of Sequence of Periodic Function Whose Period Becomes Infinite

Remark 4 : We note that when we extend a function into Fourier series in certain range then the function is defined by the series outside this range in a periodic manner. However, by the Fourier integral, we obtain analytical expression for functions that represent the function throughout the infinite range $-\infty < x < \infty$.

3.4 EQUIVALENT FORMS OF FOURIER INTEGRAL

The Fourier integral can be written in various forms :

From result (2), we have

$$f(x) = \frac{1}{2\pi} \int_{-\infty}^{\infty} \int_{-\infty}^{\infty} f(u)\, e^{-i\lambda(u-x)}\, du\, d\lambda \qquad \ldots \text{(i)}$$

Replacing the exponential by its trigonometric equivalent, we get

$$= \frac{1}{2\pi} \int_{-\infty}^{\infty} \int_{-\infty}^{\infty} f(u)\, [\cos \lambda(u-x) - i \sin \lambda(u-x)]\, du\, d\lambda$$

$$= \frac{1}{2\pi} \int_{-\infty}^{\infty} \int_{-\infty}^{\infty} f(u)\, \cos \lambda(u-x)\, du\, d\lambda - i\frac{1}{2\pi} \int_{-\infty}^{\infty} \int_{-\infty}^{\infty} f(u)\, \sin \lambda(u-x)\, du\, d\lambda \ldots \text{(ii)}$$

Since $\sin \lambda (u - x)$ is an odd function of λ in $-\infty < \lambda < \infty$, we have $\int_{-\infty}^{\infty} \sin \lambda (u - x) \, d\lambda = 0$ and second integral is always zero. Then the expression (ii) gives equivalent form of result (2) as

$$f(x) = \frac{1}{2\pi} \int_{-\infty}^{\infty} \int_{-\infty}^{\infty} f(u) \cos \lambda (u - x) \, du \, d\lambda \qquad \ldots (3)$$

Again since the $\cos \lambda (u - x)$ of result (3) is even function of λ in $-\infty < \lambda < \infty$, we have

$$\int_{-\infty}^{\infty} \cos \lambda (u - x) \, d\lambda = 2 \int_{0}^{\infty} \cos \lambda (u - x) \, d\lambda$$

and we get modified form of the result (3) as

$$f(x) = \frac{1}{\pi} \int_{\lambda = 0}^{\lambda = \infty} \int_{u = -\infty}^{u = \infty} f(u) \cos \lambda (u - x) \, du \, d\lambda \qquad \ldots (4)$$

Expanding the factor $\cos \lambda (u - x)$ in the integrand of the result (4), we obtain

$$f(x) = \frac{1}{\pi} \int_{\lambda = 0}^{\lambda = \infty} \int_{u = -\infty}^{u = \infty} f(u) [\cos \lambda u \cos \lambda x + \sin \lambda u \sin \lambda x] \, du \, d\lambda$$

Hence another equivalent form of the result (4) is

$$f(x) = \int_{0}^{\infty} [A(\lambda) \cos \lambda x + B(\lambda) \sin \lambda x] \, d\lambda$$

where

$$A(\lambda) = \frac{1}{\pi} \int_{-\infty}^{\infty} f(u) \cos \lambda u \, du \qquad \ldots (5)$$

$$B(\lambda) = \frac{1}{\pi} \int_{-\infty}^{\infty} f(u) \sin \lambda u \, du$$

3.5 SINE AND COSINE INTEGRALS

If a function defined in the interval $-\infty < x < \infty$ is either an even function or an odd function, then the Fourier integral representation becomes simpler than in the case of arbitrary function.

Case 1 : When f(x) is an even function, then in the result (5), we have

$$B(\lambda) = \frac{1}{\pi} \int_{-\infty}^{\infty} f(u) \sin \lambda u \, du = 0 \qquad \text{[product f(u) sin } \lambda u \text{ is odd]}$$

and $$A(\lambda) = \frac{1}{\pi} \int_{-\infty}^{\infty} f(u) \cos \lambda u \, du = \frac{2}{\pi} \int_{0}^{\infty} f(u) \cos \lambda u \, du$$

[product f(u) cos λu is even]

Hence result (5) reduces to the following simpler form

$$\boxed{f(x) = \frac{2}{\pi} \int_{0}^{\infty} \int_{0}^{\infty} f(u) \cos \lambda u \cos \lambda x \, du \, d\lambda} \qquad \ldots (6)$$

The result (6) is called the **Fourier cosine integral** of f(x).

Case 2 : When f(x) is an odd function, then in the result (5), we have

$$A(\lambda) = \frac{1}{\pi} \int_{-\infty}^{\infty} f(u) \cos \lambda u \, du = 0 \qquad \text{[product f(u) cos } \lambda u \text{ is odd]}$$

and $$B(\lambda) = \frac{1}{\pi} \int_{-\infty}^{\infty} f(u) \sin \lambda u \, du = \frac{2}{\pi} \int_{0}^{\infty} f(u) \sin \lambda u \, du \quad \text{[product f(u) sin } \lambda u \text{ is even]}$$

Hence result (5) reduces to the following simpler form

$$\boxed{f(x) = \frac{2}{\pi} \int_{0}^{\infty} \int_{0}^{\infty} f(u) \sin \lambda u \sin \lambda x \, du \, d\lambda} \qquad \ldots (7)$$

The result (7) is called the **Fourier sine integral** of f(x).

Note : If a function f(x) is defined in the interval $0 < x < \infty$, then considering f(x) to be either an even or an odd function of x in $-\infty < x < \infty$, we can express f(x) as a Fourier cosine integral or Fourier sine integral respectively.

These simplifications are quite similar to half range cosine and half range sine expansions of even and odd periodic functions respectively.

3.6 FOURIER TRANSFORMS

From result (2), we have

$$f(x) = \frac{1}{2\pi} \int_{-\infty}^{\infty} \int_{-\infty}^{\infty} f(u) \, e^{-i\lambda(u-x)} \, du \, d\lambda$$

$$= \frac{1}{2\pi} \int_{-\infty}^{\infty} \left[\int_{-\infty}^{\infty} f(u) \, e^{-i\lambda u} \, du \right] e^{i\lambda x} \, d\lambda \qquad \ldots (i)$$

If we write
$$F(\lambda) = \int_{-\infty}^{\infty} f(u) e^{-i\lambda u} du \qquad \ldots (ii)$$

then from (i), we get
$$f(x) = \frac{1}{2\pi} \int_{-\infty}^{\infty} F(\lambda) e^{i\lambda x} d\lambda \qquad \ldots (iii)$$

The function $F(\lambda)$ is called the *Fourier transform* of $f(x)$ (and is written as $F(\lambda) = F[f(x)]$), while the function $f(x)$ is the *inverse Fourier transform* of $F(\lambda)$.

Hence Fourier transform of $f(x)$ is defined as

$$\boxed{F(\lambda) = \int_{-\infty}^{\infty} f(u) e^{-i\lambda u} du} \qquad \ldots (8)$$

and Inverse Fourier transform is given by

$$\boxed{f(x) = \frac{1}{2\pi} \int_{-\infty}^{\infty} F(\lambda) e^{i\lambda x} d\lambda} \qquad \ldots (9)$$

Note 1 : It is sometimes convenient to associate the factor $\frac{1}{2\pi}$ with the integral for $F(\lambda)$ instead with the integral for $f(x)$. It is also possible to achieve more symmetric form by associating the factor $1/\sqrt{2\pi}$ with each of the integrals.

Hence the results (8) and (9) can be written as :

$$\boxed{F(\lambda) = \frac{1}{\sqrt{2\pi}} \int_{-\infty}^{\infty} f(u) e^{-i\lambda u} du} \qquad \ldots (8\text{ a})$$

and
$$\boxed{f(x) = \frac{1}{\sqrt{2\pi}} \int_{-\infty}^{\infty} F(\lambda) e^{i\lambda x} d\lambda} \qquad \ldots (9\text{ a})$$

Note 2 : To find Fourier integral representation of a function $f(x)$, first find $F(\lambda)$ from result (8) and then substitute this value of $F(\lambda)$ in (9).

Note 3 : Symmetrical expressions $f(x)$ and its corresponding function $F(\lambda)$ constitute a *Fourier Transform pair*.

3.7 FOURIER SINE AND COSINE TRANSFORMS

1. Fourier cosine transform :

If a function f(x) defined in the interval $-\infty < x < \infty$ is an *even function*, then from Fourier cosine integral [result (6)], we have

$$f(x) = \frac{2}{\pi} \int_0^\infty \int_0^\infty f(u) \cos \lambda u \cos \lambda x \, du \, d\lambda$$

$$= \frac{2}{\pi} \int_0^\infty \left[\int_0^\infty f(u) \cos \lambda u \, du \right] \cos \lambda x \, d\lambda \qquad \ldots (i)$$

If we write $\quad F_c(\lambda) = \int_0^\infty f(u) \cos \lambda u \, du \qquad \ldots (ii)$

then from (i), it follows that

$$f(x) = \frac{2}{\pi} \int_0^\infty F_c(\lambda) \cos \lambda x \, d\lambda \qquad \ldots (iii)$$

We call $F_c(\lambda)$ the Fourier cosine transform of f(x), while f(x) is the *Inverse Fourier cosine transform* of $F_c(\lambda)$.

Hence the Fourier cosine transform of f(x) is defined as

$$\boxed{F_c(\lambda) = \int_0^\infty f(u) \cos \lambda u \, du} \qquad \ldots (10)$$

and the Inverse Fourier cosine transform of $F_c(\lambda)$ is given by

$$\boxed{f(x) = \frac{2}{\pi} \int_0^\infty F_c(\lambda) \cos \lambda x \, d\lambda} \qquad \ldots (11)$$

2. Fourier sine transform :

If a function f(x) defined in the interval $-\infty < x < \infty$ is an *odd function*, then from Fourier sine integral [result (7)], we have

$$f(x) = \frac{2}{\pi} \int_0^\infty \int_0^\infty f(u) \sin \lambda u \sin \lambda x \, du \, d\lambda$$

$$= \frac{2}{\pi} \int_0^\infty \left[\int_0^\infty f(u) \sin \lambda u \, du \right] \sin \lambda x \, d\lambda \qquad \ldots (i)$$

If we write $\quad F_s(\lambda) = \int_0^\infty f(u) \sin \lambda u \, du$ ... (ii)

then from (i), it follows that

$$f(x) = \frac{2}{\pi} \int_0^\infty F_s(\lambda) \sin \lambda x \, d\lambda \quad \ldots \text{(iii)}$$

We call $F_s(\lambda)$ the *Fourier sine transform* of $f(x)$, while $f(x)$ is the *Inverse Fourier sine transform* of $F_s(\lambda)$.

Hence the Fourier sine transform of $f(x)$ is defined as

$$\boxed{F_s(\lambda) = \int_0^\infty f(u) \sin \lambda u \, du} \quad \ldots \text{(12)}$$

and the Inverse Fourier sine transform of $F_s(\lambda)$ is given by

$$\boxed{f(x) = \frac{2}{\pi} \int_0^\infty F_s(\lambda) \sin \lambda x \, d\lambda} \quad \ldots \text{(13)}$$

Note :
1. If a function $f(x)$ is defined in the interval $0 < x < \infty$, then we can extend $f(x)$ in the interval $-\infty < x < 0$ so that $f(x)$ becomes an even function in the interval $-\infty < x < \infty$. Thus for even function defined in $-\infty < x < \infty$, Fourier cosine transform and Inverse Fourier cosine transform are given by results (10) and (11) respectively.
2. If a function $f(x)$ is defined in the interval $0 < x < \infty$, then we can also extend $f(x)$ in the interval $-\infty < x < 0$, so that $f(x)$ becomes an odd function in the interval $-\infty < x < \infty$. Thus for odd function defined in $-\infty < x < \infty$, Fourier sine transform and Inverse Fourier sine transform are given by results (12) and (13) respectively.
3. These simplifications are quite similar to those in the case of Fourier series.
4. Results (10) and (11) of Fourier cosine transform and Inverse Fourier cosine transform can be written in more symmetric forms as

$$\boxed{F_c(\lambda) = \sqrt{\frac{2}{\pi}} \int_0^\infty f(u) \cos \lambda u \, du} \quad \ldots \text{(10 (a))}$$

and

$$\boxed{f(x) = \sqrt{\frac{2}{\pi}} \int_0^\infty F_c(\lambda) \cos \lambda x \, d\lambda} \quad \ldots \text{(11 (a))}$$

Similarly, results (12) and (13) of Fourier sine transform and Inverse Fourier sine transform can be written in more symmetrical forms as

$$F_s(\lambda) = \sqrt{\frac{2}{\pi}} \int_0^\infty f(u) \sin \lambda u \, du \qquad \ldots (12\,(a))$$

and

$$f(x) = \sqrt{\frac{2}{\pi}} \int_0^\infty F_s(\lambda) \sin \lambda x \, d\lambda \qquad \ldots (13\,(a))$$

In the following table, we have listed Fourier transform pairs for ready reference.

Table 3.1
Table of Fourier Transforms and Inverse Transforms

Sr. No.	Name of the transform	Interval	Expression for the transform	Inverse transform
1.	Fourier	$-\infty < x < \infty$	$F(\lambda) = \int_{-\infty}^{\infty} f(u) e^{-i\lambda u} du$	$f(x) = \frac{1}{2\pi} \int_{-\infty}^{\infty} F(\lambda) e^{i\lambda x} d\lambda$
2.	Fourier cosine (for even function)	$-\infty < x < \infty$	$F_c(\lambda) = \int_0^{\infty} f(u) \cos \lambda u \, du$	$f(x) = \frac{2}{\pi} \int_0^{\infty} F_c(\lambda) \cos \lambda x \, d\lambda$
3.	Fourier sine (for odd function)	$-\infty < x < \infty$	$F_s(\lambda) = \int_0^{\infty} f(u) \sin \lambda u \, du$	$f(x) = \frac{2}{\pi} \int_0^{\infty} F_s(\lambda) \sin \lambda x \, d\lambda$
4.	Fourier cosine	$0 < x < \infty$	$F_c(\lambda) = \int_0^{\infty} f(u) \cos \lambda u \, du$	$f(x) = \frac{2}{\pi} \int_0^{\infty} F_c(\lambda) \cos \lambda x \, d\lambda$
5.	Fourier sine	$0 < x < \infty$	$F_s(\lambda) = \int_0^{\infty} f(u) \sin \lambda u \, du$	$f(x) = \frac{2}{\pi} \int_0^{\infty} F_s(\lambda) \sin \lambda x \, d\lambda$

3.8 USEFUL RESULTS FOR EVALUATING THE INTEGRALS IN FOURIER TRANSFORMS

The following results are quite useful in evaluating the integrals :

1. $B(m, n) = \dfrac{\overline{|m|}\;\overline{|n|}}{\overline{|m+n|}}$

2. $\overline{|n+1|} = n\overline{|n|}$, $\overline{|n+1|} = n!$ if n is positive integer, $\overline{|1/2|} = \sqrt{\pi}$

3. Rule of differentiation under the integral sign (DUIS) :

If $I(\alpha) = \int_a^b f(x, \alpha)\, dx$, where a and b are constants, then

$$\frac{d\, I(\alpha)}{d\alpha} = \frac{d}{d\alpha} \int_a^b f(x, \alpha)\, dx = \int_a^b \frac{\partial}{\partial \alpha} f(x, \alpha)\, dx$$

4. $e^{ix} = \cos x + i \sin x$ and $e^{-ix} = \cos x - i \sin x$

5. $|x| \leq a \Rightarrow -a \leq x \leq a$ and $|x| \geq a \Rightarrow x \geq a$ and $x \leq -a$

6. $\int e^{ax} \sin bx\, dx = \dfrac{e^{ax}}{a^2 + b^2} (a \sin bx - b \cos bx)$

   $\int e^{ax} \cos bx\, dx = \dfrac{e^{ax}}{a^2 + b^2} (a \cos bx + b \sin bx)$

7. $\int_0^\infty \dfrac{\sin ax}{x}\, dx = \begin{cases} \pi/2 & \text{if a is positive} \\ -\pi/2 & \text{if a is negative} \end{cases}$

ILLUSTRATIONS ON FOURIER INTEGRALS AND FOURIER TRANSFORMS

Type 1 : Problems on Fourier integral representation

Ex. 1 : *Find the Fourier integral representation of the function*

$$f(x) = \begin{cases} 1, & |x| < 1 \\ 0, & |x| > 1 \end{cases}$$

and hence

(a) evaluate $\int_0^\infty \dfrac{\sin \lambda \cos \lambda x}{\lambda}\, d\lambda$

(b) deduce the value of $\int_0^\infty \dfrac{\sin \lambda}{\lambda}\, d\lambda$.

(c) Find the value of above integrals at $|x| = 1$*, which are points of discontinuity of* $f(x)$. **(Dec. 2005)**

Sol. : Here the given function f(x) is

$$f(x) = \begin{cases} 1, & -1 < x < 1 \\ 0, & |x| > 1 \end{cases} \qquad \ldots \text{(i)}$$

This shows that f(−x) = f(x) i.e. f(x) is an even function in the interval − ∞ < x < ∞ [See Fig. 3.2].

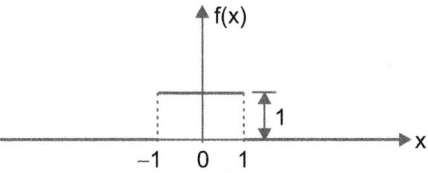

Fig. 3.2

Hence by result (10), the Fourier cosine transform for even function f(x) in the interval − ∞ < x < ∞ is given by

$$F_c(\lambda) = \int_0^\infty f(u) \cos \lambda u \, du = \int_0^1 \cos \lambda u \, du \quad \text{[from (i)]}$$

$$= \left[\frac{\sin \lambda u}{\lambda}\right]_0^1 = \frac{\sin \lambda}{\lambda} \quad \ldots \text{(ii)}$$

By using inverse transform [result (11)], the Fourier integral representation is given by

$$f(x) = \frac{2}{\pi} \int_0^\infty F_c(\lambda) \cos \lambda x \, d\lambda = \frac{2}{\pi} \int_0^\infty \frac{\sin \lambda}{\lambda} \cos \lambda x \, d\lambda \quad \text{[substituting } F_c(\lambda) \text{ from (ii)]}$$

$$= \frac{2}{\pi} \int_0^\infty \frac{\sin \lambda \cos \lambda x}{\lambda} dx \quad \ldots \text{(iii)}$$

which is the required Fourier integral representation.

The result (iii) can be expressed as

$$\int_0^\infty \frac{\sin \lambda \cos \lambda x}{\lambda} d\lambda = \frac{\pi}{2} f(x), \text{ where } f(x) = \begin{cases} 1, & |x| < 1 \\ 0, & |x| > 1 \end{cases}$$

$$\therefore \quad \int_0^\infty \frac{\sin \lambda \cos \lambda x}{\lambda} d\lambda = \begin{cases} \frac{\pi}{2}, & |x| < 1 \\ 0, & |x| > 1 \end{cases} \quad \ldots \text{(iv)}$$

Now, if we put x = 0 (which lies in − 1 < x < 1) in (iv), we have

$$\int_0^\infty \frac{\sin \lambda}{\lambda} d\lambda = \frac{\pi}{2} \quad \ldots \text{(v)}$$

At $|x| = 1$, which are points of discontinuity, the value of the Fourier integral equals to average of left-hand and right-hand limit of $f(x)$ at $|x| = 1$.

Thus,

$$\left[\int_0^\infty \frac{\sin \lambda \cos \lambda x}{\lambda} dx\right]_{|x|=1} = \frac{\frac{\pi}{2} + 0}{2} = \frac{\pi}{4}.$$

Note 1 : We note that the integral in (v) is the limit of the so-called *sine integral*

$$S_i(t) = \int_0^t \frac{\sin \lambda}{\lambda} d\lambda \text{ as } t \to \infty.$$

Note 2 : The Fourier integral representation can also be obtained directly by using result (4) in section 3.4. Thus,

$$f(x) = \frac{1}{\pi} \int_{\lambda=0}^{\lambda=\infty} \int_{u=-\infty}^{u=\infty} f(u) \cos \lambda (u-x) \, du \, d\lambda$$

$$= \frac{1}{\pi} \int_{\lambda=0}^{\lambda=\infty} \left[\int_{u=-1}^{u=1} \cos \lambda (u-x) \, du\right] d\lambda \quad (\because f(u) = 1 \text{ for } -1 < u < 1)$$

$$= \frac{1}{\pi} \int_{\lambda=0}^{\lambda=\infty} \left[\frac{\sin \lambda (u-x)}{\lambda}\right]_{-1}^{1} d\lambda$$

$$= \frac{1}{\pi} \int_{\lambda=0}^{\lambda=\infty} \left[\frac{\sin \lambda (1-x) + \sin \lambda (1+x)}{x}\right] d\lambda$$

$$= \frac{2}{\pi} \int_{\lambda=0}^{\lambda=\infty} \frac{\sin \lambda \cos \lambda x}{\lambda} d\lambda. \left\{\because \sin A + \sin B = 2 \sin \frac{A+B}{2} \cos \frac{A-B}{2}\right.$$

Ex. 2 : *Find the Fourier integral for the function*

$$f(x) = \begin{cases} 0, & x < 0 \\ e^{-x}, & x > 0 \\ 1/2, & x = 0 \end{cases}$$

Sol. : Note that the given function $f(x)$ is neither an even function nor an odd function. Hence the Fourier integral representation can be obtained by first finding Fourier transform $F(\lambda)$ using result (8) and then substituting this value of $F(\lambda)$ in result (9).

Thus from result (8), we have

$$F(\lambda) = \int_{-\infty}^{\infty} f(u) e^{-i\lambda u} du = \int_{-\infty}^{0} f(u) e^{-i\lambda u} du + \int_{0}^{\infty} f(u) e^{-i\lambda u} du$$

$$= \int_{-\infty}^{0} (0) e^{-i\lambda u} du + \int_{0}^{\infty} e^{-u} e^{-i\lambda u} du$$

$$= \int_{0}^{\infty} e^{-(1+i\lambda)u} du = \left[\frac{e^{-(1+i\lambda)u}}{-(1+i\lambda)} \right]_{0}^{\infty}$$

$$= \frac{1}{1+i\lambda} = \frac{1-i\lambda}{1+\lambda^2} \qquad \ldots (i)$$

By using inverse transform [result (9)], the Fourier integral representation of f(x) is given by,

$$f(x) = \frac{1}{2\pi} \int_{-\infty}^{\infty} F(\lambda) e^{i\lambda x} d\lambda = \frac{1}{2\pi} \int_{-\infty}^{\infty} \frac{1-i\lambda}{1+\lambda^2} [\cos \lambda x + i \sin \lambda x] d\lambda$$

$$= \frac{1}{2\pi} \int_{-\infty}^{\infty} \left[\frac{\cos \lambda x + \lambda \sin \lambda x}{1+\lambda^2} + i \frac{-\lambda \cos \lambda x + \sin \lambda x}{1+\lambda^2} \right] d\lambda \quad \ldots (ii)$$

If $\phi_1(\lambda) = \dfrac{\cos \lambda x + \lambda \sin \lambda x}{1+\lambda^2}$, then since $\phi_1(-\lambda) = \phi_1(\lambda)$, $\phi_1(\lambda)$ is an even function of λ and hence, we have

$$\int_{-\infty}^{\infty} \frac{\cos \lambda x + \lambda \sin \lambda}{1+\lambda^2} d\lambda = 2 \int_{0}^{\infty} \frac{\cos \lambda x + \lambda \sin \lambda x}{1+\lambda^2} d\lambda \qquad \ldots (iii)$$

and if $\phi_2(\lambda) = \dfrac{-\lambda \cos \lambda x + \sin \lambda x}{1+\lambda^2}$, then since $\phi_2(-\lambda) = -\phi_2(\lambda)$, $\phi_2(\lambda)$ is an odd function of λ, we have

$$\int_{-\infty}^{\infty} \frac{-\lambda \cos \lambda x + \lambda \sin \lambda x}{1+\lambda^2} d\lambda = 0 \qquad \ldots (iv)$$

Substituting (iii) and (iv) in (ii), we get

$$f(x) = \frac{1}{\pi} \int_{0}^{\infty} \frac{\cos \lambda x + \lambda \sin \lambda x}{1+\lambda^2} d\lambda$$

which is the required Fourier integral representation.

Ex. 3 : *By considering Fourier sine and cosine integrals of e^{-mx} (m > 0), prove that*

(a) $\int_0^\infty \dfrac{\lambda \sin \lambda x}{\lambda^2 + m^2} \, d\lambda = \dfrac{\pi}{2} e^{-mx}, \qquad m > 0, \ x > 0;$ and

(b) $\int_0^\infty \dfrac{\cos \lambda x}{\lambda^2 + m^2} \, d\lambda = \dfrac{\pi}{2m} e^{-mx}, \qquad m > 0, \ x > 0.$

Sol. : Let $f(x) = e^{-mx}$, $m > 0$, $x > 0$, then since $f(x)$ is defined in the half range $0 < x < \infty$, the function $f(x)$ can have either a Fourier sine transform or a Fourier cosine transform.

(a) Taking Fourier sine transform [using result (12)] of $f(x) = e^{-mx}$, we have

$$F_s(\lambda) = \int_0^\infty f(u) \sin \lambda u \, du = \int_0^\infty e^{-mu} \sin \lambda u \, du$$

$$= \left[\dfrac{e^{-mu}}{m^2 + \lambda^2} (-m \sin \lambda u - \lambda \cos \lambda u) \right]_0^\infty = \dfrac{\lambda}{m^2 + \lambda^2} \qquad \ldots \text{(i)}$$

Using result (13), inverse sine transform of $F_s(\lambda)$ is given by

$$f(x) = \dfrac{2}{\pi} \int_0^\infty F_s(\lambda) \sin \lambda x \, d\lambda = \dfrac{2}{\pi} \int_0^\infty \dfrac{\lambda}{m^2 + \lambda^2} \sin \lambda x \, d\lambda$$

$$= \dfrac{2}{\pi} \int_0^\infty \dfrac{\lambda \sin \lambda x}{m^2 + \lambda^2} \, d\lambda \qquad \ldots \text{(ii)}$$

The result (ii) can be expressed as

$$\int_0^\infty \dfrac{\lambda \sin \lambda x}{\lambda^2 + m^2} \, d\lambda = \dfrac{\pi}{2} f(x) = \dfrac{\pi}{2} e^{-mx}, \qquad x > 0, \ m > 0 \qquad \ldots \text{(iii)}$$

(b) Taking Fourier cosine transform [using result (10)] of $f(x) = e^{-mx}$, we have

$$F_c(\lambda) = \int_0^\infty f(u) \cos \lambda u \, du = \int_0^\infty e^{-mu} \cos \lambda u \, du$$

$$= \left[\dfrac{e^{-mu}}{m^2 + \lambda^2} (-m \cos \lambda u + \lambda \sin \lambda u) \right]_0^\infty = \dfrac{m}{m^2 + \lambda^2} \qquad \ldots \text{(iv)}$$

Using result (11), inverse cosine transform of $F_c(\lambda)$ is given by

$$f(x) = \dfrac{2}{\pi} \int_0^\infty F_c(\lambda) \cos \lambda x \, d\lambda = \dfrac{2}{\pi} \int_0^\infty \dfrac{m}{m^2 + \lambda^2} \cos \lambda x \, d\lambda$$

$$= \dfrac{2m}{\pi} \int_0^\infty \dfrac{\cos \lambda x}{m^2 + \lambda^2} \, d\lambda \qquad \ldots \text{(v)}$$

The result (v) can be expressed as

$$\int_0^\infty \frac{\cos \lambda x}{\lambda^2 + m^2} \, d\lambda = \frac{\pi}{2m} f(x) = \frac{\pi}{2m} e^{-mx}.$$

Ex. 4 : *If* $f(x) = \begin{cases} \sin x, & \text{when } 0 < x < \pi \\ 0, & \text{when } x < 0 \text{ or } x > \pi \end{cases}$ **(May 2009)**

then prove that

$$f(x) = \frac{1}{\pi} \int_0^\infty \frac{\cos \lambda x + \cos [\lambda (\pi - x)]}{1 - \lambda^2} \, d\lambda.$$

Hence deduce that $\int_0^\infty \frac{\cos \lambda \pi/2}{1 - \lambda^2} \, d\lambda = \frac{\pi}{2}.$

Sol. : Here f(x) is defined over the interval $-\infty < x < \infty$ and is neither an even function nor an odd function, hence the Fourier transform of f(x) is given by [result (8)],

$$F(\lambda) = \int_{-\infty}^\infty f(u) e^{-i\lambda u} \, du = \int_0^\pi \sin u \, e^{-i\lambda u} \, du$$

$$= \left[\frac{e^{-i\lambda u}}{(-i\lambda)^2 + 1} (-i\lambda \sin u - \cos u) \right]_0^\pi$$

$$= \left[\frac{e^{-i\lambda \pi}}{-\lambda^2 + 1} (-\cos \pi) - \frac{1}{-\lambda^2 + 1} (-\cos 0) \right]$$

$$= \frac{e^{-i\lambda \pi} + 1}{1 - \lambda^2} = \frac{(1 + \cos \lambda \pi) - i \sin \lambda \pi}{1 - \lambda^2} \qquad \ldots \text{(i)}$$

Using result (9), inverse transform of $F(\lambda)$ is given by

$$f(x) = \frac{1}{2\pi} \int_{-\infty}^\infty F(\lambda) \, e^{i\lambda x} \, d\lambda$$

$$= \frac{1}{2\pi} \int_{-\infty}^\infty \left[\frac{(1 + \cos \lambda \pi) - i \sin \lambda \pi}{1 - \lambda^2} \right] (\cos \lambda x + i \sin \lambda x) \, d\lambda$$

$$= \frac{1}{2\pi} \left[\int_{-\infty}^\infty \left[\frac{1 + \cos \lambda \pi}{1 - \lambda^2} \right] \cos \lambda x \, d\lambda + i \int_{-\infty}^\infty \left[\frac{1 + \cos \lambda \pi}{1 - \lambda^2} \right] \sin \lambda x \, d\lambda \right.$$

$$-i \int_{-\infty}^{\infty} \frac{\sin \lambda\pi \cos \lambda x}{1-\lambda^2} d\lambda + \int_{-\infty}^{\infty} \frac{\sin \lambda\pi \sin \lambda x}{1-\lambda^2} d\lambda \bigg]$$

$$= \frac{1}{2\pi} \left[2\int_0^{\infty} \left(\frac{1+\cos \lambda\pi}{1-\lambda^2}\right) \cos \lambda x \, d\lambda + 2\int_0^{\infty} \frac{\sin \lambda\pi \sin \lambda x}{1-\lambda^2} d\lambda \right]$$

$$\begin{cases} \because \left(\frac{1+\cos \lambda\pi}{1-\lambda^2}\right) \cos \lambda x \text{ is an even function of } \lambda, \sin \lambda\pi \cos \lambda x \text{ is an odd function of } \lambda \\ \text{and } \left(\frac{1+\cos \lambda\pi}{1-\lambda^2}\right) \sin \lambda x \text{ is an odd function of } \lambda, \sin \lambda\pi \sin \lambda x \text{ is an even function of } \lambda \end{cases}$$

$$= \frac{1}{\pi} \int_0^{\infty} \frac{\cos \lambda x + \cos \lambda\pi \cos \lambda x + \sin \lambda\pi \sin \lambda x}{1-\lambda^2} d\lambda$$

$$\therefore \quad f(x) = \frac{1}{\pi} \int_0^{\infty} \frac{\cos \lambda x + \cos[\lambda(\pi-x)]}{1-\lambda^2} d\lambda \qquad \ldots (ii)$$

Putting $x = \frac{\pi}{2}$ in (ii), we obtain

$$f\left(\frac{\pi}{2}\right) = \frac{1}{\pi} \int_0^{\infty} \frac{\cos \lambda\pi/2 + \cos[\lambda(\pi-\pi/2)]}{1-\lambda^2} d\lambda$$

$$\sin \frac{\pi}{2} = \frac{1}{\pi} \int_0^{\infty} \frac{2\cos \lambda\pi/2}{1-\lambda^2} d\lambda \quad \therefore \int_0^{\infty} \frac{\cos \lambda\pi/2}{1-\lambda^2} d\lambda = \frac{\pi}{2}$$

which is the required deduction.

Ex. 5 : *Find the Fourier cosine integral representation for the function*

$$f(x) = \begin{cases} x^2, & 0 < x < a \\ 0, & x > a \end{cases}$$

Sol. : Using result (10), Fourier cosine transform of $f(x)$ is given by

$$F_c(\lambda) = \int_0^{\infty} f(u) \cos \lambda u \, du = \int_0^a u^2 \cos \lambda u \, du$$

$$= \left[u^2 \left(\frac{\sin \lambda u}{\lambda}\right) - (2u)\left(-\frac{\cos \lambda u}{\lambda^2}\right) + (2)\left(-\frac{\sin \lambda u}{\lambda^3}\right) \right]_0^a$$

(using generalised rule of integration by parts)

$$= \frac{a^2 \sin \lambda a}{\lambda} + \frac{2a \cos \lambda a}{\lambda^2} - \frac{2 \sin \lambda a}{\lambda^3}$$

and using result (11), corresponding inverse transform is given by

$$f(x) = \frac{2}{\pi} \int_0^\infty F_c(\lambda) \cos \lambda x \, d\lambda$$

$$= \frac{2}{\pi} \int_0^\infty \left[\frac{a^2 \sin a\lambda}{\lambda} + \frac{2a \cos a\lambda}{\lambda^2} - \frac{2 \sin a\lambda}{\lambda^3} \right] \cos \lambda x \, d\lambda.$$

Ex. 6 : *Using Fourier integral representation, show that*

(a) $\int_0^\infty \dfrac{\lambda^3 \sin \lambda x}{\lambda^4 + 4} \, d\lambda = \dfrac{\pi}{2} e^{-x} \cos x$, where $x > 0$ **(May 2005)**

(b) $\int_0^\infty \dfrac{\cos \frac{\pi \lambda}{2} \cos \lambda x}{1 - \lambda^2} \, d\lambda = \begin{cases} \dfrac{\pi}{2} \cos x, & |x| \leq \dfrac{\pi}{2} \\ 0, & |x| > \dfrac{\pi}{2} \end{cases}$

(c) $\int_0^\infty \dfrac{\cos \lambda x + \lambda \sin \lambda x}{1 + \lambda^2} \, d\lambda = \begin{cases} 0, & x < 0 \\ \dfrac{\pi}{2}, & x = 0 \\ \pi e^{-x}, & x > 0 \end{cases}$ **(Dec. 2006)**

(d) $\int_0^\infty \dfrac{1 - \cos \pi \lambda}{\lambda} \sin \lambda x \, d\lambda = \begin{cases} \dfrac{\pi}{2}, & 0 < x < \pi \\ 0, & x > \pi \end{cases}$ **(May 2006, 2015)**

Sol. : (a) To prove the result, consider R.H.S. which defines the function

$$f(x) = \frac{\pi}{2} e^{-x} \cos x, \quad x > 0 \qquad \ldots (i)$$

Here the function $f(x)$ is defined in the half range $0 < x < \infty$ and since the integral on L.H.S. involves a term $\sin \lambda x$, indicates that, we are required to find the Fourier sine transform of $f(x)$.

Thus from result (12), we have

$$F_s(\lambda) = \int_0^\infty f(u) \sin \lambda u \, du = \int_0^\infty \frac{\pi}{2} e^{-u} \cos u \sin \lambda u \, du \qquad \text{[from (i)]}$$

$$= \frac{\pi}{4} \int_0^\infty e^{-u} [\sin(\lambda + 1)u + \sin(\lambda - 1)u] \, du$$

$$= \frac{\pi}{4} \left[\int_0^\infty e^{-u} \sin(\lambda + 1)u \, du + \int_0^\infty e^{-u} \sin(\lambda - 1)u \, du \right]$$

$$= \frac{\pi}{4} \left[\frac{e^{-u}}{1+(\lambda+1)^2} \{-\sin(\lambda+1)u - (\lambda+1)\cos(\lambda+1)u\} \right.$$

$$\left. + \frac{e^{-u}}{1+(\lambda-1)^2} \{-\sin(\lambda-1)u - (\lambda-1)\cos(\lambda-1)u\} \right]_0^\infty$$

$$= \frac{\pi}{4} \left[\frac{\lambda+1}{\lambda^2+2\lambda+2} + \frac{\lambda-1}{\lambda^2-2\lambda+2} \right] = \frac{\pi}{4} \left[\frac{2\lambda^3}{(\lambda^2+2)^2 - 4\lambda^2} \right]$$

$$= \frac{\pi}{2} \frac{\lambda^3}{\lambda^4+4} \qquad \ldots \text{(ii)}$$

Now using result (13), inverse sine transform of $F_s(\lambda)$ is given by

$$f(x) = \frac{2}{\pi} \int_0^\infty F_s(\lambda) \sin \lambda x \, d\lambda = \frac{2}{\pi} \int_0^\infty \frac{\pi}{2} \frac{\lambda^3}{\lambda^4+4} \sin \lambda x \, d\lambda$$

$$= \int_0^\infty \frac{\lambda^3 \sin \lambda x}{\lambda^4+4} d\lambda \qquad \ldots \text{(iii)}$$

The result (iii) can be expressed as

$$\int_0^\infty \frac{\lambda^3 \sin \lambda x}{\lambda^4+4} = f(x) = \frac{\pi}{2} e^{-x} \cos x \qquad \text{[from (i)]}$$

which is the required result.

(b) To prove the result, consider the function

$$f(x) = \begin{cases} \frac{\pi}{2} \cos x, & |x| \leq \frac{\pi}{2} \\ 0, & |x| > \frac{\pi}{2} \end{cases} \qquad \ldots \text{(i)}$$

Here $f(x)$ is an even function of x defined in the interval $-\infty < x < \infty$ and since cosine terms are present in the integral, we find Fourier cosine transform.

Thus from result (10), we have

$$F_c(\lambda) = \int_0^\infty f(u) \cos \lambda u \, du = \int_0^{\pi/2} \frac{\pi}{2} \cos u \cos \lambda u \, du + \int_{\pi/2}^\infty (0) \cos \lambda u \, du$$

$$= \frac{\pi}{4} \int_0^{\pi/2} [\cos(\lambda+1)u + \cos(\lambda-1)u] \, du$$

$$= \frac{\pi}{4} \left[\frac{\sin(\lambda+1)u}{\lambda+1} + \frac{\sin(\lambda-1)u}{\lambda-1} \right]_0^{\pi/2}$$

$$\{\because 2\cos A\cos B = \cos(A+B)+\cos(A-B)\}$$

$$= \frac{\pi}{4}\left[\frac{\sin(\lambda+1)\pi/2}{\lambda+1} + \frac{\sin(\lambda-1)\pi/2}{\lambda-1}\right]$$

$$= \frac{\pi}{4}\left[\frac{\cos\lambda\pi/2}{\lambda+1} - \frac{\cos\lambda\pi/2}{\lambda-1}\right] \quad \left\{\because \sin\frac{(\lambda+1)\pi}{2} = \cos\frac{\lambda\pi}{2}\right\}$$

$$= \frac{\pi}{4}\left[\frac{2\cos\lambda\pi/2}{1-\lambda^2}\right] = \frac{\pi}{2}\frac{\cos\lambda\pi/2}{1-\lambda^2} \quad \ldots \text{(ii)}$$

Using inverse Fourier cosine transform given by result (11), we have

$$f(x) = \frac{2}{\pi}\int_0^\infty F_c(\lambda)\cos\lambda x\, d\lambda = \frac{2}{\pi}\int_0^\infty \frac{\pi}{2}\frac{\cos\lambda\pi/2}{1-\lambda^2}\cos\lambda x\, d\lambda$$

$$= \int_0^\infty \frac{\cos\frac{\lambda\pi}{2}\cos\lambda x}{1-\lambda^2}\, d\lambda \quad \ldots \text{(iii)}$$

The result (iii) can be expressed as

$$\int_0^\infty \frac{\cos\frac{\lambda\pi}{2}\cos\lambda x}{1-\lambda^2}\, d\lambda = f(x) = \begin{cases}\frac{\pi}{2}\cos x, & |x| \leq \frac{\pi}{2} \\ 0, & |x| > \frac{\pi}{2}\end{cases}$$

which is the required result.

(c) To prove the result, consider the function

$$f(x) = \begin{cases} 0, & x < 0 \\ \pi e^{-x}, & x > 0 \end{cases} \quad \ldots \text{(i)}$$

This function is defined in $-\infty < x < \infty$ and since the terms $\sin\lambda x$ and $\cos\lambda x$ are present in the integrand, we find general Fourier transform. Also note that $f(x)$ is neither an even function nor an odd function.

Thus from result (8), we have

$$F(\lambda) = \int_{-\infty}^\infty f(u)e^{-i\lambda u}\, du = \int_{-\infty}^0 0\cdot e^{-i\lambda u}\, du + \int_0^\infty \pi e^{-u}e^{-i\lambda u}\, du$$

$$= \pi\int_0^\infty e^{-(1+i\lambda)u}\, du = \pi\left[\frac{e^{-(1+i\lambda)u}}{-(1+i\lambda)}\right]_0^\infty$$

$$= \pi\left[\frac{1}{1+i\lambda}\right] = \pi\left[\frac{1-i\lambda}{1+\lambda^2}\right] \quad \ldots \text{(ii)}$$

Now using result (9), inverse Fourier transform of $F(\lambda)$ is given by

$$f(x) \;=\; \frac{1}{2\pi} \int_{-\infty}^{\infty} F(\lambda)\, e^{i\lambda x}\, d\lambda \;=\; \frac{1}{2\pi} \int_{-\infty}^{\infty} \pi \left(\frac{1 - i\lambda}{1 + \lambda^2} \right) [\cos \lambda x + i \sin \lambda x]\, d\lambda$$

$$= \frac{1}{2} \int_{-\infty}^{\infty} \left[\frac{\cos \lambda x + \lambda \sin \lambda x}{1 + \lambda^2} + i\, \frac{-\lambda \cos \lambda x + \sin \lambda x}{1 + \lambda^2} \right] d\lambda$$

$$= \frac{1}{2} \left[2 \int_0^{\infty} \frac{\cos \lambda x + \lambda \sin \lambda x}{1 + \lambda^2}\, d\lambda \right] \qquad \begin{cases} \because \int_{-\infty}^{\infty} \dfrac{\lambda \cos \lambda x + \sin \lambda}{1 + \lambda^2} = 0 \\ \text{since integrand is odd} \\ \text{function of } \lambda \text{ (refer Ex. 2)} \end{cases}$$

$$= \int_0^{\infty} \frac{\cos \lambda x + \lambda \sin \lambda x}{1 + \lambda^2}\, d\lambda \qquad \ldots \text{(iii)}$$

The result (iii) can be expressed as

$$\int_0^{\infty} \frac{\cos \lambda x + \lambda \sin \lambda x}{1 + \lambda^2}\, d\lambda = f(x) = \begin{cases} 0, & x < 0 \\ \pi e^{-x}, & x > 0 \end{cases} \qquad \ldots \text{(iv)}$$

To find the value of the integral at $x = 0$ i.e. $f(0)$, put $x = 0$ in (iv), we get

$$f(0) = \int_0^{\infty} \frac{1}{1 + \lambda^2}\, d\lambda = \left[\tan^{-1} \lambda \right]_0^{\infty} = \frac{\pi}{2} \qquad \ldots \text{(v)}$$

Hence from (iv) and (v), we get

$$\int_0^{\infty} \frac{\cos \lambda x + \lambda \sin \lambda x}{1 + \lambda^2}\, d\lambda = \begin{cases} 0, & x < 0 \\ \pi/2, & x = 0 \\ \pi e^{-x}, & x > 0 \end{cases}$$

which is the required result.

(d) To prove the result, consider the function

$$f(x) = \begin{cases} \dfrac{\pi}{2}, & 0 < x < \pi \\ 0, & x > \pi \end{cases} \qquad \ldots \text{(i)}$$

Here the function is defined in $0 < x < \infty$ and since the integral on L.H.S. involves a term $\sin \lambda x$, we find Fourier sine transform of $f(x)$.

Thus from result (12), we have

$$F_s(\lambda) = \int_0^\infty f(u) \sin \lambda u \, du = \int_0^\pi \frac{\pi}{2} \sin \lambda u \, du + \int_\pi^\infty (0) \sin \lambda u \, du$$

$$= \frac{\pi}{2} \left[\frac{-\cos \lambda u}{\lambda} \right]_0^\pi = \frac{\pi}{2} \left[\frac{1 - \cos \lambda \pi}{\lambda} \right] \qquad \ldots \text{(ii)}$$

Now using result (13), inverse sine transform of $F_s(\lambda)$ is given by

$$f(x) = \frac{2}{\pi} \int_0^\infty F_s(\lambda) \sin \lambda x \, d\lambda = \frac{2}{\pi} \int_0^\infty \frac{\pi}{2} \left[\frac{1 - \cos \lambda \pi}{\lambda} \right] \sin \lambda x \, d\lambda$$

$$= \int_0^\infty \frac{1 - \cos \lambda \pi}{\lambda} \sin \lambda x \, d\lambda \qquad \ldots \text{(iii)}$$

Result (iii) can be expressed as

$$\int_0^\infty \frac{1 - \cos \lambda \pi}{\lambda} \sin \lambda x \, d\lambda = f(x) = \begin{cases} \frac{\pi}{2}, & 0 < x < \pi \\ 0, & x > \pi \end{cases}$$

which is the required result.

Type 2 : Problems on Fourier Transforms

Ex. 7 : *Find the Fourier transforms of*

$$f(x) = \begin{cases} 1, & |x| < a \\ 0, & |x| > a \end{cases}$$

Also graph f(x) and its Fourier transform for a = 3.

Sol. : The Fourier transform of $f(x)$ is [refer result (8)]

$$F(\lambda) = \int_{-\infty}^\infty f(u) \, e^{-i\lambda u} \, du = \int_{-\infty}^a (1) \, e^{-i\lambda u} \, du = \left[\frac{e^{-i\lambda u}}{-i\lambda} \right]_{-a}^a$$

$$= \frac{e^{i\lambda a} - e^{-i\lambda a}}{i\lambda} = \frac{2 \sin \lambda a}{\lambda}, \quad \lambda \neq 0. \qquad \ldots \text{(i)}$$

For $\lambda = 0$, we obtain $F(\lambda) = 2a$.

The graphs of $f(x)$ and $F(\lambda)$ for a = 3 are shown in Figs. 3.3 and 3.4 respectively.

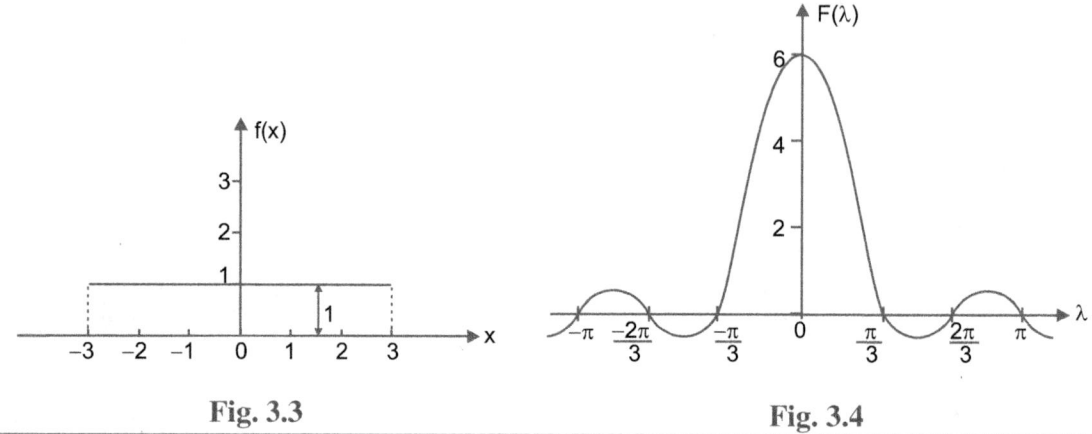

Fig. 3.3 Fig. 3.4

Ex. 8 : *Find the Fourier transform of*

$$f(x) = \begin{cases} 1 - x^2, & |x| \leq 1 \\ 0, & |x| > 1 \end{cases}$$

and hence evaluate $\int_0^\infty \left(\dfrac{x \cos x - \sin x}{x^3}\right) \cos \dfrac{x}{2} \, dx$ **(Dec. 04, 06, 10, 12; May 08)**

Sol. : The function $f(x)$ is given by

$$f(x) = \begin{cases} 1 - x^2, & -1 \leq x \leq 1 \\ 0, & |x| > 1 \end{cases} \quad \ldots \text{(i)}$$

This shows that $f(-x) = f(x)$ i.e. $f(x)$ is an even function in the interval $-\infty < x < \infty$. Hence by result (10), the Fourier cosine transform of $f(x)$ is

$$F_c(\lambda) = \int_0^\infty f(u) \cos \lambda u \, du = \int_0^1 (1 - u^2) \cos \lambda u \, du + \int_1^\infty (0) \cos \lambda u \, du$$

[from (i)]

$$= \left[(1 - u^2)\left(\frac{\sin \lambda u}{\lambda}\right) - (-2u)\left(\frac{-\cos \lambda u}{\lambda^2}\right) + (-2)\left(\frac{-\sin \lambda u}{\lambda^3}\right)\right]_0^1$$

$$= 2\left(\frac{\sin \lambda - \lambda \cos \lambda}{\lambda^3}\right) \quad \ldots \text{(ii)}$$

By using inverse transform [result (11)], the Fourier integral representation is given by

$$f(x) = \frac{2}{\pi} \int_0^\infty F_c(\lambda) \cos \lambda x \, d\lambda = \frac{2}{\pi} \int_0^\infty 2\left(\frac{\sin \lambda - \lambda \cos \lambda}{\lambda^3}\right) \cos \lambda x \, d\lambda$$

$$= \frac{4}{\pi} \int_0^\infty \left(\frac{\sin \lambda - \lambda \cos \lambda}{\lambda^3}\right) \cos \lambda x \, d\lambda \qquad \ldots \text{(iii)}$$

The result (iii) can be expressed as

$$\int_0^\infty \left(\frac{\sin \lambda - \lambda \cos \lambda}{\lambda^3}\right) \cos \lambda x \, d\lambda = \frac{\pi}{4} f(x) = \begin{cases} \frac{\pi}{4}(1-x^2), & |x| \leq 1 \\ 0, & |x| > 1 \end{cases} \qquad \ldots \text{(iv)}$$

Putting $x = \frac{1}{2}$, which lies in $-1 \leq x \leq 1$ i.e. in $|x| \leq 1$, we get

$$\int_0^\infty \left(\frac{\sin \lambda - \lambda \cos \lambda}{\lambda^3}\right) \cos \frac{\lambda}{2} \, d\lambda = \frac{\pi}{4}\left(1 - \frac{1}{4}\right) = \frac{3\pi}{16} \qquad \ldots \text{(v)}$$

Since variable of integration in definite integral is of no importance, replacing λ by x in (v), we have

$$\int_0^\infty \left(\frac{\sin x - x \cos x}{x^3}\right) \cos \frac{x}{2} \, dx = \frac{3\pi}{16}$$

or $\quad \displaystyle\int_0^\infty \left(\frac{x \cos x - \sin x}{x^3}\right) \cos \frac{x}{2} \, dx = -\frac{3\pi}{16}.$

Ex. 9 : *Find the Fourier cosine transform of the function*   *(May 2014)*

$$f(x) = \begin{cases} \cos x, & 0 < x < a \\ 0, & x > a \end{cases}$$

Sol. : Using result (10), cosine transform of $f(x)$ is

$$F_c(\lambda) = \int_0^\infty f(u) \cos \lambda u \, du = \int_0^a \cos u \cos \lambda u \, du + \int_a^\infty (0) \cos \lambda u \, du$$

$$= \frac{1}{2} \int_0^a [\cos(\lambda + 1)u + \cos(\lambda - 1)u] \, du$$

$$= \frac{1}{2} \left[\frac{\sin(\lambda + 1)u}{\lambda + 1} + \frac{\sin(\lambda - 1)u}{\lambda - 1}\right]_0^a$$

$$= \frac{1}{2} \left[\frac{\sin(\lambda + 1)a}{\lambda + 1} + \frac{\sin(\lambda - 1)a}{\lambda - 1}\right]$$

Note : If we use result [10 (a)] for Fourier cosine transform,

$$F_c(\lambda) = \sqrt{\frac{2}{\pi}} \int_0^\infty f(u) \cos \lambda u \, du$$

we get the result

$$F_c(\lambda) = \sqrt{\frac{2}{\pi}} \cdot \frac{1}{2} \left[\frac{\sin(\lambda+1)a}{\lambda+1} + \frac{\sin(\lambda-1)a}{\lambda-1} \right].$$

Ex. 10 : *Show that :*

(a) *the Fourier transform of $f(x) = e^{-|x|}$ is $\dfrac{2}{1+\lambda^2}$.* **(Dec. 2008)**

(b) *the Fourier transform of $f(x) = e^{-x^2/2}$ is $e^{-\lambda^2/2}$* **(May 2008)**

(c) *the Fourier cosine transform of $f(x) = e^{-x^2}$ is $\dfrac{1}{\sqrt{2}} e^{-\lambda^2/4}$*

(d) *the Fourier cosine transform of $f(x) = e^{-x} + e^{-2x}\,(x>0)$ is $\dfrac{6+3\lambda^2}{4+5\lambda^2+\lambda^4}$*

Sol. : (a) Fourier transform of $f(x) = e^{-|x|}$ in the interval $-\infty < x < \infty$ is given by

$$F(\lambda) = \int_{-\infty}^\infty f(u)\, e^{-i\lambda u}\, du = \int_{-\infty}^\infty e^{-|u|}\, e^{-i\lambda u}\, du$$

$$= \int_{-\infty}^\infty e^{-|u|} (\cos \lambda u - i \sin \lambda u)\, du$$

$$= \int_{-\infty}^\infty e^{-|u|} \cos \lambda u \, du - i \int_{-\infty}^\infty e^{-|u|} \sin \lambda u \, du$$

Since the integrand in the second integral is odd and hence integral is zero.

$$\therefore \quad F(\lambda) = 2 \int_0^\infty e^{-u} \cos \lambda u \, du = 2 \left[\frac{e^{-u}}{1+\lambda^2} (-\cos \lambda u + \lambda \sin \lambda u) \right]_0^\infty$$

$$= \frac{2}{1+\lambda^2}$$

Note : We can also obtain Fourier cosine transform of $f(x)$ directly, since it is an even function.

(b) Here $f(x) = e^{-x^2/2}$ is an even function of x defined in the interval $-\infty < x < \infty$, hence to obtain the required result, we use formula (10 a) for the Fourier cosine transform.

$$F_c(\lambda) = \sqrt{\frac{2}{\pi}} \int_0^\infty f(u) \cos \lambda u \, du = \sqrt{\frac{2}{\pi}} \int_0^\infty e^{-u^2/2} \cos \lambda u \, du \qquad \ldots (i)$$

Let $\quad I(\lambda) = \int_0^\infty e^{-u^2/2} \cos \lambda u \, du \qquad \ldots$ (ii)

$\therefore \quad \dfrac{dI(\lambda)}{d\lambda} = \int_0^\infty \dfrac{\partial}{\partial \lambda} e^{-u^2/2} \cos \lambda u \, du \qquad \left[\begin{array}{l}\text{Using rule of differentiation}\\ \text{under the integral sign}\end{array}\right]$

$\qquad\qquad = \int_0^\infty -(u\, e^{-u^2/2}) \sin \lambda u \, du$

Integrating by parts, we have

$\qquad\qquad = \left[e^{-u^2/2} \sin \lambda u\right]_0^\infty - \int_0^\infty e^{-u^2/2} \lambda \cos \lambda u \, du \quad \left\{\begin{array}{l}\because \int -u\, e^{-u^2/2}\, du,\ [u^2/2 = t]\\ = -\int e^{-t}\, dt = +e^{-t} = +e^{-u^2/2}\end{array}\right.$

$\qquad\qquad = 0 - \lambda \int_0^\infty e^{-u^2/2} \cos \lambda u \, du$

$\qquad\qquad = -\lambda\, I(\lambda), \qquad \text{where, } I(\lambda) = \int_0^\infty e^{-u^2/2} \cos \lambda u \, du \qquad \ldots$ (iii)

$\therefore \quad \dfrac{dI}{d\lambda} = -\lambda I \qquad\qquad\qquad\qquad\qquad \text{(In variable separable form)}$

$\therefore \quad I = A\, e^{-\lambda^2/2} \qquad \ldots$ (iv)

To find constant A, put $\lambda = 0$ in (iv), then

$\qquad [I(\lambda)]_{\lambda=0} = A\, e^0 = A \qquad \ldots$ (v)

The value of $[I(\lambda)]$ at $\lambda = 0$ is obtained by putting $\lambda = 0$ in (ii),

$\qquad [I(\lambda)]_{\lambda=0} = \int_0^\infty e^{-u^2/2}\, du$, putting $u^2 = 2t$ or $u = \sqrt{2}\, t^{1/2}$

$\qquad\qquad = \int_0^\infty e^{-t} \dfrac{1}{\sqrt{2}}\, t^{-1/2}\, dt = \dfrac{1}{\sqrt{2}} \int_0^\infty e^{-t}\, t^{-1/2}\, dt$

$\qquad\qquad = \dfrac{1}{\sqrt{2}}\, \overline{|1/2} = \dfrac{1}{\sqrt{2}} \sqrt{\pi} = \sqrt{\dfrac{\pi}{2}}$.

Thus from (v), we have $A = \sqrt{\dfrac{\pi}{2}}$ and hence from (iv) and (ii), we have

$\qquad I(\lambda) = \int_0^\infty e^{-u^2/2} \cos \lambda u = \sqrt{\dfrac{\pi}{2}}\, e^{-\lambda^2/2} \qquad \ldots$ (vi)

Substituting (vi) in (i), we get

$$F(\lambda) = \sqrt{\frac{2}{\pi}} \sqrt{\frac{\pi}{2}} e^{-\lambda^2/2} = e^{-\lambda^2/2}$$

Note : If we use result (10) for finding Fourier cosine transform, we get

$$F(\lambda) = \sqrt{\frac{\pi}{2}} e^{-\lambda^2/2}$$

(c) Here $f(x) = e^{-x^2}$ is defined in the interval $-\infty < x < \infty$. To obtain required result, we use formula (10 a) for Fourier cosine transform.

$$F_c(\lambda) = \sqrt{\frac{2}{\pi}} \int_0^\infty f(u) \cos \lambda u \, du = \sqrt{\frac{2}{\pi}} \int_0^\infty e^{-u^2} \cos \lambda u \, du \quad \ldots \text{(i)}$$

Let

$$I(\lambda) = \int_0^\infty e^{-u^2} \cos \lambda u \, du \quad \ldots \text{(ii)}$$

$$I'(\lambda) = \int_0^\infty \frac{\partial}{\partial \lambda} e^{-u^2} \cos \lambda u \, du = \int_0^\infty (-u \, e^{-u^2}) \sin \lambda u \, du$$

[Using the rule of differentiation under the integral sign]

Integrating by parts, we have

$$= \left[\frac{1}{2} e^{-u^2} \sin \lambda u\right]_0^\infty - \int_0^\infty \frac{1}{2} e^{-u^2} \lambda \cos \lambda u \, du \quad \begin{cases} \because \int -u \, e^{-u^2} \, du \quad [-u^2 = t] \\ = \int \frac{1}{2} e^t \, dt = \frac{1}{2} e^{-u^2} \end{cases}$$

$$= 0 - \frac{\lambda}{2} \int_0^\infty e^{-u^2} \cos \lambda u \, du$$

$$= -\frac{\lambda}{2} I(\lambda), \qquad \text{where, } I(\lambda) = \int_0^\infty e^{-u^2} \cos \lambda u \, du \quad \ldots \text{(iii)}$$

$$\therefore \quad \frac{dI}{I} = -\frac{\lambda}{2} d\lambda \qquad \text{(In variable separable form)}$$

Integrating, we have

$$I = A e^{-\lambda^2/4} \quad \ldots \text{(iv)}$$

To find the constant A, put $\lambda = 0$ in (iv), then

$$[I(\lambda)]_{\lambda=0} = A \quad \ldots \text{(v)}$$

The value of $[I(\lambda)]_{\lambda=0}$ is obtained by putting $\lambda = 0$ in (ii),

$$[I(\lambda)]_{\lambda=0} = \frac{\sqrt{\pi}}{2}, \qquad \text{(refer to similar part of previous example)}$$

Thus from (v), we have $A = \frac{\sqrt{\pi}}{2}$; and hence from (iv) and (ii), we have

$$I(\lambda) = \int_0^\infty e^{-u^2} \cos \lambda u \, du = \frac{\sqrt{\pi}}{2} e^{-\lambda^2/4} \qquad \ldots \text{(vi)}$$

Substituting (iv) in (i), we get

$$F(\lambda) = \sqrt{\frac{2}{\pi}} \frac{\sqrt{\pi}}{2} e^{-\lambda^2/4} = \frac{1}{\sqrt{2}} e^{-\lambda^2/4}.$$

Note : If we use result (10) for finding Fourier cosine transform, we get

$$F(\lambda) = \frac{\sqrt{\pi}}{2} e^{-\lambda^2/4}$$

(d) Here $f(x) = e^{-x} + e^{-2x}$, $0 < x < \infty$.

The Fourier cosine transform of $f(x)$ is

$$F_c(\lambda) = \int_0^\infty f(u) \cos \lambda u \, du = \int_0^\infty (e^{-u} + e^{-2u}) \cos \lambda u \, du$$

$$= \left[\frac{e^{-u}}{1 + \lambda^2} (-\cos \lambda u + \lambda \sin \lambda u) + \frac{e^{-2u}}{4 + \lambda^2} (-2 \cos \lambda u + \lambda \sin \lambda u) \right]_0^\infty$$

$$= \frac{1}{1 + \lambda^2} + \frac{2}{4 + \lambda^2} = \frac{6 + 3\lambda^2}{4 + 5\lambda^2 + \lambda^4}.$$

Ex. 11 : *Find the Fourier sine transform of* $\frac{1}{x}$. **(Dec. 2010)**

Sol. : Using result (12), we have

$$F_s(\lambda) = \int_0^\infty f(u) \sin \lambda u \, du = \int_0^\infty \frac{1}{u} \sin \lambda u \, du$$

$$= \int_0^\infty \frac{\lambda}{t} (\sin t) \frac{dt}{\lambda}, \text{ putting } \lambda u = t \text{ or } u = \frac{t}{\lambda} \text{ and } du = \frac{dt}{\lambda}.$$

$$= \int_0^\infty \frac{\sin t}{t} dt = \frac{\pi}{2}.$$

Note : If we use result 12 (a), we would get

$$F_s(\lambda) = \sqrt{\frac{2}{\pi}} \int_0^\infty f(u) \sin \lambda u \, du = \sqrt{\frac{2}{\pi}} \cdot \frac{\pi}{2} = \sqrt{\frac{\pi}{2}}.$$

Ex. 12 : *Find the Fourier sine transform of $\dfrac{e^{-ax}}{x}$ & hence evaluate $\int_0^\infty \tan^{-1} \dfrac{x}{a} \sin x \, dx$.*

(May 2006)

Sol. : Using result (12), we have

$$F_s(\lambda) = \int_0^\infty f(u) \sin \lambda u \, du = \int_0^\infty \frac{e^{-au}}{u} \sin \lambda u \, du \qquad \ldots \text{(i)}$$

Let
$$I(\lambda) = \int_0^\infty \frac{e^{-au}}{u} \sin \lambda u \, du \qquad \ldots \text{(ii)}$$

$$\therefore \quad \frac{dI}{d\lambda} = \int_0^\infty \frac{\partial}{\partial \lambda} \frac{e^{-au}}{u} \sin \lambda u \, du \qquad \text{[Using DUIS rule]}$$

$$= \int_0^\infty \frac{e^{-au}}{u} (u \cos \lambda u) \, du = \int_0^\infty e^{-au} \cos \lambda u \, du$$

$$= \left[\frac{e^{-au}}{a^2 + \lambda^2} (-a \cos \lambda u + \lambda \sin \lambda u) \right]_0^\infty = \frac{a}{\lambda^2 + a^2}$$

$$\therefore \quad \frac{dI}{d\lambda} = \frac{a}{\lambda^2 + a^2} \qquad \ldots \text{(iii)}$$

Integrating, we have

$$I(\lambda) = \int \frac{a}{\lambda^2 + a^2} \, d\lambda + A = \tan^{-1} \frac{\lambda}{a} + A \qquad \ldots \text{(iv)}$$

To find constant A, we put $\lambda = 0$ in (iv), we get

$$[I(\lambda)]_{\lambda=0} = 0 + A$$

or $\left[\int_0^\infty \frac{e^{-au}}{u} \sin \lambda u \, du \right]_{\lambda=0} = 0 + A \quad \Rightarrow \quad \boxed{A = 0} \qquad \ldots \text{(by (ii))}$

$$\therefore \text{(iv)} \Rightarrow \quad I(\lambda) = \int_0^\infty \frac{e^{-au}}{u} \sin \lambda u \, du = \tan^{-1} \frac{\lambda}{a} \qquad \ldots \text{(v)}$$

Substituting (v) in (i), we get

$$F_s(\lambda) = \tan^{-1}\frac{\lambda}{a} \qquad \ldots \text{(vi)}$$

Using result (13), inverse sine transform is given by

$$f(x) = \frac{2}{\pi}\int_0^\infty F_s(\lambda)\sin\lambda x\, d\lambda = \frac{2}{\pi}\int_0^\infty \tan^{-1}\frac{\lambda}{a}\sin\lambda x\, d\lambda$$

$$\therefore \int_0^\infty \tan^{-1}\frac{\lambda}{a}\sin\lambda x\, d\lambda = \frac{\pi}{2}f(x) = \frac{\pi}{2}\frac{e^{-ax}}{x} \qquad \ldots \text{(vii)}$$

Putting x = 1 in (vii), we get

$$\int_0^\infty \tan^{-1}\frac{\lambda}{a}\sin\lambda\, d\lambda = \frac{\pi}{2}e^{-a}$$

or

$$\int_0^\infty \tan^{-1}\frac{x}{a}\sin x\, dx = \frac{\pi}{2}e^{-a}.$$

Ex. 13 : *Find the Fourier sine and cosine transforms of the function $f(x) = e^{-x}$ and hence show that $\int_0^\infty \frac{\cos mx}{1+x^2}\, dx = \frac{\pi}{2}e^{-m}$ and $\int_0^\infty \frac{x\sin mx}{1+x^2}\, dx = \frac{\pi}{2}e^{-m}$.* **(May 2009)**

Sol. : Fourier Cosine Transform : Using result (10), we have

$$F_c(\lambda) = \int_0^\infty f(u)\cos\lambda u\, du = \int_0^\infty e^{-u}\cos\lambda u\, du$$

$$= \left[\frac{e^{-u}}{1+\lambda^2}(-\cos\lambda u + \lambda\sin\lambda u)\right]_0^\infty$$

$$= \frac{1}{1+\lambda^2} \qquad \ldots \text{(i)}$$

Now using result (11), inverse cosine transform is given by

$$f(x) = \frac{2}{\pi}\int_0^\infty F_c(\lambda)\cos\lambda x\, d\lambda = \frac{2}{\pi}\int_0^\infty \frac{1}{1+\lambda^2}\cos\lambda x\, d\lambda$$

$$\therefore \int_0^\infty \frac{\cos\lambda x}{1+\lambda^2}\, d\lambda = \frac{\pi}{2}f(x) = \frac{\pi}{2}e^{-x} \qquad \ldots \text{(ii)}$$

Putting x = m in (ii), we have

$$\int_0^\infty \frac{\cos\lambda m}{1+\lambda^2}\, d\lambda = \frac{\pi}{2}e^{-m} \qquad \ldots \text{(iii)}$$

Since variable of integration is immaterial in the definite integral,

hence, $\int_0^\infty \frac{\cos mx}{1+x^2} dx = \frac{\pi}{2} e^{-m}$.

Fourier Sine Transform : Using result (12), we have

$$F_s(\lambda) = \int_0^\infty f(u) \sin \lambda u \, du = \int_0^\infty e^{-u} \sin \lambda u \, du$$

$$= \left[\frac{e^{-u}}{1+\lambda^2} (-\sin \lambda u - \lambda \cos \lambda u) \right]_0^\infty$$

$$= \frac{\lambda}{1+\lambda^2} \qquad \ldots \text{(i)}$$

Now using result (13), inverse sine transform is given by

$$f(x) = \frac{2}{\pi} \int_0^\infty F_s(\lambda) \sin \lambda x \, d\lambda = \frac{2}{\pi} \int_0^\infty \frac{\lambda}{1+\lambda^2} \sin \lambda x \, d\lambda$$

$$\therefore \int_0^\infty \frac{\lambda \sin \lambda x}{1+\lambda^2} d\lambda = \frac{\pi}{2} f(x) = \frac{\pi}{2} e^{-x} \qquad \ldots \text{(ii)}$$

Putting $x = m$ in (ii), we have

$$\int_0^\infty \frac{\lambda \sin \lambda m}{1+\lambda^2} d\lambda = \frac{\pi}{2} e^{-m} \qquad \ldots \text{(iii)}$$

Since variable of integration is immaterial in the definite integral,

hence $\int_0^\infty \frac{x \sin mx}{1+x^2} dx = \frac{\pi}{2} e^{-m}$.

Ex. 14 : *Find the Fourier sine and cosine transforms of the following function*

$$f(x) = \begin{cases} x, & 0 \le x \le 1 \\ 2-x, & 1 \le x \le 2 \\ 0, & x > 2 \end{cases}$$ **(May 10; Dec. 10)**

Sol. : Fourier Cosine Transform : Using result (10), we have

$$F_c(\lambda) = \int_0^\infty f(u) \cos \lambda u \, du$$

$$= \int_0^1 (u) \cos \lambda u \, du + \int_1^2 (2-u) \cos \lambda u \, du + \int_2^\infty (0) \cos \lambda u \, du$$

$$= \left[u \frac{\sin \lambda u}{\lambda} + \frac{\cos \lambda u}{\lambda^2} \right]_0^1 + \left[(2-u) \frac{\sin \lambda u}{\lambda} - \frac{\cos \lambda u}{\lambda^2} \right]_1^2$$

$$= \left[\frac{\sin \lambda}{\lambda} + \frac{\cos \lambda}{\lambda^2} - \frac{1}{\lambda^2}\right] + \left[-\frac{\cos 2\lambda}{\lambda^2} - \frac{\sin \lambda}{\lambda} + \frac{\cos \lambda}{\lambda^2}\right]$$

$$= \frac{2\cos\lambda - (1 + \cos 2\lambda)}{\lambda^2} = \frac{2\cos\lambda (1 - \cos\lambda)}{\lambda^2}.$$

Fourier Sine Transform : Using result (12), we have

$$F_s(\lambda) = \int_0^\infty f(u) \sin \lambda u \, du$$

$$= \int_0^1 (u) \sin \lambda u \, du + \int_1^2 (2-u) \sin \lambda u \, du + \int_2^\infty (0) \sin \lambda u \, du$$

$$= \left[-u\frac{\cos \lambda u}{\lambda} + \frac{\sin \lambda u}{\lambda^2}\right]_0^1 + \left[-(2-u)\frac{\cos \lambda u}{\lambda} - \frac{\sin \lambda u}{\lambda^2}\right]_1^2$$

$$= \left[-\frac{\cos \lambda}{\lambda} + \frac{\sin \lambda}{\lambda^2}\right] + \left[-\frac{\sin 2\lambda}{\lambda^2} + \frac{\cos \lambda}{\lambda} + \frac{\sin \lambda}{\lambda^2}\right]$$

$$= \frac{2\sin\lambda - \sin 2\lambda}{\lambda^2} = \frac{2\sin\lambda(1 - \cos\lambda)}{\lambda^2}.$$

Ex. 15 : *Find the Fourier sine and cosine transforms of the function $f(x) = x^{m-1}$.*

(Dec. 2004, May 2005)

Sol. : The given function $f(x) = x^{m-1}$ using results (10) and (12), Fourier cosine and sine transforms are given by

$$F_c(\lambda) = \int_0^\infty f(u) \cos \lambda u \, du = \int_0^\infty u^{m-1} \cos \lambda u \, du \qquad \ldots \text{(i)}$$

$$F_s(\lambda) = \int_0^\infty f(u) \sin \lambda u \, du = \int_0^\infty u^{m-1} \sin \lambda u \, du \qquad \ldots \text{(ii)}$$

Now by definition of Gamma function, we have

$$\overline{|m} = \int_0^\infty e^{-x} x^{m-1} \, dx$$

Putting $\quad x = i\lambda u, \quad i = \cos\frac{\pi}{2} + i \sin\frac{\pi}{2} = e^{i\pi/2}$, we get

$$\overline{|m} = \int_0^\infty e^{-i\lambda u}(i\lambda u)^{m-1}(i\lambda)\,du = (e^{i\pi/2})^m \lambda^m \int_0^\infty u^{m-1} e^{-i\lambda u}\,du$$

$$\therefore \quad \int_0^\infty u^{m-1} e^{-i\lambda u}\, du = \frac{\sqrt{m}}{\lambda^m} e^{-im\pi/2}$$

$$\therefore \quad \int_0^\infty u^{m-1} (\cos \lambda u - i \sin \lambda u)\, du = \frac{\sqrt{m}}{\lambda^m} \left(\cos \frac{m\pi}{2} - i \sin \frac{m\pi}{2} \right)$$

Equating real and imaginary parts on both sides, we get

$$F_c(\lambda) = \int_0^\infty u^{m-1} \cos \lambda u\, du = \frac{\sqrt{m}}{\lambda^m} \cos \frac{m\pi}{2}$$

and

$$F_s(\lambda) = \int_0^\infty u^{m-1} \sin \lambda u\, du = \frac{\sqrt{m}}{\lambda^m} \sin \frac{m\pi}{2}.$$

Ex. 16 : *Find the Fourier cosine transform of $f_1(x) = \dfrac{1}{1+x^2}$ and hence find the Fourier sine transform of $f_2(x) = \dfrac{x}{1+x^2}$.*

Sol. : We know that Fourier cosine transform of $f_1(x) = \dfrac{1}{1+x^2}$ is given by [result (10)],

$$F_c(\lambda) = \int_0^\infty f_1(u) \cos \lambda u\, du = \int_0^\infty \frac{1}{1+u^2} \cos \lambda u\, du \qquad \ldots (i)$$

Let

$$I(\lambda) = \int_0^\infty \frac{1}{1+u^2} \cos \lambda u\, du \qquad \ldots (ii)$$

Differentiating both sides w.r.t. λ using the rule of DUIS, we get

$$\frac{dI}{d\lambda} = I'(\lambda) = \int_0^\infty \frac{\partial}{\partial \lambda} \frac{1}{1+u^2} \cos \lambda u\, du = \int_0^\infty -\frac{u}{1+u^2} \sin \lambda u\, du$$

$$= \int_0^\infty -\frac{u^2}{u(1+u^2)} \sin \lambda u\, du = \int_0^\infty \frac{-(u^2 + 1 - 1)}{u(1+u^2)} \sin \lambda u\, du$$

$$= \int_0^\infty \left(\frac{1}{u(1+u^2)} - \frac{1}{u} \right) \sin \lambda u\, du = \int_0^\infty \frac{\sin \lambda u}{u(1+u^2)}\, du - \int_0^\infty \frac{\sin \lambda u}{u}\, du$$

$$= \int_0^\infty \frac{\sin \lambda u}{u(1+u^2)}\, du - \int_0^\infty \frac{\sin t}{t}\, dt, \qquad \left\{ \begin{array}{l} \text{Putting } \lambda u = t \text{ in the} \\ \text{second integral} \end{array} \right\}$$

$$= \int_0^\infty \frac{\sin \lambda u}{u(1+u^2)}\, du - \frac{\pi}{2}, \qquad \left(\because \int_0^\infty \frac{\sin t}{t}\, dt = \frac{\pi}{2} \right) \ldots (iii)$$

Again differentiating both sides w.r.t. λ using the rule of DUIS, we get

$$I''(\lambda) = \int_0^\infty \frac{\partial}{\partial \lambda} \frac{\sin \lambda u}{u(1+u^2)} \, du - 0 = \int_0^\infty \frac{u \cos \lambda u}{u(1+u^2)} \, du$$

$$= \int_0^\infty \frac{\cos \lambda u}{1+u^2} \, du = I(\lambda) \qquad \text{[from (i)]}$$

$$\therefore \quad I''(\lambda) - I(\lambda) = 0 \qquad \ldots \text{(iv)}$$

General solution of (iv) is given by

$$I(\lambda) = A e^\lambda + B e^{-\lambda} \qquad \ldots \text{(v)}$$

Now to evaluate constants A and B, differentiating (v), w.r.t. λ, we get

$$I'(\lambda) = A e^\lambda - B e^{-\lambda} \qquad \ldots \text{(vi)}$$

Putting $\lambda = 0$ in (v) and (vi), we obtain

$$I(0) = \left[\int_0^\infty \frac{\cos \lambda u}{1+u^2} \, du \right]_{\lambda=0} = A + B \qquad \text{[from (ii)]} \ldots \text{(vii)}$$

and $\quad I'(0) = \left[\int_0^\infty \frac{\sin \lambda u}{u(1+u^2)} \, du - \frac{\pi}{2} \right]_{\lambda=0} = A - B \qquad \text{[from (iii)]} \ldots \text{(viii)}$

From (vii) and (viii), we obtain

$$A + B = \frac{\pi}{2} \qquad \left\{ \because \int_0^\infty \frac{1}{1+u^2} \, du = [\tan^{-1} u]_0^\infty = \frac{\pi}{2} \right\}$$

and $\quad A - B = -\frac{\pi}{2} \qquad \left\{ \because \int_0^\infty \frac{\sin \lambda u}{u(1+u^2)} \, du = 0 \text{ at } \lambda = 0 \right\}$

Solving for A and B, we get $A = 0$ and $B = \frac{\pi}{2}$ and substituting these values of A and B in result (v), we have

$$I(\lambda) = \frac{\pi}{2} e^{-\lambda}$$

$$\therefore \quad F_c(\lambda) = \int_0^\infty f_1(u) \cos \lambda u \, du = \int_0^\infty \frac{1}{1+u^2} \cos \lambda u \, du = \frac{\pi}{2} e^{-\lambda} \qquad \ldots \text{(ix)}$$

Now to find Fourier sine transform of $f_2(x) = \frac{x}{1+x^2}$, we differentiate result (ix) with respect to λ, we get $-\int_0^\infty \frac{u}{1+u^2} \sin \lambda u \, du = -\frac{\pi}{2} e^{-\lambda}$

$$\therefore \quad F_s(\lambda) = \int_0^\infty f_2(u) \sin \lambda u \, du = \int_0^\infty \frac{u}{1+u^2} \sin \lambda u \, du = \frac{\pi}{2} e^{-\lambda}$$

Type 3 : Problems on Inverse Fourier transforms

Ex. 17 : *Using inverse sine transform, find f(x) if*

$$F_s(\lambda) = \frac{1}{\lambda} e^{-a\lambda}$$ **(Dec. 2004, 2005; May 2007, 2008, 2010)**

Sol. : By result (13), inverse sine transform of $F_s(\lambda)$ is given by

$$f(x) = \frac{2}{\pi} \int_0^\infty F_s(\lambda) \sin \lambda x \, d\lambda = \frac{2}{\pi} \int_0^\infty \frac{1}{\lambda} e^{-a\lambda} \sin \lambda x \, d\lambda \qquad \ldots \text{(i)}$$

Let
$$I(x) = \int_0^\infty \frac{e^{-a\lambda}}{\lambda} \sin \lambda x \, d\lambda \qquad \ldots \text{(ii)}$$

$\therefore$
$$I'(x) = \int_0^\infty \frac{\partial}{\partial x} \frac{e^{-a\lambda}}{\lambda} \sin \lambda x \, d\lambda \qquad \text{[Using DUIS rule]}$$

$$= \int_0^\infty e^{-a\lambda} \cos \lambda x \, d\lambda = \left[\frac{e^{-a\lambda}}{a^2 + x^2} (-a \cos \lambda x + x \sin \lambda x) \right]_0^\infty$$

$$= \frac{a}{a^2 + x^2} \qquad \ldots \text{(iii)}$$

Integrating, we get

$$I(x) = \int \frac{a}{x^2 + a^2} \, dx + A = \tan^{-1} \frac{x}{a} + A \qquad \ldots \text{(iv)}$$

Putting x = 0, we get

$$[I(x)]_{x=0} = A \qquad \ldots \text{(v)}$$

The value of $[I(x)]_{x=0}$ is obtained from (ii), when x = 0.

$$[I(x)]_{x=0} = \left[\int_0^\infty \frac{e^{-a\lambda}}{\lambda} \sin \lambda x \, d\lambda \right]_{x=0} = 0 \quad \therefore A = 0$$

Hence from (iv), we have

$$I(x) = \tan^{-1} \frac{x}{a} \qquad \ldots \text{(vi)}$$

Thus from (i) and using (vi), we have

$$f(x) = \frac{2}{\pi} I(x) = \frac{2}{\pi} \tan^{-1} \frac{x}{a}.$$

Note : If we use result (13 a), we get $f(x) = \sqrt{\frac{2}{\pi}} \tan^{-1} \frac{x}{a}.$

Ex. 18 : *What is the function f(x), whose Fourier cosine transform is* $\dfrac{\sin a\lambda}{\lambda}$ *?*

(Dec. 2010)

Sol. : Given that $F_c(\lambda) = \dfrac{\sin a\lambda}{\lambda}$ and we are required to find f(x). Using result (11), inverse cosine transform is given by

$$f(x) = \frac{2}{\pi} \int_0^\infty F_c(\lambda) \cos \lambda x \, d\lambda = \frac{2}{\pi} \int_0^\infty \frac{\sin a\lambda}{\lambda} \cos \lambda x \, d\lambda$$

$$= \frac{1}{\pi} \int_0^\infty \frac{\sin(a+x)\lambda + \sin(a-x)\lambda}{\lambda} \, dx$$

$$= \frac{1}{\pi} \left[\int_0^\infty \frac{\sin(a+x)\lambda}{\lambda} d\lambda + \int_0^\infty \frac{\sin(a-x)\lambda}{\lambda} d\lambda \right]$$

$$= \begin{cases} \dfrac{1}{\pi}\left[\dfrac{\pi}{2}+\dfrac{\pi}{2}\right], & a+x>0 \text{ and } a-x>0 \\ 0, & a+x>0 \text{ and } a-x<0 \end{cases} \quad \left[\because \int_0^\infty \frac{\sin ax}{x} dx = \begin{cases} \pi/2 & a>0 \\ -\pi/2 & a<0 \end{cases} \right]$$

$$= \begin{cases} 1, & 0<x<a \\ 0, & x>a \end{cases}$$

Ex. 19 : *Solve the following integral equations :*

(a) $\displaystyle\int_0^\infty f(x) \sin \lambda x \, dx = \begin{cases} 1-\lambda, & 0 \le \lambda \le 1 \\ 0, & \lambda \ge 1 \end{cases}$ **(May 2008, 2012)**

(b) $\displaystyle\int_0^\infty f(x) \sin \lambda x \, dx = \begin{cases} 1, & 0 \le \lambda < 1 \\ 2, & 1 \le \lambda < 2 \\ 0, & \lambda \ge 2 \end{cases}$

(c) $\displaystyle\int_0^\infty f(x) \cos \lambda x \, dx = e^{-\lambda}, \lambda > 0.$ **(May 2005; Dec. 2008, 2012)**

Sol. : (a) Since the term $\sin \lambda x$ is present in the integral, using result (12), the Fourier sine transform of f(x) is given by

$$F_s(\lambda) = \int_0^\infty f(u) \sin \lambda u \, du = \begin{cases} 1-\lambda, & 0 \le \lambda \le 1 \\ 0, & \lambda \ge 1 \end{cases} \quad \ldots \text{(i)}$$

To find f(x), we obtain inverse Fourier sine transform [by result (13)]. Thus

$$f(x) = \frac{2}{\pi} \int_0^\infty F_s(\lambda) \sin \lambda x \, d\lambda = \frac{2}{\pi} \int_0^1 (1-\lambda) \sin \lambda x \, d\lambda \quad \text{[from (i)]}$$

$$= \frac{2}{\pi} \left[(1-\lambda)\left(\frac{-\cos \lambda x}{x}\right) - (-1)\left(-\frac{\sin \lambda x}{x^2}\right) \right]_0^1$$

$$= \frac{2}{\pi} \left[-\frac{\sin x}{x^2} + \frac{1}{x} \right] = \frac{2}{\pi} \left(\frac{x - \sin x}{x^2} \right)$$

which is the required result.

Note : If we use (13 a) for inverse sine transform, we would get

$$f(x) = \sqrt{\frac{2}{\pi}} \left(\frac{x - \sin x}{x^2} \right).$$

(b) Since the term $\sin \lambda x$ is present in the integral, using result (12), Fourier sine transform is given by

$$F_s(\lambda) = \int_0^\infty f(u) \sin \lambda u \, du = \begin{cases} 1, & 0 \le \lambda < 1 \\ 2, & 1 \le \lambda < 2 \\ 0, & \lambda \ge 2 \end{cases} \quad \ldots \text{(i)}$$

Now to find f(x), we use result (13) and obtain Inverse Fourier sine transform. Thus

$$f(x) = \frac{2}{\pi} \int_0^\infty F_s(\lambda) \sin \lambda x \, d\lambda$$

$$= \frac{2}{\pi} \left[\int_0^1 (1) \sin \lambda x \, d\lambda + \int_1^2 (2) \sin \lambda x \, d\lambda + \int_2^\infty (0) \sin \lambda x \, d\lambda \right] \quad \text{[from (i)]}$$

$$= \frac{2}{\pi} \left[\left(-\frac{\cos \lambda x}{x}\right)_0^1 + 2\left(-\frac{\cos \lambda x}{x}\right)_1^2 \right]$$

$$= \frac{2}{\pi} \left[\left(\frac{1 - \cos x}{x}\right) + 2\left(\frac{\cos x - \cos 2x}{x}\right) \right]$$

$$= \frac{2}{\pi} \left(\frac{1 + \cos x - 2\cos 2x}{x} \right)$$

(c) Presence of $\cos \lambda x$ in the integral indicates that, we have to find inverse Fourier cosine transform.

Using result (10), Fourier cosine transform of f(x) is given by

$$F_c(\lambda) = \int_0^\infty f(u) \cos \lambda u \, du = e^{-\lambda}, \quad \text{(given)} \ldots \text{(i)}$$

Hence using result (11), we have

$$f(x) = \frac{2}{\pi} \int_0^\infty F_c(\lambda) \cos \lambda x \, d\lambda = \frac{2}{\pi} \int_0^\infty e^{-\lambda} \cos \lambda x \, d\lambda \qquad \text{[from (i)]}$$

$$= \frac{2}{\pi} \left[\frac{e^{-\lambda}}{1 + x^2} (-\cos \lambda x + x \sin \lambda x) \right]_0^\infty = \frac{2}{\pi} \left(\frac{1}{1 + x^2} \right).$$

Ex. 20 : *Solve the integral equation*

$$\int_0^\infty f(x) \cos \lambda x \, dx = \begin{cases} 1 - \lambda, & 0 \leq \lambda \leq 1 \\ 0, & \lambda \geq 1 \end{cases}$$

and hence show that $\int_0^\infty \frac{\sin^2 z}{z^2} \, dz = \frac{\pi}{2}$ **(May 06, 10; Dec. 06, 07)**

Sol. : Since the term $\cos \lambda x$ is present in the integral, using result (10), the Fourier cosine transform is given by

$$F_c(\lambda) = \int_0^\infty f(u) \cos \lambda u \, du = \begin{cases} 1 - \lambda, & 0 \leq \lambda \leq 1 \\ 0, & \lambda \geq 1 \end{cases} \qquad \ldots \text{(i)}$$

To find $f(x)$, we use inverse Fourier cosine transform given by result (11). Thus

$$f(x) = \frac{2}{\pi} \int_0^\infty F_c(\lambda) \cos \lambda x \, d\lambda$$

$$= \frac{2}{\pi} \left[\int_0^1 (1 - \lambda) \cos \lambda x \, d\lambda + \int_1^\infty (0) \cos \lambda x \, d\lambda \right]$$

$$= \frac{2}{\pi} \left[(1 - \lambda) \left(\frac{\sin \lambda x}{x} \right) - (-1) \left(-\frac{\cos \lambda x}{x^2} \right) \right]_0^1$$

$$= \frac{2}{\pi} \left[-\frac{\cos x}{x^2} + \frac{1}{x^2} \right] = \frac{2}{\pi} \left(\frac{1 - \cos x}{x^2} \right) \qquad \ldots \text{(ii)}$$

Now from (i), we have

$$F_c(\lambda) = \int_0^\infty f(u) \cos \lambda u \, du = \frac{2}{\pi} \int_0^\infty \left(\frac{1 - \cos u}{u^2} \right) \cos \lambda u \, du$$

$$= \frac{2}{\pi} \int_0^\infty \frac{2 \sin^2 u/2}{u^2} \cos \lambda u \, du \qquad \ldots \text{(iii)}$$

At $\lambda = 0$, we have from result (iii),

$$[F_c(\lambda)]_{\lambda = 0} = \frac{2}{\pi} \int_0^\infty \frac{2 \sin^2 u/2}{u^2} (1) \, du \qquad [\because \cos 0 = 1]$$

$$1 = \frac{2}{\pi} \int_0^\infty \frac{2\sin^2 u/2}{u^2} du \qquad \text{[from (i)]}$$

Putting u/2 = z or u = 2z, we have

$$1 = \frac{2}{\pi} \int_0^\infty \frac{2\sin^2 z}{(2z)^2} \, 2 \, dz$$

$$\therefore \quad \int_0^\infty \frac{\sin^2 z}{z^2} dz = \frac{\pi}{2}$$

which is the required result.

EXERCISE 3.1

1. (a) Find the Fourier cosine integral representation for the following functions:

(i) $f(x) = \begin{cases} x, & 0 \le x \le a \\ 0, & x > a \end{cases}$ (Nov. 2015) **Ans.** $f(x) = \frac{2}{\pi} \int_0^\infty \left(\frac{a \sin a\lambda}{\lambda} + \frac{\cos a\lambda - 1}{\lambda^2} \right) \cos \lambda x \, d\lambda$

(ii) $f(x) = \begin{cases} x^2, & 0 \le x \le 1 \\ 0, & x > 1 \end{cases}$ (Dec. 2014) **Ans.** $f(x) = \frac{2}{\pi} \int_0^\infty \frac{1}{\lambda^3} \{(\lambda^2 - 2) \sin \lambda + 2\lambda \cos \lambda\} \cos \lambda x \, d\lambda$

(iii) $f(x) = \begin{cases} 1, & 0 \le x \le 1 \\ 0, & x > 1 \end{cases}$ **Ans.** $f(x) = \frac{2}{\pi} \int_0^\infty \frac{\sin \lambda}{\lambda} \cos \lambda x \, du \, d\lambda$

(iv) $f(x) = e^{-x} + e^{-2x}, \, x \ge 0$ **Ans.** $f(x) = \frac{6}{\pi} \int_0^\infty \frac{\lambda^2 + 2}{\lambda^4 + 5\lambda^2 + 4} \cos \lambda x \, d\lambda$

(v) $f(x) = \frac{1}{1+x^2}, \, x \ge 0$ **Ans.** $f(x) = \frac{2}{\pi} \int_0^\infty \int_0^\infty \frac{\cos \lambda u \cos \lambda x}{1 + u^2} du \, d\lambda = \int_0^\infty e^{-\lambda} \cos \lambda x \, d\lambda$

(b) Represent the following functions in the Fourier integral form:

(i) $f(x) = \begin{cases} \frac{\pi}{2} \sin x, & |x| \le \pi \\ 0, & |x| > \pi \end{cases}$ **Ans.** $f(x) = \int_0^\infty \frac{\sin \lambda \pi \sin \lambda x}{1 - \lambda^2} d\lambda$

(ii) $f(x) = \begin{cases} \frac{\pi}{2} \cos x, & |x| \le \pi \\ 0, & |x| > \pi \end{cases}$ **Ans.** $f(x) = \int_0^\infty \frac{\lambda \sin \lambda \pi}{1 - \lambda^2} \cos \lambda x \, d\lambda$

(iii) $f(x) = \begin{cases} 0, & x < -a \\ 1, & -a \le x \le a \\ 0, & x > a \end{cases}$ **Ans.** $f(x) = \frac{2}{\pi} \int_0^\infty \frac{2 \sin \lambda a \cos \lambda x}{\lambda} d\lambda$

(iv) $f(x) = e^{-|x|}, -\infty < x < \infty$ **Ans.** $f(x) = \dfrac{2}{\pi} \displaystyle\int_0^\infty \dfrac{1}{1+\lambda^2} \cos \lambda x \, d\lambda$

(v) $f(x) = e^{-x^2/2}, -\infty < x < \infty$ **(May 2012) Ans.** $f(x) = \dfrac{2}{\pi} \displaystyle\int_0^\infty e^{-\lambda^2/2} \cos \lambda x \, d\lambda$

2. If $f(x) = \begin{cases} 1, & |x| < 1 \\ \dfrac{1}{2}, & |x| = 1 \\ 0, & |x| > 1 \end{cases}$ then prove that for every x in $-\infty < x < \infty$,

$$f(x) = \dfrac{1}{\pi} \int_0^\infty \dfrac{\sin[\lambda(1+x)] + \sin[\lambda(1-x)]}{\lambda} d\lambda = \dfrac{2}{\pi} \int_0^\infty \dfrac{\sin \lambda \cos \lambda x}{\lambda} d\lambda.$$

3. By applying the Fourier sine integral formula to the function

$$f(x) = \begin{cases} 1, & 0 < x < k \\ \dfrac{1}{2}, & x = k \\ 0, & x > k \end{cases}$$

obtain the representation

$$f(x) = \dfrac{2}{\pi} \int_0^\infty \dfrac{1 - \cos k\lambda}{\lambda} \sin \lambda x \, d\lambda, \; x > 0.$$

4. Find the Fourier integral for f(x), where
$$f(x) = e^{-kx}, \;(x > 0)$$
in the following cases : (i) $f(-x) = f(x)$, (ii) $f(-x) = -f(x)$.

Ans. (i) $f(x) = \dfrac{2}{\pi} \displaystyle\int_0^\infty \dfrac{k \cos \lambda x}{\lambda^2 + k^2} d\lambda$, (ii) $f(x) = \dfrac{2}{\pi} \displaystyle\int_0^\infty \dfrac{\lambda \sin \lambda x}{\lambda^2 + k^2} d\lambda$

5. Using the Fourier integral representation, show that :

(i) $\displaystyle\int_0^\infty \dfrac{\sin \pi\lambda \, \sin \lambda x}{1 - \lambda^2} d\lambda = \begin{cases} \dfrac{\pi}{2} \sin x, & 0 \le x \le \pi \\ 0, & x > \pi \end{cases}$

(ii) $\displaystyle\int_0^\infty \dfrac{\sin \lambda \cos \lambda x}{\lambda} d\lambda = \begin{cases} \dfrac{\pi}{2}, & 0 \le x < 1 \\ \dfrac{\pi}{4}, & x = 1 \\ 0, & x > 1. \end{cases}$ **(Dec. 2012)**

6. Establish the following representations :

(i) $e^{-x} - e^{-2x} = \dfrac{6}{\pi} \displaystyle\int_0^\infty \dfrac{\lambda \sin \lambda x}{(\lambda^2 + 1)(\lambda^2 + 4)} \, d\lambda, \; x > 0$ \hfill (Dec. 2007)

(ii) $e^{-x} \sin x = \dfrac{2}{\pi} \displaystyle\int_0^\infty \dfrac{2\lambda \sin \lambda x}{\lambda^4 + 4} \, d\lambda, \; x > 0.$

(iii) $e^{-3x} \sinh x = \dfrac{12}{\pi} \displaystyle\int_0^\infty \dfrac{\lambda \sin \lambda x}{(\lambda^2 + 4)(\lambda^2 + 16)} \, d\lambda$ \hfill (Dec. 2008)

7. Find the Fourier transforms of the following functions :

(i) $f(x) = \begin{cases} x, & |x| \le a \\ 0, & |x| > a \end{cases}$ **Ans.** $F(\lambda) = 2i \left(\dfrac{\sin a\lambda}{\lambda^2} - \dfrac{a \cos a\lambda}{\lambda} \right)$, $F_s(\lambda) = \left(\dfrac{\sin a\lambda}{\lambda^2} - \dfrac{a \cos a\lambda}{\lambda} \right)$

(ii) $f(x) = \begin{cases} x^2, & |x| \le a \\ 0, & |x| > a \end{cases}$ **Ans.** $\dfrac{2}{\lambda^3} \left\{ (a^2 \lambda^2 - 2) \sin a\lambda + 2a\lambda \cos a\lambda \right\}$

(iii) $f(x) = \begin{cases} \dfrac{\pi}{2} \cos x, & |x| \le \pi \\ 0, & |x| > \pi \end{cases}$ **Ans.** $\pi \dfrac{\lambda \sin \lambda \pi}{1 - \lambda^2}$

8. Find the Fourier sine transforms of the following functions :

(i) $f(x) = \begin{cases} \sin x, & 0 \le x < a \\ 0, & x > a \end{cases}$ **Ans.** $\dfrac{1}{2} \left[\dfrac{\sin(1-\lambda)a}{1-\lambda} - \dfrac{\sin(1+\lambda)a}{1+\lambda} \right]$

(ii) $f(x) = \begin{cases} 0, & 0 \le x < a \\ x, & a \le x \le b \\ 0, & x > b \end{cases}$ **Ans.** $\left(\dfrac{a \cos \lambda a - b \cos \lambda b}{\lambda} \right) + \left(\dfrac{\sin \lambda b - \sin \lambda a}{\lambda^2} \right)$

9. Find the Fourier sine transform of $e^{-|x|}$. Hence evaluate $\displaystyle\int_0^\infty \dfrac{x \sin mx}{1 + x^2} \, dx.$ \hfill (Dec. 2012)

Ans. $\dfrac{\lambda}{1 + \lambda^2}, \; \dfrac{\pi}{2} e^{-m}$

10. Find the Fourier cosine transforms of the following functions :

(i) $f(x) = 2e^{-5x} + 5e^{-2x}$ \hfill (Dec. 2005) **Ans.** $10 \left(\dfrac{1}{\lambda^2 + 5} + \dfrac{1}{\lambda^2 + 4} \right)$

(ii) $f(x) = e^{-2x} + 4e^{-3x}$ **Ans.** $2 \left(\dfrac{1}{\lambda^2 + 4} + \dfrac{6}{\lambda^2 + 9} \right)$

(iii) $f(x) = \begin{cases} x, & 0 < x < \dfrac{1}{2} \\ 1 - x, & 1/2 < x < 1 \\ 0, & x > 1 \end{cases}$ **Ans.** $\left(\dfrac{-\cos \lambda + 2 \cos \lambda/2 - 1}{\lambda^2} \right)$

11. Find the Fourier sine and cosine transforms of the following functions :

(i) $f(x) = \begin{cases} 1, & 0 \leq x \leq 1 \\ 0, & x > 1 \end{cases}$

Ans. $\dfrac{1 - \cos \lambda}{\lambda}, \dfrac{\sin \lambda}{\lambda}$

(ii) $f(x) = \begin{cases} x^2, & 0 \leq x \leq 1 \\ 0, & x > 0 \end{cases}$

Ans. $\dfrac{1}{\lambda^3} \{2\lambda \sin \lambda - \lambda^2 \cos \lambda + 2 (\cos \lambda - 1)\}, \dfrac{1}{\lambda^3} \{2\lambda \cos \lambda + \lambda^2 \sin \lambda - 2 \sin \lambda\}$

12. Find the Fourier sine transform of

$$f(x) = \begin{cases} 1, & 0 \leq x \leq 1 \\ 0, & x > 1 \end{cases}$$

and hence evaluate $\int_0^\infty \dfrac{\sin^3 x}{x} dx$.

Hint : $F_s(\lambda) = \int_0^\infty f(u) \sin \lambda u \, du = \int_0^1 \sin \lambda u \, du = \left[-\dfrac{\cos \lambda u}{\lambda} \right]_0^1$

$= \dfrac{1 - \cos \lambda}{\lambda} = \dfrac{2 \sin^2 \lambda/2}{\lambda}$

$f(x) = \dfrac{2}{\pi} \int_0^\infty F_s(\lambda) \sin \lambda n \, d\lambda = \dfrac{2}{\pi} \int_0^\infty \dfrac{2 \sin^2 \lambda/2}{2 (\lambda/2)} \sin \lambda x \, d\lambda$

Putting $\lambda/2 = t$, $f(x) = \dfrac{4}{\pi} \int_0^\infty \dfrac{\sin^2 t}{t} \sin 2tx \, dt$

Again putting $x = 1/2$, $f\left(\dfrac{1}{2}\right) = 1 = \dfrac{4}{\pi} \int_0^\infty \dfrac{\sin^3 t}{t} dt$ **Ans.** $\dfrac{\pi}{4}$

13. Using inverse Fourier cosine transform, find $f(x)$, if

$F_c(\lambda) = \begin{cases} \sqrt{2/\pi}\left(a - \dfrac{\lambda}{2}\right), & \lambda \leq 2a \\ 0, & \lambda > 2a \end{cases}$ **Ans.** $\dfrac{2 \sin^2 ax}{\pi x^2}$

14. Using inverse Fourier sine transform, find $f(x)$, if

$F_s(\lambda) = \dfrac{\lambda}{1 + \lambda^2}$ **Ans.** e^{-x}

Hint : $f(x) = \dfrac{2}{\pi} \int_0^\infty F_s(\lambda) \sin \lambda x \, d\lambda = \dfrac{2}{\pi} \int_0^\infty \dfrac{\lambda}{1 + \lambda^2} \sin \lambda x \, d\lambda = \dfrac{2}{\pi} \int_0^\infty \dfrac{\lambda^2 + 1 - 1}{\lambda (1 + \lambda^2)} \sin \lambda x \, d\lambda$

$= \dfrac{2}{\pi} \left[\dfrac{\pi}{2} - \int_0^\infty \dfrac{\sin \lambda x}{\lambda (1 + \lambda)^2} d\lambda \right] = 1 - \dfrac{2}{\pi} \int_0^\infty \dfrac{\sin \lambda x}{\lambda (1 + \lambda^2)} d\lambda$

Using DUIS Rule,

$$f'(x) = 0 - \frac{2}{\pi} \int_0^\infty \frac{\partial}{\partial x} \frac{\sin \lambda x}{\lambda (1 + \lambda^2)} d\lambda = -\frac{2}{\pi} \int_0^\infty \frac{\cos \lambda x}{1 + \lambda^2} d\lambda$$

Again using DUIS Rule,

$$f''(x) = \frac{2}{\pi} \int_0^\infty \frac{\lambda \sin \lambda x}{1 + \lambda^2} d\lambda = f(x) \qquad \therefore \; f''(x) - f(x) = 0$$

G.S. = $f(x) = c_1 e^x + c_2 e^{-x}$ and $f'(x) = c_1 e^x - c_2 e^{-x}$.

Show that $c_1 = 0, c_2 = 1$.

15. Find the function f(x), satisfying the integral equation

$$\int_0^\infty f(x) \sin \lambda x \, dx = \frac{\lambda}{\lambda^2 + k^2} . \qquad \text{Ans. } f(x) = e^{-kx}, x > 0$$

MULTIPLE CHOICE QUESTIONS (MCQ's)

Type I : Fourier Integral Representation Fourier Transform and Inverse Fourier Transform

1. The fourier integral representation of f(x) defined in the interval $-\infty < x < \infty$ is (1)

(A) $\dfrac{1}{2\pi} \int_{-\infty}^{\infty} \int_{-\infty}^{\infty} f(u) \, e^{-i\lambda(u - x)} \, du \, d\lambda$

(B) $\int_{-\infty}^{\infty} \int_{-\infty}^{\infty} f(u) \, e^{-i\lambda(u - x)} \, du \, d\lambda$

(C) $\dfrac{1}{2\pi} \int_{-\infty}^{\infty} \int_{-\infty}^{\infty} f(u) \, e^{i\lambda u} \, du \, dx$

(D) $\dfrac{2}{\pi} \int_{-\infty}^{\infty} \int_{-\infty}^{\infty} f(u) \, e^{i\lambda(u - x)} \, du \, d\lambda$

2. The Fourier transform $F(\lambda)$ of function f(x) defined in the interval $-\infty < x < \infty$ is (1)

(A) $\int_{-\infty}^{\infty} f(u) \, e^{iu} \, du$

(B) $\int_{-\infty}^{\infty} f(u) \, e^{-\lambda u} \, du$

(C) $\int_{-\infty}^{\infty} f(u) \, e^{-i\lambda u} \, du$

(D) $\int_{0}^{\infty} f(u) \, e^{-i\lambda u} \, du$

3. The inverse Fourier transform f(x) defined in $-\infty < x < \infty$ of $F(\lambda)$ is (1)

(A) $\dfrac{1}{2\pi} \int_{-\infty}^{\infty} F(\lambda) \, e^{i\lambda x} \, d\lambda$

(B) $\dfrac{2}{\pi} \int_{-\infty}^{\infty} F(\lambda) \, e^{-i\lambda x} \, d\lambda$

(C) $\dfrac{1}{2\pi} \int_{-\infty}^{0} F(\lambda) \, e^{ix} \, d\lambda$

(D) $\dfrac{1}{2\pi} \int_{0}^{\infty} F(\lambda) \, e^{i\lambda x} \, dx$

4. In the Fourier integral representation of $\dfrac{1}{2\pi}\displaystyle\int_{-\infty}^{\infty}\left(\dfrac{1-i\lambda}{1+\lambda^2}\right)e^{i\lambda x}\,d\lambda = \begin{cases} 0, & x<0 \\ e^{-x}, & x>0 \end{cases}$, $F(\lambda)$ is (1)

(A) $\dfrac{1+\lambda^2}{1-i\lambda}$ (B) $\dfrac{\sin\lambda}{1+\lambda^2}$

(C) $\dfrac{\cos\lambda}{1+\lambda^2}$ (D) $\dfrac{1-i\lambda}{1+\lambda^2}$

5. In the Fourier integral representation of

$\dfrac{1}{2\pi}\displaystyle\int_{-\infty}^{\infty}\left(\dfrac{e^{-i\lambda\pi}+1}{1-\lambda^2}\right)e^{i\lambda x}\,d\lambda = \begin{cases} \sin x, & 0<x<\pi \\ 0, & x<0 \text{ and } x>\pi \end{cases}$, $F(\lambda)$ is (1)

(A) $\dfrac{1+\lambda^2}{1-i\lambda}$ (B) $\dfrac{e^{-i\lambda}}{1-\lambda^2}$

(C) $\dfrac{e^{-i\lambda\pi}+1}{1-\lambda^2}$ (D) $\dfrac{\sin\lambda}{1-\lambda^2}$

6. In the Fourier integral representation $\dfrac{1}{2\pi}\displaystyle\int_{-\infty}^{\infty}\pi\left(\dfrac{1-i\lambda}{1+\lambda^2}\right)e^{i\lambda x}\,d\lambda = \begin{cases} 0, & x<0 \\ e^{-\pi}, & x>0 \end{cases}$, $F(\lambda)$ is (2)

(A) $\dfrac{1+\lambda^2}{1-i\lambda}$ (B) $\dfrac{\sin\lambda}{1+\lambda^2}$

(C) $\dfrac{\cos\lambda}{1+\lambda^2}$ (D) $\pi\dfrac{1-i\lambda}{1+\lambda^2}$

7. The Fourier transform $F(\lambda)$ of $f(x) = \begin{cases} 1, & x>0 \\ 0, & x<0 \end{cases}$ is (2)

(A) $i\lambda$ (B) $\dfrac{1}{i\lambda}$

(C) $\dfrac{1}{\lambda}$ (D) λ

8. The Fourier transform $F(\lambda)$ of $f(x) = \begin{cases} 1, & |x|<a \\ 0, & |x|>a \end{cases}$ is (2)

(A) $\dfrac{2\sin\lambda a}{\lambda}$ (B) $\dfrac{e^{-i\lambda a}}{\lambda}$

(C) $\dfrac{e^{i\lambda a}}{\lambda}$ (D) $\dfrac{2\cos\lambda a}{\lambda}$

9. The Fourier transform $F(\lambda)$ of $f(x) = \begin{cases} e^{-x}, & x > 0 \\ 0, & x < 0 \end{cases}$ is (2)

    (A) $\dfrac{1-\lambda}{1+\lambda^2}$ 　　　(B) $\dfrac{1-i\lambda}{1+\lambda^2}$

    (C) $\dfrac{1-i\lambda}{1-\lambda^2}$ 　　　(D) $\dfrac{1}{1+\lambda^2}$

10. The Fourier transform $F(\lambda)$ of $f(x) = e^{-|x|}$ is given by (2)

    (A) $\dfrac{3}{1+\lambda^2}$ 　　　(B) $\dfrac{1}{1-\lambda^2}$

    (C) $\dfrac{2}{1-\lambda^2}$ 　　　(D) $\dfrac{2}{1+\lambda^2}$

11. If $f(x) = \begin{cases} \sin x, & 0 < x < \pi \\ 0, & x < 0 \text{ and } x > \pi \end{cases}$ then Fourier transform $F(\lambda)$ of $f(x)$ is (2)

    (A) $\dfrac{e^{i\lambda\pi}+1}{1+\lambda^2}$ 　　　(B) $\dfrac{e^{i\lambda\pi}+1}{1-\lambda^2}$

    (C) $\dfrac{e^{-i\lambda\pi}+1}{1-\lambda^2}$ 　　　(D) $\dfrac{e^{-i\lambda\pi}+1}{1+\lambda^2}$

12. The Fourier transform $F(\lambda)$ of $f(x) = \begin{cases} \cos x, & x > 0 \\ 0, & x < 0 \end{cases}$ is (2)

    (A) $\dfrac{i\lambda}{1-\lambda^2}$ 　　　(B) $-\dfrac{i\lambda}{1-\lambda^2}$

    (C) $-\dfrac{i\lambda}{1+\lambda^2}$ 　　　(D) $\dfrac{i\lambda}{1+\lambda^2}$

13. The Fourier transform $F(\lambda)$ of $f(x) = \begin{cases} \sin x, & x > 0 \\ 0, & x < 0 \end{cases}$ is (2)

    (A) $\dfrac{1}{1-\lambda^2}$ 　　　(B) $\dfrac{1}{1+\lambda^2}$

    (C) $\dfrac{i\lambda}{1-\lambda^2}$ 　　　(D) $\dfrac{i\lambda}{1+\lambda^2}$

14. The Fourier transform $F(\lambda)$ of $f(x) = \begin{cases} x, & x > 0 \\ 0, & x < 0 \end{cases}$ is (2)

    (A) 0 　　　(B) $\dfrac{1}{\lambda^2}$

    (C) λ^2 　　　(D) $-\dfrac{1}{\lambda^2}$

15. If $f(x) = \begin{cases} 2, & |x| < 1 \\ 0, & |x| > 1 \end{cases}$ then Fourier transform $F(\lambda)$ of $f(x)$ is given by (2)

(A) $\dfrac{4\cos\lambda}{\lambda^2}$

(B) $\dfrac{4\sin\lambda}{\lambda}$

(C) $\dfrac{2\sin 2\lambda}{\lambda}$

(D) $\dfrac{\sin\lambda}{\lambda}$

16. The Fourier transform $F(\lambda)$ of $f(x) = \begin{cases} x^2, & x > 0 \\ 0, & x < 0 \end{cases}$ is (2)

(A) $-\dfrac{2i}{\lambda^3}$

(B) $\dfrac{1}{i\lambda^3}$

(C) $\dfrac{2i}{\lambda^3}$

(D) $-\dfrac{1}{i\lambda^3}$

17. The Fourier transform $F(\lambda)$ of $f(x) = \begin{cases} x - x^2, & x > 0 \\ 0, & x < 0 \end{cases}$ is (2)

(A) $\dfrac{2}{\lambda^2} + i\dfrac{1}{\lambda^3}$

(B) $\dfrac{1}{\lambda^2} - i\dfrac{2}{\lambda^3}$

(C) $\dfrac{1}{\lambda^2} + i\dfrac{2}{\lambda^3}$

(D) $-\dfrac{1}{\lambda^2} - i\dfrac{2}{\lambda^3}$

18. The Fourier transform $F(\lambda)$ of $f(x) = \begin{cases} 1 - x^2, & |x| \leq 1 \\ 0, & |x| > 1 \end{cases}$ is (2)

(A) $-\dfrac{4}{\lambda^3}(\sin\lambda - \lambda\cos\lambda)$

(B) $\dfrac{4}{\lambda^3}(\sin\lambda - \lambda\cos\lambda)$

(C) $\dfrac{4}{\lambda^2}(\sin\lambda - \lambda\cos\lambda)$

(D) $\dfrac{4}{\lambda^3}(\sin\lambda + \lambda\cos\lambda)$

19. The Fourier transform $F(\lambda)$ of $f(x) = \begin{cases} 2 + x, & x > 0 \\ 0, & x < 0 \end{cases}$ is (2)

(A) $-\dfrac{1}{\lambda^2} - i\dfrac{2}{\lambda}$

(B) $\dfrac{1}{\lambda^2} - i\dfrac{2}{\lambda}$

(C) $\dfrac{1}{\lambda^2} + i\dfrac{2}{\lambda}$

(D) $-\dfrac{1}{\lambda^2} + i\dfrac{2}{\lambda}$

20. The inverse Fourier transform, $f(x)$ defined in $-\infty < x < \infty$ of $F(\lambda) = \left[\dfrac{1-i\lambda}{1+\lambda^2}\right]$ is (2)

(A) $\dfrac{1}{2\pi} \displaystyle\int_{-\infty}^{\infty} \left[i\dfrac{-\lambda\cos\lambda x + \sin\lambda x}{1+\lambda^2}\right] d\lambda$

(B) $\dfrac{1}{2\pi} \displaystyle\int_{-\infty}^{\infty} \left[\dfrac{\cos\lambda x - \lambda\sin\lambda x}{1+\lambda^2} + i\dfrac{-\lambda\cos\lambda x - \sin\lambda x}{1+\lambda^2}\right] d\lambda$

(C) $\dfrac{1}{2\pi} \displaystyle\int_{-\infty}^{\infty} \left[\dfrac{\cos\lambda x + \lambda\sin\lambda x}{1+\lambda^2} + i\dfrac{-\lambda\cos\lambda x + \sin\lambda x}{1+\lambda^2}\right] d\lambda$

(D) $\dfrac{1}{2\pi} \displaystyle\int_{-\infty}^{\infty} \left[\dfrac{\cos\lambda x + \lambda\sin\lambda x}{1-\lambda^2} + i\dfrac{-\lambda\cos\lambda x + \sin\lambda x}{1-\lambda^2}\right] d\lambda$

21. The inverse Fourier transform $f(x)$ defined in $-\infty < x < \infty$ of $F(\lambda) = \pi\left[\dfrac{1-i\lambda}{1+\lambda^2}\right]$ is (2)

(A) $\dfrac{1}{2} \displaystyle\int_{0}^{\infty} \left[\dfrac{\cos\lambda x + \lambda\sin\lambda x}{1+\lambda^2} + i\dfrac{-\lambda\cos\lambda x + \sin\lambda x}{1+\lambda^2}\right] d\lambda$

(B) $\dfrac{1}{2} \displaystyle\int_{-\infty}^{\infty} \left[\dfrac{\cos\lambda x + \lambda\sin\lambda x}{1+\lambda^2} + i\dfrac{-\lambda\cos\lambda x + \sin\lambda x}{1+\lambda^2}\right] d\lambda$

(C) $\dfrac{1}{2} \displaystyle\int_{-\infty}^{\infty} \left[i\dfrac{-\lambda\cos\lambda x + \sin\lambda x}{1+\lambda^2}\right] d\lambda$

(D) $\dfrac{1}{2} \displaystyle\int_{-\infty}^{\infty} \left[\dfrac{\cos\lambda x + \lambda\sin\lambda x}{1-\lambda^2} + i\dfrac{-\lambda\cos\lambda x + \sin\lambda x}{1-\lambda^2}\right] d\lambda$

22. The inverse Fourier transform $f(x)$ defined in $-\infty < x < \infty$ of $F(\lambda) = \dfrac{e^{-i\lambda\pi}+1}{1-\lambda^2}$ is (2)

(A) $\dfrac{1}{2\pi} \displaystyle\int_{-\infty}^{\infty} \left[\dfrac{1+\cos\lambda x}{1-\lambda^2}\right](\cos\lambda x + i\sin\lambda x)\, d\lambda$

(B) $\dfrac{1}{2\pi} \displaystyle\int_{0}^{\infty} \left[\dfrac{(1+\cos\lambda x) - i\sin\lambda\pi}{1-\lambda^2}\right](\cos\lambda x + i\sin\lambda x)\, d\lambda$

(C) $\dfrac{1}{2\pi} \displaystyle\int_{-\infty}^{\infty} \left[\dfrac{(1+\cos\lambda\pi) - i\sin\lambda\pi}{1-\lambda^2}\right](\cos\lambda x + i\sin\lambda x)\, d\lambda$

(D) $\dfrac{1}{2\pi} \displaystyle\int_{-\infty}^{\infty} \left[\dfrac{\sin\lambda\pi}{1-\lambda^2}\right](\cos\lambda x + i\sin\lambda x)\, d\lambda$

23. If the Fourier integral representation of f(x) is

$$\frac{2}{\pi}\int_0^\infty \frac{\sin\lambda\cos\lambda x}{\lambda}d\lambda = \begin{cases}1, & |x|<1\\ 0, & |x|>1\end{cases} \text{ then value of integral } \int_0^\infty \frac{\sin\lambda}{\lambda}d\lambda \text{ is} \qquad (2)$$

(A) $\frac{\pi}{4}$ (B) $\frac{\pi}{2}$ (C) 0 (D) 1

24. If the Fourier integral representation of f(x) is

$$\frac{1}{\pi}\int_0^\infty \frac{\cos\lambda x + \cos[\lambda(\pi-x)]}{1-\lambda^2}d\lambda = \begin{cases}\sin x, & 0<x<\pi\\ 0, & x<0 \text{ and } x>\pi\end{cases} \text{ then value of the integral}$$

$$\int_0^\infty \frac{\cos\frac{\lambda\pi}{2}}{1-\lambda^2}d\lambda \text{ is} \qquad (2)$$

(A) $\frac{\pi}{4}$ (B) 1 (C) 0 (D) $\frac{\pi}{2}$

Answers

1. (A)	2. (C)	3. (A)	4. (D)	5. (C)	6. (D)	7. (B)	8. (A)
9. (B)	10. (D)	11. (C)	12. (A)	13. (A)	14. (D)	15. (B)	16. (C)
17. (D)	18. (B)	19. (A)	20. (C)	21. (B)	22. (C)	23. (B)	24. (D)

Type II : Fourier Sine and Cosine Integral Representations, Transform and Inverse Transform

1. The Fourier consine integral representation of an even function f(x) defined in the interval $-\infty < x < \infty$ is (1)

(A) $\int_0^\infty \int_0^\infty f(u)\cos\lambda u \sin\lambda x \, du \, d\lambda$

(B) $\frac{2}{\pi}\int_0^\infty \int_0^\infty f(u)\cos\lambda u \cos\lambda x \, du \, d\lambda$

(C) $\frac{2}{\pi}\int_0^\infty \int_0^\infty f(u)\sin\lambda u \cos\lambda x \, du \, d\lambda$

(D) $\frac{2}{\pi}\int_0^\infty \int_0^\infty f(u)\sin\lambda u \sin\lambda x \, du \, d\lambda$

2. The Fourier sine integral representation of an odd function f(x) defined in the interval $-\infty < x < \infty$ is (1)

(A) $\int_0^\infty \int_0^\infty f(u)\sin\lambda u \cos\lambda x \, du \, d\lambda$

(B) $\int_0^\infty \int_0^\infty f(u)\cos\lambda u \sin\lambda x \, du \, d\lambda$

(C) $\frac{2}{\pi}\int_0^\infty \int_0^\infty f(u)\cos\lambda u \cos\lambda x \, du \, d\lambda$

(D) $\frac{2}{\pi}\int_0^\infty \int_0^\infty f(u)\sin\lambda u \sin\lambda x \, du \, d\lambda$

3. The Fourier cosine transform $F_c(\lambda)$ of an even function f(x) defined in the interval $-\infty < x < \infty$ is (1)

(A) $\int_0^\infty f(u)\sec\lambda u \, du$

(B) $\int_0^\infty f(u)\cos\lambda u \, d\lambda$

(C) $\int_0^\infty f(u)\cos\lambda u \, du$

(D) $\int_0^\infty f(u)\sin\lambda u \, du$

4. The Fourier sine transform $F_s(\lambda)$ of an odd function f(x) defined in the interval $-\infty < x < \infty$ is (1)

   (A) $\int_0^\infty f(u) \sin \lambda u \, du$

   (B) $\int_0^\infty f(u) \operatorname{cosec} \lambda u \, du$

   (C) $\int_0^\infty f(u) \sin \lambda u \, d\lambda$

   (D) $\int_0^\infty f(u) \cos \lambda u \, du$

5. The inverse Fourier cosine transform f(x) of $F_c(\lambda)$ is (1)

   (A) $\int_0^\infty F_c(\lambda) \sin \lambda x \, d\lambda$

   (B) $\frac{2}{\pi} \int_0^\infty F_c(\lambda) \cos \lambda x \, dx$

   (C) $\int_0^\infty F_c(\lambda) \sec \lambda x \, d\lambda$

   (D) $\frac{2}{\pi} \int_0^\infty F_c(\lambda) \cos \lambda x \, d\lambda$

6. The inverse Fourier sine transform f(x) of $F_s(\lambda)$ is (1)

   (A) $\frac{2}{\pi} \int_0^\infty F_s(\lambda) \sin \lambda x \, d\lambda$

   (B) $\frac{2}{\pi} \int_0^\infty F_s(\lambda) \cos \lambda x \, d\lambda$

   (C) $\frac{2}{\pi} \int_0^\infty F_s(\lambda) \operatorname{cosec} \lambda x \, d\lambda$

   (D) $\int_0^\infty F_s(\lambda) \sin \lambda x \, dx$

7. For the Fourier sine integral representation $e^{-x} \cos x = \frac{2}{\pi} \int_0^\infty \frac{\lambda^3}{\lambda^4 + 4} \sin \lambda x \, d\lambda$, $F_s(\lambda)$ is (1)

   (A) $\frac{\lambda}{\lambda^4 + 4}$

   (B) $\frac{\lambda^3}{\lambda^4 + 4}$

   (C) $\frac{\lambda^4 + 4}{\lambda^3}$

   (D) $\frac{1}{\lambda^4 + 4}$

8. For the Fourier cosine integral representation
$$\frac{2}{\pi} \int_0^\infty \frac{\cos \frac{\pi \lambda}{2}}{1 - \lambda^2} \cos \lambda x \, d\lambda = \begin{cases} \cos x, & |x| \leq \frac{\pi}{2} \\ 0, & |x| > \frac{\pi}{2} \end{cases}$$
, then Fourier cosine transform $F_c(\lambda)$ is (1)

   (A) $\dfrac{1 - \lambda^2}{\cos \frac{\pi \lambda}{2}}$

   (B) $\dfrac{\sin \frac{\pi \lambda}{2}}{1 - \lambda^2}$

   (C) $\dfrac{\cos \frac{\pi \lambda}{2}}{1 - \lambda^2}$

   (D) $\dfrac{\cos \frac{\pi \lambda}{2}}{1 + \lambda^2}$

9. For the Fourier sine integral representation

$$\frac{2}{\pi}\int_0^\infty \frac{1-\cos\pi\lambda}{\lambda}\sin\lambda x\, d\lambda = \begin{cases} 1, & 0 < x < \pi \\ 0, & x > \pi \end{cases}, F_s(\lambda) \text{ is}$$ (1)

(A) $\dfrac{1-\cos\pi\lambda}{\lambda^2}$

(B) $\dfrac{\lambda}{1-\cos\pi\lambda}$

(C) $\dfrac{1-\sin\pi\lambda}{\lambda}$

(D) $\dfrac{1-\cos\pi\lambda}{\lambda}$

10. For the Fourier sine integral representation

$$\frac{2}{\pi}\int_0^\infty \frac{\sin\pi\lambda}{1-\lambda^2}\sin\lambda x\, d\lambda = \begin{cases} \sin x, & |x| \le \pi \\ 0, & |x| > \pi \end{cases}, F_s(\lambda) \text{ is}$$ (1)

(A) $\dfrac{\sin\pi\lambda}{1-\lambda^2}$

(B) $\dfrac{1-\cos\pi\lambda}{1-\lambda^2}$

(C) $\dfrac{\sin\pi\lambda}{1+\lambda^2}$

(D) $\dfrac{1-\lambda^2}{\sin\lambda\pi}$

11. For the Fourier sine integral representation

$$\frac{6}{\pi}\int_0^\infty \frac{\lambda\sin\lambda x}{(\lambda^2+1)(\lambda^2+4)}\, d\lambda = e^{-x} - e^{-2x}, x > 0, F_s(\lambda) \text{ is}$$ (1)

(A) $\dfrac{(\lambda^2+1)(\lambda^2+4)}{3\lambda}$

(B) $\dfrac{\lambda}{(\lambda^2+1)(\lambda^2+4)}$

(C) $\dfrac{3\lambda}{(\lambda^2+1)(\lambda^2+4)}$

(D) $\dfrac{\lambda\sin\lambda x}{(\lambda^2+1)(\lambda^2+4)}$

12. For the Fourier sine integral representation $\dfrac{2}{\pi}\int_0^\infty \dfrac{2\lambda\sin\lambda x}{\lambda^4+4}\, d\lambda = e^{-x}\sin x, x > 0, F_s(\lambda)$ is (1)

(A) $\dfrac{\lambda^4+4}{2\lambda\sin\lambda x}$

(B) $\dfrac{2\lambda}{\lambda^4+4}$

(C) $\dfrac{2\lambda\sin\lambda x}{\lambda^4+4}$

(D) $\dfrac{2\lambda\cos\lambda x}{\lambda^4+4}$

13. For the Fourier sine integral representation

$$\frac{12}{\pi}\int_0^\infty \frac{\lambda\sin\lambda x}{(\lambda^2+4)(\lambda^2+16)}\, d\lambda = e^{-3x}\sinh x, x > 0, F_s(\lambda) \text{ is}$$ (1)

(A) $\dfrac{6\lambda}{(\lambda^2+4)(\lambda^2+16)}$

(B) $\dfrac{\lambda}{(\lambda^2+4)(\lambda^2+16)}$

(C) $\dfrac{6\cos\lambda x}{(\lambda^2+4)(\lambda^2+16)}$

(D) $\dfrac{1}{(\lambda^2+4)(\lambda^2+16)}$

14. For the Fourier cosine integral representation

$$\frac{2}{\pi} \int_0^\infty \frac{\lambda \sin \pi\lambda}{1-\lambda^2} \cos \lambda x \, d\lambda = \begin{cases} \cos x, & |x| \le \pi \\ 0, & |x| > \pi \end{cases}, F_c(\lambda) \text{ is} \qquad (1)$$

(A) $\dfrac{\sin \pi\lambda}{1-\lambda^2}$

(B) $\dfrac{\lambda \sin \pi\lambda}{1-\lambda^2}$

(C) $\dfrac{\lambda \cos \pi\lambda}{1-\lambda^2}$

(D) $\dfrac{1-\lambda^2}{\sin \lambda\pi}$

15. For the Fourier cosine integral representation

$$\frac{20}{\pi} \int_0^\infty \left(\frac{1}{\lambda^2+5} + \frac{1}{\lambda^2+4}\right) \cos \lambda x \, d\lambda = 2e^{-5x} + 5e^{-2x}, F_c(\lambda) \text{ is} \qquad (1)$$

(A) $2e^{-5\lambda} + 5e^{-2\lambda}$

(B) $\left(\dfrac{1}{\lambda^2+5} + \dfrac{1}{\lambda^2+4}\right) \cos \lambda x$

(C) $\left(\dfrac{1}{\lambda^2+5} + \dfrac{1}{\lambda^2+4}\right)$

(D) $10\left(\dfrac{1}{\lambda^2+5} + \dfrac{1}{\lambda^2+4}\right)$

16. For the Fourier sine transform of $f(x) = e^{-mx}$, $m > 0$, $x > 0$ is $F_s(\lambda) = \dfrac{\lambda}{\lambda^2+m^2}$ then its inverse Fourier sine transform is (1)

(A) $\dfrac{2}{\pi} \int_0^\infty \dfrac{\lambda}{\lambda^2+m^2} \sin \lambda x \, dm$

(B) $\dfrac{2}{\pi} \int_0^\infty \dfrac{\lambda}{\lambda^2+m^2} \sin \lambda x \, dx$

(C) $\dfrac{2}{\pi} \int_0^\infty \dfrac{\lambda}{\lambda^2+m^2} \cos \lambda x \, d\lambda$

(D) $\dfrac{2}{\pi} \int_0^\infty \dfrac{\lambda}{\lambda^2+m^2} \sin \lambda x \, d\lambda$

17. If the Fourier cosine integral representation of $f(x) = \begin{cases} 1, & |x| < 1 \\ 0, & |x| > 1 \end{cases}$ is

$f(x) = \dfrac{2}{\pi} \int_0^\infty \dfrac{\sin \lambda \cos \lambda x}{\lambda} d\lambda$ then the value of integral $\int_0^\infty \dfrac{\sin \lambda}{\lambda} d\lambda$ is equal to (1)

(A) $\dfrac{\pi}{2}$

(B) $\dfrac{2}{\pi}$

(C) 1

(D) 0

18. The Fourier sine transform $F_s(\lambda)$ of $f(x) = \begin{cases} \pi/2, & 0 < x < \pi \\ 0, & x > \pi \end{cases}$ is (2)

(A) $\dfrac{\pi}{2}\left(\dfrac{1-\sin \lambda\pi}{\lambda}\right)$

(B) $\dfrac{\pi}{2}\left(\dfrac{\cos \lambda\pi - 1}{\lambda}\right)$

(C) $\dfrac{\pi}{2}\left(\dfrac{1-\cos \lambda\pi}{\lambda}\right)$

(D) $\left(\dfrac{\cos \lambda\pi}{\lambda}\right)$

19. The Fourier sine transform $F_s(\lambda)$ of $f(x) = \begin{cases} 1, & 0 \le x \le 1 \\ 0, & x > 1 \end{cases}$ is (2)

(A) $\left(\dfrac{\cos \lambda\pi - 1}{\lambda} \right)$

(B) $\left(\dfrac{1 - \cos \lambda}{\lambda} \right)$

(C) $\left(\dfrac{1 - \sin \lambda}{\lambda} \right)$

(D) $\left(\dfrac{\cos \lambda\pi}{\lambda} \right)$

20. If $f(x) = \begin{cases} x, & 0 < x < 1 \\ 0, & x > 1 \end{cases}$ then Fourier cosine transform $F_c(\lambda)$ of $f(x)$ is given by (2)

(A) $\dfrac{\lambda \sin \lambda + \cos \lambda - 1}{\lambda^2}$

(B) $\dfrac{\cos \lambda - \lambda \sin\lambda - 1}{\lambda^2}$

(C) $\dfrac{\cos \lambda - \lambda \sin \lambda + 1}{\lambda^2}$

(D) $\dfrac{\lambda \sin \lambda + 1}{\lambda^2}$

21. If $f(x) = \begin{cases} x, & 0 < x < 1 \\ 0, & x > 1 \end{cases}$ then Fourier sine transform $F_s(\lambda)$ of $f(x)$ is given by (2)

(A) $\dfrac{\lambda \cos \lambda + \sin \lambda}{\lambda^2}$

(B) $\dfrac{-\lambda \cos \lambda - \sin \lambda}{\lambda^2}$

(C) $\dfrac{-\lambda \cos \lambda + \sin \lambda}{\lambda^2}$

(D) $\dfrac{\cos \lambda}{\lambda^2}$

22. If $f(x) = \begin{cases} x^2, & 0 < x < 1 \\ 0, & x > 1 \end{cases}$ then Fourier cosine transform $F_c(\lambda)$ of $f(x)$ is given by (2)

(A) $\dfrac{-\lambda^2 \sin \lambda + 2\lambda \cos \lambda - 2 \sin \lambda}{\lambda^3}$

(B) $\dfrac{\lambda^2 \sin \lambda - 2\lambda \cos \lambda - 2 \sin \lambda}{\lambda^3}$

(C) $\dfrac{\lambda^2 \sin \lambda - 2\lambda \cos \lambda + 2 \sin \lambda}{\lambda^3}$

(D) $\dfrac{\lambda^2 \sin \lambda + 2\lambda \cos \lambda - 2 \sin \lambda}{\lambda^3}$

23. If $f(x) = \begin{cases} x^2, & 0 < x < 1 \\ 0, & x > 1 \end{cases}$ then Fourier sine transform $F_s(\lambda)$ of $f(x)$ is given by (2)

(A) $\dfrac{-\lambda^2 \cos \lambda + 2\lambda \sin\lambda + 2(\cos \lambda - 1)}{\lambda^3}$

(B) $\dfrac{\lambda^2 \cos \lambda + 2\lambda \sin \lambda + 2(\cos \lambda - 1)}{\lambda^3}$

(C) $\dfrac{\lambda^2 \cos \lambda - 2\lambda \sin \lambda + 2(\cos \lambda - 1)}{\lambda^3}$

(D) $\dfrac{\lambda^2 \cos \lambda - 2\lambda \sin \lambda - 2(\cos \lambda - 1)}{\lambda^3}$

24. The Fourier cosine transform $F_c(\lambda)$ of $f(x) = \begin{cases} 1 - x^2, & |x| \leq 1 \\ 0, & |x| > 1 \end{cases}$ is (2)

(A) $-\dfrac{2}{\lambda^3}(\sin \lambda - \lambda \cos \lambda)$ \hspace{2em} (B) $\dfrac{2}{\lambda^3}(\sin \lambda - \lambda \cos \lambda)$

(C) $\dfrac{2}{\lambda^2}(\sin \lambda - \lambda \cos \lambda)$ \hspace{2em} (D) $\dfrac{2}{\lambda^3}(\sin \lambda + \lambda \cos \lambda)$

25. The Fourier cosine transform $f_c(\lambda)$ of $f(x) = \begin{cases} \pi/2, & 0 < x < \pi \\ 0, & x > \pi \end{cases}$ is (2)

(A) $\dfrac{\pi}{2}\left(\dfrac{1 - \sin \lambda\pi}{\lambda}\right)$ \hspace{2em} (B) $\left(\dfrac{1 - \sin \lambda\pi}{\lambda}\right)$

(C) $\left(\dfrac{\pi \sin \lambda\pi}{2\lambda}\right)$ \hspace{2em} (D) $\left(\dfrac{\sin \lambda\pi}{\lambda}\right)$

26. The Fourier sine transform $F_s(\lambda)$ of $f(x) = e^{-x}$, $x > 0$ is given by (2)

(A) $\dfrac{3\lambda}{1 + \lambda^2}$ \hspace{2em} (B) $\dfrac{\lambda}{1 - \lambda^2}$

(C) $\dfrac{\lambda}{1 + \lambda^2}$ \hspace{2em} (D) $\dfrac{\lambda}{1 - \lambda^2}$

27. The Fourier cosine transform $F_c(\lambda)$ of $f(x) = e^{-x}$, $x > 0$ is given by (2)

(A) $\dfrac{2}{1 - \lambda^2}$ \hspace{2em} (B) $\dfrac{1}{1 - \lambda^2}$

(C) $\dfrac{2}{1 + \lambda^2}$ \hspace{2em} (D) $\dfrac{1}{1 + \lambda^2}$

28. If $f(x) = e^{-kx}$, $x > 0$, $k > 0$ then Fourier sine transform $F_s(\lambda)$ of $f(x)$ is given by (2)

(A) $\dfrac{\lambda}{k^2 + \lambda^2}$ \hspace{2em} (B) $\dfrac{k}{k^2 + \lambda^2}$

(C) $\dfrac{1}{k^2 + \lambda^2}$ \hspace{2em} (D) $-\dfrac{k}{k^2 + \lambda^2}$

29. If $f(x) = e^{-kx}$, $x > 0$ then Fourier cosine transform $F_c(\lambda)$ of $f(x)$ is given by (2)

(A) $-\dfrac{k}{k^2 + \lambda^2}$ \hspace{2em} (B) $\dfrac{k}{k^2 + \lambda^2}$

(C) $\dfrac{\lambda}{k^2 + \lambda^2}$ \hspace{2em} (D) $\dfrac{1}{k^2 + \lambda^2}$

30. The Fourier cosine transform $F_c(\lambda)$ of $f(x) = e^{-|x|}$, $-\infty < x < \infty$ is (2)

(A) $\dfrac{\lambda}{1+\lambda^2}$ 　　　　　　(B) $\dfrac{1}{1+\lambda^2}$

(C) $\dfrac{1}{1-\lambda^2}$ 　　　　　　(D) $-\dfrac{1}{1+\lambda^2}$

31. The Fourier sine transform $F_s(\lambda)$ of $f(x) = e^{-|x|}$, $0 < x < \infty$ is (2)

(A) $\dfrac{\lambda}{1+\lambda^2}$ 　　　　　　(B) $\dfrac{1}{1+\lambda^2}$

(C) $\dfrac{1}{1-\lambda^2}$ 　　　　　　(D) $-\dfrac{1}{1+\lambda^2}$

32. If $f(x) = \begin{cases} 1 & 0 < x < 1 \\ 0 & x > 0 \end{cases}$ then Fourier cosine transform $F_c(\lambda)$ of $f(x)$ is given by (2)

(A) $\dfrac{\cos \lambda}{\lambda}$ 　　　　　　(B) $\dfrac{\cos 2\lambda}{\lambda}$

(C) $\dfrac{\sin \lambda}{\lambda}$ 　　　　　　(D) $\dfrac{\sin 2\lambda}{\lambda}$

33. The Fourier cosine transform $F_c(\lambda)$ of $f(x) = \begin{cases} 1, & |x| < a \\ 0, & |x| > a \end{cases}$ is (2)

(A) $\dfrac{1 - \cos \lambda a}{\lambda}$ 　　　　　　(B) $\dfrac{\cos \lambda a - 1}{\lambda}$

(C) $\dfrac{\sin \lambda a}{a}$ 　　　　　　(D) $\dfrac{\sin \lambda a}{\lambda}$

34. The Fourier sine transform $F_s(\lambda)$ of $f(x) = \begin{cases} 1, & 0 < x < 2 \\ 0, & x > 2 \end{cases}$ is (2)

(A) $\dfrac{1 - \cos \lambda a}{\lambda}$ 　　　　　　(B) $\dfrac{\sin \lambda a}{\lambda}$

(C) $\dfrac{\cos \lambda a - 1}{\lambda}$ 　　　　　　(D) $\dfrac{\sin \lambda a}{a}$

35. The Fourier cosine transform $F_c(\lambda)$ of $f(x) = \begin{cases} \sin x, & 0 < x < \pi \\ 0, & x > \pi \end{cases}$ is (2)

(A) $\dfrac{1}{2}\left[-\dfrac{\sin(1+\lambda)u}{1+\lambda} - \dfrac{\sin(1-\lambda)u}{1-\lambda}\right]_0^\pi$ 　　(B) $\dfrac{1}{2}\left[-\dfrac{\cos(1+\lambda)u}{1+\lambda} - \dfrac{\sin(1-\lambda)u}{1-\lambda}\right]_0^\pi$

(C) $\dfrac{1}{2}\left[-\dfrac{\cos(1+\lambda)u}{1+\lambda} - \dfrac{\cos(1-\lambda)u}{1-\lambda}\right]_0^\pi$ 　　(D) $\dfrac{1}{2}\left[-\dfrac{\sin(1+\lambda)u}{1+\lambda} - \dfrac{\cos(1-\lambda)u}{1-\lambda}\right]_0^\pi$

36. The Fourier sine transform $F_s(\lambda)$ of $f(x) = \begin{cases} \sin x, & 0 < x < \pi \\ 0, & x > \pi \end{cases}$ is (2)

(A) $\dfrac{1}{2}\left[-\dfrac{\cos(1+\lambda)u}{1+\lambda} - \dfrac{\sin(1-\lambda)u}{1-\lambda}\right]_0^\pi$
(B) $\dfrac{1}{2}\left[\dfrac{\sin(1-\lambda)u}{1-\lambda} - \dfrac{\sin(1+\lambda)u}{1+\lambda}\right]_0^\pi$

(C) $\dfrac{1}{2}\left[-\dfrac{\cos(1+\lambda)u}{1+\lambda} - \dfrac{\cos(1-\lambda)u}{1-\lambda}\right]_0^\pi$
(D) $\dfrac{1}{2}\left[-\dfrac{\sin(1+\lambda)u}{1+\lambda} - \dfrac{\cos(1-\lambda)u}{1-\lambda}\right]_0^\pi$

37. The Fourier cosine transform $F_c(\lambda)$ of $f(x) = \begin{cases} \cos x, & 0 < x < \pi \\ 0, & x > \pi \end{cases}$ is (2)

(A) $\dfrac{1}{2}\left[\dfrac{\sin(1-\lambda)u}{1-\lambda} - \dfrac{\cos(1+\lambda)u}{1+\lambda}\right]_0^\pi$
(B) $\dfrac{1}{2}\left[-\dfrac{\cos(1+\lambda)u}{1+\lambda} - \dfrac{\sin(1-\lambda)u}{1-\lambda}\right]_0^\pi$

(C) $\dfrac{1}{2}\left[-\dfrac{\cos(1+\lambda)u}{1+\lambda} - \dfrac{\cos(1-\lambda)u}{1-\lambda}\right]_0^\pi$
(D) $\dfrac{1}{2}\left[\dfrac{\sin(1+\lambda)u}{1+\lambda} + \dfrac{\sin(1-\lambda)u}{1-\lambda}\right]_0^\pi$

38. The Fourier sine transform $F_s(\lambda)$ of $f(x) = \begin{cases} \cos x, & 0 < x < \pi \\ 0, & x > \pi \end{cases}$ is (2)

(A) $\dfrac{1}{2}\left[\dfrac{\sin(1-\lambda)u}{1-\lambda} - \dfrac{\cos(1+\lambda)u}{1+\lambda}\right]_0^\pi$
(B) $\dfrac{1}{2}\left[-\dfrac{\cos(\lambda+1)u}{\lambda+1} - \dfrac{\cos(\lambda-1)u}{\lambda-1}\right]_0^\pi$

(C) $\dfrac{1}{2}\left[-\dfrac{\cos(1+\lambda)u}{1+\lambda} - \dfrac{\sin(1-\lambda)u}{1-\lambda}\right]_0^\pi$
(D) $\dfrac{1}{2}\left[\dfrac{\sin(1+\lambda)u}{1+\lambda} - \dfrac{\sin(1-\lambda)u}{1-\lambda}\right]_0^\pi$

39. The Fourier cosine transform $F_c(\lambda)$ of $f(x) = \begin{cases} \cos x, & 0 < x < a \\ 0, & x > a \end{cases}$ is (2)

(A) $\dfrac{1}{2}\left[\dfrac{\sin(\lambda+1)a}{\lambda+1} - \dfrac{\sin(\lambda-1)a}{\lambda-1}\right]$
(B) $\dfrac{1}{2}\left[\dfrac{\sin(\lambda-1)a}{\lambda-1} - \dfrac{\sin(\lambda+1)a}{\lambda+1}\right]$

(C) $\dfrac{1}{2}\left[\dfrac{\sin(\lambda+1)a}{\lambda+1} + \dfrac{\sin(\lambda-1)a}{\lambda-1}\right]$
(D) $\dfrac{\sin(\lambda+1)a}{\lambda+1}$

40. The solution $f(x)$ of integral equation $\int_0^\infty f(x)\cos\lambda x\,dx = e^{-\lambda}$, $\lambda > 0$ is (2)

(A) $\dfrac{2}{\pi}\left(\dfrac{e^{-x}}{1+x^2}\right)$
(B) $\dfrac{2}{\pi}\left(\dfrac{x}{1+x^2}\right)$

(C) $\dfrac{2}{\pi}\left(\dfrac{1}{1-x^2}\right)$
(D) $\dfrac{2}{\pi}\left(\dfrac{1}{1+x^2}\right)$

41. The solution of integral equation $\int_0^\infty f(x) \sin \lambda x \, dx = \begin{cases} 1-\lambda, & 0 \le \lambda \le 1 \\ 0, & \lambda \ge 1 \end{cases}$ is

$f(x) = \dfrac{2}{\pi} \int_0^1 (1-\lambda) \sin \lambda x \, d\lambda$ then the value of $f(x)$ is equal to (2)

(A) $\dfrac{2}{\pi}\left(\dfrac{1}{x} - \dfrac{\sin x}{x^2}\right)$
(B) $\dfrac{2}{\pi}\left(\dfrac{1}{x} - \dfrac{\cos x}{x^2}\right)$
(C) $\dfrac{2}{\pi}\left(\dfrac{1}{x} + \dfrac{\sin x}{x^2}\right)$
(D) $\dfrac{2}{\pi}\left(-\dfrac{1}{x} + \dfrac{\sin x}{x^2}\right)$

42. The solution of integral equation $\int_0^\infty f(x) \cos \lambda x \, dx = \begin{cases} 1-\lambda, & 0 \le \lambda \le 1 \\ 0, & \lambda \ge 1 \end{cases}$ is

$f(x) = \dfrac{2}{\pi} \int_0^1 (1-\lambda) \sin \lambda x \, d\lambda$ then the value of $f(x)$ is equal to (2)

(A) $\dfrac{2}{\pi}\left(\dfrac{1+\cos x}{x^2}\right)$
(B) $\dfrac{2}{\pi}\left(\dfrac{1-\cos x}{x^2}\right)$
(C) $\dfrac{2}{\pi}\left(\dfrac{1+\sin x}{x^2}\right)$
(D) $\dfrac{2}{\pi}\left(\dfrac{1-\sin x}{x^2}\right)$

43. The solution $f(x)$ of integral $\int_0^\infty f(x) \sin \lambda x \, dx = \begin{cases} 1, & 0 \le \lambda \le 1 \\ 2, & 1 \le \lambda < 2 \\ 0, & \lambda \ge 2 \end{cases}$ is (2)

(A) $\dfrac{2}{\pi}\left[\left(\dfrac{1-\sin x}{x}\right) + 2\left(\dfrac{\sin x - \sin 2x}{x}\right)\right]$

(B) $\dfrac{2}{\pi}\left[\left(\dfrac{-1+\cos x}{x}\right) + 2\left(\dfrac{-\cos x + \cos 2x}{x}\right)\right]$

(C) $\dfrac{2}{\pi}\left[\left(\dfrac{1-\cos x}{x}\right) + 2\left(\dfrac{\cos x - \cos 2x}{x}\right)\right]$

(D) $\dfrac{2}{\pi}\left[\left(\dfrac{1-\cos x}{x^2}\right) + 2\left(\dfrac{\cos x - \cos 2x}{x^2}\right)\right]$

44. The solution $f(x)$ of integral equation $\int_0^\infty f(x) \sin \lambda x \, dx = \begin{cases} 1, & 0 \le \lambda \le 1 \\ 0, & \lambda \ge 1 \end{cases}$ is (2)

(A) $\dfrac{2}{\pi}\left(\dfrac{1+\cos x}{x}\right)$
(B) $\dfrac{2}{\pi}\left(\dfrac{1+\sin x}{x}\right)$
(C) $\dfrac{2}{\pi}\left(\dfrac{1-\sin x}{x}\right)$
(D) $\dfrac{2}{\pi}\left(\dfrac{1-\cos x}{x}\right)$

45. The solution f(x) of integral equation $\int_0^\infty f(x)\cos\lambda x\, dx = \begin{cases} 1, & 0 \le \lambda \le 1 \\ 0, & \lambda \ge 1 \end{cases}$ is (2)

   (A) $\dfrac{2}{\pi}\left(\dfrac{\sin x}{x}\right)$ (B) $\dfrac{2}{\pi}\left(\dfrac{\cos x}{x}\right)$

   (C) $\dfrac{2}{\pi}\left(\dfrac{1-\cos x}{x}\right)$ (D) $\dfrac{2}{\pi}\left(\dfrac{1+\sin x}{x}\right)$

46. The inverse Fourier cosine transform f(x) of $F_c(\lambda) = \dfrac{\sin a\lambda}{\lambda}$ is (2)

   (A) $\dfrac{1}{\pi}\int_0^\infty \dfrac{\cos(a+x)\lambda + \sin(a-x)\lambda}{\lambda}\, d\lambda$

   (B) $\dfrac{1}{\pi}\int_0^\infty \dfrac{\cos(a+x)\lambda + \cos(a-x)\lambda}{\lambda}\, d\lambda$

   (C) $\dfrac{1}{\pi}\int_0^\infty \dfrac{\sin(a+x)\lambda + \sin(a-x)\lambda}{\lambda}\, d\lambda$

   (D) $\dfrac{1}{\pi}\int_0^\infty \dfrac{\sin(a+x)\lambda + \cos(a-x)\lambda}{\lambda}\, d\lambda$

47. If the Fourier cosine integral representation of $f(x) = \begin{cases} 1-x^2, & 0 < x < 1 \\ 0, & x > 1 \end{cases}$ is

   $f(x) = \dfrac{4}{\pi}\int_0^\infty \left(\dfrac{\sin\lambda - \lambda\cos\lambda}{\lambda^3}\right)\cos\lambda x\, d\lambda$ then the value of integral

   $\int_0^\infty \left(\dfrac{\sin\lambda - \lambda\cos\lambda}{\lambda^3}\right)\cos\dfrac{\lambda}{2}\, d\lambda$ is equal to (2)

   (A) $-\dfrac{3\pi}{16}$ (B) $\dfrac{3\pi}{16}$

   (C) $\dfrac{3\pi}{8}$ (D) $\dfrac{3\pi}{4}$

48. Given that $\int_0^\infty \dfrac{\sin t}{t}\, dt = \dfrac{\pi}{2}$, then Fourier sine transform $F_s(\lambda)$ of $f(x) = \dfrac{1}{x}$, $x > 0$ is given by (2)

   (A) π (B) $\dfrac{\pi}{4}$

   (C) $\dfrac{\pi}{2}$ (D) $-\pi$

49. For the Fourier cosine transform $\int_0^\infty \left(\frac{1-\cos u}{u^2}\right) \cos \lambda u \, du = \begin{cases} \frac{\pi}{2}(1-\lambda), & 0 < \lambda < 1 \\ 0, & \lambda > 1 \end{cases}$ the value of integral $\int_0^\infty \frac{\sin^2 z}{z^2} dz$ is (2)

(A) 1   (B) $\frac{\pi}{2}$

(C) 0   (D) $\frac{\pi}{4}$

50. For the Fourier sine integral representation
$\frac{2}{\pi} \int_0^\infty \left(\frac{1-\cos \lambda}{\lambda}\right) \sin \lambda x \, d\lambda = \begin{cases} 1, & 0 < x < 1 \\ 0, & x > 1 \end{cases}$, the value of integral $\int_0^\infty \frac{\sin^3 t}{t} dt$ is (2)

(A) $\frac{\pi}{2}$ (B) 1

(C) 0   (D) $\frac{\pi}{4}$

51. Given that $F_c(\lambda) = \int_0^\infty u^{m-1} \cos \lambda u \, du = \frac{\overline{m}}{\lambda^m} \cos \frac{m\pi}{2}$, then Fourier sine transform $F_s(\lambda)$ of $f(x) = x^3$, $x > 0$ is given by (2)

(A) $\frac{6}{\lambda^4}$ (B) $\frac{3}{\lambda^3}$

(C) $\frac{4}{\lambda^2}$ (D) $\frac{1}{\lambda^2}$

52. Given that $F_s(\lambda) = \int_0^\infty u^{m-1} \sin \lambda u \, du = \frac{\overline{m}}{\lambda^m} \sin \frac{m\pi}{2}$, then Fourier sine transform $F_s(\lambda)$ of $f(x) = x^2$, $x > 0$ is given by (2)

(A) $\frac{2}{\lambda^3}$ (B) $-\frac{2}{\lambda^3}$

(C) $\frac{3}{\lambda^2}$ (D) $-\frac{3}{\lambda^2}$

Answers

1. (B)	2. (D)	3. (C)	4. (A)	5. (D)	6. (A)	7. (B)	8. (C)
9. (D)	10. (A)	11. (C)	12. (B)	13. (A)	14. (B)	15. (D)	16. (D)
17. (A)	18. (C)	19. (B)	20. (A)	21. (C)	22. (D)	23. (A)	24. (B)
25. (C)	26. (C)	27. (D)	28. (A)	29. (B)	30. (B)	31. (A)	32. (C)
33. (D)	34. (A)	35. (C)	36. (B)	37. (D)	38. (B)	39. (C)	40. (D)
41. (A)	42. (B)	43. (C)	44. (D)	45. (A)	46. (C)	47. (B)	48. (C)
49. (B)	50. (D)	51. (A)	52. (B)				

CHAPTER FOUR

THE Z-TRANSFORM

4.1 INTRODUCTION

Use of Z-transform is very prominent in the analysis of linear time-invariant systems. Linear time invariant (LTI) systems are characterised either by their Z-transform or by the Fourier transform and their characteristics are related to the location of the poles or zeroes of their system functions. We have already discussed Fourier Transforms in details in Chapter 5.

Number of systems of practical importance such as economical systems, population systems and many other systems occurring in statistical studies are discrete in nature. While the modern technological development has made it possible to consider many systems occurring in Engineering fields as discrete. Number of important types of digital systems including resonators, notch filters, comb filters, all-pass filters and oscillators use Z-transforms for their analysis.

Discrete systems give rise to difference equations, and their solutions as well as their analysis are carried out by using transform techniques. Z-transform plays important role in these aspects. Its role in analysis of discrete systems is same as that of Laplace transform and Fourier transform in continuous systems.

4.2 BASIC PRELIMINARY

I. SEQUENCE

An ordered set of real or complex numbers is called a sequence. It is denoted by $\{f(k)\}$ or $\{f_k\}$. The sequence $\{f(k)\}$ is represented in two ways.

1. The most elementary way is to list all the numbers of the sequence; such as :

(i) $\quad \{f(k)\} = \{15, 13, 10, \underset{\uparrow}{8}, 5, 2, 0, 3\}$ ... (1)

In this representation, a vertical arrow indicates the position corresponding to $k = 0$.

$\therefore \ f(0) = 8, \ f(1) = 5, \ f(2) = 2, \ f(3) = 0, \ f(4) = 3.$

$\qquad f(-1) = 10$
$\qquad f(-2) = 13$
$\qquad f(-3) = 15$

(ii) For the sequence

$\qquad \{f(k)\} = \{15, 13, \underset{\uparrow}{10}, 8, 5, 2, 0, 3\}$ ... (2)

$f(-2) = 15, \ f(-1) = 13, f(0) = 10, \ f(1) = 8, f(2) = 5, f(3) = 2, f(4) = 0, f(5) = 3.$

Note : The sequences given in (1) and (2) are having the same listing but they are not treated as identical, since k = a corresponds to different terms in these sequences.

The method of representation, as discussed above, is appropriate only for a sequence with finite number of terms.

When vertical arrow ↑ is not given, then the starting or left hand end term of the sequence denotes the position corresponding to k = 0.

In the sequence :
$$\{f(k)\} = \{9, 7, 5, 3, 1, -2, 0, 2, 4\} \qquad \ldots (3)$$
the zeroeth term is 9, the left hand term.

∴ $f(0) = 9, \quad f(1) = 7, \quad f(2) = 5 \ldots$ etc.

2. The second way of specifying the sequence is to define the general term of the sequence (if possible) as a function of position i.e. k.

e.g. The sequence $\{f(k)\}$ where $\{f(k)\} = \dfrac{1}{4^k}$ (k is any integer) represents the sequence

$$\left\{ \dfrac{1}{4^{-8}}, \dfrac{1}{4^{-7}}, \ldots\ldots, \dfrac{1}{4^{-1}}, \underset{\uparrow}{1}, \dfrac{1}{4}, \dfrac{1}{4^2} \ldots\ldots \right\} \qquad \ldots (4)$$

Here $f(0) = 1, f(1) = \dfrac{1}{4}, f(2) = \dfrac{1}{4^2}$, etc.

If $\qquad f(k) = \dfrac{1}{4^k}; \qquad -3 \le k \le 5 \quad$ then it represents the sequence

$$\left\{ 4^3, 4^2, 4, \underset{k=0}{\underset{\uparrow}{1}}, \dfrac{1}{4}, \dfrac{1}{4^2}, \dfrac{1}{4^3}, \dfrac{1}{4^4}, \dfrac{1}{4^5} \right\}$$

Hence a sequence $\{f(k)\}$ can be written as :

$\{f(k)\} = \{\ldots\ldots f(-3), f(-2), f(-1), f(0), f(1), f(2), f(3), f(4), \ldots \}$
having f (0) as the zeroeth term.
OR $\qquad \{f(k)\} = \{f(0), f(1), f(2), \ldots\ldots\}$
OR $\qquad \{f(k)\} = \{f(-2), f(-1), f(0), f(1), f(2), f(3)\}$

II. CAUSAL SEQUENCE

ILLUSTRATION

Any sequence whose terms corresponding to k < 0 are all zero is called causal sequence.

Ex. 1 : *What sequence is generated when*

$$f(k) = \begin{cases} 0, & k < 0 \\ \cos \dfrac{k\pi}{3}, & k \ge 0 \end{cases}$$

Sol. : We have $\{f(k)\} = \left\{\ldots 0, 0, \underset{k=0}{\underset{\uparrow}{1}}, \cos\dfrac{\pi}{3}, \cos\dfrac{2\pi}{3}, \cos\pi, \ldots\right\}$

From application point of view, it is sometimes convenient to consider finite sequences to be of infinite length by appending additional zeroes to each.

e.g. $\{f(k)\} = \{8, 6, 4, 2, 0, 2, 4, 6, 8, 10\}$

$\therefore \quad \{f(k)\} = \{\ldots 0, 0, \ldots, 0, 0, 8, 6, 4, 2, 0, 2, 4, 6, 8, 10, 0, 0, \ldots, 0, 0, \ldots\}$

III. BASIC OPERATIONS ON SEQUENCES

1. Addition : If $\{f(k)\}$ and $\{g(k)\}$ are the two sequences with same number of terms, then the addition of these sequences is a sequence given by $\{f(k) + g(k)\}$ i.e.

$$\{f(k)\} + \{g(k)\} = \{f(k) + g(k)\}$$

2. Scaling : If a is a scalar, then

$$a\{f(k)\} = \{a\,f(k)\}$$

3. Linearity : If a and b are scalars, then

$$\{a\,f(k) + b\,g(k)\} = \{a\,f(k)\} + \{b\,g(k)\} = a\{f(k)\} + b\{g(k)\}$$

ILLUSTRATION

Ex. 1 : *Write the sequence* $\dfrac{1}{2}\{f(k)\}$, *where* $\{f(k)\}$ *is given by* $f(k) = \dfrac{1}{2^k}$.

Sol. : $\dfrac{1}{2}\{f(k)\} = \left\{\dfrac{1}{2}f(k)\right\} = \left\{\dfrac{1}{2}\cdot\dfrac{1}{2^k}\right\} = \left\{\dfrac{1}{2^{k+1}}\right\}$

Ex. 2 : *Write the sequence* $\{f(k) + g(k)\}$, *where* $\{f(k)\}$ *is given by* $f(k) = \dfrac{1}{2^k}$ *and* $\{g(k)\}$ *is given by* $g(k) = \begin{cases} 0, & k < 0 \\ 3, & k \geq 0 \end{cases}$

Sol. : $\{f(k) + g(k)\} = \{f(k)\} + \{g(k)\} = \{h(k)\}$

where $h(k) = \begin{cases} \dfrac{1}{2^k}, & k < 0 \\ \dfrac{1}{2^k} + 3, & k \geq 0 \end{cases}$

Ex. 3 : *If* $\{f(k)\}$ *is given by* $f(k) = \begin{array}{l} 0, \ k<0 \\ 2, \ k\geq 0 \end{array}$ *find* $\dfrac{1}{3}\{f(k)\}$.

Sol. : $\dfrac{1}{3}\{f(k)\} = \left\{\dfrac{1}{3}f(k)\right\} = \left\{\ldots 0, 0, \ldots\ldots 0, \dfrac{2}{3}, \dfrac{2}{3}, \ldots\ldots\right\}$

IV. ADDITIONAL RESULTS

1. $\dfrac{1}{1+y} = 1 - y + y^2 - y^3 + y^4 - \ldots, |y| < 1.$

2. $\dfrac{1}{1-y} = 1 + y + y^2 + y^3 + \ldots, |y| < 1.$

3. $(1+y)^n = 1 + ny + \dfrac{n(n-1)}{2!} y^2 + \dfrac{n(n-1)(n-2)}{3!} y^3 + \ldots, |y| < 1.$

   $= \sum\limits_{r=0}^{n} {}^nC_r \, y^r$

4. $e^y = 1 + y + \dfrac{y^2}{2!} + \dfrac{y^3}{3!} + \ldots,$

5. Since S_∞ of the Geometric Progression G.P.

   $a + ar + ar^2 + ar^3 + \ldots = \dfrac{a}{1-r}$

   and it is convergent if $|r| < 1$
   where $a =$ First term
   $r =$ Common ratio.

6. If $z = x + iy$, then $|z| = \sqrt{x^2 + y^2}$
   Also $|z| = 1$ represents $\sqrt{x^2 + y^2} = 1$
   i.e. $x^2 + y^2 = 1$ a circle. (see Fig. 4.1)
   $|z| > 4 \Rightarrow \sqrt{x^2 + y^2} > 4$

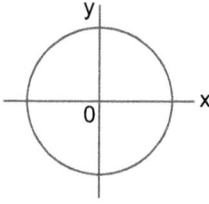

Fig. 4.1

$x^2 + y^2 > 16$ i.e. collection of points which lie outside the circle $x^2 + y^2 = 16$ (see Fig. 4.2)

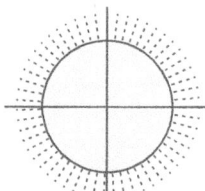

Fig. 4.2

Similarly $|z| < 1$ represents the collection of points which lie inside the unit circle $|z| = 1$ i.e. $x^2 + y^2 = 1$ (see Fig. 4.3).

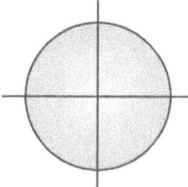

Fig. 4.3

4.3 Z-TRANSFORMS

Definition :

1. The Z-transform of a sequence $\{f(k)\}$, symbolically denoted by $Z\{f(k)\}$ is defined as :

$$Z\{f(k)\} = F(z) = \sum_{k=-\infty}^{\infty} f(k) z^{-k} = \sum_{k=-\infty}^{\infty} \frac{f(k)}{z^k}$$

where, $z = x + iy$ is a complex number. Z is a Z-transform operator and $F(z)$, the Z-transform of $\{f(k)\}$.

2. For a finite sequence $\{f(k)\}$, $m \leq k \leq n$, its Z-transform is,

$$Z\{f(k)\} = F(z) = \sum_{k=m}^{n} f(k) z^{-k}$$

$$Z\{f(k)\} = f(m) z^{-m} + f(m+1) z^{-(m+1)} + \ldots + f(n) z^{-n}$$

The Z-transform of $\{f(k)\}$ exists if the sum of the series on R.H.S. exists i.e. the series on R.H.S. converges absolutely.

3. Z-transform of a causal sequence :

$$\{f(k)\} = \{0, 0, \ldots 0, 0, f(0), f(1), \ldots\ldots\}$$

which is defined for positive integers k, is defined as

$$Z\{f(k)\} = F(z) = \sum_{k=0}^{\infty} f(k) z^{-k}$$

Note :

1. To obtain Z-transform of a sequence we multiply each term by *negative power of z of the order of that term* and take the sum.
2. $Z\{f(k)\}$ is a function of a complex variable z and is defined only if the sum is finite i.e. *if the infinite series* $\sum_{k=-\infty}^{\infty} f(k) z^{-k}$ *is absolutely convergent.*

ILLUSTRATIONS

Ex. 1 : For $\{f(k)\}$ if

$$f(k) = \{8, 6, 4, 2, -1, 0, 1, 2, 3\}$$
$$\uparrow$$
$$\{f(k)\} = \{f(-5), f(-4), f(-3), f(-2), f(-1), f(0), f(1), f(2), f(3)\}$$

we have $\quad F(z) = Z\{f(k)\} = \sum_{k=-5}^{3} f(k) z^{-k}$

$$= f(-5) z^5 + f(-4) z^4 + f(-3) z^3 + f(-2) z^2 + f(-1) z + f(0) z^0 + f(1) z^{-1} + f(2) z^{-2} + f(3) z^{-3}$$

$$F(z) = Z\{f(k)\} = 8z^5 + 6z^4 + 4z^3 + 2z^2 - 1(z) + 0 + 1(z^{-1}) + 2z^{-2} + 3z^{-3}$$

$$F(z) = 8z^5 + 6z^4 + 4z^3 + 2z^2 - z + 0 + \frac{1}{z} + \frac{2}{z^2} + \frac{3}{z^3}$$

Ex. 2 : For $\{f(k)\}$ if $f(k) = \{4, 2, 0, -2, -4, -6\}$
$\qquad\qquad\qquad\qquad\qquad\quad\uparrow$

$$F(z) = Z\{f(k)\} = \sum_{k=-3}^{2} f(k)\, z^{-k}$$

$$= 4z^3 + 2z^2 + 0z^1 - 2z^0 - 4z^{-1} - 6z^{-2}$$

$$= 4z^3 + 2z^2 + 0 - 2 - \frac{4}{z} - \frac{6}{z^2}$$

Ex. 3 : For $\{f(k)\}$, if $f(k) = \left\{ \ldots\ldots \dfrac{1}{2^{-2}},\ \dfrac{1}{2^{-1}},\ \uparrow,\ \dfrac{1}{2},\ \dfrac{1}{2^2},\ \ldots \right\}$

$$F(z) = Z\{f(k)\} = \sum_{k=-\infty}^{\infty} f(k)\cdot z^{-k}$$

$$= \ldots\ldots + 2^2\cdot z^2 + 2\cdot z + 1(z^0) + \frac{1}{2}z^{-1} + \frac{1}{2^2}z^{-2} + \ldots\ldots$$

$$F(z) = \ldots\ldots + 2^2 z^2 + 2\cdot z + 1 + \frac{1}{2z} + \frac{1}{2^2 z^2} + \ldots\ldots$$

4.4 INVERSE Z-TRANSFORM

The operation of obtaining the sequence $\{f(k)\}$ from $F(z)$ is defined as inverse Z-transform and is denoted as :

$$\boxed{Z^{-1}[F(z)] = \{f(k)\}}$$

where, Z^{-1} is inverse Z-transform operator.

4.5 Z-TRANSFORM PAIR

Sequence $\{f(k)\}$ and its Z-transform $F(z)$ are together termed as Z-transform pair and denoted as $\{f(k)\} \longleftrightarrow F(z)$.

i.e. $\quad Z\{f(k)\} = F(z)$

and $\quad Z^{-1}[F(z)] = \{f(k)\}$

4.6 UNIQUENESS OF INVERSE Z–TRANSFORM : REGION OF ABSOLUTE CONVERGENCE (ROC)

Consider the two sequences $\{f(k)\}$ and $\{g(k)\}$

where $\quad f(k) = \begin{cases} 0, & k < 0 \\ a^k, & k \geq 0 \end{cases}$; $g(k) = \begin{cases} -b^k, & k < 0 \\ 0, & k \geq 0 \end{cases}$

∴ Z-transform of the sequence $\{f(k)\}$ is

$$Z\{f(k)\} = F(z) = \sum_{k=-\infty}^{\infty} f(k) z^{-k} = \sum_{k=-\infty}^{-1} f(k) z^{-k} + \sum_{k=0}^{\infty} f(k) z^{-k}$$

$$= 0 + \sum_{k=0}^{\infty} a^k z^{-k}$$

$$= \sum_{k=0}^{\infty} (a z^{-1})^k = 1 + (a z^{-1}) + (a z^{-1})^2 + (a z^{-1})^3 + \dots$$

which is an infinite G.P.

∴ $\quad S_\infty = \dfrac{a}{1-r}, \quad |r| < 1$

Here, $\quad a = $ first term $= 1$

$\quad r = $ common ratio $= a z^{-1}$.

$$Z\{f(k)\} = \dfrac{1}{1 - a z^{-1}} \text{ provided } |a z^{-1}| < 1$$

$$= \dfrac{1}{1 - \dfrac{a}{z}}, \quad |a| < |z|$$

$$F(z) = \dfrac{z}{z - a}, \quad |z| > |a|$$

but $\quad z = x + iy \quad$ ∴ $\quad |z| = \sqrt{x^2 + y^2}$

$|z| > |a| \Rightarrow \sqrt{x^2 + y^2} > a$

i.e. $x^2 + y^2 > a^2$, which represents exterior of circle $x^2 + y^2 = a^2$ [refer Fig. 4.4 (a)].

Now consider the Z-transform of the sequence $\{g(k)\}$,

$$Z\{g(k)\} = G(z) = \sum_{k=-\infty}^{\infty} g(k) z^{-k}$$

$$= \sum_{k=-\infty}^{\infty} g(k) z^{-k} + \sum_{k=0}^{\infty} g(k) z^{-k}$$

$$= \sum_{k=-\infty}^{\infty} -b^k z^{-k} + 0$$

Let $\quad k = -r$ when

$k = -1$	$r = 1$
$k = -\infty$	$r = \infty$

and $\sum_{k=-\infty}^{-1} = \sum_{r=\infty}^{1} = \sum_{r=1}^{\infty}$

$$G(z) = -\sum_{r=1}^{\infty} b^{-r} z^r = -\sum_{r=1}^{\infty} (b^{-1}z)^r$$

$$= -b^{-1}z (b^{-1}z)^2 - (b^{-1}z)^3 \ldots\ldots$$

$$= -\frac{b^{-1}z}{1-(b^{-1}z)}, \quad |b^{-1}z| < 1$$

$$= -\frac{\frac{z}{b}}{1-\frac{z}{b}}, \quad |z| < |b| = \frac{z}{z-b}, \quad |z| < |b|$$

but $\quad z = x + iy \quad |z| = \sqrt{x^2 + y^2}$

$|z| < |b| \Rightarrow \sqrt{x^2 + y^2} < b$

i.e. $x^2 + y^2 < b^2$ which represents the interior of circle $x^2 + y^2 = b^2$ [Refer Fig. 4.4 (b)]

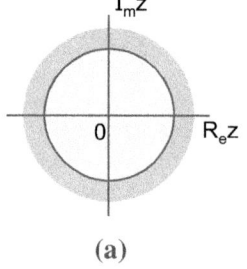

Fig. 4.4

Now if $a = b$ then

$$F(z) = G(z) = \frac{z}{z-a}$$

i.e. for $a = b$, $Z\{f(k)\} = Z\{g(k)\} = \frac{z}{z-a}$

If $a = b$, then two sequences $\{f(k)\}$ and $\{g(k)\}$ have the same Z-transform, therefore inverse Z-transform of $\frac{z}{z-a}$ will be two different sequences $\{f(k)\}$ and $\{g(k)\}$, indicating that *inverse Z-transform is not unique.*

However, if we specify the region, interior or exterior of circle $x^2 + y^2 = a^2$ known as region of convergence, then we get exactly

$$Z^{-1}\{F(z)\} = \{f(k)\} \quad \text{and} \quad Z^{-1}\{G(z)\} = \{g(k)\}.$$

This implies that *Z – transform and its inverse are uniquely related in the specified region of convergence.*

Note :
1. In case of one-sided sequences (i.e. causal sequences or sequences for which $f(k) = 0$ for $k < 0$), then there is no necessity of specifying the ROC.
2. By the term "region of convergence", we will mean the "region of absolute convergence". This term will be abbreviated to ROC.

Now, consider the sequence $\{f(k)\}$, where

$$f(k) = \begin{cases} -b^k, & k < 0 \\ a^k, & k \geq 0 \end{cases}$$

$$\therefore \quad Z\{f(k)\} = \sum_{k=-\infty}^{-1} f(k) z^{-k}$$

$$= \sum_{k=-\infty}^{-1} f(k) z^{-k} + \sum_{k=0}^{\infty} f(k) z^{-k}$$

$$= \sum_{k=-\infty}^{-1} -b^k z^{-k} + \sum_{k=0}^{\infty} a^k z^{-k}$$

Put $k = -m$ $\therefore$ $k = -\infty \Rightarrow m = \infty$, $k = -1 \Rightarrow m = 1$

$$Z\{f(k)\} = -\sum_{m=1}^{\infty} b^{-m} z^m + \sum_{k=0}^{\infty} (az^{-1})^k$$

$$= -\sum_{m=1}^{\infty} (b^{-1}z)^m + \sum_{k=0}^{\infty} (az^{-1})^k$$

$$= -\left(\frac{b^{-1}z}{1-b^{-1}z}\right) + \frac{1}{1-az^{-1}}$$

provided $|b^{-1}z| < 1$ and $|az^{-1}| < 1$

i.e. $|z| < |b|$ and $|a| < |z|$

$$Z\{f(k)\} = \frac{z}{z-b} + \frac{z}{z-a}$$

provided $|a| < |z| < |b|$

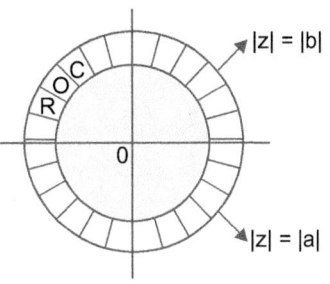

Fig. 4.5

Note that the Z - transform exists only if |b| > |a| and does not exist for |b| = |a| or |b| < |a|.

Note : In general, Z-transform of sum of sequences is the sum of corresponding transforms with region of absolute convergence consisting of those values of z for which all of the individual transforms converge absolutely i.e. the region of absolute convergence of sum of transforms is the intersection of the individual regions of absolute convergence.

Note : For finite sequence, Z-transform exists for all values of z except for $z = 0$ and $z = \infty$.

Note : The region lying between two concentric circles is called an annulus.

e.g. Consider $\{f(k)\}$

where
$$f(k) = 5^k, \text{ for } k < 0$$
$$= 3^k, \text{ for } k \geq 0$$

$\therefore$
$$Z\{f(k)\} = \sum_{k=-\infty}^{-1} f(k) z^{-k} + \sum_{k=0}^{\infty} f(k) z^{-k}$$

$$= \sum_{k=-\infty}^{-1} 5^k z^{-k} + \sum_{k=0}^{\infty} 3^k z^{-k}$$

$k = -r$ when $k = -\infty$ $r = \infty$
$\qquad\qquad\qquad k = -1$ $r = 1$

$$Z\{f(k)\} = \sum_{r=1}^{\infty} 5^{-r} z^r + \sum_{k=0}^{\infty} (3z^{-1})^k$$

$$= \sum_{r=1}^{\infty} (5^{-1} z)^r + \sum_{k=0}^{\infty} (3z^{-1})^k$$

$$= \frac{5^{-1} z}{1 - 5^{-1} z} + \frac{1}{1 - 3z^{-1}}, \quad |5^{-1} z| < 1 \text{ and } |3 z^{-1}| < 1$$

$$F(z) = \frac{z}{5-z} + \frac{z}{z-3}, \quad |z| < 5 \text{ and } 3 < |z|$$

$\therefore$ $F(z)$ is the sum of two infinite series both of which are G.P. The first series is absolutely (and therefore uniformly) convergent if $|5^{-1} z| < 1$ and the second one if $|3 z^{-1}| < 1$.

Thus F (z) is defined iff $|z| > 3$ and $|z| < 5$ i.e. Z lies in the annulus $3 < |z| < 5$.

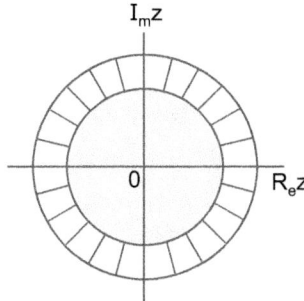

Fig. 4.6

4.7 PROPERTIES OF Z-TRANSFORMS

1. Linearity : If $\{f(k)\}$ and $\{g(k)\}$ are such that they can be added and 'a' and 'b' are constants, then

$$Z\{a\,f(k) + b\,g(k)\} = a\,Z\{f(k)\} + b\,Z\{g(k)\}$$

Proof : We have

$$Z\{a\,f(k) + b\,g(k)\} = \sum_{k=-\infty}^{\infty} Z\{a\,f(k) + b\,g(k)\}\,z^{-k}$$

$$= \sum_{k=-\infty}^{\infty} [a\,f(k)\,z^{-k} + b\,g(k)\,z^{-k}]$$

$$= a\sum_{k=-\infty}^{\infty} f(k)\,z^{-k} + b\sum_{k=-\infty}^{\infty} g(k)\,z^{-k}$$

$$= a\,F(z) + b\,G(z) = a \cdot Z\{f(k)\} + b \cdot Z\{g(k)\}$$

2. If $Z\{f(k)\} = F(z)$ and $Z\{g(k)\} = G(z)$ and 'a' and 'b' are constants, then

$$Z^{-1}[a\,F(z) + b\,G(z)] = a\,Z^{-1}[F(z)] + b\,Z^{-1}[G(z)]$$

Proof : We have,

$$Z\{a\,f(k) + b\,g(k)\} = a\,Z\{f(k)\} + b\,Z\{g(k)\}$$

$$= a\,F(z) + b\,G(z)$$

$$\therefore \quad Z^{-1}\{a\,F(z) + b\,G(z)\} = \{a\,f(k) + b\,g(k)\} = a\,\{f(k)\} + b\,\{g(k)\}$$

$$= a\,Z^{-1}[F(z)] + b\,Z^{-1}[G(z)]$$

i.e. operator Z^{-1} is a linear operator.

3. Change of scale : If $Z\{f(k)\} = F(z)$ then $Z\{a^k f(k)\} = F\left(\dfrac{z}{a}\right)$

Proof : We have,

$$Z\{f(k)\} = F(z) = \sum_{k=-\infty}^{\infty} f(k)\, z^{-k}$$

Replacing z by $\dfrac{z}{a}$, we get

$$F\left(\dfrac{z}{a}\right) = \sum_{k=-\infty}^{\infty} f(k)\left(\dfrac{z}{a}\right)^{-k} = \sum_{k=-\infty}^{\infty} a^k f(k)\, z^{-k}$$

$$F\left(\dfrac{z}{a}\right) = Z\{a^k f(k)\}$$

$$\therefore \quad Z\{a^k f(k)\} = F\left(\dfrac{z}{a}\right)$$

4. If $Z\{f(k)\} = F(z)$ then $Z\{e^{-ak} f(k)\} = F(e^a z)$

Proof : We have,

$$Z\{f(k)\} = F(z) = \sum_{k=-\infty}^{\infty} f(k)\, z^{-k}$$

$$\therefore \quad Z\{e^{-ak} f(k)\} = \sum_{-\infty}^{\infty} e^{-ak} \cdot f(k)\, z^{-k} = \sum_{-\infty}^{\infty} f(k)\, (e^a z)^{-k}$$

$$= F(e^a z)$$

5. Shifting Property :

(a) If $Z\{f(k)\} = F(z)$ then $Z\{f(k+n)\} = z^n F(z)$ and $Z\{f(k-n)\} = z^{-n} F(z)$

Proof : We have, $Z\{f(k)\} = F(z) = \displaystyle\sum_{k=-\infty}^{\infty} f(k)\, z^{-k}$

$$\therefore \quad Z\{f(k+n)\} = \sum_{k=-\infty}^{\infty} f(k+n)\, z^{-k} = \sum_{k=-\infty}^{\infty} f(k+n)\, z^{-(k+n)} \cdot z^n$$

$$= z^n \sum_{k=-\infty}^{\infty} f(k+n)\, z^{-(k+n)}$$

For $k + n = r$ if $k = -\infty$, $r = -\infty$

$k = \infty$, $r = \infty$

$\therefore \quad Z\{f(k+n)\} = z^n \sum_{r=-\infty}^{\infty} f(r) z^{-r} = z^n F(z)$

$\therefore \quad Z\{f(k+n)\} = z^n F(z)$

Similarly, $Z\{f(k-n)\} = \sum_{k=-\infty}^{\infty} f(k-n) z^{-k}$

$= \sum_{k=-\infty}^{\infty} f(k-n) z^{-(k-n)} \cdot z^{-n}$

$= z^{-n} \sum_{k=-\infty}^{\infty} f(k-n) z^{-(k-n)}$

For $k - n = r$; if $k = -\infty$, $r = -\infty$ and $k = \infty$, $r = \infty$

$= z^{-n} \sum_{k=-\infty}^{\infty} f(r) z^{-r} = z^{-n} F(z)$

$\therefore \quad Z\{f(k-n)\} = z^{-n} F(z)$

(b) For one sided Z-transform defined as $Z\{f(k)\} = \sum_{k=0}^{\infty} f(k) z^{-k}$

(i.e Z - transform for $k \geq 0$), we have

$$Z\{f(k+n)\} = z^n F(z) - \sum_{r=0}^{n-1} f(r) z^{n-r}$$

and $\quad Z\{f(k-n)\} = z^{-n} F(z) + \sum_{r=-n}^{-1} f(r) z^{-(n+r)}$

Proof : We have for $k \geq 0$,

$$Z\{f(k)\} = \sum_{k=0}^{\infty} f(k) z^{-k}$$

$\therefore \quad Z\{f(k+n)\} = \sum_{k=0}^{\infty} f(k+n) z^{-k} = \sum_{k=0}^{\infty} f(k+n) z^{-(k+n)} \cdot z^n$

For k + n = r,   when k = 0,   r = n

k = ∞,   r = ∞

$\therefore$ R.H.S. $= z^n \sum_{r=n}^{\infty} f(r) z^{-r}$

Now r = n to ∞ means (r = 0 to ∞) − (r = 0 to n − 1)

$\therefore$ $Z\{f(k+n)\} = z^n \sum_{r=0}^{\infty} f(r) z^{-r} - z^n \sum_{r=0}^{n-1} f(r) z^{-r}$

$Z\{f(k+n)\} = z^n F(z) - z^n \sum_{r=0}^{n-1} f(r) z^{-r}$

$= z^n F(z) - \sum_{r=0}^{n-1} f(r) z^{n-r}$

Now, $Z\{f(k-n)\} = \sum_{k=0}^{\infty} f(k-n) z^{-k}$

$= \sum_{k=0}^{\infty} f(k-n) z^{-(k-n)} \cdot z^{-n}$

$= z^{-n} \sum_{k=0}^{\infty} f(k-n) z^{-(k-n)}$

For k − n = r,   when k = 0,   r = −n

k = ∞,   r = ∞

$\therefore$ $Z\{f(k+n)\} = z^{-n} \sum_{r=-n}^{\infty} f(r) z^{-r}$

Now r = −n to ∞ is (r = −n to −1) + (r = 0 to ∞)

$\therefore$ $Z\{f(k-n)\} = z^{-n} \sum_{r=-n}^{-1} f(r) z^{-r} + z^{-n} \sum_{r=0}^{\infty} f(r) z^{-r}$

$\therefore$ $Z\{f(k-n)\} = z^{-n} F(z) + \sum_{r=-n}^{-1} f(r) z^{-(n+r)}$

Additional Results :

1. If $\{f(k)\}$ is causal sequence then

$$Z\{f(k-n)\} = z^{-n} F(z)$$

   because $f(-1)$ $f(-2)$ $f(-3)$ ...... $f(-n)$ are all zero.

2. $\qquad Z\{f(k-n)\} = z^{-n} F(z)$

   For $n = 1$, $Z\{f(k-1)\} = z^{-1} F(z), f(-1) = 0$

   $\qquad Z\{f(k-2)\} = z^{-2} F(z), f(-1) = 0, f(-2) = 0$

   $\qquad Z\{f(k+1)\} = z F(z) - z f(0)$

   $\qquad Z\{f(k+2)\} = z^2 F(z) - z^2 f(0) - z f(1)$

Shifting properties are very useful in Z-transforming linear difference equations, from which the solution is obtained by inverse transforming.

6. Multiplication by k :

If $Z\{f(k)\} = F(z)$ then $Z\{k f(k)\} = -z \dfrac{d}{dz} F(z)$

$\therefore$ **In general** $Z\{k^n f(k)\} = \left(-z \dfrac{d}{dz}\right)^n F(z)$

Proof : We have, $\quad Z\{f(k)\} = \displaystyle\sum_{k=-\infty}^{\infty} f(k) z^{-k} = F(z)$

$\therefore \qquad Z\{k f(k)\} = \displaystyle\sum_{k=-\infty}^{\infty} k f(k) z^{-k}$

Multiply and divide by $(-z)$ on R.H.S.

$$= \sum_{k=-\infty}^{\infty} -k f(k) z^{-k-1} (-z)$$

$$= -z \sum_{k=-\infty}^{\infty} f(k) \{-k z^{-k-1}\}$$

$$= -z \sum_{k=-\infty}^{\infty} f(k) \left(\dfrac{d}{dz} z^{-k}\right) = -z \dfrac{d}{dz} \sum_{k=-\infty}^{\infty} f(k) z^{-k}$$

$\therefore \qquad Z\{k f(k)\} = -z \dfrac{d}{dz} F(z)$

∴ $$Z\{k^2 f(k)\} = Z\{k \cdot k f(k)\} = \left(-z \frac{d}{dz}\right)\left(-z \frac{d}{dz} F(z)\right)$$

$$= \left(-z \frac{d}{dz}\right)^2 F(z)$$

∴ On generalizing, we get

$$Z\{k^n f(k)\} = \left(-z \frac{d}{dz}\right)^n F(z)$$

Note :

$\left(-z \dfrac{d}{dz}\right)^2 \neq z^2 \dfrac{d^2}{dz^2}$ but it is a repeated operator $\left(-z \dfrac{d}{dz}\right)^2 = \left(-z \dfrac{d}{dz}\right)\left(-z \dfrac{d}{dz}\right)$

Note : Let $k \geq 0$ and let $f(k) = 1$.

$$Z\{f(k)\} = F(z) = \sum_{k=-\infty}^{\infty} 1 \cdot z^{-k}$$

$$Z\{1\} = 1 + z^{-1} + z^{-2} + \ldots\ldots$$

$$= \frac{1}{1-z^{-1}} \qquad |z^{-1}| < 1$$

$$Z\{1\} = (1-z^{-1})^{-1} \qquad |z| > 1.$$

∴ $$Z\{k\} = Z\{k \cdot 1\} = \left(-z \frac{d}{dz}\right) F(z)$$

$$= \left(-z \frac{d}{dz}\right)[(1-z^{-1})^{-1}] = -z\left\{-1 \cdot (1-z^{-1})^{-2}\right\} \times z^{-2}$$

$$Z\{k\} = z^{-1}(1-z^{-1})^{-2}, \quad |z| > 1$$

Similarly,

$$Z\{k^n\} (k \geq 0) = \left(-z \frac{d}{dz}\right)^n (1-z^{-1})^{-1}, \quad |z| > 1$$

7. Division by k :

If $Z\{f(k)\} = F(z)$ then $Z\left\{\dfrac{f(k)}{k}\right\} = -\displaystyle\int^{z} z^{-1} F(z)\ dz.$

Proof : We have,

$$Z\{f(k)\} = \sum_{k=-\infty}^{\infty} f(k)\ z^{-k}$$

∴ $$Z\left\{\frac{f(k)}{k}\right\} = \sum_{k=-\infty}^{\infty} \frac{f(k)}{k}\ z^{-k}$$

As $\quad \int z^{-k-1} dz = \dfrac{z^{-k}}{-k}$

we have, $\quad Z\left\{\dfrac{f(k)}{k}\right\} = -\sum\limits_{k=-\infty}^{\infty} f(k)\, \dfrac{z^{-k}}{-k}$

$$= -\sum_{k=-\infty}^{\infty} f(k) \int^{z} z^{-k-1}\, dz$$

$$= -\sum_{k=-\infty}^{\infty} \int^{z} f(k)\, z^{-k}\, z^{-1}\, dz$$

$$= -\int^{z} z^{-1} \left(\sum_{k=-\infty}^{\infty} f(k)\, z^{-k}\right) dz$$

$$Z\left[\left\{\dfrac{f(k)}{k}\right\}\right] = -\int^{z} z^{-1}\, F(z)\, dz.$$

8. Initial Value Theorem (One sided sequence) :

If $Z\{f(k)\} = F(z)$ then $f(0) = \underset{z \to \infty}{\text{Lim}} F(z)$.

Proof : We have,

$$F(z) = Z\{f(k)\} = \sum_{k=0}^{\infty} f(k)\, z^{-k}$$

$\therefore \qquad F(z) = f(0) + f(1)\, z^{-1} + f(2)\, z^{-2} + f(3)\, z^{-3} + \ldots\ldots$

$\therefore \qquad \underset{z \to \infty}{\text{Lim}} F(z) = \underset{z \to \infty}{\text{Lim}}\, [f(0) + f(1)\, z^{-1} + f(2)\, z^{-2} + f(3)\, z^{-3} + \ldots\ldots]$

As $\qquad \underset{z \to \infty}{\text{Lim}}\, z^{-n} = 0$

$\therefore \qquad$ R.H.S. $= f(0) +$ all vanishing terms

$\therefore \qquad f(0) = \underset{z \to \infty}{\text{Lim}}\, F(z).$

9. Final Value Theorem (One sided sequence) :

$$\lim_{k \to \infty} \{f(k)\} = \lim_{z \to 1} (z-1) F(z), \text{ if limit exists.}$$

Proof : We have,

$$Z\{[f(k+1) - f(k)]\} = \sum_{k=0}^{\infty} [f(k+1) - f(k)] z^{-k}$$

$$\therefore Z\{f(k+1)\} - Z\{f(k)\} = \sum_{k=0}^{\infty} [f(k+1) - f(k)] z^{-k} \qquad \ldots (A)$$

For causal sequence, we have

$$Z\{f(k+n)\} = z^n F(z) - \sum_{r=0}^{n-1} f(r) z^{n-r}$$

$\therefore$ For $n = 1$, $Z\{f(k+1)\} = z F(z) - f(0)$.

$\therefore$ From equation (A),

$$z F(z) - f(0) - F(z) = \lim_{n \to \infty} \sum_{k=0}^{n} [f(k+1) - f(k)] z^{-k}$$

$$\therefore \lim_{z \to 1} (z-1) F(z) = f(0) + \lim_{z \to 1} \lim_{n \to \infty} \sum_{k=0}^{n} [f(k+1) - f(k)] z^{-k}$$

$$= f(0) + \lim_{n \to \infty} \sum_{k=0}^{n} [f(k+1) - f(k)] \lim_{z \to 1} z^{-k}$$

$$= f(0) + \lim_{n \to \infty} [f(1) - f(0) + f(2) - f(1) + f(3) - f(2) + \ldots + f(n+1) - f(n)]$$

$$= \lim_{n \to \infty} [f(0) + f(1) - f(0) + f(2) - f(1) + f(3) - f(2) + \ldots + f(n+1) - f(n)]$$

$$= \lim_{n \to \infty} f(n+1) = \lim_{k \to \infty} f(k)$$

For $k = n + 1$, when $n \to \infty$, $k \to \infty$

$$\therefore \lim_{z \to 1} (z-1) F(z) = \lim_{k \to \infty} f(k).$$

10. Partial Sum :

If $Z\{f(k)\} = F(z)$ then $Z\left[\left\{\sum_{m=-\infty}^{k} f(m)\right\}\right] = \dfrac{F(z)}{1-z^{-1}}$

Proof : Form $\{g(k)\}$ such that $g(k) = \sum_{m=-\infty}^{k} f(m)$.

Hence we have to obtain $Z[\{g(k)\}]$.

We have, $\quad g(k) - g(k-1) = \sum_{m=-\infty}^{k} f(m) - \sum_{m=-\infty}^{k-1} f(m) = f(k)$

$\therefore \quad Z[\{g(k) - g(k-1)\}] = Z[\{f(k)\}] = F(z)$

$\therefore Z[\{g(k)\}] - Z[\{g(k-1)\}] = F(z)$

$\therefore \quad G(z) - z^{-1} G(z) = F(z) \implies (1 - z^{-1}) G(z) = F(z)$

$\therefore \quad \sum_{m=-\infty}^{k} f(m) = G(z) = \dfrac{F(z)}{1-z^{-1}}$

Alternative :

$Z\left[\left\{\sum_{m=-\infty}^{k} f(m)\right\}\right] = \sum_{k=-\infty}^{\infty} \left[\sum_{m=-\infty}^{k} f(m)\right] z^{-k}$

$= \sum_{k=-\infty}^{\infty} [\ldots + f(k-3) z^{-k} + f(k-2) z^{-k} + f(k-1) z^{-k} + f(k) z^{-k}]$

$= \sum_{k=-\infty}^{\infty} [\ldots + f(k-3) z^{-(k-3)} z^{-3} + f(k-2) z^{-(k-2)} \cdot z^{-2}$

$\qquad\qquad\qquad\qquad\qquad\qquad + f(k-1) z^{-(k-1)} z^{-1} + f(k) z^{-k}]$

$= \sum_{k=-\infty}^{\infty} \sum_{r=0}^{\infty} f(k-r) z^{-(k-r)} z^{-r}$

$= \sum_{r=0}^{\infty} z^{-r} \sum_{k=-\infty}^{\infty} f(k-r) z^{-(k-r)}, \quad (\text{let } k - r = p)$

$$= \sum_{r=0}^{\infty} z^{-r} \sum_{p=-\infty}^{\infty} f(p) z^{-p} = \sum_{r=0}^{\infty} F(z) z^{-r}$$

$$= F(z) \sum_{r=0}^{\infty} z^{-r}$$

$$= F(z) (1 + z^{-1} + z^{-2} + \ldots)$$

$$= F(z) \frac{1}{1-z^{-1}}, \quad |z^{-1}| < 1$$

$$Z\left[\left\{\sum_{m=-\infty}^{k} f(m)\right\}\right] = \frac{F(z)}{1-z^{-1}}, \quad |z| > 1.$$

Remark : $\displaystyle\lim_{k \to \infty} g(k) = \lim_{k \to \infty} \sum_{m=-\infty}^{k} f(m) = \sum_{m=-\infty}^{k} f(m)$.

By final value theorem,

$$\lim_{k \to \infty} g(k) = \lim_{z \to 1} (z-1) \left(\frac{F(z)}{1-z^{-1}}\right) \text{ (by using property 10)}.$$

$$= \lim_{z \to 1} (z-1) \frac{F(z)}{z-1} \cdot z = F(1).$$

$$\therefore \boxed{\sum_{m=-\infty}^{\infty} f(m) = F(1)}$$

11. Convolution :

I. General Case

Convolution of two sequences $\{f(k)\}$ and $\{g(k)\}$ denoted as $\{f(k)\} * \{g(k)\}$, is defined as :

$$\{h(k)\} = \{f(k)\} * \{g(k)\}$$

where $\displaystyle h(k) = \sum_{m=-\infty}^{\infty} f(m) g(k-m)$ (Replacing dummy index m by k – m)

$$= \sum_{m=-\infty}^{\infty} g(m) f(k-m)$$

$$= \{g(k)\} * \{f(k)\}$$

Taking Z-transform of both sides, we get

$$Z[\{h(k)\}] = \sum_{k=-\infty}^{\infty} \left[\sum_{m=-\infty}^{\infty} f(m) g(k-m) \right] z^{-k}$$

Since the power series converges absolutely, it converges uniformly also within the ROC, this allows us to interchange the order of summation, we get

$$Z[\{h(k)\}] = \sum_{m=-\infty}^{\infty} \sum_{k=-\infty}^{k} f(m) g(k-m) z^{-k}$$

$$= \sum_{m=-\infty}^{\infty} f(m) z^{-m} \sum_{k=-\infty}^{\infty} g(k-m) z^{-(k-m)}$$

$$= \left[\sum_{m=-\infty}^{\infty} f(m) z^{-m} \right] G(z)$$

$$H(z) = F(z) G(z)$$

ROC of $H(z)$ is common region of convergence of $F(z)$ and $G(z)$.

We have $\{f(k)\} * \{g(k)\} \leftrightarrow F(z) G(z)$.

II. Convolution of Causal Sequences

In this case, $f(k)$ and $g(k)$ are zero for negative values of k, due to this

$$h(k) = \sum_{m=-\infty}^{\infty} f(m) g(k-m) \text{ becomes}$$

$$= \sum_{m=0}^{k} f(m) g(k-m)$$

Because for negative values of m, $f(m)$ is zero and for values of $m > k$, $g(k-m)$ becomes zero.

The Z-transform of $\{h(k)\} = Z[\{f(k)\} * \{g(k)\}]$

$$= F(z) \cdot G(z)$$

remains unchanged.

4.8 Z-TRANSFORM OF SOME STANDARD SEQUENCES

1. Unit Impulse :

$$\delta(k) = \begin{cases} 1, & k = 0 \\ 0, & k \neq 0 \end{cases}$$

$$\therefore Z\{\delta(k)\} = \sum_{k=-\infty}^{\infty} \delta(k) z^{-k} = \sum_{k=-\infty}^{\infty} (0+0+0 \ldots +1+0+0 \ldots) z^{-k}$$

$\therefore Z\{\delta(k)\} = 1$ as $z^{-k} = z^0 = 1$ for $k = 0$.

2. Discrete Unit Step :

$$U(k) = \begin{cases} 0, & k < 0 \\ 1, & k \geq 0 \end{cases}$$

$$\therefore \quad Z\{U(k)\} = \sum_{k=-\infty}^{\infty} U(k) \cdot z^{-k} = \sum_{k=-\infty}^{-1} 0 \cdot z^{-k} + \sum_{k=0}^{\infty} 1 (z^{-k})$$

$$= \left(1 + \frac{1}{z} + \frac{1}{z^2} + \frac{1}{z^3} \ldots \right) + \text{an infinite G.P.}$$

$$= \frac{1}{1 - \frac{1}{z}} \qquad \text{for } \left|\frac{1}{z}\right| < 1$$

$$= \frac{z}{z-1} \qquad \text{for } 1 < |z|$$

$$\therefore \quad Z\{U(k)\} = \frac{z}{z-1} \qquad \text{for } |z| > 1$$

$$\therefore \quad Z^{-1}\left\{\frac{z}{z-1}\right\} = \{U(k)\} \qquad \text{for } |z| > 1.$$

3. $f(k) = a^k$, $k \geq 0$

$$Z\{f(k)\} = \sum_{k=0}^{\infty} f(k) z^{-k} = \sum_{k=0}^{\infty} a^k z^{-k} = \sum_{k=0}^{\infty} (a z^{-1})^k$$

$$= 1 + a z^{-1} + (a z^{-1})^2 + \ldots \text{ an infinite G.P.}$$

$$= \frac{1}{1 - az^{-1}} \qquad \text{provided } |a z^{-1}| < 1$$

$$= \frac{z}{z-a} \qquad \text{if } |a| < |Z|$$

$$\therefore \quad Z\{a^k\} = \frac{z}{z-a} \qquad \text{for } |z| > |a|$$

$$\therefore \quad Z^{-1}\left[\frac{z}{z-a}\right] = a^k, \qquad k \geq 0 \text{ provided } |z| > |a|$$

4. $f(k) = a^k, \; k < 0$

$$Z\{f(k)\} = \sum_{-\infty}^{-1} f(k) \, z^{-k} = \sum_{-\infty}^{-1} a^k \, z^{-k}$$

Replacing $k \to -k, \; -\infty \leq k \leq -1 \;\Rightarrow\; \infty \geq -k \geq 1$

$$\therefore \quad Z\{f(k)\} = \sum_{1}^{\infty} a^{-k} \, z^{k} = \sum_{1}^{\infty} (a^{-1} z)^{k}$$

$$= a^{-1} z + (a^{-1} z)^2 + (a^{-1} z)^3 + \ldots \ldots \text{ an infinite G.P.}$$

$$= \frac{a^{-1} z}{1 - a^{-1} z} \qquad \text{provided } |a^{-1} z| < 1$$

$$\frac{Z\{a^k\}}{k < 0} = \frac{z}{a - z} \qquad \text{for } |z| < |a|$$

$$\therefore \quad Z^{-1}\left\{\frac{z}{a - z}\right\} = a^k \qquad \text{for } k < 0 \text{ if } |z| < |a|$$

5. $f(k) = \{a^{|k|}\}$ for all k

$$\therefore \quad Z\{f(k)\} = \sum_{-\infty}^{\infty} f(k) \, z^{-k} = \sum_{-\infty}^{-1} f(k) \, z^{-k} + \sum_{0}^{\infty} f(k) \, z^{-k}$$

$$= \sum_{-\infty}^{-1} a^{|k|} z^{-k} + \sum_{0}^{\infty} a^{|k|} z^{-k}$$

$$= \sum_{1}^{\infty} a^{|-k|} z^{+k} + \sum_{0}^{\infty} a^k z^{-k} = \sum_{1}^{\infty} (a z)^k + \sum_{0}^{\infty} (a z^{-1})^k$$

$$= [az + (az)^2 + (az)^3 + \ldots] + [1 + (az^{-1}) + (az^{-1})^2 + \ldots]$$
$$\quad\quad\quad \text{infinite G.P.} \quad\quad\quad\quad\quad\quad \text{infinite G.P.}$$

$$= \frac{az}{1 - az} + \frac{1}{1 - az^{-1}}, \; |az| < 1 \text{ and } |a z^{-1}| < 1$$

$$\therefore \quad |z| < \frac{1}{|a|} \text{ and } |a| < |z|$$

$$\therefore \quad Z\{a^{|k|}\} = F(z) = \left(\frac{az}{1 - az} + \frac{z}{z - a}\right) \text{ for } |a| < |z| < \frac{1}{|a|}$$

6. $f(k) = \cos \alpha k, \ (k \geq 0)$

We have, $\cos \alpha k = \dfrac{e^{i\alpha k} + e^{-i\alpha k}}{2}$ (by Euler's formula)

$$\therefore Z\{\cos \alpha k\} = \sum_{k=0}^{\infty} \dfrac{(e^{i\alpha k} + e^{-i\alpha k})}{2} z^{-k}$$

$$= \dfrac{1}{2}\left[\sum_{k=0}^{\infty} e^{i\alpha k} z^{-k} + \sum_{k=0}^{\infty} e^{-i\alpha k} z^{-k}\right]$$

$$= \dfrac{1}{2}\left[\sum_{k=0}^{\infty} (e^{i\alpha} z^{-1})^k + \sum_{k=0}^{\infty} (e^{-i\alpha} z^{-1})^k\right]$$

Both are infinite G.P. $\therefore S_\infty = \dfrac{a}{1-r}$

$$= \dfrac{1}{2}\left[\dfrac{1}{1-e^{i\alpha} z^{-1}} + \dfrac{1}{1-e^{-i\alpha} z^{-1}}\right], \ |e^{i\alpha} z^{-1}| < 1 \text{ and } |e^{-i\alpha} z^{-1}| < 1$$

$$= \dfrac{1}{2}\left[\dfrac{1-e^{-i\alpha} z^{-1} + 1 - e^{i\alpha} z^{-1}}{1 - e^{i\alpha} z^{-1} - e^{-i\alpha} z^{-1} + z^{-2}}\right] = \dfrac{1}{2}\left[\dfrac{2-(e^{i\alpha} + e^{-i\alpha}) z^{-1}}{1-(e^{i\alpha} + e^{-i\alpha}) z^{-1} + z^{-2}}\right]$$

$$= \dfrac{1}{2}\left[\dfrac{2 - (2\cos\alpha) z^{-1}}{1 - (2\cos\alpha) z^{-1} + z^{-2}}\right] = \dfrac{(z - \cos\alpha)/z}{(z^2 - 2z\cos\alpha + 1)/z^2}$$

$$\therefore F(z) = Z\{\cos \alpha k\} = \dfrac{z(z - \cos\alpha)}{z^2 - 2z\cos\alpha + 1}, \ |z| > 1.$$

Note : $e^{i\alpha} = \cos\alpha + i\sin\alpha, \ e^{-i\alpha} = \cos\alpha - i\sin\alpha$

$$|e^{i\alpha}| = |\cos\alpha + i\sin\alpha|$$

$$= \sqrt{\cos^2\alpha + \sin^2\alpha} = 1.$$

$$|e^{-i\alpha}| = 1$$

$\therefore \quad |e^{i\alpha} z^{-1}| < 1$

i.e. $\quad |z^{-1}| < 1 \quad$ i.e. $|z| > 1$

Also, $\quad |e^{-i\alpha} z^{-1}| < 1 \Rightarrow |z| > 1.$

Also,

$e^{i\alpha} + e^{-i\alpha} = 2\cos\alpha$
$e^{i\alpha} - e^{-i\alpha} = 2i\sin\alpha$

7. $f(k) = \{\sin \alpha k\}, k \geq 0$

We have $\sin \alpha k = \dfrac{e^{i\alpha k} - e^{-i\alpha k}}{2i}$

$\therefore \quad Z\{\sin \alpha k\} = \sum\limits_{k=0}^{\infty} \dfrac{(e^{i\alpha k} - e^{-i\alpha k})}{2i} \cdot z^{-k}$

$= \dfrac{1}{2i}\left[\sum\limits_{k=0}^{\infty} e^{i\alpha k} z^{-k} - \sum\limits_{k=0}^{\infty} e^{-i\alpha k} z^{-k}\right]$

$= \dfrac{1}{2i}\left[\sum\limits_{k=0}^{\infty} (e^{i\alpha} z^{-1})^k - \sum\limits_{k=0}^{\infty} (e^{-i\alpha} z^{-1})^k\right]$

Both are infinite G.P., $S_\infty = \dfrac{a}{1-r}$

$= \dfrac{1}{2i}\left[\dfrac{1}{1 - e^{i\alpha} z^{-1}} - \dfrac{1}{1 - e^{-i\alpha} z^{-1}}\right]$, $|e^{i\alpha} z^{-1}| < 1$ and $|e^{-i\alpha} z^{-1}| < 1$

$= \dfrac{1}{2i}\left[\dfrac{1 - e^{-i\alpha} z^{-1} - 1 + e^{i\alpha} z^{-1}}{1 - (e^{i\alpha} + e^{-i\alpha}) z^{-1} + z^{-2}}\right]$, $|z| > 1$

$= \dfrac{1}{2i}\left[\dfrac{\dfrac{(e^{i\alpha} - e^{-i\alpha})}{z}}{\dfrac{z^2 - (e^{i\alpha} + e^{-i\alpha}) z + 1}{z^2}}\right] = \dfrac{1}{2i} \dfrac{z(2i \sin \alpha)}{z^2 - 2z \cos \alpha + 1}$

$\therefore \quad F(z) = z\{\sin \alpha k\} = \dfrac{z \sin \alpha}{z^2 - 2z \cos \alpha + 1}, |z| > 1.$

8. $\{f(k)\} = \{\cosh \alpha k\}, k \geq 0$

We have, $\cosh \alpha k = \dfrac{e^{\alpha k} + e^{-\alpha k}}{2}$

$\therefore \quad Z\{\cosh k\} = \sum\limits_{k=0}^{\infty} \dfrac{(e^{\alpha k} + e^{-\alpha k})}{2} z^{-k}$

$= \dfrac{1}{2}\left[\sum\limits_{k=0}^{\infty} e^{\alpha k} z^{-k} + \sum\limits_{k=0}^{\infty} e^{-\alpha k} z^{-k}\right]$

$$= \frac{1}{2}\left[\sum_{k=0}^{\infty}(e^{\alpha}z^{-1})^k + \sum_{k=0}^{\infty}(e^{-\alpha}z^{-1})^k\right]$$

$$= \frac{1}{2}\left[\frac{1}{1-e^{\alpha}z^{-1}} + \frac{1}{1-e^{-\alpha}z^{-1}}\right], \; |e^{\alpha}z^{-1}| < 1 \text{ and } |e^{-\alpha}z^{-1}| < 1$$

$$= \frac{1}{2}\left[\frac{1-e^{-\alpha}z^{-1}+1-e^{\alpha}z^{-1}}{1-(e^{\alpha}+e^{-\alpha})z^{-1}+z^{-2}}\right], |z| > \max.\left(|e^{\alpha}| \text{ or } |e^{-\alpha}|\right)$$

$$= \frac{1}{2}\left[\frac{2-(e^{\alpha}+e^{-\alpha})z^{-1}}{1-(e^{\alpha}+e^{-\alpha})z^{-1}+z^{-2}}\right]$$

$$= \frac{1}{2}\left[\frac{\frac{2z-2\cosh\alpha}{z}}{\frac{z^2-2z\cosh\alpha+1}{z^2}}\right] \qquad (\because e^{\alpha}+e^{-\alpha}=2\cosh\alpha)$$

$$Z\{\cosh\alpha k\} = \frac{z(z-\cosh\alpha)}{z^2-2z\cosh\alpha+1}, \; |z| > \max.\left(|e^{\alpha}| \text{ or } |e^{-\alpha}|\right)$$

9. $\{f(k)\} = \{\sinh\alpha k\}, \; k \geq 0$

We have, $\sinh\alpha k = \dfrac{e^{\alpha k}-e^{-\alpha k}}{2}$

$$\therefore \; Z\{\sinh\alpha k\} = \sum_{0}^{\infty}\frac{(e^{\alpha k}-e^{-\alpha k})}{2}z^{-k}$$

$$= \frac{1}{2}\left[\sum_{0}^{\infty}(e^{\alpha}z^{-1})^k - \sum_{0}^{\infty}(e^{-\alpha}z^{-1})^k\right]$$

$$= \frac{1}{2}\left[\frac{1}{1-e^{\alpha}z^{-1}} + \frac{1}{1-e^{-\alpha}z^{-1}}\right]$$

$$= \frac{1}{2}\left[\frac{1-e^{-\alpha}z^{-1}-1+e^{\alpha}z^{-1}}{1-(e^{\alpha}+e^{-\alpha})z^{-1}+z^{-2}}\right]$$

$$= \frac{1}{2}\left[\frac{(e^{\alpha}-e^{-\alpha})z^{-1}}{1-(e^{\alpha}+e^{-\alpha})z^{-1}+z^{-2}}\right]$$

$$= \frac{1}{2}\left[\frac{\frac{2\sinh\alpha}{z}}{\frac{z^2-2z\cosh\alpha+1}{z^2}}\right] \qquad (\because e^{\alpha}-e^{-\alpha}=2\sinh\alpha)$$

$$\therefore \; F(z) = Z\{\sinh\alpha k\} = \frac{z\sinh\alpha}{z^2-2z\cosh\alpha+1}, \; |z| > \max.\left(|e^{\alpha}| \text{ or } |e^{-\alpha}|\right)$$

10. $f(k) = \{{}^nC_k\}$, $(0 \leq k \leq n)$

Since ${}^nC_k = 0$ if $k > n$ i.e. $0 \leq k \leq n$

∴ $Z\{{}^nC_k\} = \sum_{k=0}^{\infty} {}^nC_k z^{-k} = {}^nC_0 + {}^nC_1 z^{-1} + {}^nC_2 z^{-2} + \ldots$

$$= (1 + z^{-1})^n$$

∴ $Z\{{}^nC_k\} = (1 + z^{-1})^n$, $|z| > 0$

11. $f(k) = {}^kC_n$ $(k \geq n)$

Since ${}^kC_n = 0$ if $k < n$

∴ $Z\{{}^kC_n\} = \sum_{k=n}^{\infty} {}^kC_n z^{-k}$

Put $k = n + r$

∴ When $k = n$, $r = \infty$

$k = \infty$, $r = \infty$

∴ $Z\{{}^kC_n\} = \sum_{r=0}^{\infty} {}^{n+r}C_n z^{-(n+r)}$

As ${}^nC_r = {}^nC_{n-r}$, it follows that ${}^{n+r}C_n = {}^{n+r}C_r$

∴ $Z\{{}^kC_n\} = \sum_{r=0}^{\infty} {}^{n+r}C_r z^{-(n+r)}$

$$= \sum_{r=0}^{\infty} {}^{n+r}C_r \cdot z^{-r} \cdot z^{-n}$$

$$= z^{-n}\left[{}^nC_0 + {}^{n+1}C_1 z^{-1} + {}^{n+1}C_2 z^{-2} \ldots \ldots\right]$$

$Z\{{}^kC_n\} = z^{-n}(1 - z^{-1})^{-(n+1)}$, $|z| > 1$.

12. $\{f(k)\} = \{{}^{(k+n)}C_n\}$

$Z\{{}^{(k+n)}C_n\} = \sum_{k=-\infty}^{\infty} {}^{(k+n)}C_n z^{-k}$

${}^{(k+n)}C_n = 0$ if $k + n < n$ i.e. if $k < 0$

$$\therefore \quad Z\left[\left\{^{(k+n)}C_n\right\}\right] = \sum_{k=0}^{\infty} {}^{(k+n)}C_n \, z^{-k}$$

$$= \sum_{k=0}^{\infty} {}^{(k+n)}C_k \, z^{-k}$$

$$= \left[1 + \frac{n+1}{1} z^{-1} + \frac{(n+2)(n+1)}{1 \cdot 2} z^{-2} + \ldots \right]$$

$$= (1-z^{-1})^{-(n+1)}, \qquad |z| > 1$$

$$\therefore \quad Z\left[\left\{^{(k+n)}C_n\right\}\right] (k \geq 0) \leftrightarrow (1-z^{-1})^{-(n+1)}, \quad |z| > 1.$$

13. $\{f(k)\} = \left\{{}^{k+n}C_n \, a^k\right\}$

$$Z\left[\left\{{}^{k+n}C_n \, a^k\right\}\right] = \sum_{k=0}^{\infty} {}^{k+n}C_n \, (az^{-1})^k$$

$$= (1 - az^{-1})^{-(n+1)}, \qquad |z| > |a|$$

$\therefore$ By putting n = 1, we have

$$Z\left[\{(k+1) \, a^k\}\right] = (1 - az^{-1})^{-2} = \frac{z^2}{(z-a)^2}, \qquad |z| > |a|$$

By putting n = 2, we have

$$Z\left[\left\{\frac{(k+1)(k+2)}{2!} a^k\right\}\right] = Z\left[\left\{{}^{k+2}C_2 \, a^k\right\}\right] = (1 - az^{-1})^{-3}$$

$$= \frac{z^3}{(z-a)^3} \quad |z| > |a|$$

By putting n – 1 in place of n, we have

$$Z\left[\left\{\frac{(k+1)\ldots(k+n-1)}{(n-1)!}\right\}\right] = (1 - az^{-1})^{-n}, \quad |z| > |a|$$

$$= \frac{z^n}{(z-a)^n}, \qquad |z| > |a|$$

$$\therefore \qquad [(k+1) \, a^k] \leftrightarrow \frac{z^2}{(z-a)^2}, \qquad |z| > |a|$$

$$\left\{\frac{(k+1)(k+2)}{2!} a^k\right\} \leftrightarrow \frac{z^3}{(z-a)^3}, \qquad |z| > |a|$$

$$\left\{\frac{(k+1)(k+2)\ldots\overline{(k+n-1)}}{(n-1)!}\right\} \leftrightarrow \frac{z^n}{(z-a)^n}, \qquad |z| > |a|$$

These results are very useful in obtaining inverse Z-transform.

14. $\{f(k)\} = \left\{\dfrac{a^k}{k!}\right\}, k \geq 0$

$$Z\{f(k)\} = Z\left\{\dfrac{a^k}{k!}\right\} = \sum_{k=0}^{\infty} \dfrac{a^k}{k!} z^{-k}$$

$$= \sum_{k=0}^{\infty} \dfrac{(az^{-1})^k}{k!}$$

$$= 1 + \dfrac{(az^{-1})}{1!} + \dfrac{(az^{-1})^2}{2!} + \dfrac{(az^{-1})^3}{3!} + \ldots$$

$$= e^{(az^{-1})} = e^{a/z}$$

$\therefore \quad Z\left\{\dfrac{a^k}{k!}\right\} = e^{a/z} \quad \left[\text{Since, } e^x = 1 + x + \dfrac{x^2}{2!} + \dfrac{x^3}{3!} + \ldots\right.$

$$\left. e^{az^{-1}} = 1 + az^{-1} + \dfrac{(az^{-1})^2}{2!} + \dfrac{(az^{-1})^3}{3!} + \ldots \right]$$

15. $\{f(k)\} = \{c^k \cos \alpha k\}, k \geq 0$

We have

$$Z\{\cos \alpha k\} = \dfrac{z(z - \cos \alpha)}{z^2 - 2z \cos \alpha + 1}, \quad |z| > 1$$

$$= F(z)$$

By using change of scale property,

$$Z\{f(k)\} = F(z) \text{ then } Z\{c^k f(k)\} = F\left(\dfrac{z}{c}\right)$$

$\therefore \quad Z\{c^k \cos \alpha k\} = \dfrac{\dfrac{z}{c}\left(\dfrac{z}{c} - \cos \alpha\right)}{\left(\dfrac{z}{c}\right)^2 - 2\left(\dfrac{z}{c}\right)\cos \alpha + 1}, \quad \text{provided} \quad \left|\dfrac{z}{c}\right| > 1$

$$= \dfrac{z(z - c \cos \alpha)}{z^2 - 2cz \cos \alpha + c^2}, \quad \text{provided} \quad |z| > |c|$$

16. $\{f(k)\} = \{c^k \sin \alpha k\}, k \geq 0$

$$Z\{\sin \alpha k\} = \frac{z \sin \alpha}{z^2 - 2z\cos \alpha + 1}, \qquad |z| > 1$$

$$\therefore \quad Z\{c^k \sin \alpha k\} = \frac{\left(\frac{z}{c}\right) \sin \alpha}{\left(\frac{z}{c}\right)^2 - 2\left(\frac{z}{c}\right) \cos \alpha + 1}, \qquad \left|\frac{z}{c}\right| > 1$$

$$= \frac{cz \sin \alpha}{z^2 - 2cz \cos \alpha + c^2}, \qquad |z| > |c|$$

17. $\{f(k)\} = \{c^k \cosh \alpha k\}, k \geq 0$

$$\because \quad Z\{\cosh \alpha k\} = \frac{z(z - \cosh \alpha)}{z^2 - 2z \cosh \alpha + 1}$$

provided $\quad |z| > \max.\left(|e^\alpha| \text{ or } |e^{-\alpha}|\right)$

$$Z\{c^k \cosh \alpha k\} = \frac{\frac{z}{c}\left(\frac{z}{c} - \cosh \alpha\right)}{\left(\frac{z}{c}\right)^2 - 2\left(\frac{z}{c}\right) \cosh \alpha + 1}$$

provided $\quad |z| > \max.\left(|c e^\alpha| \text{ or } |c e^{-\alpha}|\right)$

$$= \frac{z(z - c \cosh \alpha)}{z^2 - 2cz \cosh \alpha + c^2}$$

18. $\{f(k)\} = \{c^k \sinh \alpha k\}, k \geq 0$

Proceeding in the same manner as $c^k \cosh \alpha k$

$$Z\{c^k \sinh \alpha k\} = \frac{cz \sinh \alpha}{z^2 - 2cz \cosh \alpha + c^2}, \quad |z| > \max.\left(|c e^\alpha| \text{ or } |c e^{-\alpha}|\right)$$

4.9 TABLE OF PROPERTIES OF Z-TRANSFORMS

1. **Definition** $\quad Z\{f(k)\} = F(z) = \sum_{k=-\infty}^{\infty} f(k) z^{-k}$

2. **Inverse** $\quad Z^{-1}\{F(z)\} = \{f(k)\}$

3. **Linearity** $\quad Z\{a f(k) + b g(k)\} = a F(z) + b G(z)$

4. **Change of Scale** $\quad Z\{a^k f(k)\} = F\left(\dfrac{z}{a}\right)$

5. **Shifting**

   (a) Both sided sequence
   $$Z\{f(k \pm n)\} = z^{\pm n} F(z)$$

   (b) One sided sequence, $k \geq 0$
   $$Z\{f(k+n)\} = z^n F(z) - \sum_{r=0}^{n-1} f(r) z^{n-r}$$

   and for $k < 0$
   $$Z\{f(k-n)\} = z^{-n} F(z) + \sum_{r=-n}^{-1} f(r) z^{-(n+r)}$$

   (c) Causal sequence
   $$Z\{f(k+n)\} = z^n F(z) - \sum_{r=0}^{n-1} f(r) z^{n-r}$$
   $$Z\{f(k-n)\} = z^{-n} F(z)$$

6. **Multiplication by k**
   $$Z\{k f(k)\} = \left(-z \dfrac{d}{dz}\right) F(z)$$
   $$Z\{k^n f(k)\} = \left(-z \dfrac{d}{dz}\right)^n F(z)$$

7. **Division by k** $\quad Z\left\{\dfrac{f(k)}{k}\right\} = -\int^{z} z^{-1} F(z)\, dz$

8. **Initial value theorem**
   $$f(0) = \lim_{z \to \infty} F(z)$$
   if $\{f(k)\}$ is one sided sequence i.e. $k \geq 0$

9. Final value theorem

$$\lim_{k \to \infty} f(k) = \lim_{z \to 1} (z-1) F(z)$$

if $\{f(k)\}$ is one sided sequence $(k \geq 0)$

10. Partial sum

$$Z\left\{\sum_{m=-\infty}^{k} f(m)\right\} = \frac{F(z)}{1 - z^{-1}}$$

$$\sum_{m=-\infty}^{\infty} = F(1)$$

11. Convolution

$$Z\{\{f(k)\} * \{g(k)\}\} = F(z) \cdot G(z)$$

$$h(k) = \sum_{m=-\infty}^{\infty} f(m)\, g(k-m)$$

If causal then

$$h(k) = \sum_{m=0}^{k} f(m)\, g(k-m)$$

where $h(k) = \{f(k)\} * \{g(k)\}$

12. $Z\{e^{-ak} f(k)\} = F(e^a z)$

4.10 TABLE OF Z-TRANSFORM OF SOME STANDARD SEQUENCES

1.	$Z\{\delta(k)\} = 1,$	for all z
2.	$Z\{U(k)\} = \dfrac{z}{z-1},$	$|z| > 1$
3.	$Z\{1\} = \dfrac{z}{z-1},$	$|z| > 1$
4.	$Z\{a^k\} = \dfrac{z}{z-a},\ k \geq 0$	$|z| > |a|$
5.	$Z\{a^k\} = \dfrac{z}{a-z},\ k < 0,$	$|z| < |a|$
6.	$Z\{a^{|k|}\} = \dfrac{az}{1-az} + \dfrac{z}{z-a},$	$|a| < |z| < \dfrac{1}{|a|}$

7.	$Z\{\cos\alpha k\},\ k\geq 0 = \dfrac{z(z-\cos\alpha)}{z^2-2z\cos\alpha+1},$	$\|z\|>1$
8.	$Z\{\sin\alpha k\},\ k\geq 0 = \dfrac{z\sin\alpha}{z^2-2z\cos\alpha+1},$	$\|z\|>1$
9.	$Z\{\cosh\alpha k\},\ k\geq 0 = \dfrac{z(z-\cosh\alpha)}{z^2-2z\cosh\alpha+1},$	$\|z\|>\max.(\|e^\alpha\|\text{ or }\|e^{-\alpha}\|)$
10.	$Z\{\sinh\alpha k\},\ k\geq 0 = \dfrac{z\sinh\alpha}{z^2-2z\cosh\alpha+1},$	$\|z\|>\max.(\|e^\alpha\|\text{ or }\|e^{-\alpha}\|)$
11.	$Z\{c^k\cos\alpha k\},\ k\geq 0 = \dfrac{z(z-c\cos\alpha)}{z^2-2cz\cos\alpha+c^2},$	$\|z\|>\|c\|$
12.	$Z\{c^k\sin\alpha k\},\ k\geq 0 = \dfrac{cz\sin\alpha}{z^2-2cz\cos\alpha+c^2},$	$\|z\|>\|c\|$
13.	$Z\{c^k\cosh\alpha k\},\ k\geq 0 = \dfrac{z(z-c\cosh\alpha)}{z^2-2cz\cosh\alpha+c^2},$	$\|z\|>\max.(\|ce^\alpha\|\text{ or }\|ce^{-\alpha}\|)$
14.	$Z\{c^k\sinh\alpha k\},\ k\geq 0 = \dfrac{cz\sinh\alpha}{z^2-2cz\cosh\alpha+c^2},$	$\|z\|>\max.(\|ce^\alpha\|\text{ or }\|ce^{-\alpha}\|)$
15.	$Z\{^nC_k\} = (1+z^{-1})^n,\ \ 0\leq k\leq n,$	$\|z\|>0$
16.	$Z\{^kC_n\},\ (k\geq n) = z^{-n}(1-z^{-1})^{-(n+1)},$	$\|z\|>1$
17.	$Z\{^{k+n}C_n\},\ k\geq 0 = (1-z^{-1})^{-(n+1)},$	$\|z\|>1$
18.	$Z\{^{k+n}C_n a^k\} = (1-az^{-1})^{-(n+1)},$	$\|z\|>\|a\|$
19.	$Z\{(k+1)a^k\} = \dfrac{z^2}{(z-a)^2},$	$\|z\|>\|a\|$
20.	$Z\left\{\dfrac{(k+1)(k+2)}{2!}a^k\right\} = \dfrac{z^3}{(z-a)^3},$	$\|z\|>\|a\|$
21.	$Z\left\{\dfrac{(k+1)(k+2)\ldots(k+(n-1))}{(n-1)!}a^k\right\} = \dfrac{z^n}{(z-a)^n},\ \|z\|>\|a\|$	
22.	$Z\left\{\dfrac{a^k}{k!}\right\} = e^{a/z},\ \ \forall z$ $k\geq 0$	

ILLUSTRATIONS ON Z-TRANSFORMS

Ex. 1 : *Find the Z – transform and its ROC of*

(i) $2^k, \; k \geq 0,$ (ii) $3^k, \; k < 0$

(iii) $\left(\dfrac{1}{3}\right)^k, \; k \geq 0$ (iv) $\left(\dfrac{1}{5}\right)^k, \; k < 0$

Sol. : (i) $f(k) = 2^k, \; k \geq 0$

$$Z\{2^k\} = \sum_{k=0}^{\infty} 2^k \, z^{-k} = \sum_{k=0}^{\infty} (2z^{-1})^k$$

$$= 1 + (2z^{-1}) + (2z^{-1})^2 + \ldots\ldots$$

$$= \dfrac{1}{1 - 2z^{-1}}, \; \text{if} \; |2z^{-1}| < 1$$

$$Z\{2^k\} = \dfrac{z}{z-2}, \qquad |z| > 2$$

$$\{2^k\} \leftrightarrow \dfrac{z}{z-2}, \quad k \geq 0$$

(ii) $f(k) = 3^k, \; k < 0$

$$Z\{3^k\} = \sum_{k=-\infty}^{-1} 3^k \, z^{-k} \qquad \begin{array}{ll} \text{Put } k = -r \\ k = -\infty & r = \infty \\ k = -1 & r = 1 \end{array}$$

$$= \sum_{r=1}^{\infty} 3^{-r} z^r = \sum_{r=1}^{\infty} (3^{-1} z)^r = (3^{-1} z) + (3^{-1} z)^2 + \ldots\ldots$$

$$= \dfrac{3^{-1} z}{1 - 3^{-1} z}, \quad \text{if} \; |3^{-1} z| < 1$$

$$= \dfrac{z}{3-z}, \qquad \text{if} \; |z| < 3$$

$$\begin{array}{c}\{3^k\}\\(k<0)\end{array} \leftrightarrow \dfrac{z}{3-z}$$

(iii) $f(k) = \left(\dfrac{1}{3}\right)^k, \; k \geq 0$

$$Z\{(1/3)^k\} = \sum_{k=0}^{\infty} \left(\dfrac{1}{3}\right)^k z^{-k} = \sum_{k=0}^{\infty} \left(\dfrac{1}{3} z^{-1}\right)^k$$

$$= 1 + \left(\dfrac{1}{3} z^{-1}\right) + \left(\dfrac{1}{3} z^{-1}\right)^2 + \ldots\ldots$$

$$= \frac{1}{1-\frac{1}{3}z^{-1}}, \quad \text{if} \left|\frac{1}{3}z^{-1}\right| < 1$$

$$= \frac{z}{z-\frac{1}{3}}, \quad \text{if} \, |z| > \frac{1}{3}$$

$$\left(\frac{1}{3}\right)^k \leftrightarrow \frac{z}{z-\frac{1}{3}}, \quad k \geq 0$$

(iv) $f(k) = \left(\frac{1}{5}\right)^k, \, k < 0$

$$Z\left\{\left(\frac{1}{5}\right)^k\right\} = \sum_{k=-\infty}^{-1} \left(\frac{1}{5}\right)^k z^{-k}$$

Put $k = -r$

$$= \sum_{r=1}^{\infty} \left(\frac{1}{5}\right)^{-r} z^r = \sum_{r=1}^{\infty} \left[\left(\frac{1}{5}\right)^{-1} z\right]^r$$

$$= \sum_{r=1}^{\infty} (5z)^r = 5z + (5z)^2 + \ldots$$

$$= \frac{5z}{1-5z}, \quad |5z| < 1$$

$$\left(\frac{1}{5}\right)^k \leftrightarrow \frac{5z}{1-5z}, \quad |z| < \frac{1}{5}$$

(k < 0)

Ex. 2 : *Find $Z\{f(k)\}$*

where $f(k) = 3^k, \quad k < 0$

$\qquad\qquad\qquad = 2^k, \quad k \geq 0$

Sol. : $Z\{f(k)\} = \sum_{k=-\infty}^{\infty} f(k) \, z^{-k}$

$$= \sum_{k=-\infty}^{-1} 3^k \, z^{-k} + \sum_{k=0}^{\infty} 2^k \, z^{-k}$$

$$= \sum_{r=1}^{\infty} 3^{-r} \, z^r + \sum_{k=0}^{\infty} 2^k \, z^{-k}$$

$$= \sum_{r=1}^{\infty} (3^{-1} z)^r + \sum_{k=0}^{\infty} (2 z^{-1})^k$$

$$= \frac{3^{-1} z}{1 - 3^{-1} z} + \frac{1}{1 - 2 z^{-1}}$$

provided $|3^{-1} z| < 1$ and $|2 z^{-1}| < 1$

$$F(z) = \frac{z}{3-z} + \frac{z}{z-2}, \quad |z| < 3 \text{ and } 2 < |z|$$

$$= \frac{z}{(3-z)(z-2)} \quad \text{if } 2 < |z| < 3$$

Ex. 3 : *Find $Z\{f(k)\}$ if $f(x) = \left(\frac{1}{4}\right)^{|k|}$ for all k.* **(May 2006, Dec. 2010)**

Sol. : $Z\left\{\left(\frac{1}{4}\right)^{|k|}\right\} = \sum_{k=-\infty}^{\infty} \left(\frac{1}{4}\right)^{|k|} z^{-k}$

$$= \sum_{k=-\infty}^{-1} \left(\frac{1}{4}\right)^{-k} z^{-k} + \sum_{k=0}^{\infty} \left(\frac{1}{4}\right)^k z^{-k}$$

$$= \sum_{r=1}^{\infty} \left(\frac{1}{4}\right)^r z^r + \sum_{k=0}^{\infty} \left(\frac{1}{4}\right)^k z^{-k} = \frac{\frac{1}{4} z}{1 - \frac{1}{4} z} + \frac{1}{1 - \frac{1}{4z}}$$

provided $\left|\frac{1}{4} z\right| < 1$ and $\left|\frac{1}{4z}\right| < 1$

$$F(z) = \frac{1}{4} \frac{z}{1 - \frac{z}{4}} + \frac{z}{z - \frac{1}{4}}, \quad \frac{1}{4} < |z| < 4$$

Ex. 4 : *Find $Z\{f(k)\}$ if (i) $f(k) = \frac{1}{k}$, $k \geq 1$, (ii) $f(k) = \frac{a^k}{k}$, $k \geq 1$.* **(Dec. 2014)**

Sol. : (i) $\qquad f(k) = \frac{1}{k}, \quad k \geq 1$

Assuming $f(k) = 0 \quad$ for $k \leq 0$

$$Z\{f(k)\} = Z\left\{\frac{1}{k}\right\} = \sum_{k=1}^{\infty} \frac{1}{k} z^{-k}$$

$$= z^{-1} + \frac{(z^{-1})^2}{2} + \frac{(z^{-1})^3}{3} + \ldots\ldots = -\log(1 - z^{-1})$$

Applying D'Alembert's Ratio test, we find that the series is convergent if $|z| > 1$.

Note : $\log(1+x) = x - \frac{x^2}{2} + \frac{x^3}{3} - \frac{x^4}{4} + \ldots\ldots$

$\log(1-x) = -x - \frac{x^2}{2} - \frac{x^3}{3} - \frac{x^4}{4} - \ldots\ldots$

(ii) $\qquad f(k) = \frac{a^k}{k}, \quad k \geq 1$

Assuming $f(k) = 0, \ k \leq 0$

$$Z\left\{\frac{a^k}{k}\right\} = \sum_{k=1}^{\infty} \frac{a^k}{k} z^{-k}$$

$$= a z^{-1} + \frac{(a z^{-1})^2}{2} + \frac{(a z^{-1})^3}{3} + \ldots\ldots$$

$$= -\log(1 - a z^{-1})$$

Applying D'Alembert's Ratio test, we find that the series is convergent if $|a z^{-1}| < 1$

i.e. $|a| < |z|$ or $|z| > |a|$.

Ex. 5 : *Find $Z\{f(k)\}$ where (i) $f(k) = \frac{2^k}{k!}, \ k \geq 0$* (May 2009, 2010)

(ii) $f(k) = e^{-ak}, \ k \geq 0$.

Sol. : (i) $\qquad Z\left\{\frac{2^k}{k!}\right\} = \sum_{k=0}^{\infty} \frac{2^k}{k!} z^{-k} = \sum_{k=0}^{\infty} \frac{(2z^{-1})^k}{k!}$

$$= \frac{1}{0!} + \frac{(2z^{-1})}{1!} + \frac{(2z^{-1})^2}{2!} + \ldots\ldots = e^{2z^{-1}} = e^{2/z}$$

where, ROC is all of Z-plane.

(ii) $$Z\{e^{-ak}\} = \sum_{k=0}^{\infty} e^{-ak} z^{-k} = \sum_{k=0}^{\infty} (e^{-a} z^{-1})^k$$
$$= 1 + (e^{-a} z^{-1}) + (e^{-a} z^{-1})^2 + \ldots\ldots$$
$$= \frac{1}{1 - e^{-a} z^{-1}}, \qquad |e^{-a} z^{-1}| < 1$$
$$= \frac{z}{z - e^{-a}}, \qquad |z| > |e^{-a}|$$

Ex. 6 : *Find $Z\{f(k)\}$, where*

$$f(k) = \begin{cases} 2^k, & k < 0 \\ \left(\dfrac{1}{2}\right)^k, & k = 0, 2, 4, 6, \ldots\ldots \\ \left(\dfrac{1}{3}\right)^k, & k = 1, 3, 5, 7, \ldots\ldots \end{cases}$$ **(Dec. 2005)**

Sol. : $$Z\{f(k)\} = \sum_{k=-\infty}^{\infty} f(k) z^{-k} = \sum_{k=-\infty}^{\infty} f(k) z^{-k} \sum_{k=0}^{\infty} f(k) z^{-k}$$

$$= \sum_{k=-\infty}^{-1} f(k) z^{-k} + \sum_{k=0}^{2n} f(k) z^{-k} + \sum_{k=1}^{2n-1} f(k) z^{-k}$$

for $n = 1, 2, 3, \ldots\ldots$

$$= \sum_{k=-\infty}^{-1} 2^k z^{-k} + \sum_{k=0}^{2n} \left(\frac{1}{2}\right)^k z^{-k} + \sum_{k=1}^{2n-1} \left(\frac{1}{3}\right)^k z^{-k}$$

$$= \sum_{r=1}^{\infty} 2^{-r} z^r + \sum_{k=0}^{2n} \left(\frac{1}{2} z^{-1}\right)^k + \sum_{k=1}^{2n-1} \left(\frac{1}{3} z^{-1}\right)^k$$

$$= \frac{2^{-1} z}{1 - 2^{-1} z} + \left[1 + \left(\frac{1}{2} z^{-1}\right)^2 + \left(\frac{1}{2} z^{-1}\right)^4 + \ldots\ldots\ldots\right]$$

$$+ \left[\frac{1}{3} z^{-1} + \left(\frac{1}{3} z^{-1}\right)^3 + \left(\frac{1}{3} z^{-1}\right)^5 + \ldots\ldots\right]$$

$$= \frac{z}{2-z} + \frac{1}{1 - \left(\frac{1}{2} z^{-1}\right)^2} + \frac{\frac{1}{3} z^{-1}}{1 - \left(\frac{1}{3} z^{-1}\right)^2} = \frac{z}{2-z} + \frac{1}{1 - \frac{1}{4z^2}} + \frac{\frac{1}{3z}}{1 - \frac{1}{9z^2}}$$

$$F(z) = \frac{z}{2-z} + \frac{4z^2}{4z^2 - 1} + \frac{3z}{9z^2 - 1}$$

provided $\quad |2^{-1} z| < 1$

$$|2^{-1} z| < 1; \left|\left(\frac{1}{2} z^{-1}\right)^2\right| < 1; \left|\left(\frac{1}{3} z^{-1}\right)^2\right| < 1$$

$$|z| < 2; \frac{1}{2} < |z|; \frac{1}{3} < |z|$$

$\therefore$ ROC is $\frac{1}{2} < |z| < 2$

Ex. 7 : *Find $Z\{f(k)\}$ where*

(i) $\quad f(k) = \begin{cases} -\left(-\dfrac{1}{3}\right)^k, & k < 0 \\ \left(-\dfrac{1}{4}\right)^k, & k \geq 0 \end{cases}$

(ii) $\quad f(k) = 4^k + 5^k, \ k \geq 0.$

Sol. : (i) $\quad Z\{f(k)\} = \displaystyle\sum_{k=-\infty}^{\infty} f(k) z^{-k}$

$$= \sum_{k=-\infty}^{\infty} -\left(-\frac{1}{3}\right)^k z^{-k} + \sum_{k=0}^{\infty} \left(-\frac{1}{4}\right)^k z^{-k}$$

$$= -\sum_{r=1}^{\infty} \left(-\frac{1}{3}\right)^{-r} z^r + \sum_{k=0}^{\infty} \left(-\frac{1}{4} z^{-1}\right)^k$$

$$= -\frac{\left(-\dfrac{1}{3}\right)^{-1} z}{1 - \left(-\dfrac{1}{3}\right)^{-1} z} + \frac{1}{1 - \left(-\dfrac{1}{4} z^{-1}\right)}$$

$$= \frac{3z}{1 + 3z} + \frac{4z}{4z + 1}$$

provided $\quad \left|\left(-\dfrac{1}{3}\right)^{-1} z\right| < 1 \quad$ and $\quad \left|-\dfrac{1}{4} z^{-1}\right| < 1$

$$|z| < \frac{1}{3} \quad \text{and} \quad \frac{1}{4} < |z|$$

$\therefore$ ROC is $\dfrac{1}{4} < |z| < \dfrac{1}{3}$

(ii) $Z\{4^k + 5^k\} = Z\{4^k\} + Z\{5^k\}$

$$= \sum_{k=0}^{\infty} 4^k z^{-k} + \sum_{k=0}^{\infty} 5^k z^{-k}$$

$$= \frac{1}{1-4z^{-1}} + \frac{1}{1-5z^{-1}}, \quad |4z^{-1}| < 1 \text{ and } |5z^{-1}| < 1$$

$$= \frac{z}{z-4} + \frac{z}{z-5}, \quad 4 < |z| \text{ and } 5 < |z|$$

ROC is $|z| > 5$.

Ex. 8 : *Find $Z\{f(k)\}$ if*

(i) $\qquad f_k = \left(-\frac{1}{2}\right)^{k+1} + 3\left(\frac{1}{2}\right)^{k+1}, \ k \geq 0$

(ii) $\qquad f_k = \begin{cases} 2^k, & k \geq 0 \\ \left(\dfrac{1}{3}\right)^k, & k < 0 \end{cases}$ **(Dec. 2007)**

Sol. : (i) $\qquad f(k) = \left(-\dfrac{1}{2}\right)^{k+1} + 3\left(\dfrac{1}{2}\right)^{k+1}, \ k \geq 0$

$$= \left(-\frac{1}{2}\right)^k \left(-\frac{1}{2}\right) + 3\left(\frac{1}{2}\right)^k \left(\frac{1}{2}\right) = -\frac{1}{2}\left(-\frac{1}{2}\right)^k + \frac{3}{2}\left(\frac{1}{2}\right)^k.$$

$$Z\{f(k)\} = Z\left\{-\frac{1}{2}\left(-\frac{1}{2}\right)^k + \frac{3}{2}\left(\frac{1}{2}\right)^k\right\}$$

$$= -\frac{1}{2} Z\left\{\left(-\frac{1}{2}\right)^k\right\} + \frac{3}{2} \cdot Z\left\{\left(\frac{1}{2}\right)^k\right\}$$

$$= -\frac{1}{2} \sum_{k=0}^{\infty} \left(-\frac{1}{2}\right)^k z^{-k} + \frac{3}{2} \sum_{k=0}^{\infty} \left(\frac{1}{2}\right)^k z^{-k}$$

$$= -\frac{1}{2} \sum_{k=0}^{\infty} \left(-\frac{1}{2} z^{-1}\right)^k + \frac{3}{2} \sum_{k=0}^{\infty} \left(\frac{1}{2} z^{-1}\right)^k$$

$$= -\frac{1}{2} \cdot \frac{1}{1-\left(-\frac{1}{2}z^{-1}\right)} + \frac{3}{2} \cdot \frac{1}{1-\frac{1}{2}z^{-1}}$$

$$= -\frac{1}{2} \cdot \left(\frac{z}{z+\frac{1}{2}}\right) + \frac{3}{2}\left(\frac{z}{z-\frac{1}{2}}\right)$$

provided $\left|-\frac{1}{2} z^{-1}\right| < 1$ and $\left|\frac{1}{2} z^{-1}\right| < 1$

$$\frac{1}{2} < |z| \text{ or } |z| > \frac{1}{2}.$$

∴ ROC is $|z| > \frac{1}{2}$.

(ii) $f_k = \begin{cases} 2^k, & k \geq 0 \\ \left(\frac{1}{3}\right)^k, & k < 0 \end{cases}$

$$Z\{f(k)\} = \sum_{k=-\infty}^{\infty} f(k) z^{-k} = \sum_{k=-\infty}^{-1} \left(\frac{1}{3}\right)^k z^{-k} + \sum_{k=0}^{\infty} 2^k z^{-k}$$

$$= \sum_{r=1}^{\infty} \left(\frac{1}{3}\right)^{-r} z^{r} + \sum_{k=0}^{\infty} (2z^{-1})^k$$

$$= \frac{\left(\frac{1}{3}\right)^{-1} z}{1 - \left(\frac{1}{3}\right)^{-1} z} + \frac{1}{1 - 2z^{-1}} = \frac{3z}{1 - 3z} + \frac{z}{z - 2}$$

provided $\left|\left(\frac{1}{3}\right)^{-1} z\right| < 1$ and $|2z^{-1}| < 1$

$$|z| < \frac{1}{3} \text{ and } 2 < |z|$$

∴ ROC is $2 < |z| < \frac{1}{3}$.

Ex. 9 : *Find $Z\{f(k)\}$ if $f(k) = \left(\frac{1}{2}\right)^{|k|}$ for all k.* **(May 2005, 2014)**

Sol. : $Z\{f(k)\} = \sum_{k=-\infty}^{-1} \left(\frac{1}{2}\right)^{|k|} z^{-k} + \sum_{k=0}^{\infty} \left(\frac{1}{2}\right)^{|k|} z^{-k}$

$$= \sum_{k=-\infty}^{-1} \left(\frac{1}{2}\right)^{-k} z^{-k} + \sum_{k=0}^{\infty} \left(\frac{1}{2}\right)^{k} z^{-k}$$

$$= \sum_{r=1}^{\infty} \left(\frac{1}{2}\right)^r z^r + \sum_{k=0}^{\infty} \left(\frac{1}{2} z^{-1}\right)^k$$

$$= \frac{\frac{1}{2}z}{1-\frac{1}{2}z} + \frac{1}{1-\frac{1}{2}z^{-1}} = \frac{z}{2-z} + \frac{z}{z-\frac{1}{2}}$$

provided $\left|\frac{1}{2}z\right| < 1$ and $\left|\frac{1}{2}z^{-1}\right| < 1$

i.e. $|z| < 2$ and $\frac{1}{2} < |z|$

$\therefore$ ROC is $\frac{1}{2} < |z| < 2$.

Ex. 10 : *Find $Z\{f(k)\}$ if $f(k) = a \cos k\alpha + b \sin k\alpha$, $k \geq 0$.*

Sol. : $Z\{a \cos \alpha k + b \sin \alpha k\} = a Z\{\cos \alpha k\} + bZ\{\sin \alpha k\}$

(by using linearity property)

$$= a \cdot \frac{z(z - \cos \alpha)}{z^2 - 2z \cos \alpha + 1} + b \cdot \frac{z \sin \alpha}{z^2 - 2z \cos \alpha + 1}, \ |z| > 1$$

$$= \frac{a z^2 + z(b \sin \alpha - a \cos \alpha)}{z^2 - 2z \cos \alpha + 1}, \ |z| > 1$$

Ex. 11 : *Find $Z\{f(k)\}$ if*

(i) $\quad f(k) = \frac{\sin ak}{k}, \quad k > 0$ **(May 2005)**

(ii) $\quad f(k) = \frac{2^k}{k}, \quad k \geq 1$ **(Dec. 2006)**

Sol. : (i) $\quad f(k) = \frac{\sin ak}{k}, \ k > 0$

$$Z\{\sin ak\} = \frac{z \sin a}{z^2 - 2z \cos a + 1}$$

$$Z\left\{\frac{\sin ak}{k}\right\} = \int_z^{\infty} \frac{1}{z} \frac{z \sin a}{z^2 - 2z \cos a + 1} dz = \int_z^{\infty} \frac{\sin a}{z^2 - 2z \cos a + 1} dz$$

$$= \sin a \int_z^{\infty} \frac{dz}{(z - \cos a)^2 + \sin^2 a}$$

$$= \sin a \left[\frac{1}{\sin a} \tan^{-1} \left(\frac{z - \cos a}{\sin a} \right) \right]_z^\infty$$

$$= \frac{\pi}{2} - \tan^{-1} \left(\frac{z - \cos a}{\sin a} \right) = \cot^{-1} \left(\frac{z - \cos a}{\sin a} \right).$$

(ii) $\quad f(k) = \dfrac{2^k}{k}, \quad k \geq 1$

$$Z\{2^k\} = \sum_{k=1}^{\infty} 2^k z^{-k} = \frac{2 z^{-1}}{1 - 2 z^{-1}}, \ |z| > 2 = \frac{2}{z - 2}$$

$$Z\left\{\frac{2^k}{k}\right\} = \int_z^\infty z^{-1} \frac{2}{z - 2} dz = 2 \int_z^\infty \frac{1}{z(z-2)} dz$$

$$= 2 \int_z^\infty \left(-\frac{1/2}{z} + \frac{1/2}{z-2} \right) dz = \int_z^\infty \left(-\frac{1}{z} + \frac{1}{z-2} \right) dz$$

$$= [-\log z + \log(z - 2)]_z^\infty$$

$$= -\log \frac{z - 2}{z} = -\log(1 - 2 z^{-1}), \ |z| > 2$$

Ex. 12 : *Find $Z\{f(k)\}$ where*

(i) $\quad f(k) = \sin\left(\dfrac{k\pi}{4} + \alpha\right), \quad k \geq 0$

(ii) $\quad f(k) = \cos\left(\dfrac{k\pi}{4} + \alpha\right), \quad k \geq 0$ **(Dec. 2005)**

Sol. : (i) $\sin\left(\dfrac{k\pi}{4} + \alpha\right) = \sin \dfrac{k\pi}{4} \cdot \cos \alpha + \cos \dfrac{k\pi}{4} \cdot \sin \alpha$

$$Z\left\{\sin\left(\frac{k\pi}{4} + \alpha\right)\right\} = \cos \alpha \cdot Z\left\{\sin\left(\frac{k\pi}{4}\right)\right\} + \sin \alpha \cdot Z\left\{\cos\left(\frac{k\pi}{4}\right)\right\}$$

$$= \cos \alpha \cdot \frac{z \sin \dfrac{\pi}{4}}{z^2 - 2z \cos \dfrac{\pi}{4} + 1} + \sin \alpha \cdot \frac{z\left(z - \cos \dfrac{\pi}{4}\right)}{z^2 - 2z \cos \dfrac{\pi}{4} + 1}$$

$$= \frac{\cos\alpha \; \dfrac{z}{\sqrt{2}}}{z^2 - \dfrac{2z}{\sqrt{2}} + 1} + \sin\alpha \; \dfrac{z\left(z - \dfrac{1}{\sqrt{2}}\right)}{z^2 - \dfrac{2z}{\sqrt{2}} + 1}$$

$$= \frac{z}{\sqrt{2}} \left[\frac{\cos\alpha + \sin\alpha \; (\sqrt{2}\,z - 1)}{z^2 - \sqrt{2}\,z + 1} \right], \; |z| > 1$$

(ii) $\cos\left(\dfrac{k\pi}{4} + \alpha\right) = \cos\dfrac{k\pi}{4} \cos\alpha - \sin\dfrac{k\pi}{4} \sin\alpha.$

$$Z\left\{\cos\left(\frac{k\pi}{4} + \alpha\right)\right\} = \cos\alpha \cdot Z\left\{\cos\frac{k\pi}{4}\right\} + \sin\alpha \cdot Z\left\{\sin\frac{k\pi}{4}\right\}$$

$$= \cos\alpha \cdot \frac{z\left(z - \cos\dfrac{\pi}{4}\right)}{z^2 - 2z\cos\dfrac{\pi}{4} + 1} - \sin\alpha \cdot \frac{z\sin\dfrac{\pi}{4}}{z^2 - 2z\cos\dfrac{\pi}{4} + 1}$$

$$= \frac{\cos\alpha\, z\left(z - \dfrac{1}{\sqrt{2}}\right)}{z^2 - \dfrac{2z}{\sqrt{2}} + 1} - \frac{\sin\alpha \cdot (z/\sqrt{2})}{z^2 - \dfrac{2z}{\sqrt{2}} + 1}$$

$$= \frac{z}{\sqrt{2}} \left[\frac{\cos\alpha\,(\sqrt{2}\,z - 1) - \sin\alpha}{z^2 - \sqrt{2}\,z + 1} \right]$$

Ex. 13 : *Find $Z\{f(k)\}$ if*

(i) $\quad f(k) = e^{-ak} \cos bk, \; k \geq 0$

(ii) $\quad f(k) = e^{-ak} \sin bk, \; k \geq 0$

(iii) $\quad f(k) = e^{-3k} \cos 4k, \; k \geq 0$

Sol. : Here we will make use of property No. 4 i.e.

if $\qquad Z\{f(k)\} = F(z)$ then $Z\{e^{-ak} f(k)\} = F(e^a z)$

i.e. replace z by $e^a z$.

(i) $\qquad Z\{\cos bk\} = \dfrac{z(z - \cos b)}{z^2 - 2z\cos b + 1}$

$$Z\{e^{-ak} \cos bk\} = \frac{(e^a z)(e^a z - \cos b)}{(e^a z)^2 - 2 e^a z \cos b + 1} = \frac{z(z - e^{-a} \cos b)}{z^2 - (2 e^{-a} \cos b)z + e^{-2a}}$$

(ii) $Z\{\sin bk\} = \dfrac{z \sin b}{z^2 - 2z \cos b + 1}$

$Z\{e^{-ak} \sin bk\} = \dfrac{(e^a z) \sin b}{(e^a z)^2 - 2(e^a z) \cos b + 1} = \dfrac{z e^{-a} \sin b}{z^2 - 2 e^{-a} \cos bz + e^{-2a}}$

(iii) Left as an exercise [refer part (i)].

Ex. 14 : *Find $Z\{f(k)\}$ if*

(i) $f(k) = 2^k \cos(3k+2), \quad k \geq 0$

(ii) $f(k) = 4^k \sin(2k+3), \quad k \geq 0$ **(May 2006, Dec. 2010)**

(iii) $f(k) = 3^k \sinh \alpha k, \quad k \geq 0$ **(May 2012, Dec. 2012)**

(iv) $f(k) = 2^k \cosh \alpha k, \quad k \geq 0$ **(Dec. 2009, May 2009)**

Sol. : Here we will use property No. 3 (change of scale) i.e.

if $Z\{f(k)\} = F(z)$ then $Z\{a^k f(k)\} = F\left(\dfrac{z}{a}\right)$

(i) $\quad \cos(3k+2) = \cos 3k \cos 2 - \sin 3k \sin 2$

$Z\{\cos(3k+2)\} = \cos 2 \, Z\{\cos 3k\} - \sin 2 \, Z\{\sin 3k\}$

$= \cos 2 \dfrac{z(z - \cos 3)}{z^2 - 2z \cos 3 + 1} - \dfrac{\sin 2 (z \sin 3)}{z^2 - 2z \cos 3 + 1}$

$= \dfrac{z[z \cdot \cos 2 - (\cos 3 \cdot \cos 2 + \sin 3 \cdot \sin 2)]}{z^2 - 2z \cos 3 + 1}$

$= \dfrac{z[z \cos 2 - \cos(3-2)]}{z^2 - 2z \cos 3 + 1} = \dfrac{z(z \cos 2 - \cos 1)}{z^2 - 2z \cos 3 + 1}$

$Z\{2^k \cos(3k+2)\} = \dfrac{\dfrac{z}{2}\left(\dfrac{z}{2} \cos 2 - \cos 1\right)}{\left(\dfrac{z}{2}\right)^2 - 2 \cdot \dfrac{z}{2} \cdot \cos 3 + 1} = \dfrac{z(z \cos 2 - 2 \cos 1)}{z^2 - 4z \cos 3 + 4}$

(ii) $\quad Z\{\sin(2k+3)\} = \cos 3 \, Z\{\sin 2k\} + \sin 3 \, Z\{\cos 2k\}$

$= \cos 3 \dfrac{z \sin 2}{z^2 - 2z \cos 2 + 1} + \sin 3 \cdot \dfrac{z(z - \cos 2)}{z^2 - 2z \cos 2 + 1}$

$= \dfrac{z[\cos 3 \sin 2 - \sin 3 \cos 2 + z \sin 3]}{z^2 - 2z \cos 2 + 1}$

$= \dfrac{z[z \sin 3 - \sin 1]}{z^2 - 2z \cos 2 + 1}$

$$Z\{4^k \sin(2k+3)\} = \frac{\frac{z}{4}\left(\frac{z}{4}\sin 3 - \sin 1\right)}{\left(\frac{z}{4}\right)^2 - 2\frac{z}{4}\cos 2 + 1} = \frac{z(z\sin 3 - 4\sin 1)}{z^2 - 8z\cos 2 + 16}$$

(iii) $$Z\{\sinh \alpha k\} = \frac{z \sinh \alpha}{z^2 - 2z \cosh \alpha + 1}$$

$$Z\{3^k \sinh \alpha k\} = \frac{\frac{z}{3}\sinh \alpha}{\left(\frac{z}{3}\right)^2 - 2\frac{z}{3}\cosh \alpha + 1} = \frac{z \sinh \alpha}{z^2 - 6z \cosh \alpha + 9}$$

(iv) $$Z\{\cosh \alpha k\} = \frac{z(z - \cosh \alpha)}{z^2 - 2z \cosh \alpha + 1}$$

$$Z\{2^k \cosh \alpha k\} = \frac{\frac{z}{2}\left(\frac{z}{2} - \cosh \alpha\right)}{\left(\frac{z}{2}\right)^2 - 2\frac{z}{2}\cosh \alpha + 1} = \frac{z(z - 2\cosh \alpha)}{z^2 - 4z \cosh \alpha + 4}$$

Ex. 15 : *Find $Z\{f(k)\}$ if*

(i) $f(k) = k,$ $k \geq 0$

(ii) $f(k) = k\, 5^k,$ $k \geq 0$ **(Dec. 2012)**

(iii) $f(k) = (k+1)\, a^k,$ $k \geq 0$ **(Dec. 2007, 2010)**

Sol. : Here we will use property No. 6 (multiplication by k) i.e. if $Z\{f(k)\} = F(z)$ then, $Z\{k\, f(k)\} = \left(-z\, \dfrac{d}{dz}\right)(f(z))$.

(i)   Let $f(k) = 1$

$$Z\{f(k)\} = Z\{1\} = \frac{z}{z-1} = (1-z^{-1})^{-1}$$

$\therefore$ $Z\{k\} = Z\{k \cdot 1\} = -z\, \dfrac{d}{dz}\left[(1-z^{-1})^{-1}\right]$

$$= -z\left\{-(1-z^{-1})^{-2} \cdot z^{-2}\right\}$$

$$= \frac{z^{-1}}{(1-z^{-1})^2} = \frac{z}{(z-1)^2}$$

(ii) $Z\{5^k\} = \dfrac{z}{z-5} = (1 - 5z^{-1})^{-1}$

$$Z\{k\, 5^k\} = -z\, \frac{d}{dz}\left[(1-5z^{-1})^{-1}\right]$$

$$= -z\left\{-(1-5z^{-1})^{-2}\, 5z^{-2}\right\} = \frac{5z^{-1}}{(1-5z^{-1})^2} = \frac{5z}{(z-5)^2}$$

(iii) $Z\{(k+1)a^k\} = Z\{ka^k + a^k\} = Z\{ka^k\} + Z\{a^k\}$

$$= -z\frac{d}{dz}(1-az^{-1})^{-1} + \frac{z}{z-a}$$

$$= -z\left[-(1-az^{-1})^{-2} \cdot az^{-2}\right] + \frac{z}{z-a}$$

$$= \frac{a \cdot z^{-1}}{(1-az^{-1})^2} + \frac{z}{z-a}$$

$$= \frac{az}{(z-a)^2} + \frac{z}{z-a} = \frac{az + z(z-a)}{(z-a)^2} = \frac{z^2}{(z-a)^2}$$

Ex. 16 : *Find $Z\{f(k)\}$ if*

(i) $f(k) = k^2 e^{-ak}$, $k \geq 0$

(ii) $f(k) = k^2 a^{k-1}$, $k \geq 0$

(iii) $f(k) = k^2 a^{k-1}$, $U(k-1)$ **(May 2006)**

Sol. : (i) $Z\{e^{-ak}\} = \dfrac{z}{z-e^{-a}}$

$$Z\{ke^{-ak}\} = -z\frac{d}{dz}\left[(1-e^{-a}z^{-1})^{-1}\right]$$

$$= -z\left[-(1-e^{-a}z^{-1})^{-2} e^{-a} z^{-2}\right]$$

$$= \frac{e^{-a}z^{-1}}{(1-e^{-a}z^{-1})^2} = \frac{ze^{-a}}{(z-e^{-a})^2}$$

$$Z\{k^2 e^{-ak}\} = Z\{k \cdot k e^{-ak}\}$$

$$= \left(-z\frac{d}{dz}\right) \cdot \left(\frac{ze^{-a}}{(z-e^{-a})^2}\right) = -ze^{-a}\left\{\frac{d}{dz}\left(\frac{z}{(z-e^{-a})^2}\right)\right\}$$

$$= (-ze^{-a})\left\{\frac{(z-e^{-a})^2 - z \cdot 2(z-e^{-a})}{(z-e^{-a})^4}\right\}$$

$$= (-ze^{-a})\frac{[z-e^{-a}-2z]}{(z-e^{-a})^3} = \frac{ze^{-a}(e^{-a}+z)}{(z-e^{-a})^3}, \quad |z| > |e^{-a}|$$

(ii) We know that if $\{f(k)\}$ is causal sequence, then

$$Z\{f(k-n)\} = z^{-n} F(z)$$

$$Z\{f(k-1)\} = z^{-1} F(z)$$

$$\therefore \quad Z\{a^k\} = \frac{z}{z-a}$$

$$Z\{a^{k-1}\} = z^{-1}\left(\frac{z}{z-a}\right) = \frac{1}{z-a}$$

$$Z\{k^2 a^{k-1}\} = \left(-z\frac{d}{dz}\right)\left(-z\frac{d}{dz}\right)\left(\frac{1}{z-a}\right) = \left(-z\frac{d}{dz}\right)\cdot(-z)\left(\frac{-1}{(z-a)^2}\right)$$

$$= -z\frac{d}{dz}\left(\frac{z}{(z-a)^2}\right) = -z\cdot\left[\frac{(z-a)^2 - z\cdot 2(z-a)}{(z-a)^4}\right]$$

$$= \frac{-z[z-a-2z]}{(z-a)^3} = \frac{z(z+a)}{(z-a)^3}, \quad |z| > |a|$$

(iii) $\quad Z\{U(k)\} = \dfrac{z}{z-1}$

$$Z\{a^k U(k)\} = \frac{z/a}{z/a - 1} = \frac{z}{z-a}$$

$$Z\{a^{k-1} U(k-1)\} = z^{-1}\left(\frac{z}{z-a}\right) = \frac{1}{z-a}$$

$$Z\{k^2 a^{k-1} U(k-1)\} = \left(-z\frac{d}{dz}\right)^2\left(\frac{1}{z-a}\right) = \frac{z(z+a)}{(z-a)^3}, \quad |z| > |a|$$

Ex. 17 : *Find $Z\{f(k)\}$ if*

(i) $\quad f(k) = (k+1)(k+2)\, 2^k,\; k \geq 0$

(ii) $\quad f(k) = \dfrac{1}{2!}(k+1)(k+2)\, a^k,\; k \geq 0$ **(Dec. 2006, May 2009)**

Sol. : (i) $\quad Z\{2^k\} = \dfrac{z}{z-2} = (1 - 2z^{-1})^{-1}$

$$Z\{k\, 2^k\} = -z\frac{d}{dz}\left[(1 - 2z^{-1})^{-1}\right]$$

$$= -z\left[-(1-2z^{-1})^{-2}(2z^{-2})\right]$$

$$= \frac{2z^{-1}}{(1-2z^{-1})^2} = 2z^{-1}(1-2z^{-1})^{-2}$$

$$\therefore \quad Z\{(k+1)2^k\} = Z\{k\, 2^k\} + Z\{2^k\}$$

$$= 2z^{-1}(1-2z^{-1})^{-2} + (1-2z^{-1})^{-1}$$

$$= (2z^{-1} + 1 - 2z^{-1})(1-2z^{-1})^{-2}$$

$$= (1 - 2z^{-1})^{-2}$$

$$Z\{k(k+1)2^k\} = -z\frac{d}{dz}(1-2z^{-1})^{-2}$$

$$= -z\left[-2(1-2z^{-1})^{-3}(2z^{-2})\right]$$

$$= 4z^{-1}(1-2z^{-1})^{-3}$$

$$Z\{(k+1)(k+2)2^k\} = Z\{k(k+1)2^k\} + Z\{2(k+1)2^k\}$$

$$= 4z^{-1}(1-2z^{-1})^{-3} + 2(1-2z^{-1})^{-2}$$

$$= (1-2z^{-1})^{-3}\left[4z^{-1} + 2(1-2z^{-1})\right]$$

$$= 2(1-2z^{-1})^{-3}$$

(ii) From (i), $Z\{(k+1)(k+2)a^k\} = 2(1-az^{-1})^{-3}$

$\therefore \quad Z\left\{\frac{1}{2!}(k+1)(k+2)a^k\right\} = (1-az^{-1})^{-3}$

Ex. 18 : *Find* $Z\{x_k\}$ *if*

$$x_k = \frac{1}{1^k} * \frac{1}{2^k} * \frac{1}{3^k}, \quad k \geq 0 \qquad \text{(Dec. 2008)}$$

Sol. : Let $\quad A(k) = \frac{1}{k}$

$$Z\{A(k)\} = \frac{z}{z-1}, \quad |z| > 1$$

$$B(k) = \frac{1}{2^k}$$

$$Z\{B(k)\} = \sum_{k=0}^{\infty}\frac{1}{2^k}z^{-k} = \sum_{k=0}^{\infty}(2^{-1}z^{-1})^k$$

$$= 1 + (2^{-1}z^{-1}) + (2^{-1}z^{-1})^2 + \ldots\ldots$$

$$= \frac{1}{1-2^{-1}z^{-1}}, \quad |2^{-1}z^{-1}| < 1 = \frac{2z}{2z-1}, \quad |z| > \frac{1}{2}$$

$$C(k) = \frac{1}{3^k}$$

$$Z\{C(k)\} = Z\left\{\frac{1}{3^k}\right\} = \frac{3z}{3z-1}, \quad |z| > \frac{1}{3}$$

By using convolution property,

$$Z\{x_k\} = Z\{A(k) * B(k) * C(k)\}$$

$$= Z\{A(k)\} * Z\{B(k)\} * Z\{C(k)\}$$

$$= \left(\frac{z}{z-1}\right)\left(\frac{2z}{2z-1}\right)\left(\frac{3z}{3z-1}\right), \quad |z| > 1.$$

Ex. 19 : *Verify convolution theorem for $f_1(k) = k$ and $f_2(k) = k$.*

Sol. : $\quad Z\{k\} = Z\{k \cdot 1\} = -z \dfrac{d}{dz}\left(\dfrac{z}{z-1}\right)$

$$Z\{f_1(k)\} = F_1(z) = \dfrac{z}{(z-1)^2}$$

$\therefore \quad Z\{f_2(k)\} = F_2(z) = \dfrac{z}{(z-1)^2}$

$\therefore \quad F_1(z)\, F_2(z) = \dfrac{z^2}{(z-1)^4} \qquad \dots \text{(I)}$

$$\{F_1(k) * F_2(k)\} = \sum_{m=0}^{\infty} f_1(m)\, f_2(k-m) = \sum_{m=0}^{\infty} m(k-m)$$

$$= k \sum_{m=0}^{\infty} m - \sum_{m=0}^{\infty} m^2$$

$$= k\, \dfrac{k(k+1)}{2} - \dfrac{k(k+1)(2k+1)}{6}$$

$$= \dfrac{k(k+1)}{6}(3k - 2k - 1) = \dfrac{k}{6}(k^2 - 1)$$

$$Z\{f_1(k) * f_2(k)\} = Z\left\{\dfrac{k(k^2-1)}{6}\right\}$$

$$= \dfrac{1}{6}[Z\{k^3\} - Z\{k\}]$$

$$= \dfrac{1}{6}\left(-z\dfrac{d}{dz}\right)^3 (1-z^{-1})^{-1} - \left(-z\dfrac{d}{dz}\right)(1-z^{-1})^{-1}$$

$$= \dfrac{1}{6}\dfrac{z(z^2 + 4z + 1)}{(z-1)^4} - \dfrac{z}{(z-1)^2}$$

$$= z\left[\dfrac{z^2 + 4z + 1 - z^2 + 2z - 1}{6(z-1)^4}\right]$$

$$= \dfrac{z^2}{(z-1)^4} \qquad \dots \text{(II)}$$

From (I) and (II), convolution theorem is verified.

EXERCISE 4.1

For each of the following sequences, evaluate corresponding Z-transforms specifying ROC of the transform.

1. $f(k) = 3^k, \quad k \geq 0$ \hfill **Ans.** $\dfrac{z}{z-3}, \; |z| > 3$

2. $f(k) = 2, \quad k \geq 0$ \hfill **Ans.** $\dfrac{2z}{z-1}, \; |z| > 1$

3. $f(k) = \left(\dfrac{1}{3}\right)^k$, $k \geq 0$ Ans. $\dfrac{z}{z - \dfrac{1}{3}}$, $|z| > \dfrac{1}{3}$

4. $f(k) = \dfrac{1}{3^k}$, $k \geq 0$ Ans. $\dfrac{3z}{3z-1}$, $|z| > \dfrac{1}{3}$

5. $f(k) = 4^k$, $k < 0$ Ans. $\dfrac{z}{4-z}$, $|z| < 4$

6. $f(k) = \left(\dfrac{1}{3}\right)^k$, $k < 0$ Ans. $\dfrac{3z}{1-3z}$, $|z| < \dfrac{1}{3}$

7. $f(k) = 3\left(\dfrac{1}{4}\right)^k + 4\left(\dfrac{1}{5}\right)^k$, $k \geq 0$ Ans. $\dfrac{12z}{4z-1} + \dfrac{20z}{5z-1}$, $|z| > \dfrac{1}{4}$

8. $f(k) = 4^k + 5^k$, $k \geq 0$ Ans. $\dfrac{z}{z-4} + \dfrac{z}{z-5}$, $|z| > 5$

9. $f(k) = 5^k$, $k < 0$ Ans. $\dfrac{2z}{(5-z)(z-3)}$, $3 < |z| < 5$

10. $f(k) = \dfrac{5^k}{k}$, $k > 1$ Ans. $-\log(1 - 5z^{-1})$, $|z| > 5$

    $= 3^k$, $k \geq 0$ (Dec. 2012) Ans. $-\log(1 - 5z^{-1})$, $|z| > 5$

11. $f(k) = \left(\dfrac{1}{2}\right)^{|k|}$ for all k   (May 2012) Ans. $\dfrac{z}{2-z} + \dfrac{2z}{2z-1}$, $\dfrac{1}{2} < |z| < 2$

12. $f(k) = 2^k + \left(\dfrac{1}{2}\right)^k$, $k \geq 0$ Ans. $\dfrac{z}{z-2} + \dfrac{z}{z-\dfrac{1}{2}}$, $|z| > 2$

13. $f(k) = 3^k$, $k < 0$

    $= \left(\dfrac{1}{3}\right)^k$, $k = 0, 2, 4, 6, \ldots$

    $= \left(\dfrac{1}{2}\right)^k$, $k = 1, 3, 5, 7, 9, \ldots$ Ans. $\dfrac{z}{3-z} + \dfrac{9z^2}{9z^2-1} + \dfrac{2z}{4z^2-1}$, $\dfrac{1}{2} < |z| < 3$

14. $f(k) = \dfrac{3^k}{k!}$, $k \geq 0$ Ans. $e^{3/z}$, ROC − z plane

15. $f(k) = e^{k\alpha}$, $k \geq 0$ Ans. $\dfrac{z}{z - e^{\alpha}}$, $|z| > |e^{\alpha}|$

16. $f(k) = \cos\left(\dfrac{k\pi}{8} + \alpha\right)$, $k \geq 0$ Ans. $\dfrac{z^2 \cos\alpha - z \cos\left(\dfrac{\pi}{8} - \alpha\right)}{z^2 - 2z \cos\dfrac{\pi}{8} + 1}$, $|z| > 1$

17. $f(k) = \sin 4k, \quad k \geq 0$ Ans. $\dfrac{z \sin 4}{z^2 - 2z \cos 4 + 1}$, $|z| > 1$

18. $f(k) = \sin(3k + 5), \quad k \geq 0$

   Ans. $\dfrac{z^2 \sin 5 - z \sin 2}{z^2 - 2z \cos 3 + 1}$, $|z| > 1$

19. $f(k) = \cos(7k + 2), \quad k \geq 0$ (May 2008) Ans. $\dfrac{z^2 \cos 2 - z \cos 5}{z^2 - 2z \cos 7 + 1}$, $|z| > 1$

20. $f(k) = \cos\left(\dfrac{k\pi}{2} + \dfrac{\pi}{4}\right), \quad k \geq 0$ Ans. $\dfrac{z^2 - z}{\sqrt{2}\,(z^2 + 1)}$, $|z| > 1$

21. $f(k) = \sin\left(\dfrac{k\pi}{2} + \alpha\right), \quad k \geq 0$ Ans. $\dfrac{z^2 \sin \alpha + z \cos \alpha}{z^2 + 1}$, $|z| > 1$

22. $f(k) = \cosh\left(\dfrac{k\pi}{2}\right), \quad k \geq 0$ Ans. $\dfrac{z\left(z - \cosh \dfrac{\pi}{2}\right)}{z^2 - 2z \cosh \dfrac{\pi}{2} + 1}$,

   $|z| > \max.\left(\left|e^{\pi/2}\right|, \left|e^{-\pi/2}\right|\right)$

23. $f(k) = \sinh \dfrac{k\pi}{2}, \quad k \geq 0$ Ans. $\dfrac{z \sinh \dfrac{\pi}{2}}{z^2 - 2z \cosh \dfrac{\pi}{2} + 1}$, $|z| > \max.\left(\left|e^{\pi/2}\right|, \left|e^{-\pi/2}\right|\right)$

24. $f(k) = \cosh\left(\dfrac{k\pi}{2} + \alpha\right), \quad k \geq 0$ Ans. $\dfrac{z^2 \cosh \alpha - z \cosh\left(\dfrac{\pi}{2} - \alpha\right)}{z^2 - 2z \cosh \dfrac{\pi}{2} + 1}$

25. $f(k) = 2^k \cos(3k + 2)$ Ans. $\dfrac{z^2 \cos 2 - 2z \cos 1}{z^2 - 4z \cos 3 + 4}$, $|z| > 2$

26. $f(k) = \begin{cases} -\left(-\dfrac{1}{4}\right)^k, & k < 0 \\ \left(-\dfrac{1}{5}\right)^k, & k \geq 0 \end{cases}$ Ans. $\dfrac{4z}{4z + 1} + \dfrac{5z}{5z + 1}$, $\dfrac{1}{5} < |z| < \dfrac{1}{4}$

27. $f(k) = e^{-3k} \sin 4k, \quad k \geq 0$ Ans. $\dfrac{z\,e^{-3} \sin 4}{z^2 - 2e^{-3} z \cos 4 + e^{-6}}$, $|z| > |e^{-3}|$

28. $f(k) = k\,e^{-ak}, \quad k \geq 0$ (May 2012, 2015) Ans. $\dfrac{z\,e^{-a}}{(z - e^{-a})^2}$, $|z| > |e^{-a}|$

29. $f(k) = k^2, k \geq 0$ Ans. $\dfrac{z(z+1)}{(z-1)^3}, |z| > 1$

30. $f(k) = k^3, k \geq 0$ Ans. $\dfrac{z(z^2+4z+1)}{(z-1)^4}, |z| > 1$

31. $f(k) = k a^{k-1} U(k-1), k \geq 0$ (Dec. 2004, May 2007, 2008) Ans. $\dfrac{z}{(z-a)^2}$

32. $f(k) = \dfrac{1}{3^k} * \dfrac{1}{4^k}, k \geq 0$ Ans. $\left(\dfrac{3z}{3z-1}\right)\left(\dfrac{4z}{4z-1}\right), |z| > \dfrac{1}{4}$

33. $f(k) = 3^k * 4^k, k \geq 0$ Ans. $\dfrac{z^2}{(z-3)(z-4)}, |z| > 3.$

MULTIPLE CHOICE QUESTIONS (MCQ's)

Type : Z-transform

1. Z-transform of sequence $\{f(k)\}$ is defined as   (1)

   (A) $\sum\limits_{k=-\infty}^{\infty} f(k) z^{-k}$ (B) $\sum\limits_{k=-\infty}^{\infty} f(k) z^{k}$

   (C) $\sum\limits_{k=-\infty}^{\infty} f(k) z^{-2k}$ (D) $\sum\limits_{k=-\infty}^{\infty} f(k) z^{2k}$

2. Z-transform of causal sequence $\{f(k)\}, k \geq 0$ is defined as   (1)

   (A) $\sum\limits_{k=0}^{\infty} f(k) z^{k}$ (B) $\sum\limits_{k=0}^{\infty} f(k) z^{-k}$

   (C) $\sum\limits_{k=0}^{\infty} f(-k) z^{-k}$ (D) $\sum\limits_{k=0}^{\infty} f(-k) z^{k}$

3. If $U(k) = \begin{cases} 0, & k < 0 \\ 1, & k \geq 0 \end{cases}$, then Z-transform of $U(k)$ is given by   (2)

   (A) $-\dfrac{z}{z-1}, |z| > 1$ (B) $\dfrac{1}{z-1}, |z| > 1$

   (C) $\dfrac{z}{z-1}, |z| > 1$ (D) $\dfrac{2}{z-1}, |z| > 1$

4. If $\delta(k) = \begin{cases} 1, & k = 0 \\ 0, & k \neq 0 \end{cases}$, then Z-transform of $\delta(k)$ is given by   (2)

   (A) $\dfrac{1}{z}$ (B) $\dfrac{1}{z-1}$

   (C) $\dfrac{2}{z-2}$ (D) 1

5. If $f(k) = a^k, k \geq 0$, then Z-transform of $\{a^k\}$ is given by   (1)

   (A) $\dfrac{z}{z-a}, |z| < |a|$ (B) $\dfrac{z}{z-a}, |z| > |a|$

(C) $\dfrac{1}{z-a}$, $|z| > |a|$ (D) $-\dfrac{z}{z-a}$, $|z| > |a|$

6. If $f(k) = a^k$, $k < 0$, then Z-transform of $\{a^k\}$ is given by (1)

   (A) $\dfrac{z}{a-z}$, $|z| < |a|$ (B) $\dfrac{z}{z-a}$, $|z| < |a|$

   (C) $\dfrac{1}{a-z}$, $|z| > |a|$ (D) $\dfrac{z}{a-z}$, $|z| > |a|$

7. If $f(k) = 2^k$, $k \geq 0$, then Z-transform of $\{2^k\}$ is given by (1)

   (A) $\dfrac{z}{z-2}$, $|z| < |2|$ (B) $\dfrac{1}{z-2}$, $|z| > |2|$

   (C) $\dfrac{z}{z-2}$, $|z| > |2|$ (D) $-\dfrac{z}{z-2}$, $|z| > |2|$

8. If $f(k) = 3^k$, $k < 0$, then Z-transform of $\{3^k\}$ is given by (1)

   (A) $\dfrac{z}{3-z}$, $|z| > |3|$ (B) $\dfrac{z}{z-3}$, $|z| < |3|$

   (B) $\dfrac{1}{3-z}$, $|z| > |3|$ (D) $\dfrac{z}{3-z}$, $|z| < |3|$

9. If $f(k) = \cos \alpha k$, $k \geq 0$, then Z-transform of $\{\cos \alpha k\}$ is given by (1)

   (A) $\dfrac{z(z+\cos \alpha)}{z^2 - 2z \cos \alpha + 1}$, $|z| > 1$ (B) $\dfrac{z(z-\cos \alpha)}{z^2 - 2z \cos \alpha + 1}$, $|z| < 1$

   (C) $\dfrac{z(z-\cos \alpha)}{z^2 - 2z \cos \alpha + 1}$, $|z| > 1$ (D) $\dfrac{z \cos \alpha}{z^2 + 2z \cos \alpha + 1}$, $|z| > 1$

10. If $f(k) = \sin \alpha k$, $k \geq 0$, then Z-transform of $\{\sin \alpha k\}$ is given by (1)

    (A) $\dfrac{z \sin \alpha}{z^2 - 2z \cos \alpha + 1}$, $|z| > 1$ (B) $\dfrac{z \sin \alpha}{z^2 + 2z \cos \alpha + 1}$, $|z| > 1$

    (C) $\dfrac{z(z - \sin \alpha)}{z^2 - 2z \cos \alpha + 1}$, $|z| > 1$ (D) $\dfrac{z \sin \alpha}{z^2 + 2z \cos \alpha + 1}$, $|z| < 1$

11. If $f(k) = \cosh \alpha k$, $k \geq 0$, then Z-transform of $\{\cosh \alpha k\}$ is given by (1)

    (A) $\dfrac{z(z - \sinh \alpha)}{z^2 - 2z \cosh \alpha + 1}$, $|z| > \max (|e^\alpha| \text{ or } |e^{-\alpha}|)$

    (B) $\dfrac{z(z - \cosh \alpha)}{z^2 - 2z \cosh \alpha + 1}$, $|z| > \max (|e^\alpha| \text{ or } |e^{-\alpha}|)$

    (C) $\dfrac{z(z + \cosh \alpha)}{z^2 + 2z \cosh \alpha + 1}$, $|z| > \max (|e^\alpha| \text{ or } |e^{-\alpha}|)$

(D) $\dfrac{z(z-\cosh\alpha)}{z^2-2z\cosh\alpha+1}$, $|z|<\max(|e^\alpha|$ or $|e^{-\alpha}|)$

12. If $f(k)=\sinh\alpha k$, $k\geq 0$, then Z-transform of $\{\sinh\alpha k\}$ is given by (1)

(A) $\dfrac{z\sinh\alpha}{z^2-2z\cosh\alpha+1}$, $|z|<\max(|e^\alpha|$ or $|e^{-\alpha}|)$

(B) $\dfrac{z(z-\sinh\alpha)}{z^2-2z\cosh\alpha+1}$, $|z|>\max(|e^\alpha|$ or $|e^{-\alpha}|)$

(C) $\dfrac{z(z+\sinh\alpha)}{z^2+2z\cosh\alpha+1}$, $|z|>\max(|e^\alpha|$ or $|e^{-\alpha}|)$

(D) $\dfrac{z\sinh\alpha}{z^2-2z\cosh\alpha+1}$, $|z|>\max(|e^\alpha|$ or $|e^{-\alpha}|)$

13. If $f(k)=\cosh 2k$, $k\geq 0$, then Z-transform of $\{\cosh 2k\}$ is given by (1)

(A) $\dfrac{z\sinh 2}{z^2-2z\cosh 2+1}$, $|z|>\max(|e^2|$ or $|e^{-2}|)$

(B) $\dfrac{z(z-\cosh 2)}{z^2-2z\cosh 2+1}$, $|z|>\max(|e^2|$ or $|e^{-2}|)$

(C) $\dfrac{z(z+\cosh 2)}{z^2+2z\cosh 2+1}$, $|z|>\max(|e^2|$ or $|e^{-2}|)$

(D) $\dfrac{z(z-\cosh 2)}{z^2-2z\cosh 2+1}$, $|z|<\max(|e^2|$ or $|e^{-2}|)$

14. If $f(k)=\sinh 2k$, $k\geq 0$, then Z-transform of $\{\sinh 2k\}$ is given by (1)

(A) $\dfrac{z\sinh 2}{z^2+2z\cosh 2-1}$, $|z|>\max(|e^2|$ or $|e^{-2}|)$

(B) $\dfrac{z(z-\cosh 2)}{z^2-2z\cosh 2+1}$, $|z|>\max(|e^2|$ or $|e^{-2}|)$

(C) $\dfrac{z\sinh 2}{z^2-2z\cosh 2+1}$, $|z|>\max(|e^2|$ or $|e^{-2}|)$

(D) $\dfrac{z(z-\cosh 2)}{z^2-2z\cosh 2+1}$, $|z|<\max(|e^2|$ or $|e^{-2}|)$

15. If $f(k)=\cos 2k$, $k\geq 0$, then Z-transform of $\{\cos 2k\}$ is given by (1)

(A) $\dfrac{z(z+\cos 2)}{z^2-2z\cos 2+1}$, $|z|>1$ (B) $\dfrac{z\cos 2}{z^2+2z\cos 2+1}$, $|z|>1$

(C) $\dfrac{z(z-\cos 2)}{z^2-2z\cos 2+1}$, $|z|<1$ (D) $\dfrac{z(z-\cos 2)}{z^2-2z\cos 2+1}$, $|z|>1$

16. If $f(k)=\sin 2k$, $k\geq 0$, then Z-transform of $\{\sin 2k\}$ is given by (1)

(A) $\dfrac{z \sin 2}{z^2 - 2z \cos 2 + 1}$, $|z| > 1$ (B) $\dfrac{z \sin 2}{z^2 + 2z \cos 2 + 1}$, $|z| > 1$

(C) $\dfrac{z(z - \sin 2)}{z^2 - 2z \cos 2 + 1}$, $|z| > 1$ (D) $\dfrac{z \sin 2}{z^2 + 2z \cos 2 + 1}$, $|z| < 1$

17. If $Z\{f(k)\} = F(z)$, then $Z\{a^k f(k)\}$, a constant, is equal to (1)

    (A) $F\left(\dfrac{a}{z}\right)$ (B) $F\left(\dfrac{z}{a}\right)$

    (C) $F(az)$ (D) $\dfrac{F(z)}{a}$

18. If $Z\{f(k)\} = F(z)$, then $Z\{e^{-ak} f(k)\}$, a constant, is equal to (1)

    (A) $F\left(\dfrac{z}{e^a}\right)$ (B) $F(e^{-a} z)$

    (C) $F(e^a z)$ (D) $\dfrac{F(z)}{e^a}$

19. If $Z\{f(k)\} = F(z)$, then $Z\{k^n f(k)\}$, is equal to (1)

    (A) $\left(-z \dfrac{d}{dz}\right)^n F(z)$ (B) $\left(z \dfrac{d}{dz}\right)^n F(z)$

    (C) $(-z)^n \dfrac{d}{dz} F(z)$ (D) $\left(z \dfrac{d}{dz}\right)^{n-1} F(z)$

20. Z-transform of $\{f(k)\} = \dfrac{a^k}{k!}$, $k \geq 0$ is given by (1)

    (A) $e^{z/a}$ (B) e^{az}

    (C) ze^a (D) $e^{a/z}$

21. If $Z\{f(k)\} = F(z)$, $k \geq 0$ then $Z\{f(k+1)\}$ is given by (1)

    (A) $zF(z) + zf(0)$ (B) $zF(z) - zf(0)$

    (C) $zF(z) - f(0)$ (D) $z^2 F(z) - zf(0)$

22. If $Z\{f(k)\} = F(z)$, $k \geq 0$ then $Z\{f(k+2)\}$ is given by (1)

    (A) $z^2 F(z) - zf(0) - f(1)$ (B) $z^2 F(z) + z^2 f(0) + zf(1)$

    (C) $z^2 F(z) + zf(0) + f(1)$ (D) $z^2 F(z) - z^2 f(0) - zf(1)$

23. If $Z\{f(k)\} = F(z)$, $k \geq 0$ then $Z\{f(k-1)\}$ is given by (1)

    (A) $z^{-1} F(z)$ (B) $z^{-1}(F) - f(0)$

    (C) $zF(z)$ (D) $z^{-2} F(z) - z^{-1}(0)$

24. If $Z\{f(k)\} = F(z)$, $k \geq 0$ then $Z\{f(k-2)\}$ is given by (1)

(A) $z^2 F(z) - zf(0)$ (B) $z^{-1} F(z) - f(0)$
(C) $z^{-2} F(z)$ (D) $z^{-2} F(z) - z^{-1} f(0)$

25. Convolution of two sequences $\{f(k)\}$ and $\{g(k)\}$ is $\{h(k)\} = \{f(k)\} * \{g(k)\}$. Then $Z[\{h(k)\}]$ is given by (1)

    (A) $F(z) G(z)$ (B) $F(z) + G(z)$
    (C) $F(z) - G(z)$ (D) $\dfrac{F(z)}{G(z)}$

26. For $\{f(k)\} = \{-2, -1, 2\}$, $F(z)$ is given by (2)
    $\uparrow$

    (A) $2z + 1 + 2z^{-1}$ (B) $-2z - 1 + 2z^{-1}$
    (C) $2z + 1 - 2z^{-1}$ (D) $2z - 1 + 2z^{-1}$

27. For $\{f(k)\} = \{2, 1, 3, 2, -4\}$, $F(z)$ is given by (2)
    $\quad\quad\quad\quad\quad\uparrow$

    (A) $2z^2 - z - 3 + 2z^{-1} - 4z^{-2}$ (B) $2z^2 + z + 3 - 2z^{-1} + 4z^{-2}$
    (C) $2z^2 + z + 3 + 2z^{-1} - 4z^{-2}$ (D) $2z^2 + z + 3 + 2z^{-1} + 4z^{-2}$

28. If $f(k) = a^{|k|}$, $\forall\, k$, then Z-transofrm of $\{a^{|k|}\}$ is given by (2)

    (A) $\left(\dfrac{az}{1+az} + \dfrac{z}{z-a}\right)$, $|a| < |z| < \dfrac{1}{|a|}$ (B) $\left(\dfrac{az}{1-az} - \dfrac{z}{z-a}\right)$, $|a| < |z| < \dfrac{1}{|a|}$
    (C) $\left(\dfrac{az}{1+az} + \dfrac{z}{z+a}\right)$, $|a| < |z| < \dfrac{1}{|a|}$ (D) $\left(\dfrac{az}{1-az} + \dfrac{z}{z-a}\right)$, $|a| < |z| < \dfrac{1}{|a|}$

29. Z-transform of $\{f(k)\} = \dfrac{2^k}{k!}$, $k \geq 0$ is given by (1)

    (A) $e^{z/2}$ (B) e^{2z}
    (C) e^z (D) $e^{2/z}$

30. If $f(k) = \cos \pi k$, $k \geq 0$, then Z-transform of $\{\cos \pi k\}$ is given by (2)

    (A) $\dfrac{z(z-1)}{(z+1)^2}$, $|z| > 1$ (B) $\dfrac{z-1}{z+1}$, $|z| > 1$
    (C) $\dfrac{z(z+1)}{(z-1)^2}$, $|z| > 1$ (D) $\dfrac{z}{z+1}$, $|z| > 1$

31. If $f(k) = \cos \dfrac{\pi}{2} k$, $k \geq 0$, then Z-transform of $\left\{\cos \dfrac{\pi}{2} k\right\}$ is given by (2)

    (A) $\dfrac{z^2}{z^2+1}$, $|z| > 1$ (B) $\dfrac{z^2}{z^2-1}$, $|z| > 1$

(C) $\dfrac{z}{z+1}$, $|z|>1$ (D) $\dfrac{z}{z-1}$, $|z|<1$

32. If $f(k)=\sin\dfrac{\pi}{2}k$, $k\geq 0$, then Z-transform of $\left(\sin\dfrac{\pi}{2}k\right)$ is given by (2)

(A) $\dfrac{z}{z^2-1}$, $|z|<1$ (B) $\dfrac{z^2}{z^2+1}$, $|z|>1$

(C) $\dfrac{z}{z^2+1}$, $|z|>1$ (D) $\dfrac{z}{z^2-1}$, $|z|>1$

33. If $f(k)=\left(\dfrac{\pi}{2}\right)^k\cos\dfrac{\pi}{2}k$, $k\geq 0$, then Z-transform of $\left\{\left(\dfrac{\pi}{2}\right)^k\cos\dfrac{\pi}{2}k\right\}$ is given by (2)

(A) $\dfrac{z^2}{z^2+\dfrac{\pi^2}{4}}$, $|z|>\dfrac{\pi}{2}$ (B) $\dfrac{z^2}{z^2-\dfrac{\pi^2}{4}}$, $|z|<\dfrac{\pi}{2}$

(C) $\dfrac{z}{z^2+\dfrac{\pi^2}{4}}$, $|z|>\dfrac{\pi}{2}$ (D) $\dfrac{z}{z^2-\dfrac{\pi^2}{4}}$, $|z|>\dfrac{\pi}{2}$

34. If $f(k)=2^k\sin\dfrac{\pi}{2}k$, $k\geq 0$, then Z-transform of $\left\{2^k\sin\dfrac{\pi}{2}k\right\}$ is given by (2)

(A) $\dfrac{2z}{z^2-4}$, $|z|>2$ (B) $\dfrac{2z}{z^2-4}$, $|z|<2$

(C) $\dfrac{2z}{z^2+4}$, $|z|<2$ (D) $\dfrac{2z}{z^2+4}$, $|z|>2$

35. If $f(k)=2^k\sin\dfrac{\pi}{3}k$, $k\geq 0$, then Z-transform of $\left\{2^k\sin\dfrac{\pi}{3}k\right\}$ is given by (2)

(A) $\dfrac{\sqrt{3}z}{z^2-2z+4}$, $|z|>2$ (B) $\dfrac{\sqrt{3}z}{z^2-2z+4}$, $|z|<2$

(C) $\dfrac{\sqrt{3}z}{z^2+2z+4}$, $|z|>2$ (D) $\dfrac{\sqrt{3}z}{z^2+2z+4}$, $|z|<2$

36. If $f(k)=2^k\cosh 3k$, $k\geq 0$, then Z-transform of $\{2^k\cosh 3k\}$ is given by (2)

(A) $\dfrac{z(z-2\cosh 3)}{z^2-4z\cosh 3+4}$, $|z|>\max(|e^2|\text{ or }|e^{-2}|)$

(B) $\dfrac{z(z-2\cosh 3)}{z^2-4z\cosh 3+4}$, $|z|>\max(|e^3|\text{ or }|e^{-3}|)$

(C) $\dfrac{z(z+2\cosh 3)}{z^2+4z\cosh 3+4}$, $|z|<\max(|e^3|\text{ or }|e^{-3}|)$

(D) $\dfrac{z(z - 2\sinh 3)}{z^2 - 4z \sinh 3 + 4}$, $|z| > \max(|e^3| \text{ or } |e^{-3}|)$

37. If $f(k) = 3^k \sinh 2k$, $k \geq 0$, then Z-transform of $\{2^k \cosh 3k\}$ is given by (2)

(A) $\dfrac{3z \sinh 2}{z^2 + 6z \cosh 2 - 9}$, $|z| > \max(|e^2| \text{ or } |e^{-2}|)$

(B) $\dfrac{3z \sinh 2}{z^2 - 6z \cosh 2 + 9}$, $|z| > \max(|e^3| \text{ or } |e^{-3}|)$

(C) $\dfrac{3z \sinh 2}{z^2 - 6z \cosh 2 + 9}$, $|z| > \max(|e^2| \text{ or } |e^{-2}|)$

(D) $\dfrac{3z(z - \sinh 2)}{z^2 - 6z \cosh 2 + 9}$, $|z| < \max(|e^2| \text{ or } |e^{-2}|)$

38. If $f(k) = k$, $k \geq 0$ then Z-transform of $\{k\}$ is given by (2)

(A) $\dfrac{z}{(z-1)^2}$, $|z| > 1$

(B) $\dfrac{(z-1)^2}{z^2}$, $|z| > 1$

(C) $\dfrac{(z+1)^2}{z^2}$, $|z| > 1$

(D) $\dfrac{z^2}{(z+1)^2}$, $|z| > 1$

39. If $f(k) = k5^k$, $k \geq 0$ then Z-transform of $\{k5^k\}$ is given by (2)

(A) $\dfrac{(z-5)^2}{5z}$, $|z| > 5$

(B) $\dfrac{(z-5)^2}{z}$, $|z| > 5$

(C) $\dfrac{5z}{(z-5)^2}$, $|z| > 5$

(D) $\dfrac{5z}{(z+5)^2}$, $|z| > 5$

40. If $f(k) = (k+1)2^k$, $k \geq 0$, then Z-transform of $\{(k+1)2^k\}$ is given by (2)

(A) $\dfrac{2}{(z+2)^2} + \dfrac{z}{z-2}$, $|z| > 2$

(B) $-\dfrac{2z}{(z-2)^2} - \dfrac{z}{z-2}$, $|z| > 2$

(C) $-\dfrac{2z}{(z-2)^2} + \dfrac{z}{z-2}$, $|z| > 2$

(D) $\dfrac{2z}{(z-2)^2} + \dfrac{z}{z-2}$, $|z| > 2$

41. $Z\{3^k e^{-2k}\}$, $k \geq 0$ is given by (2)

(A) $\dfrac{z}{(z-3e)^2}$

(B) $\dfrac{z}{z - 3e^{-2}}$

(C) $\dfrac{z}{z - 2e^3}$

(D) $\dfrac{z}{z + 3e^2}$

42. $Z\{ke^{-k}\}$, $k \geq 0$ is given by (2)

(A) $\dfrac{ez}{(ez+1)^2}$

(B) $\dfrac{e^{-1}z}{(z - e^{-1})}$

(C) $\dfrac{e^{-1}z}{(z-e^{-1})^2}$ (D) $\dfrac{e^{-1}z}{(z+e^{-1})^2}$

43. $Z\{\cos(2k+3)\}, k \geq 0$ is given by   (2)

(A) $\cos 3 \dfrac{z(z-\cos 2)}{z^2-2z\cos 2+1} + \sin 3 \dfrac{z\sin 2}{z^2-2z\cos 2+1}$

(B) $\cos 3 \dfrac{z(z-\cos 2)}{z^2-2z\cos 2+1} - \sin 3 \dfrac{z\sin 2}{z^2-2z\cos 2+1}$

(C) $\sin 3 \dfrac{z(z-\cos 2)}{z^2-2z\cos 2+1} - \cos 3 \dfrac{z\sin 2}{z^2-2z\cos 2+1}$

(D) $\cos 3 \dfrac{z(z+\cos 2)}{z^2+2z\cos 2+1} + \sin 3 \dfrac{z\sin 2}{z^2+2z\cos 2+1}$

44. $Z\{\sinh(bk+c)\}, k \geq 0$ is given by   (2)

(A) $\cosh c \dfrac{z\sinh b}{z^2-2z\cosh b+1} + \sinh c \dfrac{z(z-\cosh b)}{z^2-2z\cosh b+1}$

(B) $\cosh c \dfrac{z(z-\cosh b)}{z^2-2z\cosh b+1} + \sinh c \dfrac{z\sinh b}{z^2-2z\cosh b+1}$

(C) $\cosh c \dfrac{z(z-\cosh b)}{z^2-2z\cosh b+1} - \sinh c \dfrac{z\sinh b}{z^2-2z\cosh b+1}$

(D) $\cosh c \dfrac{z\sinh b}{z^2+2z\cosh b+1} + \sinh c \dfrac{z(z+\cosh b)}{z^2+2z\cosh b+1}$

45. $Z\{e^{-2k}\sin 3k\}, k \geq 0$ is given by   (2)

(A) $\dfrac{(ze^3)\sin 2}{(ze^3)^2 + 2(ze^3)\cos 2 - 1}$ (B) $\dfrac{(ze^2)(ze^2-\cos 3)}{(ze^2)^2 - 2(ze^2)\cos 3 + 1}$

(C) $\dfrac{(ze^3)\sin 2}{(ze^3)^2 - 2(ze^3)\cos 2 + 1}$ (D) $\dfrac{(ze^2)\sin 3}{(ze^2)^2 - 2(ze^2)\cos 3 + 1}$

46. If $f(k) = {}^2C_k, 0 \leq k \leq 2$ then $Z\{{}^2C_k\}$ is given by   (2)

(A) $(1-z^{-1})^2$, $|z|>0$ (B) $(1+z^{-1})^2$, $|z|>0$

(C) $(1+z^{-1})$, $|z|>0$ (D) $(1-z^{-1})$, $|z|>0$

47. If $f(k) = a^k U(k)$ then $Z\{f(k)\}$ is given by   (2)

(A) $\dfrac{z}{z-1}$, $|z|>|a|$ (B) $\dfrac{z-1}{z}$, $|z|>|a|$

(C) $\dfrac{z^2}{z-1}$, $|z|>|a|$ (D) $\dfrac{z}{z-a}$, $|z|>|a|$

48. If $\{x(k)\} = \left\{\dfrac{1}{1^k}\right\} * \left\{\dfrac{1}{2^k}\right\}$ then $Z\{x(k)\}$ is given by   (2)

(A) $\left(\dfrac{z}{z-1}\right)\left(\dfrac{2z}{2z-1}\right)$, $|z|>1$ (B) $\left(\dfrac{z}{z-1}\right) + \left(\dfrac{2z}{2z-1}\right)$, $|z|>1$

(C) $\left(\dfrac{z}{z-1}\right) - \left(\dfrac{2z}{2z-1}\right)$, $|z| > 1$ (d) $\left(\dfrac{z}{z-1}\right) \div \left(\dfrac{2z}{2z-1}\right)$, $|z| > 1$

Answers

1. (A)	2. (B)	3. (C)	4. (D)	5. (B)	6. (A)	7. (C)	8. (D)
9. (C)	10. (A)	11. (B)	12. (D)	13. (B)	14. (C)	15. (D)	16. (A)
17. (B)	18. (C)	19. (A)	20. (D)	21. (B)	22. (D)	23. (A)	24. (C)
25. (A)	26. (B)	27. (C)	28. (D)	29. (D)	30. (D)	31. (A)	32. (C)
33. (A)	34. (D)	35. (A)	36. (B)	37. (C)	38. (A)	39. (C)	40. (D)
41. (B)	42. (C)	43. (B)	44. (A)	45. (D)	46. (B)	47. (D)	48. (A)

Table of inverse Z-transforms of the partial fraction terms of F (z)

Partial fraction term	Inverse Z-transform $f(k)$ if $|z| > |a|$, $k > 0$	Inverse Z-transform if $|z| < |a|$, $k < 0$
$\dfrac{z}{z-a}$	$a^k\, U(k)$	$-a^k$
$\dfrac{z^2}{(z-a)^2}$	$(k+1)\, a^k$	$-(k+1)\, a^k$
$\dfrac{z^3}{(z-a)^3}$	$\dfrac{1}{2!}(k+1)(k+2)\, a^k\, U(k)$	$-\dfrac{1}{2!}(k+1)(k+2)\, a^k\, U(-k+2)$
$\dfrac{z^n}{(z-a)^n}$	$\dfrac{1}{(n-1)!}(k+1)\ldots(k+n-1)\, a^k\, U(k)$	$-\dfrac{1}{(n-1)!}(k+1)(k+2)\ldots(k+n-1)\, a^k$
$\dfrac{1}{z-a}$	$a^{k-1}\, U(k-1)$	$-a^{k-1}\, U(-k)$
$\dfrac{1}{(z-a)^2}$	$(k-1)\, a^{k-2}\, U(k-2)$	$-(k-1)\, a^{k-2}\, U(-k+1)$
$\dfrac{1}{(z-a)^3}$	$\dfrac{1}{2}(k-2)(k-1)\, a^{k-3}\, U(k-3)$	$-\dfrac{1}{2}(k-2)(k-1)\, a^{k-3}\, U(-k+2)$
$\dfrac{z}{z-1}$	$U(k)$	
$\dfrac{z(z-\cos\alpha)}{z^2 - 2z\cos\alpha + 1}$, $|z| > 1$	$\cos\alpha k$	
$\dfrac{z \sin\alpha}{z^2 - 2z\cos\alpha + 1}$, $|z| > 1$	$\sin\alpha k$	

4.11 INVERSE Z-TRANSFORM

Our aim is to obtain the sequence $\{f(k)\}$ from its Z-transform $F(z)$ which we assume to be a rational function of z as given below :

$$F(z) = \dfrac{b_0 z^m + b_1 z^{m-1} + b_2 z^{m-2} + \ldots + b_m}{a_0 z^n + a_1 z^{n-1} + \ldots + a_n}$$

Here we shall study the three different methods :
1. Power Series Method. 2. Partial Fraction Method 3. Inversion Integral Method
Now we shall study the methods in detail.

1. Power Series Method

By Direct Division : Since Z-transform $F(z)$ of $\{f(k)\}$ absolutely converges within the ROC, for inversion of $F(z)$ uniquely, the knowledge of ROC of $F(z)$ is necessary.

We can express $F(z)$ as a series in powers of z by actual division. The process of division depends on ROC.

Case (i) : $|z| < R$ **(R is ROC) :** Here we obtain the power series in z which converges in the same region as $F(z)$ by beginning the division with *the lowest power of z* i.e. with a_n.

The coefficient of z^k is identified as $f(-k)$.

Case (ii) : $|z| > R$: We should begin the division with the highest power of z. The coefficient of z^{-k} is identified as $f(k)$.

ILLUSTRATION

Ex. 1 : Find $Z^{-1}\left(\dfrac{z}{z-a}\right)$ if (i) $|z| > |a|$
(ii) $|z| < |a|$

Sol. : (i) If $|z| > |a|$,

$$F(z) = \frac{z}{z-a}$$

Here we will perform actual division :

$$
\begin{array}{r}
\quad 1 + \dfrac{a}{z} + \dfrac{a^2}{z^2} + \ldots \\
z-a\overline{) z } \\
z - a \\
\underline{-+} \\
a \\
a - \dfrac{a^2}{z} \\
\underline{-+} \\
\dfrac{a^2}{z} \\
\dfrac{a^2}{z} - \dfrac{a^3}{z^2} \\
\underline{-+} \\
\dfrac{a^3}{z^2}
\end{array}
$$

$$\therefore \qquad F(z) = 1 + \frac{a}{z} + \frac{a^2}{z^2} + \ldots + \frac{a^k}{z^k} + \ldots$$

Inverting, $\quad \{f(k)\} = \{a^k\}, \; k \geq 0$

(ii) If $|z| < |a|$ then we write

$$F(z) = \frac{z}{z-a} = \frac{z}{-a+z} \qquad \text{(Note this step)}$$

$$-a+z \overline{\smash{\big)}\, z} \quad \left(-\frac{z}{a} - \frac{z^2}{a^2} - \frac{z^3}{a^3} - \ldots\right)$$

$$ z - \frac{z^2}{a}$$

$$ \underline{- \quad +}$$

$$ \frac{z^2}{a}$$

$$ \frac{z^2}{a} - \frac{z^3}{a^2}$$

$$ \underline{- \quad +}$$

$$ \frac{z^3}{a^2}$$

$$ \frac{z^3}{a^2} - \frac{z^4}{a^3}$$

$$ \underline{- \quad +}$$

$$ \frac{z^4}{a^3}$$

$$F(z) = -\frac{z}{a} - \frac{z^2}{a^2} - \frac{z^3}{a^3} - \ldots$$

$$= - \sum_{k=-\infty}^{-1} a^k \, z^{-k}$$

Inverting, $\quad \{f(k)\} = -a^k, \; k < 0.$

By Binomial Expansion : Here we take a suitable factor common depending upon ROC from the denominator so that the denominator is of the form $1 - r$, where $|r| < 1$ and then use Binomial theorem.

$$\frac{1}{1+y} = (1+y)^{-1} = 1 - y + y^2 - y^3 + y^4 - \ldots$$

$$\frac{1}{1-y} = (1-y)^{-1} = 1 + y + y^2 + y^3 + y^4 + \ldots\ldots$$

ILLUSTRATIONS

Ex. 1 : *Find* $Z^{-1}\left(\dfrac{1}{z-a}\right)$ *when* (i) $|z| < |a|$, (ii) $|z| > |a|$.

Sol. : (i) If $|z| < |a|$ i.e. $\left|\dfrac{z}{a}\right| < 1$

$\therefore$ We take "a" outside and write

$$F(z) = \frac{1}{z-a} = \frac{1}{a\left(\dfrac{z}{a} - 1\right)} = -\frac{1}{a} \cdot \frac{1}{1 - \dfrac{z}{a}} = -\frac{1}{a}\left(1 - \frac{z}{a}\right)^{-1}$$

$$= -\frac{1}{a}\left\{1 + \frac{z}{a} + \frac{z^2}{a^2} + \frac{z^3}{a^3} + \ldots\ldots + \frac{z^k}{a^k} + \ldots\ldots\right\}$$

$$= -\left\{\frac{1}{a} + \frac{z}{a^2} + \frac{z^2}{a^3} + \ldots\ldots + \frac{z^k}{a^{k+1}} + \ldots\ldots\right\}$$

$\therefore$ Coefficient of $z^k = -a^{-k-1}$, $k \geq 0$

$\therefore$ Coefficient of $z^{-k} = -a^{k-1}$, $k \leq 0$

$\therefore \quad Z^{-1} \cdot \left(\dfrac{1}{z-a}\right) = \{f(k)\} = -a^{k-1}, \; k \leq 0$

(ii) If $|z| > |a|$, $\left|\dfrac{z}{a}\right| > 1$ i.e. $\left|\dfrac{a}{z}\right| < 1$

$\therefore$ We take "z" outside and write

$$F(z) = \frac{1}{z-a} = \frac{1}{z\left(1 - \dfrac{a}{z}\right)}$$

$$= \frac{1}{z}\left(1 + \frac{a}{z} + \frac{a^2}{z^2} + \frac{a^3}{z^3} + \ldots\ldots + \frac{a^{k-1}}{z^{k-1}} + \ldots\ldots\right)$$

$$= \frac{1}{z} + \frac{a}{z^2} + \frac{a^2}{z^3} + \ldots\ldots + \frac{a^{k-1}}{z^k} + \ldots\ldots$$

Coefficient of $z^{-k} = a^{k-1}$, $k \geq 1$

$$\therefore \quad Z^{-1}\left(\frac{1}{z-a}\right) = \{f(k)\} = a^{k-1}, \quad k \geq 1.$$

Ex. 2 : Find $Z^{-1}\left(\frac{z}{z-a}\right)$ when (i) $|z| > |a|$, (ii) $|z| < |a|$.

Sol. : (i) If $|z| > |a|$, i.e. $\left|\frac{z}{a}\right| > 1$ i.e. $\left|\frac{a}{z}\right| < 1$

We take "z" outside and write

$$F(z) = \frac{z}{z-a} = \frac{z}{z\left(1-\frac{a}{z}\right)} = \frac{1}{1-\frac{a}{z}}$$

$$= 1 + \frac{a}{z} + \frac{a^2}{z^2} + \ldots + \frac{a^k}{z^k} + \ldots$$

$\therefore$ Coefficient of $z^{-k} = a^k$, $k \geq 0$

$\therefore \quad Z^{-1}\left(\frac{z}{z-a}\right) = \{f(k)\} = a^k, \; k \geq 0 \; |z| > |a|$

(ii) If $|z| < |a|$ i.e. $\left|\frac{z}{a}\right| < 1$

$\therefore$ We take "a" outside and write

$$F(z) = \frac{z}{z-a} = \frac{z}{a\left(\frac{z}{a}-1\right)} = \frac{-z}{a\left(1-\frac{z}{a}\right)}$$

$$= -\frac{z}{a}\left(1 + \frac{z}{a} + \frac{z^2}{a^2} + \ldots + \frac{z^k}{a^k} + \ldots\right)$$

$$= -\left[\frac{z}{a} + \frac{z^2}{a^2} + \frac{z^3}{a^3} + \ldots + \frac{z^{k+1}}{a^{k+1}} + \ldots\right] = -\sum_{k=0}^{\infty}\left(\frac{z}{a}\right)^{k+1}$$

Put $\quad k + 1 = -r \quad$ (Note this step)
when $\quad k = 0, \quad r = -1$
$\quad k = \infty, \quad r = -\infty$

$$F(z) = -\sum_{r=-1}^{-\infty}\left(\frac{z}{a}\right)^{-r} = -\sum_{r=-\infty}^{-1} a^r z^{-r}$$

$Z^{-1}\left(\frac{z}{z-a}\right) = -a^k, \; k < 0, \; |z| < |a|$

$$\boxed{\begin{aligned} Z^{-1}\left(\frac{z}{z-a}\right) &= a^k, \quad k \geq 0, \; |z| > |a| \\ &= -a^k, \quad k < 0, \; |z| < |a| \end{aligned}}$$

Ex. 3 : Find $Z^{-1} \dfrac{1}{(z-a)^2}$ if $|z| < a$.

Sol. : If $|z| < a$, $\left|\dfrac{z}{a}\right| < 1$

$\therefore \quad F(z) = \dfrac{1}{(z-a)^2} = \dfrac{1}{\left[a\left(\dfrac{z}{a} - 1\right)\right]^2}$

$= \dfrac{1}{\left[-a\left(1 - \dfrac{z}{a}\right)\right]^2} = \dfrac{1}{a^2} \dfrac{1}{\left(1 - \dfrac{z}{a}\right)^2} = \dfrac{1}{a^2}\left(1 - \dfrac{z}{a}\right)^{-2}$

$= \dfrac{1}{a^2}\left[1 + 2\dfrac{z}{a} + 3\left(\dfrac{z}{a}\right)^2 + \ldots + (n+1)\dfrac{z^n}{a^n} + \ldots\right]$

$= \dfrac{1}{a^2} + 2\dfrac{z}{a^3} + 3\dfrac{z^2}{a^4} + \ldots + (n+1)\dfrac{z^n}{a^{n+2}} + \ldots$

Coefficient of $z^n = \dfrac{n+1}{a^{n+2}}$, $n \geq 0$

Coefficient of $z^{-k} = \dfrac{-k+1}{a^{-k+2}}$, $k \leq 0$

$Z^{-1}\left\{\dfrac{1}{(z-a)^2}\right\} = \{f(k)\} = \dfrac{-k+1}{a^{-k+2}}$, $k \leq 0$, $|z| < a$.

Ex. 4 : Find $Z^{-1}\left(\dfrac{z}{z-5}\right)$ if $|z| > 5$ and $|z| < 5$.

Sol. : $F(z) = \dfrac{z}{z-5}$

Case (i) : $|z| > 5$, $\left|\dfrac{z}{5}\right| > 1$, $\left|\dfrac{5}{z}\right| < 1$

$F(z) = \dfrac{z}{z\left(1 - \dfrac{5}{z}\right)} = \dfrac{1}{1 - \dfrac{5}{z}} = 1 + \dfrac{5}{z} + \left(\dfrac{5}{z}\right)^2 + \ldots + \left(\dfrac{5}{z}\right)^k + \ldots$

Coefficient of $z^{-k} = 5^k$, $k \geq 0$

$Z^{-1}\left(\dfrac{z}{z-5}\right) = 5^k$, $k \geq 0$ if $|z| > 5$.

Case (ii) : $|z| < 5$, $\left|\dfrac{z}{5}\right| < 1$

$$F(z) = \frac{z}{z-5} = \frac{z}{-5\left(1-\dfrac{z}{5}\right)}$$

$$= -\frac{z}{5}\left[1+\frac{z}{5}+\left(\frac{z}{5}\right)^2 + \ldots\ldots\right]$$

$$= -\left[\frac{z}{5}+\left(\frac{z}{5}\right)^2+\left(\frac{z}{5}\right)^3 + \ldots\ldots + \left(\frac{z}{5}\right)^k + \ldots\ldots\right]$$

$$= -\sum_{k=1}^{\infty}\left(\frac{z}{5}\right)^k \qquad\qquad \text{Put } k = -r$$

$$= -\sum_{-1}^{-\infty}\left(\frac{z}{5}\right)^{-r} = -\sum_{-1}^{-\infty} 5^r\, z^{-r}$$

$\therefore \qquad \{f(k)\} = -5^k,\ k < 0,\ |z| < 5.$

Ex. 5 : *Find* $Z^{-1}\ \dfrac{1}{\left(z-\dfrac{1}{2}\right)\left(z-\dfrac{1}{3}\right)}$, $\dfrac{1}{3} < |z| < \dfrac{1}{2}$.

Sol. : $\qquad F(z) = \dfrac{1}{\left(z-\dfrac{1}{2}\right)\left(z-\dfrac{1}{3}\right)} = \dfrac{6}{z-\dfrac{1}{2}} - \dfrac{6}{z-\dfrac{1}{3}}$

$|z| < \dfrac{1}{2} \Rightarrow |2z| < 1$

$|z| > \dfrac{1}{3} \Rightarrow |3z| > 1 \Rightarrow \left|\dfrac{1}{3z}\right| < 1$

$$F(z) = \frac{6}{-\dfrac{1}{2}(1-2z)} - \frac{6}{z\left(1-\dfrac{1}{3z}\right)}$$

$$= -12\left[1+(2z)+(2z)^2 + \ldots\right] - \frac{6}{z}\left[1+\frac{1}{3z}+\left(\frac{1}{3z}\right)^2 + \ldots\ldots\right]$$

$$= -12\left[1+(2z)+(2z)^2 + \ldots\ldots\right] - 6\left[\frac{1}{z}+\frac{1}{3z^2}+\frac{1}{3^2 z^3} + \ldots\ldots\right]$$

$$= -12\sum_{k=0}^{\infty}(2z)^k - 6\sum_{k=1}^{\infty}\frac{1}{3^{k-1} z^k}$$

Coefficient of z^k in first series $= -12(2)^k$, $\quad k \geq 0$

Coefficient of z^{-k} in first series $= -12\,(2)^{-k}, \quad k \le 0$

Coefficient of z^{-k} in second series $= \dfrac{-6}{3^{k-1}}, \quad k \ge 1$

$\therefore \quad \{f(k)\} = \underset{(k \le 0)}{-12\,(2)^{-k}} \;-\; \underset{(k \ge 1)}{\dfrac{6}{3^{k-1}}},$

Alternative By using the formula:

$$Z^{-1}\left(\dfrac{1}{z-a}\right) = -a^{k-1}, \quad k \le 0, \quad |z| < |a|$$

$$= a^{k-1}, \quad k \ge 1, \quad |z| > |a|$$

$\therefore \quad Z^{-1}\left[\dfrac{1}{\left(z-\dfrac{1}{2}\right)\left(z-\dfrac{1}{3}\right)}\right] = Z^{-1}\left(\dfrac{6}{z-\dfrac{1}{2}} - \dfrac{6}{z-\dfrac{1}{3}}\right)$

$= 6\left[Z^{-1}\left(\dfrac{1}{z-\dfrac{1}{2}}\right) - Z^{-1}\left(\dfrac{1}{z-\dfrac{1}{3}}\right)\right]$

$|z| < \dfrac{1}{2}$ and $|z| > \dfrac{1}{3}$.

$\therefore \quad \{f(k)\} = 6\;\underset{(k \le 0)}{-\left(\dfrac{1}{2}\right)^{k-1}} \;-\; 6\underset{(k \ge 1)}{\left(\dfrac{1}{3}\right)^{k-1}}$

$= \underset{(k \le 0)}{-12 \cdot 2^{-k}} \;-\; \underset{(k \ge 1)}{\dfrac{6}{3^{k-1}}}$

Ex. 6 : Find $Z^{-1}\dfrac{1}{(z-5)^3}, |z| > 5$.

Sol. : $|z| > 5 \Rightarrow \left|\dfrac{z}{5}\right| > 1$

$\Rightarrow \left|\dfrac{5}{z}\right| < 1.$

$F(z) = \dfrac{1}{\left[z\left(1-\dfrac{5}{z}\right)\right]^3} = \dfrac{1}{z^3}\left(1-\dfrac{5}{z}\right)^{-3}$

$= z^{-3}\left[1 + (-3)\left(-\dfrac{5}{z}\right) + \dfrac{(-3)(-4)}{2!}\left(-\dfrac{5}{z}\right)^2 + \ldots\ldots\right]$

$$= z^{-3} \left[1 + 3 \cdot 5 \cdot z^{-1} + 6 \cdot 5^2 \cdot z^{-2} + 10 \cdot 5^3 \cdot z^{-3} + \ldots\ldots \right.$$
$$\left. + \frac{(n+1)(n+2)}{2} 5^n z^{-n} + \ldots\ldots \right]$$

$$= z^{-3} + 3 \cdot 5 \cdot z^{-4} + 6 \cdot 5^2 \cdot z^{-5} + 10 \cdot 5^3 \cdot z^{-6} + \ldots\ldots$$
$$+ \frac{(n+1)(n+2)}{2} 5^n z^{-n-3} + \ldots\ldots$$

Coefficient of $z^{-n-3} = \frac{(n+1)(n+2)}{2} 5^n$, $n \geq 0$, $n + 3 = k$

Coefficient of $z^{-k} = \frac{(k-3+1)(k-3+2)}{2} 5^{k-3}$, $k \geq 3$

$\{f(k)\} = \frac{(k-2)(k-1)}{2} 5^{k-3}$, $k \geq 3$.

Ex. 7 : *Find* $Z^{-1} \left(\frac{1}{(z-3)(z-2)} \right)$, $2 < |z| < 3$.   **(Dec. 2004, 2010; May 2007)**

Sol. : $F(z) = \frac{1}{(z-3)(z-2)} = \frac{1}{z-3} - \frac{1}{z-2}$

$|z| < 3 \Rightarrow \left| \frac{z}{3} \right| < 1$

$|z| > 2 \Rightarrow \left| \frac{z}{2} \right| > 1 \Rightarrow \left| \frac{2}{z} \right| < 1$

$$F(z) = \frac{1}{-3\left(1 - \frac{z}{3}\right)} - \frac{1}{z\left(1 - \frac{2}{z}\right)}$$

$$= -\frac{1}{3} \left[1 + \frac{z}{3} + \left(\frac{z}{3}\right)^2 + \ldots\ldots \right] - \frac{1}{z} \left[1 + \frac{2}{z} + \left(\frac{2}{z}\right)^2 + \ldots\ldots \right]$$

$$= - \left[\frac{1}{3} + \frac{1}{3^2} z + \frac{1}{3^3} z^2 + \ldots\ldots + \frac{1}{3^{k+1}} z^k + \ldots\ldots \right]$$

$$- \left[\frac{1}{z} + \frac{2}{z^2} + \frac{2^2}{z^3} + \ldots\ldots + \frac{2^k}{z^{k+1}} + \ldots\ldots \right]$$

Coefficient of z^k in first series = $-\frac{1}{3^{k+1}}$, $k \geq 0$

Coefficient of z^{-k} in first series = $-\frac{1}{3^{-k+1}}$, $k \leq 0$

Coefficient of $z^{-(k+1)}$ in second series = 2^k, $k \geq 0$

Coefficient of z^{-k} in second series = -2^{k-1}, $k \geq 1$.

$$\therefore \quad \{f(k)\} = -\frac{1}{3^{-k+1}} \quad - \quad 2^{k-1}$$
$$\qquad\qquad\qquad (k \le 0) \qquad (k \ge 1)$$
$$\{f(k)\} = -3^{k-1} \quad - \quad 2^{k-1}$$
$$\qquad\qquad\qquad (k \le 0) \qquad (k \ge 1)$$

Ex. 8 : *Show that* $Z^{-1}\left\{\dfrac{1}{\left(z-\frac{1}{2}\right)\left(z-\frac{1}{3}\right)}\right\} = \{x_k\}$ *for* $|z| > \dfrac{1}{2}$ **(Dec. 2005)**

where $\quad x_k = 6\left[\left(\dfrac{1}{2}\right)^{k-1} - \left(\dfrac{1}{3}\right)^{k-1}\right], k \ge 1$.

Sol. : $\quad X(z) = \dfrac{1}{\left(z-\frac{1}{2}\right)\left(z-\frac{1}{3}\right)} = \dfrac{6}{z-\frac{1}{2}} - \dfrac{6}{z-\frac{1}{3}}$

$$|z| > \frac{1}{2} \Rightarrow |2z| > 1 \Rightarrow \left|\frac{1}{2z}\right| < 1 \Rightarrow \left|\frac{1}{3z}\right| < 1$$

$$X(z) = \frac{6}{z\left(1-\frac{1}{2z}\right)} - \frac{6}{z\left(1-\frac{1}{3z}\right)}$$

$$= \frac{6}{z}\left(1 + \frac{1}{2z} + \left(\frac{1}{2z}\right)^2 + \ldots\right) - \frac{6}{z}\left(1 + \frac{1}{3z} + \left(\frac{1}{3z}\right)^2 + \ldots\right)$$

$$= 6\left[\frac{1}{z} + \frac{1}{2z^2} + \frac{1}{2^2 z^3} + \ldots + \frac{1}{2^{k-1} z^k} + \ldots\right]$$

$$- 6\left[\frac{1}{z} + \frac{1}{3z^2} + \frac{1}{3^2 z^3} + \ldots + \frac{1}{3^{k-1} z^k} + \ldots\right]$$

$$\{x_k\} = 6 \cdot \left[\left(\frac{1}{2}\right)^{k-1} - \left(\frac{1}{3}\right)^{k-1}\right], k \ge 1.$$

Ex. 9 : *Show that* $Z^{-1}\left[\dfrac{1}{(z-2)(z-3)}\right] = \{x_k\}$, *for* $|z| < 2$,

where $x_k = 2^{k-1} - 3^{k-1}, k \le 0$. **(Dec. 2014)**

Sol. : $\quad X(z) = \dfrac{1}{(z-2)(z-3)} = \dfrac{1}{z-3} - \dfrac{1}{z-2}$

$$|z| < 2, \quad \left|\frac{z}{2}\right| < 1 \Rightarrow \left|\frac{z}{3}\right| < 1$$

$$X(z) = \frac{1}{-3\left(1-\frac{z}{3}\right)} + \frac{1}{2\left(1-\frac{z}{2}\right)}$$

$$= -\frac{1}{3}\left(1 + \frac{z}{3} + \left(\frac{z}{3}\right)^2 + \ldots\right) + \frac{1}{2}\left[1 + \frac{z}{2} + \left(\frac{z}{2}\right)^2 + \ldots\right]$$

$$= -\left[\frac{1}{3} + \frac{z}{3^2} + \frac{z^2}{3^3} + \ldots + \frac{z^k}{3^{k+1}} + \ldots\right]$$

$$+ \left[\frac{1}{2} + \frac{z}{2^2} + \frac{z^2}{2^3} + \ldots + \frac{z^k}{2^{k+1}} + \ldots\right]$$

Coefficient of z^k in the first series $= -\dfrac{1}{3^{k+1}}$, $k \geq 0$

Coefficient of z^{-k} in the first series $= -\dfrac{1}{3^{-k+1}} = -3^{k-1}$, $k \leq 0$

Coefficient of z^{-k} in the second series $= 2^{k-1}$, $k \leq 0$

$\therefore \quad \{x_k\} = 2^{k-1} - 3^{k-1}$, $k \leq 0$.

II. Partial Fraction Method

To apply this, it is necessary that the degree of numerator is not greater than the degree of the denominator.

In case this is not, we carry out actual division till the remainder satisfies the condition given above. In this case,

$$F(z) = P(z) + \frac{Q(z)}{R(z)}$$

The expression $\dfrac{Q(z)}{R(z)}$ is then considered for expressing it in partial fraction.

Let $F(z)$ satisfy the condition specified.

Then we obtain partial fraction of $\dfrac{F(z)}{z}$ and not that of $F(z)$.

Linear Non-Repeated Factors :

Suppose $\quad \dfrac{F(z)}{z} = \dfrac{B_1}{z - \alpha_1} + \dfrac{B_2}{z - \alpha_2} + \dfrac{B_3}{z - \alpha_3} + \ldots$

$$Z^{-1}[F(z)] = B_1 Z^{-1}\left(\frac{z}{z-\alpha_1}\right) + B_2 \cdot Z^{-1}\left(\frac{z}{z-\alpha_2}\right) + \ldots$$

$$\{f(k)\} = B_1 \{\alpha_1\}^k + B_2 \{\alpha_2\}^k + \ldots$$

provided $|z| > |\alpha_1|$, $|z| > |\alpha_2|$ and so on. ($k \geq 0$)

Similarly, $Z^{-1}[F(z)] = B_1 Z^{-1}\left(\dfrac{z}{z-\alpha_1}\right) + B_2 Z^{-1}\left(\dfrac{z}{z-\alpha_2}\right) + \ldots$

$$= B_1 \{-\alpha_1^k\} + B_2 \{-\alpha_2^k\} + \ldots$$

provided $|z| < |\alpha_1|$, $|z| < |\alpha_2|$ and so on. ($k < 0$).

Linear Repeated factors :

Suppose $\quad F(z) = \dfrac{B_1}{(z-\alpha_1)^2} \quad$ or $\quad F(z) = \dfrac{B_1}{(z-\alpha_1)^3}$

or $\quad F(z) = B_1 \cdot \dfrac{z}{(z-\alpha_1)^2}$

then always use series expansion of z which is obtained by Binomial expansion.

Note : Here we will note some important formulae of inverse Z-transform.

$$Z^{-1}\left\{\dfrac{z^2}{(z-a)^2}\right\} = \{(k+1)a^k\}, \quad |z| > |a|, \quad k \geq 0$$

$$= -(k+1)a^k, \quad |z| < |a|, \quad k < 0$$

$$Z^{-1}\left\{\dfrac{z^3}{(z-a)^3}\right\} = \dfrac{1}{2!}(k+1)(k+2)a^k U(k), \quad |z| > |a|, \quad k \geq 0$$

$$= -\dfrac{1}{2!}(k+1)(k+2)a^k U(-k+2), \quad |z| < |a|, k < 0$$

$$Z^{-1}\left\{\dfrac{z^n}{(z-a)^n}\right\} = \dfrac{1}{(n-1)!}(k+1)(k+2)\ldots(k+n-1)a^k U(k),$$

$$|z| > |a|, k \geq 0$$

$$= -\dfrac{1}{(n-1)!}(k+1)(k+2)\ldots(k+n-1)a^k,$$

$$|z| < |a|, k < 0.$$

ILLUSTRATIONS

Ex. 1 : Find $Z^{-1}\dfrac{z}{(z-1)(z-2)}$, if $|z| \geq 2$.

Sol. : $\quad F(z) = \dfrac{z}{(z-1)(z-2)}$

$\dfrac{F(z)}{z} = \dfrac{1}{(z-1)(z-2)} = \dfrac{(-1)}{z-1} + \dfrac{(1)}{z-2}$

$\dfrac{F(z)}{z} = \dfrac{1}{z-2} - \dfrac{1}{z-1}$

$F(z) = \dfrac{z}{z-2} - \dfrac{z}{z-1}$

$Z^{-1}[F(z)] = Z^{-1}\left(\dfrac{z}{z-2}\right) - Z^{-1}\left(\dfrac{z}{z-1}\right)$

$|z| \geq 2 \Rightarrow |z| \geq 1$

$$\therefore \quad \{f(k)\} = 2^k - 1^k, \ k > 0$$
$$\{f(k)\} = 2^k - 1, \ k > 0.$$

Ex. 2 : *Find* $Z^{-1} \left[\dfrac{z^2}{\left(z - \frac{1}{2}\right)\left(z - \frac{1}{3}\right)} \right]$, *if* $\dfrac{1}{3} < |z| < \dfrac{1}{2}$. **(May 2005)**

Sol. :
$$F(z) = \dfrac{z^2}{\left(z - \frac{1}{2}\right)\left(z - \frac{1}{3}\right)}$$

$$\dfrac{F(z)}{z} = \dfrac{z}{\left(z - \frac{1}{2}\right)\left(z - \frac{1}{3}\right)}$$

$$\dfrac{F(z)}{z} = \dfrac{3}{z - \frac{1}{2}} + \dfrac{(-2)}{z - \frac{1}{3}}$$

$$F(z) = 3 \cdot \left(\dfrac{z}{z - \frac{1}{2}}\right) - 2 \cdot \dfrac{z}{z - \frac{1}{3}}$$

$$Z^{-1}[F(z)] = 3 Z^{-1} \left(\dfrac{z}{z - \frac{1}{2}}\right) - 2 Z^{-1} \left(\dfrac{z}{z - \frac{1}{3}}\right)$$

Now,
$$\dfrac{1}{3} < |z| < \dfrac{1}{2}$$

$$|z| < \dfrac{1}{2} \ \text{and} \ |z| > \dfrac{1}{3}$$

$$\therefore \quad \{f(k)\} = 3 \left[-\left(\dfrac{1}{2}\right)^k \right] - 2 \cdot \left(\dfrac{1}{3}\right)^k$$
$$\qquad\qquad\qquad (k < 0) \qquad (k \geq 0)$$

$$\{f(k)\} = -3 \left(\dfrac{1}{2}\right)^k - 2 \left(\dfrac{1}{3}\right)^k$$
$$\qquad\qquad (k < 0) \quad (k \geq 0)$$

Ex. 3 : *Find* $Z^{-1} \left[\dfrac{z}{\left(z - \frac{1}{4}\right)\left(z - \frac{1}{5}\right)} \right]$, $|z| > \dfrac{1}{4}$.

Sol. :
$$F(z) = \dfrac{z}{\left(z - \frac{1}{4}\right)\left(z - \frac{1}{5}\right)}$$

$$\frac{F(z)}{z} = \frac{1}{\left(z-\frac{1}{4}\right)\left(z-\frac{1}{5}\right)} = \frac{(20)}{z-\frac{1}{4}} + \frac{(-20)}{z-\frac{1}{5}}$$

$$F(z) = 20 \cdot \frac{z}{z-\frac{1}{4}} - 20 \cdot \frac{z}{z-\frac{1}{5}}$$

$$|z| > \frac{1}{4} \Rightarrow |z| > \frac{1}{5}$$

$$\therefore \quad Z^{-1}[F(z)] = 20 \cdot Z^{-1}\left(\frac{z}{z-\frac{1}{4}}\right) - 20 \cdot Z^{-1}\left(\frac{z}{z-\frac{1}{5}}\right)$$

$$\{f(k)\} = 20 \cdot \left(\frac{1}{4}\right)^k - 20 \left(\frac{1}{5}\right)^k, \; k \geq 0.$$

Ex. 4 : Find $Z^{-1} \dfrac{z^2}{\left(z-\frac{1}{2}\right)\left(z-\frac{1}{3}\right)}$, $|z| > \dfrac{1}{2}$. **(Dec. 2012)**

Sol. :
$$F(z) = \frac{z^2}{\left(z-\frac{1}{2}\right)\left(z-\frac{1}{3}\right)}$$

$$\frac{F(z)}{z} = \frac{z}{\left(z-\frac{1}{2}\right)\left(z-\frac{1}{3}\right)} = \frac{3}{z-\frac{1}{2}} - \frac{2}{z-\frac{1}{3}}$$

$$F(z) = 3 \cdot \frac{z}{z-\frac{1}{2}} - 2 \cdot \frac{z}{z-\frac{1}{3}}$$

$$\therefore \quad Z^{-1}[F(z)] = 3 \cdot Z^{-1}\left(\frac{z}{z-\frac{1}{2}}\right) - 2 \cdot Z^{-1}\left(\frac{z}{z-\frac{1}{3}}\right)$$

$$|z| > \frac{1}{2} \Rightarrow |z| > \frac{1}{3}$$

$$\{f(k)\} = 3 \cdot \left(\frac{1}{2}\right)^k - 2\left(\frac{1}{3}\right)^k, \; k \geq 0$$

Ex. 5 : Find $Z^{-1}\left(\dfrac{3z^2+2z}{z^2-3z+2}\right)$, $1 < |z| < 2$.

(Dec. 2006; May 2006, 2008, 2012, Nov. 2015)

Sol. :
$$F(z) = \frac{3z^2+2z}{z^2-3z+2}$$

$$\frac{F(z)}{z} = \frac{3z+2}{(z-2)(z-1)} = \frac{(8)}{z-2} + \frac{(-5)}{z-1}$$

$$F(z) = 8 \cdot \frac{z}{z-2} - 5 \cdot \frac{z}{z-1}$$

$$Z^{-1}\{f(z)\} = 8 \cdot Z^{-1}\left(\frac{z}{z-2}\right) - 5 \cdot Z^{-1}\left(\frac{z}{z-1}\right)$$

$$1 < |z| < 2$$

∴ $\qquad |z| > 1 \text{ and } |z| < 2.$

$$\{f(k)\} = 8\,[-(2)^k] - 5\,(1)^k$$
$$\qquad\qquad (k<0) \qquad (k \geq 0)$$
$$= -8\,(2)^k - 5$$
$$\qquad (k<0) \qquad (k \geq 0)$$

Ex. 6 : Find $Z^{-1}\left[\dfrac{z^3}{(z-1)\left(z-\dfrac{1}{2}\right)^2}\right]$, $|z| > 1.$ **(Dec. 04; May 2005, 2012)**

Sol. : $\qquad F(z) = \dfrac{z^3}{(z-1)\left(z-\dfrac{1}{2}\right)^2}$

$$\frac{F(z)}{z} = \frac{z^2}{(z-1)\left(z-\dfrac{1}{2}\right)^2}$$

$$\frac{z^2}{(z-1)\left(z-\dfrac{1}{2}\right)^2} = \frac{A}{z-1} + \frac{B}{z-\dfrac{1}{2}} + \frac{C}{\left(z-\dfrac{1}{2}\right)^2}$$

$$z^2 = A\left(z-\dfrac{1}{2}\right)^2 + B\left(z-\dfrac{1}{2}\right)(z-1) + C\,(z-1)$$

$z = 1 \Rightarrow A = 4;\quad z = \dfrac{1}{2} \Rightarrow C = -\dfrac{1}{2}$

$z = 0 \Rightarrow B = -3$

$$\frac{F(z)}{z} = \frac{4}{z-1} - \frac{3}{z-\dfrac{1}{2}} - \frac{\dfrac{1}{2}}{\left(z-\dfrac{1}{2}\right)^2}$$

$$F(z) = 4 \cdot \frac{z}{z-1} - 3 \cdot \frac{z}{z-\dfrac{1}{2}} - \frac{1}{2}\,\frac{z}{\left(z-\dfrac{1}{2}\right)^2},\ |z| > 1$$

$$\{f(k)\} = 4\,(1)^k - 3\cdot\left(\frac{1}{2}\right)^k - \frac{1}{2}\cdot k\left(\frac{1}{2}\right)^{k-1},\quad k \geq 0$$

$$= 4 - 3\left(\frac{1}{2}\right)^k - k\left(\frac{1}{2}\right)^k,\ k \geq 0,\ |z| > 1$$

$$\{f(k)\} = 4 - (k+3)\left(\frac{1}{2}\right)^k, \quad k \geq 0, \quad |z| > 1.$$

Note : Here we have used the formula $Z^{-1}\left[\dfrac{z}{(z-a)^2}\right] = k\, a^{k-1}, \quad k \geq 0, \quad |z| > |a|$.

Ex. 7 : Find $Z^{-1}\left(\dfrac{z(z+1)}{z^2 - 2z + 1}\right), \quad |z| > 1.$ **(May 2006, 2010)**

Sol. :
$$\frac{F(z)}{z} = \frac{z+1}{z^2 - 2z + 1} = \frac{z+1}{(z-1)^2}$$

$$= \frac{(z-1) + 2}{(z-1)^2} = \frac{1}{z-1} + \frac{2}{(z-1)^2}$$

$$F(z) = \frac{z}{z-1} + 2 \cdot \frac{z}{(z-1)^2}, \quad |z| > 1$$

$$\therefore \quad \{f(k)\} = (1)^k + 2 \cdot k (1)^{k-1}, \quad k \geq 0, \quad |z| > 1$$

$$\{f(k)\} = 1 + 2k, \quad k \geq 0, \quad |z| > 1.$$

Ex. 8 : Find $Z^{-1}\left(\dfrac{z^3}{(z-1)\left(z-\dfrac{1}{2}\right)^2}\right), \quad |z| > \dfrac{1}{2}.$

Sol. :
$$F(z) = \frac{z^3}{(z-1)\left(z - \dfrac{1}{2}\right)^2}$$

$$\frac{F(z)}{z} = \frac{z^2}{(z-1)\left(z - \dfrac{1}{2}\right)^2} = \frac{4}{z-1} - \frac{3}{z - \dfrac{1}{2}} - \frac{1/2}{\left(z - \dfrac{1}{2}\right)^2}$$

$$F(z) = 4 \cdot \frac{z}{z-1} - 3 \cdot \frac{z}{z - \dfrac{1}{2}} - \frac{1}{2} \frac{z}{\left(z - \dfrac{1}{2}\right)^2}$$

$$\therefore \quad \{f(k)\} = 4(1)^k - 3 \cdot \left(\frac{1}{2}\right)^k - \frac{1}{2} \cdot k \cdot \left(\frac{1}{2}\right)^{k-1}, \quad k \geq 0$$

$$= 4 - (3+k)\left(\frac{1}{2}\right)^k, \quad k \geq 0.$$

Ex. 9 : Show that $Z^{-1}\left[\dfrac{z^3}{\left(z - \dfrac{1}{4}\right)^2 (z-1)}\right] = \{x_k\}, \text{ for } |z| > 1$

where $x_k = \dfrac{16}{9} - \dfrac{4}{9}\left(\dfrac{1}{4}\right)^k - \dfrac{1}{3}(k+1)\left(\dfrac{1}{4}\right)^k, \quad k \geq 0.$ **(May 2009)**

Sol. :
$$\frac{X(z)}{z} = \frac{z^2}{(z-1)\left(z-\frac{1}{4}\right)^2}$$

$$= \frac{16/9}{z-1} - \frac{7/9}{z-\frac{1}{4}} - \frac{1/12}{\left(z-\frac{1}{4}\right)^2}$$

$$X(z) = \frac{16}{9} \frac{z}{z-1} - \frac{7}{9} \frac{z}{z-\frac{1}{4}} - \frac{1}{12} \frac{z}{\left(z-\frac{1}{4}\right)^2}$$

$$|z| > 1 \Rightarrow |z| > \frac{1}{4}$$

$$\therefore \quad \{x_k\} = \frac{16}{9}(1) - \frac{7}{9}\left(\frac{1}{4}\right)^k - \frac{1}{12} k \cdot \left(\frac{1}{4}\right)^{k-1}, \quad k \geq 0, \quad |z| > 1$$

$$= \frac{16}{9} - \frac{4}{9}\left(\frac{1}{4}\right)^k - \frac{3}{9}\left(\frac{1}{4}\right)^k - \frac{1}{12} k \left(\frac{1}{4}\right)^{k-1}$$

$$= \frac{16}{9} - \frac{4}{9}\left(\frac{1}{4}\right)^k - \frac{1}{3}\left(\frac{1}{4}\right)^k [1+k]$$

$$\{x_k\} = \frac{16}{9} - \frac{4}{9}\left(\frac{1}{4}\right)^k - \frac{1}{3}(k+1)\left(\frac{1}{4}\right)^k, \quad k \geq 0, \quad |z| > 1.$$

Ex. 10 : *Find* $Z^{-1}\left(\frac{2z^2+3z}{z^2+z+1}\right)$, $|z| > 1$.

Sol. :
$$F(z) = \frac{2z^2+3z}{z^2+z+1}$$

$$\frac{F(z)}{z} = \frac{2z+3}{z^2+z+1}$$

The roots of z^2+z+1 are $z = \frac{-1 \pm \sqrt{1-4}}{2} = -\frac{1}{2} \pm \frac{\sqrt{3}}{2}i$

$$\frac{F(z)}{z} = \frac{2z+3}{\left[z-\left(-\frac{1}{2}+\frac{\sqrt{3}}{2}i\right)\right]\left[z-\left(-\frac{1}{2}-\frac{\sqrt{3}}{2}i\right)\right]}$$

$$= \frac{\frac{2+\sqrt{3}i}{\sqrt{3}i}}{z-\left(-\frac{1}{2}+\frac{\sqrt{3}}{2}i\right)} + \frac{\frac{2-\sqrt{3}i}{-\sqrt{3}i}}{z-\left(-\frac{1}{2}-\frac{\sqrt{3}}{2}i\right)} \quad \text{(by partial fraction)}$$

$$F(z) = \frac{1}{\sqrt{3}\,i} \left\{ \frac{(2+\sqrt{3}\,i)\,z}{z-\left(-\frac{1}{2}+\frac{\sqrt{3}}{2}i\right)} - \frac{(2-\sqrt{3}\,i)\,z}{z-\left(-\frac{1}{2}-\frac{\sqrt{3}}{2}i\right)} \right\}$$

Now, $\left| -\frac{1}{2} + \frac{\sqrt{3}}{2} i \right| = \sqrt{\frac{1}{4} + \frac{3}{4}} = 1$

$\left| -\frac{1}{2} - \frac{\sqrt{3}}{2} i \right| = 1$

$\therefore \quad |z| > 1.$

Taking inverse Z-transform,

$$\{f(k)\} = \frac{1}{\sqrt{3}\,i} \left\{ (2+\sqrt{3}\,i)\left(-\frac{1}{2}+\frac{\sqrt{3}}{2}i\right)^k - (2-\sqrt{3}\,i)\left(-\frac{1}{2}-\frac{\sqrt{3}}{2}i\right)^k \right\}, |z| > 1.$$

We know from complex numbers, if $z = x + iy$

$\therefore \quad x + iy = r\,e^{i\theta}$

where $\quad r = \sqrt{x^2 + y^2} \quad$ and $\quad \theta = \tan^{-1} \frac{y}{x}$

$\therefore \quad \frac{1}{2} + i\frac{\sqrt{3}}{2} = 1 \cdot e^{i\pi/3} \qquad\qquad \because r = \sqrt{\frac{1}{4}+\frac{3}{4}} = 1$

$\theta = \tan^{-1}\left(\frac{\sqrt{3}/2}{1/2}\right)$

$= \tan^{-1} \sqrt{3} = \pi/3$

$\therefore \quad -\frac{1}{2} + i\frac{\sqrt{3}}{2} = 1 \cdot e^{i\,2\pi/3}$

$-\frac{1}{2} - i\frac{\sqrt{3}}{2} = 1 \cdot e^{-i\,2\pi/3}$

$\left(-\frac{1}{2}+\frac{\sqrt{3}}{2}i\right)^k = \left(e^{i\,2\pi/3}\right)^k = e^{i\frac{2\pi k}{3}}$

$\left(-\frac{1}{2}-\frac{\sqrt{3}}{2}i\right)^k = \left(e^{-i\,2\pi/3}\right)^k = e^{-i\frac{2\pi k}{3}} \qquad$ by De Moivre's theorem

$$\{f(k)\} = \frac{1}{\sqrt{3}\,i} \left\{ (2+\sqrt{3}\,i)\,e^{i\frac{2\pi k}{3}} - (2-\sqrt{3}\,i)\,e^{-i\frac{2\pi k}{3}} \right\}$$

$$= \frac{1}{\sqrt{3}\,i}\left\{2\left(e^{i\frac{2\pi k}{3}} - e^{-i\frac{2\pi k}{3}}\right) + \sqrt{3}\,i\left(e^{i\frac{2\pi k}{3}} + e^{-i\frac{2\pi k}{3}}\right)\right\}$$

$$= \frac{2}{\sqrt{3}}\,(2)\left(\frac{e^{\frac{i2\pi k}{3}} - e^{\frac{-i2\pi k}{3}}}{2i}\right) + 2\left(\frac{e^{\frac{i2\pi k}{3}} + e^{\frac{-i2\pi k}{3}}}{2}\right)$$

$$\{f(k)\} = \frac{4}{\sqrt{3}}\sin\frac{2\pi k}{3} + 2\cos\frac{2\pi k}{3},\ k \geq 0,\ |z| > 1.$$

$$\left[\text{Note}: \frac{e^{i\theta} - e^{-i\theta}}{2i} = \sin\theta\ ;\ \frac{e^{i\theta} + e^{-i\theta}}{2} = \cos\theta\right]$$

Ex. 11 : *Find* $Z^{-1}\left(\dfrac{z(z+1)}{(z-1)(z^2+z+1)}\right),\ |z| > 1.$

Sol. :
$$F(z) = \frac{z(z+1)}{(z-1)(z^2+z+1)}$$

$$\frac{F(z)}{z} = \frac{z+1}{(z-1)(z^2+z+1)}$$

$$\frac{z+1}{(z-1)(z^2+z+1)} = \frac{A}{z-1} + \frac{Bz+C}{z^2+z+1}$$

$$z + 1 = A(z^2+z+1) + (Bz+C)(z-1)$$
$$z + 1 = Az^2 + Az + A + Bz^2 - Bz + Cz - C$$
$$z + 1 = (A+B)z^2 + (A-B+C)z + (A-C)$$
$$A + B = 0;\ A - B + C = 1;\ A - C = 1$$

Solving $\qquad A = \dfrac{2}{3};\ B = -\dfrac{2}{3};\ C = -\dfrac{1}{3}$

$$\frac{F(z)}{z} = \frac{2}{3}\frac{1}{z-1} + \frac{-\frac{2}{3}z - \frac{1}{3}}{z^2+z+1}$$

$$F(z) = \frac{2}{3}\cdot\frac{z}{z-1} - \frac{1}{3}\frac{z(2z+1)}{z^2+z+1}$$

$$= \frac{2}{3}\cdot\frac{z}{z-1} - \frac{2}{3}\left(\frac{z\left(z+\frac{1}{2}\right)}{z^2 + 2z\left(\frac{1}{2}\right) + 1}\right)$$

$$Z^{-1}\left(\frac{z}{z-1}\right) = 1,\ |z| > 1.$$

To find $Z^{-1}\left\{\dfrac{z\left(z+\dfrac{1}{2}\right)}{z^2+2z\left(\dfrac{1}{2}\right)+1}\right\}$ we compare with $Z^{-1}\left(\dfrac{z(z-\cos\alpha)}{z^2-2z\cos\alpha+1}\right)=\{\cos\alpha\,k\},\ k\geq 0$.

$$\therefore\quad -\cos\alpha = \dfrac{1}{2} \qquad \therefore\ \cos\alpha = -\dfrac{1}{2} \qquad \alpha = \dfrac{2\pi}{3}.$$

$$\{f(k)\} = \dfrac{2}{3}Z^{-1}\left(\dfrac{z}{z-1}\right) - \dfrac{2}{3}\cdot Z^{-1}\left\{\dfrac{z\left(z+\dfrac{1}{2}\right)}{z^2+2z\left(\dfrac{1}{2}\right)+1}\right\}$$

$$= \dfrac{2}{3}(1) - \dfrac{2}{3}\cos\dfrac{2\pi k}{3},\ k\geq 0$$

$$\{f(k)\} = \dfrac{2}{3}\left(1-\cos\dfrac{2\pi k}{3}\right),\ k\geq 0,\ |z|>1.$$

Ex. 12 : *Show that* $Z^{-1}\left[\dfrac{z^2+z}{z^2+z+1}\right] = \{x_k\}$ *for* $|z|>1$,

where $x_k = \cos\dfrac{2\pi k}{3} + \dfrac{1}{\sqrt{3}}\sin\dfrac{2\pi k}{3},\ k\geq 0.$

Sol. : $\quad \dfrac{X(z)}{z} = \dfrac{z+1}{z^2+z+1}$

$$\dfrac{X(z)}{z} = \dfrac{z+1}{\left[z-\left(-\dfrac{1}{2}+\dfrac{\sqrt{3}}{2}i\right)\right]\left[z-\left(-\dfrac{1}{2}-\dfrac{\sqrt{3}}{2}i\right)\right]}$$

$$= \dfrac{\dfrac{\dfrac{1}{2}+\dfrac{\sqrt{3}}{2}i}{\sqrt{3}\,i}}{z-\left(-\dfrac{1}{2}+\dfrac{\sqrt{3}}{2}i\right)} + \dfrac{\dfrac{\dfrac{1}{2}-\dfrac{\sqrt{3}}{2}i}{-\sqrt{3}\,i}}{z-\left(-\dfrac{1}{2}-\dfrac{\sqrt{3}}{2}i\right)}$$

$$X(z) = \dfrac{1}{2\sqrt{3}\,i}\left\{\dfrac{(1+\sqrt{3}\,i)\,z}{z-\left(-\dfrac{1}{2}+\dfrac{\sqrt{3}}{2}i\right)} - \dfrac{(1-\sqrt{3}\,i)\,z}{z-\left(-\dfrac{1}{2}-\dfrac{\sqrt{3}}{2}i\right)}\right\}$$

Taking inverse Z-transform and noting that

$$\left|-\dfrac{1}{2}+\dfrac{\sqrt{3}}{2}i\right| = \sqrt{\dfrac{1}{4}+\dfrac{3}{4}} = 1$$

$$\left|-\dfrac{1}{2}-\dfrac{\sqrt{3}}{2}i\right| = \sqrt{\dfrac{1}{4}+\dfrac{3}{4}} = 1 \ \text{and}\ |z|>1.$$

$$\therefore \quad \{x_k\} = \frac{1}{2\sqrt{3}\,i} \left\{ (1+\sqrt{3}\,i)\left(-\frac{1}{2}+\frac{\sqrt{3}}{2}i\right)^k - (1-\sqrt{3}\,i)\left(-\frac{1}{2}-\frac{\sqrt{3}}{2}i\right)^k \right\}$$

But $-\dfrac{1}{2} + \dfrac{\sqrt{3}}{2} i = 1 \cdot e^{i\frac{2\pi}{3}}$

$-\dfrac{1}{2} - \dfrac{\sqrt{3}}{2} i = 1 \cdot e^{-i\frac{2\pi}{3}}$

$\left(-\dfrac{1}{2}+\dfrac{\sqrt{3}}{2}i\right)^k = e^{i\frac{2\pi k}{3}} ; \quad \left(-\dfrac{1}{2}-\dfrac{\sqrt{3}}{2}i\right)^k = e^{-i\frac{2\pi k}{3}}$

$$\{x_k\} = \frac{1}{2\sqrt{3}\,i} \left\{ (1+\sqrt{3}\,i)\, e^{i\frac{2\pi k}{3}} - (1-\sqrt{3}\,i)\, e^{-i\frac{2\pi k}{3}} \right\}$$

$$= \frac{1}{2\sqrt{3}\,i} \left\{ \left(e^{i\frac{2\pi k}{3}} - e^{-i\frac{2\pi k}{3}}\right) + \sqrt{3}\,i\left(e^{i\frac{2\pi k}{3}} + e^{-i\frac{2\pi k}{3}}\right) \right\}$$

$$= \frac{1}{\sqrt{3}} \left(\frac{e^{i\frac{2\pi k}{3}} - e^{-i\frac{2\pi k}{3}}}{2i} \right) + \left(\frac{e^{i\frac{2\pi k}{3}} + e^{-i\frac{2\pi k}{3}}}{2} \right)$$

$$\{x_k\} = \frac{1}{\sqrt{3}} \sin \frac{2\pi k}{3} + \cos \frac{2\pi k}{3}, \quad k \geq 0.$$

Ex. 13 : *Show that* $Z^{-1}\left[\dfrac{z^2}{\left(z-\frac{1}{4}\right)\left(z-\frac{1}{5}\right)}\right] = \{x_k\}$ *for* $|z| < \dfrac{1}{5}$,

where $x_k = 4\left(\dfrac{1}{5}\right)^k - 5\left(\dfrac{1}{4}\right)^k$, $k < 0$. *(May 2014)*

Sol. : $\dfrac{X(z)}{z} = \dfrac{z}{\left(z-\frac{1}{4}\right)\left(z-\frac{1}{5}\right)} = \dfrac{5}{z-\frac{1}{4}} - \dfrac{4}{z-\frac{1}{5}}$

$$X(z) = 5 \cdot \frac{z}{z-\frac{1}{4}} - 4 \cdot \frac{z}{z-\frac{1}{5}}$$

$|z| < \dfrac{1}{5} \Rightarrow |z| < \dfrac{1}{4}$

$\therefore \quad \{x_k\} = 5\left[-\left(\dfrac{1}{4}\right)^k\right] - 4\left[-\left(\dfrac{1}{5}\right)^k\right], \quad k<0$

$= -5\left(\dfrac{1}{4}\right)^k + 4\left(\dfrac{1}{5}\right)^k, \quad k<0.$

Ex. 14 : Show that $Z^{-1}\left[\dfrac{z+1}{(z-1)^2}\right] = \{x_k\}$ for $|z| > 1$, where $x_k = 2k-1,\ k \geq 1$
$= 0,\ \ \ \ \ \ \ \ k < 1$.

Sol. : $X(z) = \dfrac{z+1}{(z-1)^2} = \dfrac{(z-1)+2}{(z-1)^2}$

$X(z) = \dfrac{1}{z-1} + \dfrac{2}{(z-1)^2}$

$|z| > 1,\ \left|\dfrac{1}{z}\right| < 1$

$X(z) = \dfrac{1}{z\left(1-\dfrac{1}{z}\right)} + \dfrac{2}{z^2\left(1-\dfrac{1}{z}\right)^2} = \dfrac{1}{z}\left(1 + \dfrac{1}{z} + \dfrac{1}{z^2} + \ldots\right)$

$+ \dfrac{2}{z^2}\left[1 + (-2)\left(-\dfrac{1}{z}\right) + \dfrac{(-2)(-3)}{2!}\left(-\dfrac{1}{z}\right)^2 + \dfrac{(-2)(-3)(-4)}{3!}\left(-\dfrac{1}{z}\right)^3 + \ldots\right]$

$= \left[\dfrac{1}{z} + \dfrac{1}{z^2} + \dfrac{1}{z^3} + \ldots + \dfrac{1}{z^k} + \ldots\right] + \left[\dfrac{2}{z^2} + \dfrac{4}{z^3} + \dfrac{6}{z^4} + \dfrac{8}{z^5} + \ldots \dfrac{2k}{z^{k+1}} + \ldots\right]$

Coefficient of z^{-k} in first series $= 1,\ k \geq 1$
Coefficient of z^{-k-1} in second series $= 2k,\ k \geq 1$
Coefficient of z^{-k} in second series $= 2(k-1),\ k-1 \geq 1$
$= 2k-2,\ k \geq 2$.

$\{x_k\} = (1) + (2k-2)$
$\ \ \ \ \ \ \ \ k \geq 1\ \ \ \ k \geq 2$
$= 2k-1,\ k \geq 1$
$= 0,\ k < 1$.

Ex. 15 : *Show that* $Z^{-1}\left\{\dfrac{z^2}{z^2+1}\right\} = \{x_k\}$ *for* $|z| > 1$, *where* $x_k = \cos\dfrac{k\pi}{2},\ k \geq 0$.

(May 2006; Dec. 2006, 2012)

Sol. : $X(z) = \dfrac{z^2}{z^2+1} = \dfrac{z\left(z - \cos\dfrac{\pi}{2}\right)}{z^2 - 2z\cos\dfrac{\pi}{2} + 1}$ (Note this adjustment)

$\{x_k\} = Z^{-1}\left(\dfrac{z\left(z - \cos\dfrac{\pi}{2}\right)}{z^2 - 2z\cos\dfrac{\pi}{2} + 1}\right)$

$\{x_k\} = \cos\dfrac{k\pi}{2},\ k \geq 0$.

EXERCISE 4.2

Find f(k) if :

1. $\dfrac{1}{z-a}$, $|z|<|a|$, $|z|>|a|$

   Ans. : $-a^{k-1}$, $k\leq 0$; a^{k-1}, $k\geq 1$

2. $\dfrac{1}{z+a}$, $|z|>a$

   Ans. : $(-a)^{k-1}$, $k\geq 1$

3. $\dfrac{1}{(z-a)^2}$, $|z|<|a|$, $|z|>|a|$

   Ans. : $\dfrac{-k+1}{a^{-k+2}}$, $k\leq 0$; $(k-1)a^{k-2}$, $k\geq 2$

4. $\dfrac{1}{(z-5)^3}$, $|z|>5$, $|z|<5$

   Ans. : $\dfrac{(k-2)(k-1)}{2}5^{k-3}$, $k\geq 3$;

   $\dfrac{-(-k+1)(-k+2)}{2}\dfrac{1}{5^{-k+3}}$, $k\leq 0$

5. $\dfrac{1}{(z-3)(z-2)}$ (Dec. 2011)

   if (i) $|z|<2$, (ii) $2<|z|<3$, (iii) $|z|>3$

   Ans. : (i) $-3^{k-1}+2^{k-1}$, $k\leq 0$

   (ii) $f(k)=-3^{k-1}$, $k\leq 0$

   $\quad\quad\quad = -2^{k-1}$, $k\geq 1$

   (iii) $f(k)=3^{k-1}-2^{k-1}$, $k\geq 1$

   $\quad\quad\quad = 0$, $k\leq 0$

6. $\dfrac{z+2}{z^2-2z+1}$, $|z|>1$

   Ans. : $3k-2$, $k\geq 1$

7. $\dfrac{2z^2-10z+13}{(z-3)^2(z-2)}$, $2\leq |z|<3$

   Ans. : $f(k)=2^{k-1}$, $k\geq 1$

   $\quad\quad\quad = \dfrac{-k-2}{3^{-k+2}}$, $k<0$

8. $\dfrac{z^2}{\left(z-\dfrac{1}{4}\right)\left(z-\dfrac{1}{5}\right)}$ (Dec. 2008)

   if (i) $\dfrac{1}{5}<|z|<\dfrac{1}{4}$, (ii) $|z|<\dfrac{1}{5}$

   Ans. : (i) $f(k)=-\dfrac{1}{5}\left(\dfrac{1}{4}\right)^k$, $k<0$

   $\quad\quad\quad = -4\left(\dfrac{1}{5}\right)^k$, $k\geq 0$

   (ii) $f(k)=4(5)^{-k}$, $k<0$

   $\quad\quad\quad = -5\cdot(4)^{-k}$, $k<0$

9. $\dfrac{3z^2+2z}{z^2+3z+2}$, $1<|z|<2$

   Ans. : $f(k)=-5$, $k\geq 0$

   $\quad\quad\quad = -8(2)^k$, $k<0$

10. $\dfrac{z}{(z-2)(z-3)}$,

    if (i) $|z|<2$, (ii) $2<|z|<3$, (iii) $|z|<3$

    Ans. : (i) 2^k-3^k, $k\leq 0$

    (ii) $f(k)=-2^k$, $k>0$

    $\quad\quad\quad = -3^k$, $k\leq 0$

    (iii) 3^k-2^k, $k\geq 0$

11. $\dfrac{z^3}{(z-1)(z-2)^2}$, $|z|>2$ **(May 07)**

    Ans. : $1+k\cdot 2^{k+1}$, $k\geq 0$

12. $\dfrac{z^3}{(z-3)(z-2)^2}$, $|z|>3$ **(Dec. 08)**

    Ans. : $3^{k+2}-2^{k+2}-k\cdot 2^{k+1}$, $k\geq 0$

13. $\dfrac{z^2}{z^2+a^2}$, $|z|>|a|$ **(Dec. 2008)**

    Ans. : $a^k\cos\dfrac{k\pi}{2}$

14. $\dfrac{z}{(z-1)(z-2)}$, $|z|>2$

    Ans. : 2^k-1, $k\geq 0$

15. $\dfrac{z^2}{\left(z-\dfrac{1}{4}\right)\left(z-\dfrac{1}{5}\right)}$, $|z| > \dfrac{1}{4}$ (May 07)

Ans. : $5\left(\dfrac{1}{4}\right)^k - 4\left(\dfrac{1}{5}\right)^k$, $k \geq 0$

16. $\dfrac{2z^2 + 3z}{z^2 + z + \dfrac{1}{16}}$, $|z| > 2 + \sqrt{3}$

Ans. : $2\left\{\left(-\dfrac{1}{4}\right)^k \cosh \alpha k - \dfrac{8}{\sqrt{3}}\left(-\dfrac{1}{4}\right)^k \sinh \alpha k\right\}$

$k \geq 0$

where $\cosh \alpha = 2$

III. Inversion Integral Method

We have, $Z[\{f(k)\}] = F(z) = \sum\limits_{k=0}^{\infty} f(k) z^{-k}$

$F(z) = f(0) + f(1) z^{-1} + f(2) z^{-2} + \ldots + f(k) z^{-k} + \ldots$

By multiplying both sides of this last equation by z^{k-1}, we obtain

$F(z) \cdot z^{k-1} = f(0) \cdot z^{k-1} + f(1) z^{k-2} + f(2) z^{k-3} + \ldots + f(k) z^{-1} + \ldots$

Now we integrate both sides of the above equation along a circle such that all the poles (i.e. values of z such that F (z) is infinite) of F (z) lie within a circle C, in anticlockwise direction, we get

$\oint_C F(z) z^{k-1} dz = \oint_C f(0) z^{k-1} dz + \oint_C f(1) z^{k-2} dz + \ldots + \oint_C f(k) z^{-1} dz + \ldots$

Applying Cauchy's theorem of complex integration, we see that all terms of R.H.S. of above equation are zero except the term

$\oint_C f(k) z^{-1} dz = (2\pi i) f(k)$

$\therefore \quad \oint_C F(z) z^{k-1} dz = \oint_C f(k) z^{-1} dz = (2\pi i) f(k)$

$\therefore \quad \boxed{f(k) = \dfrac{1}{2\pi i} \oint_C F(z) z^{k-1} dz}$ ... (I)

Equation (I) is known as the inversion integral for inverse of Z-transform and equation (I) is equivalent to stating that

$\boxed{f(k) = \sum [\text{Residues of } F(z) \, z^{k-1} \text{ at the poles of } F(z)]}$

We have from the theory of complex variables,

(i) Residue for simple pole $z = a$ is $= \left[(z-a) z^{k-1} F(z)\right]_{z=a}$

(ii) Residue for r times repeated poles at $z = a$ is

$$= \frac{1}{(r-1)!} \cdot \frac{d^{r-1}}{dz^{r-1}} \left[(z-a)^r z^{k-1} F(z) \right]_{z=a}$$

The method of inversion integral is most convenient method than earlier methods, in determining inverse of Z-transform.

Additional Results :

1. **Pole of F (z) :** Pole of F (z) is the value (or values) of z for which F (z) is infinite.

   e.g. $F(z) = \dfrac{z}{(z-a)(z-b)}$

   Here $z = a$ and $z = b$ are the poles. These are also called as simple poles of F (z).

2. **Multiple pole of F (z) :** If a pole is repeated more than once, it is called a multiple pole.

   e.g. $F(z) = \dfrac{z^3}{(z-1)(z-2)^2}$

   Here $z = 1$ is a simple pole and

   $z = 2$ is called a double pole.

The following examples will illustrate the inversion integral method.

ILLUSTRATIONS

Ex. 1 : Find $Z^{-1}\left[\dfrac{1}{(z-2)(z-3)}\right]$ by inversion integral method.

Sol. : $F(z) = \dfrac{1}{(z-2)(z-3)}$

The poles of F (z) are simple poles at $z = 2$, $z = 3$.

Consider $F(z) \, z^{k-1} = \dfrac{z^{k-1}}{(z-2)(z-3)}$

Residue of $z^{k-1} \cdot F(z)$ at $z = 2$ is

$$= \left[z^{k-1} F(z) \cdot (z-2) \right]_{z=2} = \left[\dfrac{z^{k-1}}{(z-2)(z-3)} \cdot (z-2) \right]_{z=2}$$

$$= \left[\dfrac{z^{k-1}}{z-3} \right]_{z=2} = \dfrac{2^{k-1}}{-1} = -2^{k-1} \qquad \ldots \text{(i)}$$

Residue of $z^{k-1} F(z)$ at $z = 3$ is

$$= \left[z^{k-1} F(z) (z-3)\right]_{z=3} = \left[\frac{z^{k-1}}{(z-2)(z-3)} (z-3)\right]_{z=3}$$

$$= \left[\frac{z^{k-1}}{z-2}\right]_{z=3} = \frac{3^{k-1}}{1} = 3^{k-1} \qquad \ldots \text{(ii)}$$

From (i) and (ii),

$\therefore \qquad f(k) =$ algebraic sum of all the residues of $z^{k-1} F(z)$

$$= 3^{k-1} - 2^{k-1}, \quad k \geq 1, \quad |z| > 3.$$

Ex. 2 : *Find* $Z^{-1}\left[\dfrac{z^3}{(z-1)\left(z-\dfrac{1}{2}\right)^2}\right]$ *by using inversion integral method.*

Sol. : $\qquad F(z) = \dfrac{z^3}{(z-1)\left(z-\dfrac{1}{2}\right)^2}$

The poles of $F(z)$ are simple poles at $z = 1$ and double pole at $z = \dfrac{1}{2}$.

Consider $F(z) \, z^{k-1} = \dfrac{z^{k+2}}{(z-1)\left(z-\dfrac{1}{2}\right)^2}$

Residue of $F(z) \cdot z^{k-1}$ at $z = 1$ is

$$= \left[z^{k-1} F(z) \cdot (z-1)\right]_{z=1}$$

$$= \left[\dfrac{z^{k+2}}{(z-1)\left(z-\dfrac{1}{2}\right)^2} (z-1)\right]_{z=1}$$

$$= \left[\dfrac{z^{k+2}}{\left(z-\dfrac{1}{2}\right)^2}\right]_{z=1} = \dfrac{1}{\dfrac{1}{4}}$$

Residue of $z^{k-1} F(z)$ for 2 times repeated pole at $z = \dfrac{1}{2}$ is

$$= \dfrac{1}{(2-1)!} \dfrac{d^{2-1}}{dz^{2-1}} \left[\left(z-\dfrac{1}{2}\right)^2 \cdot z^{k-1} F(z)\right]_{z=\frac{1}{2}}$$

$$= \dfrac{1}{1!} \dfrac{d}{dz} \left[\left(z-\dfrac{1}{2}\right)^2 \dfrac{z^{k+2}}{(z-1)\left(z-\dfrac{1}{2}\right)^2}\right]_{z=\frac{1}{2}}$$

$$= \frac{d}{dz} \left[\frac{z^{k+2}}{(z-1)} \right]_{z=\frac{1}{2}}$$

$$= \left[\frac{(k+2) z^{k+1}}{z-1} - \frac{z^{k+2}}{(z-1)^2} \right]_{z=\frac{1}{2}}$$

$$= \frac{(k+2) \left(\frac{1}{2}\right)^{k+1}}{\left(-\frac{1}{2}\right)} - \frac{\left(\frac{1}{2}\right)^{k+2}}{\left(\frac{1}{2}\right)^2}$$

$$= -(k+2) \left(\frac{1}{2}\right)^k - \left(\frac{1}{2}\right)^k = -(k+3) \left(\frac{1}{2}\right)^k$$

$$f(k) = 4 - (k+3) \left(\frac{1}{2}\right)^k, \quad k \geq 0, \ |z| > 1.$$

Ex. 3 : *Obtain {f(k)} by use of the inversion integral when F(z) is given by*

$$F(z) = \frac{10z}{(z-1)(z-2)}$$

Sol. : The poles of F(z) are simple poles at z = 1, z = 2.

Consider $F(z) z^{k-1} = \dfrac{10 \cdot z^k}{(z-1)(z-2)}$

Residue of $z^{k-1} F(z)$ at $z = 1$ is

$$= \left[z^{k-1} F(z) (z-1) \right]_{z=1}$$

$$= \left[\frac{10 z^k}{(z-1)(z-2)} (z-1) \right]_{z=1}$$

$$= \left[\frac{10 z^k}{(z-2)} \right]_{z=1} = \frac{10}{-1} = -10$$

Residue of $z^{k-1} F(z)$ at z = 2 is

$$= \left[z^{k-1} F(z) (z-2) \right]_{z=2}$$

$$= \left[\frac{10 z^k}{(z-1)(z-2)} (z-2) \right]_{z=2}$$

$$= \left[\frac{10 z^k}{(z-1)} \right]_{z=2} = \frac{10 \cdot (2)^k}{1} = 10 \cdot (2)^k$$

f(k) = algebraic sum of all the residues of $z^{k-1} F(z)$.

$$= 10 [2^k - 1], \quad k \geq 0.$$

Ex. 4 : *Use inversion integral to find inverse transforms of*
$$F(z) = \frac{2z^2 - 3z}{(z-1)\left(z^2 - 2z + \frac{1}{4}\right)}.$$

Sol. : The roots of the equation $z^2 - 2z + \frac{1}{4} = 0$ are $Z = \frac{2 \pm \sqrt{4-1}}{2} = 1 \pm \frac{\sqrt{3}}{2}$.

$\therefore$ Consider the function :
$$z^{k-1} F(z) = \frac{(2z-3) z^k}{(z-1)\left[z - \left(1 + \frac{\sqrt{3}}{2}\right)\right]\left[z - \left(1 - \frac{\sqrt{3}}{2}\right)\right]}$$

which has poles at $z = 1$, $z = 1 + \frac{\sqrt{3}}{2}$ and $z = 1 - \frac{\sqrt{3}}{2}$.

$\therefore$ Residue of $F(z) \cdot z^{k-1}$ at $z = 1$ is
$$= \left[z^{k-1} F(z) \cdot (z-1)\right]_{z=1}$$
$$= \left[\frac{(2z-3) z^k}{(z-1)\left(z^2 - 2z + \frac{1}{4}\right)} (z-1)\right]_{z=1} = \frac{4}{3}.$$

Residue of $F(z) \, z^{k-1}$ at $z = 1 + \frac{\sqrt{3}}{2}$ is
$$= \left[z^{k-1} F(z) \left(z - \left(1 + \frac{\sqrt{3}}{2}\right)\right)\right]_{z = 1 + \frac{\sqrt{3}}{2}}$$
$$= \left[\frac{(2z-3) z^k}{(z-1)\left(z - \left(1 - \frac{\sqrt{3}}{2}\right)\right)}\right]_{z = 1 + \frac{\sqrt{3}}{2}}$$
$$= \frac{2}{3}(\sqrt{3} - 1)\left(1 + \frac{\sqrt{3}}{2}\right)^k = -\frac{2}{3}(1 - \sqrt{3})\left(1 + \frac{\sqrt{3}}{2}\right)^k$$

Residue of $F(z) \, z^{k-1}$ at $z = 1 - \frac{\sqrt{3}}{2}$ is
$$= \left[z^{k-1} \cdot F(z) \left(z - \left(1 - \frac{\sqrt{3}}{2}\right)\right)\right]_{z = 1 - \frac{\sqrt{3}}{2}} = \left[\frac{(2z-3) z^k}{(z-1)\left(z - \left(1 + \frac{\sqrt{3}}{2}\right)\right)}\right]_{z = 1 - \frac{\sqrt{3}}{2}}$$
$$= \frac{2}{3}(-\sqrt{3} - 1)\left(1 - \frac{\sqrt{3}}{2}\right)^k = -\frac{2}{3}(1 + \sqrt{3})\left(1 - \frac{\sqrt{3}}{2}\right)^k$$

∴ f(k) = algebraic sum of all the residues of $z^{k-1} F(z)$.

$$f(k) = \frac{4}{3} - \frac{2}{3}\left[(1-\sqrt{3})\left(1+\frac{\sqrt{3}}{2}\right)^k + (1+\sqrt{3})\left(1-\frac{\sqrt{3}}{2}\right)^k\right]$$

Ex. 5 : *Find* $Z^{-1}\left(\dfrac{z^2}{z^2+1}\right)$ *by using inversion integral method.*

(Dec. 2005, 2010; May 2008, 2010)

Sol. : $F(z) = \dfrac{z^2}{z^2+1}$

$$z^{k-1} F(z) = \frac{z^{k+1}}{(z+i)(z-i)}$$

which has poles at $z = i$, $z = -i$

Residue of $F(z)\, z^{k-1}$ at $z = i$

$$= \left[z^{k-1} F(z)(z-i)\right]_{z=i} = \left[\frac{z^{k+1}}{(z+i)}\right]_{z=i} = \frac{(i)^{k+1}}{2i} = \frac{(i)^k}{2}$$

Residue of $F(z)\, z^{k-1}$ at $z = -i$ is

$$= \left[z^{k-1} F(z)(z+i)\right]_{z=-i}$$

$$= \left(\frac{z^{k+1}}{z-i}\right)_{z=-i} = \frac{(-i)^{k+1}}{-2i}$$

$$= \frac{(-i)^k}{2}$$

∴ $\quad f(k) = \dfrac{(i)^k}{2} + \dfrac{(-i)^k}{2} = \dfrac{(i)^k + (-i)^k}{2}$

But $\quad i = \cos\dfrac{\pi}{2} + i\sin\dfrac{\pi}{2} = e^{i\frac{\pi}{2}}$

$$(i)^k = e^{i\frac{k\pi}{2}}$$

Similarly, $(-i)^k = e^{-i\frac{k\pi}{2}}$

$$\frac{(i)^k + (-i)^k}{2} = \frac{e^{ik\pi/2} + e^{-ik\pi/2}}{2} = \cos k\frac{\pi}{2}$$

$$f(k) = \cos k\frac{\pi}{2},\ k \geq 0, |z| > 1.$$

EXERCISE 4.3

Find inverse Z-transforms by inversion integral method :

1. $\dfrac{z(z+1)}{(z-1)(z^2+z+1)}$ **Ans.** $\dfrac{2}{3}\left(1-\cos\dfrac{2\pi k}{3}\right)$

2. $\dfrac{z^2}{\left(z-\dfrac{1}{2}\right)\left(z-\dfrac{1}{3}\right)}$ **(May 2007) Ans.** $3\left(\dfrac{1}{2}\right)^k - 2\left(\dfrac{1}{3}\right)^k$

3. $\dfrac{z^3}{\left(z-\dfrac{1}{4}\right)^2(z-1)}$ **Ans.** $\dfrac{16}{9} - \dfrac{4}{9}\left(\dfrac{1}{4}\right)^k - \dfrac{1}{3}(k+1)\left(\dfrac{1}{4}\right)^k$

4. $\dfrac{2z^2+3z}{z^2+z+1}$ **Ans.** $2\cos\dfrac{2\pi k}{3} + \dfrac{4}{\sqrt{3}}\sin\dfrac{2\pi k}{3}$

5. $\dfrac{z}{\left(z-\dfrac{1}{4}\right)\left(z-\dfrac{1}{5}\right)}$ **Ans.** $20\left[\left(\dfrac{1}{4}\right)^k - \left(\dfrac{1}{5}\right)^k\right]$

4.12 SOLUTIONS OF DIFFERENCE EQUATIONS WITH CONSTANT COEFFICIENTS USING Z-TRANSFORM

A relation between $f(k)$ and $f(k+1)$, $f(k+2)$, $f(k+3)$, ... is called *difference equation* and an expression for $f(k)$ in terms of k which satisfies the equation is called its solution.

A Laplace transform, transforms a differential equation to algebraic equation, the Z-transform, transforms a difference equation to algebraic equation in z and initial data is automatically included in algebraic equation. We take Z- transform of the entire equation to solve a difference equation and write $F(z)$. The inverse Z-transform of $F(z)$ gives the required solution.

Additional Results :

$$Z\{f(k)\} = F(z)$$

$$Z\{f(k+1)\} = z\,F(z) - z\,f(0)$$

$$Z\{f(k+2)\} = z^2\,F(z) - z^2\,f(0) - z\,f(1)$$

$$Z\,f(k-1) = z^{-1}\,F(z)$$

$$Z\,f(k-2) = z^{-2}\,F(z).$$

Note : $f(k)$ is considered causal sequence.

ILLUSTRATIONS

Ex. 1 : *Obtain $f(k)$ given that $f(k+1) + \dfrac{1}{2} f(k) = \left(\dfrac{1}{2}\right)^k$, $k \geq 0$, $f(0) = 0$.*

(May 2005, 2008, 2012)

Sol. : Taking Z-transform of both sides, we get

$$Z\{f(k+1)\} + \frac{1}{2} Z\{f(k)\} = Z\left(\frac{1}{2}\right)^k$$

$$[zF(z) - zf(0)] + \frac{1}{2} F(z) = \frac{z}{z - \dfrac{1}{2}}, \quad |z| > \frac{1}{2}$$

$$\left(z + \frac{1}{2}\right) F(z) = \frac{z}{z - \dfrac{1}{2}}$$

$$F(z) = \frac{z}{\left(z - \dfrac{1}{2}\right)\left(z + \dfrac{1}{2}\right)}$$

$$\frac{F(z)}{z} = \frac{1}{\left(z - \dfrac{1}{2}\right)\left(z + \dfrac{1}{2}\right)} = \frac{1}{z - \dfrac{1}{2}} - \frac{1}{z + \dfrac{1}{2}}$$

$$F(z) = \frac{z}{z - \dfrac{1}{2}} - \frac{z}{z + \dfrac{1}{2}}$$

$$= \left(\frac{1}{2}\right)^k - \left(-\frac{1}{2}\right)^k, \quad k \geq 0.$$

Ex. 2 : *Obtain $f(k)$, given that $12 f(k+2) - 7 f(k+1) + f(k) = 0$, $k \geq 0$, $f(0) = 0$, $f(1) = 3$.* **(Dec. 2006, 2007, 2010, 2012; May 2010, Dec. 2014)**

Sol. : Taking Z-transform of both sides, we get

$$12 \cdot Z\{f(k+2)\} - 7 \cdot Z\{f(k+1)\} + Z f(k) = 0$$

$$12 \cdot [z^2 F(z) - z^2 f(0) - z f(1)] - 7 [z F(z) - z f(0)] + F(z) = 0$$

$$12 \cdot [z^2 F(z) - 3z] - 7z F(z) + F(z) = 0$$

$$(12 z^2 - 7 z + 1) F(z) = 36 z$$

$$F(z) = \frac{36 z}{(4z - 1)(3z - 1)}$$

$$\frac{F(z)}{z} = \frac{36}{(4z - 1)(3z - 1)} = 36 \cdot \left\{\frac{-4}{4z - 1} + \frac{3}{3z - 1}\right\}$$

$$F(z) = 36 \cdot \left[\frac{3z}{3z-1} - \frac{4z}{4z-1} \right]$$

$$F(z) = 36 \left[\frac{z}{z-\frac{1}{3}} - \frac{z}{z-\frac{1}{4}} \right]$$

$$\{f(k)\} = 36 \cdot \left[\left(\frac{1}{3}\right)^k - \left(\frac{1}{4}\right)^k \right], \quad k \geq 0.$$

Ex. 3 : *From the equation $y_k - 3y_{k-1} + 2y_{k-2} = 1$, $k \geq 0$ and $y_{-1} = y_{-2} = 2$, show that the unilateral transform $Y(z)$ of the sequence $\{y_k\}$, using the given initial conditions, is $\dfrac{z(3z^2 - 6z + 4)}{(z-1)^2 (z-2)}$.*

Sol. Taking Z-transform of both sides, we get

$$Z\{y_k\} - 3Z\{y_{k-1}\} + 2 \cdot Z\{y_{k-2}\} = Z\{1\}$$

$$Y(z) - 3 \cdot [z^{-1} Y(z) + y_{-1} z^0] + 2 [z^{-2} Y(z) + y_{-1} z^{-1} + y_{-2} z^0] = \frac{z}{z-1}$$

$$Y(z) - 3 \cdot [z^{-1} Y(z) + 2] + 2 [z^{-2} Y(z) + 2z^{-1} + 2] = \frac{z}{z-1}.$$

$$(1 - 3z^{-1} + 2z^{-2}) Y(z) = \frac{z}{z-1} + 2 - \frac{4}{z}$$

$$\left(\frac{z^2 - 3z + 2}{z^2} \right) Y(z) = \frac{z^2 + 2z^2 - 2z - 4z + 4}{z(z-1)}$$

$$Y(z) = \frac{(3z^2 - 6z + 4) z}{(z-1)(z^2 - 3z + 2)} = \frac{z(3z^2 - 6z + 4)}{(z-1)(z-1)(z-2)}$$

$$Y(z) = \frac{z(3z^2 - 6z + 4)}{(z-1)^2 (z-2)}$$

[**Note :** $\quad Z\{y_{k-1}\} = z^{-1} Y(z) + y_{-1} z^0$

$\quad\quad\quad\quad Z\{y_{k-2}\} = z^{-2} Y(z) + y_{-1} z^{-1} + y_{-2} z^0$]

Ex. 4 : *Obtain the output of the system, where input is U_k and the system is given by*

$y_k - 4 y_{k-2} = U_k$, *where* $U_k = \left(\dfrac{1}{2}\right)^k, \quad k \geq 0$

$\quad\quad\quad\quad\quad\quad\quad\quad\quad\quad\quad = 0, \quad\quad k < 0$ **(May 2006, 2015)**

Sol. : We have, $\quad Z\{y_k\} = Y(z)$

$$Z\{y_{k-2}\} = z^{-2} Y(z)$$

Since $\{y_k\}$ is considered causal sequence.

$\therefore \quad y_{-1}, y_{-2}$ are zero.

$$\therefore \quad Z\{y_k\} - 4Z\{y_{k-2}\} = Z\left\{\left(\frac{1}{2}\right)^k\right\}$$

$$Y(z) - 4z^{-2}\, Y(z) = \frac{z}{z - \frac{1}{2}}$$

$$\left(\frac{z^2 - 4}{z^2}\right) Y(z) = \frac{z}{\left(z - \frac{1}{2}\right)}$$

$$Y(z) = \frac{z^3}{\left(z - \frac{1}{2}\right)(z^2 - 4)}$$

$$\frac{Y(z)}{z} = \frac{z^2}{(z-2)(z+2)\left(z - \frac{1}{2}\right)}$$

$$Y(z) = \frac{2}{3}\,\frac{z}{z-2} + \frac{2}{5}\,\frac{z}{z+2} - \frac{1}{15} \cdot \frac{z}{z - \frac{1}{2}}$$

$$\{y_k\} = \frac{2}{3}\cdot 2^k + \frac{2}{5}\,(-2)^k - \frac{1}{15}\left(\frac{1}{2}\right)^k,\ k \geq 0.$$

Ex. 5 : *Solve* $y_k - \frac{5}{6} y_{k-1} + \frac{1}{6} y_{k-2} = \left(\frac{1}{2}\right)^k,\ k \geq 0.$ **(Dec. 2004)**

Sol. : $\quad Z\{y_k\} - \frac{5}{6} Z\{y_{k-1}\} + \frac{1}{6} Z\{y_{k-2}\} = Z\left(\frac{1}{2}\right)^k$

$y_{-1},\, y_{-2}$ are zero, since y_k is considered as causal sequence.

$$Y(z) - \frac{5}{6}\cdot z^{-1} Y(z) + \frac{1}{6} z^{-2} Y(z) = \frac{z}{z - \frac{1}{2}}$$

$$\left(1 - \frac{5}{6} z^{-1} + \frac{1}{6} z^{-2}\right) Y(z) = \frac{z}{z - \frac{1}{2}}$$

$$\left(\frac{z^2 - \frac{5}{6} z + \frac{1}{6}}{z^2}\right) Y(z) = \frac{z}{z - \frac{1}{2}}$$

$$Y(z) = \frac{z^3}{\left(z - \frac{1}{2}\right)\left(z^2 - \frac{5}{6} z + \frac{1}{6}\right)}$$

$$\frac{Y(z)}{z} = \frac{z^2}{\left(z-\frac{1}{2}\right)\left(z-\frac{1}{3}\right)\left(z-\frac{1}{2}\right)}$$

$$= \frac{z^2}{\left(z-\frac{1}{3}\right)\left(z-\frac{1}{2}\right)^2} = \frac{4}{z-\frac{1}{3}} - \frac{3}{z-\frac{1}{2}} + \frac{\frac{3}{2}}{\left(z-\frac{1}{2}\right)^2}$$

$$Y(z) = 4 \cdot \frac{z}{z-\frac{1}{3}} - 3 \cdot \frac{z}{z-\frac{1}{2}} + \frac{3}{2} \cdot \frac{z}{\left(z-\frac{1}{2}\right)^2}$$

$$\{y_k\} = 4 \cdot \left(\frac{1}{3}\right)^k - 3 \cdot \left(\frac{1}{2}\right)^k + \frac{3}{2} \cdot k \cdot \left(\frac{1}{2}\right)^{k-1}$$

$$= 4 \cdot \left(\frac{1}{3}\right)^k - 3 \cdot \left(\frac{1}{2}\right)^k + 3 \cdot k \cdot \left(\frac{1}{2}\right)^k, \quad k \geq 0.$$

EXERCISE 4.4

Solve the following difference equations :

1. $f(k+2) + 3f(k+1) + 2f(k) = 0$, $f(0) = 0$, $f(1) = 1$

   (Dec. 2005; May 2007, 2009, 2014)

   Ans.: $f(k) = (-1)^k - (-2)^k$, $k \geq 0$, $|z| > 2$

2. $f(k+2) - 3f(k+1) + 2f(k) = U(k)$

   where $f(k) = 0$ for $k \leq 0$ and $U(0) = 1$

   and $U(k) = 0$ for $k < 0$ and $k > 0$.

   Ans.: $f(k) = 2^{k-1} - 1$, $k > 0$, $|z| > 2$

3. $4f(k) + f(k-2) = 4\left(\frac{1}{2}\right)^k \sin\frac{k\pi}{2}$, $k \geq 0$

   Ans.: $f(k) = (k+1)\left(\frac{1}{2}\right)^k \sin\frac{k\pi}{2}$, $k \geq 0$, $|z| > \frac{1}{2}$

4. $u_{n+2} + u_{n+1} + u_n = 0$, $u_0 = 1$, $u_1 = 1$

   Ans.: $u_n = \cos\frac{2n\pi}{3} + \sqrt{3} \sin\frac{2n\pi}{3}$, $n \geq 0$

4.13 RELATIONSHIP OF Z-TRANSFORM WITH FOURIER TRANSFORM

We have already defined the Z-transform of sequence $\{f(k)\}$ as

$$Z[\{f(k)\}] = F(z) = \sum_{k=-\infty}^{\infty} f(k) z^{-k}$$

Then $F(e^{i\theta})$ is known as the discrete time Fourier transform of the sequence $\{f(k)\}$.

$$\therefore \quad F(e^{i\theta}) = \sum_{k=-\infty}^{\infty} f(k) e^{-ik\theta}$$

$$\therefore \quad F(e^{i\theta}) e^{in\theta} = \sum_{k=-\infty}^{\infty} f(k) e^{i(n-k)\theta}$$

$$\int_{-\pi}^{\pi} F(e^{i\theta}) e^{in\theta} d\theta = \int_{-\pi}^{\pi} \left[\sum_{k=-\infty}^{\infty} f(k) e^{i(n-k)\theta} d\theta \right]$$

$$= \sum_{k=-\infty}^{\infty} \left[\int_{-\pi}^{\pi} f(k) e^{i(n-k)\theta} d\theta \right]$$

$$= f(n) \cdot 2\pi$$

For $n \neq k$, $\int_{-\pi}^{\pi} f(k) e^{i(n-k)\theta} d\theta = 0$

$$\Rightarrow \quad \boxed{f(n) = \frac{1}{2\pi} \int_{-\pi}^{\pi} F(e^{i\theta}) e^{in\theta} d\theta}$$

ILLUSTRATION

Ex. 1 : Find the sequence f if $F(e^{i\theta}) = \cos 3\theta$

Sol. :
$$f(n) = \frac{1}{2\pi} \int_{-\pi}^{\pi} F(e^{i\theta}) e^{in\theta} d\theta = \frac{1}{2\pi} \int_{-\pi}^{\pi} \cos 3\theta \, e^{in\theta} d\theta$$

$$= \frac{1}{2\pi} \int_{-\pi}^{\pi} \left(\frac{e^{3i\theta} + e^{-3i\theta}}{2} \right) e^{in\theta} d\theta$$

$$= \frac{1}{4\pi} \int_{-\pi}^{\pi} \left[e^{i(n+3)\theta} + e^{i(n-3)\theta} \right] d\theta$$

$$= 0 \quad \text{if} \quad n \neq 3, -3 = \frac{1}{4\pi} (2\pi) \quad \text{if} \quad n = 3, -3$$

$$f(n) = \frac{1}{2} \text{ if } n = 3, -3$$
$$= 0, \quad \text{otherwise.}$$

i.e. $\quad f = \left\{ \ldots\ldots \frac{1}{2}, 0, 0, \underset{k=0}{0}, 0, 0, \frac{1}{2}, \ldots\ldots \right\}$

Here $f(-3) = \frac{1}{2}$, $f(-2) = f(-1) = f(0) = f(1) = f(2) = 0$, $f(3) = \frac{1}{2}$ and so on.

MULTIPLE CHOICE QUESTIONS (MCQ's)

Type : Inverse Z-transform and Difference Equation :

1. If $|z| > |a|$, inverse Z-transform of $\dfrac{z}{z-a}$ is given by (1)

   (A) $a^k, k \geq 0$ (B) $a^k, k < 0$
   (C) $a^{k-1}, k \geq 0$ (D) $-a^k, k \geq 0$

2. If $|z| < |a|$, inverse Z-transform of $\dfrac{z}{z-a}$ is given by (1)

   (A) $a^k, k \geq 0$ (B) $a^k, k < 0$
   (C) $a^{k-1}, k \geq 0$ (D) $-a^k, k < 0$

3. If $|z| > |a|$, inverse Z-transform of $\dfrac{1}{z-a}$ is given by (1)

   (A) $a^{k-1}, k \geq 0$ (B) $a^{k-1}, k < 0$
   (C) $a^{k-1}, k \geq 1$ (D) $-a^k, k \geq 0$

4. If $|z| < |a|$, inverse Z-transform of $\dfrac{1}{z-a}$ is given by (1)

   (A) $a^{k-1}, k \geq 0$ (B) $-a^{k-1}, k \leq 0$
   (C) $a^{k-1}, k \geq 1$ (D) $-a^k, k \geq 0$

5. If $|z| > 2$, inverse Z-transform of $\dfrac{z}{z-2}$ is given by (1)

   (A) $2^k, k \leq 0$ (B) $2^{k-1}, k > 0$
   (C) $2^k, k \geq 0$ (D) $-2^k, k \geq 0$

6. If $|z| < 3$, inverse Z-transform of $\dfrac{z}{z-3}$ is given by (1)

   (A) $-3^k, k < 0$ (B) $3^{k-1}, k < 0$
   (C) $-3^{k-1}, k \geq 0$ (D) $3^k, k \geq 0$

7. If |z| > 5, inverse Z-transform of $\frac{1}{z-5}$ is given by (1)

   (A) $5^{k-1}, k \leq 1$ (B) $5^{k-1}, k \geq 1$
   (C) $5^k, k \geq 0$ (D) $-5^k, k \geq 1$

8. If |z| < 5, inverse Z-transform of $\frac{1}{z-5}$ is given by (1)

   (A) $5^{k+1}, k \geq 0$ (B) $5^k, k \leq 0$
   (C) $5^{k+1}, k \geq 1$ (D) $-5^{k-1}, k \leq 0$

9. If |z| > |a|, inverse Z-transform of $\frac{z}{(z-a)^2}$ is given by (1)

   (A) $k\, a^{k-1}, k \geq 0$ (B) $a^{k-1}, k \geq 0$
   (C) $k\, a^{k-1}, k < 0$ (D) $(k-1)\, a^k, k \leq 0$

10. If |z| > 1, k ≥ 0, $Z^{-1}\left[\dfrac{z}{z-1}\right]$ is given by (1)

    (A) U(−k) (B) U(k)
    (C) U(k + 1) (D) δ(k)

11. $Z^{-1}[1]$ for all k is given by (1)

    (A) δ(k + 1) (B) U(k)
    (C) δ(k) (D) U(k − 1)

12. Inverse Z-transform of F(z) by inversion integral method is (1)

    (A) $f(k) = \sum$ [Residues of z^k F(z) at the poles of F(z)]
    (B) $f(k) = \sum$ [Residues of z^{k+2} F(z) at the poles of F(z)]
    (C) $f(k) = \sum$ [Residues of z^{k+1} F(z) at the poles of F(z)]
    (D) $f(k) = \sum$ [Residues of z^{k-1} F(z) at the poles of F(z)]

13. If |z| > 10, k ≥ 0, inverse Z-transform of $\dfrac{z(z-\cosh 2)}{z^2 - 2z\cosh 2 + 1}$ is given by (1)

    (A) cosh 2k (B) cosh 3k
    (C) sinh 2k (D) sinh 3k

14. If |z| > 21, k ≥ 0, inverse Z-transform of $\dfrac{z \sinh 3}{z^2 - 2z\cosh 3 + 1}$ is given by (1)

    (A) cosh 2k (B) cosh 3k
    (C) sinh 2k (D) sinh 3k

15. If $|z| < 2$, inverse Z-transform $Z^{-1}\left(\dfrac{3}{(z-2)^2}\right)$ is given by (2)

   (A) $\left(\dfrac{-k}{2^{-k+1}}\right)$, $k \leq 0$
   (B) $\left(\dfrac{-k+1}{2^{-k+2}}\right)$, $k \leq 0$

   (C) $3\left(\dfrac{-k+1}{2^{-k+2}}\right)$, $k \leq 0$
   (D) $\left(\dfrac{-k+1}{2^{-k+2}}\right)$, $k \geq 0$

16. If $|z| > 3$, $k \geq 0$, inverse Z-transform $Z^{-1}\left[\dfrac{z^2}{(z-3)^2}\right]$ is given by (2)

   (A) $-(k+1)\, 3^k$
   (B) $(k+1)\, 3^k$

   (C) $(k+1)\, 3^{-k}$
   (D) $(k-1)\, 3^k$

17. If $|z| < 2$, $Z^{-1}\left[\dfrac{1}{(z-3)(z-2)}\right]$ is given by (2)

   (A) $2^{k-1} + 3^{k-1}$, $k \leq 0$
   (B) $-2^{k-1} - 3^{k-1}$, $k \leq 0$

   (C) $-2^{k-1} + 3^{k-1}$, $k \leq 0$
   (D) $2^{k-1} - 3^{k-1}$, $k \leq 0$

18. If $2 < |z| < 3$, $Z^{-1}\left[\dfrac{1}{(z-3)(z-2)}\right]$ is given by (2)

   (A) $-3^{k-1} - 2^{k-1}$
   (B) $3^{k-1} + 2^{k-1}$

       $(k \leq 0)$ $(k \geq 1)$
       $(k \leq 0)$ $(k \geq 2)$

   (C) $3^{k+1} - 2^{k+1}$
   (D) $\left(\dfrac{1}{3}\right)^{k+1} - \left(\dfrac{1}{2}\right)^{k+1}$

       $(k \leq 0)$ $(k \leq 0)$
       $(k \leq 1)$ $(k \leq 2)$

19. If $|z| > 2$, $Z^{-1}\left[\dfrac{z}{(z-1)(z-2)}\right]$ is given by (2)

   (A) $1 - 2^k$, $k \geq 0$
   (B) $2^k - 1$, $k \geq 0$

   (C) $\dfrac{1^k}{2} - 1$, $k \geq 0$
   (D) $k - 1$, $k \geq 0$

20. If $|z| < 1$, $Z^{-1}\left[\dfrac{z}{(z-1)(z-2)}\right]$ is given by (2)

   (A) $2^k - 1$, $k \geq 0$
   (B) $2^{k+1} - 1$, $k > 1$

   (C) $1 - 2^k$, $k < 0$
   (D) $2 - 3^k$, $k < 0$

21. If $1 < |z| < 2$, $Z^{-1}\left[\dfrac{z}{(z-1)(z-2)}\right]$ is given by (2)

   (A) $1 + 2^k$, $k > 0$
   (B) $3^k + 2^k$, $k < 0$

   (C) $3^k - 1$, $k < 0$
   (D) $-2^k - 1$

                                                      $(k \leq 0)$ $(k > 0)$

22. If $|z| > 1$, $k \geq 0$, $Z^{-1}\left[\dfrac{z^2}{z^2+1}\right]$ is given by (2)

(A) $\cos \pi k$ (B) $\sin \dfrac{\pi}{2} k$

(C) $\cos \dfrac{\pi}{2} k$ (D) $\sin \pi k$

23. If $|z| > 1$, $k \geq 0$, $Z^{-1}\left[\dfrac{z}{z^2+1}\right]$ is given by (2)

(A) $\sin \dfrac{\pi}{2} k$ (B) $\sin \dfrac{\pi}{4} k$

(C) $\cos \dfrac{\pi}{2} k$ (D) $\cos \dfrac{\pi}{4} k$

24. For finding inverse Z-transform by inversion integral method of

$F(z) = \dfrac{z}{\left(z-\dfrac{1}{4}\right)\left(z-\dfrac{1}{5}\right)}$ the residue of $z^{k-1} F(z)$ at the pole $z = \dfrac{1}{4}$ is (2)

(A) $-\dfrac{1}{20}\left(\dfrac{1}{4}\right)^k$ (B) $20\left(\dfrac{1}{4}\right)^k$

(C) $-20\left(\dfrac{1}{4}\right)^k$ (D) $\dfrac{1}{20}\left(\dfrac{1}{4}\right)^k$

25. For finding inverse Z-transform by inversion integral method of

$F(z) = \dfrac{z}{\left(z-\dfrac{1}{2}\right)\left(z-\dfrac{1}{3}\right)}$ the residue of $z^{k-1} F(z)$ at the pole $z = \dfrac{1}{2}$ is (2)

(A) $-\dfrac{1}{2}\left(\dfrac{1}{2}\right)^k$ (B) $\dfrac{1}{6}\left(\dfrac{1}{2}\right)^k$

(C) $-3\left(\dfrac{1}{2}\right)^k$ (D) $6\left(\dfrac{1}{2}\right)^k$

26. For finding inverse Z-transform by inversion integral method of

$F(z) = \dfrac{10z}{(z-1)(z-2)}$ the residue of $z^{k-1} F(z)$ at the pole $z = 1$ is (2)

(A) 10 (B) 10^{k-1}

(C) -10 (D) 10^k

27. For finding inverse Z-transform by inversion integral method of
$$F(z) = \frac{1}{(z-2)(z-3)}$$ the residue of $z^{k-1} F(z)$ at the pole $z = 2$ is (2)

(A) -2^{k-1} (B) 2^{k-1}
(C) -1 (D) -2^k

28. For the difference equation $f(k+1) + \frac{1}{2} f(k) = \left(\frac{1}{2}\right)^k$, $k \geq 0$, $f(0) = 0$, $F(z)$ is given by (2)

(A) $\dfrac{1}{\left(z-\frac{1}{2}\right)\left(z+\frac{1}{2}\right)}$ (B) $\dfrac{z}{\left(z-\frac{1}{2}\right)\left(z+\frac{1}{2}\right)}$

(C) $\dfrac{z}{\left(z+\frac{1}{3}\right)\left(z+\frac{1}{2}\right)}$ (D) $\dfrac{z}{\left(z-\frac{1}{2}\right)^2}$

29. For the difference equation $12f(k+2) - 7f(k+1) + f(k) = 0$, $f(0) = 0$, $f(1) = 3$, $F(z)$ is given by (2)

(A) $\dfrac{36z}{12z^2 - 7z - 1}$ (B) $\dfrac{36z}{12z^2 + 7z + 1}$

(C) $\dfrac{36z}{12z^2 - 7z + 1}$ (D) $\dfrac{36z}{12z^2 + 7z - 1}$

30. For the difference equation $y_k - 4y_{k-2} = 1$, $k \geq 0$, $Y(z)$ is given by (2)

(A) $\dfrac{z}{(z-1)(z^2-4)}$ (B) $\dfrac{1}{(1-4z^2)}$

(C) $\dfrac{z}{(z-1)(1-4z^2)}$ (D) $\dfrac{z^3}{(z-1)(z^2-4)}$

Answers

1. (A)	2. (D)	3. (C)	4. (B)	5. (C)	6. (A)	7. (B)	8. (D)
9. (A)	10. (B)	11. (C)	12. (D)	13. (A)	14. (D)	15. (C)	16. (B)
17. (D)	18. (A)	19. (B)	20. (C)	21. (D)	22. (C)	23. (A)	24. (B)
25. (D)	26. (C)	27. (A)	28. (B)	29. (C)	30. (D)		

UNIT - III

Chapter 5
HYDROELECTRIC AND NUCLEAR POWER PLANT

5.1 HYDRO POWER PLANT

The energy of water can be utilized for the generation of electrical energy. When water flows through a height, the kinetic energy of water is used to rotate a turbine which is coupled to an alternator. Higher the potential energy or head (it is the difference in level of water between two points), greater will be the kinetic energy available (which is a function of mass and velocity). Hence, it is necessary to have continuous flow of water to generate electrical energy. For this, water has to be collected and stored in reservoirs or lakes at high altitudes. Water is artificially stored in dams. Dams are constructed over rivers in which large quantity of water is stored in a wide area (known as catchment area). Rainfall is the main source of water and depends on several factors such as temperature, wind, cloudiness, humidity, etc. Not all the water stored in dams can be utilized for power generation. Some of the water is evaporated, some seeps into the soil and some of it is used by the vegetation. The remaining water flows on the ground surface of the catchment area to form the stream and it is known as run-off. This water is utilized for hydro-projects i.e. power generation and irrigation. The factors affecting run-off are :

    (i)   Rainfall pattern,
    (ii)   Geology of the area,
    (iii) Size and shape of catchment area,
    (iv) Topography and nature of soil in the catchment area,
    (v)   Vegetation and
    (vi) Weather condition in catchment area.

The first hydro-electric plant was built in America in 1882. In India, the first major plant had a capacity of 4.5 MW in Karnataka at Shivasamudram and was commissioned in 1902.

Apart from power generation, water is utilized for irrigation and drinking purposes. Hydro-power is a renewable source of energy which is clean, free from pollution and has a good environmental effect. But there are few major obstacles in utilizing hydro-power resources :

    (i)   It requires huge investments.
    (ii)   It has long gestation period.
    (iii) Requires long transmission lines (as these plants are generally away from load centres).

5.2 SITE SELECTION FOR A HYDRO-POWER PLANT

Apart from the availability of water, a number of factors have to be considered while selecting a site for a hydro-electric plant. The most economical option has to be considered for selecting the site.

The following points are to be considered for selection of site for a hydro-electric plant.

    (I)   Hydrological investigation,

    (II)   Topographical investigation,

    (III) Geological investigation,

    (IV) Load centre,

    (V)   Access to site.

We will discuss the above points in detail.

(I) Hydrological Investigations : These include,

1. **Availability of water :** The power generated depends on the availability of water. Hence run-off data at the proposed site should be available. The maximum and minimum flows and average flow data and their periods should be known. The following details are necessary to

   (a) Decide the capacity of the plant,

   (b) Provide adequate spillways and gates for releasing water during flood periods.

2. **Water storage :** As there is a wide variation in rainfall during the year, water has to be stored and used during lean periods. A storage reservoir is constructed in which water is stored during high flow periods. The storage capacity is calculated from hydrograph or mass curve.

5. **Water head :** The power generated, P, is proportional to the head, H and flow rate, Q, of water i.e. $P \propto HQ$, where P is power in watts, H is head in m and Q is discharge or flow rate in m^5/s.

   Hence to generate the required power, if head is less, Q should be high or if head is more, Q should be less. i.e. if head is more, the quality of water to be stored is less, meaning low diameter penstocks, turbine and therefore, the capital cost of the plant is reduced.

(II) Topographical Investigations :

While deciding the location of dam, it is necessary to know the topographical features of the catchment area. i.e. if the dam to be built is in a valley or mountains, then the cost of the plant will be less.

(III) Geological Investigations :

Geological investigation is necessary to see that the foundation for dam and other structures is firm, stable and impervious. It should withstand water thrust and other stresses. The area should not be prone to earthquake.

(IV) Load Centre :

Generally, hydro-power plants are located in hilly or mountaineous region much away from load centre. Hence, long transmission lines are required. This will increase the cost and losses are increased.

(V) Access to Site :

The site, where the hydro-electric plant is to be constructed, should be easily accessible. The site should have transportation facilities through rail or road.

5.3 ADVANTAGES OF HYDRO-ELECTRIC PLANTS

Hydro-electric plants have certain distinct advantages over other power plants. They are
- No fuel charges, as no fuel is required.
- The life of the hydro-electric plant is around 50 years as compared to a steam power plant which is 25 - 50 years.
- The running cost of the plant is low.
- Maintenance cost of hydro-electric plants is low.
- There are no standby losses. They can be started in short time and synchronised in a few minutes.
- Efficiency of these plants does not decrease with age.
- The number of personnel (staff) is much less as compared to other power plants.
- There are no fuel and ash handling problems.
- Though a large area is required for storage, the cost of land is not a major problem because these are located in remote areas where cost of land is low.
- The hydro projects are multipurpose projects because in addition to power generation, they are useful for flood control and irrigation.

5.4 DISADVANTAGES OF HYDRO-ELECTRIC PLANTS

- The time required for erection of hydro-electric plants is long. This is because much time is required for evacuation of people (staying in catchment areas) and their rehabilitation.
- The total cost of the plant is high. Hence, cost of power generation (per MW) is quite high.
- Power generation is affected by the availability of water. If monsoons are not good, then the power generation is reduced.
- As these plants are located in hilly areas (generally), the cost of laying transmission lines is high.

5.5 HYDROGRAPH

A hydrograph is a plot of stream flow (in m^3/s) with time (hour, week, month or year) for a particular river site. It shows the run-off data. Typical hydrographs are shown in Fig. 5.1 (a) and (b) for a flashy river and a river with almost steady flow.

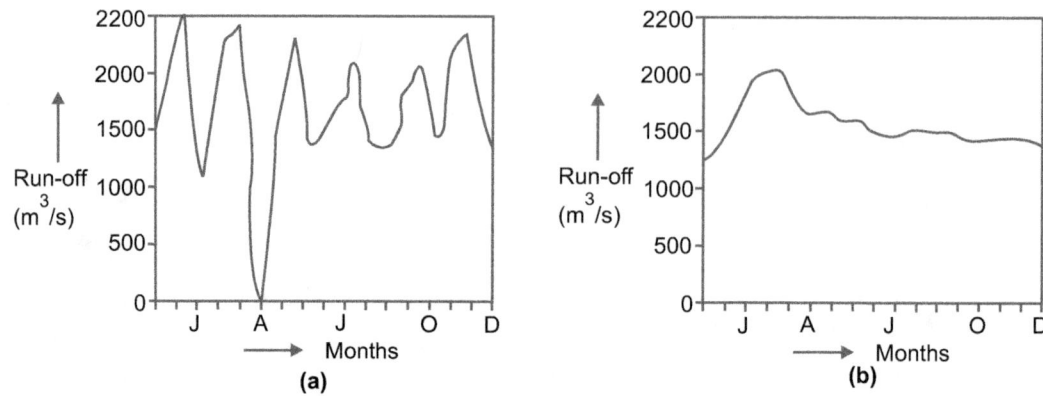

Fig. 5.1 : Hydrograph for (a) Flashy river, (b) Steady flow

5.6 FLOW DURATION CURVE

Refer Fig. 5.2 flow duration curve is another useful form to represent the run-off data for the given time. This curve is plotted between flow available during a period versus the fraction of time. The flows are plotted as the ordinates and length of time (fraction of time) as abscissas. If the magnitude on the ordinate is the potential power contained in the stream flow, then the curve is known as "power duration curve". This curve is very useful tool in the analysis for the development of water power.

The flow duration curve is drawn with the help of a hydrograph from the available run-off data and here it is necessary to find out the length of time duration which certain flows are available. This information either from run-off data or from hydrograph is tabulated. Now the flow duration curve taking 100 percent time on X-axis and run-off on Y-axis can be drawn.

The area under the flow duration curve (Fig. 5.2) gives the total quantity of run-off during that period as the flow duration curve is the representation of graph with its flows arranged in order of descending magnitude.

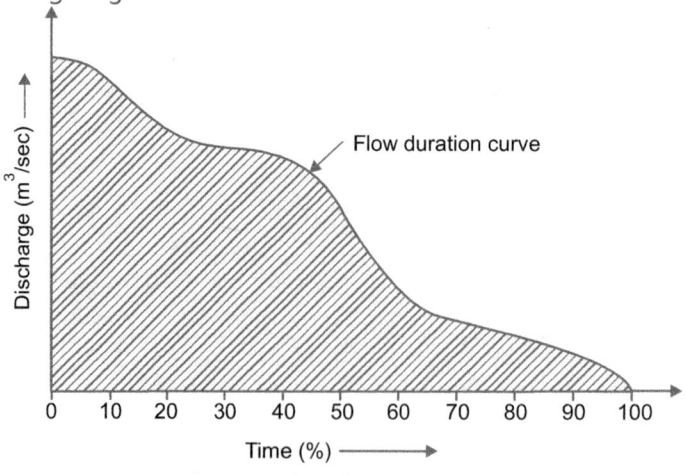

Fig. 5.2 : Flow duration curve

If the head of discharge is known, the possible power developed from water in kW can be determined from the following equation :

$$\text{Power (kW)} = \frac{wQH}{1000} \times \eta_o$$

where, Q = Discharge, m³/sec

H = Head available, m

w = Weight density of water, N/m³ and

η_o = Overall efficiency.

Thus the flow duration curve can be converted to a power duration with some other scale on the same graph.

Flow duration curves are most useful in the following cases :

(i) For preliminary studies.

(ii) For comparison between streams.

Uses of flow duration curve :

- A flow duration curve allows the evaluation of low level flows.
- It is highly useful in the planning and design of water resources projects. For hydropower studies, the flow duration curve serves to determine the potential for firm power generation. In the case of run-off river plant, with no storage facilities, the firm power is usually computed on the basis of flow available 90 to 97 percent of the time. The firm power is also known as the primary power. Secondary power is power generated at the plant utilizing water other than that used for the generation of firm power.
- If a sediment rating curve is available for the given stream, the flow duration curve can be converted into cumulative sediment transport curve by multiplying each flow rate by its rate of sediment transport. The area under this curve represents the total amount of sediment transported.
- The flow duration curve also finds use in the design of drainage system and in flood control studies.
- A flow duration curve plotted on a log-log paper provides a qualitative description of the run-off variability in the stream. If the curve is having steep slope throughout, it indicates a stream with highly variable discharge. This is typical of the conditions where the flow is mainly from surface run-off. A flat slope indicates small variability which is a characteristic of the streams receiving both surface run-off and ground water run-off. A flat portion at the lower end of the curve indicates substantial contribution from ground water run-off, while the flat portion at the upper end of the curve is characteristic of streams with large flood plain storage, such as lakes and swaps or where the high flows are mainly derived from snowmelt.

- The shape of the flow duration curve may change with the length of record. This aspect of the flow duration curve can be utilized for extrapolation of short records.

Shortcomings/Defects of Flow Duration Curve :

1. It does not present the flows in natural source of occurrence.
2. It is also not possible to tell from flow duration curve whether the lowest flows occurred in consecutive periods or were scattered throughout the considered period.

5.7 STORAGE

In most of the streams, flow is not constant throughout the year. Flow is deficient during few months and hence there is need to regulate the flow through artificial storage. The main function of storage is to make available more water during the period of deficit, so that the fixed capacity of the plant is increased.

In deciding the advisability of storage, apart from power generation, other considerations like irrigation, flood control and navigation should be considered.

5.8 MAIN ELEMENTS OF A HYDRO-ELECTRIC PLANT

The main elements of a hydro-power plant are :

1. **Reservoir :** It is employed to store water which is utilized to generate power continuously. There are basically two types of reservoirs :

    (a) Natural, e.g. lake in high mountains.

    (b) Artificial, e.g. dam across a river.

2. **Dam :** A dam is a barrier (wall) built to store water to create a hydraulic head. It is the most important and expensive part of hydro-project. Dams may be classified as masonry and earthen dam. Selection of the type of dam, for a particular location depends on the topography of the site, sub-soil and geological conditions.

5. **Spillways :** When the reservoir becomes full (to its capacity), excess water has to be discharged during floods. This arrangement may be a spillway or conduit for a by-pass tunnel. The spillway design should be such that the flood water is discharged without damage to the dam. Spillway is a safeguarding structure.

4. **Forebay :** Forebay is an enlarged body of water at the intake to store water temporarily to meet the hourly load fluctuations.

5. **Penstock :** Water flows from the reservoir to the turbine. This flow is through pipes to the turbine and known as penstock. Penstocks are of large diameter and each turbine has a separate penstock. Penstocks may be of low pressure or high pressure type. Generally, they are made of steel pipe.

6. Surge Tanks : The power produced by the turbine has to be adjusted to the demand. Suppose turbine is producing certain power and demand decreases. When the demand decreases, the flow of water has to be reduced. A reduction in load on the alternator causes the governer to close the turbine gates. Due to the sudden closure of the gates, the pressure in the penstock increases. This phenomenon of increase in pressure is known as 'water hammer'. When the load increases, more water flows and there will be a sudden vacuum in the penstock. Water hammer leads to failure of penstock. To prevent sudden increase or decrease in pressure, surge tank is used. Fig. 5.3 shows a surge tank.

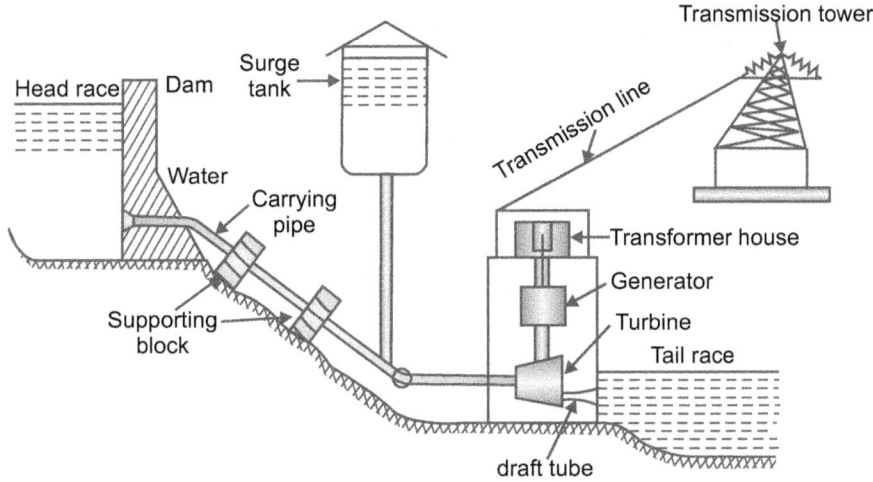

Fig. 5.3 : Surge tank

With decrease in load (demand), the water level in the surge tank increases. This creates a retarding head and water velocity through the penstock decreases. With increase in demand, greater quantity of water has to flow and this demand is met by the surge tank. Water flows from the surge tank and the level goes down in the surge tank. The velocity of flow in the penstock increases thereby preventing vacuum. Thus, surge tank helps in stabilising velocity and pressure in the penstock.

The penstock is situated as near the power house as possible.

7. Prime Mover (Water Turbine) : The potential energy of water is converted into kinetic energy which is then converted into mechanical energy by the prime mover turbine. The turbine is coupled to the alternator which will produce electrical energy. Turbines are highly efficient, simple in construction. They can be controlled easily and take-up load in a very short time.

The turbines are built in all sizes upto 750 MW capacity with speeds varying from 100 rpm to 1000 rpm. The turbines are classified as impulse and reaction turbines. Depending on the head available, the turbines are selected.

Pelton wheel is used for high head and low flow, Francis turbine is used for medium head and flow. Kaplan turbine is used for low head and high flow.

8. **Tailrace or draft tubes :** Draft tube or tail race is used to discharge water into the river (downstream). The draft tube should remain water sealed all the time. The design and size of the draft tube should be such that water has a free exit and the jet of water (after leaving the turbine) has no obstruction.

5.9 CLASSIFICATION OF HYDRO-ELECTRIC POWER PLANTS

Hydro-electric power plants are classified according to :

1. **The Head of Water Available :**

    (a) Low head power plants (upto 50 m head),

    (b) Medium head power plants (50 m to 500 m head) and

    (c) High head power plants (above 500 m head).

2. **Nature of Load :**

    (a) Base-load plant,

    (b) Peak-load plant,

    (c) Standby unit.

5. **The Quantity of Water Available :**

    (a) **Run-Off River Plants Without Pondage :** These plants do not store water and use the water as it comes. These plants depend for their generating capacity, mainly on the rate of flow of water. During high floods and low loads, water is wasted and during low run-off, the plant capacity is reduced. Hence, these plants are not of much use when the run-off varies considerably.

    (b) **Run-Off River Plants With Pondage :** To get a continuous supply of power, water has to be stored (in dams) and utilized for several months. These plants can be used as base load or peak load plants.

4. **Pumped Storage Plants :** In places where adequate quantity of water is not available, pumped storage plants are used. Water stored in 'head water pond' after passing through the turbine is stored in 'tail water pond'. During peak-load period, the water is stored in the tail water pond. When the load is less (off-peak load), the water stored in the tail water pond is pumped back to the head water pond. A general arrangement of pumped storage plant is shown in Fig. 5.4.

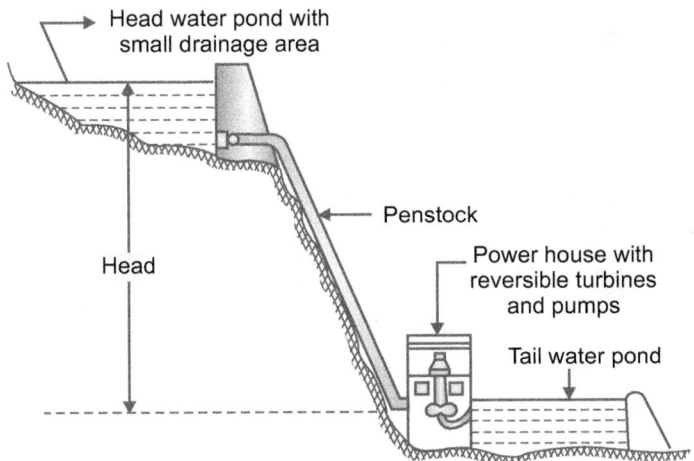

Fig. 5.4 : Pumped storage hydro-electric plant

Earlier pumped storage installations were using a separate pump for pumping water back to the head water pond. Recently, reversible turbine pumps have been developed. During peak loads, the turbine drives the alternator and electrical energy is generated. During off- peak load, the alternator runs as a motor and drives the turbine which now works as a pump and pumps water to the head water pond. The capital cost of the plant reduces with this arrangement.

The advantages of pumped storage plants are :
- Peak load can be supplied at lower cost and there is a substantial increase in peak load.
- As the plant is running at near about peak load, the operating efficiency of the plant is high.
- The load factor is improved.
- In case of extra demand, these plants can be switched on immediately.
- Energy available during peak-load period is higher than that available during off-peak load period, so that there will be an 'overall gain' inspite of losses incurred during pumping.

5.10 PUMPED STORAGE PLANTS IN INDIA

There are a few pumped storage plants in India generating about 1500 MW. These plants are at
1. Kadamparai (T.N.) : 4 × 100 MW
2. Paithan (Maharashtra) : 4 × 100 MW
5. Panchet hill (Damodar Valley Corporation) : 40 MW

In addition to this, about 50 sites have been identified for pumped storage plants.

A list of hydroelectric (major) plants is given at the end of the chapter.

5.11 MINI AND MICROHYDEL PLANTS

The energy crisis has forced us to think of methods to generate power from water available at low heads (5 m to 20 m). Mini (5 - 20 m head) and micro (less than 5 m head) hydel plants can be installed. In India, such sites are available in Himachal Pradesh, Arunachal Pradesh, U.P., West Bengal, Karnataka. The potential of such sites is about 15000 MW. So far about 1500 MW has been installed.

5.12 NUCLEAR POWER PLANTS

The growing energy needs of mankind has forced us to go in search of alternative sources of energy. The development of a country depends on the per capita energy consumption. Industry, transport and agriculture sector need energy.

So far man has used various forms of solar energy. Coal and petroleum have been derived from solar energy accumulated by plants in millions of years. Hydro-power is also derived from solar energy, as solar energy causes evaporation of water from seas and oceans which comes back as rain.

The reserves of solar energy (coal and petroleum) though tremendous are limited (to a few hundred years). The quantity of fuel required is enormous leading to transportation and ash disposal problems (for coal).

Nuclear energy is one such source which requires a very low quantity of fuel. Electricity was generated for the first time by nuclear reactor on December 20, 1951 at EBR-I experimental station near Arco, Idaho in the United States. On June 27, 1954, World's first nuclear power plant to generate electricity for a power grid started operation at Obninsk, Russia (former USSR). The world's first commercial scale power station, Calder Hall in England opened on October 17, 1956.

Nuclear energy enlarges the world's power resources enormously. The fuel, uranium, alone has a huge potential and its reserves contain more energy than coal and petroleum reserves of the world put together. A unique feature of nuclear energy is that, it has an exceptionally high degree of concentration which exceeds by millions of times the concentration of energy in the conventional fuels. The energy obtained by 1 kg of uranium is nearly equal to 200 tonnes of high grade coal i.e. 2,00,000 times more efficient.

As of 2006, there are 442 licensed nuclear power reactors in operation in the world, operating in 51 countries. Together they produce 17% the world's electric power. Current installed capacity of nuclear power plants in India is 5900 MW which is about 5.1% of total installed capacity.

5.13 ADVANTAGES OF NUCLEAR POWER PLANTS

The advantages of nuclear power plants over other mainstream energy sources are :
- During normal operation, no green house gases are emitted i.e. carbon dioxide.
- They do not pollute the air i.e. zero production of dangerous and polluting gases such as carbon monoxide, sulphur dioxide, aerosols, oxides of nitrogen, particulates and photochemical smog.

- Very little solid waste is generated.
- Large fuel reserves because very little fuel is needed. (1 kg of uranium fuel ≈ 200 tonnes of coal).
- Nuclear power plants are not affected by adverse weather conditions and are reliable.

5.14 DISADVANTAGES OF NUCLEAR POWER PLANTS

- Capital cost is very high (initial cost).
- Maintenance cost is very high.
- The cost of decommissioning of plants is very high.
- There is risk of major accidents e.g. an example of the worst possible situation is what happened at the Chernobyl (Russia) Nuclear Power Plant (which did not have a containment building).
- It can help to produce bomb. All designs of reactors can produce plutonium, aiding nuclear proliferation.
- Nuclear waste disposal is a big problem as high level reactor waste produced can remain dangerous for thousands of years.

5.15 FUNDAMENTALS OF NUCLEAR ENERGY

Before studying the way in which nuclear energy is produced, it is desirable to know the fundamentals. In this section, we will be discussing the following points in detail.

1. Atomic structure,
2. Atomic number and mass number,
3. Energy equivalence of mass,
4. Nuclear fission,
5. Nuclear fusion,
6. Fast neutrons,
7. Thermal neutrons,
8. Isotopes,
9. Chain reaction (self sustaining),
10. Fissile materials,
11. Fertile materials,
12. Moderator,
13. Reflector,
14. Radiations,
15. Biological shield,
16. Coolant,
17. Control rods.

1. Atomic Structure :

Atomic Model : An element is defined as a substance which cannot be decomposed into other substances. The smallest particle of an element which takes part in chemical reactions is known as an atom. The atom is a planetary system. The centre of the system consists of a nucleus made up of protons and neutrons (both being referred to as nucleons) and revolving round the nucleus are the electrons. The radius of the proton and neutron is about

10^{-14} m and the radius of the electron's orbit is 10^{-8} m. Protons are positively charged and neutrons are neutral, thus making the complete nucleus as positively charged. The electrons are negatively charged. As the positive charge of the proton particle is equal to the negative charge on electron particle, the number of electrons is equal to the number of protons and the atom is a neutral element. Any addition of electron to the neutral atom will make it negatively charged. Also removal of any electron will make the atom positively charged. Atoms which are positively or negatively charged, are known as 'ions' and this process is known as 'ionisation'. The atomic structure is shown in Fig. 5.5.

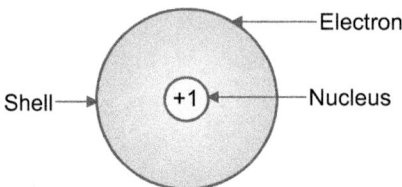

Fig. 5.5 : Atomic structure

Protons and neutrons are having mass of about 1857 times and 1859 times the mass of an electron. Nuclear power engineering is connected with the variation of nucleons in the nucleus.

2. Atomic Number and Mass Number :

The number of protons present in the nucleus of an atom determines the chemical properties of that atom. The charge of nucleus is represented by the number of protons present. This number is known as 'atomic number' denoted by Z. N represents the number of neutrons.

The mass number A is the summation of number of protons and neutrons in a nucleus.

i.e. $\quad A = Z + N$

The atomic number shows the position of an atom in the periodic table (Mendeleyer periodic system of elements). Among the naturally occurring elements, hydrogen has the lowest atomic number (Z = 1) and uranium has the highest atomic number (Z = 92). Elements having atomic number above 92 have been developed artificially.

3. Energy Equivalent of Mass :

The nucleus is a tightly packed collection of protons and neutrons and since all the protons carry similar charges, there is a repulsive force between them. Despite this repulsive force, the nucleus remains tightly packed and hence a greater opposing force must be present to prevent the particles of the nucleus separating. The force or energy which binds the particles of the nucleus against mutually repulsive forces is known as the 'binding energy'.

Einstein's theory of relativity shows that mass and energy are interconvertible. i.e. mass can be converted to energy and mass can be produced at the expense of energy. The relation between mass and energy is given by

$$E = mc^2$$

where
- E - Energy in joules
- m - Mass in kilogram
- c - Velocity of light (m/s)

Nuclear energy is produced at the expense of mass (destruction of mass). By destroying 1 gram of matter, energy produced is 9×10^{15} joules or 25000 MW hours. There are two fundamental ways of obtaining nuclear energy.

(a) Fusion of light elements into heavier elements.

(b) Fission of heavier elements into lighter elements.

For generating electricity, nuclear fission process is employed, whereas nuclear fusion has not yet been commercially exploited. It is still in the experimental stage.

4. Fissile Materials :

An element which undergoes a nuclear fission process with a neutron is known as a 'fissile material'. e.g. U^{255}, U^{255} and Pu^{259}. Of these only U^{255} occurs in nature as 0.7% of natural uranium.

5. Fertile Materials :

Uranium (U^{255}) and plutonium (Pu^{259}) are not naturally available, but can be converted to fissionable materials. These are known as fertile materials.

When U^{258} is bombarded with slow neutrons, we get Pu^{259}. U^{255} is obtained from Th^{252}. This process of conversion of non-fissionable material to fissionable material is done in a 'breeder reactor'.

6. Nuclear Radiation :

There are basically four types of radiation in nuclear power technology. The types of radiation are

(a) Gamma rays (or photons) : Electromagnetic radiation.

(b) Neutrons : Uncharged particles.

(c) Alpha particles : +2 charged.

(d) Beta particles.

(a) Gamma rays (γ) are electromagnetic radiations of very short wavelength. They have high energy and are very much penetrating. They cause considerable damage to organic materials, blood diseases and may cause undesirable genetic effects. Their penetration cannot be completely stopped by any material. But thick lead and concrete can attenuate them considerably. Shielding for gamma radiations automatically acts as a shielding for α and β radiations. The shielding provided round a large reactor usually consists of a concrete wall which may be upto 5 m thick. This structure is known as 'biological shield'.

(b) **Neutrons** are produced by the fission of a fissile material. They have a wide range of energies. They are highly penetrating, but have no charge. They have similar effect as that on γ-rays.

(c) **Alpha (α) particles** are produced by the decay of several fission products and a few activated materials. They are nuclei of helium atom (nu_2He^4). They cannot penetrate skin.

(d) **Beta (β) particles** are electrons and travel as the speed of light. Their penetrating power is greater (than α-rays) due to their smaller size. Over exposure to β-rays causes skin burns and repeated exposure may result in malignant growth. Their penetrating power is low and a thin sheet of brick or metal is sufficient to stop them.

7. Isotopes :

In an atom, the number of electrons and protons are same. This is independent of neutrons in the nucleus. Atoms having different number of neutrons than the number of protons are known as 'isotopes'. The isotopes have same chemical properties and have the same atomic number. They occupy the same place in the periodic table. But the nuclear properties of all the isotopes are different because of the different number of neutrons in the nucleus. For example, oxygen exists in three different mass numbers of 16, 17 and 18. i.e. O^{16}, O^{17} and O^{18} are isotopes of oxygen. Oxygen with mass number of 16 is the most common form of the oxygen atom.

Isotopes of hydrogen are H_1, H_2 and H_5 as shown in Fig. 5.6.

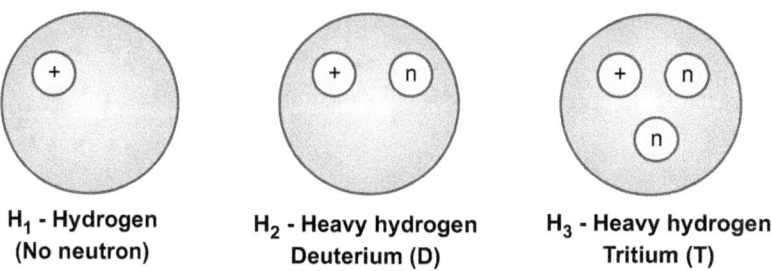

H_1 - Hydrogen (No neutron) H_2 - Heavy hydrogen Deuterium (D) H_3 - Heavy hydrogen Tritium (T)

Fig. 5.6 : Isotopes of hydrogen

Weight of heavy hydrogen is twice the weight of simple hydrogen. i.e. 1 volume of H_2O weighs less than the same volume of D_2O.

The isotopes of uranium are U^{254}, U^{255} and U^{258}.

8. Nuclear Fission :

When a neutron collides with the nucleus of certain fissile material (heavy atoms), causing the original nucleus to split into two or more unequal fragments which carry most of the energy of fission as kinetic energy. Thus, fission is accompanied by the release of considerable energy which exceeds many times that produced by radioactive disintegration.

Fig. 5.7 shows the fission of a uranium-255. The energy released due to fission is the basis for nuclear power generation. 2.5 neutrons/fission are released which make it possible to produce sustained energy due to fissioning.

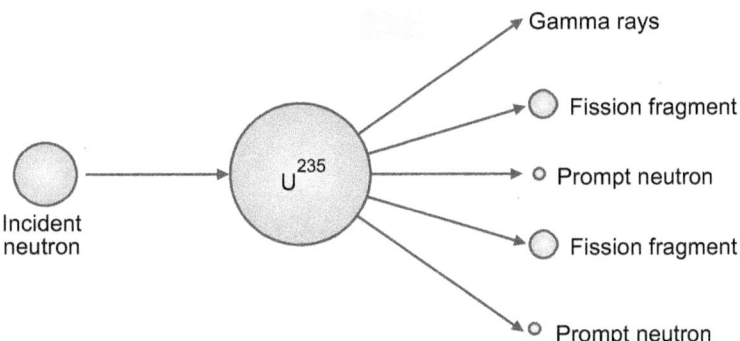

Fig. 5.7 : Fission of U^{255}

If such a continuous reaction is controlled, it would result in a continuous release of energy at a steady rate, the rate depending on the number of fissions occurring in a particular time. A reaction of this kind is known as a 'chain reaction'.

The fission fragments resulting from the fission process are radioactive and decay by the emission of gamma and beta rays to a lesser degree alpha particles and neutrons. The neutrons emitted after fission by decay (of some fission fragments) are known as delayed neutrons. These are important because they permit the chain reaction to be controlled easily.

The total energy released due to fission of one nucleus of uranium-255 is 195 meV (millielectron volt).

Most of the reactors in existence are called thermal reactors, as they depend on the neutrons which are at or near thermal equilibrium with their surroundings to cause fission. The chances of fission are highest at low energy level and this fact is used to slow down the neutrons. There is loss of neutrons in non-fission materials (absorbed or captured). This loss is minimized by reducing the non-fissile material in the reactor core. The slowing down of neutrons to thermal energy levels is done by the 'moderators'.

A chain reaction is one in which the number of neutrons keeps on increasing (multiplying) in geometric progression during fission till all the fissionable material is disintegrated. The chain reaction will sustain (by itself) only if, for every neutron absorbed,
at least one fission neutron is available to cause fission of another nucleus. The ratio of number of neutrons in any fission (generation) to the number of neutrons generated in the preceding generation is known as 'multiplication factor, K'. If K is less than 1, the number of fissions decreases rapidly and the process dies down (stops). If K is greater than 1, then the rate of reaction is very fast and may result in sudden explosion as it occurs in an atomic bomb. (Fig. 5.8) Hence, it is necessary to keep the value of K = 1. But there will be loss of neutrons due to leakage, capture in control rods, etc. which requires to keep the value of K around 1.04. Maintaining the value of K at the required value is the most difficult part of reactor control. A fission chain reaction is shown in Fig. 5.9.

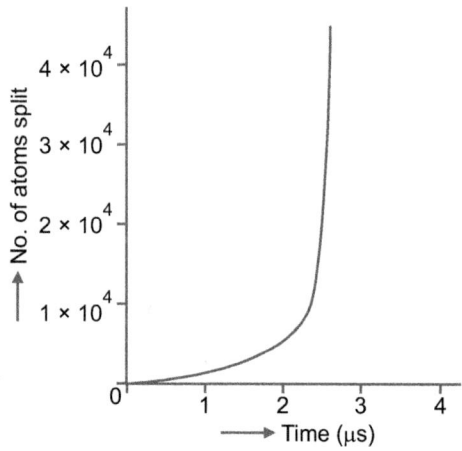 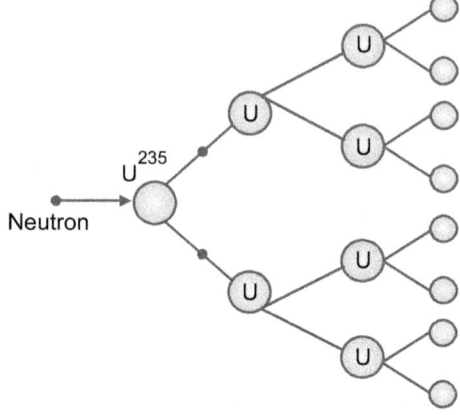

Fig. 5.8 : Nuclear chain reaction   **Fig. 5.9 : Rate of growth of chain reaction**

The requirements of a fission process can be summarized as under :

- The neutrons emitted in fission should have sufficient energy to cause fission of another nucleus.
- The number of neutrons produced must be able to sustain fission, but also increase the rate of fission. Loss of neutrons during the process should also be accounted for.
- Energy must be liberated during the process.
- The rate of energy liberated has to be controlled i.e. the fission chain reaction has to be controlled.

Any reactor requires minimum quantity of fuel and this is called 'critical mass'. The size associated with this mass is called 'critical size'. When the nuclear fuel is assembled to the point of critical mass, i.e. reaches the point of self-sustaining chain reaction, the reactor is said to go 'critical'.

9. Nuclear Fusion :

In a fission process, a nucleus is broken, whereas in 'nuclear fusion', two lighter nuclei are combined or fused to form a stable and heavier nucleus. During this process, a large amount of energy is released because the mass of the product is less than the sum of the mass of the two nuclei which are being fused. e.g. energy of the sun and stars is the product of fusion reactions. Uncontrolled fusion is used in hydrogen bomb. As the elements required for fusion are available in abundance, it is regarded as the energy of the future. Enormous amount of energy can be produced. One of the methods for developing fusion process is the Magnetically Confined Thermonuclear Reactor (MCTR) which is based on the use of magnetic forces to compress and then confine thermonuclear material during the fusion reaction. This method involves compressing the atoms to very high densities (100 - 1000 trillion kg/cm^5) and subjected to temperatures of 60 - 100 million degree celcius for very short period (0.1 to 1 second). The fuels that can be used are deuterium, tritium, lithium or helium. The major drawback of this process is that of difficulty in achieving high pressures and temperatures and materials to withstand such high temperature.

10. Moderator :

A moderator is used to slow down the fast neutrons. The fast neutrons collide with the nuclei of moderator material and slow down by losing their energy. A moderator can be in the form of solid, liquid or gas. The following properties are required for a good moderator material.

- It should not react with neutrons, because neutrons captured in nuclear reactions are lost to the fission process and the reactor becomes inefficient.
- It should not be costly.
- It should be chemically stable, inert and should not erode or corrode.

The moderators used in nuclear reactor as graphite, heavy water (deuterium). Helium and beryllium can also be used but they are costly.

11. Reflector :

It is generally placed round the core to reflect some of the neutrons that leak out from the surface of the core. Reflectors are generally made of the same material as that of moderator.

12. Coolant :

As the name suggests, it is a medium used to take heat from the reactor core. The coolant should not absorb more neutrons. The coolants used are either liquid or gas. The coolant should have the following properties.

- It should not absorb more neutrons. The advantage is that more amount of coolant can be used at a time to carry away more heat.
- It should have a good heat transfer coefficient.
- It should be free from radiation damage.
- It should not corrode to metal.
- Liquid metal coolants should have low melting points.
- It should have high density and specific heat so as to carry more heat.
- It should have low viscosity.
- It should be non-toxic.

The coolants used in power reactors are (i) Water, (ii) Liquid metal (sodium, lead, mercury, potassium), (iii) Gas coolants (CO_2, SO_2).

13. Control Rods :

The reaction rate, starting and shutting down of a reactor is controlled by the control rods. The thermal and breeder reactors use control rods. Boron steel and cadmium strips are used for absorbing excess neutrons. They are good absorbers of slow neutrons and have the advantage of not becoming radioactive due to neutron capture. By pushing these rods deep into the central core, any amount of excess neutron can be absorbed. To start the reactor, it is necessary to carefully withdraw the control rods and adjust them till required output is attained. The movement of control rods can be made manual or made automatic with the help of servomechanism.

14. Canning Materials :

The fuel element in a nuclear reactor is put in cans (canned) so that the fuel does not contaminate the coolant. Hence canning eliminates radiation hazards. Selection of the canning material depends on fuel used in the reactor. Aluminium, magnesium, beryllium and stainless steel are the canning materials used.

5.16 SELECTION OF SITE FOR A NUCLEAR POWER PLANT :

The following points have to be considered while selection of the site for a nuclear power plant.

1. **Load Centre :** The generating station should not be too far from the load centre (< 500 - 600 km).
2. **Cooling Water :** A large quantity of water is required for cooling purposes. For a 400 MW nuclear plant, about 2200 billion litres of water is required to condense the steam from the turbine. Therefore, these plants are located very near to sea (Tarapur, Kaiga, Kalpakkam power stations) or river (Rana Pratap Sagar Plant).
5. **Transportation Facilities :** The site should be easily accessible by rail or road for transporting the materials required during construction.
4. **Soil Quality (Geology) :** The bearing capacity of the soil has to be tested as large structures have to be supported. Sudden earth movement will damage the plant severely. Hence proper care should be taken as far as the soil quality is concerned.
5. **Seismology :** The site should not be prone to earth quake. If the plant is in the seismic zone, any earth quake may lead to a great hazard to the people in the area because of nuclear radiation.
6. **Population Distribution :** The plant should not be located in a densely populated area. This is because in case of any leakage (radiation), the number of people affected are less (in case of accident). The people should be made aware of the do's and don'ts in case of an accident.

5.17 CLASSIFICATION OF NUCLEAR REACTORS

Nuclear reactors are classified based on the purpose, type of fission, fuel and moderators used, etc. The main heads in which the classification is done are

1. **Purpose :**

    Research and Development Reactors : For testing new reactor designs and research.

    Production : For converting fertile materials into fissile materials.

    Power : For electric energy generation.

2. **Type of Fission :**

   Slow : Neutron kinetic energy less than 0.1 eV.

   Intermediate : Neutron kinetic energy between 0.1 eV and 0.1 MeV.

   Fast : Neutron kinetic energy 1 MeV or so.

5. **Fuel Used :**

   Natural uranium, Enriched uranium, Plutonium.

4. **State of Fuel :**

   Solid, Liquid.

5. **Fuel Cycle :**

   Burner (Thermal) : Designed for producing heat only without any recovery of converted fertile material.

   Converter : Converts fertile materials into a fissile material different from the initially fed into the reactor. γ is less than 1.

   Breeder : Converts fertile material into fissile material, which is the same as that initially fed into the reactor. γ is more than 1.

6. **Arrangement of Fissile and Fertile Material :**

   One Region : Fissile and fertile material mixed.

   Two Region : Fissile and fertile material separate.

7. **Arrangement of Fuel and Moderator :**

   Homogeneous : Fuel and moderator mixed.

   Heterogeneous : Fuel in discrete lumps in moderator.

8. **Moderator Material :**

   Heavy water, Graphite, Ordinary water, Beryllium, Organic.

9. **Cooling System :**

   Direct : The liquid fuel circulated from the reactor to heat exchanger where steam is generated.

   Indirect : Coolant passed through the reactor and then through the heat exchanger for steam generation.

10. **Coolant Used :**

    Gas, water, heavy water, liquid metal.

    A comparison of different power plants is given in the table below for various power plants.

Table 5.1 : Comparison of various power plants

Sr. No.	Point of comparison	Steam power plant	Nuclear power plant	Diesel power plant	Gas turbine power plant	Hydro power plant
1.	Site	Located near load centre.	Location depends on availability of water and away from populated area.	Installed anywhere.	Located near gas supply points.	Away from load centre. Depends on head of water available. Higher than steam power plant.
2.	Capital cost (Initial cost)	Low in comparison with nuclear plants.	Very high.	Low.	Low.	Higher than steam power plant.
5.	Cost of fuel	High.	Very low.	Less than steam power plant.	Low.	Zero.
4.	Operating cost	Very high compared to nuclear plant.	Low.	Very high.	High.	Practically zero.
5.	Maintenance cost	High w.r.t. hydro and diesel plants.	Higher.	Low.	Higher than all except diesel plants.	Very low.
6.	Source of fuel	Limited	Unlimited	Limited	Limited	Unlimited (depends on rain)
7.	Transmission and distribution cost	Comparatively low	Comparatively low	Very low	Less than hydro plants and more than other plants.	High due to location in remote place.
8.	Reliability	Less reliable	Reliable.	Less reliable.	Less reliable.	Highly reliable.
9.	Working (load)	Base load station	Base load station.	Peak or standby power plant.	Peak or standby power plant.	Base load or peak load plant.

A Nuclear Reactor is a device in which nuclear chain reactions are initiated, controlled and sustained at a steady rate (as opposed to a nuclear bomb, in which the chain reaction occurs in a fraction of a second and is completely uncontrolled). The nuclear reactors are inside the two cylindrical containment buildings in the foreground behind are the cooling towers (venting water vapour).

Nuclear reactors are used for many purposes. The most significant current use is for the generation of electrical power.

Currently, all commercial nuclear reactors are based on nuclear fission and are considered problematic by some for their safety and health risks. Conversely, some consider nuclear power to be a safe and pollution-free method of generating electricity. Fusion power is an experimental technology based on nuclear fusion instead of fission.

5.18 NUCLEAR REACTORS

In most electric power plants, water is heated and converted into steam, which drives a turbine-generator to produce electricity. Fossil-fueled power plants produce heat by burning coal, oil or natural gas. In a nuclear power plant, the fission of Uranium atoms in the reactor provides the heat to produce steam for generating electricity. (See Fig. 5.10)

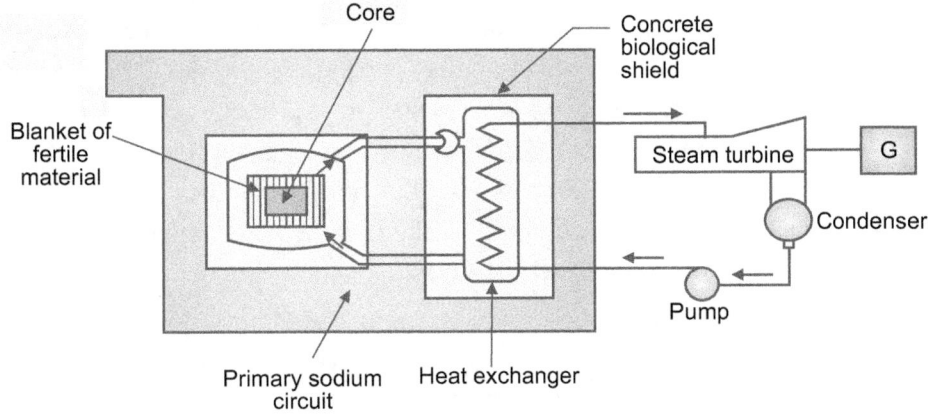

Fig. 5.10 : Main parts of a nuclear power plant

Several commercial reactor designs are currently in use in United States. The most widely used design consists of a heavy steel pressure vessel surrounding a reactor core. The reactor core contains the Uranium fuel. The fuel is formed into cylindrical ceramic pellets about one-half inch in diameter, which are sealed in long metal tubes called fuel tubes. The pins are arranged in groups to make a fuel assembly. A group of fuel assemblies forms the core of the reactor.

5.18.1 How they Work

Heat is produced in a nuclear reactor when neutrons strike Uranium atoms causing them to fission in a continuous chain reaction. Control elements, which are made of materials that absorb neutrons, are placed among the fuel assemblies. When the control elements, or control rods as they are often called, are pulled out of the core, more neutrons are available and the chain reaction speeds up, producing more heat. When they are inserted into the core, more neutrons are absorbed, and the chain reaction slows or stops, reducing the heat.

Most commercial nuclear reactors use ordinary water to remove the heat created by the fission process. These are called light water reactors. The water also serves to slow down, or 'moderate' the neutrons. In this type of reactor, the chain reaction will not occur without the water to serve as a moderator. In United States, two different light-water reactor designs are currently in use, the Pressurized Water Reactor (PWR) and the Boiling Water Reactor (BWR).

5.18.2 Pool-Type Reactor

Pool-type reactors are a type of nuclear reactor that has a core immersed in an open pool of water. The reactor core consisting of the fuel elements and the control rods is situated in an open water pool. The water acts as neutron moderator, cooling agent and radiation shield. The layer of water above the reactor core shields the radiation so completely that operators may work above the reactor in total safety. This design has two major advantages : the reactor is easily accessible and the whole primary cooling system i.e. the pool water, is under normal pressure. This avoids high temperatures and great pressures of nuclear power plants. Popularly, called a "swimming pool reactor", they are used as a source of neutrons and for training, and in rare instances for process heat but not for electrical generation. Life boats and life savers are often located around the facility to rescue personnel that may fall into the pool, adding further to the appearance of a pool-like environment. Most Research reactors are of the pool type.

5.18.3 Pressurized Water Reactor (PWR)

In a PWR, the nuclear fuel heats the water in the primary coolant loop by thermal conduction through the fuel cladding. (See Fig. 5.11) (The primary coolant loop is shown in the schematic as a dashed line inside the container.)

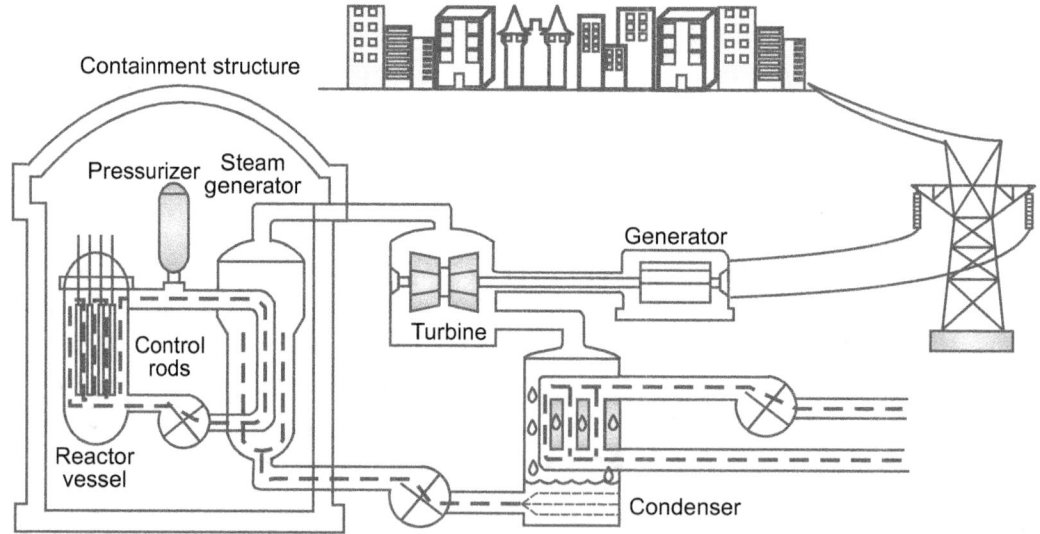

Fig. 5.11 : Pressurized water reactor

The hot water is pumped into a certain type of heat exchanger called steam generator, which allows the primary coolant to heat up the secondary coolant (shown as the loop steam generator ∅ turbine ∅ condenser). The transfer of heat is accomplished without mixing the two fluids since the primary coolant is necessarily radioactive, but it is desirable to avoid this for the secondary coolant. The steam formed in the steam generator is allowed to flow through a steam turbine, and the energy extracted by the turbine is used to drive an electric generator. In nuclear submarines, the electricity is fed to an electric engine used for propulsion, whereas, in a nuclear power station, the generator is connected to the electric grid for distribution, as shown above. After passing through the turbine, the secondary coolant is cooled down in a condenser before being fed into the steam generator again. This reduces the pressure at the turbine outlet, which helps improve thermal efficiency.

Two things are characteristic for the Pressurized Water Reactor (PWR) when compared with other reactor types :

In a PWR, there are two separate coolant loops (primary and secondary), which are both filled with ordinary water (also called light water). A boiling water reactor, by contrast, has only one coolant loop, while more exotic designs such as breeder reactors use substances other than water for the task.

The pressure in the primary coolant loop is at typically 16 Megapascal, notably higher than in other nuclear reactors. As an effect of this, the gas laws guarantee that the primary coolant loop's water will never boil during the normal operation of the reactor. By contrast, in a boiling water reactor, the primary coolant is allowed to boil and in some designs fed directly to the turbine without the use of a secondary loop.

Advantages :

- PWR reactors are very stable due to their tendency to produce less power as temperatures increase, this helps reduce the chance of losing control of the chain reaction.
- PWR reactors can be operated with a core containing less fissile material than is required for them to go prompt critical. This significantly reduces the chance that the reactor will run out of control and makes PWR designs very safe.
- Because PWR reactors use enriched uranium as fuel, they can use ordinary water as a moderator rather than the much more expensive heavy water.

Disadvantages :

- The coolant water must be heavily pressurized to remain liquid at high temperatures. This puts strong requirements on the piping and pressure vessel and hence increases construction costs.

- Most pressurized water reactors cannot be refuelled while operating. This limits the efficiency of the reactor and also means it has to go off-line for comparatively long periods of time.

- The very hot water coolant with boric acid dissolved in it is corrosive to steel, causing radioactive corrosion products to circulate the primary coolant loop. This not only limits the lifetime of the reactor, but the systems that filter out the corrosion products add significantly to the overall cost of the reactor.

- Water absorbs neutrons making it necessary to enrich the uranium fuel, which increases the costs of fuel production. If heavy water is used, it is possible to operate the reactor with natural uranium, but production of heavy water requires large amounts of energy and is hence expensive.

- Because water acts as a neutron moderator, it is not possible to build a fast neutron reactor with a PWR design. For this reason, it is not possible to build a fast breeder reactor with water coolant. It is however possible to build a thermal breeder reactor using heavy water coolant.

- Because the reactor produces energy slower at higher temperatures, a sudden cooling of the reactor coolant (such as a leak allowing cold water from the secondary loop to enter the primary loop) could produce power at rates that may result in damage to the reactor fuel.

5.18.4 Boiling Water Reactor (BWR)

A **Boiling Water Reactor (BWR)** is a type of light-water nuclear reactor developed by the General Electric Company in the mid 1950s. In contrast to the pressurized water reactor (PWR), in a BWR the steam going to the turbine that powers the electrical generator is produced in the reactor core rather than in steam generators or heat exchangers. There is a single circuit in a BWR in which the water is at lower pressure (about 75 times atmospheric pressure) than in a PWR so that it boils in the core at about 285ºC. The reactor is designed to operate with 12 - 15% of the volume of the two-phase coolant flow (the "void fraction") in the top part of the core as steam, resulting in less moderation, lower neutron efficiency and lower power density than in the bottom part of the core. In comparison, there is no significant boiling allowed in a PWR because of the high pressure maintained in its primary loop (about 158 times atmospheric pressure). Refer Fig. 5.12.

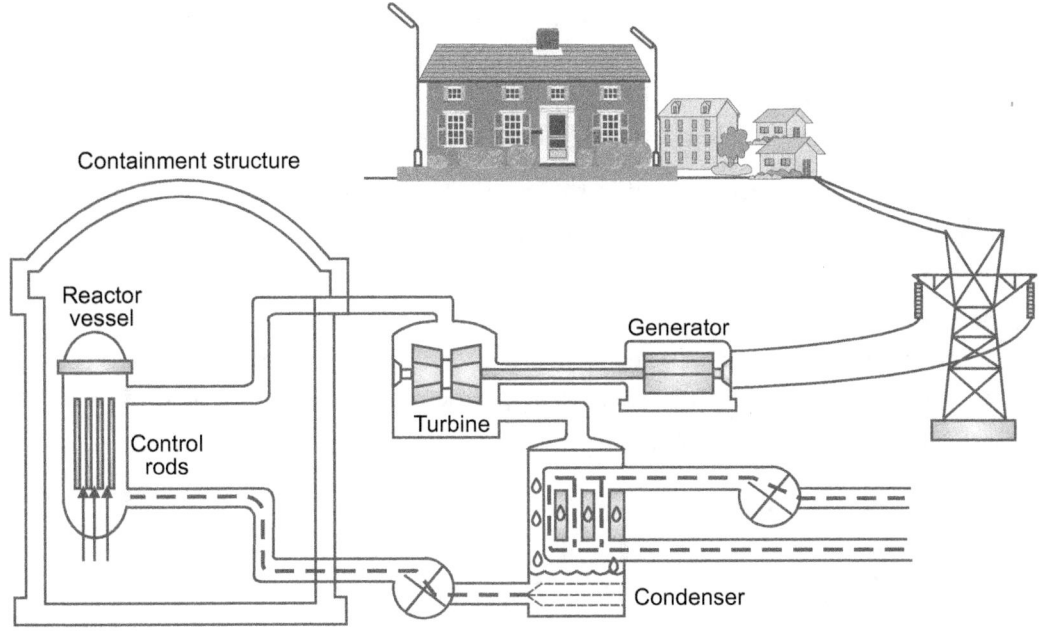

Fig. 5.12 : Boiling water reactor

Reactor power is controlled via two methods : by inserting or withdrawing control rods and by changing the water flow through the reactor core.

Positioning (withdrawing or inserting) control rods is the normal method for controlling power when starting up the reactor and operating upto approximately 70% of rated power. As control rods are withdrawn, neutron absorption decreases in the control material and increases in the fuel, so reactor power increases. As control rods are inserted, neutron absorption increases in the control material and decreases in the fuel, so reactor power decreases.

Changing (increasing or decreasing) the flow of water through the core is the normal method for controlling power when operating between approximately 70% and 100% of rated power. As flow of water through the core is increased, steam bubbles ("voids") are more quickly removed from the core, the amount of liquid water in the core increases, neutron moderation increases, more neutrons are slowed down to be absorbed by the fuel, and reactor power increases. As flow of water through the core is decreased, steam voids remain longer in the core, the amount of liquid water in the core decreases, neutron moderation decreases, fewer neutrons are slowed down to be absorbed by the fuel, and reactor power decreases.

Steam produced in the reactor core passes through steam separators and dryer plates above the core and then directly to the turbine, which is part of the reactor circuit. Because the water around the core of a reactor is always contaminated with traces of radionuclides, the turbine must be shielded during normal operation, and radiological protection must be provided during maintenance. The increased cost related to the operation and maintenance of a BWR tends to balance the savings due to the simpler design and greater thermal efficiency of a BWR when compared with a PWR.

In the event of an emergency that disables all of the safety systems, each reactor is surrounded by a containment building designed to seal off the reactor from the environment.

A modern BWR fuel assembly comprises 74 to 100 fuel rods, and there are upto approximately 800 assemblies in a reactor core, holding upto approximately 140 tonnes of uranium. The number of fuel assemblies in a specific reactor is based on considerations of desired reactor power output, reactor core size and reactor power density.

Advantages :

- The reactor vessel and associated components operate at a substantially lower pressure (about 75 times atmospheric pressure) compared to a PWR (about 158 times atmospheric pressure).
- Pressure vessel is subject to significantly less irradiation compared to a PWR, and so does not become as brittle with age.
- Operates at a lower nuclear fuel temperature.

Disadvantages :

- Complex operational problems due to the utilization of the nuclear fuel in the fuel elements during power production due to "two phase fluid flow" (water and steam).
- Much larger pressure vessel than for a PWR of similar power, with correspondingly higher cost. (However, the overall cost is reduced, because a modern BWR has no main steam generators and associated piping.)
- Contamination of the turbine by fission products (less of a factor with modern fuel technology).
4. Shielding and access control around the steam turbine are required during normal operations due to the radiation levels arising from the steam entering directly from the reactor core.
5. Control rods must be inserted from below, and can hence not fall into the reactor under their own weight in case of a total power loss.

5.18.5 Pressurized Heavy Water Reactor (PHWR)

A **Pressurized Heavy Water Reactor (PHWR)** is a nuclear power reactor that uses unenriched natural uranium as its fuel and heavy water as a moderator (deuterium oxide D_2O). The heavy water is kept under pressure in order to raise its boiling point, allowing it to be heated to higher temperatures and thereby carry more heat out of the reactor core.

While heavy water is expensive, the reactor can operate without expensive fuel enrichment facilities thus balancing the costs.

The current installed examples of pressurized heavy water reactors are to be superseded by more advanced designs in the future such as The Advanced Heavy Water Reactor (AHWR) being researched at BARC in India and by the Advanced CANDU Reactor under development by AECL in Canada.

Operation :

In the CANDU-based design, heavy water is contained in a large tank called a calandria. Several hundred horizontal or vertical pressure tubes form channels for the fuel penetrate the calandria. As in the pressurized light water reactor, the primary coolant generates steam in a secondary circuit to drive the turbines. The pressure tubes containing the fuel rods can be individually opened, and the fuel rods changed without taking the reactor out of service. This reactor has the least down-time of any known type.

Purpose of using Heavy Water :

The key to maintaining a nuclear reaction within a nuclear reactor is to use the neutrons being released during fission to stimulate fission in other nuclei. With careful control over the geometry and reaction rates, this can lead to a self-sustaining chain reaction, a state known as "criticality".

The "trick" to making a working reactor is to slow some of the neutrons to the point where their probability of causing nuclear fission in U^{255} increases to a level that permits a sustained chain reaction in the uranium as a whole. This requires the use of a neutron moderator, which absorbs some of the neutrons' kinetic energy, slowing them down to an energy comparable to the thermal energy of the moderator nuclei themselves (leading to the terminology of "thermal neutrons" and "thermal reactors").

Water makes an excellent moderator; the hydrogen atoms in the water molecules are very close in mass to a single neutron, and thus have a potential for high energy transfer, similar conceptually to the collision of two billiard balls. However, in addition to being a good moderator, water is also fairly effective at absorbing neutrons. Using water as a moderator will absorb enough neutrons that there will be too few left over to react with the small amount of U^{255} in the fuel, again precluding criticality in natural uranium. Instead, light water reactors first enhance the amount of U^{255} in the uranium, producing enriched uranium, which generally contains between 5% and 5% U^{255} by weight (the waste from this process is known as depleted uranium, consisting primarily of U^{255}. In this enriched form, there is enough U^{255} to react with the water-moderated neutrons to maintain criticality.

5.18.6 Advanced Gas-Cooled Reactor

An Advanced Gas Cooled Reactor (AGR) is a type of nuclear reactor. These are the second generation of British gas-cooled reactors, using graphite as the neutron moderator and carbon dioxide as a coolant. The AGR was developed from the Magnox reactor, operating at a higher gas temperature for improved efficiency, and using enriched uranium fuel so requiring less frequent refueling. All AGR power stations are configured with two reactors, each reactor with a power output of between 555 MWe and 625 MWe. Refer Fig. 5.13.

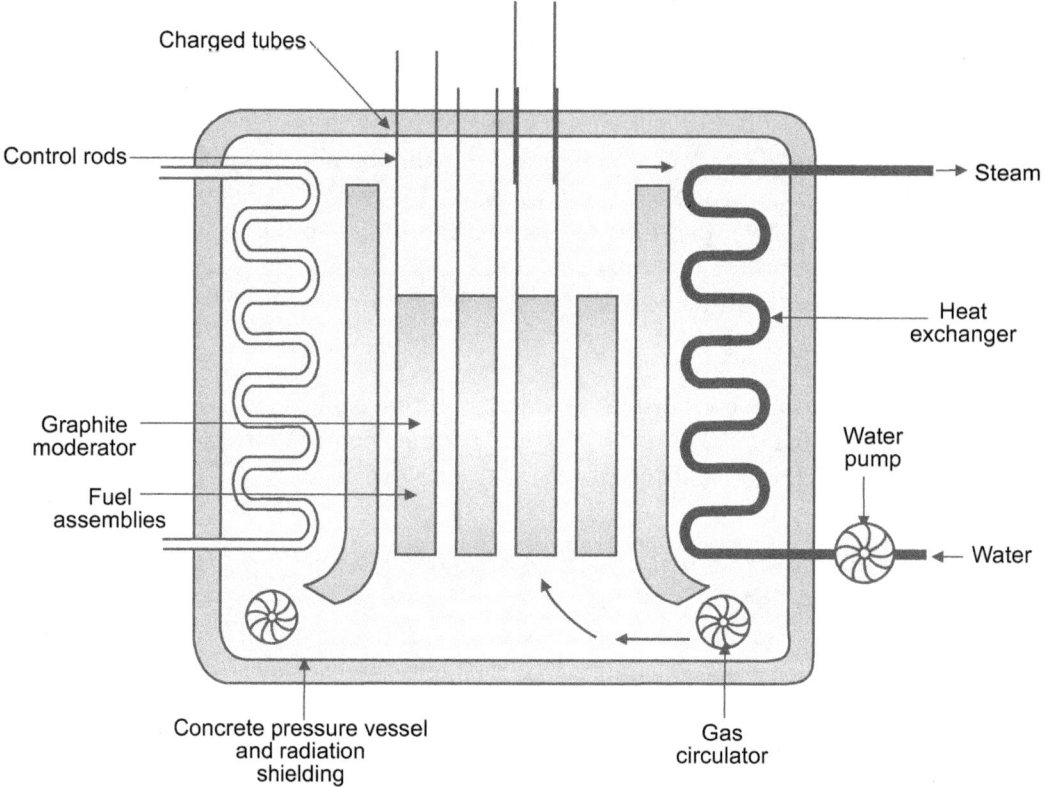

Fig. 5.13 : Advanced gas-cooled reactor (Note that the heat exchanger is contained within the steel-reinforced concrete combined pressure vessel and radiation shield)

The fuel is uranium dioxide pellets, enriched to 2.5 - 5.5%, in stainless steel tubes. The original design concept of AGR was to use a beryllium based cladding. When this proved unsuitable, the enrichment level of the fuel was raised to allow for the higher neutron capture losses of stainless steel cladding. This significantly increased the cost of the power produced by an AGR. The carbon dioxide coolant circulates through the core, reaching 640°C and a pressure of around 40 bar, and then passes through boiler (steam generator) assemblies outside the core but still within the steel lined, reinforced concrete pressure vessel. Control rods penetrate the graphite moderator and a secondary shutdown system involves injecting nitrogen into the coolant or releasing boron ball shutdown devices.

The AGR has a good thermal efficiency (electricity generated/heat generated ratio) of about 41%, which is better than modern pressurized water reactors which have a typical thermal efficiency of 54%. This is largely due to the higher coolant outlet temperature of about

640°C practical with gas cooling, compared to about 525°C for PWRs. However, the reactor core has to be larger for the same power output, and the fuel burnup ratio at discharge is lower so the fuel is used less efficiently, countering the thermal efficiency advantage.

5.18.7 Fast Breeder Reactor

The **Fast Breeder** or **Fast Breeder Reactor (FBR)** is a fast neutron reactor designed to breed fuel by producing more fissile material than it consumes. The FBR is one possible type of breeder reactor.

As of 2006, all large-scale FBR power stations have been **Liquid Metal Fast Breeder Reactor (LMFBR)** reactors cooled by liquid sodium. These have been of one of two designs :

Loop type, in which the primary coolant is circulated through primary heat exchangers external to the reactor tank (but within the biological shield owing to the presence of radioactive sodium-24 in the primary coolant).

Prototype FBRs have also been built cooled by other liquid metals such as mercury, lead and NaK, and one generation IV reactor proposal is for a helium cooled FBR.

FBRs usually use a mixed oxide fuel core of upto 20% plutonium dioxide (PuO_2) and

at least 80% uranium dioxide (UO_2). The plutonium used can be from reprocessed civil or dismantled nuclear weapons sources. Surroundings the reactor core is a blanket of tubes containing non-fissile uranium U-258 which, by capturing fast neutrons from the reaction in the core, is partially converted to fissile plutonium 259 (as is some of the uranium in the core), which can then be reprocessed for use as nuclear fuel. No moderator is required as the reactions proceed well with fast neutrons. Early FBRs used metallic fuel, either highly enriched uranium or plutonium.

Fast reactors typically use liquid metal as the primary coolant, to cool the core and heat the water used to power the electricity generating turbines. Sodium is the normal coolant for large power stations, but lead and NaK have both been used successfully for smaller generating rigs. Some early FBRs used mercury. One advantage of mercury and NaK is that they are both liquids at room temperature, which is convenient for experimental rigs but less important for pilot or full scale power stations.

Liquid sodium leaving the core contains radioactive sodium-24. This is a short-lived radio-isotope, but its presence necessitates keeping the entire primary coolant loop within a biological shield.

5.19 ADVANCED REACTORS

More than a dozen advanced reactor designs are in various stages of development. Some are evolutionary from the PWR, BWR and PHWR designs above, some are more radical departures. The former include the Advanced Boiling Water Reactor (ABWR), two of which are now operating with others are under construction. The best-known radical new design is the Pebble Bed Modular Reactor (PBMR), a High Temperature Gas Cooled Reactor (HTGCR).

The Clean And Environmentally Safe Advanced Reactor (CAESAR) is a nuclear reactor concept that uses steam as a moderator - this design is still in development.

Generation IV Reactors :

Even more advanced reactors are also on the drawing boards. These are the Generation IV reactors, which are divided into six overall design classes.

(1) Gas cooled fast reactor,
(2) Lead cooled fast reactor,
(5) Molten salt reactor,
(4) Sodium-cooled fast reactor,
(5) Supercritical water reactor,
(6) Very high temperature reactor.

5.20 NUCLEAR FUEL CYCLE

Thermal reactors generally depend on refined and enriched uranium. Some nuclear reactors can operate with a mixture of plutonium and uranium. The process by which uranium ore is mined, processed, enriched, used, possibly reprocessed and disposed of is known as the nuclear fuel cycle.

Uranium is sampled and mined as other metals are, via open-pit mining or leach mining. Raw uranium ore found in the United States ranges from 0.05% to 0.5% uranium oxide. Uranium ore is not rare; the largest probable resources, extractable at a low cost.

The raw ore is then milled, where it is ground and chemically leached.

Under 1% of the uranium found in nature is the easily fissionable U-255 isotope and as a result most reactor designs require enriched fuel. Enrichment involves increasing the percentage of U-255 and is usually done by means of gaseous diffusion or gas centrifuge. The enriched result is then converted into uranium dioxide powder, which is pressed and fired onto pellet form. These pellets are stacked into tubes which are then sealed and called fuel rods. Many of these fuel rods are used in each nuclear reactor.

Most BWR and PWR commercial reactors use uranium enriched to about 4% U-255, many research reactors use highly enriched, or weapons grade uranium, while some commercial reactors with a high neutron economy do not require the fuel to be enriched at all.

5.21 FUELING OF NUCLEAR REACTORS

The amount of energy in the reservoir of nuclear fuel is frequently expressed in terms of "full-power days", which is the number of 24-hour periods (days) a reactor is scheduled for operation at full power output for the generation of heat energy. The number of full-power days in a reactor's operating cycle (between refueling outage times) is related to the amount of fissile uranium-255 (U-255) contained in the fuel assemblies at the beginning of the cycle. A higher percentage of U-255 in the core at the beginning of a cycle will permit the reactor to be run for a greater number of full-power days.

At the end of the operating cycle, the fuel in some of the assemblies is "spent", and is discharged and replaced with new (fresh) fuel assemblies. Although in practice, it is the buildup of reaction poisons in nuclear fuel that determines the lifetime of nuclear fuel in a reactor, long before all possible fissions have taken place, the buildup of long-lived neutron absorbing fission products damps out the chain reaction.

The amount of energy extracted from nuclear fuel is called its "burn up", which is expressed in terms of the heat energy produced per initial unit of fuel weight. Burn up is commonly expressed as megawatt days thermal per metric ton of initial heavy metal.

5.22 WASTE MANAGEMENT

The final stage of the nuclear fuel cycle is the management of the still highly radioactive, "spent" fuel, which constitutes the most problematic component of the nuclear waste stream. After fifty years of nuclear power the question of how to deal with this material remains fraught with safety concerns and technical problems, and one of the most important lines of criticism of the industry is based on the long-term risks and costs associated with dealing with the waste.

Management of the spent fuel can include various combinations of storage, reprocessing and disposal.

Another, more permanent method of disposal of high-level nuclear waste calls for the material to be buried deep underground in certain geological formations. The Canadian government, for example, is seriously considering this method of disposal, known as the **Deep Geological Disposal** concept. Under the current plan, a vault is to be dug 500 to 1000 meters below ground, under the Canadian Shield, one of the most stable landforms on the planet.

The Finnish government has already started building a vault to store nuclear waste 500 to 1000 meters below ground, not far from the nuclear plant at Olkiluoto.

Storing high level nuclear waste above ground for century or so is considered appropriate by many scientists. This allows for the material to be more easily observed and any problems detected and managed, while the decay over this time period significantly reduces the level of radioactivity and the associated harmful effects to the container material. It is also considered likely that over the next century newer materials will be developed which will not break down as quickly when exposed to a high neutron flux thus increasing the longevity of the container once it is permanently buried.

Reprocessing is attractive in principle because :

  (1) It can recycle nuclear fuel and

  (2) It can prepare the waste material for disposal.

Considerable experience with reprocessing in France however, has indicated that a one way fuel cycle based on extracting and processing fresh supplies of uranium and storing the spent fuel is more economical than reprocessing, not the least because in the process of plutonium extraction, the volume of high-level liquid radioactive waste increases about 17-fold.

The present status of power generation in India is given below :

Present Status of Power Generation in India
(A) Ongoing Projects

Sr. No.	Name of Project	Capacity (in MWs)	Expected Commissioning
1.	West Seti HEP	750	2009
2.	Middle Kolab and Lower Kolab Small Hydro Electric Project	57	2007
5.	Korba Thermal Power Plant	500	2008
4.	Samal HEP	20	2007
5.	Malana-II HEP in Himachal Pradesh	100	2007
6.	Maithon Right Bank Thermal Power Project	1000	2009-10
7.	Gas Based Project in Eash Godavari, AP [Ph-II]	740	2008
8.	Karcham Wangtoo HEP in Himachal Pradesh	1000	2009
9.	Thermal Power Project in T.N.	1000	2008
10.	Small HEP at Ghanshali in Uttaranchal	22.5	2006
11.	Small HEP in Orissa	10	2006
12.	LNG/Gas Based Project in Gujarat	270	2008
15.	In-house Refinery Residue Based Project in Jamnagar, Gujarat	1200	2006
14.	Gas Based Project in Haryana	260	2007
15.	Natural Gas Based CCP Plant in Tripura	280	2006-07
16.	Gas Based Power Project in Agartala, Tripura	60	2006-07
17.	Small HEP in Orissa	12	2006-07
18.	Thermal Power Project in Vishakapatnam, A.P.	250	2007
20.	Various Projects in the Country	5000	------
21.	Coal Based Plant in Orissa	100	2007
22.	Budhil HEP in Himachal Pradesh	70	2008
25.	Coal Based Thermal Power Project in Chattisgarh	500	2008
24.	Natural Gas Based Power Project in Tamil Nadu	1875	2009
25.	Combined Cycle Gas Project in Gujarat	595	2009
26.	Combined Cycle Gas Project in Gujarat	595	2009

Total = 16049 MW

(B) Nuclear Power Plants In Operation In India

	Unit - Location	Type	Capacity (MWe)	Date of Commercial Operation
1.	TAPS-1 Tarapur, Maharashtra	BWR	160	28 Oct. 1969
2.	TAPS-2 Tarapur, Maharashtra	BWR	160	28 Oct. 1969
5.	RAPS-1 Rawatbhata, Rajasthan	PHWR	100	16 Dec. 1975
4.	RAPS-2 Rawatbhata, Rajasthan	PHWR	200	01 April 1981
5.	MAPS-1 Kalpakkam, Tamilnadu	PHWR	220	27 Jan. 1984
6.	MAPS-2 Kalpakkam, Tamilnadu	PHWR	220	21 March 1986
7.	NAPS-1 Narora, Uttar Pradesh	PHWR	220	01 Jan. 1991
8.	NAPS-2 Narora, Uttar Pradesh	PHWR	220	01 July 1992
9.	KAPS-1 Kakrapar, Gujarat	PHWR	220	06 May 1995
10.	KAPS-2 Kakrapar, Gujarat	PHWR	220	01 Sep. 1995
11.	KAIGA-1 Kaiga, Karnataka	PHWR	220	16 Nov. 2000
12.	KAIGA-2 Kaiga, Karnataka	PHWR	220	16 March 2000
15.	RAPS-5 Rawatbhata, Rajasthan	PHWR	220	01 June 2000
14.	RAPS-4 Rawatbhata, Rajasthan	PHWR	220	25 Dec. 2000
15.	TAPS-4 Tarapur, Maharashtra	PHWR	540	12 Sept. 2005
16.	TAPS-5 Tarapus, Maharashtra	OHWR	540	18 August 2006

Total = 5900

(C) An Overview

Projects	No. of Projects	Commissioned Capacity (MW)
NTPC Owned		
Coal	14	21595
Gas/liq. Fuel	07	5955
Total	21	25550
Owned By JVCs		
Coal	5	514
Gas/liq. Fuel	1	740
Grand Total	25	26404
Captive under JVs with SAIL ** under JV with GAIL, FIs and MSEB		

(i) Coal Based Power Stations

Sr. No.	Coal Based	State	Commissioned Capacity (MW)
1.	Singrauli	Uttar Pradesh	2000
2.	Korba	Chattisgarh	2100 @
5.	Ramagundam	Andhra Pradesh	2600
4.	Farakka	West Bengal	1600 @
5.	Vindhyachal	Madhya Pradesh	2760 @
6.	Rihand	Uttar Pradesh	2000
7.	Kahalgaon	Bihar	840 @
8.	NTCPP	Uttar Pradesh	840 @
9.	Talcher Kaniha	Orissa	5000
10.	Unchahar	Uttar Pradesh	1050
11.	Talcher Thermal	Orissa	460
12.	Simhadri	Andhra Pradesh	1000
15.	Tanda	Uttar Pradesh	440
14.	Badarpur	Delhi	705
	Total (Coal)		21595

@ Additional Capacity Under Implementation

Vindhyachal Stage III Unit II 500 MW

- Kahalgaon Stage II
  - Phase I 1000 MW (2 × 500 MW) - Phase II 500 MW (1 × 500 MW)
- Korba Stage III 500 MW (1 × 00 MW)
- Farakka Stage III 500 MW (1 × 500 MW) (Main Plant Award yet to be issued)
- NCTPP Stage II 980 MW (2 × 490 MW) (Main Plant Award Placed for Unit I and yet to be placed for Unit II)

(ii) Gas/Liquid Fuel Based Power Stations

Sr. No.	Coal Based	State	Commissioned Capacity (MW)
15.	Anta	Rajasthan	415
16.	Auraiya	Uttar Pradesh	652
17.	Kawas	Gujarat	645
18.	Dadri	Uttar Pradesh	817
19.	Jhanor - Gandhar	Gujarat	648
20.	Rajiv Gandhi at Kayamkulam	Kerala	550
21.	Faridabad	Haryana	450
	Total (Gas)		5955

(iii) Power Plants With Joint Ventures

Sr. No.	Coal Based	State	Fuel	Commissioned capacity (MW)
22.	Durgapur	West Bengal	Coal	120
25.	Rourkela	Orissa	Coal	120
24.	Bhilai	Chhattisgarh	Coal	74 @
25.	RGPPL	Maharashtra	Naptha/LPG	740
	Total (JV)			1054
	Grand total (Coal + Gas + JV)			26404
	Additional capacity under implementation • Bhilai 500 MW (2 × 250 MW)			

(D) India's Hydroelectric Power Plants (100 MW and Greater)

Power Plant	Location		Total Capacity
	River(s)	State	(MW)
Koyna I - IV	Koyna	Maharashtra	1920
Sharavathi	Sharavathi	Karnataka	1055
Dehar	Beas; Satluj	Rajasthan	990
Kalinadi Nagjhari	Kalinadi	Karnataka	840
Nagarjuna Sagar	Krishna	Andhra Pradesh	810
Idduki	Idduki	Kerala	780
Srisailam Right Bank	Krishna	Andhra Pradesh	770
Bhakra right Bank	Satluj	Rajasthan	710
Salal	Chenab	Jammu & Kashmir	690
Ranjit Sagar	Ranjit	Punjab	600
Upper Indravati	Indravati	Orissa	600
Kundah	Kundah	Tamil Nadu	555
Bhakra Left Bank	Satluj	Rajasthan	540
Uri I	Jhelum	Jammu & Kashmir	480
Lower Sileru	Godavari	Andhra Pradesh	460
Srisailam Left Bank	krishna	Andhra Pradesh	450

...Conti.

Ranganadi I	Ranganadi; Dikrong	Arunachal Pradesh	405
Kadampari	Cauvery	Tamil Nadu	400
Koteshwar	Bhagirathi	Uttar Pradesh	400
Balimela	Machkund	Orissa	560
Pong	Beas	Himachal Pradesh	560
Upper Kolab	Kolab	Orissa	520
Bansagar	Sone	Madhya Pradesh	515
Hirakud	Mahanadi	Orissa	508
Ukai	Tapti	Gujarat	505
Rihand	Rihand	Uttar Pradesh	500
Sabarigiri	Anathodu; Pamba	Kerala	500
Rengali	Brahmani	Orissa	250
Chibro	Yamuna	Uttaranchal	240
Kanada	Mahi	Gujarat	240
Upper Sileru	Godavari	Andhra Pradesh	240
Varahi	Varahi	Karnataka	250
Mukerian	Beas	Punjab	207
Kopili	Umrong	Assam	200
Mettur Tunnel	Cauvery	Tamil Nadu	200
Ramganga	Ramganga	Uttaranchal	198
Baira Siul	Siul	Himachal Pradesh	180
Gerusuppa	Sharavathi	Karnataka	180
Lower Periyar	Periyar	Kerala	180
Rana Pratap Sagar	Chambal	Rajasthan	172
Pench	Narmada	Madhya Pradesh	160
Bhira PSS*	n/a	Maharashtra	150
Kadra	Bethi; Kalinadi	Karnataka	150
Chilla	Ganga	Uttaranchal	144
Mahi Bajaj Sagar	Mahi	Rajasthan	140
Periyar	Periyar	Tamil Nadu	140

...Conti.

Anandpur Sahib	n/a	Punjab	154
Bhira	n/a	Maharashtra	152
Subernrekha	Subernrekha	Jharkhand	150
Upper Sindh	Sindh	Jammu & Kashmir	127
Kuttiadi	Kuttiadi	Kerala	125
Hasdeobango	n/a	Chattisgarh	120
Jog	Sharavathi	Karnataka	120
Khodri	Tons	Uttaranchal	120
Kodasalli	Kalinadi	Karnataka	120
Lower Mettur	Cauvery	Tamil Nadu	120
Sanjay Bhaba	Bhaba Khad	Himachal Pradesh	120
Tanakpur	Sarda	Uttaranchal	120
Gandhi Sagar	Chambal	Madhya Pradesh	115
Machkund	Machkund	Andhra Pradesh	115
Umiam	Umiam	Meghalaya	114
Shanan (Uhl I)	Uhl	Pubjab	110
Loktak I	Leimatak	Manipur	105
Lower Jhelum	Jhelum	Jammu & Kashmir	105
Kalinadi Supa	Kalinadi	Karnataka	100
Kodayar	Kodayar	Tamil Nadu	100

(E) India's Largest Windpower Facilities (10 MW and greater)

Power Plant	Location		Total Capacity (MW)
	City	State	
Vankusawade Wind Park	Satara Dist.	Maharashtra	250
Cape Comorim	Cape Comorim	Tamil Nadu	55
Kayathar Subhash	Kayathar	Tamil Nadu	50
Ramakkalmedu	Ramakkalmedu	Kerala	25
Muppandal Wind	Muppandal	Tamil Nadu	22
Gujdimangalam	Gujdimangalam	Tamil Nadu	21
Puthlur RCI	Puthlur	Andhra Pradesh	20
Lamda Danida	Lamda	Gujarat	15

...Conti.

Chennai Mohan	Chennai	Tamil Nadu	15
Jamgudrani MP	Dewas	Madhya Pradesh	14
Jogmatti BSES	Chitradurga	Karnataka	14
Perungudi Newam	Perungudi	Tamil Nadu	12
Kethanur Wind Farm	Kethanur	Tamil Nadu	11
Hyderabad APSRTC	Hyderabad	Andhra Pradesh	10
Muppandal Madras	Muppandal	Tamil Nadu	10
Poolavadi Chettinad	Poolavadi	Tamil Nadu	10

(F) Mini Hydel Plants

Potential available - 15000 MW
Installed capacity - 1550 MW
Projects under implementation - 610 MW

(G) Diesel Engine Power Plants

Power Plant	City	State	Fuel	MW
Chennai Vasavi	Chennai	Tamil Nadu	Oil	200
Whitefield Ind. Park	Bangalore	Karnataka	Oil	158
Velahanka	Bangalore	Karnataka	Oil	152
Kozhikode	Kozhikode	Kerala	Oil	128
Brahmapuram	Kochi	Kerala	Oil	110
Samayanallur	Samayanallur	Tamil Nadu	Oil	106
Samalpatti	Samilpatti	Tamil Nadu	Oil	105

(H) Gas Turbine Combined Cycle Power Plants

Power Plant	City	State	Fuel	MW
Uran	Ransai Dam	Maharashtra	Natural gas (N.G.)	912
Tahbol	Ratanagiri Dist.	Maharashtra	Naphtha	826
Iadri (Gas-fired section)	Dadri	Uttar Pradesh	N.G.	817
Kawas	Surat	Gujarat	Naphtha	656
Paguthan	Paguthan	Gujarat	N.G.	655
Auriaya	Etawah	Uttar Pradesh	N.G.	652
Gandhar	Bharuch	Gujarat	N.G.	618
Hazira Essar	Hazira	Gujarat	N.G.	450
Anta	Baran	Rajasthan	N.G.	415

...Conti.

Kondapalli	Kondapalli	Andhra Pradesh	N.G.	549
Pillaiperumalnallur	Pallaiperumalnallur	Tamil Nadu	N.G.; Naphtha	550
Pragati	New Delhi	Delhi Territory	N.G.	550
Kathalguri	Dibrugarh Dist.	Assam	N.G.	291
Indraprastha GT	New Delhi	Delhi Territory	N.G.	282
Vijjeswaran	Vijjeswaran	Andhra Pradesh	N.G.	272
Peddapuram	Peddapuram	Andhra Pradesh	Naphtha	220
Godavari	Kakinda	Andhra Pradesh	N.G.	210
Tanir Bavi Barge	Mangalore	Karnataka	Oil	208
Jegurupadu	Jegurupadu	Andhra Pradesh	N.G.	205
Trombay (Gas-fired section)	Mumbai	Maharashtra	N.G.	180
Kochi-Kerala	Kochi	Kerala	Naphtha	175
Hazira GSEG	Surat Dist.	Gujarat	N.G.	159
Baroda GIPCL	Baroda	Gujarat	N.G.	108
Utran	Utran	Gujarat	N.G.	155
Lakwa	Lakwa	Assam	N.G.	120
Kovikalappal	Nagaiquaid-E. Milloth Dist.	Tamil Nadu	Oil	108
Perungulam	Perungulam	Tamil Nadu	N.G.	105
Vatwa	Vatwa	Gujarat	N.G.	100

(I) Conventional Gas Turbine Power Plants

Power Plant	Location		Fuel	Total Capacity (MWe)
	City	State		
Baroda GIPCL	Baroda	Gujarat	Natural Gas	216
Pampore	Pampore	Jammu & Kashmir	Oil	175
Hazira RIL	Hazira	Gujarat	Natural Gas	165
South Bassein	Bassein	Maharashtra	Oil	152
Jamnagar RIL	Jamnagar	Gujarat	Naphtha	152
Basin Bridge	Chennai	Tamil Nadu	Naphtha	124
Haldia Chemicals	Haldia	West Bengal	Natural Gas	104
Anola	Anola	Uttar Pradesh	Natural Gas	100

QUESTIONS

1. What do you understand by hydrograph and flow duration curve ? Explain with diagrams.
2. What are the points to be considered while selecting the site for HEPP ?
3. Give the classification of HEPP.
4. Explain medium head and low head plants with suitable diagrams.
5. Write a note on capacity calculations of HEPP.
6. Discuss different types of water turbines.
7. discuss governing of hydraulic turbines.
8. Discuss HEPP auxiliaries.
9. Discuss cost of HEPP.
10. Give advantages and disadvantages of HEPP.
11. How are nuclear power plants classified ?
12. Distinguish between : (i) nuclear fission and fusion, (ii) fission and fissile material.
13. What considerations have to be kept in mind while sitting a nuclear power plant ?
14. What are the functions of
    (i) Moderator
    (ii) Control rods
    (iii) Coolant.
15. Write a note on 'shielding against nuclear radiations'.
16. What are the main components of a nuclear power plant.
17. With a brief sketch explain a boiling water reactor (BWR) and pressurised water reactor (PWR).
18. Explain the working of a CANDU reactor with a sketch.

CHAPTER SIX

NUMERICAL SOLUTION OF ORDINARY DIFFERENTIAL EQUATIONS

6.1 INTRODUCTION

Differential Equations occur in Engineering Sciences as mathematical models of physical phenomena. When differential equations are formulated under simplifying assumptions they are easy to solve and yield analytical solution. However, differential equations representing detailed analysis are complicated in nature and quite often it is not possible to obtain an exact solution. Numerical methods are required to be used to solve such class of differential equations. In this chapter, we shall consider the solution of ordinary differential equation of the form

$$\frac{dy}{dx} = f(x, y) \qquad \ldots (1)$$

with specified initial condition $(x_0) = y_0$.

When x varies in the interval (x_0, x_{n+1}), the specification of the condition at the starting value x_0 of the interval is called initial condition. Problem of solution of a differential equation with given initial condition is called an **initial value problem**. From an initial condition of the form $y(x_0) = y_0$, we develop methods for finding $y(x_1) = y(x_0 + h)$, $y(x_2) = y(x_1 + h)$, $y(x_3) = y(x_2 + h)$, ... , etc. where h is a suitably chosen step length. These methods can be extended to solve system of first order differential equations together with a set of initial conditions. Such system of equations is usually expressed in the form

$$\frac{dy_1}{dx} = f_1(x, y_1, y_2, \ldots y_n)$$

$$\frac{dy_2}{dx} = f_2(x, y_1, y_2, \ldots y_n) \qquad \ldots (2)$$

$$\ldots\ldots\ldots\ldots\ldots\ldots\ldots$$

$$\frac{dy_n}{dx} = f_n(x, y_1, y_2, \ldots y_n)$$

with initial conditions

$$y_1(x_0) = a_1, \quad y_2(x_0) = a_2, \ldots\ldots, y_n(x_0) = a_n \qquad \ldots (3)$$

As we have seen earlier, our attempt is to find $y_1 = y(x_1)$, $y_2 = y(x_2)$, ... $y_{n+1} = y(x_{n+1})$ (where $x_{n+1} = x_n + h$) from the initial condition $y_0 = y(x_0)$, where h is the step length.

If a method which evaluates y at $x = x_{n+1}$ requires knowledge of only y at $x = x_n$ and nowhere else, then such a method is called *single step method*. In this method, from the given initial condition $y(x_0) = y_0$, we obtain y_1 at $x = x_1 = x_0 + h$ then knowing the value of y at $x = x_1$, value of y at $x = x_2 = x_1 + h$, ... and so on are found out. The solution is developed step by step.

If the estimate of $y(x_{n+1})$ does not depend solely on estimate of $y(x_n)$ but depends on some other intermediate values between the interval $x_0 < x < x_n$ then such a method of solving the differential equation is called *multi-step method*. In Engineering problems we are also encountered with boundary value problems where solution of differential equation has to satisfy the conditions at end points x_0 and x_{n+1} of the interval (x_0, x_{n+1}).

In what follows we shall now discuss following methods of numerical solution of ordinary differential equations :

      Taylor's Series Method

      Euler's Method

      Modified Euler's Method

      Runge-Kutta Method

6.2 TAYLOR'S SERIES METHOD

We consider the differential equation

$$\frac{dy}{dx} = f(x, y) \qquad \ldots (1)$$

which is to be solved, subject to the initial condition $x = x_0$, $y = y_0$.

If $y = f(x)$ is the solution of (1), then the Taylor's series expansion about $x = x_0$, gives

$$y = f(x) = f(x_0) + (x - x_0) f'(x_0) + \frac{(x - x_0)^2}{2!} f''(x_0) + \frac{(x - x_0)^3}{3!} f'''(x_0) + \ldots \qquad \ldots (2)$$

or we can write,

$$y = y_0 + (x - x_0) y_0' + \frac{(x - x_0)^2}{2!} y_0'' + \frac{(x - x_0)^3}{3!} y_0''' + \ldots \ldots \qquad (3)$$

Derivatives y_0', y_0'', ... can be found from the equation (1) by successive differentiation while y_0 is known from the initial condition.

Remark : Taylor's series method is powerful single step method if we can find the successive derivatives easily.

ILLUSTRATIONS

Ex. 1 : *Solve the equation* $5x \frac{dy}{dx} + y^2 - 2 = 0$, *subject to the conditions at* $x = 4$, $y = 1$ *finding the solution for* $4 < x < 4.4$.

Sol. : Given differential equation is

$$5x\, y' + y^2 - 2 = 0, \quad x_0 = 4, \quad y_0 = 1 \qquad \ldots(1)$$

Differentiating,

$$5x\, y'' + 5y' + 2y\, y' = 0$$
$$5x\, y''' + 10y'' + 2y\, y'' + 2y'^2 = 0$$
$$5x\, y^{iv} + 15y''' + 2y\, y''' + 6y'\, y'' = 0 \qquad \ldots(2)$$
$$5x\, y^{v} + 20y^{iv} + 2y\, y^{iv} + 8y'\, y''' + 6y''^2 = 0$$

Putting $x_0 = 4$, $y_0 = 1$ in (1), we get

$$y_0' = \frac{2 - y_0^2}{5x_0} = 0.05$$

Similarly by putting $x = 4$, $y = 1$ in above equations and using the values of y_0', y_0'', y_0''', ... calculated from (2), we get

$$y_0'' = -0.0175, \quad y_0''' = 0.01015, \quad y_0^{iv} = -0.0845, \quad y_0^{v} = 0.008998125.$$

By Taylor's series, we have

$$y = y_0 + (x - x_0)\, y_0' + \frac{(x - x_0)^2}{2!} y_0'' + \frac{(x - x_0)^3}{3!} y_0''' + \ldots \qquad \ldots(3)$$

Substituting the values of y_0, y_0', y_0'', y_0''', y_0^{iv}, y_0^{v} in (3), we get the series

$$y = f(x) = 1 + 0.05\,(x - 4) - 0.00875\,(x - 4)^2 + 0.0017083\,(x - 4)^3$$
$$- 0.0003521\,(x - 4)^4 + 0.00007498\,(x - 4)^5 \qquad \ldots(4)$$

Substituting $x = 4.1, 4.2, 4.3, 4.4$ in (4), we tabulate

x	4	4.1	4.2	4.3	4.4
y	1.000000	1.004914	1.009663	1.014256	1.018701

Remark : In obtaining above result we have used step lengths as $h = 0.1, 0.2, 0.3$ and 0.4.

In fact more accurate procedure would be to find y_1 at $x = x_0 + h = 4 + 0.1 = 4.1$ as 1.004914 and then again obtain Taylor's series with x_0, y_0 as 4.1 and 1.004914 respectively for obtaining solution $x_2 = 4.2$, $y_2 = 1.009663$ and so on.

To find y at x = 4.5, we use $x_0 = 4.4$, $y_0 = 1.018701$ and obtain Taylor's expansion by calculating y_0', y_0'', ... etc. as

$$y_0' = 0.043739, \quad y_0'' = -0.01399, \quad y_0''' = 0.00748, \ldots$$

$$\therefore \ y]_{x=4.5} = 1.018701 + 0.043739 (x - 4.4)$$
$$- 0.00700 (x - 4.4)^2 + 0.00125 (x - 4.4)^3 + \ldots$$

For x = 4.4, we get
$$y]_{x=4.4} = 1.018701 + 0.004374 - 0.000070 - 0.000001 = 1.023006$$

Here all the computations are performed correct upto six decimal places.

Ex. 2 : *Solve the equation* $2 \dfrac{d^2y}{dx^2} = 3x \dfrac{dy}{dx} - 9y + 9$ *with* $y(0) = 1$, $y'(0) = -2$ *to estimate y for x = 0.1, 0.2.*

Sol. : Given differential equation is

$$2y'' = 3xy' - 9y + 9, \quad x_0 = 0, \ y_0 = 1, \ y_0' = -2. \qquad \ldots (1)$$

Differentiating,

$$\begin{aligned} 2y''' &= 3x\,y'' - 6y' \\ 2y^{iv} &= 3x\,y''' - 3y'' \\ 2y^{v} &= 3x\,y^{iv} \\ 2y^{vi} &= 3x\,y^{v} + 3y^{iv} \\ 2y^{vii} &= 3x\,y^{vi} + 6y^{v} \end{aligned} \qquad \ldots (2)$$

Putting $x_0 = 0$, $y_0 = 1$, and y_0' in (1); we get

$$y_0'' = \frac{1}{2} [3x_0 y_0' - 9y_0 + 9] = 0$$

Similarly, by putting $x_0 = 0$, $y_0 = 1$, $y_0' = -2$ and $y_0'' = 0$ in above equations (2), we obtain

$$y_0''' = -3y_0' = 6, \quad y_0^{iv} = 0, \ y_0^{v} = 0, \ y_0^{vi} = 0, \ y_0^{vii} = 0.$$

Hence Taylor's expansion is

$$y = y_0 + (x - x_0) y_0' + \frac{(x-x_0)^2}{2!} y_0'' + \frac{(x-x_0)^3}{3!} y_0''' + \ldots$$

$$y = 1 + xy_0' + \frac{x^2}{2} y_0'' + \frac{x^3}{6} y_0'''$$

$$y = 1 - 2x + x^3$$

$$y]_{x=0.1} = 1 - 2(0.1) + (0.1)^3 = 0.801$$

$$y]_{x=0.2} = 1 - 2(0.2) + (0.2)^3 = 0.68$$

6.3 EULER'S METHOD

Taylor's series method discussed in the previous section yield the solution of a differential equation in the form of power series. We will now describe methods which give the solution in the form of tabulated values (i.e. discrete set of y_n values for argument values x_n).

Consider the differential equation

$$\frac{dy}{dx} = f(x, y) \qquad \ldots (1)$$

which is to be solved, subject to initial condition $x = x_0$, $y = y_0$.

Suppose we want to obtain the value of y at $x = x_1 = x_0 + h$, $x = x_2 = x_1 + h$, $x = x_3 = x_2 + h, \ldots x = x_{n+1} = x_n + h$. Writing (1) as

$$dy = f(x, y)\, dx$$

Integrating both the sides, with limits of y as y_0 to y_1 which correspond to limits of x as x_0 to x_1, we get

$$\int_{y_0}^{y_1} dy = \int_{x_0}^{x_1} f(x, y)\, dx$$

We assume that for the interval (x_0, y_0), $f(x, y)$ remains stationary as $f(x_0, y_0)$.

$$\therefore \quad y_1 - y_0 = f(x_0, y_0)\, [x]_{x_0}^{x_1}$$

$$= (x_1 - x_0)\, f(x_0, y_0)$$

$$= h\, f(x_0, y_0)$$

$$\therefore \quad y_1 = y_0 + h\, f(x_0, y_0) \qquad \ldots (2)$$

Thus value of y at $x = x_1 = x_0 + h$ is calculated from the formula (2).

Proceeding in similar fashion, we shall get,

$$y_2 = y_1 + h\, f(x_1, y_1)$$
$$y_3 = y_2 + h\, f(x_2, y_2)$$
$$\ldots\ldots\ldots\ldots\ldots$$
$$\ldots\ldots\ldots\ldots\ldots$$
$$y_{n+1} = y_n + h\, f(x_n, y_n) \qquad \ldots (3)$$

which gives Euler's formula to find y at $x = x_1, x_2, \ldots\ldots, x_n$.

ILLUSTRATIONS

Ex. 1 : *Use Euler's method to solve the equation* **(May 2011)**

$$\frac{dy}{dx} = 1 + xy$$

Subject to the conditions at $x = 0$, $y = 1$ and tabulate y for $x = 0\,(0.1)\,0.5$.

Sol. : Here $f(x, y) = 1 + xy$, $h = 0.1$, $x_0 = 0$, $y_0 = 1$.

Successive application of formula (3) with $h = 0.1$ gives

Step 1 : $f(x_0, y_0) = 1 + x_0 y_0 = 1 + (0)(1) = 1$ $\quad\quad[x_0 = 0,\ y_0 = 1]$

$\therefore \quad\quad y_1 = y_0 + h\, f(x_0, y_0) = 1 + (0.1)(1) = 1.1$

Thus $\quad\quad y_1 = y]_{x=0.1} = 1.1$

Step 2 : $f(x_1, y_1) = 1 + x_1 y_1 = 1 + (0.1)(1.1) = 1.11$ $\quad\quad[x_1 = 0.1,\ y_1 = 1.1]$

$\therefore \quad\quad y_2 = y_1 + h\, f(x_1, y_1) = 1.1 + (0.1)(1.11) = 1.211$

Thus $\quad\quad y_2 = y]_{x=0.2} = 1.211$

Step 3 : $f(x_2, y_2) = 1 + x_2 y_2 = 1 + (0.2)(1.211) = 1.2422$ $\quad\quad[x_2 = 0.2,\ y_2 = 1.211]$

$\therefore \quad\quad y_3 = y_2 + h\, f(x_2, y_2) = 1.211 + (0.1)(1.2422) = 1.33522$

Thus $\quad\quad y_3 = y]_{x=0.3} = 1.3352$ $\quad\quad$ (rounding to fourth decimal place)

Step 4 : $f(x_3, y_3) = 1 + x_3 y_3 = 1 + (0.3)(1.3352) = 1.40056$ $\quad[x_3 = 0.3,\ y_3 = 1.3352]$

$\therefore \quad\quad y_4 = y_3 + h\, f(x_3, y_3) = 1.3352 + (0.1)(1.40056) = 1.475246$

Thus, $\quad\quad y_4 = y]_{x=0.4} = 1.4753$

Step 5 : $f(x_4, y_4) = 1 + x_4 y_4 = 1 + (0.4)(1.4753) = 1.59012$ $\quad[x_4 = 0.4,\ y_4 = 1.4753]$

$\therefore \quad\quad y_5 = y_4 + h\, f(x_4, y_4) = 1.4753 + (0.1)(1.59012) = 1.634312$

Thus $\quad\quad y_5 = y]_{x=0.5} = 1.6343$

The tabulated solution is

x	0	0.1	0.2	0.3	0.4	0.5
y	1	1.1	1.211	1.3352	1.4753	1.6343

Ex. 2 : *(a) Use Euler's method to solve the ordinary differential equation*

$$\frac{dy}{dx} = -2x^3 + 12x^2 - 20x + 8.5$$

from $x = 0$ to $x = 4$ with step size of 0.5. The initial condition is $y(0) = 1$. **(Dec. 2005)**

(b) Giving proper example illustrate the effect of step size on stability of Euler's method.

Sol. : (a) Here $f(x, y) = -2x^3 + 12x^2 - 20x + 8.5$, $h = 0.5$, $x_0 = 0$, $y_0 = 1$

Successive application of formula (3) with $h = 0.5$ gives

Step 1 : $\quad\quad y_1 = y_0 + h\, f(x_0, y_0)$ $\quad\quad\quad\quad\quad\quad\quad\quad[x_0 = 0,\ y_0 = 1]$

$\quad\quad\quad\quad\quad = 1 + (0.5)[-2(0) + 12(0) - 20(0) + 8.5]$

$\quad\quad\quad\quad\quad = 5.25$

Step 2 : $y_2 = y_1 + h\, f(x_1, y_1)$ $[x_1 = 0.5,\ y_1 = 5.25]$
$= 5.25 + (0.5)\,[-2\,(0.5)^3 + 12\,(0.5)^2 - 20\,(0.5) + 8.5]$
$= 5.875$

Step 3 : $y_3 = y_2 + h\, f(x_2, y_2)$ $[x_2 = 1,\ y_2 = 5.875]$
$= 5.875 + (0.5)\,[-2\,(1)^3 + 12\,(1)^2 - 20\,(1) + 8.5]$
$= 5.125$

Step 4 : $y_4 = y_3 + h\, f(x_3, y_3)$ $[x_3 = 1.5,\ y_3 = 5.125]$
$= 5.125 + (0.5)\,[-2\,(1.5)^3 + 12\,(1.5)^2 - 20\,(1.5) + 8.5]$
$= 4.5$

Step 5 : $y_5 = y_4 + h\, f(x_4, y_4)$ $[x_4 = 2,\ y_4 = 4.5]$
$= 4.5 + (0.5)\,[-2\,(2)^3 + 12\,(2)^2 - 20\,(2) + 8.5]$
$= 4.75$

Step 6 : $y_6 = y_5 + h\, f(x_5, y_5)$ $[x_5 = 2.5,\ y_5 = 4.75]$
$= 4.75 + (0.5)\,[-2\,(2.5)^3 + 12\,(2.5)^2 - 20\,(2.5) + 8.5]$
$= 5.875$

Step 7 : $y_7 = y_6 + h\, f(x_6, y_6)$ $[x_6 = 3,\ y_6 = 5.875]$
$= 5.875 + (0.5)\,[-2\,(3)^3 + 12\,(3)^2 - 20\,(3) + 8.5]$
$= 7.125$

Step 8 : $y_8 = y_7 + h\, f(x_7, y_7)$ $[x_7 = 3.5,\ y_7 = 7.125]$
$= 7.125 + (0.5)\,[-2\,(3.5)^3 + 12\,(3.5)^2 - 20\,(3.5) + 8.5]$
$= 7$

The tabulated solution is solution by Euler's method.

x	0	0.5	1	1.5	2	2.5	3	3.5	4
y	1	5.25	5.875	5.125	4.5	4.75	5.875	7.125	7

It may be interesting to note that the exact solution obtained by direct integration satisfying the initial condition is

$$y = -\frac{x^4}{2} + 4x^3 - 10x^2 + 8.5x + 1$$

Exact solution : Solution when tabulated is

x	0	0.5	1	1.5	2	2.5	3	3.5	4
y	1	3.219	3	2.219	2	2.719	4	4.719	3

Comparison of the two solutions shows that approximate solution by Euler's method deviates too much from exact solution. This is because step size $h = 0.5$ is too large.

(b) Let us take step size h = 0.1 in the above problem. We shall calculate y at x = 0.5.

$y_1 = y_0 + h\, f(x_0, y_0)$ $\qquad [x_0 = 0,\ y_0 = 1]$
$\quad = 1 + (0.1)\,[-2\,(0)^3 + 12\,(0)^2 - 20\,(0) + 8.5]$
$\quad = 1.85$

$y_2 = y_1 + h\, f(x_1, y_1)$ $\qquad [x_1 = 0.1,\ y_1 = 1.85]$
$\quad = 1.85 + (0.1)\,[-2\,(0.1)^3 + 12\,(0.1)^2 - 20\,(0.1) + 8.5]$
$\quad = 2.5118$

$y_3 = y_2 + h\, f(x_2, y_2)$ $\qquad [x_2 = 0.2,\ y_2 = 2.5118]$
$\quad = 2.5118 + (0.1)\,[-2\,(0.2)^3 + 12\,(0.2)^2 - 20\,(0.1) + 8.5]$
$\quad = 3.2082$

$y_4 = y_3 + h\, f(x_3, y_3)$ $\qquad [x_3 = 0.3,\ y_3 = 3.2082]$
$\quad = 3.2082 + (0.1)\,[-2\,(0.3)^3 + 12\,(0.3)^2 - 20\,(0.3) + 8.5]$
$\quad = 3.5608$

$y_5 = y_4 + h\, f(x_4, y_4)$ $\qquad [x_4 = 0.4,\ y_4 = 3.5608]$
$\quad = 3.5608 + (0.1)\,[-2\,(0.4)^3 + 12\,(0.4)^2 - 20\,(0.4) + 8.5]$
$\quad = 3.79$

Thus, we have

y_{app} at $x = 0.5 = 3.79$ when $h = 0.1$
y_{app} at $x = 0.5 = 5.25$ when $h = 0.5$
y_{exact} at $x = 0.5 = 3.219$

It is observed that there is significant fall in the magnitude of the error when h is taken equal to 0.1 instead of 0.5.

This illustrates the effect of step size on the stability of Euler's method.

Remark : By taking h small enough, we tabulated the solution as a set of corresponding values of x and y. It is observed that the Euler's method is either too slow (in case of h small) or too inaccurate (in case h is not small) for practical use and a modification of it, known as the modified Euler's method, gives more accurate results.

6.3.1 Euler's Method to solve Differential Equation of Higher Order

Consider the differential equation

$$\frac{d^2y}{dx^2} = f\left(x, y, \frac{dy}{dx}\right) \qquad \ldots (1)$$

with condition at $x = x_0$, $y = y_0$, $y'(x_0) = y_0'$ specified.

To solve such an equation, we may take

$$\frac{dy}{dx} = z \quad \text{so that}$$

$$\frac{d^2y}{dx^2} = \frac{dz}{dx} = f(x, y, z)$$

Given equation of higher order is equivalent to system of simultaneous equations of first such as

$$\frac{dz}{dx} = f(x, y, z) \qquad \ldots (2)$$

$$\frac{dy}{dx} = z = \phi(x, y, z) \text{ (say)} \qquad \ldots (3)$$

with conditions at $x = x_0$, $y = y_0$, $z = z_0$ ($z_0 = y_0'$).

If h is the increment in x then values of z_1, y_1 at $x = x_0 + h$ are given by Euler's method discussed earlier as

$$z_1 = z_0 + h f(x_0, y_0, z_0)$$

$$y_1 = y_0 + h \phi(x_0, y_0, z_0)$$

In general, we have

$$z_{n+1} = z_n + h f(x_n, y_n, z_n) \qquad \ldots (4)$$

$$y_{n+1} = y_n + h \phi(x_n, y_n, z_n) \qquad \ldots (5)$$

ILLUSTRATION

Ex. 1 : *Solve the equation*

$$2\frac{d^2y}{dx^2} = 3x\frac{dy}{dx} - 9y + 9$$

subject to the conditions $y(0) = 1$, $y'(0) = -2$ using Euler's method and compute y for $x = 0.1 \, (0.1) \, (0.4)$.

Sol. : Given equation can be written as

$$\frac{d^2y}{dx^2} = \frac{3}{2} \times \frac{dy}{dx} - \frac{9}{2} y + \frac{9}{2} \qquad \ldots (1)$$

Let $\frac{dy}{dx} = z$ so that $\frac{d^2y}{dx^2} = \frac{dz}{dx}$ and therefore equation (1) is equivalent to the system

$$\frac{dz}{dx} = 1.5x \, z - 4.5y + 4.5 \qquad \ldots (2)$$

$$\frac{dy}{dx} = z \qquad \ldots (3)$$

With $x_0 = 0$, $y_0 = 1$, $z_0 = y'(0) = -2$.

Taking $h = 0.1$, we have

Step 1 : $\quad z_1 = z_0 + h f(x_0, y_0, z_0) \qquad [x_0 = 0, \, y_0 = 1, \, z_0 = -2]$

$\qquad\qquad\qquad = -2 + (0.1) [1.5 (0) (-2) - 4.5 (1) + 4.5]$

$\qquad\qquad\qquad = -2$

$$y_1 = y_0 + h\,z_0$$
$$= 1 + (0.1)(-2)$$
$$= 0.8$$

Step 2 :
$$z_2 = z_1 + h\,f(x_1, y_1, z_1) \qquad [x_1 = 0.1,\ y_1 = 0.8,\ z_1 = -2]$$
$$= -2 + (0.1)[1.5(0.1)(-2) - 4.5(0.8) + 4.5]$$
$$= -1.94$$
$$y_2 = y_1 + h\,z_1$$
$$= 0.8 + (0.1)(-2)$$
$$= 0.6$$

Step 3 :
$$z_3 = z_2 + h\,f(x_2, y_2, z_2) \qquad [x_2 = 0.2,\ y_2 = 0.6,\ z_2 = -1.94]$$
$$= -1.94 + (0.1)[1.5(0.2)(-1.94) - 4.5(0.6) + 4.5]$$
$$= -1.8182$$
$$y_3 = y_2 + h\,z_2$$
$$= 0.6 + (0.1)(-1.94) = 0.406$$

Step 4 :
$$z_4 = z_3 + h\,f(x_3, y_3, z_3) \qquad [x_3 = 0.3,\ y_3 = 0.406,\ z_3 = -1.8182]$$
$$= -1.8182 + (0.1)[1.5(0.3)(-1.8182) - 4.5(0.406) + 4.5]$$
$$= -1.6327$$
$$y_4 = y_3 + h\,z_3$$
$$= 0.41818 + (0.1)(-1.8182)$$
$$= 0.23636$$

Values when tabulated are

x	0	0.1	0.2	0.3	0.4
y	1	0.8	0.6	0.406	0.23636
dy/dx = z	−2	−2	−1.94	−1.8182	−1.6327

6.4 MODIFIED EULER'S METHOD

In modification of Euler's method while integrating

$$dy = f(x, y)\,dx$$

$f(x, y)$ is replaced by $\dfrac{f(x_0, y_0) + f(x_1, y_1)}{2}$ instead of $f(x_0, y_0)$.

$f(x_0, y_0)$ can be computed from known initial conditions. Initially y_1 is computed by using Euler's formula $y_1 = y_0 + h\,f(x_0, y_0)$ then $f(x_1, y_1)$ is computed.

The first modification of y_1 is obtained from the formula

$$y_1^{(1)} = y_0 + \frac{h}{2}[f(x_0, y_0) + f(x_1, y_1)]$$

Second modification is given by

$$y_1^{(2)} = y_0 + \frac{h}{2}[f(x_0, y_0) + f(x_1, y_1^{(1)})]$$

The nth modification is given by

$$y_1^{(n)} = y_0 + \frac{h}{2}[f(x_0, y_0) + f(x_1, y_1^{(n-1)})]$$

The procedure is terminated when successive modification do not show any change at prefixed decimal place, depending upon the desired accuracy of the result.

After finding y_1 with desired accuracy, same procedure is repeated to find y_2. Here again first computation of y_2 is made from Euler's formula $y_2 = y_1 + h\, f(x_1, y_1)$, where y_1 is already determined by modified Euler's formula.

Successive modification of y_2 are given by

$$y_2^{(n)} = y_1 + \frac{h}{2}[f(x_1, y_1) + f(x_2, y_2^{n-1})]$$

In this way, we can tabulate (x, y) for the desired interval $x_0 < x < x_n$.

ILLUSTRATIONS

As an illustration we shall solve the same problem (Ex. 1) which we have already solved by Euler's method.

Ex. 1 : *Solve the equation*

$$\frac{dy}{dx} = 1 + xy, \qquad x_0 = 0, \quad y_0 = 1$$

to find y at $x = 0.1$ and $x = 0.2$ using modified Euler's method taking $h = 0.1$.

Here $x_0 = 0$, $y_0 = 1$ and $h = 0.1$.

Sol. : As per our calculations of the previous problem,

$$f(x_0, y_0) = 1 + x_0 y_0 = 1$$
$$y_1 = y_0 + h\, f(x_0, y_0) = 1.1$$
$$f(x_1, y_1) = 1 + x_1 y_1 = 1 + (0.1)(1.1) = 1.11$$

(a) Now using modified Euler's method, improved values of y_1 are given by

Step 1 : $\quad y_1^{(1)} = y_0 + \dfrac{h}{2}[f(x_0, y_0) + f(x_1, y_1)] \quad [x_0 = 0, y_0 = 1, x_1 = 0.1, y_1 = 1.1]$

$$= 1.0 + \frac{0.1}{2}[1 + 1.11]$$

$$= 1.1055$$

Step 2 : $\because f(x_1, y_1^{(1)}) = 1 + (0.1)(1.1055) = 1.11055$

$\therefore \quad y_1^{(2)} = y_0 + \dfrac{h}{2} [f(x_0, y_0) + f(x_1, y_1^{(1)})]$

$\quad = 1 + \dfrac{(0.1)}{2} [1 + 1.11055] = 1.1055275$

If the accuracy is required upto fourth decimal place, we can accept $y_1 = 1.1055$. For better accuracy, we find further modification.

Step 3 : $\because f(x_1, y_1^{(2)}) = 1 + (0.1)(1.1055275) = 1.11055275$

$\therefore \quad y_1^{(3)} = y_0 + \dfrac{h}{2} [f(x_0, y_0) + f(x_1, y_1^{(2)})]$

$\quad = 1 + \dfrac{0.1}{2} [1 + 1.11055275]$

$\quad = 1.105527638$

Step 4 : $\because f(x_1, y_1^{(3)}) = 1 + (0.1)(1.105527638) = 1.1105527638$

$\therefore \quad y_1^{(4)} = y_0 + \dfrac{h}{2} [f(x_0, y_0) + f(x_1, y_1^{(3)})]$

$\quad = 1 + \dfrac{0.1}{2} [1 + 1.1105527638]$

$\quad = 1.105527638$

$y_1^{(3)}$ and $y_1^{(4)}$ do not show any change and the procedure is determined. Rounding at seventh decimal place, we can take

$\quad y_1 = 1.1055276$

(b) To obtain y_2, i.e., the value of y when $x = 0.2$, we first use Euler's formula.

$\because \quad f(x_1, y_1) = 1 + x_1 y_1 = 1 + (0.1)(1.1055276) = 1.11055276$

$\therefore \quad y_2 = y_1 + h f(x_1, y_1)$

$\quad = 1.1055276 + (0.1)(1.11055276)$

$\quad = 1.216582876$

$\quad = 1.21658 \quad$ (rounding at fifth decimal place)

$\quad f(x_2, y_2) = 1 + x_2 y_2 = 1 + (0.2)(1.21658) = 1.243316$

Now using modified Euler's method, improved values of y_2 are given by

Step 1 : $\quad y_2^{(1)} = y_1 + \dfrac{h}{2} [f(x_1, y_1) + f(x_2, y_2)]$

$\quad [x_1 = 0.1, y_1 = 1.1055276, x_2 = 0.2, y_2 = 1.21658]$

$\quad = 1.1055276 + \dfrac{0.1}{2} [1.11055276 + 1.243316]$

$\quad = 1.223221038$

$\quad = 1.22322 \quad$ (rounding at fifth decimal place)

Step 2 : $\therefore$ $f(x_2, y_2^{(1)}) = 1 + (0.2)(1.22322) = 1.244644$

$\therefore$ $y_2^{(2)} = y_1 + \dfrac{h}{2} [f(x_1, y_1) + f(x_2, y_2^{(1)})]$

$= 1.1055276 + \dfrac{0.1}{2} [1.11055276 + 1.244644]$

$= 1.223287438$

$= 1.22329$ (rounding at fifth decimal place)

Step 3 : $\therefore$ $f(x_2, y_2^{(2)}) = 1 + (0.2)(1.22329) = 1.244658$

$\therefore$ $y_2^{(3)} = y_1 + \dfrac{h}{2} [f(x_1, y_1) + f(x_2, y_2^{(2)})]$

$= 1.1055276 + \dfrac{0.1}{2} [1.11055276 + 1.244658]$

$= 1.223288138$

$= 1.22329$ (rounding at fifth decimal place)

Procedure is thus terminated as $y_2^{(2)}$ and $y_2^{(3)}$ agree upto fifth decimal place.

Ex. 2 : *Determine using modified Euler's method the value of y when x = 0.1, given that*

$$\dfrac{dy}{dx} = x^2 + y, \quad y(0) = 1 \qquad \text{(Dec. 2004, 2010)}$$

Sol. : Here, $f(x, y) = x^2 + y$, $x_0 = 0$, $y_0 = 1$ and we take $h = 0.05$

$f(x_0, y_0) = 1$

$y_1 = y_0 + h f(x_0, y_0) = 1 + (0.05)(1) = 1.05$

$f(x_1, y_1) = x_1^2 + y_1 = (0.05)^2 + 1.05 = 1.0525$

(a) Using modified Euler's method, improved values of y_1 are given by

Step 1 : $y_1^{(1)} = y_0 + \dfrac{h}{2} [f(x_0, y_0) + f(x_1, y_1)]$

$[x_0 = 0, y_0 = 1, x_1 = 0.05, y_1 = 1.05]$

$= 1 + \dfrac{0.05}{2} [1 + 1.0525] = 1.0513$

Step 2 : $\therefore$ $f(x_1, y_1^{(1)}) = (0.05)^2 + 1.0513 = 1.0538$

$\therefore$ $y_1^{(2)} = y_0 + \dfrac{h}{2} [f(x_0, y_0) + f(x_1, y_1^{(1)})]$

$= 1 + \dfrac{0.05}{2} [1 + 1.0538] = 1.0513$

Hence we take $y_1 = 1.0513$, which is correct to four decimal places.

(b) To obtain y_2, i.e. the value of y when x = 0.1, we first use Euler's formula.

$$\therefore \quad f(x_1, y_1) = x_1^2 + y_1 = (0.05)^2 + 1.0513 = 1.0538$$

$$\therefore \quad y_2 = y_1 + h\, f(x_1, y_1)$$

$$= 1.0513 + (0.05)(1.0538) = 1.1040$$

$$f(x_2, y_2) = x_2^2 + y_2 = (0.1)^2 + 1.1040 = 1.114$$

Improved values of y_2, using modified Euler's method are

Step 1 :
$$y_2^{(1)} = y_1 + \frac{h}{2}[f(x_1, y_1) + f(x_2, y_2)]$$

$$[x_1 = 0.05,\ y_1 = 1.0513,\ x_2 = 0.1,\ y_2 = 1.1040]$$

$$= 1.0513 + \frac{0.05}{2}[1.0538 + 1.114] = 1.1055$$

Step 2 : $\because\ f(x_2, y_2^{(1)}) = x_2^2 + y_2^{(1)} = (0.1)^2 + 1.1055 = 1.1155$

$$\therefore \quad y_2^{(2)} = y_1 + \frac{h}{2}[f(x_1, y_1) + f(x_2, y_2^{(1)})]$$

$$= 1.0513 + \frac{0.05}{2}[1.0538 + 1.1155] = 1.1055$$

Procedure is thus terminated as $y_2^{(1)}$ and $y_2^{(2)}$ agree upto fifth decimal place and we conclude that the value of y when x = 0.1 is 1.1055.

6.5 RUNGE-KUTTA METHODS

The Runge-Kutta methods are designed to give more greater accuracy with the advantage of requiring function values only at some selected points on the subinterval. Consider the differential equation

$$\frac{dy}{dx} = f(x, y), \quad y(x_0) = y_0 \qquad \ldots (1)$$

(A) Second Order Runge-Kutta Method :

If we substitute $y_1 = y_0 + h\, f(x_0, y_0)$ in the right hand side of modified Euler's formula, we obtain

$$y_1 = y_0 + \frac{h}{2}[f(x_0, y_0) + f(x_1, y_1)]$$

$$y_1 = y_0 + \frac{h}{2}[f(x_0, y_0) + f(x_0 + h,\ y_0 + h\, f(x_0, y_0))]$$

$$= y_0 + \frac{1}{2}[h\, f(x_0, y_0) + h\, f(x_0 + h,\ y_0 + h\, f(x_0, y_0))]$$

If we now set, $\quad k_1 = h\, f(x_0, y_0)$

$$k_2 = h\, f(x_0 + h,\ y_0 + k_1)$$

and $\quad k = \frac{1}{2}[k_1 + k_2]$

then the above equation becomes

$$y]_{x = x_0 + h} = y_0 + k \qquad \ldots (2)$$

which is the second order Runge-Kutta formula. The error in this formula can be shown to be of order h^3.

ILLUSTRATION

Ex. 1 : *Solve the equation*

$$\frac{dy}{dx} = y - x$$

by second order Runge-Kutta method, subject to the condition y(0) = 2 and calculate y at x = 0.2 taking h = 0.1.

Sol. : Here we take $f(x, y) = y - x$, $x_0 = 0$, $y_0 = 2$ and $h = 0.1$ and carry out the calculations in two steps.

Step 1 :
$$k_1 = h\,f(x_0, y_0) = h\,[y_0 - x_0] = (0.1)\,[2 - 0] = 0.2$$
$$k_2 = h\,f(x_0 + h, y_0 + k_1) = 0.1\,[(2 + 0.2) - (0 + 0.1)] = 0.21$$

and
$$k = \frac{1}{2}\,[k_1 + k_2] = \frac{1}{2}\,[0.2 + 0.21] = 0.205$$

$\therefore \quad y]_{x = 0.1} = y_1 = y_0 + k = 2 + 0.205 = 2.205$

Step 2 : For calculating y at x = 0.2, now $x_0 = 0.1$, $y_0 = 2.205$, $h = 0.1$

$$k_1 = h\,f(x_0, y_0) = 0.1\,[2.205 - 0.1] = 0.2105$$
$$k_2 = h\,f(x_0 + h, y_0 + k_1) = 0.1\,[(2.205 + 0.2105) - (0.1 + 0.1)]$$
$$= 0.22155$$

and
$$k = \frac{1}{2}\,[k_1 + k_2] = \frac{1}{2}\,[0.2105 + 0.22155] = 0.216025$$

$\therefore \quad y]_{x = 0.2} = y_2 = y_0 + k$
$$= 2.205 + 0.216025 = 2.421025$$

(B) Fourth Order Runge-Kutta Method :

A still more accurate and commonly used method of great practical importance is the classical Runge-Kutta method of fourth order which we call briefly Runge-Kutta method.

For computing the increment k of y corresponding to an increment h of x, fourth order Runge-Kutta formulae are

$$k_1 = h\,f(x_0, y_0)$$
$$k_2 = h\,f\left(x_0 + \frac{h}{2},\, y_0 + \frac{k_1}{2}\right)$$

$$k_3 = h f\left(x_0 + \frac{h}{2}, y_0 + \frac{k_2}{2}\right)$$

$$k_4 = h f(x_0 + h, y_0 + k_3)$$

and $$k = \frac{1}{6}(k_1 + 2k_2 + 2k_3 + k_4)$$

Then the required approximate value is given by

$$y]_{x = x_0 + h} = y_0 + k \qquad \ldots (3)$$

The error in this formula can be shown to be of order h^5.

Remark : The advantage of these methods is that the operation is identical whether the differential equation is linear or non-linear.

ILLUSTRATIONS

Ex. 1 : *Using fourth order Runge-Kutta method, solve the equation* $\frac{dy}{dx} = \sqrt{x + y}$ *subject to the conditions* $x = 0$, $y = 1$ *and find y at* $x = 0.2$ *taking* $h = 0.2$. **(Dec. 2004)**

Sol. : To determine y at $x = 0.2$, we have $x_0 = 0$, $y_0 = 1$ and $h = 0.2$.

We then obtain

$$k_1 = h f(x_0, y_0) = h\sqrt{x_0 + y_0} = (0.2)\sqrt{0 + 1} = 0.2$$

$$k_2 = h f\left(x_0 + \frac{h}{2}, y_0 + \frac{k_1}{2}\right) = h\sqrt{\left(x_0 + \frac{h}{2}\right) + \left(y_0 + \frac{k_1}{2}\right)}$$

$$= 0.2\sqrt{(0 + 0.1) + (1 + 0.1)} = 0.2191$$

$$k_3 = h f\left(x_0 + \frac{h}{2}, y_0 + \frac{k_2}{2}\right) = h\sqrt{\left(x_0 + \frac{h}{2}\right) + \left(y_0 + \frac{k_2}{2}\right)}$$

$$= 0.2\sqrt{(0 + 0.1) + (1 + 0.10955)} = 0.2120$$

$$k_4 = h f(x_0 + h, y_0 + k_3) = h\sqrt{(x_0 + h) + (y_0 + k_3)}$$

$$= 0.2\sqrt{(0 + 0.2) + (1 + 0.2120)} = 0.2377$$

and $$k = \frac{1}{6}(k_1 + 2k_2 + 2k_3 + k_4)$$

$$= \frac{1}{6}[0.2 + 2(0.2191) + 2(0.2120) + 0.2377]$$

$$= 0.2167$$

Hence $y]_{x = 0.2} = y_0 + k = 1 + 0.2167 = 1.2167$

Ex. 2 : *Using fourth order Runge-Kutta method, solve the equation* $\frac{dy}{dx} = \sqrt{x+y}$ *subject to the conditions* $x = 0$, $y = 1$ *to find y at* $x = 0.2$ *taking* $h = 0.1$. **(Dec. 2010)**

Sol. : We carry out the calculation in two steps.

Step 1 : Taking $h = 0.1$, and $x_0 = 0$, $y_0 = 1$, we shall first determine y at $x = 0.1$

$$k_1 = h f(x_0, y_0) = h\sqrt{x_0 + y_0} = (0.1)\sqrt{0+1} = 0.1$$

$$k_2 = h f\left(x_0 + \frac{h}{2}, y_0 + \frac{k_1}{2}\right) = h\sqrt{\left(x_0 + \frac{h}{2}\right) + \left(y_0 + \frac{k_1}{2}\right)}$$

$$= (0.1)\sqrt{(0 + 0.05) + (1 + 0.05)} = 0.1049$$

$$k_3 = h f(x_0 + h, y_0 + k_3) = h\sqrt{\left(x_0 + \frac{h}{2}\right) + \left(y_0 + \frac{k_2}{2}\right)}$$

$$= (0.1)\sqrt{(0 + 0.05) + (1 + 0.05245)} = 0.1050$$

$$k_4 = hf(x_0 + h, y_0 + k_3) = h\sqrt{(x_0 + h) + (y_0 + k_3)}$$

$$= (0.1)\sqrt{(0 + 0.1) + (1 + 0.1050)} = 0.1098$$

and $\quad k = \frac{1}{6}(k_1 + 2k_2 + 2k_3 + k_4)$

$$= \frac{1}{6}[(0.1) + 2(0.1049) + 2(0.1050) + 0.1098]$$

$$= 0.1049$$

giving $\quad y]_{x=0.1} = y_0 + k = 1 + 0.1049 = 1.1049$

Step 2 : To calculate y at $x = 0.2$, we take $x_0 = 0.1$, $y_0 = 1.1049$ and $h = 0.1$

$$k_1 = h f(x_0, y_0) = h\sqrt{x_0 + y_0} = (0.1)\sqrt{0.1 + 1.1049} = 0.1098$$

$$k_2 = h f\left(x_0 + \frac{h}{2}, y_0 + \frac{k_1}{2}\right) = h\sqrt{\left(x_0 + \frac{h}{2}\right) + \left(y_0 + \frac{k_1}{2}\right)}$$

$$= (0.1)\sqrt{(0.1 + 0.05) + (1.1049 + 0.0549)} = 0.1144$$

$$k_3 = h f\left(x_0 + \frac{h}{2}, y_0 + \frac{k_2}{2}\right) = h\sqrt{\left(x_0 + \frac{h}{2}\right) + \left(y_0 + \frac{k_2}{2}\right)}$$

$$= (0.1)\sqrt{(0.1 + 0.05) + (1.1049 + 0.0572)} = 0.1145$$

$$k_4 = h f(x_0 + h, y_0 + k_3) = h\sqrt{(x_0 + h) + (y_0 + k_3)}$$

$$= (0.1)\sqrt{(0.1 + 0.1) + (1.1049 + 0.1145)} = 0.1191$$

and $\quad k = \frac{1}{6}(k_1 + 2k_2 + 2k_3 + k_4)$

$\quad\quad\quad = \frac{1}{6}[0.1098 + 2(0.1144) + 2(0.1145) + 0.1191]$

$\quad\quad\quad = 0.1145$

Hence, $\quad y]_{x=0.2} = y_0 + k = 1.1049 + 0.1145 = 1.2194$

6.5.1 Runge-Kutta Method for Simultaneous First Order Differential Equations

The simultaneous differential equations of the type

$$\frac{dy}{dx} = f(x, y, z)$$

$$\frac{dz}{dx} = \phi(x, y, z) \quad\quad\quad \ldots (4)$$

with initial conditions $y(x_0) = y_0$ and $z(x_0) = z_0$ and can be solved by Runge-Kutta method.

Starting with initial conditions $x = x_0$, $y = y_0$, $z = z_0$ and taking step sizes for x, y, z to be h, k, l respectively, we have the following formulae for the Runge-Kutta method of fourth order.

$$k_1 = h\,f(x_0, y_0, z_0)$$
$$l_1 = h\,\phi(x_0, y_0, z_0)$$
$$k_2 = h\,f\left(x_0 + \frac{h}{2},\, y_0 + \frac{k_1}{2},\, z_0 + \frac{l_1}{2}\right)$$
$$l_2 = h\,\phi\left(x_0 + \frac{h}{2},\, y_0 + \frac{k_1}{2},\, z_0 + \frac{l_1}{2}\right)$$
$$k_3 = h\,f\left(x_0 + \frac{h}{2},\, y_0 + \frac{k_2}{2},\, z_0 + \frac{l_2}{2}\right)$$
$$l_3 = h\,\phi\left(x_0 + \frac{h}{2},\, y_0 + \frac{k_2}{2},\, z_0 + \frac{l_2}{2}\right)$$
$$k_4 = h\,f(x_0 + h,\, y_0 + k_3,\, z_0 + l_3)$$
$$l_4 = h\,\phi(x_0 + h,\, y_0 + k_3,\, z_0 + l_3)$$

and $\quad k = \frac{1}{6}(k_1 + 2k_2 + 2k_3 + k_4)$

$\quad\quad\quad l = \frac{1}{6}(l_1 + 2l_2 + 2l_3 + l_4)$

Then the required approximate values are given by

$$y]_{x=x_0+h} = y_0 + k \quad\quad\quad \ldots (5)$$
$$z]_{x=x_0+h} = z_0 + l$$

Remark : Second order differential equations can be broken up into system of simultaneous first order differential equations of type (4) and can be solved by using formula (5).

ILLUSTRATIONS

Ex. 1 : *Using Runge-Kutta method, solve the system of equations*

$$\frac{dy}{dx} = x + yz$$

$$\frac{dz}{dx} = x^2 - y^2$$

subject to $x_0 = 0$, $y_0 = 1$, $z_0 = \frac{1}{2}$ to find y and z at $x = 0.2$ taking $h = 0.2$.

Sol. : Here $f(x, y, z) = x + yz$ and $\phi(x, y, z) = x^2 - y^2$.

Initial conditions are $x_0 = 0$, $y_0 = 1$, $z_0 = \frac{1}{2}$ and $h = 0.2$.

$k_1 = h\, f(x_0, y_0, z_0)$
$\quad = (0.2)\,[0 + (1)(1/2)]$
$\quad = 0.1$

$k_2 = h\, f\left(x_0 + \frac{h}{2},\, y_0 + \frac{k_1}{2},\, z_0 + \frac{l_1}{2}\right)$
$\quad = (0.2)\,[(0 + 0.1) + (1 + 0.05)(0.5 - 0.1)]$
$\quad = 0.1040$

$k_3 = h\, f\left(x_0 + \frac{h}{2},\, y_0 + \frac{k_2}{2},\, z_0 + \frac{l_2}{2}\right)$
$\quad = (0.2)\,[(0 + 0.1) + (1 + 0.052)(0.5 - 0.08)]$
$\quad = 0.1084$

$k_4 = h\, f(x_0 + h,\, y_0 + k_3,\, z_0 + l_3)$
$\quad = (0.2)\,[(0 + 0.2) + (1 + 0.1084)(0.5 - 0.2193)]$
$\quad = 0.1022$

$l_1 = h\, \phi(x, y, z)$
$\quad = (0.2)\,[(0)^2 - (1)^2]$
$\quad = -0.2$

$l_2 = h\, \phi\left(x_0 + \frac{h}{2},\, y_0 + \frac{k_1}{2},\, z_0 + \frac{l_1}{2}\right)$
$\quad = (0.2)\,[(0 + 0.1)^2 - (1 + 0.05)^2]$
$\quad = -0.16$

$l_3 = h\, \phi\left(x_0 + \frac{h}{2},\, y_0 + \frac{k_2}{2},\, z_0 + \frac{l_2}{2}\right)$
$\quad = (0.2)\,[(0 + 0.1)^2 - (1 + 0.052)^2]$
$\quad = -0.2193$

$l_4 = h\, \phi(x_0 + h,\, y_0 + k_3,\, z_0 + l_3)$
$\quad = (0.2)\,[(0 + 0.2)^2 - (1 + 0.1084)^2]$
$\quad = -0.2377$

and $\quad k = \frac{1}{6}(k_1 + 2k_2 + 2k_3 + k_4)$

$\quad\quad = \frac{1}{6}[0.1 + 2(0.1040) + 2(0.1084) + 0.1022] = 0.1045$

$l = \frac{1}{6}(l_1 + 2l_2 + 2l_3 + l_4)$

$\quad = \frac{1}{6}[-0.2 - 2(0.16) - 2(0.2193) - 0.2377] = -0.1994$

Hence, $\quad y]_{x=0.2} = y_0 + k = 1 + 0.1045 = 1.1045$

$\quad\quad\quad\quad z]_{x=0.2} = z_0 + l = 0.5 - 0.1994 = 0.3006$

Ex. 2 : *Solve the equation* $\dfrac{d^2y}{dx^2} - y^2 \dfrac{dy}{dx} = x$, *subject to the conditions at* $x = 1$, $y = 2$, $\dfrac{dy}{dx} = 1$ *and calculate y at* $x = 1.2$ *taking* $h = 0.2$.

Sol. : To solve the above equation, we put $z = \dfrac{dy}{dx}$. Given equation then becomes

$$\dfrac{dz}{dx} - y^2 z = x$$

Second order equation is thus converted into simultaneous system

$$\dfrac{dy}{dx} = z$$

$$\dfrac{dz}{dx} = x + y^2 z$$

Here, $f(x, y, z) = z$ and $\phi(x, y, z) = x + y^2 z$

Initial conditions are $x_0 = 1$, $y_0 = 2$, $z_0 = \dfrac{dy}{dx} = 1$ and $h = 0.2$.

The system can be solved by the method used to solve the previous problem.

$k_1 = h f(x_0, y_0, z_0)$
$\quad = 0.2 (1) = 0.2$

$l_1 = h \phi (x_0, y_0, z_0)$
$\quad = (0.2)[1 + (2)^2 (1)] = 1.0$

$k_2 = h f\left(x_0 + \dfrac{h}{2}, y_0 + \dfrac{k_1}{2}, z_0 + \dfrac{l_1}{2}\right)$
$\quad = 0.2 (1 + 0.5)$
$\quad = 0.3$

$l_2 = h \phi\left(x_0 + \dfrac{h}{2}, y_0 + \dfrac{k_1}{2}, z_0 + \dfrac{l_1}{2}\right)$
$\quad = 0.2 [(1 + 0.1) + (2 + 0.1)^2 (1 + 0.5)]$
$\quad = 1.543$

$k_3 = h f\left(x_0 + \dfrac{h}{2}, y_0 + \dfrac{k_2}{2}, z_0 + \dfrac{l_2}{2}\right)$
$\quad = 0.2 (1 + 0.7715)$
$\quad = 0.3543$

$l_3 = h \phi\left(x_0 + \dfrac{h}{2}, y_0 + \dfrac{k_2}{2}, z_0 + \dfrac{l_2}{2}\right)$
$\quad = 0.2 [(1 + 0.1) + (2 + 0.15)^2 (1 + 0.7715)]$
$\quad = 1.8578$

$k_4 = h f(x_0 + h, y_0 + k_3, z_0 + l_3)$
$\quad = 0.2 (1 + 1.8578)$
$\quad = 0.5716$

$l_4 = h \phi (x_0 + h, y_0 + k_3, z_0 + l_3)$
$\quad = 0.2 [(1 + 0.2) + (2 + 0.3543)^2 (1 + 1.8578)]$
$\quad = 3.4080$

$$k = \frac{1}{6}[k_1 + 2k_2 + 2k_3 + l_4] = \frac{1}{6}[0.2 + 2(0.3) + 2(0.3543) + 0.5716] = 0.3467$$

$$l = \frac{1}{6}[l_1 + 2l_2 + 2l_3 + l_4] = \frac{1}{6}[1.0 + 2(1.543) + 2(1.8578) + 3.4080] = 1.8683$$

Hence, $y]_{x=1.2} = y_0 + k = 2 + 0.3467 = 2.3467$

$$z]_{x=1.2} = \frac{dy}{dx}\bigg]_{x=1.2} = z_0 + l = 1 + 1.8683 = 2.8683$$

MISCELLANEOUS EXAMPLES

Ex. 1 : Solve $\frac{dy}{dx} = x - y^2$ by Taylor's series method to calculate y at x = 0.4 in two steps. Initial values are x = 0, y = 1.

Sol. : Given differential equation is

$$y' = x - y^2, \quad x_0 = 0, \quad y_1 = 1$$

(a) To find y at x = 0.2, we use $x_0 = 0$, $y_0 = 1$ and h = 0.2.

The Taylor's series for y is given by

$$y = y_0 + h y_0' + \frac{h^2}{2!} y_0'' + \frac{h^3}{3!} y_0''' + \frac{h^4}{4!} y_0^{iv} + \ldots$$

The derivatives y_0', y_0'', … etc. are obtained thus

$y' = x - y^2,$ $y_0' = 0 - 1 = -1$

$y'' = 1 - 2yy'$ $y_0'' = 1 - 2(1)(-1) = 3$

$y''' = -2yy'' - 2(y')^2$ $y_0''' = -2(1)(3) - 2(-1)^2 = -8$

$y^{iv} = -2yy''' - 6y'y''$ $y_0^{iv} = -2(1)(-8) - 6(-1)(3) = 34$

Using these values, the Taylor's series becomes

$$y]_{x=0.2} = 1 + (0.2)(-1) + \frac{(0.2)^2}{2}(3) + \frac{(0.2)^3}{6}(-8) + \frac{(0.2)^4}{24}(34) + \ldots$$

$$= 1 - 0.2 + 0.06 - 0.01067 + 0.002267$$

$$= 0.8516$$

(b) To find y at x = 0.4, we use $x_0 = 0.2$, $y_0 = 0.8516$ and h = 0.2.

$$y_0' = (0.2) - (0.8516)^2 = -0.525$$

$$y_0'' = 1 - 2(0.8516)(-0.525) = 1.8942$$

$$y_0''' = -2(-0.525)(1.8942) - 2(-0.525)^2 = -3.78$$

$$y_0^{iv} = -2(0.8516)(-3.78) - 6(-0.525)(1.8942) = 12.405$$

Using these values, the Taylor's series becomes

$$y]_{x=0.4} = 0.8516 + (0.2)(-0.525) + \frac{(0.2)^2}{2}(1.8942)$$

$$+ \frac{(0.2)^3}{6}(-3.78) + \frac{(0.2)^4}{24}(12.405) + \ldots$$

$$= 0.8516 - 0.105 + 0.0379 - 0.00504 + 0.000827$$

$$= 0.7803$$

Ex. 2 : *Obtain by Taylor's series starting values for the numerical solution of*

$$\frac{dy}{dx} = 2y + 3e^x$$

at $x = 0.3$ with $h = 0.1$ and $x_0 = 0$, $y_0 = 1$. Compare the result with analytical solutions.

Sol. : Given differential equation is

$$y' = 2y + 3e^x$$

(a) To find y at $x = 0.1$, we use $x_0 = 0$, $y_0 = 1$ and $h = 0.1$. The derivatives y_0, y_0', y_0'', ... etc. are thus obtained as

$$y' = 2y + 3e^x \qquad y_0' = 2(1) + 3(1) = 5$$

$$y'' = 2y' + 3e^x \qquad y_0'' = 2(5) + 3 = 13$$

$$y''' = 2y'' + 3e^x \qquad y_0''' = 2(13) + 3 = 29$$

$$y^{iv} = 2y''' + 3e^x \qquad y_0^{iv} = 2(29) + 3 = 61$$

Thus the Taylor's series for the differential equation is

$$y = y_0 + h y_0' + \frac{h^2}{2!} y_0'' + \frac{h^3}{3!} y_0''' + \frac{h^4}{4!} y_0^{iv} + \ldots$$

$$= 1 + (0.1)(5) + \frac{(0.1)^2}{2}(13) + \frac{(0.1)^3}{6}(29) + \frac{(0.1)^4}{24}(61) + \ldots$$

Thus, $\quad y]_{x=0.1} = 1.5701$

(b) To find y at $x = 0.2$, we use $x_0 = 0.1$, $y_0 = 1.5701$, $h = 0.1$ and obtain

$$y_0' = 2(1.5701) + 3.3155 = 6.4557$$

$$y_0'' = 2(6.4557) + 3.3155 = 16.2270$$

$$y_0''' = 2(16.2270) + 3.3155 = 35.7695$$

$$y_0^{iv} = 2(35.7695) + 3.3155 = 74.8545$$

Thus by Taylor's series, we have

$$y]_{x=0.2} = 1.5701 + (0.1)(6.4557) + \frac{(0.1)^2}{2!}(16.2270)$$

$$+ \frac{(0.1)^3}{6}(35.7695) + \frac{(0.1)^4}{24}(74.8545)$$

$$= 2.3025$$

(c) To find y at x = 0.3, we use $x_0 = 0.2$, $y_0 = 2.3025$, h = 0.01 and obtain

$$y_0' = 2(2.3025) + 3.6642 = 8.2692$$

$$y_0'' = 2(8.2692) + 3.6642 = 20.2026$$

$$y_0''' = 2(20.2026) + 3.6642 = 44.0694$$

$$y_0^{iv} = 2(44.0694) + 3.6642 = 91.8030$$

By Taylor's series, we have

$$y]_{x=0.3} = 2.3025 + (0.1)(8.2692) + \frac{(0.1)^2}{2}(20.2026)$$

$$+ \frac{(0.1)^3}{6}(44.0694) + \frac{(0.1)^4}{24}(91.8030)$$

$$= 3.2382$$

Analytical solution : The solution of the equation for x = 0, y = 1 is

$$y = 4e^{2x} - 3e^x$$

at x = 0.3

$$y]_{x=0.3} = 3.2389$$

Comparing numerical solution with analytical solution, we conclude that numerical solution $y]_{x=0.3} = 3.238$ is corrected upto three decimal places.

Ex. 3 : *Use modified Euler's method to solve $\frac{dy}{dx} = x - y^2$, y (0) = 1 to calculate y (0.4) taking h = 0.2.* **(Dec. 2011)**

Sol. : Here $x_0 = 0$, $y_0 = 1$ and h = 0.2

$f(x, y) = x - y^2$, $f(x_0, y_0) = 0 - (1)^2 = -1$

(a) To find y_1 (i.e. the value of y at x = 0.2), we first use Euler's formula

$$y_1 = y_0 + h\, f(x_0, y_0) = 1 + 0.2\,[0 - (1)^2] = 0.8$$

Applying modified Euler's formula, improved values of y_1 are given by

Step 1 : $\quad f(x_1, y_1) = 0.2 - (0.8)^2 = -0.44$

$$y_1^{(1)} = y_0 + \frac{h}{2}[f(x_0, y_0) + f(x_1, y_1)]$$

$[x_0 = 0, y_0 = 1, x_1 = 0.2, y_1 = 0.8]$

$$= 1 + \frac{0.2}{2}[-1 - 0.44] = 0.8560$$

Step 2 : $\quad f(x_1, y_1^{(1)}) = 0.2 - (0.8560)^2 = -0.5327$

$$y_1^{(2)} = y_0 + \frac{h}{2}[f(x_0, y_0) + f(x_1, y_1^{(1)})]$$

$$= 1 + \frac{0.2}{2}[-1 - 0.5327] = 0.8467$$

Step 3 : $\quad f(x_1, y_1^{(2)}) = 0.2 - (0.8467)^2 = -0.5169$

$$y_1^{(3)} = y_0 + \frac{h}{2}[f(x_0, y_0) + f(x_1, y_1^{(2)})]$$

$$= 1 + \frac{0.2}{2}[-1 - 0.5169] = 0.8483$$

Step 4 : $\quad f(x_1, y_1^{(3)}) = 0.2 - (0.8483)^2 = -0.5196$

$$y_1^{(4)} = y_0 + \frac{h}{2}[f(x_0, y_0) + f(x_1, y_1^{(3)})]$$

$$= 1 + \frac{0.2}{2}[-1 - 0.5196] = 0.8480$$

Step 5 : $\quad f(x_1, y_1^{(4)}) = 0.2 - (0.8480)^2 = -0.5191$

$$y_1^{(5)} = y_0 + \frac{h}{2}[f(x_0, y_0) + f(x_1, y_1^{(4)})]$$

$$= 1 + \frac{0.2}{2}[-1 - 0.5191] = 0.8481$$

Step 6 : $\quad f(x_1, y_1^{(5)}) = 0.2 - (0.8481)^2 = -0.5193$

$$y_1^{(6)} = y_0 + \frac{h}{2}[f(x_0, y_0) + f(x_1, y_1^{(5)})]$$

$$= 1 + \frac{0.2}{2}[-1 - 0.5193] = 0.8481$$

$\because \quad y_1^{(5)} = y_1^{(6)} = 0.8481$

$\therefore \quad y]_{x\,=\,0.2} = y_1 = 0.8481$

(b) Here $x_1 = 0.2$, $y_1 = 0.8481$, $h = 0.2$ and $f(x_1, y_1) = 0.2 - (0.8481)^2 = -0.5193$

To find y_2 (i.e. the value of y at x = 0.4), we first use Euler's formula.

$$y_2 = y_1 + h\,f(x_1, y_1) = 0.8481 + 0.2\,[0.2 - (0.8481)^2]$$
$$= 0.7962$$

Applying modified Euler's formula, improved values of y_2 are

Step 1 : $\quad f(x_2, y_2) = 0.4 - (0.7962)^2 = -0.2340$

$$y_2^{(1)} = y_1 + \frac{h}{2}\,[f(x_1, y_1) + f(x_2, y_2)]$$

$$= 0.8481 + \frac{0.2}{2}\,[-0.5193 - 0.2340] = 0.7728$$

Step 2 : $\quad f(x_2, y_2^{(1)}) = 0.4 - (0.7728)^2 = -0.1972$

$$y_2^{(2)} = y_1 + \frac{h}{2}\,[f(x_1, y_1) + f(x_2, y_2^{(1)})]$$

$$= 0.8481 + \frac{0.2}{2}\,[-0.5193 - 0.1972] = 0.7765$$

Step 3 : $\quad f(x_2, y_2^{(2)}) = 0.4 - (0.7765)^2 = -0.2030$

$$y_2^{(3)} = y_1 + \frac{h}{2}\,[f(x_1, y_1) + f(x_2, y_2^{(2)})]$$

$$= 0.8481 + \frac{0.2}{2}\,[-0.5193 - 0.2030] = 0.7759$$

Step 4 : $\quad f(x_2, y_2^{(3)}) = 0.4 - (0.7759)^2 = -0.2020$

$$y_2^{(4)} = y_1 + \frac{h}{2}\,[f(x_1, y_1) + f(x_2, y_2^{(3)})]$$

$$= 0.8481 + \frac{0.2}{2}\,[-0.5193 - 0.2020] = 0.7760$$

Step 5 : $\quad f(x_2, y_2^{(4)}) = 0.4 - (0.7760)^2 = -0.2022$

$$y_2^{(5)} = y_1 + \frac{h}{2}\,[f(x_1, y_1) + f(x_2, y_2^{(4)})]$$

$$= 0.8481 + \frac{0.2}{2}\,[-0.5193 - 0.2022] = 0.7760$$

$\because \qquad\qquad y_2^{(5)} = y_2^{(4)} = 0.7760$

$\therefore \qquad\qquad y]_{x=0.4} = y_2 = 0.7760$

Ex. 4 : Given $\dfrac{dy}{dx} + \dfrac{y}{x} = \dfrac{1}{x^2}$, $y(1) = 1$. Evaluate $y(1.3)$ by modified Euler's method.

(Dec. 2005)

Sol. : Given equation is

$$\dfrac{dy}{dx} = \dfrac{1-xy}{x^2}$$

Here $f(x, y) = \dfrac{1-xy}{x^2}$, $f(x_0, y_0) = 0$,

$x_0 = 1$, $y_0 = 1$ and we take $h = 0.1$

(a) To find y_1 (i.e. the value of y at $x = 1.1$), we first use Euler's formula

$$y_1 = y_0 + h\, f(x_0, y_0) = 1 + 0.1\,(0) = 1$$

Applying modified Euler's formula, improved values of y_1 are given by

Step 1 : $f(x_1, y_1) = \dfrac{1-(1.1)(1)}{(1.1)^2} = -0.0826$ [$x_0 = 1$, $y_0 = 1$, $x_1 = 1.1$, $y_1 = 1$]

$$y_1^{(1)} = y_0 + \dfrac{h}{2}\,[f(x_0, y_0) + f(x_1, y_1)]$$

$$= 1 + \dfrac{0.1}{2}\,[0 - 0.0826] = 0.9959$$

Step 2 : $f(x_1, y_1^{(1)}) = \dfrac{1-(1.1)(0.9959)}{(1.1)^2} = -0.0789$

$$y_1^{(2)} = y_0 + \dfrac{h}{2}\,[f(x_0, y_0) + f(x_1, y_1^{(1)})]$$

$$= 1 + \dfrac{0.1}{2}\,[0 - 0.0789] = 0.9961$$

Step 3 : $f(x_1, y_1^{(2)}) = \dfrac{1-(1.1)(0.9961)}{(1.1)^2} = -0.0791$

$$y_1^{(3)} = y_0 + \dfrac{h}{2}\,[f(x_0, y_0) + f(x_1, y_1^{(2)})]$$

$$= 1 + \dfrac{0.1}{2}\,[0 - 0.0791] = 0.9960$$

Step 4 : $f(x_1, y_1^{(3)}) = \dfrac{1-(1.1)(0.9960)}{(1.1)^2} = -0.0790$

$$y_1^{(4)} = y_0 + \dfrac{h}{2}\,[f(x_0, y_0) + f(x_1, y_1^{(3)})]$$

$$= 1 + \dfrac{0.1}{2}\,[0 - 0.0790] = 0.9960$$

Final value of $y_1 = 0.9960$.

(b) Here $x_1 = 1.1$, $y_1 = 0.9960$, $f(x_1, y_1) = \dfrac{1 - (1.1)(0.9960)}{(1.1)^2} = -0.0790$

To find y_2 (i.e. the value of y at x = 1.2), we first use Euler's formula
$$y_2 = y_1 + h\, f(x_1, y_1) = 0.9960 + (0.1)(-0.0790) = 0.9881$$
Applying modified Euler's formula, improved values of y_2 are given by

Step 1: $\quad f(x_2, y_2) = \dfrac{1 - (1.2)(0.9881)}{(1.2)^2} = -0.1290$

$$y_2^{(1)} = y_1 + \dfrac{h}{2}[f(x_1, y_1) + f(x_2, y_2)]$$

$$= 0.9960 + \dfrac{0.1}{2}[-0.0790 - 0.1290] = 0.9856$$

Step 2: $\quad f(x_2, y_2^{(1)}) = \dfrac{1 - (1.2)(0.9856)}{(1.2)^2} = -0.1269$

$$y_2^{(2)} = y_1 + \dfrac{h}{2}[f(x_1, y_1) + f(x_2, y_2^{(1)})]$$

$$= 0.9960 + \dfrac{0.1}{2}[-0.0790 - 0.1269] = 0.9857$$

Step 3: $\quad f(x_2, y_2^{(2)}) = \dfrac{1 - (1.2)(0.9856)}{(1.2)^2} = -0.1269$

$\therefore \qquad y_2^{(3)} = 0.9857$

Final value is $y_2 = 0.9857$.

(c) Here $x_2 = 1.2$, $y_2 = 0.9857$, $f(x_2, y_2) = \dfrac{1 - (1.2)(0.9857)}{(1.2)^2} = -0.1269$

Finally to find y_3 (i.e. the value of y at x = 1.3), we first use Euler's formula
$$y_3 = y_2 + h\, f(x_2, y_2) = 0.9857 + (0.1)(-0.1269) = 0.9730$$
Applying modified Euler's formula, improved values of y_3 are given by

Step 1: $\quad f(x_3, y_3) = \dfrac{1 - (1.3)(0.9730)}{(1.3)^2} = -0.1567$

$$y_3^{(1)} = y_2 + \dfrac{h}{2}[f(x_2, y_2) + f(x_3, y_3)]$$

$$= 0.9857 + \dfrac{0.1}{2}[-0.1269 - 0.1567] = 0.9715$$

Step 2: $\quad f(x_3, y_3^{(1)}) = \dfrac{1 - (1.3)(0.9715)}{(1.3)^2} = -0.1556$

$$y_3^{(2)} = y_2 + \dfrac{h}{2}[f(x_2, y_2) + f(x_3, y_3^{(1)})]$$

$$= 0.9857 + \dfrac{0.1}{2}[-0.1269 - 0.1556] = 0.9716$$

Step 3 : $f(x_3, y_3^{(2)}) = \dfrac{1 - (1.3)(0.9716)}{(1.3)^3} = -0.1557$

$$y_3^{(3)} = y_2 + \dfrac{h}{2}[f(x_2, y_2) + f(x_3, y_3^{(2)})]$$

$$= 0.9857 + \dfrac{0.1}{2}[-0.1269 - 0.1557] = 0.9716$$

Final value of $y_3 = 0.9716$

Thus $y]_{x=1.3} = 0.9716$

Ex. 5 : *Use Euler's modified method to find the value of y satisfying the equation*

$$\dfrac{dy}{dx} = \log(x+y), \qquad y(1) = 2 \qquad \text{(Dec. 2007)}$$

for x = 1.2 and x = 1.4 correct to three decimal places by taking h = 0.2.

Sol. : (a) For y at x = 1.2, we take $x_0 = 1$, $y_0 = 2$, $h = 0.2$ and $f(x_0, y_0) = \log_e(1+2) = 1.0986$.

By Euler's formula, $y_1 = y_0 + h\, f(x_0, y_0) = 2 + (0.2) \log_e(1+2) = 2.2197$

Applying modified Euler's formula, improved values of y are given by

Step 1 : $f(x_1, y_1) = \log(x_1 + y_1) = \log_e(1.2 + 2.2197) = 1.2296$

$$y_1^{(1)} = y_0 + \dfrac{h}{2}[f(x_0, y_0) + f(x_1, y_1)]$$

$$= 2 + \dfrac{0.2}{2}[1.0986 + 1.2296] = 2.2328$$

Step 2 : $f(x_1, y_1^{(1)}) = \log(x_1 + y_1^{(1)}) = \log_e(1.2 + 2.2328) = 1.2334$

$$y_1^{(2)} = y_0 + \dfrac{h}{2}[f(x_0, y_0) + f(x_1, y_1^{(1)})]$$

$$= 2 + \dfrac{0.2}{2}[1.0986 + 1.2334] = 2.2332$$

Step 3 : $f(x_1, y_1^{(2)}) = \log(x_1 + y_1^{(2)}) = \log_e(1.2 + 2.2332) = 1.2335$

$$y_1^{(3)} = y_0 + \dfrac{h}{2}[f(x_0, y_0) + f(x_1, y_1^{(2)})]$$

$$= 2 + \dfrac{0.2}{2}[1.0986 + 1.2335] = 2.2332$$

Hence there is no change in the value of y_1 in second and third iterations, the correct value of y at x = 1.2 is

$$y_1 = 2.2332$$

(b) To find y at x = 1.4, we take for h = 0.2,
$$x_1 = 1.2, \quad y_1 = 2.2332 \quad \text{and} \quad f(x_1, y_1) = \log(1.2 + 2.2332) = 1.2335$$

By using Euler's formula,
$$y_2 = y_1 + h f(x_1, y_1) = 2.2332 + (0.2)(1.2335) = 2.4799$$

Now to get improved value of y_2, we use modified Euler's formula,

Step 1: $\quad f(x_2, y_2) = \log_e(1.4 + 2.4799) = 1.3558$

$$y_2^{(1)} = y_1 + \frac{h}{2}[f(x_1, y_1) + f(x_2, y_2)]$$

$$= 2.2332 + \frac{0.2}{2}[1.2335 + 1.3558] = 2.4921$$

Step 2: $\quad f(x_2, y_1^{(1)}) = \log_e(1.4 + 2.4921) = 1.3589$

$$y_2^{(2)} = y_1 + \frac{h}{2}[f(x_1, y_1) + f(x_2, y_2)]$$

$$= 2.2332 + \frac{0.2}{2}[1.2335 + 1.3589] = 2.492$$

Thus as there is no change in third decimal in results $y_2^{(1)}$ and $y_2^{(2)}$, the solution correct upto three decimal place is
$$y]_{x=1.4} = y_2 = 2.492$$

Ex. 6: *Use Runge-Kutta method of second order to solve*
$$\frac{dy}{dx} = \frac{1}{x+y}, \quad x_0 = 0, \quad y_0 = 1$$
to find y at x = 0.4 taking h = 0.2.

Sol.: Here $f(x, y) = \frac{1}{x+y}$, $x_0 = 0$, $y_0 = 1$, $h = 0.2$ and carry out the calculations in two steps.

Step 1: $\quad k_1 = h f(x_0, y_0) = 0.2 \left(\frac{1}{0+1}\right) = 0.2$

$$k_2 = h f(x_0 + h, y_0 + k_1) = 0.2 \left(\frac{1}{0.2 + 1.2}\right) = 0.14286$$

and $\quad k = \frac{1}{2}[k_1 + k_2] = \frac{1}{2}[0.2 + 0.14286] = 0.17143$

∴ $\quad y]_{x=0.2} = y_0 + k = 1 + 0.17143 = 1.17143$

Step 2: For calculating y at x = 0.4, we take
$$x_0 = 0.2, \quad y_0 = 1.17143 \text{ and } h = 0.2$$

$$k_1 = h f(x_0, y_0) = 0.2 \left(\frac{1}{0.2 + 1.17143}\right) = 0.14583$$

$$k_2 = h\,f(x_0+h, y_0+k_1) = 0.2\left(\frac{1}{0.4+1.31726}\right) = 0.11646$$

and
$$k = \frac{1}{2}[k_1+k_2] = \frac{1}{2}[0.14583+0.11646] = 0.131145$$

∴
$$y]_{x=0.4} = y_0+k = 1.17143+0.131145 = 1.302575$$

Ex. 7 : *Use Runge-Kutta method of fourth order to solve*
$$\frac{dy}{dx} = \frac{1}{x+y} \qquad x_0=0,\ y_0=1$$
to find y at x = 0.4 taking h = 0.2. **(Dec. 2005, 2008, 2014; May 2011)**

Sol. : Here $f(x, y) = \frac{1}{x+y}$, $x_0 = 0$, $y_0 = 1$, $h = 0.2$ and carry out the calculations in two steps.

Step 1 :
$$k_1 = h\,f(x_0, y_0) = 0.2\left(\frac{1}{0+1}\right) = 0.2$$

$$k_2 = h\,f\left(x_0+\frac{h}{2}, y_0+\frac{k_1}{2}\right) = 0.2\left(\frac{1}{0.1+1.1}\right) = 0.167$$

$$k_3 = h\,f\left(x_0+\frac{h}{2}, y_0+\frac{k_2}{2}\right) = 0.2\left(\frac{1}{0.1+1.0835}\right) = 0.169$$

$$k_4 = h\,f(x_0+h, y_0+k_3) = 0.2\left(\frac{1}{0.2+1.169}\right) = 0.1461$$

and
$$k = \frac{1}{6}(k_1+2k_2+2k_3+k_4)$$
$$= \frac{1}{6}(0.2+2(0.167)+2(0.169)+0.1461)$$
$$= 0.1697$$

∴ $y]_{x=0.2} = y_0+k = 1+0.1697 = 1.1697$

Step 2 : For calculating y at x = 0.4, we take $x_0 = 0.2$
$$y_0 = 1.1697 \quad \text{and} \quad h = 0.2$$

$$k_1 = h\,f(x_0, y_0) = 0.2\left(\frac{1}{0.2+1.1697}\right) = 0.146$$

$$k_2 = h\,f\left(x_0+\frac{h}{2}, y_0+\frac{k_1}{2}\right) = 0.2\left(\frac{1}{0.3+1.2497}\right) = 0.1296$$

$$k_3 = hf\left(x_0 + \frac{h}{2}, y_0 + \frac{k_2}{2}\right) = 0.2\left(\frac{1}{0.3 + 1.2345}\right) = 0.1303$$

$$k_4 = hf(x_0 + h, y_0 + k_3) = 0.2\left(\frac{1}{0.4 + 1.3}\right) = 0.1176$$

and

$$k = \frac{1}{6}[k_1 + 2k_2 + 2k_3 + k_4]$$

$$= \frac{1}{6}[0.146 + 2(0.1296) + 2(0.1303) + 0.1176]$$

$$= 0.13057$$

$\therefore \quad y]_{x=0.4} = y_0 + k = 1.1697 + 0.13057 = 1.30027$

Ex. 8 : *Use Runge-Kutta method of fourth order to obtain the numerical solutions of*

$$\frac{dy}{dx} = x^2 + y^2, \quad y(1) = 1.5$$

in the interval (1, 1.2) with h = 0.1. **(Dec. 2006, 09; May 2009)**

Sol. : (a) For y at $x = 1.1$, $x_0 = 1$, $y_0 = 1.5$, $h = 0.1$ and $f(x, y) = x^2 + y^2$

$$f(x_0, y_0) = x_0^2 + y_0^2 = (1)^2 + (1.5)^2 = 3.25$$

$$k_1 = hf(x_0, y_0) = 0.1(3.25) = 0.325$$

$$k_2 = hf\left(x_0 + \frac{h}{2}, y_0 + \frac{k_1}{2}\right) = 0.1[(1 + 0.05)^2 + (1.5 + 0.1625)]$$

$$= 0.38664$$

$$k_3 = hf\left(x_0 + \frac{h}{2}, y_0 + \frac{k_2}{2}\right) = 0.1[(1 + 0.05)^2 + (1.5 + 0.1933)^2]$$

$$= 0.39698$$

$$k_4 = hf(x_0 + h, y_0 + k_3) = 0.1[(1 + 0.1)^2 + (1.5 + 0.39698)^2]$$

$$= 0.48086$$

and

$$k = \frac{1}{6}[k_1 + 2k_2 + 2k_3 + k_4]$$

$$= \frac{1}{6}[0.325 + 2(0.38664) + 2(0.39698) + 0.48086]$$

$$= 0.3955$$

$y]_{x=1.1} = y_0 + k = 1.5 + 0.3955 = 1.8955$

(b) For y at $x = 1.2$, $x_0 = 1.1$, $y_0 = 1.8955$, $h = 0.1$, and $f(x, y) = x^2 + y^2$

$$f(x_0, y_0) = (1.1)^2 + (1.8955)^2 = 4.8029$$

$$k_1 = h\, f(x_0, y_0) = 0.1\,(4.8029) = 0.48029$$

$$k_2 = h\, f\left(x_0 + \frac{h}{2},\ y_0 + \frac{k_1}{2}\right)$$

$$= 0.1\,[(1.1 + 0.05)^2 + (1.8955 + 0.24015)^2]$$

$$= 0.58835$$

$$k_3 = h\, f\left(x_0 + \frac{h}{2},\ y_0 + \frac{k_2}{2}\right)$$

$$= 0.1\,[(1.1 + 0.05)^2 + (1.8955 + 0.29418)^2]$$

$$= 0.61172$$

$$k_4 = h\, f(x_0 + h,\ y_0 + k_3)$$

$$= 0.1\,[(1.1 + 0.1)^2 + (1.8955 + 0.61172)^2] = 0.77262$$

and

$$k = \frac{1}{6}\,[k_1 + 2k_2 + 2k_3 + k_4]$$

$$= \frac{1}{6}\,[0.48029 + 2\,(0.58835) + 2\,(0.61172) + 0.77262]$$

$$= 0.60887$$

$$y]_{x=1.2} = y_0 + k = 1.8955 + 0.60887 = 2.50437$$

Ex. 9 : *Compute y (0.1) and y (0.2) by Runge-Kutta method of 4th order for the differential equation*

$$\frac{dy}{dx} = xy + y^2,\ y(0) = 1. \qquad \text{(May 2007, 2008)}$$

Sol. : (a) For y at $x = 0.1$, $x_0 = 0$, $y_0 = 1$, $h = 0.1$, $f(x, y) = xy + y^2$

$$f(x_0, y_0) = x_0 y_0 + y_0^2 = (0)(1) + (1)^2 = 1$$

$$k_1 = h\, f(x_0, y_0) = 0.1\,(1) = 0.1$$

$$k_2 = h\, f\left(x_0 + \frac{h}{2},\ y_0 + \frac{k_1}{2}\right) = 0.1\,[(0.05)(1.05) + (1.05)^2] = 0.1155$$

$$k_3 = h\, f\left(x_0 + \frac{h}{2},\ y_0 + \frac{k_2}{2}\right) = 0.1\,[(0.05)(1.05775) + (1.05775)^2]$$

$$= 0.1172$$

$$k_4 = h\, f(x_0 + h,\ y_0 + k_3) = 0.1\,[(0.1)(1.1172) + (1.1172)^2] = 0.1360$$

and $\quad k = \dfrac{1}{6}[k_1 + 2k_2 + 2k_3 + k_4]$

$\quad\quad\quad = \dfrac{1}{6}[0.1 + 2(0.1155) + 2(0.1172) + (0.1360)]$

$\quad\quad\quad = 0.1169$

$\therefore \quad y]_{x=0.1} = y_0 + k = 1 + 0.1169 = 1.1169$

(b) For y at $x = 0.2$, $x_0 = 0.1$, $y_0 = 1.1169$, $h = 0.1$, $f(x, h) = xy + y^2$

$\quad f(x_0, y_0) = x_0 y_0 + y_0^2 = (0.1)(1.1169) + (1.1169)^2 = 1.359$

$\quad k_1 = h\,f(x_0, y_0) = 0.1(1.359) = 0.1359$

$\quad k_2 = h\,f\left(x_0 + \dfrac{h}{2},\ y_0 + \dfrac{k_1}{2}\right) = 0.1\,[(0.15)(1.1849) + (1.1849)^2]$

$\quad\quad\ = 0.1582$

$\quad k_3 = h\,f\left(x_0 + \dfrac{h}{2},\ y_0 + \dfrac{k_2}{2}\right) = 0.1\,[(0.15)(1.196) + (1.196)^2] = 0.1610$

$\quad k_4 = h\,f(x_0 + h,\ y_0 + k_3) = 0.1\,[(0.2)(1.2779) + (1.2779)^2] = 0.1889$

and $\quad k = \dfrac{1}{6}[k_1 + 2k_2 + 2k_3 + k_4]$

$\quad\quad\quad = \dfrac{1}{6}[0.1359 + 2(0.1582) + 2(0.1610) + (0.1889)]$

$\quad\quad\quad = 0.1605$

$\therefore \quad y]_{x=0.2} = y_0 + k = 1.1169 + 0.1605 = 1.2774$

Ex. 10 : *Using fourth order Runge-Kutta method, evaluate the value of y when $x = 1.1$ given that*

$$\dfrac{dy}{dx} + \dfrac{y}{x} = \dfrac{1}{x^2},\ y(1) = 1 \quad\quad\quad \text{(May 2010)}$$

Sol. : For y at $x = 1.1$, $x_0 = 1$, $y_0 = 1$, $h = 0.1$, and $f(x, y) = \dfrac{1 - xy}{x^2}$.

$\quad f(x_0, y_0) = \dfrac{1 - (1)(1)}{(1)^2} = 0$

$\quad k_1 = h\,f(x_0, y_0) = (0.1)(0) = 0$

$\quad k_2 = h\,f\left(x_0 + \dfrac{h}{2},\ y_0 + \dfrac{k_1}{2}\right) = 0.1\left[\dfrac{1 - (1.05)(1)}{(1.05)^2}\right] = -0.00454$

$\quad k_3 = h\,f\left(x_0 + \dfrac{h}{2},\ y_0 + \dfrac{k_2}{2}\right) = 0.1\left[\dfrac{1 - (1.05)(0.9977)}{(1.05)^2}\right]$

$\quad\quad\ = -0.00432$

$$k_4 = h f(x_0 + h, y_0 + k_3) = (0.1) \left[\frac{1 - (1.1)(0.99568)}{(1.1)^2} \right]$$

$$= -0.00788$$

and

$$k = \frac{1}{6} [k_1 + 2k_2 + 2k_3 + k_4]$$

$$= \frac{1}{6} [0 + 2(-0.00454) + 2(-0.00432) + (-0.00788)]$$

$$= -0.0042667$$

$$\therefore \quad y]_{x=1.1} = 1 - 0.0042667 = 0.9957$$

Ex. 11 : *A resistance of 100 ohms, an inductance of 0.5 henry are connected in series with a battery of 20 volts. If initially the current in the circuit is zero, find the current in the circuit at t = 0.001, 0.01 using*

(i) Runge-Kutta fourth order method, (ii) Euler's method, (iii) Analytical method. Compare the approximate value with exact values.

Sol. : Voltage drops across inductance L and resistance R are respectively $L \frac{dI}{dt}$ and RI. Sum of these voltage drops = Applied e.m.f. This gives the differential equation of the circuit as

$$L \frac{dI}{dt} + RI = E, \qquad I = 0 \text{ at } t = 0$$

(i) Analytical Method :

$$L \frac{dI}{dt} + RI = E$$

This is a linear differential equation with integrating factor I.F. = $e^{(R/L)t}$. Multiplying the equation by I.F., it can be written as

$$\frac{d}{dt} (I e^{(R/L)t}) = \frac{E}{L} e^{(R/L)t}$$

Integrating, $I e^{(R/L)t} = \frac{E}{L} \times \frac{L}{R} e^{(R/L)t} + C$

Or $\quad I = \frac{E}{R} + C e^{-(R/L)t}$

at $t = 0$, $I = 0$ gives $C = -\frac{E}{R}$

$$\therefore \quad I = \frac{E}{R} (1 - e^{-(R/L)t})$$

Putting $E = 20$, $R = 100$, $L = 0.5$

$$I = \frac{1}{5} (1 - e^{-200 t})$$

at $t = 0.001$, $\quad I = 0.036254$
at $t = 0.01$, $\quad I = 0.172933$

(ii) Euler's Method :

$$\frac{dI}{dt} = \frac{E}{L} - \frac{R}{L} I, \quad I_0 = 0, \quad t_0 = 0$$

Taking h = 0.001 (increment in t) and $f(I \cdot t) = \frac{E}{L} - \frac{R}{L} I = (40 - 200\ I)$

$$I_1 = I_0 + h\ f(I_0, t_0) = 0 + (0.001)\ [40 - 200\ (0)] = 0.04$$

Thus I = 0.04 at t = 0.001

Taking h = 0.01 (increment in t)

$$I_2 = I_0 + h\ f(I_0, t_0) = 0 + 0.01\ [40 - 200\ (0)] = 0.4$$

Comparison with analytical solution shows that at t = 0.01, Euler's solution = 0.4, while analytical solution = 0.172933. Thus error is substantial. At t = 0.001, Euler's solution = 0.04, while analytical solution = 0.036254. Thus error is much reduced with reduction in step size.

(iii) Runge-Kutta Method of fourth order :

$$\frac{dI}{dt} = \frac{E}{L} - \frac{R}{L} I = (40 - 200\ I), \quad I_0 = 0, \quad t_0 = 0$$

Step I : Taking h = 0.001 (increment in t) and f(I, t) = (40 - 200 I)

$$k_1 = h\ f(I_0, t_0) = (0.001)\ [40 - 200\ (0)] = 0.04$$

$$k_2 = h\ f\left(I_0 + \frac{k_1}{2}, t_0 + \frac{h}{2}\right) = (0.001)\ [40 - 200\ (0 + 0.02)] = 0.036$$

$$k_3 = h\ f\left(I_0 + \frac{k_2}{2}, t_0 + \frac{h}{2}\right)$$

$$= 0.001\ [40 - 200\ (0 + 0.018)] = 0.0364$$

$$k_4 = h\ f(I_0 + k_3, t_0 + h) = 0.001\ [40 - 200\ (0 + 0.0364)] = 0.03272$$

and

$$k = \frac{1}{6}\ [k_1 + 2k_2 + 2k_3 + k_4]$$

$$= \frac{1}{6}\ [0.04 + 2\ (0.036) + 2\ (0.0364) + 0.03272]$$

$$= 0.036254$$

$$\therefore \quad I]_{t = 0.001} = I_0 + k = 0 + 0.036254 = 0.036254$$

which is the same as analytical solution. Thus Runge-Kutta method of fourth order with step-size h = 0.001 produces accurate result upto fifth decimal place.

Step II : Taking h = 0.01 (increment in t), $I_0 = 0$, $t_0 = 0$

$$k_1 = h\ f(I_0, t_0) = 0.01\ [40 - 200\ (0)] = 0.4$$

$$k_2 = h\ f\left(I_0 + \frac{k_1}{2}, t_0 + \frac{h}{2}\right) = 0.01\ [40 - 200\ (0 + 0.2)] = 0$$

$$k_3 = hf\left(I_0 + \frac{k_2}{2}, t_0 + \frac{h}{2}\right) = 0.01\ [40 - 200\ (0 + 0)] = 0.4$$

$$k_4 = hf(I_0 + k_3, t_0 + h) = 0.01\ [40 - 200\ (0 + 0.4)] = -0.4$$

and
$$k = \frac{1}{6}\ [k_1 + 2k_2 + 2k_3 + k_4]$$

$$= \frac{1}{6}\ [0.4 + 2\ (0) + 2\ (0.4) - 0.4]$$

$$= 0.134$$

$$\therefore \quad I]_{t=0.01} = I_0 + k = 0 + 0.134 = 0.134$$

Analytical solution at $t = 0.01$ is 0.172933. Thus with increment in step size there is significant rise in the error.

Ex. 12 *Using Runge-Kutta method of fourth order, find the approximate values of x and y at $t = 0.2$ for the following system*

$$\frac{dx}{dt} = 2x + y, \quad \frac{dy}{dt} = x - 3y$$

$t = 0,\ x = 1,\ y = 0.5,\ taking\ h = 0.1.$

Sol. : Given $\dfrac{dx}{dt} = f(t, x, y) = 2x + y,\ \dfrac{dy}{dt} = \phi(t, x, y) = x - 3y.$

Initial conditions are $t_0 = 0,\ x_0 = 1,\ y_0 = 0.5$ and $h = 0.1.$

The computing x and y at $t = 0.1$, we have

$k_1 = hf(t_0, x_0, y_0)$

$= 0.1\ [2\ (1) + 0.5]$

$= 0.25$

$k_2 = hf\left(t_0 + \dfrac{h}{2},\ x_0 + \dfrac{k_1}{2},\ y_0 + \dfrac{l_1}{2}\right)$

$= (0.1)\ [2\ (1 + 0.125) + (0.5 - 0.025)]$

$= 0.2725$

$k_3 = hf\left(t_0 + \dfrac{h}{2},\ x_0 + \dfrac{k_2}{2},\ y_0 + \dfrac{l_2}{2}\right)$

$= (0.1)\ [2\ (1 + 0.13625) + (0.5 - 0.015)]$

$= 0.2758$

$k_4 = hf(t_0 + h,\ x_0 + k_3,\ y_0 + l_3)$

$= (0.1)\ [2\ (1 + 0.2758) + (0.5 - 0.0319)]$

$= 0.302$

$l_1 = h\phi(t_0, x_0, y_0)$

$= 0.1\ [1 - 3\ (0.5)]$

$= -0.05$

$l_2 = h\phi\left(t_0 + \dfrac{h}{2},\ x_0 + \dfrac{k_1}{2},\ y_0 + \dfrac{l_1}{2}\right)$

$= (0.1)\ [(1 + 0.125) - 3\ (0.5 - 0.025)]$

$= -0.03$

$l_3 = h\phi\left(t_0 + \dfrac{h}{2},\ x_0 + \dfrac{k_2}{2},\ y_0 + \dfrac{l_2}{2}\right)$

$= (0.1)\ [(1 + 0.13625) - 3\ (0.5 - 0.015)]$

$= -0.0319$

$l_4 = h\phi(t_0 + h,\ x_0 + k_3,\ y_0 + l_3)$

$= (0.1)\ [(1 + 0.2758) - 3\ (0.5 - 0.0319)]$

$= -0.0129$

and $k = \frac{1}{6}(k_1 + 2k_2 + 2k_3 + k_4) = \frac{1}{6}[0.25 + 2(0.2725) + 2(0.2758) + 0.302]$

$= 0.2748$

$l = \frac{1}{6}(l_1 + 2l_2 + 2l_3 + l_4)$

$= \frac{1}{6}[-0.05 - 2(0.03) - 2(0.0319) - 0.0129] = -0.0311$

Hence,

$x]_{t=0.1} = x_0 + k = 1 + 0.2748 = 1.2748$

$y]_{t=0.1} = y_0 + k = 0.5 - 0.0311 = 0.4689$

Replacing t_0, x_0, y_0 by t_1, x_1, y_1 in the above calculations,

$k_1 = 0.3019, \; k_2 = 0.3314, \; k_3 = 0.3352, \; k_4 = 0.3692;$

$l_1 = -0.0132, \; l_2 = 0.0039, \; l_3 = 0.0028, \; l_4 = 0.0195$

$k = 0.33405$ and $l = 0.0033$

$x]_{t=0.2} = x_1 + k = 1.2748 + 0.33405 = 1.6089$

$y]_{t=0.2} = y_1 + l = 0.4689 + 0.0033 = 0.4722$

Ex. 13 Using Runge-Kutta fourth order method, solve $\frac{d^2y}{dx^2} = x\left(\frac{dy}{dx}\right)^2 - y^2$ for $x = 0.2$ correct to 4 decimal places. Initial conditions are $x = 0, \; y = 1, \; \frac{dy}{dx} = 0$.

Sol.: To solve the above equation, we put $z = \frac{dy}{dx}$. Given equation then becomes

$\frac{dz}{dx} = xz^2 - y^2$

Second order differential equation is thus converted into simultaneous system.

$\frac{dy}{dx} = z = f(x, y, z), \qquad \frac{dz}{dx} = xz^2 - y^2 = \phi(x, y, z)$

Initial conditions are $x_0 = 0, \; y_0 = 1, \; z_0 = \left(\frac{dy}{dx}\right)_{x=0} = 0; \; h = 0.2.$

$k_1 = h\,f(x_0, y_0, z_0)$ $\qquad\qquad l_1 = h\,\phi(x_0, y_0, z_0)$

$= 0.2(0) = 0$ $\qquad\qquad\qquad = 0.2(-1) = -0.2$

$k_2 = h\,f\left(x_0 + \frac{h}{2}, y_0 + \frac{k_1}{2}, z_0 + \frac{l_1}{2}\right)$ $\qquad l_2 = h\,\phi\left(x_0 + \frac{h}{2}, y_0 + \frac{k_1}{2}, z_0 + \frac{l_1}{2}\right)$

$= 0.2(-0.1) = -0.02$ $\qquad\qquad\qquad = 0.2(-0.999) = -0.1998$

$k_3 = h\,f\left(x_0 + \frac{h}{2}, y_0 + \frac{k_2}{2}, z_0 + \frac{l_2}{2}\right)$ $\qquad l_3 = h\,\phi\left(x_0 + \frac{h}{2}, y_0 + \frac{k_2}{2}, z_0 + \frac{l_2}{2}\right)$

$= 0.2(-0.0999) = -0.02$ $\qquad\qquad\qquad = 0.2(-0.9791) = -0.1958$

$k_4 = h f (x_0 + h, y_0 + k_3, z_0 + l_3)$ $l_4 = h \phi (x_0 + h, y_0 + k_3, z_0 + l_3)$

$\quad = 0.2 (- 0.1958)$ $\quad = 0.2 (- 0.9527) = - 0.1905$

$\quad = - 0.03916$

$k = \dfrac{1}{6} (k_1 + 2k_2 + 2k_3 + k_4)$ $l = \dfrac{1}{6} (k_1 + 2k_2 + 2k_3 + k_4)$

$\quad = - 0.0199$ $\quad = - 0.1970$

Hence, $\quad y]_{x = 0.2} = y_0 + k = 1 - 0.0199 = 0.9801$

and $\quad z]_{x = 0.2} = \dfrac{dy}{dx}\Big]_{x = 0.2} = z_0 + l = 0 - 0.1970 = - 0.1970$

Ex. 14 : *Solve the equation $\dfrac{dy}{dx} + xy = 0$, in the range $x = 0$ to $x = 0.25$ with step size 0.05 using Runge-Kutta second order method. Assume at $x = 0$, $y = 1$.*

Sol. : Given : $\quad \dfrac{dy}{dx} = - xy$

$\quad x_0 = 0, \; y_0 = 1$

$\quad h = 0.05$

$\quad k_1 = h f(x_0, y_0) = 0.05 (0 \times 1) = 0$

$\quad k_2 = h f(x_0 + h, y_0 + k_1)$

$\qquad = 0.05 (- (0.05) \times (1 + 0)) = - 2.5 \times 10^{-3}$

$\quad k = \dfrac{k_1 + k_2}{2} = - 1.25 \times 10^{-3}$

At $x = 0.05$, $\quad y = 1 - 1.25 \times 10^{-3} = 0.99875$

Now,

$\quad x_0 = 0.05 \; y_0 = 0.99875$

$\quad k_1 = 0.05 (- 0.05 \times 0.99875) = - 2.496875 \times 10^{-3}$

$\quad k_2 = 0.05 [- 0.1 \times (0.99875 - 2.496875 \times 10^{-3})]$

$\qquad = - 4.9812656 \times 10^{-3}$

$\quad k = \dfrac{k_1 + k_2}{2} = \dfrac{-2.496875 \times 10^{-3} - 4.9812656 \times 10^{-3}}{2}$

$\quad k = -3.7390703 \times 10^{-3}$

At $x = 0.1$, $\quad y = 0.99875 - 3.7390703 \times 10^{-3} = 0.9950109$

Now,

$\quad x_0 = 0.1 \; y_0 = 0.9950109$

$\quad k_1 = 0.05 \times (-0.9950109) = - 4.975054 \times 10^{-3}$

$$k_2 = 0.05 \times [-0.15 \times (0.9950109 - 4.975054 \times 10^{-3})]$$
$$= -7.4252 \times 10^{-3}$$
$$k = \frac{-4.975 \times 10^{-3} - 7.4252 \times 10^{-3}}{2}$$
$$= -6.2 \times 10^{-3}$$

At $x = 0.15$, $y = 0.9950109 - 6.2 \times 10^{-3} = 0.9888$

Now, $x_0 = 0.15$ $y_0 = 0.9888$

$$k_1 = 0.05 (-0.15 \times 0.988) = -7.416 \times 10^{-3}$$
$$k_2 = 0.05 (-0.2 \times (0.988 - 7.416 \times 10^{-3}))$$
$$= -9.8 \times 10^{-3}$$
$$k = \frac{-7.416 \times 10^{-3} - 9.8 \times 10^{-3}}{2} = -8.61 \times 10^{-3}$$

At $x = 0.2$, $y = 0.9888 - 8.61 \times 10^{-3} = 0.9801$

Now, $x_0 = 0.2$, $y_0 = 0.9801$

$$k_1 = 0.05 (-0.2 \times 0.9801) = -9.8 \times 10^{-3}$$
$$k_2 = 0.05 [-0.25 \times (0.9801 - 9.8 \times 10^{-3})]$$
$$= -0.0121287$$
$$k = \frac{-9.8 \times 10^{-3} - 0.121287}{2} = -0.01096$$

At $x = 0.25$ $y = 0.9801 - 0.01096 = 0.96913$

Ex. 15 : *If $\frac{dx}{dt} = t - x$ and $x = 3$ for $t = 0$, tabulate values of t and x for $t = 0$ to 3 with increment in t as 1 using Runge-Kutta fourth order method.*

Sol. :
$$\frac{dx}{dt} = t - x \qquad f(t, x) = -t - x$$
$$t_0 = 0 \qquad x_0 = 3$$
$$h = 1$$
$$k_1 = hf(t_0, x_0) = 1(0 - 3) = -3$$
$$k_2 = hf\left(t_0 + \frac{h}{2}, x_0 + \frac{k_1}{2}\right)$$
$$= 1\left[\left(0 + \frac{1}{2}\right) - \left(3 - \frac{3}{2}\right)\right] = -1$$

$$k_3 = hf\left(t_0 + \frac{h}{2}, x_0 + \frac{k_2}{2}\right) = 1\left[\frac{1}{2} - \left(3 - \frac{1}{2}\right)\right]$$
$$= -2$$
$$k_4 = hf(t_0 + h, x_0 + k_3) = 1[1 - (3-2)] = 0$$
$$k = \frac{k_1 + 2k_2 + 2k_3 + k_4}{6} = \frac{-3 - 2 - 4 + 0}{6}$$
$$= -1.5$$

x at t = 1 = 3 − 1.5 = 1.5

Now,
$$t_0 = 1, \quad x_0 = 1.5$$
$$k_1 = 1(1 - 1.5) = -0.5$$
$$k_2 = 1\left[1.5 - \left(1.5 - \frac{0.2}{2}\right)\right] = 0.25$$
$$k_3 = 1\left[1.5 - \left(1.5 + \frac{0.25}{2}\right)\right] = -0.125$$
$$k_4 = 1[2 - (1.5 - 0.125)] = 0.625$$
$$k = \frac{k_1 + 2k_2 + 2k_3 + k_4}{6}$$
$$= \frac{-0.5 + 2 \times 0.25 - 2 \times 0.125 + 0.625}{6}$$
$$= 0.0625$$

x at t = 2 = 1.5 + 0.0625 = 1.5625

Now,
$$t_0 = 2 \qquad x_0 = 1.5625$$
$$k_1 = 1(2 - 1.5625) = 0.4375$$
$$k_2 = 1[2.5 - (1.5625 + 0.4375/2)] = 0.71875$$
$$k_3 = 1[2.5 - (1.5625 + 0.71875/2)] = 0.57125$$
$$k_4 = 1[3 - (1.5625 + 0.578125)] = 0.859375$$
$$k = \frac{0.4375 + 2(0.71875) + 2(0.578125) + 0.859375}{6}$$
$$= 0.6484375$$

x at t = 3 = 1.5625 + 0.6484375 = 2.2109375

Ex. 16 : *Solve the following differential equation to get y (0.1).*

$$\frac{dy}{dx} = x + y + xy, \quad y(0) = 1$$

Use (i) Modified Euler Method with h = 0.05, (ii) Runge-Kutta fourth order with h = 0.1

Sol. : (i) Modified Euler Method : $h = 0.05$, $x_0 = 0$, $y_0 = 1$.

First Iteration : $x_1 = x_0 + h = 0.05$

$$y_1^{(0)} = y_0 + h\, f(x_0, y_0) = 1.05$$

$$y_1^{(1)} = y_0 + \frac{h}{2}\{f(x_0, y_0) + f(x_1, y_1)\,(0)\} = 1.05381$$

To achieve more accuracy,

$$y_1^{(2)} = y_0 + \frac{h}{2}\{f(x_0, y_0) + f(x_1, y_1^{(1)})\}$$

i.e. $y(0.05) = 1.05391$

Second Iteration : $x_2 = x_1 + h = 0.1$

$$y_2^{(0)} = y_1 + h\, f(x_1, y_1) = 1.05783$$

$$y_2^{(1)} = y_1 + \frac{h}{2}\{f(x_1, y_1) + f(x_0, y_2^{(0)})\}$$

$$= 1.11441$$

$$y_2^{(2)} = y_1 + \frac{h}{2}\{f(x_1, y_1) + f(x_2, y_2^{(1)})\}$$

$y(0.1) = 1.11597$

(ii) Runge-Kutta Fourth Order : $h = 0.1$, $x_0 = 0$, $y_0 = 1$.

$$k_1 = f(x_0, y_0) = 1$$

$$k_2 = f\left(x_0 + \frac{h}{2}, y_0 + \frac{k_1 h}{2}\right) = f(0.05, 1.05) = 1.1525$$

$$k_3 = f\left(x_0 + \frac{h}{2}, y_0 + \frac{k_2 h}{2}\right) = f(0.05, 1.0576) = 1.16048$$

$$k_4 = f(x_0 + h, y_0 + k_3 h) = f(0.1, 1.11605) = 1.32765$$

$$\therefore \quad y(0.1) = y_0 + \left\{\frac{k_1 + 2k_2 + 2k_3 + k_4}{6}\right\} h = 1.11589$$

Ex. 17 : *Using fourth order Runge-Kutta method solve the differential equation* $dy/dx = x^2 + y^2$. *Assuming* $y(0) = 0$ *estimate* $y(0.2)$ *and* $y(0.4)$.

Sol. : Let, $h = 0.2$

$$f(x, y) = x^2 + y^2$$

Now, **First Iteration,**

$$k_1 = f(x_0, y_0) = 0$$

$$k_2 = f\left(x_0 + \frac{h}{2}, y_0 + \frac{k_1 h}{2}\right) = f(0.1, 0) = 0.01$$

$$k_3 = f\left(x_0 + \frac{h}{2}, y_0 + \frac{k_2 h}{2}\right) = f(0.1, 0.0001) = 0.01$$

$$k_4 = f(x_0 + h, y_0 + k_3 h) = f(0.2, 0.002) = 0.04$$

$$\therefore \quad y(0.2) = 0 + \left\{\frac{k_1 + 2k_2 + 2k_3 + k_4}{6}\right\} h = 0.002667$$

Second Iteration : $x_1 = 0.2,$

$$y_1 = 0.002667$$

$$k_1 = f(0.2, 0.002667) = 0.04$$

$$k_2 = f\left(x_1 + \frac{h}{2}, y_1 + \frac{k_1 h}{2}\right) = 0.090044$$

$$k_3 = f\left(0.3, 0.002667 + \frac{0.090044 \times 0.2}{2}\right) = 0.090136$$

and $\quad k_4 = 0.160428$

$$\therefore \quad y(0.4) = y_1 + \left\{\frac{k_1 + 2k_2 + 2k_3 + k_4}{6}\right\} h = 0.021360224$$

Ex. 18 : *Solve the differential equation* $\frac{d^2 y}{dx^2} - 1.5x \frac{dy}{dx} + 4.5y = 4.5$. *Using Euler's method, assume at* $x = 0$, $\frac{dy}{dx} = -2$ *and* $y = 1$. *Tabulate the results for* $x = 0.1, 0.2$ *and* 0.3.

Sol. : Given differential equation,

$$\frac{d^2 y}{dx^2} - 1.5x \frac{dy}{dx} + 4.5y = 4.5$$

$$\therefore \quad \frac{d^2 y}{dx} = 1.5x \frac{dy}{dx} - 4.5y + 4.5$$

Let $\frac{dy}{dx} = z \quad \therefore \quad \frac{d^2 y}{dx^2} = \frac{dz}{dx}$

$$\therefore \quad \frac{dz}{dx} = 1.5xz - 4.5y + 4.5 = f(x, y, z) \quad \ldots (I)$$

$$\frac{dy}{dx} = z = g(x, y, z) \quad \ldots (II)$$

$$y_0 = 1, \quad y'(0) = -2, \quad x_0 = 0$$

$$\therefore \quad z_0 = -2, \quad h = 0.1$$

$$z_1 = z_0 + h f(x_0, y_0, z_0)$$

$$= -2 + 0.1 \times f(0, 1, -2)$$

$$= -2 + 0.1 \, [1.5 \times 0 \times (-2) - 4.5 \times 1 \times 4.5]$$

$$= -2$$

$$y_1 = y_0 + hg(x_0, y_0, z_0)$$
$$= 1 + 0.1 \, g(0, 1, -2)$$
$$= 1 + 0.1 \, z_0$$
$$= 1 + 0.1 \, (-2)$$
$$= 0.8$$

Similarly,
$$z_2 = z_1 + hf(x_1, y_1, z_1)$$
$$= -2 + 0.1 \, f(0.1, 0.8, -2)$$
$$= -2 + 0.1 \, [1.5 \times 0.1 \times -2 - 4.5 \times 0.8 + 4.5]$$
$$= -1.94$$

$$y_2 = y_1 + hg(x_1, y_1, z_1)$$
$$= y_1 + hg(0.1, 0.8, -2)$$
$$= 0.8 + 0.1 \times -2$$
$$= 0.6$$

and
$$z_3 = z_2 + hf(x_2, y_2, z_2)$$
$$= z_2 + hf(0.2, 0.6, -1.94)$$
$$= -1.94 + 0.1 \times [1.5 \times 0.2 \times -1.94 - 4.5 \times 0.6 + 4.5]$$
$$= -1.8182$$

$$y_3 = y_2 + hg(x_2, y_2, z_2)$$
$$= 0.6 + 0.1 \times z_2$$
$$= 0.6 + 0.1 \times -1.94$$
$$= 0.406$$

x	0.1	0.2	0.3
y	0.8	0.6	0.406
$\dfrac{dy}{dx}$	-2	-1.94	-1.8182

Ex. 19 : Solve $\dfrac{dy}{dx} = x + y$. Taylor's series method to find y at x = 3.0. Given x = 2, y = 2 take h = 0.5; accuracy upto third term of the Taylor's series.

Sol. : Given differential equation,

$\dfrac{dy}{dx} = x + y \qquad x = 2, \; y = 2, \; h = 0.5$

$\therefore \qquad y' = x + y$

$\therefore \qquad y' - y - x = 0$

$$\therefore \quad y_0' = y_0 + x_0 = 2 + 2 = 4$$

$$\therefore \quad y_0' = 4$$

Differentiating, we get

$$y'' - y' - 1 = 0$$

$$y_0'' - y_0' - 1 = 0$$

$$\therefore \quad y_0'' = y_0' + 1$$

$$= 4 + 1$$

$$\therefore \quad y_0'' = 5$$

Differentiating again, we get

$$y''' - y'' - 0 = 0$$

$$\therefore \quad y''' = y''$$

$$\therefore \quad y_0''' = y_0'' = 5$$

$$\therefore \quad y = y_0 = (x - x_0) y_0' + \frac{(x - x_0)^2}{2!} y_0'' + \frac{(x - x_0)^3 y_0'''}{3!}$$

$$\therefore \quad y = 2 + (x - 2) \times 4 + \frac{(x - 2)^2}{2} \times 5 + \frac{(x - 2)^3 \times 5}{6}$$

$$\therefore \quad y_{x=3} = 2 + (3 - 2) \times 4 + \frac{(3 - 2)^2 \times 5}{2} + \frac{(3 - 2)^3 \times 5}{6}$$

$$\therefore \quad y_{x=3} = 9.3333$$

Ex. 20 : Solve $\frac{dy}{dx} = \sqrt{x^2 + y}$ using Runge-Kutta fourth order method to find y at $x = 0.4$, given $y(0.0) = 1.0$, take $h = 0.2$.

Sol. : Given differential equation,

$$\frac{dy}{dx} = \sqrt{x^2 + y} = f(x, y) \quad x_0 = 0, \quad y_0 = 1.0, \quad h = 0.2$$

$$x_1 = x_0 + h = 0 + 0.2 = 0.2$$

$$y_1 = y_0 + k$$

$$\therefore \quad k_1 = hf(k_0, y_0) = 0.2 \sqrt{x_0^2 + y_0} = 0.2 \sqrt{0^2 + 1}$$

$$k_1 = 0.2$$

$$k_2 = hf\left(x_0 + \frac{h}{2}, y_0 + \frac{k_1}{2}\right) = 0.2\sqrt{(0.1)^2 + (0.6)}$$
$$= 0.156204$$
$$k_3 = hf\left(x_0 + \frac{h}{2}, y_0 + \frac{k_2}{2}\right) = 0.2\sqrt{(0.1)^2 + (1.078102)}$$
$$= 0.208624$$
$$k_4 = hf(x_0 + h, y_0 + k_3) = 0.2\sqrt{(0.2)^2 + (1.208624)}$$
$$= 0.223483$$
$$k = \frac{1}{6}[k_1 + 2(k_2 + k_3) + k_4]$$
$$= \frac{1}{6}[1.153139]$$
$$= 0.1921898$$

$\therefore \quad y_1 = y_0 + k = 1 + 0.2112639$

$\therefore \quad y_1 = 1.1921898$

$x_2 = x_1 + h = 0.2 + 0.2 = 0.4 \qquad x_1 = 0.2$

$y_2 = y_1 + k \qquad\qquad\qquad\qquad y_1 = 1.1921898$

$$k_1 = h\,f(x_1, y_1) = 0.2\sqrt{x_1^2 + y_1}$$
$$= 0.2\sqrt{0.2^2 + 1.1921898}$$
$$= -0.222008089$$
$$k_2 = h\,f\left(x_1 + \frac{h}{2}, y_1 + \frac{k_1}{2}\right)$$
$$= 0.2\sqrt{(0.3)^2 + 1.3231238}$$
$$= 0.278780408$$
$$k_3 = h\,f\left(x_1 + \frac{h}{2}, y_1 + \frac{k_2}{2}\right)$$
$$= 0.2\sqrt{(0.3)^2 + 1.3301388}$$
$$= 0.284316$$
$$k_4 = h\,f(x_1 + h, y_1 + k_3)$$
$$= 0.2\sqrt{(0.4)^2 + 1.4496031}$$
$$= 0.32730116$$

$$\therefore \quad k = \frac{1}{6}[k_1 + 2(k_2 + k_3) + k_4]$$

$$= \frac{1}{6}[0.222008089 + 2(0.278780408 + 0.284316) + 0.32730116]$$

$$= 0.279250344$$

$$\therefore \quad y_2 = y_1 + k = 1.1921898 + 0.279250344$$

$$y_2 = 1.471440144$$

x	0	0.2	0.4
y	1	1.1921898	1.471440144

Ex. 21 : *The rate of disintegration of a radioactive substance is proportional to the amount of substance (m) remaining at any time (t) is governed by the relation $\frac{dm}{dt} = -Km$, where K is a constant of disintegration and is equal to 0.01. If initial mass of the substance is 100 gm, evaluate the amount of substance remaining at the end of 10 sec. (take increment in time as 2.5 sec.). Use Euler's method.*

Sol. : $m_0 = 100$ gm, $K = 0.01$, $h = 2.5$ sec, $t_0 = 0$ sec.

$$t_1 = t_0 + h = 0 + 2.5 = 2.5 \text{ sec}$$

$$m_1 = m_0 + h \cdot f(t_0, m_0) \quad \text{... Using Euler method}$$

$$= 100 + 2.5(-Km_0)$$

$$= 100 - 2.5 \times 0.01 \times 100$$

$$m_1 = 97.5 \text{ gm}$$

Now,
$$t_2 = t_1 + h = 2.5 + 2.5 = 5 \text{ sec}$$

$$m_2 = m_1 + hf(t_1, m_1)$$

$$= 97.5 + 2.5[-0.01 \times 97.5]$$

$$m_2 = 95.0625 \text{ gm}$$

Now,
$$t_3 = t_2 + h = 5 + 2.5 = 7.5 \text{ sec}$$

$$m_3 = m_2 + hf(t_2, m_2)$$

$$= 95.0625 + 2.5[-0.01 \times 95.0625]$$

$$m_3 = 92.6859 \text{ gm}$$

Now,
$$t_4 = t_3 + h = 7.5 + 2.5 = 10 \text{ sec}$$

$$\therefore \quad m_4 = m_3 + hf(t_3, m_3)$$

$$= 92.6859 + 2.5[-0.01 \times 92.6859]$$

$$m_4 = 90.3688 \text{ gm}$$

which is mass of substance remaining at the end of 10 sec.

Ex. 22 : *Solve the equation :* $\dfrac{d^2y}{dx^2} = x\left(\dfrac{dy}{dx}\right)^2 - y^2.$

Subject to initial conditions $y(0) = 1$, $y'(0) = 0$ *using Runge-Kutta fourth order method. Compute value of y at* $x = 0.2$.

Sol. : $\qquad \dfrac{d^2y}{dx^2} = x\left(\dfrac{dy}{dx}\right)^2 - y^2$

Let, $\qquad \dfrac{dy}{dx} = z$

$\therefore \qquad \dfrac{dz}{dx} = xz^2 - y^2$

and $y_0 = 1$, $z_0 = 0$ for $x_0 = 0$.

Here, $\quad f(x, y, z) = z$

$\qquad g(x, y, z) = xz^2 - y^2$ take $h = 0.2$

$\qquad x_1 = x_0 + h = 0.2$

$\qquad y_1 = y_0 + k$ and $z_1 = z_0 + l$

To find k and l. $\quad k_1 = h\, f(x_0, y_0, z_0) = (0.2)\, z_0 = 0$

$\qquad l_1 = h\, g(x_0, y_0, z_0) = (0.2)\,(x_0\, z_0^2 - y_0^2) = -0.2$

$\qquad k_2 = h\, f\left(x_0 + \dfrac{h}{2},\, y_0 + \dfrac{k_1}{2},\, z_0 + \dfrac{l_1}{2}\right)$

$\qquad\quad = h\, f(0.1,\, 1,\, -0.1) = 0.2\,(-0.1) = -0.02$

$\qquad l_2 = hg\left[x_0 + \dfrac{h}{2},\, y_0 + \dfrac{k_1}{2},\, z_0 + \dfrac{l_1}{2}\right]$

$\qquad\quad = hg\,(0.1,\, 1,\, -0.1)$

$\qquad\quad = 0.2\,[(0.1)\,(-0.1)^2 - 1^2]$

$\qquad\quad = -0.1998$

$\qquad k_3 = h\, f\left[x_0 + \dfrac{h}{2},\, y_0 + \dfrac{k_2}{2},\, z_0 + \dfrac{l_2}{2}\right]$

$\qquad\quad = (0.2)\, f(0.1,\, 0.99,\, -0.0999)$

$\qquad\quad = (0.2)\,(-0.0999)$

$\qquad\quad = -0.01998$

$\qquad l_3 = hg\left[x_0 + \dfrac{h}{2},\, y_0 + \dfrac{k_2}{2},\, z_0 + \dfrac{l_2}{2}\right]$

$\qquad\quad = (0.2)\, g(0.1,\, 0.99,\, -0.0999)$

$\qquad\quad = (0.2)\,[(0.1)\,(-0.0999)^2 - (0.99)^2]$

$\qquad\quad = -0.1958$

$$k_4 = hf[x_0 + h, y_0 + k_3, z_0 + l_3]$$
$$= hf[0.2, 0.98002, -0.1958]$$
$$= (0.2)(-0.1958) = -0.0392$$
$$l_4 = hg[x_0 + h, y_0 + k_3, z_0 + l_3]$$
$$= hg[0.2, 0.98002, -0.1958]$$
$$= (0.2)[0.2(-0.1958)^2 - (0.98002)^2]$$
$$= -0.1906$$

$$k = \frac{1}{6}[k_1 + 2(k_2 + k_3) + k_4]$$
$$= \frac{1}{6}[0 + 2(-0.02 - 0.0198) - 0.0392]$$
$$= -0.01986$$

$$l = \frac{1}{6}[l_1 + 2(l_2 + l_3) + l_4]$$
$$= \frac{1}{6}[-0.2 + 2(-0.1998 - 0.1958) - 0.1906]$$
$$= -0.1970$$

At $x = 0.2$,
$$y_1 = y_0 + k = 0.9801$$
$$z_1 = z_0 + l = -0.1970$$

At $x = 0.2$, $y = 9801$.

Ex. 23 : *A body of mass 2 kg is attached to a spring with a spring constant of 10. The differential equation governing the displacement of the body y and time t is given by,*

$$\frac{d^2y}{dt^2} + 2\frac{dy}{dt} + 5y = 0$$

Find the displacement y at time t = 1.5, given that y(0) = 2 and y'(0) = – 4.

Sol. : Given differential equation,

$$\frac{d^2y}{dt^2} + 2\frac{dy}{dt} + 5y = 0$$

and
$$y(0) = 2$$
$$y'(0) = -4 \quad y = ? \text{ at } t = 1.5$$

Above differential equation is second order, converting it into two first order equations. Solving by RK method.

Let, $$\frac{dy}{dt} = p = f_1(t, y, p)$$

$$\frac{dp}{dt} = -2p - 5y = f_2(t, y, p)$$

$t_0 = 0$, $y_0 = 2$, $p_0 = y_0' = -4$
Taking $h = k = 1.5$

By RK method,
$$\begin{aligned}
k_1 &= h\, f_1(t_0, y_0, p_0) \\
&= 1.5(-4) \\
&= -6 \\
l_1 &= h\, f_2(t_0, y_0, p_0) \\
&= 1.5[-2(-4) - 5(2)] \\
&= -3 \\
k_2 &= h \cdot f_1\left(t_0 + \frac{h}{2}, y_0 + \frac{k_1}{2}, p_0 + \frac{l_1}{2}\right) \\
&= 1.5(-5.5) \\
&= -8.25 \\
l_2 &= h \cdot f_2\left(t_0 + \frac{h}{2}, y_0 + \frac{k_1}{2}, p_0 + \frac{l_1}{2}\right) \\
&= 1.5[-2(-5.5) - 5(-1)] \\
&= 24 \\
k_3 &= h \cdot f_1\left(y_0 + \frac{k_2}{2}, p_0 + \frac{l_2}{2}\right) \\
l_3 &= h \cdot f_2\left(y_0 + \frac{k_2}{2}, p_0 + \frac{l_2}{2}\right) \\
&= 1.5[-2(8) - 5(-2.125)] \\
&= 39.9375 \\
k_4 &= h \cdot f_1\left(p_0 + \frac{l_3}{2}\right) \\
&= 1.5(35.9375) \\
&= 53.90625 \\
l_4 &= h \cdot f_2(y_0 + k_3, p_0 + l_3) \\
&= 1.5[-2(35.9375) - 5(14)] \\
&= -109.5
\end{aligned}$$

$$\therefore \quad y(1.5) = y_0 + \frac{1}{6}[k_1 + 2k_2 + 2k_3 + k_4]$$

$$= 2 + \frac{1}{6}[-6 + 2(-8.25 + 12) + 53.90625]$$

$$y(1.5) = 11.23437$$

and
$$y'(1.5) = p_0 + \frac{1}{6}[l_1 + 2(l_2 + l_3) l_4]$$

$$= -4 + \frac{1}{6}[-3 + 2(24 + 39.9375) - 109.5]$$

$$y'(1.5) = -1.4375$$

6.6 ERROR PROPAGATION - STABILITY

With modern computational methods, it is usual to find the solution of differential equation by integrating over very large number of step lengths. Errors are introduced in the numerical solution at all stages of the calculation. Errors that are introduced at an early stage of the integration may die away or may be propagated with increasing magnitude through the stepwise integration. Whether the error propagates or dies away can depend upon the differential equation. Stability of the numerical technique means whether an initial value problem diverges away from the exact solution or converges to the exact solution. Numerical instability can be inherent in the initial value problem itself regardless of which numerical scheme is used to obtain the solution. To explain this point, consider the differential equation

$$\frac{d^2y}{dx^2} - 5\frac{dy}{dx} - 14y = 0$$

with the initial conditions,
$$y(0) = 1, \quad y'(0) = -2$$

Exact solution of this problem can be easily found out to be $y = e^{-2x}$.

To examine the stability of this solution we change one of the initial conditions by small amount ϵ.

Consider the initial conditions,
$$y(0) = 1 + \epsilon, \quad y'(0) = -2$$

Solution with these initial conditions is
$$y(x) = \left(1 + \frac{7}{9}\epsilon\right) e^{-2x} + \frac{2}{9}\epsilon \, e^{7x}$$

for any $\epsilon > 0$ this solution tends to infinity as $x \to \infty$. Thus we see that a small change in the initial condition produces a large change in the solution i.e. the solution $y = e^{-2x}$ is an unstable solution. Such problems are often termed as ill conditioned and are difficult to solve numerically. Since truncation error and round off error have the same effect as changing the boundary conditions.

Whereas some multi-step methods exhibit numerical instability, this problem usually does not arise with single-step methods such as Runge-Kutta methods provided h is sufficiently small.

Let us consider stability aspects of some numerical methods.

Euler's Method : Euler's formula

$$y_{n+1} = y_n + h f(x_n, y_n)$$

is basically a piecewise linear approximation to the solution of $\frac{dy}{dx} = f(x, y)$, with $y(x_0) = y_0$. At any step, the error in the above formula is of the order $\frac{h^2}{2} y^2(\xi)$, where ξ is the point in the interval (x_0, x_{n+1}).

This point is clear from the Taylor's expansion

$$y(x + h) = y_0 + h f(x_0, y_0) + \frac{h^2}{2} \{f_x + f(x_0, y_0) f_y\} + \ldots$$

Euler's method takes into account only two terms and therefore truncation error is of the order h^2. An improvement of the Euler's method includes h^2 term in the Taylor's expansion and use the expansion

$$y = y_0 + h f(x_0, y_0) + \frac{h^2}{2} [f_x(x_0, y_0) + f(x_0, y_0) f_y(x_0, y_0)]$$

The truncation error is thus of the order h^3. To consider the stability aspect of Euler's method, let the nth step error in y_n is e_n then error e_{n+1} is given by,

$$y_{n+1} = Y_{n+1} + e_{n+1} = (Y_n + e_n) + h f(x_n, Y_n + e_n)$$

where Y_n and Y_{n+1} are the exact solutions of the differential equation.

Expanding $f(x_n, Y_n + e_n)$ in a Taylor's series

$$Y_{n+1} + e_{n+1} = Y_n + e_n + h \left\{ f(x_n, Y_n) + e_n \left.\frac{\partial f}{\partial y}\right|_{x_n, Y_n} \right\} \qquad \ldots (1)$$

$$= Y_n + h f(x_n, Y_n) + e_n \left(1 + h \frac{\partial f}{\partial y}\right)$$

As $Y_{n+1} = Y_n + h f(x_n, Y_n)$, equation (1) gives

$$e_{n+1} = e_n \left(1 + h \frac{\partial f}{\partial y}\right) \qquad \ldots (2)$$

If $\left| 1 + h \frac{\partial f}{\partial y} \right| < 1$, then the error will die down with successive iterations, in which case Euler's method could be stable. But if the condition (2) is not satisfied, stability of the method is not guaranteed. Detailed analysis will show that Euler's method is relatively stable.

Runge-Kutta Method : Runge-Kutta formula given earlier match the Taylor's series expansion for y upto h^4 term and thus has a truncation error of the order h^5. Runge-Kutta method is stable if h is sufficiently small and relative stability of the method is generally guaranteed.

EXERCISE 6.1

1. Using Taylor's series, solve the equation $\frac{dy}{dx} = x + y^2$, $y(0) = 0$ to tabulate the solution for $x = 0$ (0.1) (0.5).

    [**Ans.** $y(0) = 0.0$, $y(0.1) = 0.005005$, $y(0.2) = 0.020016$, $y(0.3) = 0.0451215$, $y(0.4) = 0.080512$]

2. Using Taylor's series method, solve $\frac{dy}{dx} = 1 + xy$ with $x_0 = 0$, $y_0 = 2$. Find (i) y (0.1), (ii) y (0.2), and (iii) y (0.3).

    [**Ans.** (i) $y(0.1) = 2.1103$, (ii) $y(0.2) = 2.2430$, (iii) $y(0.3) = 2.4011$]

3. Using Taylor's series method, find y(0.1) correct to 3 decimal places from
    $\frac{dy}{dx} + 2xy = 1$, $x_0 = 0$, $y_0 = 0$. [**Ans.** $y(0.1) = 0.0993$]

4. Using Taylor's series method, find y at $x = 1.1$ and 1.2 by solving $\frac{dy}{dx} = x^2 + y^2$ given $x_0 = 1$, $y_0 = 2.3$.   [**Ans.** $y(1.1) = 3.1209$, $y(1.2) = 4.8623$]

5. Use Taylor's series method to find the value of y(1.1), y(1.2) and y(1.3) correct to three decimal places, given that $\frac{dy}{dx} = xy^{1/3}$, $y(1) = 1$, taking the first three terms of the Taylor's series expansion.

    [**Ans.** $y(1.1) = 1.107$, $y(1.2) = 1.228$, $y(1.3) = 1.364$]

6. From the Taylor's series for y(x), find y(0.1) correct to four decimal places if y (x) satisfies $\frac{dy}{dx} = x - y^2$ and $y(0) = 1$.   [**Ans.** $y(0.1) = 0.9138$]

7. Use Taylor's series method to find y at $x = \pm 0.1, \pm 0.2$ for the initial value problem $\frac{dy}{dx} - y = 1 - 2x$, $y(0) = 2.17$.

    [**Ans.** $y(0.1) = 2.28413$, $y(-0.1) = 1.6858$, $y(0.2) = 2.5328$, $y(-0.2) = 1.34617$]

8. Use Euler's method to solve the equation $\frac{dy}{dx} = x^2 + y$, subject to the conditions $x = 0$, $y = 1$ and tabulate the solution for $x = 0$ (0.1) 0.5.

    [**Ans.** $y(0) = 1$, $y(0.1) = 1.1$, $y(0.2) = 1.211$, $y(0.3) = 1.3361$, $y(0.4) = 1.4748$, $y(0.5) = 1.64257$]

9. Use modified Euler's method to solve the above problem and find y at x = 0.1, 0.2 and 0.3. **[Ans.** y (0.1) = 1.1058, y (0.2) = 1.2245, y (0.3) = 1.3606**]**

10. Use Euler's method to solve the equation $\frac{dy}{dx} = -y$, y (0) = 1 and tabulate the solution for x = 0 (0.01) 0.04.
    [Ans. y (0.01) = 0.99, y (0.02) = 0.9801, y (0.03) = 0.9703, y (0.04) = 0.9606
    Exact solution is y = e^{-x}**]**

11. Given $\frac{dy}{dx} = x^2 + y$, y (0) = 1. Determine y(0.02), y(0.04) and y(0.06) using Euler's modified method.
    [Ans. y (0.02) = 1.0202, y (0.04) = 1.0408, y (0.06) = 1.0619**]**

12. Given $\frac{dy}{dx} - \sqrt{xy} = 2$, y(1) = 1. Find the value of y(2) in steps of 0.1 using Euler's modified method.
    [Ans. y (2) = 5.0524 when h = 0.1 and note that y (2) = 5.051 when h = 0.2**]**

13. Solve by Euler's method, the equation $\frac{dy}{dx} = x + y$, y(0) = 0, choose h = 0.2 and compute y(0.4) and y(0.6). **[Ans.** y (0.4) = 0.0938, y (0.6) = 0.2258**]**

14. Solve $\frac{dy}{dx} = 1 - y$, y (0) = 0 using Euler's method. Find x = 0.1 and x = 0.2. Compare the result with exact solution. **(Dec. 2006)**
    [Ans. Euler's method : y (0.1) = 0.1, y (0.2) = 0.19;
    Exact solutions : y (0.1) = 0.1052, y (0.2) = 0.214**]**

15. Using modified Euler's method, find an approximate value of y when x = 0.3, given that $\frac{dy}{dx} = x + y$, y = 1 when x = 0 and h = 0.1. Compare the result with the true value. **(Dec. 2006)**
    [Ans. y (0.3) = 1.4004, exact solution y = $2e^x - x - 1$; y (0.3) = 1.3997**]**

16. Solve the following by Euler's modified method $\frac{dy}{dx} = \log (x + y)$, y (0) = 2 at x = 1.2 and 1.4 with h = 0.2. **[Ans.** y (1.2) = 2.5351, y (1.4) = 2.6531**]**

17. Solve the differential equation $\frac{dy}{dx} = -xy^2$, y = 2 at x = 0, by modified Euler's method and obtain y at x = 0.2 in two stages of 0.1 each. **[Ans.** y (0.2) = 1.9227**]**

18. Using Euler's method solve for y at x = 0.1 from $\frac{dy}{dx} = x + y + xy$, y(0) = 1, taking step size h = 0.025. **[Ans.** y (0.1) = 1.1448**]**

19. Solve numerically the differential equation $\frac{dy}{dx} = y^2 - \frac{y}{x}$, $y(1) = 1$ for the interval 1 (0.1) 1.5 by (a) Euler's method, (b) Modified Euler's method.
    [**Ans.** (a) 1, 1.0091, 1.0269, 1.0534, 1.0891, 1.1357,
    (b) 1, 1.0142, 1.0376, 1.0704, 1.1141, 1.1747]

20. Solve the following initial value problem using Runge-Kutta method of fourth order. $\frac{dy}{dx} = (1 + x)y$, $y(0) = 1$, $x = 0 (0.2) 0.6$.
    [**Ans.** $y(0.2) = 1.2247$, $y(0.4) = 1.5240$, $y(0.6) = 1.9581$]

21. Given the differential equation $\frac{dy}{dx} = \frac{x+y}{x}$ with $y(2) = 2$. Estimate $y(2.5)$ using the fourth order Runge-Kutta method with $h = 0.5$. [**Ans.** $y(2.5) = 3.058$]

22. Using Runge-Kutta method of fourth order, solve $\frac{dy}{dx} = \frac{y^2 - x^2}{y^2 + x^2}$, given $y(0) = 1$. Find the value of y at $x = 0.2$ and 0.4. [**Ans.** $y(0.2) = 1.1966$, $y(0.4) = 1.3744$]

23. Using Runge-Kutta method of order 4, find $y(0.2)$, given that $\frac{dy}{dx} = 3x + \frac{1}{2}y$, $y(0) = 1$ taking $h = 0.1$. **(May 2015)**

24. Apply Runge-Kutta method to find an approximate value of y for $x = 0.2$ in steps in 0.1, if $\frac{dy}{dx} = x + y^2$, given that $y = 1$, when $x = 0$. **(May 2005)**
    [**Ans.** $y(0.1) = 1.1165$, $y(0.2) = 1.2736$]

25. Given $\frac{dy}{dx} = x^2 - y$, $y(0) = 1$. Find $y(0.1)$ using Runge-Kutta method of fourth order. [**Ans.** $y(0.1) = 0.9052$]

26. Using Runge-Kutta method of fourth order, find $y(0.1)$, $y(0.2)$ and $y(0.3)$, given that $\frac{dy}{dx} = 1 + xy$; $y(0) = 2$.
    [**Ans.** $y(0.1) = 2.1086$, $y(0.2) = 2.2416$, $y(0.3) = 2.3997$]

27. Given $\frac{dy}{dx} = y - x$ with $y(0) = 2$, find $y(0.1)$ and $y(0.2)$ correct to four decimal places by second and fourth order Runge-Kutta methods.
    [**Ans.** Second order : $y(0.1) = 2.2050$, $y(0.2) = 2.4210$,
    Fourth order : $y(0.1) = 2.2052$, $y(0.2) = 2.4210$]

28. Using Runge-Kutta method of fourth order, solve $\frac{dy}{dx} = xy$, $y(1) = 2$ at $x = 1.2$ with $h = 0.2$. [**Ans.** $y(1.2) = 2.4921$]

29. Find $y(0.2)$ with $h = 0.1$ from $\frac{dy}{dx} = y - \frac{2x}{y}$, $y(0) = 1$ by Runge-Kutta method of fourth order. [**Ans.** $y(1.2) = 1.1832$]

30. Use the Runge-Kutta method of fourth order to solve the equation $\dfrac{dy}{dx} = \dfrac{y-x}{y+x}$, $x_0 = 0$, $y_0 = 1$ to find the value of y at x = 0.2, x = 0.4 and x = 1 taking h = 0.2.
    [**Ans.** y (0.2) = 1.16787, y (0.4) = 1.2925, y (1) = 1.4983]

31. Use the Runge-Kutta method of fourth order to solve $\dfrac{dy}{dx} = 1 + y^2$, subject to conditions x = 0, y = 0 to compute y at x = 0.2 taking h = 0.1.

32. Use the Runge-Kutta method of second order $\dfrac{dy}{dx} = x + y$, $x_0 = 0$, $y_0 = 1$ to find y at 0.2 taking h = 0.2. **(May 12)** [**Ans.** y (0.2) = 1.24]

33. Use the Runge-Kutta method to solve $10\dfrac{dy}{dx} = x^2 + y^2$, $y(0) = 1$ for the interval $0 < x \leq 0.4$ with h = 0.1. [**Ans.** 1.0101, 1.0207, 1.0318, 1.0438]

34. Tabulate the solution of the equation $\dfrac{dy}{dx} - x = 0.1y^2$, $y(0) = 0$ for the range $0 < x < 0.5$ at intervals of 0.1. Obtain the solution correct to four decimal places and compare it with the Taylor's series solution.
    [**Ans.** 0.0050, 0.0200, 0.0450, 0.0800, 0.1252]

35. Apply the Runge-Kutta fourth order method, to find an approximate value of y when x = 0.2, given that $\dfrac{dy}{dx} = x + y$ and y = 1, when x = 0. **(May 2006)**
    [**Ans.** y (0.2) = 1.2428]

36. Use the Runge-Kutta fourth order method to solve $\dfrac{dy}{dx} = x - y^2$, $y(0) = 1$ to find y(0.4) taking h = 0.1. **(May 2014)**
    [**Ans.** y(0.1) = 0.9117, y(0.2) = 0.8494, y(0.3) = 0.8061]

37. Solve the differential equations $\dfrac{dy}{dx} = 1 + xz$, $\dfrac{dz}{dx} = -xy$ for x = 0.3 using fourth order Runge-Kutta method. Initial values are x = 0, y = 0, z = 1.
    [**Ans.** y = 0.3448, z = 0.99]

38. Using Runge-Kutta method of order four, solve $\dfrac{d^2y}{dx^2} = y + x\dfrac{dy}{dx}$, y(0) = 1, y'(0) = 0 to find y (0.2) and y' (0.2). [**Ans.** y(0.2) = 0.9802, y' (0.2) = −0.196]

39. Using fourth order Runge-Kutta method, evaluate y (1.1) and z (1.1), given that $\dfrac{dy}{dx} = xyz$, $\dfrac{dz}{dx} = y^2$, $y(1) = \dfrac{1}{3}$, $z(1) = 1$.
    [**Ans.** y (1.1) = 0.3707, z (1.1) = 1.03615]

40. Solve $\dfrac{dy}{dx} + xz = 0$, $\dfrac{dz}{dx} = y^2$ with y (0) = 1, z (0) = 1 for x = 0.2 (0.2) 0.4 by fourth order Runge-Kutta method.
    [**Ans.** y (0.2) = 0.978, z (0.2) = 1.2, y (0.4) = 0.9003, z (0.4) = 1.382]

41. Solve the system of differential equations by fourth order Runge-Kutta method
$\frac{dx}{dt} = y - t$, $\frac{dy}{dt} = x + t$ with $x = 1$, $y = 1$ when $t = 0$ taking $h = 0.1$

[Ans. $x(0.1) = 1.1003$, $y(0.1) = 1.1102$]

42. Solve the system of differential equations by fourth order Runge-Kutta method
$\frac{dy}{dx} = xz + 1$, $\frac{dz}{dx} = -xy$ with $y = 0$ and $z = 1$ at $x = 0$ for $x = 0.3 (0.3) 0.9$.

[Ans. $y_1 = 0.3448$, $y_2 = 0.7738$, $y_3 = 1.255$, $z_1 = 0.99$, $z_2 = 0.9121$, $z_3 = 0.6806$]

MULTIPLE CHOICE QUESTIONS

Type I : Numerical Solution of Ordinary Differential Equations :

1. Given equation is $\frac{dy}{dx} = f(x, y)$ with initial condition $x = x_0$, $y = y_0$ and h is step size. Euler's formula to calculate y_1 at $x = x_0 + h$ is given by (1)
   (A) $y_1 = y_0 + hf(x_0, y_0)$
   (B) $y_1 = y_0 + hf(x_1, y_1)$
   (C) $y_1 = y_1 + hf(x_0, y_0)$
   (D) $y_1 = hf(x_0, y_0)$

2. Given equation is $\frac{dy}{dx} = f(x, y)$ with initial condition $x = x_0$, $y = y_0$ and h is step size. Modified Euler's formula to calculate $y_1^{(1)}$ at $x = x_0 + h$ is given by (1)
   (A) $y_0 + h[f(x_0, y_0) + f(x_1, y_1)]$
   (B) $y_0 + \frac{h}{4}[f(x_0, y_0) + f(x_1, y_1)]$
   (C) $y_0 + \frac{h}{3}[f(x_0, y_0) + f(x_1, y_1)]$
   (D) $y_0 + \frac{h}{2}[f(x_0, y_0) + f(x_1, y_1)]$

3. In Runge-Kutta method of fourth order, k_1, k_2, k_3, k_4 are calculated then $y = y_0 + k$. Formula for k_2 is (1)
   (A) $\frac{h}{2} f(x_0, y_0)$
   (B) $hf\left(x_0 + \frac{h}{2}, y_0 + \frac{k_1}{2}\right)$
   (C) $\frac{h}{2} f\left(x_0 + \frac{h}{3}, y_0 + \frac{k_1}{3}\right)$
   (D) $\frac{h}{3} f(x_0 + h, y_0 + k_1)$

4. In Runge-Kutta method of fourth order, k_1, k_2, k_3, k_4 are calculated then $y = y_0 + k$. Formula for k_3 is (1)
   (A) $\frac{h}{3} f(x_0 + h, y_0 + k_2)$
   (B) $\frac{h}{2} f\left(x_0 + \frac{h}{3}, y_0 + \frac{k_2}{3}\right)$
   (C) $hf\left(x_0 + \frac{h}{2}, y_0 + \frac{k_2}{2}\right)$
   (D) $\frac{h}{2} f(x_0, y_0)$

5. In Runge-Kutta method of fourth order, k_1, k_2, k_3, k_4 are calculated then $y = y_0 + k$. Formula for k_4 is (1)
   (A) $\frac{h}{3} f\left(x_0 + \frac{h}{2}, y_0 + \frac{k_3}{2}\right)$
   (B) $\frac{h}{2} f(x_3, y_3)$
   (C) $\frac{h}{2} f(x_0, y_0)$
   (D) $hf(x_0 + h, y_0 + k_3)$

6. In Runge-Kutta method of fourth order, k_1, k_2, k_3, k_4 are calculated then $y = y_0 + k$. k is calculated from (1)

    (A) $k = \frac{1}{4}(k_1 + k_2 + k_3 + k_4)$
    (B) $k = \frac{1}{6}(k_1 + 2k_2 + 2k_3 + k_4)$
    (C) $k = \frac{1}{8}(k_1 + 2k_2 + k_3 + k_4)$
    (D) $k = \frac{1}{10}(k_1 + 2k_2 + 2k_3 + k_4)$

7. Differential equation $\frac{dy}{dx} = x + y$, with $y(0) = 0$, $h = 0.2$ is to be solved using Euler's method. The value of y at $x = 0.4$ is given by (2)

    (A) 0.4 (B) 0
    (C) 0.04 (D) 0.2

8. Differential equation $\frac{dy}{dx} = x^2 + y^2$, with $y(1) = 2.3$, $h = 0.1$ is to be solved using Euler's method. The value of y at $x = 1.1$ is given by (2)

    (A) 3.389 (B) 2.929
    (C) 0.629 (D) 1.523

9. Differential equation $\frac{dy}{dx} = x - y^2$, with $y(0) = 1$, $h = 0.1$ is to be solved using Euler's Method. If $y(0.1) = 0.9$ then y at $x = 0.2$ is given by (2)

    (A) 1.892 (B) 0.289
    (C) 0.829 (D) 0.991

10. Equation $\frac{dy}{dx} = 1 + xy$ with $y(0) = 1$, $h = 0.1$ is to be solved using Euler's method. Given $y(0.1) = 1.1$, then y at $x = 0.2$ is (2)

    (A) 1.222 (B) 1.211
    (C) 1.232 (D) 1.192

11. Tabulated solution of the equation $\frac{dy}{dx} = 1 + x$ with $y(0) = 1$, $h = 0.1$ using Euler's method given by (2)

    (A)

x	0	0.1	0.2
y	1	1.1	1.21

    (B)

x	0	0.1	0.2
y	1	1.09	2.12

    (C)

x	0	0.1	0.2
y	1	1.25	1.5

    (D)

x	0	0.1	0.2
y	1	1.2	1.3

12. Given equation is $\frac{dy}{dx} = \frac{y-x}{y+x}$, with initial conditions $x = 0$, $y = 1$ and step size $h = 0.2$. By Euler's formula y_1 at $x = 0.2$ is equal to 1.2. First approximation $y_1^{(1)}$ at $x = 0.2$ calculated by modified Euler's formula is given by (2)

    (A) 1.3428 (B) 0.3428
    (C) 1.0714 (D) 1.1714

13. Given equation is $\frac{dy}{dx} = \frac{x+y}{x}$ with initial condition x = 2, y = 2 and step size h = 0.5.

    By Euler's formula y_1 at x = 2.5 is equal to 3. First approximation $y_1^{(1)}$ at x = 2.5 calculated by modified Euler's formula is given by (2)
    (A) 1.375
    (B) 4.5
    (C) 3.05
    (D) 3.375

14. Given equation is $\frac{dy}{dx} = \frac{1}{x+y}$ with initial condition x = 0, y = 2 and step size h = 0.2.

    By Euler's formula y_1 at x = 0.2 is equal to 2.1. First approximation $y_1^{(1)}$ at x = 0.2 calculated by modified Euler's formula is given by (2)
    (A) 2.0869
    (B) 2.0935
    (C) 2.057
    (D) 2.075

15. Given equation is $\frac{dy}{dx} = x + y$ with initial condition x = 0, y = 1 and step size h = 0.2.

    By Euler's formula y_1 at x = 0.2 is equal to 1.2. First approximation $y_1^{(1)}$ at x = 0.2 calculated by modified Euler's formula is given by (2)
    (A) 1.24
    (B) 1.26
    (C) 1.22
    (D) 1.28

16. Given equation is $\frac{dy}{dx} = x + y^2$ with initial condition x = 0, y = 1 and step size h = 0.2, k_1 as defined in Runge-Kutta method is given by (2)
    (A) 0.1
    (B) 0.4
    (C) 0.3
    (D) 0.2

17. Given equation is $\frac{dy}{dx} = \frac{1}{x+y}$ with initial condition x = 0, y = 1 and step size h = 0.2. In Runge-Kutta method k_1, k_2, k_3, k_4 are calculated and are given by $k_1 = 0.2$, $k_2 = 0.167$, $k_3 = 0.169$, $k_4 = 0.1461$. y at x = 0.2 is given by (2)
    (A) 1.1697
    (B) 1.4231
    (C) 1.3522
    (D) 1.5291

18. Given equation is $\frac{dy}{dx} = x^2 + y^2$ with initial condition y(1) = 1.5 and step size h = 0.1, k_1 is calculated as 0.325, k_2 is given by using Runge-Kutta method. (2)
    (A) 0.37554
    (B) 0.35791
    (C) 04252
    (D) 0.38664

Answers

1. (A)	2. (D)	3. (B)	4. (C)	5. (D)	6. (B)	7. (C)	8. (B)
9. (C)	10. (B)	11. (C)	12. (D)	13. (C)	14. (B)	15. (A)	16. (D)
17. (A)	18. (D)						

UNIT - IV : VECTOR DIFFERENTIAL CALCULUS

CHAPTER SEVEN

VECTOR ALGEBRA

7.1 INTRODUCTION

Subject of vector analysis had its development since nineteenth century. It has helped engineers, mathematicians and physicists in presenting mathematical formulations of physical phenomena in a very compact manner. Equations which take different shapes in different co-ordinate systems can be combined into a single equation and dealt in a precise manner. Whenever required, this single equation in vector form or its solution can be readily expressed in desired coordinate system. Besides this, vector analysis helps in understanding the physical nature of the problem and in correlating mathematical ideas and physical aspects of a problem.

Aim of this work is to acquaint the readers with the subject of vector calculus. Before we take-up the subject of vector calculus, we shall briefly discuss the elementary aspects of vector algebra.

7.2 VECTOR ALGEBRA

A quantity which has got both *magnitude* and *direction* is termed as a *vector quantity*. Physical quantities like displacement, velocity, acceleration, force, current etc. come under this category.

A quantity which has *magnitude alone but not direction* is termed as a *scalar quantity*. Some examples of scalar quantity are mass, length, time, temperature, speed, etc.

Formally a vector is defined as a *directed line segment* and is graphically represented by an arrow AB (See Fig. 7.1) defining the direction. The magnitude of the vector is given by length of the line segment AB, and we write vector AB as $\overrightarrow{AB}$ or $\overline{AB}$ or by Bold faced type **AB**. The magnitude of the vector, that is the length AB is simply expressed as AB = $|\overrightarrow{AB}|$. The tail end A of the arrow is called the initial point of the *vector* and the other end B is called the *terminal point*.

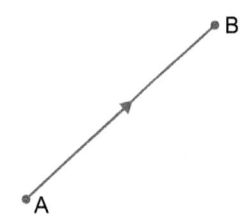

Fig. 7.1

Position Vector : A point A in space can be associated with a vector by joining the point A with some point 'O' in space called origin of reference. Thus, $\overrightarrow{OA} = \overline{a}$, is associated with point A and is called position vector (p.v.) of the point A. (See Fig. 7.2)

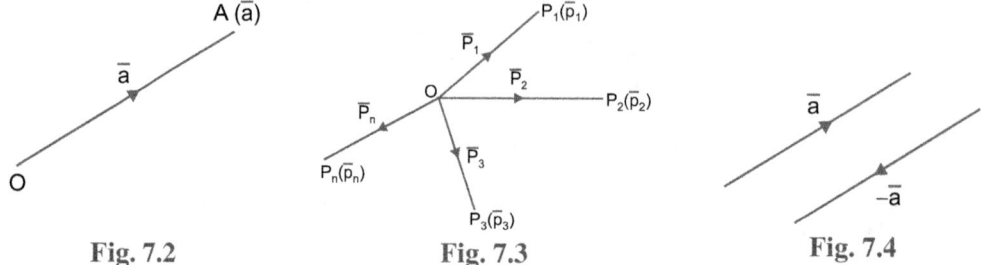

Fig. 7.2   Fig. 7.3   Fig. 7.4

Various points $P_1, P_2, P_3, \ldots\ldots P_n$ can be associated with vectors

$$\overrightarrow{OP_1} = \bar{p}_1, \quad \overrightarrow{OP_2} = \bar{p}_2$$

$$\overrightarrow{OP_3} = \bar{p}_3, \quad \overrightarrow{OP_n} = \bar{p}_n$$

and are called position vectors of $P_1, P_2, \ldots P_n$ respectively (See Fig. 7.3).

Many times, vectors are graphically represented without specifying initial and/or terminal points. A vector having direction opposite to that of vector $\bar{a}$ but having the same magnitude is denoted by $-\bar{a}$. (Refer to Fig. 7.4)

Equality of Vectors : Two vectors $\overrightarrow{AB}$ and $\overrightarrow{CD}$ are said to be equal if they are of the same magnitude and direction. Graphically, they are represented along parallel lines (See Fig. 7.5) or could be represented on the same line with different initial points, an arrow indicating the same direction.

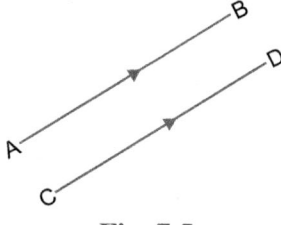

Fig. 7.5

We shall now define the basic operations of addition, subtraction, multiplication of vector quantities.

1. Addition of Vectors : The sum of vectors $\bar{a}$ and $\bar{b}$ is the vector $\bar{c}$ formed by placing the initial point of $\bar{b}$ on the terminal point of $\bar{a}$ and then joining the initial point of $\bar{a}$ to the terminal point of $\bar{b}$.

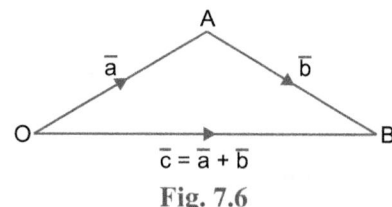

Fig. 7.6

$$\therefore \quad \bar{c} = \bar{a} + \bar{b} = \overrightarrow{OA} + \overrightarrow{AB} = \overrightarrow{OB}$$

The definition here is equivalent to the parallelogram law for vector addition. The vector $\overline{c}$ is called the resultant of $\overline{a}$ and $\overline{b}$. The definition of vector addition can be easily extended to cover the addition of more than two vectors.

Now, $\overrightarrow{OA} + \overrightarrow{AB} = \overrightarrow{OB} \Rightarrow \overrightarrow{OA} + \overrightarrow{AB} - \overrightarrow{OB} = \overline{0} \Rightarrow \overrightarrow{OA} + \overrightarrow{AB} + \overrightarrow{BO} = \overline{0}$ which is the triangle law of vectors.

2. The Difference of Vectors : The difference of vectors $\overline{a}$ and $\overline{b}$ represented by $\overline{a} - \overline{b}$ is defined as the sum $\overline{a} + (-\overline{b})$. If $\overline{a} = \overline{b}$, then $\overline{a} - \overline{b}$ is zero vector $\overline{0}$ or simply 0, it has zero magnitude and can have any direction.

3. Multiplication of Vector by a Scalar : The multiplication of vector $\overline{a}$ by a scalar m is a vector $m\overline{a}$, its magnitude is |m| times the magnitude of $\overline{a}$. If $\hat{a}$ denote a unit vector along $\overline{a}$ then we can write $\overline{a} = a\hat{a}$, where a is the magnitude of $\overline{a}$ i.e. $a = |\overline{a}|$.

4. Laws of Vector Algebra : For any vectors $\overline{a}$, $\overline{b}$, $\overline{c}$ and scalars m and n, following laws can be easily established. They are stated here without proof.

(a) $\overline{a} + \overline{b} = \overline{b} + \overline{a}$ (Commutative law for addition)

(b) $\overline{a} + (\overline{b} + \overline{c}) = (\overline{a} + \overline{b}) + \overline{c}$ (Associative law for addition)

(c) $m\overline{a} = \overline{a}m$ (Commutative law for multiplication)

(d) $m(n\overline{a}) = (mn)\overline{a}$ (Associative law for multiplication)

(e) $(m+n)\overline{a} = m\overline{a} + n\overline{a}$ (Distributive law)

(f) $m(\overline{a} + \overline{b}) = m\overline{a} + m\overline{b}$ (Distributive law)

5. Product of Vectors : The two vectors $\overline{a}$ and $\overline{b}$ do not multiply like scalars m and n. In respect of vectors $\overline{a}$ and $\overline{b}$, two types of product are defined.

(a) Scalar or Dot Product of Vectors : If $\overline{a}$ and $\overline{b}$ are two vectors inclined at an angle 'θ' with respect to each other then the dot product of vectors $\overline{a}$ and $\overline{b}$ is denoted by $\overline{a} \cdot \overline{b}$ or $\overline{a} \circ \overline{b}$ (read as $\overline{a}$ dot $\overline{b}$) and is given by

$$\overline{a} \circ \overline{b} = \overline{a} \cdot \overline{b} = |\overline{a}||\overline{b}|\cos\theta = ab\cos\theta$$

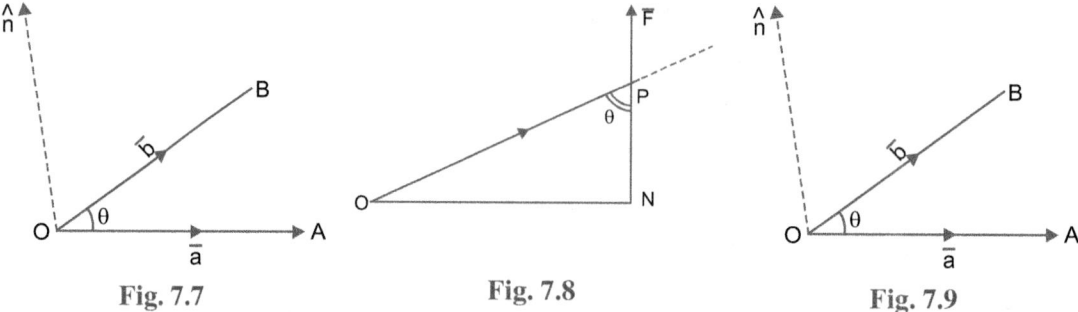

Fig. 7.7   Fig. 7.8   Fig. 7.9

This product gives a scalar quantity and hence the product $\bar{a} \cdot \bar{b}$ is also called scalar product. If $\theta = 90°$, $\cos \theta = 0$ and $\bar{a} \cdot \bar{b} = 0$. To interpret physically, consider force vector $\bar{F}$ and the displacement vector $\bar{d}$ (See Fig. 7.8). $\bar{F} \cdot \bar{d} = Fd \cos \theta$ gives the work done by the force $\bar{F}$ in causing a displacement $\bar{d}$.

(b) Vector or Cross Product of Vectors : Another type of product that exists between the two vectors $\bar{a}$ and $\bar{b}$ is the vector product or cross product. Unlike (a), it gives a vector quantity. Consider the vectors $\bar{a}$, $\bar{b}$ (See Fig. 7.9), inclined at an angle θ. The vector product or cross product of $\bar{a}$ and $\bar{b}$ is denoted by $\bar{a} \times \bar{b}$ (read as $\bar{a}$ cross $\bar{b}$) and is given by

$$\bar{a} \times \bar{b} = |\bar{a}||\bar{b}| \sin \theta \, \hat{n} = ab \sin \theta \, \hat{n}$$

where, $\hat{n}$ is a unit vector perpendicular to the plane of $\bar{a}$ and $\bar{b}$ such that $\bar{a}$, $\bar{b}$ and $\hat{n}$ form a right handed system. (If a screw is rotated from the first vector $\bar{a}$ to the second vector $\bar{b}$ i.e. in an anticlockwise sense then it will come out, indicating the direction of $\hat{n}$). It is obvious from the definition that $\bar{b} \times \bar{a}$ will have opposite direction of $\bar{a} \times \bar{b}$ and $\bar{a} \times \bar{b} = -(\bar{b} \times \bar{a})$. Thus, in taking the cross product of two vectors, the order in which they occur is of importance.

$$|\bar{a} \times \bar{b}| = ab \sin \theta$$

If $\bar{a}$ and $\bar{b}$ are parallel vectors i.e., if the angle $\theta = 0$ or π, then $\sin \theta = 0$ and $\bar{a} \times \bar{b} = 0$.

Similarly, $\bar{a} \times \bar{a} = 0$ as $\theta = 0$

To interpret vector product physically, we shall consider two examples.

(i) Moment of a Force : In statics, Moment of Force about a point is given by the product of the magnitude of the force and the perpendicular distance of the point from the line of action of the force. With reference to Fig. 7.10, moment of the force F about the point 'O' is given by F multiplied by ON or OP $\sin \theta$ i.e. $F \times OP \sin \theta$. The sense of the moment is anticlockwise as shown in Fig. 7.10. Since, the moment has got both the magnitude and direction, it can be represented in vector form by the cross product $\bar{r} \times \bar{F}$, where $\bar{r} = \overrightarrow{OP}$ (the position vector of P, any point on the line of action $\bar{F}$).

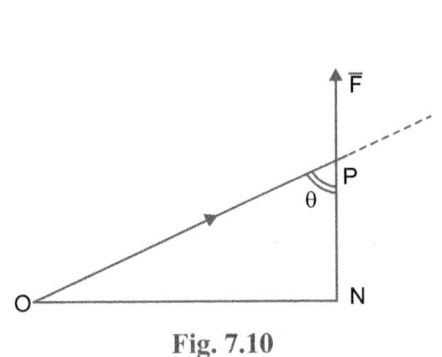
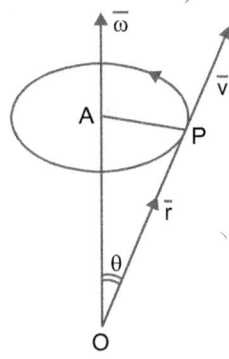

Fig. 7.10 **Fig. 7.11**

By definition, $\bar{r} \times \bar{F} = rF \sin\theta \, \hat{n}$, ($\bar{r}, \bar{F}, \hat{n}$ forming a right handed system)

∴ $|\bar{r} \times \bar{F}| = rF \sin\theta$ or $F r \sin\theta$

which is same as the moment of $\bar{F}$ about O. The direction of the moment is associated with $\hat{n}$. Thus, $\bar{r} \times \bar{F}$ represents the moment vector $\bar{M}$ which represents the moment of the force $\bar{F}$ about the point 'O'.

(ii) Rigid Body Rotation about an Axis : Consider a rigid body rotating with angular velocity $\bar{\omega}$ about an axis OA. Vector $\bar{\omega}$ has magnitude ω and direction parallel to the axis OA (See Fig. 7.11). If P ($\bar{r}$) is any point on the body, the linear velocity $\bar{v}$ of the point has magnitude AP ω i.e. $r \sin\theta \, \omega$ (AP = $r \sin\theta$) and the direction along the tangent to the circle at P as shown in Fig. 7.11. $\overrightarrow{OP} = \bar{r}$ is the position vector of the point P with respect to 'O' as the origin of the reference. From Fig. 7.11, it is clear that $\bar{\omega}, \bar{r}, \bar{v}$ constitute a right handed system and we can express $\bar{v}$ as

$$\bar{v} = \bar{\omega} \times \bar{r} \quad \text{or} \quad \bar{r} \times \bar{v} = \bar{\omega}$$

[Note that $|\bar{v}| = |\bar{\omega} \times \bar{r}| = \omega r \sin\theta$]

6. Scalar Triple Product or Box Product : Between three vectors $\bar{a}, \bar{b}, \bar{c}$ there exists scalar triple product or mixed product $\bar{a} \times \bar{b} \cdot \bar{c}$ which can also be written as $[\bar{a} \, \bar{b} \, \bar{c}]$. Here dot and cross are interchangeable and $\bar{a} \times \bar{b} \cdot \bar{c} = \bar{a} \cdot \bar{b} \times \bar{c}$. Hence the positions of '·' and 'x' are immaterial which leads to the notation $[\bar{a} \, \bar{b} \, \bar{c}]$ read as Box

Product. This product of three vectors is a scalar quantity hence the name Scalar Triple Product. It can be easily established that $[\bar{a}\ \bar{b}\ \bar{c}] = [\bar{b}\ \bar{c}\ \bar{a}] = [\bar{c}\ \bar{a}\ \bar{b}]$ i.e. cyclic change between $\bar{a}, \bar{b}, \bar{c}$ does not alter the value of the scalar triple product. To interpret it physically, consider a rectangular parallelopiped (See Fig. 7.12) with edges OA, OB, OC of lengths a, b, c respectively. Consider the vectors $\bar{a}, \bar{b}, \bar{c}$ along OA, OB, OC as shown. 'p' is the length of the perpendicular from 'C' on the base OADB. 'θ' is the angle between OA and OB, α is the angle between OC and OM.

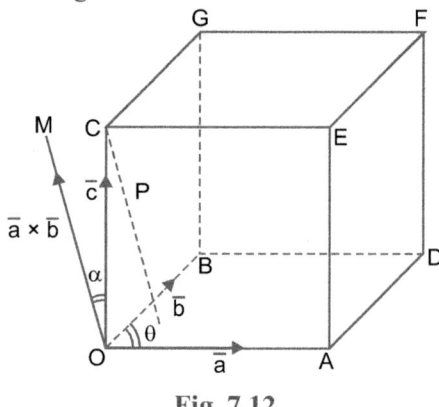

Fig. 7.12

$\bar{a} \times \bar{b}$ is a vector perpendicular to the plane of $\bar{a}$ and $\bar{b}$; $\bar{a}, \bar{b}$ and $\bar{a} \times \bar{b}$ forming a right handed system. $|\bar{a} \times \bar{b}|$ = ab sin θ which is equal to the area of the parallelogram OADB, direction of $\bar{a} \times \bar{b}$ is along OM.

By definition, $\quad \bar{a} \times \bar{b} \cdot \bar{c} = |\bar{a} \times \bar{b}||\bar{c}|\cos\alpha$ = ab sin θ c cos α
$\quad\quad\quad\quad\quad\quad\quad\quad\quad\quad = $ ab sin θp $\quad\quad\quad\quad [\because p = c \cos \alpha]$

Or $\quad\quad\quad\quad\quad\quad \bar{a} \times \bar{b} \cdot \bar{c} = $ Area of parallelogram × Altitude
$\quad\quad\quad\quad\quad\quad\quad\quad\quad\quad = $ Volume of parallelopiped

Thus $\bar{a} \times \bar{b} \cdot \bar{c}$ represents volume of a parallelopiped with coterminus edges of lengths a, b, c.

Obviously $\bar{a} \times \bar{b} \cdot \bar{c} = \bar{a} \cdot \bar{b} \times \bar{c}$ = volume of the parallelopiped which shows that dot and cross are interchangeable in scalar triple product. It can also be seen that out of $\bar{a}, \bar{b}, \bar{c}$ if any two vectors are equal or parallel then $\bar{a} \times \bar{b} \cdot \bar{c} = 0$.

7. Vector Triple Product : Between three vectors, we can consider another type of product $\bar{a} \times (\bar{b} \times \bar{c})$ which is called *vector triple product*. It can be proved that,

$$\bar{a} \times (\bar{b} \times \bar{c}) = (\bar{a} \cdot \bar{c})\bar{b} - (\bar{a} \cdot \bar{b})\bar{c}.$$

This follows from the fact that $\bar{a} \times (\bar{b} \times \bar{c})$ is a vector which lies in the plane of $\bar{b}$ and $\bar{c}$ and can be expressed as a linear combination of $\bar{b}, \bar{c}$. The proof is left to the students as an exercise.

To obtain $(\bar{a} \times \bar{b}) \times \bar{c}$, we write it as

$$(\bar{a} \times \bar{b}) \times \bar{c} = -\bar{c} \times (\bar{a} \times \bar{b}), \ [\because \bar{a} \times \bar{b} = -\bar{b} \times \bar{a}]$$

$$= -[(\bar{c} \cdot \bar{b}) \bar{a} - (\bar{c} \cdot \bar{a}) \bar{b}] = (\bar{c} \cdot \bar{a}) \bar{b} - (\bar{c} \cdot \bar{b}) \bar{a}$$

Expression for $\bar{a} \times (\bar{b} \times \bar{c})$ is of great importance and students are advised to memorise it.

8. Quadruple Products :

(a) Consider the product $(\bar{a} \times \bar{b}) \cdot (\bar{c} \times \bar{d})$ involving four vectors $\bar{a}, \bar{b}, \bar{c}$ and $\bar{d}$.

$$(\bar{a} \times \bar{b}) \cdot (\bar{c} \times \bar{d}) = (\bar{a} \times \bar{b}) \cdot \bar{p} = \bar{a} \cdot \bar{b} \times \bar{p}, \ [\text{where } \bar{p} = \bar{c} \times \bar{d}]$$

$$= \bar{a} \cdot [\bar{b} \times (\bar{c} \times \bar{d})] = \bar{a} \cdot [(\bar{b} \cdot \bar{d}) \bar{c} - (\bar{b} \cdot \bar{c}) \bar{d}]$$

$$= (\bar{a} \cdot \bar{c})(\bar{b} \cdot \bar{d}) - (\bar{a} \cdot \bar{d})(\bar{b} \cdot \bar{c}) \rightarrow \text{a scalar.}$$

This product is known as scalar quadruple product.

(b) We can also consider the product $(\bar{a} \times \bar{b}) \times (\bar{c} \times \bar{d})$.

$$(\bar{a} \times \bar{b}) \times (\bar{c} \times \bar{d}) = (\bar{a} \times \bar{b}) \times \bar{p} = -\bar{p} \times (\bar{a} \times \bar{b})$$

$$= -[(\bar{p} \cdot \bar{b}) \bar{a} - (\bar{p} \cdot \bar{a}) \bar{b}], \ [\bar{p} = \bar{c} \times \bar{d}]$$

$$= (\bar{p} \cdot \bar{a}) \bar{b} - (\bar{p} \cdot \bar{b}) \bar{a} = [(\bar{c} \times \bar{d}) \cdot \bar{a}] \bar{b} - [(\bar{c} \times \bar{d}) \cdot \bar{b}] \bar{a}$$

$$= [\bar{c} \ \bar{d} \ \bar{a}] \bar{b} - [\bar{c} \ \bar{d} \ \bar{b}] \bar{a}$$

Similarly, if $\bar{a} \times \bar{b} = \bar{p}$

$$(\bar{a} \times \bar{b}) \times (\bar{c} \times \bar{d}) = \bar{p} \times (\bar{c} \times \bar{d}) = (\bar{p} \cdot \bar{d}) \bar{c} - (\bar{p} \cdot \bar{c}) \bar{d}$$

$$= [\bar{a} \times \bar{b} \cdot \bar{d}] \bar{c} - [\bar{a} \times \bar{b} \cdot \bar{c}] \bar{d} = [\bar{a} \ \bar{b} \ \bar{d}] \bar{c} - [\bar{a} \ \bar{b} \ \bar{c}] \bar{d}$$

$$\rightarrow \text{a vector}$$

Thus it is seen that $(\bar{a} \times \bar{b}) \times (\bar{c} \times \bar{d})$ can be expressed as linear combination of $\bar{a}$ and $\bar{b}$ or that of $\bar{c}$ and $\bar{d}$ i.e. it lies in the plane of $(\bar{a}, \bar{b})$ and $(\bar{c}, \bar{d})$ both or along the common section of the planes of $\bar{a}, \bar{b}$ and $\bar{c}, \bar{d}$. This product is known as vector quadruple product.

7.3 ORTHOGONAL VECTOR TRIAD

It is quite useful to consider a set of three mutually perpendicular unit vectors $\bar{i}$, $\bar{j}$, $\bar{k}$ taken along x, y, z axes (which are mutually perpendicular) as shown in Fig. 7.13. If $\bar{a}$ is any vector in space, it can always be expressed as a linear combination of any three non-coplaner vectors. $\bar{i}$, $\bar{j}$, $\bar{k}$ being three non-coplaner vectors, $\bar{a}$ can be expressed as $\bar{a} = a_1 \bar{i} + a_2 \bar{j} + a_3 \bar{k}$, where a_1, a_2, a_3 are the scalar components of $\bar{a}$ along x, y and z axes. If P (x, y, z) is any point in space then vector $\overline{OP}$ is generally denoted by $\bar{r}$ and can be expressed as $\bar{r} = x\bar{i} + y\bar{j} + z\bar{k}$.

From the definitions of the dot and the cross product, it can be easily seen that

$$\bar{i} \cdot \bar{i} = |\bar{i}||\bar{i}|\cos 0 = 1 \text{ [as } |\bar{i}| = 1, \cos 0 = 1]$$
$$\bar{j} \cdot \bar{j} = 1, \bar{k} \cdot \bar{k} = 1$$
$$\bar{i} \cdot \bar{j} = \bar{j} \cdot \bar{k} = \bar{k} \cdot \bar{i} = 0$$

$\therefore$ $\bar{i}$, $\bar{j}$, $\bar{k}$ are mutually perpendicular and $\cos\left(\dfrac{\pi}{2}\right) = 0$.

Also $\bar{i} \times \bar{i} = 0$, $\bar{j} \times \bar{j} = 0$, $\bar{k} \times \bar{k} = 0$
$$\bar{i} \times \bar{j} = \bar{k}, \bar{j} \times \bar{k} = \bar{i}, \bar{k} \times \bar{i} = \bar{j}$$

[$\bar{i}$, $\bar{j}$, $\bar{k}$ constitute a right handed system].

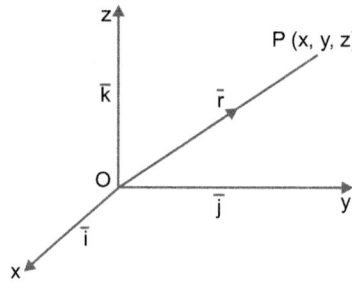

Fig. 7.13

If $\bar{a} = a_1 \bar{i} + a_2 \bar{j} + a_3 \bar{k}$, $\bar{b} = b_1 \bar{i} + b_2 \bar{j} + b_3 \bar{k}$

$$\bar{a} \cdot \bar{b} = (a_1 \bar{i} + a_2 \bar{j} + a_3 \bar{k}) \cdot (b_1 \bar{i} + b_2 \bar{j} + b_3 \bar{k})$$
$$= a_1 \bar{i} \cdot (b_1 \bar{i} + b_2 \bar{j} + b_3 \bar{k}) + a_2 \bar{j} \cdot (b_1 \bar{i} + b_2 \bar{j} + b_3 \bar{k}) +$$
$$a_3 \bar{k} \cdot (b_1 \bar{i} + b_2 \bar{j} + b_3 \bar{k})$$
$$= a_1 b_1 + a_2 b_2 + a_3 b_3 \qquad (\because \bar{i} \cdot \bar{i} = 1, \bar{i} \cdot \bar{j} = 0 \text{ etc.)}$$

If θ is the angle between $\bar{a}$ and $\bar{b}$,

$$\bar{a} \cdot \bar{b} = |\bar{a}||\bar{b}|\cos\theta = a_1b_1 + a_2b_2 + a_3b_3$$

$$\therefore \quad \cos\theta = \frac{a_1b_1 + a_2b_2 + a_3b_3}{|\bar{a}||\bar{b}|}$$

To determine $|\bar{a}|, |\bar{b}|$ consider

$$\bar{a} \cdot \bar{a} = (a_1\bar{i} + a_2\bar{j} + a_3\bar{k}) \cdot (a_1\bar{i} + a_2\bar{j} + a_3\bar{k}) = a_1^2 + a_2^2 + a_3^2$$

But $\quad \bar{a} \cdot \bar{a} = |\bar{a}||\bar{a}|\cos 0 = |\bar{a}|^2$

$$\therefore \quad |\bar{a}| = \sqrt{\bar{a} \cdot \bar{a}} = \sqrt{a_1^2 + a_2^2 + a_3^2} \quad \text{Similarly,} \quad |\bar{b}| = \sqrt{b_1^2 + b_2^2 + b_3^2}$$

The angle θ between vectors $\bar{a}$, $\bar{b}$ can now be calculated from the formula,

$$\cos\theta = \frac{a_1b_1 + a_2b_2 + a_3b_3}{\sqrt{a_1^2 + a_2^2 + a_3^2}\sqrt{b_1^2 + b_2^2 + b_3^2}}$$

To obtain $\hat{a}$ [the unit vector along $\bar{a}$] $\quad \bar{a} = a\hat{a} \quad \therefore \quad \hat{a} = \frac{\bar{a}}{a} = \frac{a_1\bar{i} + a_2\bar{j} + a_3\bar{k}}{\sqrt{a_1^2 + a_2^2 + a_3^2}}$

To obtain cross product $\bar{a} \times \bar{b}$

$$\bar{a} \times \bar{b} = (a_1\bar{i} + a_2\bar{j} + a_3\bar{k}) \times (b_1\bar{i} + b_2\bar{j} + b_3\bar{k})$$

$$= a_1\bar{i} \times (b_1\bar{i} + b_2\bar{j} + b_3\bar{k}) + a_2\bar{j} \times (b_1\bar{i} + b_2\bar{j} + b_3\bar{k})$$

$$+ a_3\bar{k} \times (b_1\bar{i} + b_2\bar{j} + b_3\bar{k})$$

$$= a_1b_2\bar{k} - a_1b_3\bar{j} - a_2b_1\bar{k} + a_2b_3\bar{i} + a_3b_1\bar{j} - a_3b_2\bar{i}$$

$[\bar{i} \times \bar{i} = 0, \bar{i} \times \bar{j} = \bar{k}, \bar{i} \times \bar{k} = -\bar{j}$ etc.]

$$= (a_2b_3 - a_3b_2)\bar{i} + (a_3b_1 - a_1b_3)\bar{j} + (a_1b_2 - a_2b_1)\bar{k}$$

This result can be expressed in a more convenient determinant form as

$$\bar{a} \times \bar{b} = \begin{vmatrix} \bar{i} & \bar{j} & \bar{k} \\ a_1 & a_2 & a_3 \\ b_1 & b_2 & b_3 \end{vmatrix}$$

To compute mixed product

$$\bar{a} \times \bar{b} \cdot \bar{c} \qquad \text{where,} \quad \bar{c} = c_1 \bar{i} + c_2 \bar{j} + c_3 \bar{k}$$

$$\bar{a} \times \bar{b} \cdot \bar{c} = [(a_2 b_3 - a_3 b_2) \bar{i} + (a_3 b_1 - a_1 b_3) \bar{j}$$
$$+ (a_1 b_2 - a_2 b_1) \bar{k}] \cdot [c_1 \bar{i} + c_2 \bar{j} + c_3 \bar{k}]$$
$$= (a_2 b_3 - a_3 b_2) c_1 + (a_3 b_1 - a_1 b_3) c_2 + (a_1 b_2 - a_2 b_1) c_3$$

which can also be expressed as $= \begin{vmatrix} a_1 & a_2 & a_3 \\ b_1 & b_2 & b_3 \\ c_1 & c_2 & c_3 \end{vmatrix}$

ILLUSTRATION

Ex. 1 : If $\bar{a} = 2\bar{i} + 2\bar{j} + \bar{k};\ \bar{b} = \bar{i} - \bar{j} + 2\bar{k};\ \bar{c} = \bar{i} + \bar{j} - \bar{k}$

find (i) the angle between $\bar{a}$ and $\bar{b}$ \qquad (ii) $\hat{a}$

(iii) $\bar{a} \times \bar{b}$ \qquad (iv) $\bar{a} \times \bar{b} \cdot \bar{c}$

Sol. : (i) If θ is the angle between $\bar{a}, \bar{b}$

$$\cos \theta = \frac{\bar{a} \cdot \bar{b}}{|\bar{a}||\bar{b}|} = \frac{2 - 2 + 2}{\sqrt{4 + 4 + 1}\sqrt{1 + 1 + 4}} = \frac{2}{3\sqrt{6}}$$

$$\theta = \cos^{-1}\left(\frac{2}{3\sqrt{6}}\right)$$

(ii) $\qquad \hat{a} = \dfrac{\bar{a}}{|\bar{a}|} = \dfrac{2\bar{i} + 2\bar{j} + \bar{k}}{\sqrt{4+4+1}} = \dfrac{2\bar{i} + 2\bar{j} + \bar{k}}{3}$

(iii) $\qquad \bar{a} \times \bar{b} = \begin{vmatrix} \bar{i} & \bar{j} & \bar{k} \\ 2 & 2 & 1 \\ 1 & -1 & 2 \end{vmatrix}$

$\qquad\qquad = \bar{i}(4+1) + \bar{j}(1-4) + \bar{k}(-2-2) = 5\bar{i} - 3\bar{j} - 4\bar{k}$

(iv) $\qquad \bar{a} \times \bar{b} \cdot \bar{c} = \begin{vmatrix} 2 & 2 & 1 \\ 1 & -1 & 2 \\ 1 & 1 & -1 \end{vmatrix}$

$\qquad\qquad = 2(1-2) + 2(2+1) + 1(1+1)$
$\qquad\qquad = -2 + 6 + 2 = 6$

CHAPTER EIGHT

VECTOR DIFFERENTIATION

8.1 DEFINITION AND ELEMENTARY RULES

In ordinary differentiation (not involving vectors), the derivative $\frac{dy}{dx}$ [where $y = f(x)$] is defined as

$$\frac{dy}{dx} = \lim_{h \to 0} \left[\frac{f(x+h) - f(x)}{h} \right]$$

Consider vector $\bar{r}$, which may depend for its value on scalar variable t, the functional relationship being $\bar{r} = \bar{F}(t)$

Here we have vector function $\bar{r} = \bar{F}(t)$ depending upon scalar variable t. Corresponding to a change δt in t, let there be a change $\delta \bar{r}$ in $\bar{r}$ i.e.

$$\delta \bar{r} = \bar{F}(t + \delta t) - \bar{F}(t)$$

The vector derivative can now be defined as

$$\frac{d\bar{r}}{dt} = \lim_{\delta t \to 0} \left[\frac{\bar{F}(t + \delta t) - \bar{F}(t)}{\delta t} \right]$$

This limit when exists is denoted by $\bar{F}'(t)$ or $\frac{d\bar{r}}{dt}$ and is called *rate of change of* $\bar{r}$ *with respect to t*. Thus, the vector derivative is defined in the same way as the scalar derivative and all the laws of scalar differentiation can be suitably extended to cover vector differentiation.

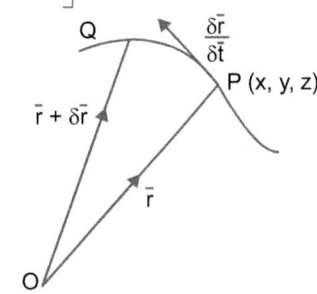

Fig. 8.1

To interpret physically, consider a point P on the curve whose position vector is $\bar{r}(t)$. Corresponding to different values of t, we get different points on the curve. Let t change by an amount δt and the point P move to Q. Let $\bar{r} + \delta \bar{r}$ be the position vector of Q.

$$\vec{PQ} = \vec{OQ} - \vec{OP} = \bar{r} + \delta \bar{r} - \bar{r} = \delta \bar{r}$$

Consider the vector $\dfrac{\vec{PQ}}{\delta t} = \dfrac{\delta \bar{r}}{\delta t}$

(8.1)

Now taking the limit as $\delta t \to 0$, i.e. $Q \to P$, $\lim_{\delta t \to 0} \dfrac{\vec{PQ}}{\delta t} = \lim_{\delta t \to 0} \dfrac{\delta \bar{r}}{\delta t} = \dfrac{d\bar{r}}{dt}$

In the limiting case when $Q \to P$, the vector $\vec{PQ}$ assumes the position of tangent vector at P. Thus $\dfrac{d\bar{r}}{dt}$ represents the tangent vector $\bar{T}$ at P (See Fig. 8.1).

In particular, if t is the time variable, $\vec{PQ}$ represents displacement vector then $\dfrac{d\bar{r}}{dt}$ represents the velocity vector $\bar{V}$.

Thus, in general, $\dfrac{d\bar{r}}{dt}$ will represent tangent vector denoted by $\bar{T}$ and in particular when t is the time variable, $\dfrac{d\bar{r}}{dt}$ represents velocity vector denoted by $\bar{V}$. The second and higher order derivatives can be defined in the same way as first order derivative. $\dfrac{d\bar{V}}{dt} = \dfrac{d^2\bar{r}}{dt^2}$ represents acceleration vector denoted by $\bar{a}$.

In another particular case, if the arc PQ = δs and P, Q are very close to each other, chord PQ is approximately equal to arc PQ i.e. δs and from the distance formula,

$$\delta s^2 = \delta x^2 + \delta y^2 + \delta z^2 \text{ (See Fig. 8.1)}$$

Dividing by δs^2 and taking the limit as $Q \to P$ or $\delta s \to 0$

$$1 = \left(\dfrac{dx}{ds}\right)^2 + \left(\dfrac{dy}{ds}\right)^2 + \left(\dfrac{dz}{ds}\right)^2$$

just as $\lim \dfrac{\vec{PQ}}{\delta t}$ represents tangent vector.

$$\lim \dfrac{\vec{PQ}}{\delta s} = \lim \dfrac{\delta \bar{r}}{\delta s} = \dfrac{d\bar{r}}{ds} \text{ also represents a tangent vector}$$

Now,
$$\bar{r} = x\bar{i} + y\bar{j} + z\bar{k}$$

$$d\bar{r} = \bar{i}\, dx + \bar{j}\, dy + \bar{k}\, dz$$

$$\therefore \qquad \frac{d\bar{r}}{ds} = \bar{i}\frac{dx}{ds} + \bar{j}\frac{dy}{ds} + \bar{k}\frac{dz}{ds}$$

$$\left|\frac{d\bar{r}}{ds}\right| = \sqrt{\left(\frac{dx}{ds}\right)^2 + \left(\frac{dy}{ds}\right)^2 + \left(\frac{dz}{ds}\right)^2} = 1$$

Thus, $\frac{d\bar{r}}{ds}$ represents a tangent vector at P with unit magnitude denoted by $\hat{T}$.

From the definition of vector derivative, following results can be easily established.

For vectors $\bar{u}(t)$, $\bar{v}(t)$, $\bar{w}(t)$

(i) $\frac{d}{dt}(\bar{u} + \bar{v}) = \frac{d\bar{u}}{dt} + \frac{d\bar{v}}{dt}$ (ii) $\frac{d}{dt}(\bar{u} - \bar{v}) = \frac{d\bar{u}}{dt} - \frac{d\bar{v}}{dt}$

(iii) $\frac{d}{dt}(\bar{u} \cdot \bar{v}) = \bar{v} \cdot \frac{d\bar{u}}{dt} + \bar{u} \cdot \frac{d\bar{v}}{dt}$ (iv) $\frac{d}{dt}(\bar{u} \times \bar{v}) = \frac{d\bar{u}}{dt} \times \bar{v} + \bar{u} \times \frac{d\bar{v}}{dt}$

[The order in which $\bar{u}$, $\bar{v}$ occur is maintained]

(v) $\frac{d}{dt}[\bar{u} \times \bar{v} \cdot \bar{w}] = \frac{d\bar{u}}{dt} \times \bar{v} \cdot \bar{w} + \bar{u} \times \frac{d\bar{v}}{dt} \cdot \bar{w} + \bar{u} \times \bar{v} \cdot \frac{d\bar{w}}{dt}$

(vi) $\frac{d}{dt}[\bar{u} \times (\bar{v} \times \bar{w})] = \frac{d\bar{u}}{dt} \times (\bar{v} \times \bar{w}) + \bar{u} \times \left(\frac{d\bar{v}}{dt} \times \bar{w}\right) + \bar{u} \times \left(\bar{v} \times \frac{d\bar{w}}{dt}\right)$

[In (iv), (v) and (vi) order in which $\bar{u}$, $\bar{v}$, $\bar{w}$ occur is maintained]

(vii) If s is any scalar depending upon t,

$$\frac{d}{dt}(s\bar{u}) = \frac{ds}{dt}\bar{u} + s\frac{d\bar{u}}{dt}$$

(viii) $\frac{d}{dt}\left(\frac{\bar{u}}{s}\right) = \frac{s\frac{d\bar{u}}{dt} - \bar{u}\frac{ds}{dt}}{s^2}$

(ix) If s is constant, $\frac{d}{dt}(s\bar{u}) = s\frac{d\bar{u}}{dt}$

Since $\frac{\bar{u}}{\bar{v}}$ is not defined, hence $\frac{d}{dt}\left(\frac{\bar{u}}{\bar{v}}\right)$ is also not defined or has no meaning.

If $\bar{u}(x, y)$, $\bar{v}(x, y)$ are vector functions of scalars x, y; the partial derivatives $\dfrac{\partial \bar{u}}{\partial x}$, $\dfrac{\partial \bar{u}}{\partial y}$ are defined as

$$\frac{\partial \bar{u}}{\partial x} = \lim_{\delta x \to 0} \left[\frac{\bar{u}(x + \delta x, y) - \bar{u}(x, y)}{\delta x} \right], \quad \frac{\partial \bar{u}}{\partial y} = \lim_{\delta y \to 0} \left[\frac{\bar{u}(x, y + \delta y) - \bar{u}(x, y)}{\delta y} \right]$$

if the limits exist.

The mixed derivatives $\dfrac{\partial^2 \bar{u}}{\partial x\, \partial y}$ and higher order partial derivatives $\dfrac{\partial^2 \bar{u}}{\partial x^2}$, $\dfrac{\partial^2 \bar{u}}{\partial y^2}$, $\dfrac{\partial^2 \bar{v}}{\partial x^2}$, $\dfrac{\partial^3 \bar{u}}{\partial x^3}$ can be similarly defined and can be computed.

Rules for partial differentiation of vectors are similar to those used in calculus for scalar functions. Following results can be easily established:

$$\frac{\partial}{\partial x}(\bar{u} \pm \bar{v}) = \frac{\partial \bar{u}}{\partial x} \pm \frac{\partial \bar{v}}{\partial x}$$

$$\frac{\partial}{\partial x}(\bar{u} \cdot \bar{v}) = \frac{\partial \bar{u}}{\partial x} \cdot \bar{v} + \bar{u} \cdot \frac{\partial \bar{v}}{\partial x}$$

$$\frac{\partial}{\partial x}(\bar{u} \times \bar{v}) = \frac{\partial \bar{u}}{\partial x} \times \bar{v} + \bar{u} \times \frac{\partial \bar{v}}{\partial x}$$

8.2 APPLICATIONS OF MECHANICS

This includes a study of the motion of particles along curves. Newton's second law of motion states that $\bar{F} = \dfrac{d}{dt}(m\bar{V})$, where $m\bar{V}$ is the momentum of the object. If m is constant, then this becomes $\bar{F} = m \dfrac{d\bar{V}}{dt} = m\bar{a}$, where $\bar{a}$ is the acceleration of the object. This law is quite useful in the study of dynamics.

(A) Plane motion of a particle along a circle : Consider a particle P moving along a circle of radius r with constant angular speed ω.

$$\omega = \frac{d\theta}{dt}$$

$$\bar{r} = \overline{OP} = x\bar{i} + y\bar{j} = r\cos\theta\, \bar{i} + r\sin\theta\, \bar{j}$$

Differentiating w.r.t. t

$$\bar{V} = \frac{d\bar{r}}{dt} = -r\sin\theta\,\bar{i}\,\frac{d\theta}{dt} + r\cos\theta\,\bar{j}\,\frac{d\theta}{dt} = (-r\sin\theta\,\bar{i} + r\cos\theta\,\bar{j})\,\omega$$

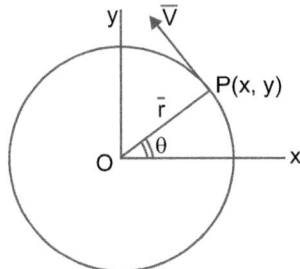

Fig. 8.2

Differentiating again w.r.t. t,

$$\frac{d\bar{V}}{dt} = \bar{a} = \left(-r\cos\theta\,\frac{d\theta}{dt}\,\bar{i} - r\sin\theta\,\frac{d\theta}{dt}\,\bar{j}\right)\omega = (-r\cos\theta\,\bar{i} - r\sin\theta\,\bar{j})\,\omega^2 = -\bar{r}\,\omega^2$$

Hence the acceleration is directed towards the centre.

(B) Radial and Transverse Components of Velocity and Acceleration : Consider a particle moving along a curve C (See Fig. 8.3).

Let $\overrightarrow{OP} = \bar{r}$ be the position vector of point P, $\hat{r}$ and $\hat{s}$ be unit vectors along the radius vector $\bar{r}$ (radial direction) and perpendicular to $\bar{r}$ (transverse direction).

$$\hat{r} = \cos\theta\,\bar{i} + \sin\theta\,\bar{j}$$

$$\hat{s} = \cos\left(\frac{\pi}{2}+\theta\right)\bar{i} + \sin\left(\frac{\pi}{2}+\theta\right)\bar{j}$$

$$= -\sin\theta\,\bar{i} + \cos\theta\,\bar{j}$$

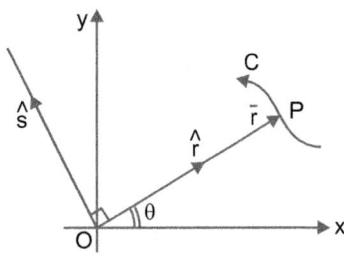

Fig. 8.3

Differentiating both w.r.t. t, we get

$$\frac{d\hat{r}}{dt} = -\sin\theta\,\frac{d\theta}{dt}\,\bar{i} + \cos\theta\,\frac{d\theta}{dt}\,\bar{j} = (-\sin\theta\,\bar{i} + \cos\theta\,\bar{j})\frac{d\theta}{dt} = \hat{s}\,\frac{d\theta}{dt}$$

Similarly, $\quad \dfrac{d\hat{s}}{dt} = -\hat{r}\,\dfrac{d\theta}{dt}$

Now $\quad \bar{r} = r\,\hat{r}$

and $\overline{V}$ the velocity of the point P is

$$\overline{V} = \frac{d\overline{r}}{dt} = \frac{d}{dt}(r\hat{r}) = \frac{dr}{dt}\hat{r} + r\frac{d\hat{r}}{dt}$$

$$\boxed{\overline{V} = \frac{dr}{dt}\hat{r} + \left(r\frac{d\theta}{dt}\right)\hat{s}} \qquad \ldots (1)$$

Thus the radial and transverse components of velocity are $\frac{dr}{dt}$ (or $\dot{r}$) and $r\frac{d\theta}{dt}$ (or $r\dot{\theta}$) respectively.

To obtain radial and transverse components of acceleration,

$$\overline{a} = \frac{d\overline{v}}{dt} = \frac{d}{dt}\left[\frac{dr}{dt}\hat{r} + \left(r\frac{d\theta}{dt}\right)\hat{s}\right] = \frac{d^2r}{dt^2}\hat{r} + \frac{dr}{dt}\frac{d\hat{r}}{dt} + \left(\frac{dr}{dt}\frac{d\theta}{dt} + r\frac{d^2\theta}{dt^2}\right)\hat{s} + \left(r\frac{d\theta}{dt}\right)\frac{d\hat{s}}{dt}$$

but
$$\frac{d\hat{r}}{dt} = \hat{s}\frac{d\theta}{dt} \quad \text{and} \quad \frac{d\hat{s}}{dt} = -\hat{r}\frac{d\theta}{dt}$$

$$\therefore \quad \overline{a} = \frac{d\overline{v}}{dt} = \frac{d^2r}{dt^2}\hat{r} + \frac{dr}{dt}\left(\hat{s}\frac{d\theta}{dt}\right) + \frac{dr}{dt}\frac{d\theta}{dt}\hat{s} + r\frac{d^2\theta}{dt^2}\hat{s} + r\frac{d\theta}{dt}\left(-\hat{r}\frac{d\theta}{dt}\right)$$

$$= \left[\frac{d^2r}{dt^2} - r\left(\frac{d\theta}{dt}\right)^2\right]\hat{r} + \left[2\frac{dr}{dt}\frac{d\theta}{dt} + r\frac{d^2\theta}{dt^2}\right]\hat{s}$$

$$\therefore \quad \boxed{\overline{a} = [\ddot{r} - r(\dot{\theta})^2]\hat{r} + [2\dot{r}\dot{\theta} + r\ddot{\theta}]\hat{s}} \qquad \ldots (2)$$

Thus $\ddot{r} - r\dot{\theta}^2$ is radial and $2\dot{r}\dot{\theta} + r\ddot{\theta}$ is transverse component of acceleration.

(C) Tangential and Normal Components of Acceleration :

$$\overline{V} = \frac{d\overline{r}}{dt} = \frac{d\overline{r}}{ds}\frac{ds}{dt}$$

but $\quad \dfrac{d\overline{r}}{ds} = \hat{T}$ [unit tangent vector] and $\dfrac{ds}{dt} = v = |\overline{V}|$ [speed]

$$\therefore \quad \overline{V} = \frac{ds}{dt}\hat{T} = v\hat{T}$$

and
$$\overline{a} = \frac{d\overline{V}}{dt} = \frac{dv}{dt}\hat{T} + v\frac{d\hat{T}}{dt}$$

$$= \frac{d^2s}{dt^2}\hat{T} + \frac{ds}{dt}\left(\frac{d\hat{T}}{ds}\frac{ds}{dt}\right) = \frac{d^2s}{dt^2}\hat{T} + \left(\frac{ds}{dt}\right)^2\frac{d\hat{T}}{ds}$$

From Serret-Frenet formulae,

$$\frac{d\hat{T}}{ds} = k\hat{N}, \qquad [\hat{N} \text{ is unit principal normal vector}]$$

$$\bar{a} = \frac{d^2s}{dt^2}\hat{T} + \left(\frac{ds}{dt}\right)^2 k\hat{N}, \qquad [k \text{ is curvature}]$$

$$= \frac{d^2s}{dt^2}\hat{T} + \frac{1}{\rho}\left(\frac{ds}{dt}\right)^2 \hat{N}, \quad \left[k = \frac{1}{\rho}, \text{ where } \rho \text{ is radius of curvature}\right]$$

$$\boxed{\bar{a} = \frac{dv}{dt}\hat{T} + \frac{v^2}{\rho}\hat{N} = a_T\hat{T} + a_N\hat{N}}$$

where $\quad a_T = \dfrac{dv}{dt} = \dfrac{d^2s}{dt^2} = \dfrac{\bar{r}\cdot\bar{\dot{r}}}{|\bar{r}|},\quad$ is tangential component of $\bar{a}$,

and $\quad a_N = \dfrac{v^2}{\rho} = \dfrac{1}{\rho}\left(\dfrac{ds}{dt}\right)^2 = \dfrac{|\bar{r}\times\bar{\dot{r}}|}{|\bar{r}|},\quad$ is normal component of $\bar{a}$.

(D) Law of central orbits (orbital motion) : Consider a particle P, describing the curve C under the action of a force F always directed towards the centre 'O'. From equation (2) of (b),

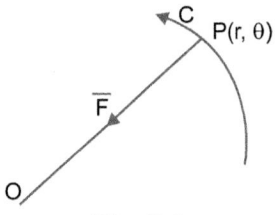

Fig. 8.4

$$F = -\left[\frac{d^2r}{dt^2} - r\left(\frac{d\theta}{dt}\right)^2\right] \qquad \ldots (1)$$

As the force or acceleration is directed towards the centre and since there is no transverse component of acceleration,

$$2\dot{r}\dot{\theta} + r\ddot{\theta} = 0 \qquad \therefore \quad \frac{1}{r}(2r\dot{r}\dot{\theta} + r^2\ddot{\theta}) = 0$$

i.e. $\quad \dfrac{1}{r}\dfrac{d}{dt}\left[r^2\dfrac{d\theta}{dt}\right] = 0$

which implies $r^2\dfrac{d\theta}{dt} = h$ (constant), taking $u = \dfrac{1}{r}$, we get

$$\therefore \quad \frac{d\theta}{dt} = \frac{h}{r^2} = hu^2 \quad \Rightarrow \quad \frac{dr}{dt} = \frac{dr}{d\theta}\frac{d\theta}{dt} = hu^2\frac{dr}{d\theta}$$

but $\quad r = \dfrac{1}{u} \quad \Rightarrow \quad \dfrac{dr}{d\theta} = -\dfrac{1}{u^2}\dfrac{du}{d\theta}$

$$\therefore \quad \frac{dr}{dt} = hu^2\left(-\frac{1}{u^2}\frac{du}{d\theta}\right) = -h\frac{du}{d\theta}$$

$$\frac{d^2r}{dt^2} = -h\frac{d^2u}{d\theta^2}\frac{d\theta}{dt} = -h\frac{d^2u}{d\theta^2}\;hu^2 = -h^2u^2\frac{d^2u}{d\theta^2}$$

Putting in (1) for $\dfrac{d\theta}{dt}$, $\dfrac{d^2r}{dt^2}$

$$F = -\left[-h^2u^2\frac{d^2u}{d\theta^2} - \frac{1}{u}(h^2u^4)\right] = h^2u^2\left(\frac{d^2u}{d\theta^2} + u\right)$$

$$\therefore \quad \boxed{F = h^2u^2\left(\frac{d^2u}{d\theta^2} + u\right)}$$

Which gives the law of force or acceleration which is always directed towards the centre (pole) when the particle describes the given orbit. In above discussion, $r^2\dfrac{d\theta}{dt}$ = constant, represents moment of velocity of the particle about the centre, which remains constant throughout the motion of the particle.

ILLUSTRATIONS

Ex. 1 : *A curve is given by the equations $x = t^2 + 1$, $y = 4t - 3$, $z = 2t^2 - 6t$. Find the angle between tangents at $t = 1$ and at $t = 2$.*

Sol. : $\quad \bar{r} = x\bar{i} + y\bar{j} + z\bar{k}$, where $x = t^2 + 1$, $y = 4t - 3$, $z = 2t^2 - 6t$

$$\therefore \quad \bar{T} = \frac{d\bar{r}}{dt} = \bar{i}\frac{dx}{dt} + \bar{j}\frac{dy}{dt} + \bar{k}\frac{dz}{dt} = 2t\bar{i} + 4\bar{j} + (4t-6)\bar{k}$$

$$\therefore \quad \bar{T}_1 = \{\bar{T}\}_{t=1} = 2\bar{i} + 4\bar{j} - 2\bar{k} \text{ and } \bar{T}_2 = \{\bar{T}\}_{t=2} = 4\bar{i} + 4\bar{j} + 2\bar{k}$$

$$\therefore \quad \hat{T}_1 = \frac{2\bar{i} + 4\bar{j} - 2\bar{k}}{\sqrt{4+16+4}} = \frac{2\bar{i} + 4\bar{j} - 2\bar{k}}{2\sqrt{6}} = \frac{\bar{i} + 2\bar{j} - \bar{k}}{\sqrt{6}}$$

and $\quad \hat{T}_2 = \dfrac{4\bar{i} + 4\bar{j} + 2\bar{k}}{\sqrt{16+16+4}} = \dfrac{4\bar{i} + 4\bar{j} + 2\bar{k}}{6} = \dfrac{2\bar{i} + 2\bar{j} + \bar{k}}{3}$

Now, $\hat{T}_1 \cdot \hat{T}_2 = |\hat{T}_1||\hat{T}_2|\cos\theta \qquad$ [θ is the angle between the tangents]

$\cos\theta = \hat{T}_1 \cdot \hat{T}_2 = \dfrac{2+4-1}{3\sqrt{6}} = \dfrac{5}{3\sqrt{6}}$

$$\therefore \quad \theta = \cos^{-1}\left\{\frac{5}{3\sqrt{6}}\right\}$$

Ex. 2 : *For the curve* $x = e^t \cos t$, $y = e^t \sin t$, $z = e^t$ *find the velocity and acceleration of the particle moving on the curve at* $t = 0$.

Sol. :
$$\overline{V} = \overline{i}\frac{dx}{dt} + \overline{j}\frac{dy}{dt} + \overline{k}\frac{dz}{dt}$$

$$= \overline{i}\{e^t \cos t - e^t \sin t\} + \overline{j}\{e^t \sin t + e^t \cos t\} + \overline{k}\{e^t\}$$

$$\overline{a} = \frac{d\overline{V}}{dt} = \overline{i}\{e^t \cos t - e^t \sin t - e^t \sin t - e^t \cos t\}$$

$$+ \overline{j}\{e^t \sin t + e^t \cos t + e^t \cos t - e^t \sin t\} + \overline{k}\{e^t\}$$

$$= \overline{i}\{-2e^t \sin t\} + \overline{j}\{2e^t \cos t\} + \overline{k}\{e^t\}$$

$$\overline{V}|_{t=0} = \overline{i} + \overline{j} + \overline{k}$$

$$\overline{a}|_{t=0} = 2\overline{j} + \overline{k}$$

Ex. 3 : *If* $\overline{r}$ *is the position vector of a particle of mass m w.r.t. 'O' as origin and* $\overline{F}$ *is the external force on the particle, then show that the moment of* $\overline{F}$ *about O is given by* $\overline{M} = \frac{d\overline{H}}{dt}$, *where* $\overline{H} = \overline{r} \times m\overline{V}$ *and* $\overline{V}$ *is the velocity of the particle.*

Sol. :
$$\overline{M} = \overline{r} \times \overline{F} = \overline{r} \times \frac{d}{dt}(m\overline{V})$$

$$\frac{d\overline{H}}{dt} = \frac{d}{dt}(\overline{r} \times m\overline{V}) = \frac{d\overline{r}}{dt} \times m\overline{V} + \overline{r} \times \frac{d}{dt}(m\overline{V})$$

$$= \overline{V} \times m\overline{V} + \overline{r} \times \frac{d}{dt}(m\overline{V}) = 0 + \overline{r} \times \frac{d}{dt}(m\overline{V})$$

Thus,
$$\overline{M} = \overline{r} \times \frac{d}{dt}(m\overline{V}) = \frac{d\overline{H}}{dt}$$

Ex. 4 : *For the curve* $x = t^3 + 1$, $y = t^2$, $z = t$, *find the magnitude of tangential and normal components of acceleration for a particle moving on the curve at* $t = 1$.

Sol. : Let $\overline{a} = a_T \hat{T} + a_N \hat{N}$ ... (i)

where a_T, a_N are tangential and normal components of acceleration, respectively.

$$\overline{V} = \frac{d\overline{r}}{dt} = \overline{i}\frac{dx}{dt} + \overline{j}\frac{dy}{dt} + \overline{k}\frac{dz}{dt}$$

$$= \overline{i}(3t^2) + 2t\overline{j} + \overline{k} = 3\overline{i} + 2\overline{j} + \overline{k} \text{ at } t = 1$$

$$\overline{a} = \frac{d^2\overline{r}}{dt^2} = 6t\overline{i} + 2\overline{j} = 6\overline{i} + 2\overline{j} \text{ at } t = 1$$

From (i), $\bar{a} \cdot \hat{T} = a_T \hat{T} \cdot \hat{T} + a_N \hat{N} \cdot \hat{T} = a_T$ as $\hat{N} \cdot \hat{T} = 0$

$$\hat{T} = \frac{d\bar{r}/dt}{\left|\frac{d\bar{r}}{dt}\right|} = \frac{3\bar{i} + 2\bar{j} + \bar{k}}{\sqrt{9+4+1}} = \frac{1}{\sqrt{14}}(3\bar{i} + 2\bar{j} + \bar{k})$$

$$\bar{a} \cdot \hat{T} = (6\bar{i} + 2\bar{j}) \cdot \frac{1}{\sqrt{14}}(3\bar{i} + 2\bar{j} + \bar{k}) = \frac{1}{\sqrt{14}}(18 + 4) = \frac{22}{\sqrt{14}}$$

Thus $a_T = \dfrac{22}{\sqrt{14}}$ (Magnitude of tangential component of acceleration).

To obtain normal component, consider

$$a_N \hat{N} = \bar{a} - a_T \hat{T}$$

Taking the dot product with itself

$$a_N \hat{N} \cdot a_N \hat{N} = (\bar{a} - a_T \hat{T}) \cdot (\bar{a} - a_T \hat{T})$$

$$a_N^2 = \left[(6\bar{i} + 2\bar{j}) - \frac{22}{\sqrt{14}} \frac{(3\bar{i} + 2\bar{j} + \bar{k})}{\sqrt{14}}\right] \cdot \left[(6\bar{i} + 2\bar{j}) - \frac{22}{\sqrt{14}} \frac{(3\bar{i} + 2\bar{j} + \bar{k})}{\sqrt{14}}\right]$$

$$\therefore a_N^2 = \left[\left(\frac{84\bar{i} - 66\bar{i} + 28\bar{j} - 44\bar{j} - 22\bar{k}}{14}\right) \cdot \left(\frac{84\bar{i} - 66\bar{i} + 28\bar{j} - 44\bar{j} - 22\bar{k}}{14}\right)\right]$$

$$= \left[\left(\frac{18\bar{i} - 16\bar{j} - 22\bar{k}}{14}\right) \cdot \left(\frac{18\bar{i} - 16\bar{j} - 22\bar{k}}{14}\right)\right]$$

$$= \left(\frac{9\bar{i} - 8\bar{j} - 11\bar{k}}{7}\right) \cdot \left(\frac{9\bar{i} - 8\bar{j} - 11\bar{k}}{7}\right)$$

$$= \frac{1}{49}[81 + 64 + 121] = \frac{266}{49} = \frac{38}{7}$$

$$\therefore a_N = \sqrt{\frac{38}{7}} \quad \text{[Magnitude of normal component of acceleration]}$$

Ex. 5 : *For the curve $x = \cos t + t \sin t$, $y = \sin t - t \cos t$, find the tangential and normal components of acceleration at any time t.*

Sol. : $\dfrac{dx}{dt} = -\sin t + \sin t + t \cos t = t \cos t$

$\dfrac{d^2x}{dt^2} = \cos t - t \sin t$

$\dfrac{dy}{dt} = \cos t - \cos t + t \sin t = t \sin t$

$$\frac{d^2y}{dt^2} = \sin t + t \cos t$$

$$\overline{r} = x\,\overline{i} + y\,\overline{j}$$

$$\overline{T} = \overline{i}\,\frac{dx}{dt} + \overline{j}\,\frac{dy}{dt} = \overline{i}\,(t \cos t) + \overline{j}\,(t \sin t)$$

$$\overline{a} = \overline{i}\,\frac{d^2x}{dt^2} + \overline{j}\,\frac{d^2y}{dt^2} = \overline{i}\,(\cos t - t \sin t) + \overline{j}\,(\sin t + t \cos t)$$

Let $\quad \overline{a} = a_T\,\hat{T} + a_N\,\hat{N}$

$$\overline{a} \cdot \hat{T} = a_T$$

$$\hat{T} = \frac{\overline{i}\,(t \cos t) + \overline{j}\,(t \sin t)}{\sqrt{t^2 \cos^2 t + t^2 \sin^2 t}} = \overline{i}\,(\cos t) + \overline{j}\,(\sin t)$$

$$\overline{a} \cdot \hat{T} = [\,\overline{i}\,(\cos t - t \sin t) + \overline{j}\,(\sin t + t \cos t)\,] \cdot [\,\overline{i}\,(\cos t) + \overline{j}\,(\sin t)\,]$$
$$= \cos^2 t - t \sin t \cos t + \sin^2 t + t \cos t \sin t = 1$$

Thus $\quad a_T = \overline{a} \cdot \hat{T} = 1 \qquad$ (tangential component)

$$a_N\,\hat{N} = \overline{a} - a_T\,\hat{T}$$

$$\therefore \ (a_N\,\hat{N}) \cdot (a_N\,\hat{N}) = (\overline{a} - a_T\,\hat{T}) \cdot (\overline{a} - a_T\,\hat{T})$$

$$a_N^2 = (\overline{a} - a_T\,\hat{T}) \cdot (\overline{a} - a_T\,\hat{T})$$

$$\overline{a} - a_T\,\hat{T} = \overline{i}\,(\cos t - t \sin t) + \overline{j}\,(\sin t + t \cos t) - \overline{i}\,(\cos t) - \overline{j}\,(\sin t)$$
$$= (-t \sin t)\,\overline{i} + (t \cos t)\,\overline{j}$$

$$a_N^2 = [(-t \sin t)\,\overline{i} + (t \cos t)\,\overline{j}\,] \cdot [(-t \sin t)\,\overline{i} + (t \cos t)\,\overline{j}\,]$$
$$= t^2 \sin^2 t + t^2 \cos^2 t = t^2$$

$$a_N = t \qquad \text{(Normal component of acceleration)}$$

Ex. 6 : *A particle describes the cardioide $r = a\,(1 + \cos \theta)$ under the attraction of a force directed towards the pole. Find the law of force.*

Sol. : From article 8.2 (d), law of force is given by

$$F = h^2 u^2 \left(\frac{d^2u}{d\theta^2} + u\right)$$

where $u = \dfrac{1}{r}$ $\qquad u = \dfrac{1}{a}\dfrac{1}{(1+\cos\theta)}$

$$\dfrac{du}{d\theta} = \dfrac{1}{a}\left[\dfrac{1(\sin\theta)}{(1+\cos\theta)^2}\right] = \dfrac{\sin\theta}{a(1+\cos\theta)^2}$$

$$\dfrac{d^2u}{d\theta^2} = \dfrac{1}{a}\left[\dfrac{\cos\theta(1+\cos\theta)^2 + 2(1+\cos\theta)\sin^2\theta}{(1+\cos\theta)^4}\right]$$

$$= \dfrac{1}{a}\left[\dfrac{\cos\theta(1+\cos\theta) + 2\sin^2\theta}{(1+\cos\theta)^3}\right] = \dfrac{1}{a}\left[\dfrac{\cos\theta + 1 + \sin^2\theta}{(1+\cos\theta)^3}\right]$$

$$\dfrac{d^2u}{d\theta^2} + u = \dfrac{1}{a}\left[\dfrac{\cos\theta + 1 + \sin^2\theta}{(1+\cos\theta)^3} + \dfrac{1}{(1+\cos\theta)}\right]$$

$$= \dfrac{1}{a}\left[\dfrac{\cos\theta + 1 + \sin^2\theta + 1 + 2\cos\theta + \cos^2\theta}{(1+\cos\theta)^3}\right]$$

$$= \dfrac{1}{a}\left[\dfrac{3(1+\cos\theta)}{(1+\cos\theta)^3}\right] = \dfrac{1}{a}\dfrac{3}{(1+\cos\theta)^2}$$

$$F = h^2 u^2 \left(\dfrac{d^2u}{d\theta^2} + u\right) = h^2 \dfrac{1}{a^2(1+\cos\theta)^2} \cdot \dfrac{3}{a} \cdot \dfrac{1}{(1+\cos\theta)^2}$$

$$= \dfrac{3h^2 a}{a^4(1+\cos\theta)^4} = \dfrac{3h^2 a}{r^4}$$

Or force is proportional to r^{-4}.

Ex. 7 : *A particle describes the curve $r = 2a\cos\theta$ with constant angular speed ω. Find the radial and transverse components of velocity and acceleration.*

Sol. : From article 8.2 (b),

$$\bar{V} = \dfrac{dr}{dt}\hat{r} + \left(r\dfrac{d\theta}{dt}\right)\hat{s}$$

$$\bar{a} = \left[\dfrac{d^2r}{dt^2} - r\left(\dfrac{d\theta}{dt}\right)^2\right]\hat{r} + \left[2\dfrac{dr}{dt}\dfrac{d\theta}{dt} + r\dfrac{d^2\theta}{dt^2}\right]\hat{s}$$

Consider $\qquad r = 2a\cos\theta$

$$\dfrac{dr}{dt} = -2a\sin\theta\dfrac{d\theta}{dt} = -2a\omega\sin\theta \qquad r\dfrac{d\theta}{dt} = 2a\cos\theta\,\omega$$

Thus, the radial and transverse components of velocity are $-2a\omega\sin\theta$ and $2a\omega\cos\theta$ respectively.

$$\dfrac{d^2r}{dt^2} = -2a\omega\cos\theta\dfrac{d\theta}{dt} = -2a\omega^2\cos\theta$$

Radial component of acceleration is

$$\frac{d^2r}{dt^2} - r\left(\frac{d\theta}{dt}\right)^2 = -2a\omega^2\cos\theta - 2a\cos\theta\,\omega^2 = -4a\omega^2\cos\theta$$

Transverse component of acceleration is

$$2\frac{dr}{dt}\frac{d\theta}{dt} + r\frac{d^2\theta}{dt^2} = 2\frac{dr}{dt}\omega \quad \left[\text{as } \frac{d^2\theta}{dt^2} = 0\right]$$

i.e. $2(-2a\omega\sin\theta)\omega = -4a\omega^2\sin\theta$

Ex. 8 : *A particle P moves in a plane with constant angular velocity ω about O. If the rate of increase of acceleration is parallel to PO, prove that*

$$\frac{d^2r}{dt^2} = \frac{1}{3}r\omega^2$$

Sol. : From result (2) of article 8.2 (b),

$$\bar{a} = \left[\frac{d^2r}{dt^2} - r\left(\frac{d\theta}{dt}\right)^2\right]\hat{r} + \left[2\frac{dr}{dt}\frac{d\theta}{dt} + r\frac{d^2\theta}{dt}\right]\hat{s}$$

In proving this result, we had also seen that

$$\frac{d\hat{r}}{dt} = \hat{s}\frac{d\theta}{dt} \qquad\qquad \frac{d\hat{s}}{dt} = -\hat{r}\frac{d\theta}{dt}$$

$$\therefore \quad \frac{d\theta}{dt} = \omega = \text{constant}$$

$$\bar{a} = \left[\frac{d^2r}{dt^2} - r\omega^2\right]\hat{r} + \left[2\omega\frac{dr}{dt}\right]\hat{s} \qquad \left[\text{as } \frac{d^2\theta}{dt^2} = 0\right]$$

Differentiating w.r.t. t

$$\frac{d\bar{a}}{dt} = \left[\frac{d^3r}{dt^3} - \frac{dr}{dt}\omega^2\right]\hat{r} + \left[\frac{d^2r}{dt^2} - r\omega^2\right]\frac{d\hat{r}}{dt} + 2\omega\frac{d^2r}{dt^2}\hat{s} + 2\omega\frac{dr}{dt}\frac{d\hat{s}}{dt}$$

Putting $\quad \dfrac{d\hat{r}}{dt} = \hat{s}\dfrac{d\theta}{dt},\quad \dfrac{d\hat{s}}{dt} = -\hat{r}\dfrac{d\theta}{dt}$

$$\frac{d\bar{a}}{dt} = \left[\frac{d^3r}{dt^3} - \frac{dr}{dt}\omega^2\right]\hat{r} + \left[\frac{d^2r}{dt^2} - r\omega^2\right]\hat{s}\frac{d\theta}{dt} + 2\omega\frac{d^2r}{dt^2}\hat{s} + 2\omega\frac{dr}{dt}\left(-\hat{r}\frac{d\theta}{dt}\right)$$

Putting ω for $\dfrac{d\theta}{dt}$ and rearranging,

$$\frac{d\bar{a}}{dt} = \left[\frac{d^3r}{dt^3} - \frac{dr}{dt}\omega^2 - 2\omega^2\frac{dr}{dt}\right]\hat{r} + \left[\omega\frac{d^2r}{dt^2} - r\omega^3 + 2\omega\frac{d^2r}{dt^2}\right]\hat{s}$$

Since $\dfrac{d\bar{a}}{dt}$ is parallel to PO i.e. along $\hat{r}$, coefficient of $\hat{s}$ must be zero.

i.e. $\quad 3\omega\dfrac{d^2r}{dt^2} - r\omega^3 = 0 \qquad\qquad\text{Or}\qquad\qquad \dfrac{d^2r}{dt^2} = \dfrac{1}{3}r\omega^2$

Ex. 9 : If $\bar{r} \times \dfrac{d\bar{r}}{dt} = 0$, show that $\bar{r}$ has a constant direction. **(Dec. 07, May 12)**

Sol. : Let $\bar{r} = r\hat{r}$, where $\hat{r}$ is a unit vector in the direction of $\bar{r}$ and $r = |\bar{r}|$.

$$\dfrac{d\bar{r}}{dt} = r\dfrac{d\hat{r}}{dt} + \hat{r}\dfrac{dr}{dt}$$

$$\bar{r} \times \dfrac{d\bar{r}}{dt} = r\hat{r} \times \left(r\dfrac{d\hat{r}}{dt} + \hat{r}\dfrac{dr}{dt} \right) = r^2\hat{r} \times \dfrac{d\hat{r}}{dt} + r\dfrac{dr}{dt}(\hat{r} \times \hat{r})$$

$$= r^2\hat{r} \times \dfrac{d\hat{r}}{dt} \quad [\hat{r} \times \hat{r} = 0]$$

Now, $\bar{r} \times \dfrac{d\bar{r}}{dt} = 0$ (given) $\quad \therefore \quad r^2\hat{r} \times \dfrac{d\hat{r}}{dt} = 0$

i.e. $\hat{r} \times \dfrac{d\hat{r}}{dt} = 0$ [as $r \neq 0$] ...(i)

Again $\hat{r} \cdot \hat{r} = 1$ $\quad \therefore \quad \hat{r} \cdot \dfrac{d\hat{r}}{dt} = 0$ ... (ii)

(i) implies $\dfrac{d\hat{r}}{dt}$ is parallel to $\hat{r}$ (ii) implies $\dfrac{d\hat{r}}{dt}$ is perpendicular to $\hat{r}$

both cannot be true simultaneously $\quad \therefore \quad \dfrac{d\hat{r}}{dt} = 0$

which means $\hat{r}$ has constant direction.

Ex. 10 : *Show that tangential and normal components of acceleration are given by*

$$\dfrac{\bar{V} \cdot \bar{a}}{V} \quad \text{and} \quad \dfrac{|\bar{V} \times \bar{a}|}{|\bar{V}|}$$

Also show that $\rho = \dfrac{V^3}{|\bar{V} \times \bar{a}|}$

Sol. : Let $\bar{a} = a_T \hat{T} + a_N \hat{N}, \ \bar{V} = V\hat{T}$

$\therefore \quad \bar{V} \cdot \bar{a} = V\hat{T} \cdot (a_T \hat{T} + a_N \hat{N}) = V a_T \hat{T} \cdot \hat{T} + V a_N \hat{T} \cdot \hat{N}$

but $\hat{T} \cdot \hat{T} = 1, \ \hat{T} \cdot \hat{N} = 0$

$\therefore \quad a_T = \dfrac{\bar{V} \cdot \bar{a}}{V}$ ... (1)

$$\bar{V} \times \bar{a} = V\hat{T} \times (a_T \hat{T} + a_N \hat{N}) = V a_t \hat{T} \times \hat{T} + V a_N \hat{T} \times \hat{N}$$

but $\hat{T} \times \hat{T} = 0$

$\therefore$ $|\bar{V} \times \bar{a}| = V a_N |\hat{T} \times \hat{N}| = V a_N$ as $|\hat{T} \times \hat{N}| = 1$

$\therefore$ $a_N = \dfrac{|\bar{V} \times \bar{a}|}{V}$ or $\dfrac{|\bar{V} \times \bar{a}|}{|\bar{V}|}$ ... (2)

From article 8.2 (c), we know that

$$\bar{a} = \dfrac{dV}{dt}\hat{T} + \dfrac{V^2}{\rho}\hat{N}$$

$$\bar{V} \times \bar{a} = V\hat{T} \times \left(\dfrac{dV}{dt}\hat{T} + \dfrac{V^2}{\rho}\hat{N}\right) = \dfrac{V^3}{\rho}\hat{T} \times \hat{N} \quad [\because \hat{T} \times \hat{T} = 0]$$

$\therefore$ $|\bar{V} \times \bar{a}| = \dfrac{V^3}{\rho}|\hat{T} \times \hat{N}| = \dfrac{V^3}{\rho}$

$\therefore$ $\rho = \dfrac{V^3}{|\bar{V} \times \bar{a}|}$ ... (3)

(1), (2), (3) are the required results.

Ex. 11 : *If a particle moves along the cardioide $r = a(1 + \cos\theta)$ with constant velocity, show that $\dfrac{d\theta}{dt}$ is proportional to $\dfrac{1}{\sqrt{r}}$.*

Sol. : From article 8.2 (b), we know that

$$\bar{V} = \dfrac{d\bar{r}}{dt} = \dfrac{dr}{dt}\hat{r} + \left(r\dfrac{d\theta}{dt}\right)\hat{s} = \dfrac{dr}{d\theta}\dfrac{d\theta}{dt}\hat{r} + \left(r\dfrac{d\theta}{dt}\right)\hat{s} = \dfrac{d\theta}{dt}\left(\dfrac{dr}{d\theta}\hat{r} + r\hat{s}\right)$$

$\therefore$ $|\bar{V}| = \dfrac{d\theta}{dt}\left|\dfrac{dr}{d\theta}\hat{r} + r\hat{s}\right| = \dfrac{d\theta}{dt}\sqrt{\left(\dfrac{dr}{d\theta}\right)^2 + r^2}$

$= \dfrac{d\theta}{dt}\sqrt{a^2\sin^2\theta + a^2(1+\cos\theta)^2}$

$= a\dfrac{d\theta}{dt}\sqrt{\sin^2\theta + 1 + 2\cos\theta + \cos^2\theta} = \dfrac{d\theta}{dt}\sqrt{2}\,a\sqrt{1+\cos\theta}$

but $|\bar{V}| =$ constant (given) and $\sqrt{1+\cos\theta} = \dfrac{\sqrt{r}}{\sqrt{a}}$

$\therefore$ $\dfrac{d\theta}{dt} = \dfrac{c\sqrt{a}}{\sqrt{2}\,a\sqrt{r}} = \dfrac{c}{\sqrt{2}\,a}\dfrac{1}{\sqrt{r}}$

$\therefore$ $\dfrac{d\theta}{dt}$ is proportional to $\dfrac{1}{\sqrt{r}}$.

Ex. 12 : *A particle moves along the curve $s = a \log (\sec \psi + \tan \psi)$, where ψ is the angle made by the tangent with x-axis. If the motion is such that the tangent to the curve rotates uniformly, then show that the resultant acceleration of the particle varies as the square of radius of curvature.*

Sol. : Since the tangent rotates uniformly, $\dfrac{d\psi}{dt} = \omega =$ constant.

$$\rho = \frac{ds}{d\psi} = a \cdot \frac{(\sec \psi \tan \psi + \sec^2 \psi)}{\sec \psi + \tan \psi} = a \cdot \frac{\sec \psi (\tan \psi + \sec \psi)}{(\sec \psi + \tan \psi)}$$

$$\rho = a \sec \psi$$

$$\frac{ds}{dt} = \frac{ds}{d\psi} \frac{d\psi}{dt} = a \omega \sec \psi$$

From article 8.2 (c),

$$\bar{a} = \frac{d^2 s}{dt^2} \hat{T} + \frac{1}{\rho} \left(\frac{ds}{dt}\right)^2 \hat{N} = a_T \hat{T} + a_N \hat{N}$$

$$|\bar{a}| = \sqrt{a_T^2 + a_N^2}$$

$$a_T = \frac{d^2 s}{dt^2} = a \omega \sec \psi \tan \psi \frac{d\psi}{dt} = a \omega^2 \sec \psi \tan \psi$$

$$a_N = \frac{1}{\rho} \left(\frac{ds}{dt}\right)^2 = \frac{1}{a \sec \psi} a^2 \omega^2 \sec^2 \psi = a \omega^2 \sec \psi$$

$$|\bar{a}|^2 = a^2 \omega^4 \sec^2 \psi \tan^2 \psi + a^2 \omega^4 \sec^2 \psi$$
$$= a^2 \omega^4 \sec^2 \psi (\tan^2 \psi + 1) = a^2 \omega^4 \sec^4 \psi$$

$$\therefore \quad |\bar{a}| = a \omega^2 \sec^2 \psi$$

but $\quad \rho = a \sec \psi \quad \therefore \sec \psi = \dfrac{\rho}{a}$

$$\therefore \quad |\bar{a}| = a \omega^2 \cdot \frac{\rho^2}{a^2} = \frac{\omega^2}{a} \cdot \rho^2 \quad \therefore \quad |\bar{a}| = k \rho^2$$

as ω, a are constants.

$\therefore$ Acceleration varies as the square of radius of curvature.

Ex. 13 : *A particle moves along a curve $x = 2t^2$, $y = t^2 - 4t$, $z = 2t - 5$. Find components of velocity and acceleration at $t = 1$ in the direction $\bar{i} - 3\bar{j} + 2\bar{k}$.*

Sol. :
$$\bar{r} = x\bar{i} + y\bar{j} + z\bar{k}$$
$$= 2t^2 \bar{i} + (t^2 - 4t) \bar{j} + (2t - 5) \bar{k}$$

$$\bar{v} = \frac{d\bar{r}}{dt} = 4t \bar{i} + (2t - 4) \bar{j} + 2\bar{k}$$

$$\bar{v}|_{t=1} = 4\bar{i} - 2\bar{j} + 2\bar{k}$$

$$\bar{a} = \frac{d^2\bar{r}}{dt^2} = 4\bar{i} + 2\bar{j}, \quad \bar{a}]_{t=1} = 4\bar{i} + 2\bar{j}$$

$$\bar{b} = \bar{i} - 3\bar{j} + 2\bar{k}$$

$$\hat{b} = \frac{\bar{i} - 3\bar{j} + 2\bar{k}}{\sqrt{1+9+4}} = \frac{1}{\sqrt{14}}(\bar{i} - 3\bar{j} + 2\bar{k})$$

Velocity component along

$$\hat{b} = \bar{v} \cdot \hat{b} = (4\bar{i} - 2\bar{j} + 2\bar{k}) \cdot \frac{1}{\sqrt{14}}(\bar{i} - 3\bar{j} + 2\bar{k})$$

$$= \frac{1}{\sqrt{14}}(4 + 6 + 4) = \frac{14}{\sqrt{14}} = \sqrt{14}$$

Acceleration component along

$$\hat{b} = \bar{a} \cdot \hat{b} = (4\bar{i} + 2\bar{j}) \cdot \frac{1}{\sqrt{14}}(\bar{i} - 3\bar{j} + 2\bar{k})$$

$$= \frac{1}{\sqrt{14}}(4 - 6) = -\frac{2}{\sqrt{14}}$$

EXERCISE 8.1

1. Find the angle between tangents to the curve :
   $\bar{r} = (t^3 + 2)\bar{i} + (4t - 5)\bar{j} + (2t^2 - 6t)\bar{k}$ at $t = 0$ and $t = 2$.　　　　(May 2010)

   $\left(\text{Ans. } \dfrac{1}{\sqrt{13}\sqrt{14}}\right)$

2. For the curve $\bar{r} = e^{-t}\bar{i} + \log(t^2 + 1)\bar{j} - \tan t\,\bar{k}$, find velocity and acceleration at $t = 0$.

   $(\text{Ans. } -\bar{i} - \bar{k},\ \bar{i} + 2\bar{j})$

3. If $\bar{r} = \bar{a}\,e^{2t} + \bar{b}\,e^{3t}$, where $\bar{a}, \bar{b}$ are constant vectors, then show that
   $$\frac{d^2\bar{r}}{dt^2} - 5\frac{d\bar{r}}{dt} + 6\bar{r} = 0.$$

4. If $\bar{r} = \bar{a}\cos nt + \bar{b}\sin nt$, where $\bar{a} = 2\bar{i} + 2\bar{j} - \bar{k},\ \bar{b} = 3\bar{i} - 2\bar{j} + 2\bar{k}$ then show that (i) $\dfrac{d^2\bar{r}}{dt^2} + n^2\bar{r} = 0;$ (ii) Find $\bar{r} \cdot \bar{v}$; (iii) $\bar{r} \times \bar{v}$.

   $(\text{Ans. (ii) } 4n\sin 2nt,\ \text{(iii) } n(2\bar{i} + 7\bar{j} - 10\bar{k}))$

5. A particle describes the straight line $r = a \sec\theta$ with constant angular velocity ω. Find the radial and transverse components of velocity and acceleration.

(Ans. (i) $a\omega \sec\theta \tan\theta$, $a\omega \sec\theta$, (ii) $2a\omega^2 \sec\theta \tan^2\theta$, $2a\omega^2 \sec\theta \tan\theta$)

6. A particle describes the following curves : (i) $\dfrac{l}{r} = 1 + e\cos\theta$, (ii) $r^2 = a^2 \cos 2\theta$ under the action of a force directed towards the pole. Find the law of force in each case.

(Ans. (i) $F \propto r^{-2}$, (ii) $F \propto r^{-7}$)

7. Find the tangential and normal components of acceleration at any time t for the curve $\bar{r} = at\cos t\ \bar{i} + at\sin t\ \bar{j}$.

(Ans. $\dfrac{at}{\sqrt{1+t^2}}, \dfrac{a(t^2+2)}{\sqrt{1+t^2}}$)

8. The vector $\bar{r}$ satisfies the equation

$$m\dfrac{d^2\bar{r}}{dt^2} = e\bar{E} + \dfrac{e}{c}\dfrac{d\bar{r}}{dt} \times \bar{H},$$ where $\bar{E} = E\bar{j}$, $\bar{H} = H\bar{k}$. Find the solution satisfying the conditions $\bar{r} = \dfrac{d\bar{r}}{dt} = 0$ at $t = 0$, where e, m, c, E and H are constants.

9. If $\bar{r} \cdot \dfrac{d\bar{r}}{dt} = 0$, then show that $\bar{r}$ has constant magnitude. **(Dec. 04, 08, 10, 12)**

10. A particle moves along the curve $x = a\cos t$, $y = a\sin t$, $z = bt$ with constant angular velocity ω. Find the radial and transverse components of its linear velocity and acceleration at any time t.

(Ans. $\dfrac{b^2 t}{\sqrt{a^2 + b^2 t^2}}$, $\omega\sqrt{a^2 + b^2 t^2}$; $\dfrac{a^2 b^2}{(a^2 + b^2 t^2)^{3/2}} - \omega^2\sqrt{a^2 + b^2 t^2}$, $\dfrac{2b^2 t \omega}{\sqrt{a^2 + b^2 t^2}}$)

11. An electron moves such that its velocity is always perpendicular to its radius vector. Show that its path is a circle.

12. A particle describes an ellipse $\dfrac{l}{r} = 1 + e\cos\theta$ with uniform angular velocity ω. Show that when the particle is at one end of latus rectum through the pole, the component of acceleration towards the pole is $(1 - 2e^2)\omega^2 l$.

13. Prove that $\dfrac{d}{dt}\left(\bar{v} \cdot \dfrac{d\bar{v}}{dt} \times \dfrac{d^2\bar{v}}{dt^2}\right) = \bar{v} \cdot \dfrac{d\bar{v}}{dt} \times \dfrac{d^3\bar{v}}{dt^3}$. **(May 2005)**

14. If $\bar{r} = \bar{a}\,e^{mt} + \bar{b}\,e^{nt}$, where $\bar{a}, \bar{b}$ are constant vectors, show that $\bar{r}$ satisfies the differential equation $\frac{d^2\bar{r}}{dt^2} - (m+n)\frac{d\bar{r}}{dt} + mn\,\bar{r} = 0$.

15. Show that tangent at any point on the curve $x = e^t \cos t$, $y = e^t \sin t$, $z = e^t$ makes constant angle with z-axis. **(May 2005)**

 (Ans. $\phi = \cos^{-1}\frac{1}{\sqrt{3}}$)

16. If $\bar{r}(t) = t^2\,\bar{i} + t\,\bar{j} - 2t^3\,\bar{k}$, then evaluate $\int_1^2 \bar{r} \times \frac{d^2\bar{r}}{dt^2}\,dt$.

 (Ans. $-28\,\bar{i} + 30\,\bar{j} - 3\,\bar{k}$)

17. If $\bar{r} = \bar{a}\sinh t + \bar{b}\cosh t$, then prove that

 (i) $\frac{d^2\bar{r}}{dt^2} = \bar{r}$ (ii) $\frac{d\bar{r}}{dt} \times \frac{d^2\bar{r}}{dt^2} = $ constant (iii) $\bar{r} \cdot \frac{d\bar{r}}{dt} \times \frac{d^2\bar{r}}{dt^2} = 0$

18. The position vector of a particle at time t is

 $$\bar{r} = \cos(t-1)\,\bar{i} + \sinh(t-1)\,\bar{j} + mt^3\,\bar{k}$$

 Find the condition imposed on m by requiring that at time $t = 1$, the acceleration is normal to the position vector. **(Dec. 05, May 2006)**

 (Ans. $m = \frac{1}{\sqrt{6}}$)

19. Prove that if a particle moves always on the surface of the sphere

 (i) $\bar{r} \cdot \bar{a} + \bar{V} \cdot \bar{V} = 0$ (ii) $\bar{r} \cdot \bar{a} \le 0$

20. If a particle P moves along the curve $r = ae^\theta$ with constant angular velocity ω, then show that the radial and transverse components of its velocity are equal and its acceleration is always perpendicular to radius vector and is equal to $2r\omega^2$.

MULTIPLE CHOICE QUESTIONS (MCQ's)

Type : Vector Differentiation :

1. If $\bar{r}(t)$ is position vector of a point on the curve C where t is a scalar variable then $\frac{d\bar{r}}{dt}$ represents (1)

 (A) Tangent vector (B) Normal vector
 (C) Radius vector (D) Orthogonal vector

2. If $\bar{r}(t) = x(t)\,\bar{i} + y(t)\,\bar{j} + z(t)\,\bar{k}$ be the position vector of a particle moving along the curve at time t then $\dfrac{d\bar{r}}{dt}$ represents (1)

   (A) Acceleration vector
   (B) Velocity vector
   (C) Radius vector
   (D) Normal vector

3. If $\bar{r}(t) = x(t)\,\bar{i} + y(t)\,\bar{j} + z(t)\,\bar{k}$ be the position vector of a particle moving along the curve at time t then $\dfrac{d^2\bar{r}}{dt^2}$ represents (1)

   (A) Radius vector
   (B) Velocity vector
   (C) Acceleration vector
   (D) Orthogonal vector

4. For vector function $\bar{u}(t)$ and $\bar{v}(t)$, $\dfrac{d}{dt}(\bar{u} \cdot \bar{v}) =$ (1)

   (A) $\bar{u} \cdot \dfrac{d\bar{v}}{dt} - \dfrac{d\bar{u}}{dt} \cdot \bar{v}$
   (B) $\bar{u} \times \dfrac{d\bar{v}}{dt} + \dfrac{d\bar{u}}{dt} \times \bar{v}$
   (C) $\bar{u} \cdot \dfrac{d\bar{u}}{dt} + \dfrac{d\bar{v}}{dt} \cdot \bar{v}$
   (D) $\bar{u} \cdot \dfrac{d\bar{v}}{dt} + \dfrac{d\bar{u}}{dt} \cdot \bar{v}$

5. For vector functiosn $\bar{u}(t)$ and $\bar{v}(t)$, $\dfrac{d}{dt}(\bar{u} \times \bar{v}) =$ (1)

   (A) $\bar{v} \times \dfrac{d\bar{u}}{dt} + \dfrac{d\bar{v}}{dt} \times \bar{u}$
   (B) $\dfrac{d\bar{u}}{dt} \times \bar{v} + \bar{u} \times \dfrac{d\bar{v}}{dt}$
   (C) $\dfrac{d\bar{v}}{dt} \times \bar{v} - \bar{u} \times \dfrac{d\bar{v}}{dt}$
   (D) $\bar{u} \cdot \dfrac{d\bar{v}}{dt} + \dfrac{d\bar{u}}{dt} \cdot \bar{v}$

6. For vector functions $\bar{u}(t)$, $\bar{v}(t)$ and $\bar{w}(t)$, $\dfrac{d}{dt}[\bar{u} \cdot (\bar{v} \times \bar{w})] =$ (1)

   (A) $\dfrac{d\bar{u}}{dt} \cdot (\bar{v} \times \bar{w}) - \bar{u} \cdot \left(\dfrac{d\bar{v}}{dt} \times \bar{w}\right) - \bar{u} \cdot \left(\bar{v} \times \dfrac{d\bar{w}}{dt}\right)$

   (B) $\dfrac{d\bar{u}}{dt} \times (\bar{v} \times \bar{w}) + \bar{u} \times \left(\dfrac{d\bar{v}}{dt} \times \bar{w}\right) + \bar{u} \times \left(\bar{v} \times \dfrac{d\bar{w}}{dt}\right)$

   (C) $\dfrac{d\bar{u}}{dt} \cdot (\bar{v} \times \bar{w}) + \bar{u} \cdot \left(\dfrac{d\bar{v}}{dt} \times \bar{w}\right) + \bar{u} \cdot \left(\bar{v} \times \dfrac{d\bar{w}}{dt}\right)$

   (D) $\dfrac{d\bar{u}}{dt} \cdot (\bar{w} \times \bar{v}) + \bar{u} \cdot \left(\dfrac{d\bar{v}}{dt} \times \bar{w}\right) + \bar{u} \cdot \left(\dfrac{d\bar{w}}{dt} \times \bar{v}\right)$

7. For vector functions $\bar{u}(t)$, $\bar{v}(t)$ and $\bar{w}(t)$, $\dfrac{d}{dt}[\bar{u} \times (\bar{v} \times \bar{w})] =$ (1)

(A) $\dfrac{d\bar{u}}{dt} \times (\bar{v} \times \bar{w}) + \bar{u} \times \left(\dfrac{d\bar{v}}{dt} \times \bar{w}\right) + \bar{u} \times \left(\bar{v} \times \dfrac{d\bar{w}}{dt}\right)$

(B) $\dfrac{d\bar{u}}{dt} \cdot (\bar{v} \times \bar{w}) + \bar{u} \cdot \left(\dfrac{d\bar{v}}{dt} \times \bar{w}\right) + \bar{u} \cdot \left(\bar{v} \times \dfrac{d\bar{w}}{dt}\right)$

(C) $\dfrac{d\bar{u}}{dt} \times (\bar{w} \times \bar{v}) + \bar{u} \times \left(\bar{w} \times \dfrac{d\bar{v}}{dt}\right) + \bar{u} \times \left(\dfrac{d\bar{w}}{dt} \times \bar{v}\right)$

(D) $\dfrac{d\bar{u}}{dt} \times (\bar{w} \times \bar{v}) + \left(\dfrac{d\bar{v}}{dt} \times \bar{w}\right) \times \bar{u} + \left(\dfrac{d\bar{w}}{dt} \times \bar{v}\right) \times \bar{u}$

8. For scalar function $s(t)$ and vector functions $\bar{u}(t)$, $\dfrac{d}{dt}[s(t)\,\bar{u}(t)] =$ (1)

(A) $\dfrac{ds}{dt} \cdot \bar{u} + s \cdot \dfrac{d\bar{u}}{dt}$

(B) $\dfrac{ds}{dt} \bar{u} - s \dfrac{d\bar{u}}{dt}$

(C) $\dfrac{\dfrac{ds}{dt}\bar{u} - s\dfrac{d\bar{u}}{dt}}{s^2}$

(D) $\dfrac{ds}{dt}\bar{u} + s\dfrac{d\bar{u}}{dt}$

9. If $\bar{r} = r\cos\theta\,\bar{i} + r\sin\theta\,\bar{j}$, then $\hat{r}$ is given by (1)

(A) $\cos\theta\,\bar{i} + \sin\theta\,\bar{j}$

(B) $\sin\theta\,\bar{i} + \sec\theta\,\bar{j}$

(C) $\cos\theta\,\bar{i} + \operatorname{cosec}\theta\,\bar{j}$

(D) $\tan\theta\,\bar{i} + \cos\theta\,\bar{j}$

10. A curve is given by $x = t^2 + 1$, $y = 4t - 3$, $z = 2t^2 - 6t$. Tangent vectors to the curve at $t = 1$ and $t = 2$ are (2)

(A) $2\bar{i} + 4\bar{j} + 2\bar{k}$, $2\bar{i} + 4\bar{j} + \bar{k}$

(B) $2\bar{i} + 4\bar{j} - 2\bar{k}$, $4\bar{i} + 4\bar{j} + 2\bar{k}$

(C) $2\bar{i} + 4\bar{j} - 2\bar{k}$, $2\bar{i} + 4\bar{j} - 2\bar{k}$

(D) $3\bar{i} + 4\bar{j} + 2\bar{k}$, $5\bar{i} + 4\bar{j} - 2\bar{k}$

11. A curve is given by $\bar{r} = (t^3 + 2)\bar{i} + (4t - 5)\bar{j} + (2t^2 - 6t)\bar{k}$. Tangent vectors to the curve at $t = 0$ and $t = 2$ are (2)

(A) $3\bar{i} + 4\bar{j} - 6\bar{k}$, $6\bar{i} + 4\bar{j} + 2\bar{k}$

(B) $3\bar{i} - 6\bar{k}$, $12\bar{i} + 4\bar{j} + 2\bar{k}$

(C) $4\bar{j} - 6\bar{k}$, $12\bar{i} + 4\bar{j} + 2\bar{k}$

(D) $4\bar{j} - 6\bar{k}$, $12\bar{i} + 2\bar{k}$

12. A curve is given by $\bar{r} = 2t^2\,\bar{i} + (t^2 - 4t)\,\bar{j} + (2t - 5)\,\bar{k}$. Tangent vectors to the curve at t = 1 and t = 3 are (1)

   (A) $2\bar{i} - 2\bar{j} + 2\bar{k},\ 3\bar{i} + 2\bar{j} + 2\bar{k}$
   (B) $4\bar{i} + 2\bar{j} + 2\bar{k},\ 12\bar{i} - 2\bar{j} + 2\bar{k}$
   (C) $4\bar{i} - 2\bar{j},\ 12\bar{i} + 2\bar{j}$
   (D) $4\bar{i} - 2\bar{j} + 2\bar{k},\ 12\bar{i} + 2\bar{j} + 2\bar{k}$

13. The tangent vector to the curve x = a cos t, y = a sin t, z = at tan α at $t = \frac{\pi}{4}$, where a and α are constants is (2)

   (A) $-\frac{a}{\sqrt{2}}\bar{i} + \frac{a}{\sqrt{2}}\bar{j} + a\tan\alpha\,\bar{k}$
   (B) $\frac{a}{\sqrt{2}}\bar{i} - \frac{a}{\sqrt{2}}\bar{j} + a\tan\alpha\,\bar{k}$
   (C) $-\frac{a}{2}\bar{i} + \frac{a}{2}\bar{j} + a\tan\alpha\,\bar{k}$
   (D) $-\frac{a}{\sqrt{2}}\bar{i} + \frac{a}{\sqrt{2}}\bar{j} + \alpha\,\bar{k}$

14. A curve is given by $\bar{r} = (e^t \cos t)\,\bar{i} + (e^t \sin t)\,\bar{j} + (e^t)\,\bar{k}$. Tangent vector to the curve at t = 0 is (2)

   (A) $-\bar{i} - \bar{j} - \bar{k}$
   (B) $\bar{j} + \bar{k}$
   (C) $2\bar{i} + 2\bar{j} + \bar{k}$
   (D) $\bar{i} + \bar{j} + \bar{k}$

15. For the curve $\bar{r} = e^{-t}\,\bar{i} + \log(t^2 + 1)\,\bar{j} - \tan t\,\bar{k}$, velocity and acceleration vectors at t = 0 are (2)

   (A) $\bar{i} + 2\bar{j} - \bar{k},\ \bar{i} + 2\bar{j}$
   (B) $\bar{i} + \bar{k},\ \bar{i} + 2\bar{j}$
   (C) $-\bar{i} - \bar{k},\ \bar{i} + 2\bar{j}$
   (D) $-\bar{i} - \bar{k},\ \bar{i} - 2\bar{k}$

16. For the curve $x = t^3 + 1,\ y = t^2,\ z = t$, velocity and acceleration vectors at t = 1 are (2)

   (A) $4\bar{i} + 2\bar{j},\ 6\bar{i} + 2\bar{j}$
   (B) $3\bar{i} + 2\bar{j} + \bar{k},\ 6\bar{i} + 2\bar{j}$
   (C) $2\bar{i} + 2\bar{j} + \bar{k},\ 3\bar{i} + 2\bar{j}$
   (D) $3\bar{i} + 2\bar{j},\ 6\bar{i} + \bar{j}$

17. For the curve $x = t,\ y = t^2,\ z = t^3$, angle between tangents at t = 0 and t = 1 is given by (1)

   (A) $\frac{\pi}{2}$
   (B) $\cos^{-1}\frac{1}{\sqrt{5}}$
   (C) $\cos^{-1}\frac{1}{3}$
   (D) $\cos^{-1}\left(\frac{1}{\sqrt{14}}\right)$

18. Angle between tangents $\bar{T}_1 = 2\bar{i} + 4\bar{j} - 2\bar{k}$, $\bar{T}_2 = 4\bar{i} + 4\bar{j} + 2\bar{k}$ to the curve $x = t^2 + 1$, $y = 4t - 3$, $z = 2t^2 - 6t$ at $t = 1$ and $t = 2$ is (2)

    (A) $\cos^{-1}\left(\dfrac{5}{\sqrt{6}}\right)$ (B) $\cos^{-1}\left(\dfrac{1}{3\sqrt{6}}\right)$

    (C) $\cos^{-1}\left(\dfrac{5}{3\sqrt{6}}\right)$ (D) $\tan^{-1}\left(\dfrac{5}{3\sqrt{6}}\right)$

19. Angle between tangents to the curve $x = 2t^2$, $y = t^2 - 4t$, $z = 2t - 5$ at $t = 0$ and $t = 1$ is (2)

    (A) $\cos^{-1}\left(\dfrac{12}{\sqrt{6}\sqrt{5}}\right)$ (B) $\cos^{-1}\left(\dfrac{3}{\sqrt{6}\sqrt{5}}\right)$

    (C) $\cos^{-1}\left(\dfrac{3}{\sqrt{5}}\right)$ (D) $\tan^{-1}\left(\dfrac{3}{\sqrt{6}\sqrt{5}}\right)$

20. Angle between tangent to the curve $\bar{r} = (e^t \cos t)\bar{i} + (e^t \sin t)\bar{j} + (e^t)\bar{k}$ at $t = 0$ and z axis is given by (2)

    (A) $\cos^{-1}\left(\dfrac{1}{\sqrt{3}}\right)$ (B) $\cos^{-1}\left(\dfrac{2}{\sqrt{3}}\right)$

    (C) $\cos^{-1}(\sqrt{3})$ (D) $\dfrac{\pi}{2}$

21. If $\bar{r} = \bar{a} e^{5t} + \bar{b} e^{-5t}$ where $\bar{a}$ and $\bar{b}$ are constant vectors then $\dfrac{d^2\bar{r}}{dt^2} - 25\bar{r}$ is equal to (2)

    (A) 1   (B) 2
    (C) zero   (D) 5

22. If $\bar{r} = \bar{a} \cos 2t + \bar{b} \sin 2t$ where $\bar{a}$ and $\bar{b}$ are constant vectors then $\dfrac{d^2\bar{r}}{dt^2}$ is equal to (2)

    (A) $-4\bar{r}$ (B) $4\bar{r}$
    (C) $-\bar{r}$ (D) $\bar{r}$

23. If $\bar{r} = at \cos t\,\bar{i} + bt \sin t\,\bar{j}$ where a and b are constants then $\dfrac{d^2\bar{r}}{dt^2}$ at $t = 0$ is equal to (2)

    (A) $2b\bar{j}$ (B) $-2a\bar{i}$
    (C) $a\bar{i} + b\bar{j}$ (D) $\bar{0}$

24. If $\bar{r} = \bar{a}\cosh t + \bar{b}\sinh t$ where $\bar{a}$ and $\bar{b}$ are constant vectors then $\dfrac{d^2\bar{r}}{dt^2}$ is equal to (2)

(A) $-2\bar{r}$ (B) $2\bar{r}$
(C) $-\bar{r}$ (D) $\bar{r}$

25. If acceleration vector $\dfrac{d^2\bar{r}}{dt^2} = -\bar{i} + 6m\bar{k}$, m is constant, is normal to the position vector $\bar{r} = \bar{i} + m\bar{k}$ then value of m is (1)

(A) $\pm\sqrt{6}$ (B) $\pm\dfrac{1}{\sqrt{6}}$
(C) 0 (D) ± 1

26. If $\bar{r} = \cos(t-1)\bar{i} + \sinh(t-1)\bar{j} + t^3\bar{k}$ then $\bar{r}\cdot\dfrac{d^2\bar{r}}{dt^2}$ at $t=1$ is given by (1)

(A) 4 (B) 5
(C) 2 (D) 1

27. If $\bar{r}(t) = t^2\bar{i} + t\bar{j} - 2t^3\bar{k}$ then the value of $\bar{r}\times\dfrac{d^2\bar{r}}{dt^2}$ is (2)

(A) $12t^2\bar{i} + 8t^3\bar{j} + 2t\bar{k}$ (B) $-12t^2\bar{i} + 8t^3\bar{j}$
(C) $-12t^2\bar{i} + 16t^3\bar{j} + (t^2 - 2t)\bar{k}$ (D) $-12t^2\bar{i} + 8t^3\bar{j} - 2t\bar{k}$

28. If $\bar{r} = \bar{a}\cosh t + \bar{b}\sinh t$ where $\bar{a}$ and $\bar{b}$ are constant vectors then $\dfrac{d\bar{r}}{dt}\times\dfrac{d^2\bar{r}}{dt^2}$ is equal to (2)

(A) $\bar{b}\times\bar{a}$ (B) $\bar{a}\times\bar{b}$
(C) $\bar{r}$ (D) zero

29. If $\bar{r} = t\bar{i} + 2t\bar{j} + t^2\bar{k}$ then $\bar{r}\cdot\left(\dfrac{d\bar{r}}{dt}\times\dfrac{d^2\bar{r}}{dt^2}\right)$ is equal to (1)

(A) 1 (B) -1
(C) 0 (D) $\bar{k}$

30. If $\bar{r}\cdot\dfrac{d\bar{r}}{dt} = 0$ then $\bar{r}$ has

(A) Constant direction
(B) Constant magnitude
(C) Both constant magnitude and direction
(D) None of these

31. An electron moves such that its velocity is always perpendicular to its radius vector then its path is (2)
   (A) Ellipse
   (B) Hyperbola
   (C) Straight line
   (D) Circle

32. $\dfrac{d}{dt}\left[\bar{r}\cdot\left(\dfrac{d\bar{r}}{dt}\times\dfrac{d^2\bar{r}}{dt^2}\right)\right] =$ (2)

   (A) $\left(\dfrac{d\bar{r}}{dt}\times\dfrac{d^2\bar{r}}{dt^3}\right)$
   (B) $\bar{r}\cdot\left(\dfrac{d^2\bar{r}}{dt^2}\times\dfrac{d^3\bar{r}}{dt^3}\right)$
   (C) $\bar{r}\cdot\left(\dfrac{d\bar{r}}{dt}\times\dfrac{d^3\bar{r}}{dt^3}\right)$
   (D) 0

33. If $\dfrac{d\bar{u}}{dt}=\bar{w}\times\bar{u}$ and $\dfrac{d\bar{v}}{dt}=\bar{w}\times\bar{v}$ then $\dfrac{d}{dt}(\bar{u}\times\bar{v}) =$ (2)

   (A) $(\bar{v}\cdot\bar{w})\bar{u}-(\bar{u}\cdot\bar{w})\bar{v}$
   (B) $(\bar{v}\cdot\bar{w})\bar{u}+(\bar{v}\cdot\bar{w})\bar{u}$
   (C) $(\bar{u}\cdot\bar{w})\bar{v}-(\bar{u}\cdot\bar{v})\bar{w}$
   (D) $(\bar{v}\cdot\bar{w})\bar{u}+(\bar{u}\cdot\bar{v})\bar{w}$

34. If $\bar{a}$ is a constant vector then $\dfrac{d}{dt}\left[r^3\bar{r}+\bar{a}\times\dfrac{d^2\bar{r}}{dt^2}\right] =$ (2)

   (A) $r^3\dfrac{d\bar{r}}{dt}+\bar{a}\times\dfrac{d^2\bar{r}}{dt^2}$
   (B) $3r^2\dfrac{dr}{dt}\bar{r}+r^3\dfrac{d\bar{r}}{dt}+\bar{a}\times\dfrac{d^3\bar{r}}{dt^3}$
   (C) $3r^2\bar{r}+r^3\dfrac{d\bar{r}}{dt}$
   (D) $r^2\bar{r}+r^2\dfrac{d\bar{r}}{dt}+\bar{a}\times\dfrac{d^2\bar{r}}{dt^2}$

35. If $\bar{v}=t^2\bar{i}+2t\bar{j}+(4t-5)\bar{k}$ then the value of $\bar{v}\cdot\left(\dfrac{d\bar{v}}{dt}\times\dfrac{d^2\bar{v}}{dt^2}\right)$ is (2)
   (A) t^2-4t+5
   (B) 10
   (C) $16t+10$
   (D) 20

36. If $\bar{r}=t^2\bar{i}+t\bar{j}$, value of $\displaystyle\int_0^1\left(\bar{r}\times\dfrac{d\bar{r}}{dt}\right)dt$ is given by (1)

   (A) $\bar{i}+\bar{j}$
   (B) $-\dfrac{1}{3}\bar{k}$
   (C) $\dfrac{2}{3}(\bar{i}+\bar{k})$
   (D) $(\bar{i}-\bar{k})$

Answers

1. (A)	2. (B)	3. (C)	4. (D)	5. (B)	6. (C)	7. (A)	8. (D)
9. (A)	10. (B)	11. (C)	12. (D)	13. (A)	14. (D)	15. (C)	16. (B)
17. (D)	18. (C)	19. (B)	20. (A)	21. (C)	22. (A)	23. (A)	24. (D)
25. (B)	26. (B)	27. (D)	28. (A)	29. (C)	30. (B)	31. (D)	32. (C)
33. (A)	34. (B)	35. (D)	36. (B)				

8.3 GRADIENT, DIVERGENCE AND CURL

Before we define these quantities which are so often encountered in vector analysis, we shall introduce certain terms.

(i) Scalar point function : If a scalar quantity ϕ depends for its value on its position say (x, y, z) in space, then ϕ (x, y, z) is called scalar point function. Pressure in a fluid usually varies according to its depth, hence p (x, y, z) is a scalar point function. Temperature, density, potential etc. are other examples of a scalar point functions, as these quantities usually take different values at different points.

(ii) Vector point function : If a vector quantity $\bar{F}$ depends for its value on its position (x, y, z) in space, then $\bar{F}$ (x, y, z) is called vector point function. Velocity, Force, Electric Intensity etc. are examples of vector point functions.

In dealing with scalar point function ϕ (x, y, z) and vector point function $\bar{F}$ (x, y, z), following operations of differential calculus are found quite useful.

$$d\phi = \frac{\partial \phi}{\partial x} dx + \frac{\partial \phi}{\partial y} dy + \frac{\partial \phi}{\partial z} dz \qquad \frac{\partial \phi}{\partial s} = \frac{\partial \phi}{\partial x}\frac{\partial x}{\partial s} + \frac{\partial \phi}{\partial y}\frac{\partial y}{\partial s} + \frac{\partial \phi}{\partial z}\frac{\partial z}{\partial s}$$

$$d\bar{F} = \frac{\partial \bar{F}}{\partial x} dx + \frac{\partial \bar{F}}{\partial y} dy + \frac{\partial \bar{F}}{\partial z} dz \qquad \frac{\partial \bar{F}}{\partial s} = \frac{\partial \bar{F}}{\partial x}\frac{\partial x}{\partial s} + \frac{\partial \bar{F}}{\partial y}\frac{\partial y}{\partial s} + \frac{\partial \bar{F}}{\partial z}\frac{\partial z}{\partial s}$$

If required these results can be converted into spherical polar or cylindrical co-ordinate system.

(iii) Level surface : Let scalar point function ϕ (x, y, z) be continuous and is defined in a certain region of space. *The surface drawn in space containing all those points where ϕ (x, y, z) has same value is called a level surface.* Equipotential or isothermal surfaces are examples of level surface.

(iv) Operator 'Del' or 'Nabla' (∇) : The vector differential operator $\bar{i}\frac{\partial}{\partial x} + \bar{j}\frac{\partial}{\partial y} + \bar{k}\frac{\partial}{\partial z}$ is denoted by the symbol ∇ called **Del** or **Nabla**. When it operates on a scalar point function ϕ (x, y, z), we get a vector quantity $\nabla\phi = \bar{i}\frac{\partial \phi}{\partial x} + \bar{j}\frac{\partial \phi}{\partial y} + \bar{k}\frac{\partial \phi}{\partial z}$, called Gradient of the scalar point function ϕ (x, y, z). This is also written as Gradient ϕ or simply Grad ϕ.

$$\therefore \quad \text{Grad } \phi = \nabla\phi = \bar{i}\frac{\partial \phi}{\partial x} + \bar{j}\frac{\partial \phi}{\partial y} + \bar{k}\frac{\partial \phi}{\partial z}$$

Consider
$$\bar{r} = x\bar{i} + y\bar{j} + z\bar{k}$$

$$\therefore \quad d\bar{r} \equiv \bar{i} \, dx + \bar{j} \, dy + \bar{k} \, dz$$

$$\nabla\phi \cdot d\bar{r} \equiv \left(\bar{i}\frac{\partial \phi}{\partial x} + \bar{j}\frac{\partial \phi}{\partial y} + \bar{k}\frac{\partial \phi}{\partial z}\right) \cdot (\bar{i} \, dx + \bar{j} \, dy + \bar{k} \, dz)$$

$$\equiv \frac{\partial \phi}{\partial x} dx + \frac{\partial \phi}{\partial y} dy + \frac{\partial \phi}{\partial z} dz \equiv d\phi$$

This result has many useful applications. To interpret Gradient or $\nabla\phi$ physically, consider the level surfaces through $P(\bar{r})$ and $Q\ (\bar{r} + \delta\bar{r})$ where scalar function has values ϕ and $\phi + \delta\phi$ respectively (See Fig. 8.5).

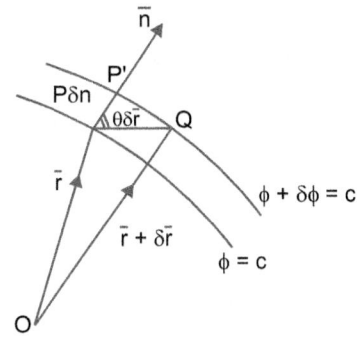

$$\overrightarrow{PQ} = \bar{r} + \delta\bar{r} - \bar{r} = \delta\bar{r}$$

$$\left|\overrightarrow{PQ}\right| = \delta r.$$

Fig. 8.5

Let $\bar{n}$ be a vector normal to the level surface $\phi = c$ at P, $\hat{n}$ be a unit vector in the same direction.

Let θ be the angle between vectors $\delta\bar{r}$ and $\hat{n}$ and let $PP' = \delta n$, then $\dfrac{\partial\phi}{\partial r}$ represents the rate of change of ϕ along the direction $\overrightarrow{PQ}$ and $\dfrac{\partial\phi}{\partial n}$ the rate of change of ϕ along the direction of normal $\hat{n}$.

We can easily see that rate of change of ϕ is maximum along the normal direction.

For
$$\frac{\delta\phi}{\delta r} = \frac{\delta\phi}{\delta n} \cdot \frac{\delta n}{\delta r} = \frac{\delta\phi}{\delta n}\cos\theta$$

$$\lim \frac{\delta\phi}{\delta r} = \frac{\partial\phi}{\partial r} \text{ and } \lim \frac{\delta\phi}{\delta n} = \frac{\partial\phi}{\partial n}$$

Above relation clearly shows that

$$\frac{\partial\phi}{\partial r} \leq \frac{\partial\phi}{\partial n}, \text{ as } \cos\theta \leq 1$$

Since $PP' = \delta n$ = projection of PQ along the normal

We have $\qquad dn \equiv \hat{n} \cdot d\bar{r}$

Writing $\qquad d\phi \equiv \dfrac{\partial\phi}{\partial n} dn \equiv \dfrac{\partial\phi}{\partial n}(\hat{n} \cdot d\bar{r})$

But $\qquad d\phi \equiv \nabla\phi \cdot d\bar{r}$

$\therefore \qquad \nabla\phi \cdot d\bar{r} \equiv \dfrac{\partial\phi}{\partial n}\hat{n} \cdot d\bar{r}$

Thus $\qquad \nabla\phi = \dfrac{\partial\phi}{\partial n}\hat{n}$

Which shows that $\nabla \phi$ (grad ϕ) represents maximum rate of change of ϕ, which is along the outward drawn normal to the level surface, ϕ = constant.

$\frac{\partial \phi}{\partial r}$ represents rate of change of ϕ in any other direction and is termed as **directional derivative**. Among all the directional derivatives, $|\nabla \phi| = \frac{\partial \phi}{\partial n}$ has the maximum value.

It is also clear that the directional derivative of ϕ along $\overrightarrow{PQ}$ is the scalar resolute of $\nabla \phi$ in that direction. The directional derivative of ϕ along certain direction $\bar{a}$ is given by $\nabla \phi \cdot \hat{a}$.

By virtue of its definition, the vector differential operator ∇ behaves like ordinary differential operator $D = \frac{d}{dx}$.

Following deductions follow from the definition :
For any scalars u and v

(i) $\nabla (u + v) = \nabla u + \nabla v$ (ii) $\nabla (u - v) = \nabla u - \nabla v$

(iii) $\nabla (uv) = u\nabla v + v\nabla u$ (iv) $\nabla \left(\frac{u}{v}\right) = \frac{v\nabla u - u\nabla v}{v^2}$

(v) $\nabla [f(u)] = f'(u) \nabla u$ (vi) $\nabla (au) = a\nabla u$.

ILLUSTRATIONS

Ex. 1 : *Find $\nabla \phi$ for (i) $\phi = x^2 + y^2 + z^2$ at (1, 1, 1).*

(ii) $\phi = r^m$, where $\bar{r} = x\bar{i} + y\bar{j} + z\bar{k}$

(iii) $\phi = e^{-r} r^3$,   *(iv) $\nabla f(r) = \frac{f'(r)}{r} \bar{r}$, where $\bar{r} = x\bar{i} + y\bar{j} + z\bar{k}$.*

Sol.: (i) $\phi = x^2 + y^2 + z^2$

$$\frac{\partial \phi}{\partial x} = 2x, \quad \frac{\partial \phi}{\partial y} = 2y, \quad \frac{\partial \phi}{\partial z} = 2z.$$

$$\nabla \phi = \bar{i} \frac{\partial \phi}{\partial x} + \bar{j} \frac{\partial \phi}{\partial y} + \bar{k} \frac{\partial \phi}{\partial z} = (2x\bar{i} + 2y\bar{j} + 2z\bar{k})$$

$\therefore \quad \{\nabla \phi\}_{(1,1,1)} = 2\bar{i} + 2\bar{j} + 2\bar{k},$ [putting $x = y = z = 1$]

(ii) $\phi = r^m$, $\bar{r} = x\bar{i} + y\bar{j} + z\bar{k}$,

$$r = \sqrt{x^2 + y^2 + z^2} \qquad \frac{\partial \phi}{\partial x} = mr^{m-1} \frac{\partial r}{\partial x}$$

$$\frac{\partial r}{\partial x} = \frac{1.2x}{2\sqrt{x^2+y^2+z^2}} = \frac{x}{r} \quad \therefore \frac{\partial \phi}{\partial x} = mr^{m-1} \cdot \frac{x}{r} = mr^{m-2} \cdot x$$

Similarly, $\quad \dfrac{\partial \phi}{\partial y} = mr^{m-2} y, \quad \dfrac{\partial \phi}{\partial z} = mr^{m-2} z$

$$\nabla \phi = \bar{i} \frac{\partial \phi}{\partial x} + \bar{j} \frac{\partial \phi}{\partial y} + \bar{k} \frac{\partial \phi}{\partial z}$$

$$= \bar{i}\, mr^{m-2} x + \bar{j}\, mr^{m-2} y + \bar{k}\, mr^{m-2} z$$

$$= mr^{m-2} (x\,\bar{i} + y\,\bar{j} + z\,\bar{k})$$

$$\nabla \phi = mr^{m-2}\, \bar{r}$$

This is taken as a standard result.

(iii) $\phi = e^{-r} r^3 \qquad \nabla \phi = \nabla (e^{-r} r^3)$

$$= r^3 \nabla(e^{-r}) + e^{-r} \nabla(r^3) = r^3(-e^{-r}) \nabla(r) + e^{-r}\, 3r\, \bar{r}$$

$$= -r^3 e^{-r} \frac{1}{r} \bar{r} + 3r\, e^{-r}\, \bar{r} = e^{-r}\, \bar{r}\, (-r^2 + 3r)$$

(iv) $\qquad \nabla f(r) = f'(r) \nabla r \qquad\qquad \left(\because \nabla f(u) = f'(u) \nabla u \right)$

$$= f'(r) \left(\bar{i} \frac{\partial r}{\partial x} + \bar{j} \frac{\partial r}{\partial y} + \bar{k} \frac{\partial r}{\partial z} \right)$$

$$= f'(r) \left(\bar{i} \frac{x}{r} + \bar{j} \frac{y}{r} + \bar{k} \frac{z}{r} \right)$$

$$\boxed{\nabla f(r) = \frac{f'(r)}{r} \bar{r}}. \text{ This is also taken as a standard result.}$$

Ex. 2 : *Find the directional derivative of $\phi = xy^2 + yz^3$ at $(1, -1, 1)$,*

(i) *along the vector $\bar{i} + 2\bar{j} + 2\bar{k}$*
(ii) *towards the point $(2, 1, -1)$*
(iii) *along the direction normal to the surface $x^2 + y^2 + z^2 = 9$ at $(1, 2, 2)$.* **(May 09, 15)**

Sol. : (i) $\dfrac{\partial \phi}{\partial x} = y^2, \quad \dfrac{\partial \phi}{\partial y} = 2xy + z^3, \quad \dfrac{\partial \phi}{\partial z} = 3yz^2$

$$\nabla \phi = y^2 \bar{i} + (2xy + z^3)\bar{j} + 3yz^2 \bar{k}$$

$$[\nabla \phi]_{(1, -1, 1)} = \bar{i} - \bar{j} - 3\bar{k}$$

$$\bar{a} = \bar{i} + 2\bar{j} + 2\bar{k}, \hat{a} = \frac{\bar{i} + 2\bar{j} + 2\bar{k}}{\sqrt{1+4+4}} = \frac{1}{3}(\bar{i} + 2\bar{j} + 2\bar{k})$$

∴ Directional derivative $= \nabla\phi \cdot \hat{a} = (\bar{i} - \bar{j} - 3\bar{k}) \cdot \frac{1}{3}(\bar{i} + 2\bar{j} + 2\bar{k})$

$$= \frac{1}{3}[1 - 2 - 6] = \frac{-7}{3}$$

(ii) $\bar{a}$ is along the line joining $(1, -1, 1)$ and $(2, 1, -1)$.

∴ $\bar{a} = (2-1)\bar{i} + (1+1)\bar{j} + (-1-1)\bar{k} = \bar{i} + 2\bar{j} - 2\bar{k}$

$$\hat{a} = \frac{\bar{i} + 2\bar{j} - 2\bar{k}}{\sqrt{1+4+4}} = \frac{1}{3}(\bar{i} + 2\bar{j} - 2\bar{k})$$

∴ Directional derivative $= \nabla\phi \cdot \hat{a} = (\bar{i} - \bar{j} - 3\bar{k}) \cdot \frac{1}{3}(\bar{i} + 2\bar{j} - 2\bar{k})$

$$= \frac{1}{3}(1 - 2 + 6) = \frac{5}{3}$$

(iii) $\phi_1 = x^2 + y^2 + z^2 - 9$ $\nabla\phi_1 = 2x\bar{i} + 2y\bar{j} + 2z\bar{k}$

∴ $[\nabla\phi_1]_{(1, 2, 2)} = 2\bar{i} + 4\bar{j} + 4\bar{k}$ $\bar{a} = 2\bar{i} + 4\bar{j} + 4\bar{k}$

$$\hat{a} = \frac{2\bar{i} + 4\bar{j} + 4\bar{k}}{\sqrt{4 + 16 + 16}} = \frac{2\bar{i} + 4\bar{j} + 4\bar{k}}{6}$$

∴ Directional derivative $= \nabla\phi \cdot \hat{a} = (\bar{i} - \bar{j} - 3\bar{k}) \cdot \left(\frac{2\bar{i} + 4\bar{j} + 4\bar{k}}{6}\right)$

$$= \frac{1}{6}(2 - 4 - 12) = \frac{-14}{6} = \frac{-7}{3}$$

Ex. 3 : *If the directional derivative of $\phi = axy + byz + czx$ at $(1, 1, 1)$ has maximum magnitude 4 in a direction parallel to x-axis, find the values of a, b, c.*

Sol. : $\frac{\partial\phi}{\partial x} = ay + cz$, $\frac{\partial\phi}{\partial y} = ax + bz$, $\frac{\partial\phi}{\partial z} = by + cx$

∴ $\nabla\phi = \bar{i}(ay + cz) + \bar{j}(ax + bz) + \bar{k}(by + cx)$

and $[\nabla\phi]_{(1, 1, 1)} = (a+c)\bar{i} + (a+b)\bar{j} + (b+c)\bar{k}$

Now $(a+c)\bar{i} + (a+b)\bar{j} + (b+c)\bar{k} = 4\bar{i}$ (given)

∴ $a + c = 4$, $a + b = 0$, $b + c = 0$

which gives on solving $a = 2$, $b = -2$, $c = 2$.

Ex. 4 : *The directional derivative of $\phi(x, y)$ at the point A (3, 2) towards the point B (2, 3) is $3\sqrt{2}$ and towards the point C (1, 0) is $\sqrt{8}$. Find the directional derivative at the point A towards the point D (2, 4).* **(May 2005, 2007)**

Sol. : For function $\phi(x, y)$, $\nabla\phi = \bar{i}\dfrac{\partial\phi}{\partial x} + \bar{j}\dfrac{\partial\phi}{\partial y}$

$$\vec{AB} = (2-3)\bar{i} + (3-2)\bar{j} = -\bar{i} + \bar{j}$$

Directional derivative of $\phi(x, y)$ towards $\vec{AB}$ is

$$\nabla\phi \cdot \hat{AB} = \left(\bar{i}\dfrac{\partial\phi}{\partial x} + \bar{j}\dfrac{\partial\phi}{\partial y}\right) \cdot \left(\dfrac{-\bar{i} + \bar{j}}{\sqrt{2}}\right) = 3\sqrt{2}$$

∴ $\quad -\dfrac{\partial\phi}{\partial x} + \dfrac{\partial\phi}{\partial y} = 6 \qquad \ldots(1)$

Directional derivative at A (3, 2) towards C (1, 0) is

$$\nabla\phi \cdot \hat{AC} = \left(\bar{i}\dfrac{\partial\phi}{\partial x} + \bar{j}\dfrac{\partial\phi}{\partial y}\right) \cdot \dfrac{(-2\bar{i} - 2\bar{j})}{\sqrt{8}} = \sqrt{8}$$

∴ $\quad -2\dfrac{\partial\phi}{\partial x} - 2\dfrac{\partial\phi}{\partial y} = 8$ or $\dfrac{\partial\phi}{\partial x} + \dfrac{\partial\phi}{\partial y} = -4 \qquad \ldots(2)$

From (1) and (2), $\dfrac{\partial\phi}{\partial y} = 1$, $\dfrac{\partial\phi}{\partial x} = -5$

∴ $\quad \nabla\phi = -5\bar{i} + \bar{j}$

Hence, directional derivative at A (3, 2) towards D (2, 4) is

$$\nabla\phi \cdot \hat{AD} = (-5\bar{i} + \bar{j}) \cdot \left(\dfrac{-\bar{i} + 2\bar{j}}{\sqrt{5}}\right) = \dfrac{7}{\sqrt{5}}$$

Ex. 5 : *For the function $f = x^2y + 2y^2x$, find the following at the point P (1, 3) :*

(i) *the direction of the greatest increase in f.*

(ii) *the direction of the greatest decrease in f.*

(iii) *the directional derivative of f in the direction of the greatest increase in f.*

(iv) *the directions in which the directional derivative is zero.*

Sol. : (i) Direction of greatest increase in f is along ∇f

and $\quad \nabla f = \bar{i}\dfrac{\partial f}{\partial x} + \bar{j}\dfrac{\partial f}{\partial y} = \bar{i}\,(2xy + 2y^2) + \bar{j}\,(x^2 + 4yx)$

i.e. $\quad [\nabla f]_{(1,3)} = 24\,\bar{i} + 13\,\bar{j}$

(ii) Direction of greatest decrease in f is along

$$[-\nabla f]_{(1,3)} = -24\,\bar{i} - 13\,\bar{j}$$

(iii) Directional derivative of f along the direction of greatest increase in f

$$= [\nabla f]_{(1,3)} \cdot \dfrac{(24\,\bar{i} + 13\,\bar{j})}{\sqrt{(24)^2 + (13)^2}} = (24\,\bar{i} + 13\,\bar{j}) \cdot \dfrac{(24\,\bar{i} + 13\,\bar{j})}{\sqrt{(24)^2 + (13)^2}}$$

$$= \sqrt{(24)^2 + (13)^2} = 27.294$$

(iv) If directional derivative is zero along $a_1\,\bar{i} + a_2\,\bar{j}$

then $\quad [\nabla f]_{(1,3)} \cdot (a_1\,\bar{i} + a_2\,\bar{j}) = 0$

$(24\,\bar{i} + 13\,\bar{j}) \cdot (a_1\,\bar{i} + a_2\,\bar{j}) = 0$

$24\,a_1 + 13\,a_2 = 0 \quad \therefore \dfrac{a_1}{13} = \dfrac{-a_2}{24}$

$\therefore$ Directions are $\bar{u}_1 = 13\,\bar{i} - 24\,\bar{j}$, $\bar{u}_2 = -13\,\bar{i} + 24\,\bar{j}$.

Ex. 6 : *In what direction from the point (2, 1, −1) is the directional derivative of $\phi = x^2 yz^3$ a maximum ? What is the magnitude of this maximum ?* **(May 2012)**

Sol. : $\quad \phi = x^2 y z^3$

$\nabla\phi = (2xyz^3)\,\bar{i} + (x^2 z^3)\,\bar{j} + (3x^2 yz^2)\,\bar{k}$

$(\nabla\phi)_{(2,1,-1)} = -4\,\bar{i} - 4\,\bar{j} + 12\,\bar{k}$

$\therefore$ Directional derivative of ϕ is maximum in the direction of $\nabla\phi$ i.e. in the direction of $-4\,\bar{i} - 4\,\bar{j} + 12\,\bar{k}$.

The maximum magnitude $= |\nabla\phi| = \sqrt{16 + 16 + 144} = 4\sqrt{11}$.

Ex. 7 : *Find the directional derivative of $\phi = e^{2x} \cdot \cos yz$ at (0, 0, 0) in the direction of tangent to the curve $x = a\sin t$; $y = a\cos t$; $z = at$, at $t = \dfrac{\pi}{4}$.* **(May 06, 07; Dec. 10, 12)**

Sol. : $\phi = e^{2x} \cos yz$

$$\nabla\phi = (2e^{2x} \cos yz) \bar{i} - (e^{2x} z \cdot \sin yz) \bar{j} - (e^{2x} y \sin yz) \bar{k}$$

$\therefore \quad (\nabla\phi)_{(0, 0, 0)} = 2\bar{i}$

Also, for $\bar{r} = x\bar{i} + y\bar{j} + z\bar{k} = (a \sin t) \bar{i} + (a \cos t) \bar{j} + (at) \bar{k}$

tangent to the curve $= \dfrac{d\bar{r}}{dt} = (a \cos t) \bar{i} - a \sin t \bar{j} + a \bar{k}$

$\therefore$ At $t = \dfrac{\pi}{4}$, $\dfrac{d\bar{r}}{dt} = \dfrac{a}{\sqrt{2}} \bar{i} - \dfrac{a}{\sqrt{2}} \bar{j} + a \bar{k} = \bar{u}$ (say)

$\therefore$ Directional derivative $= \nabla\phi \cdot \hat{u}$

$$= (2\bar{i}) \cdot \left(\dfrac{\dfrac{a}{\sqrt{2}} \bar{i} - \dfrac{a}{\sqrt{2}} \bar{j} + a \bar{k}}{\sqrt{\dfrac{a^2}{2} + \dfrac{a^2}{2} + a^2}} \right) = \dfrac{\sqrt{2} a}{\sqrt{2} a} = 1$$

Ex. 8 : *If directional derivative of $\phi = ax^2 y + by^2 z + cz^2 x$ at (1, 1, 1) has maximum magnitude 15 in the direction parallel to $\dfrac{x-1}{2} = \dfrac{y-3}{-2} = \dfrac{z}{1}$, hence find the values of a, b, c.* **(May 2006, Dec. 2014)**

Sol. : $\phi = ax^2 y + by^2 z + cz^2 x$

$$\nabla\phi = (2axy + cz^2) \bar{i} + (ax^2 + 2byz) \bar{j} + (by^2 + 2czx) \bar{k}$$

$$(\nabla\phi)_{(1, 1, 1)} = (2a + c) \bar{i} + (a + 2b) \bar{j} + (b + 2c) \bar{k}$$

Given direction is $2\bar{i} - 2\bar{j} + \bar{k}$.

$\therefore \quad \dfrac{2a + c}{2} = \dfrac{a + 2b}{-2} = \dfrac{b + 2c}{1}$

Solving first two $\quad 3a + 2b + c = 0$
Solving last two $\quad a + 4b + 4c = 0$

$\therefore \quad \dfrac{a}{4} = \dfrac{b}{-11} = \dfrac{c}{10} = \lambda$ (say)

$a = 4\lambda, \ b = -11\lambda, \ c = 10\lambda$

$\therefore \quad 15 = |\nabla\phi| = \sqrt{(2a + c)^2 + (a + 2b)^2 + (b + 2c)^2}$

$\qquad\qquad\qquad = \sqrt{(18\lambda)^2 + (-18\lambda)^2 + (9\lambda)^2}$

$$15 = \pm 27\lambda \qquad \therefore \lambda = \pm \frac{5}{9}$$

$$a = \pm \frac{20}{9}, \quad b = \pm \frac{55}{9}, \quad c = \pm \frac{50}{9}$$

Ex. 9 : If T be the temperature at a point (x, y, z) then find the directional derivative of T at $(1, 1, 1)$ in the direction of the vector $\overline{i} - \overline{j} + 2\overline{k}$ assuming that ∇T at $(1, 1, 1)$ is $2\overline{i} + 3\overline{j} + 4\overline{k}$ and further estimate the change in the temperature as we move from the point to a distance 0.2 units in the direction of the vector $\overline{i} - \overline{j} + 2\overline{k}$. Also find two unit vectors such that the directional derivative of T is zero at $(1, 1, 1)$.

Sol. : $(\nabla T)_{(1, 1, 1)} = 2\overline{i} + 3\overline{j} + 4\overline{k}$

$$\overline{a} = \overline{i} - \overline{j} + 2\overline{k} \qquad \therefore \hat{a} = \frac{\overline{i} - \overline{j} + 2\overline{k}}{\sqrt{6}}$$

$\therefore$ Directional derivative $= (\nabla T) \cdot \hat{a}$

$$= (2\overline{i} + 3\overline{j} + 4\overline{k}) \cdot \frac{\overline{i} - \overline{j} + 2\overline{k}}{\sqrt{6}} = \frac{7}{\sqrt{6}}$$

The change in T that results from moving away $\Delta s = 0.2$ units from $(1, 1, 1)$ in the direction of $\hat{a}$ is $(\nabla T \cdot \hat{a}) \Delta s = \frac{7}{\sqrt{6}} (0.2) = \frac{7}{5\sqrt{6}}$

Let $\hat{a} = \dfrac{a_1 \overline{i} + a_2 \overline{j} + a_3 \overline{k}}{\sqrt{a_1^2 + a_2^2 + a_3^2}}$ be the unit vector such that directional derivative of T is zero at $(1, 1, 1)$.

$\therefore \qquad (\nabla T) \cdot \hat{a} = 0 \Rightarrow (2\overline{i} + 3\overline{j} + 4\overline{k}) \cdot (a_1 \overline{i} + a_2 \overline{j} + a_3 \overline{k}) = 0$

$2a_1 + 3a_2 + 4a_3 = 0$

Let $a_3 = 0$

$\therefore \qquad 2a_1 + 3a_2 = 0$

$$\frac{a_1}{3} = -\frac{a_2}{2} \qquad \therefore \hat{a} = \frac{3\overline{i} - 2\overline{j}}{\sqrt{13}}$$

Similarly, $\hat{b} = \dfrac{-3\overline{i} + 2\overline{j}}{\sqrt{13}}$

Ex. 10 : If $\nabla \phi = (y^2 + 2y + z)\overline{i} + (2xy + 2x)\overline{j} + x\overline{k}$, find ϕ if $\phi(1, 1, 0) = 5$.

Sol. : $\dfrac{\partial \phi}{\partial x} = y^2 + 2y + z$ ... (1)

$$\frac{\partial \phi}{\partial y} = 2xy + 2x \qquad \ldots(2)$$

$$\frac{\partial \phi}{\partial z} = x \qquad \ldots(3)$$

Integrating (1) partially w.r.t. x,

$$\phi(x, y, z) = xy^2 + 2xy + zx + c_1(y, z)$$

$$\frac{\partial \phi}{\partial y} = 2xy + 2x + \frac{\partial c_1}{\partial y} = 2xy + 2x$$

$$\therefore \quad \frac{\partial c_1}{\partial y} = 0$$

Integrating, $\quad c_1 = c_2(z)$

$$\phi = xy^2 + 2xy + zx + c_2(z)$$

$$\frac{\partial \phi}{\partial z} = x + 2\frac{dc_2}{dz} = x$$

$$\therefore \quad \frac{dc_2}{dz} = 0 \quad \text{or} \quad c_2 = c$$

$$\therefore \quad \phi(x, y, z) = xy^2 + 2xy + zx + c$$

$$\phi(1, 1, 0) = 1 + 2 + c = 5$$

$$\therefore \quad c = 2$$

$$\therefore \quad \phi(x, y, z) = xy^2 + 2xy + zx + 2$$

V. DIVERGENCE OF A VECTOR

When a vector differential operator ∇ operates scalarly on vector point function $\bar{F}$, it gives a scalar quantity $\nabla \cdot \bar{F}$, called **Divergence of $\bar{F}$** or **Div $\bar{F}$**.

As an illustration, consider $\bar{r} = x\bar{i} + y\bar{j} + z\bar{k}$

$$\therefore \quad \nabla \cdot \bar{r} = \left(\bar{i}\frac{\partial}{\partial x} + \bar{j}\frac{\partial}{\partial y} + \bar{k}\frac{\partial}{\partial z}\right) \cdot (x\bar{i} + y\bar{j} + z\bar{k})$$

$$= \frac{\partial}{\partial x}(x) + \frac{\partial}{\partial y}(y) + \frac{\partial}{\partial z}(z) = 1 + 1 + 1 = 3$$

This is taken as a standard result.

In general, if $\quad \bar{F} = F_1 \bar{i} + F_2 \bar{j} + F_3 \bar{k}$

$$\nabla \cdot \bar{F} = \frac{\partial F_1}{\partial x} + \frac{\partial F_2}{\partial y} + \frac{\partial F_3}{\partial z}$$

it is also written as div $\bar{F}$.

In particular, if $\nabla \cdot \bar{F} = 0$, **the vector field $\bar{F}$ is called solenoidal.**

It may also be noted here that, while $\nabla \cdot \bar{F}$ gives divergence of a vector field

$$\bar{F} \cdot \nabla = (F_1 \bar{i} + F_2 \bar{j} + F_3 \bar{k}) \cdot \left(\bar{i} \frac{\partial}{\partial x} + \bar{j} \frac{\partial}{\partial y} + \bar{k} \frac{\partial}{\partial z} \right)$$

$$= F_1 \frac{\partial}{\partial x} + F_2 \frac{\partial}{\partial y} + F_3 \frac{\partial}{\partial z}$$

gives a scalar differential operator.

Note : $\nabla \cdot \bar{F} \neq \bar{F} \cdot \nabla$

If $\bar{a} = a_1 \bar{i} + a_2 \bar{j} + a_3 \bar{k}$ is a constant vector and $\bar{r} = x \bar{i} + y \bar{j} + z \bar{k}$

$$(\bar{a} \cdot \nabla) \bar{r} = \left(a_1 \frac{\partial}{\partial x} + a_2 \frac{\partial}{\partial y} + a_3 \frac{\partial}{\partial z} \right) \bar{r} = a_1 \frac{\partial \bar{r}}{\partial x} + a_2 \frac{\partial \bar{r}}{\partial y} + a_3 \frac{\partial \bar{r}}{\partial z}$$

$$= a_1 \bar{i} + a_2 \bar{j} + a_3 \bar{k} \left[\because \frac{\partial \bar{r}}{\partial x} = \bar{i} \text{ etc.} \right]$$

$\therefore \quad (\bar{a} \cdot \nabla) \bar{r} = \bar{a}$

This is also taken as a standard result.

To interpret divergence of a vector field physically, consider the motion of fluid with velocity $\bar{v} = V_1 \bar{i} + V_2 \bar{j} + V_3 \bar{k}$ at a point A (x, y, z). Consider a small parallelopiped with edges δx, δy, δz parallel to the axes in the mass of fluid with one of its corners at the point A. (See Fig. 8.6).

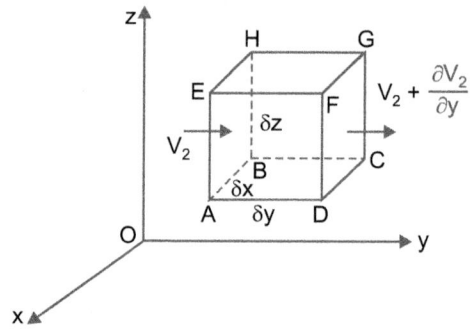

Fig. 8.6

Consider the flow parallel to y-axis that is across the faces ABEH and DCFG. Flow per unit time across the face ABEH = $V_2 \cdot \delta x \, \delta z$
where, V_2 is y component of velocity at the face ABEH.

Now, the y component of velocity at the face DCFG is $V_2 + \frac{\partial V_2}{\partial y} \delta y$

$\therefore$ Flow per unit time across the face DCFG is $\left(V_2 + \frac{\partial V_2}{\partial y} \delta y \right) \delta x \, \delta z$.

Thus the rate at which fluid flows out from the elementary volume along the y direction is $\left(V_2 + \dfrac{\partial V_2}{\partial y}\delta y\right)\delta x\,\delta z - V_2\,\delta x\,\delta z = \dfrac{\partial V_2}{\partial y}\delta x\,\delta y\,\delta z$.

Similarly, the rate of outward flow along x and z directions will be given by

$\dfrac{\partial V_1}{\partial x}\delta x\,\delta y\,\delta z,\ \dfrac{\partial V_3}{\partial z}\delta x\,\delta y\,\delta z$ respectively.

Thus the rate at which fluid flows out of the volume

$$= \left(\dfrac{\partial V_1}{\partial x} + \dfrac{\partial V_2}{\partial y} + \dfrac{\partial V_3}{\partial z}\right)\delta x\,\delta y\,\delta z$$

The rate of outward flow per unit volume

$$= \dfrac{\partial V_1}{\partial x} + \dfrac{\partial V_2}{\partial y} + \dfrac{\partial V_3}{\partial z} = \nabla \cdot \bar{v}$$

Thus the divergence of $\bar{v}$ represents the rate of outward flow through unit volume. Similarly, if $\bar{V}$ represents an electric flux, div $\bar{V}$ is the amount of flux which diverges per unit volume. Various other examples can be quoted to interpret the divergence of $\bar{F}$ in a similar manner.

VI. CURL OF A VECTOR

When a vector differential operator ∇ operates vertorially on vector point function $\bar{F}$, it gives a vector quantity $\nabla \times \bar{F}$, called **curl of** $\bar{F}$ or simply **curl** $\bar{F}$.

If $\qquad \bar{F} = F_1\bar{i} + F_2\bar{j} + F_3\bar{k}$

$$\text{curl } \bar{F} = \nabla \times \bar{F} = \left(\bar{i}\dfrac{\partial}{\partial x} + \bar{j}\dfrac{\partial}{\partial y} + \bar{k}\dfrac{\partial}{\partial z}\right) \times (F_1\bar{i} + F_2\bar{j} + F_3\bar{k})$$

$$= \bar{k}\dfrac{\partial F_2}{\partial x} - \bar{j}\dfrac{\partial F_3}{\partial x} - \bar{k}\dfrac{\partial F_1}{\partial y} + \bar{i}\dfrac{\partial F_3}{\partial y} + \bar{j}\dfrac{\partial F_1}{\partial z} - \bar{i}\dfrac{\partial F_2}{\partial z}$$

$$= \bar{i}\left(\dfrac{\partial F_3}{\partial y} - \dfrac{\partial F_2}{\partial z}\right) + \bar{j}\left(\dfrac{\partial F_1}{\partial z} - \dfrac{\partial F_3}{\partial x}\right) + \bar{k}\left(\dfrac{\partial F_2}{\partial x} - \dfrac{\partial F_1}{\partial y}\right)$$

Conveniently, this can also be expressed in the determinant form as

$$\text{curl } \bar{F} = \nabla \times \bar{F} = \begin{vmatrix} \bar{i} & \bar{j} & \bar{k} \\ \dfrac{\partial}{\partial x} & \dfrac{\partial}{\partial y} & \dfrac{\partial}{\partial z} \\ F_1 & F_2 & F_3 \end{vmatrix}$$

For $\quad \bar{r} = x\bar{i} + y\bar{j} + z\bar{k}$

$$\nabla \times \bar{r} = \begin{vmatrix} \bar{i} & \bar{j} & \bar{k} \\ \dfrac{\partial}{\partial x} & \dfrac{\partial}{\partial y} & \dfrac{\partial}{\partial z} \\ x & y & z \end{vmatrix} = \bar{i}\left(\dfrac{\partial z}{\partial y} - \dfrac{\partial y}{\partial z}\right) + \bar{j}\left(\dfrac{\partial x}{\partial z} - \dfrac{\partial z}{\partial x}\right) + \bar{k}\left(\dfrac{\partial y}{\partial x} - \dfrac{\partial x}{\partial y}\right)$$

$\therefore \quad \nabla \times \bar{r} = 0$

This result is taken as a standard result and can be used in the solution of problems.

Vector field $\bar{F}$ is called irrotational if $\nabla \times \bar{F} = 0$

To interpret curl of a vector field physically, consider the motion of a rigid body about a fixed axis passing through O [Refer article 8.2 (b) (ii)]. If $\bar{\omega}$ is the angular velocity of the rigid body, $\bar{v}$ the linear velocity of a point P $(\bar{r})$, then

$$\bar{v} = \bar{\omega} \times \bar{r}$$

$$\text{Curl } \bar{v} = \nabla \times (\bar{\omega} \times \bar{r})$$

Let $\quad \bar{\omega} = \omega_1 \bar{i} + \omega_2 \bar{j} + \omega_3 \bar{k}$

$\therefore \quad \bar{\omega} \times \bar{r} = \begin{vmatrix} \bar{i} & \bar{j} & \bar{k} \\ \omega_1 & \omega_2 & \omega_3 \\ x & y & z \end{vmatrix}$

$$= \bar{i}(\omega_2 z - \omega_3 y) + \bar{j}(\omega_3 x - \omega_1 z) + \bar{k}(\omega_1 y - \omega_2 x)$$

$\therefore \quad \nabla \times (\bar{\omega} \times \bar{r}) = \begin{vmatrix} \bar{i} & \bar{j} & \bar{k} \\ \dfrac{\partial}{\partial x} & \dfrac{\partial}{\partial y} & \dfrac{\partial}{\partial z} \\ \omega_2 z - \omega_3 y & \omega_3 x - \omega_1 z & \omega_1 y - \omega_2 x \end{vmatrix}$

$$= \bar{i}\left\{\dfrac{\partial}{\partial y}(\omega_1 y - \omega_2 x) - \dfrac{\partial}{\partial z}(\omega_3 x - \omega_1 z)\right\} + \bar{j}\left\{\dfrac{\partial}{\partial z}(\omega_2 z - \omega_3 y) - \dfrac{\partial}{\partial x}(\omega_1 y - \omega_2 x)\right\}$$

$$+ \bar{k}\left\{\dfrac{\partial}{\partial x}(\omega_3 x - \omega_1 z) - \dfrac{\partial}{\partial y}(\omega_2 z - \omega_3 y)\right\}$$

$$= \bar{i}(\omega_1 + \omega_1) + \bar{j}(\omega_2 + \omega_2) + \bar{k}(\omega_3 + \omega_3) = 2(\omega_1 \bar{i} + \omega_2 \bar{j} + \omega_3 \bar{k})$$

$$\text{curl } \bar{v} = 2\bar{\omega}$$

or

$$\bar{\omega} = \frac{1}{2} \text{ curl } \bar{v}$$

Thus the angular velocity of rotation at any point is equal to half the curl of the velocity vector. **The curl of vector thus signifies rotation.**

8.4 VECTOR IDENTITIES

Given scalar function ϕ and vector functions $\bar{u}, \bar{v}$. Following results involving operation of ∇ are quite useful.

(1) $\quad \nabla \cdot (\phi \bar{u}) = \nabla \phi \cdot \bar{u} + \phi (\nabla \cdot \bar{u})$

or $\quad \text{Div}(\phi \bar{u}) = \bar{u} \cdot \text{Grad } \phi + \phi \text{ Div } \bar{u}$

Let $\quad \bar{u} = u_1 \bar{i} + u_2 \bar{j} + u_3 \bar{k}$

$\therefore \quad \phi \bar{u} = \phi u_1 \bar{i} + \phi u_2 \bar{j} + \phi u_3 \bar{k}$

$$\text{L.H.S.} = \nabla \cdot (\phi \bar{u}) = \frac{\partial}{\partial x}(\phi u_1) + \frac{\partial}{\partial y}(\phi u_2) + \frac{\partial}{\partial z}(\phi u_3)$$

$$= \phi \frac{\partial u_1}{\partial x} + u_1 \frac{\partial \phi}{\partial x} + \phi \frac{\partial u_2}{\partial y} + u_2 \frac{\partial \phi}{\partial y} + \phi \frac{\partial u_3}{\partial z} + u_3 \frac{\partial \phi}{\partial z}$$

$$= \phi \left(\frac{\partial u_1}{\partial x} + \frac{\partial u_2}{\partial y} + \frac{\partial u_3}{\partial z}\right) + u_1 \frac{\partial \phi}{\partial x} + u_2 \frac{\partial \phi}{\partial y} + u_3 \frac{\partial \phi}{\partial z}$$

$$= \phi (\nabla \cdot \bar{u}) + (u_1 \bar{i} + u_2 \bar{j} + u_3 \bar{k}) \cdot \left(\bar{i} \frac{\partial \phi}{\partial x} + \bar{j} \frac{\partial \phi}{\partial y} + \bar{k} \frac{\partial \phi}{\partial z}\right)$$

$$= \phi (\nabla \cdot \bar{u}) + \bar{u} \cdot \nabla \phi = \text{R.H.S.}$$

Alternatively, the result can be proved by symbolic procedure.

∇ being vector differential operator, it behaves like an operator $D = \frac{d}{dx}$ just as

$$D(uv) = uDv + vDu = D_u(uv) + D_v(uv)$$

We can write $\quad \nabla \cdot (\phi \bar{u}) = \nabla_\phi \cdot (\phi \bar{u}) + \nabla_{\bar{u}} \cdot (\phi \bar{u})$

(the suffix of ∇ is to be treated as constant in each expression.)

$$= \phi (\nabla_\phi \cdot \bar{u}) + \bar{u} \cdot \nabla_{\bar{u}} \phi$$

Omitting the suffix now $= \phi (\nabla \cdot \bar{u}) + \bar{u} \cdot \nabla \phi$

Symbolic procedure is not rigorous way of presenting the proof of vector identities, but is quite useful in solution of problems.

(2) $\nabla \times (\phi \bar{u}) = \nabla \phi \times \bar{u} + \phi (\nabla \times \bar{u})$

or $\quad$ curl $(\phi \bar{u})$ = Grad $\phi \times \bar{u}$ + ϕ curl $\bar{u}$

As before, let $\quad \bar{u} = u_1 \bar{i} + u_2 \bar{j} + u_3 \bar{k}$

L.H.S. $= \nabla \times (\phi \bar{u})$

$$= \begin{vmatrix} \bar{i} & \bar{j} & \bar{k} \\ \dfrac{\partial}{\partial x} & \dfrac{\partial}{\partial y} & \dfrac{\partial}{\partial z} \\ \phi u_1 & \phi u_2 & \phi u_3 \end{vmatrix}$$

$= \bar{i} \left\{ \dfrac{\partial}{\partial y}(\phi u_3) - \dfrac{\partial}{\partial z}(\phi u_2) \right\} + \bar{j} \left\{ \dfrac{\partial}{\partial z}(\phi u_1) - \dfrac{\partial}{\partial x}(\phi u_3) \right\} + \bar{k} \left\{ \dfrac{\partial}{\partial x}(\phi u_2) - \dfrac{\partial}{\partial y}(\phi u_1) \right\}$

$= \bar{i} \left\{ \phi \dfrac{\partial u_3}{\partial y} + u_3 \dfrac{\partial \phi}{\partial y} - \phi \dfrac{\partial u_2}{\partial z} - u_2 \dfrac{\partial \phi}{\partial z} \right\} + \bar{j} \left\{ \phi \dfrac{\partial u_1}{\partial z} + u_1 \dfrac{\partial \phi}{\partial z} - \phi \dfrac{\partial u_3}{\partial x} - u_3 \dfrac{\partial \phi}{\partial x} \right\}$

$\qquad + \bar{k} \left\{ u_2 \dfrac{\partial \phi}{\partial x} + \phi \dfrac{\partial u_2}{\partial x} - \phi \dfrac{\partial u_1}{\partial y} - u_1 \dfrac{\partial \phi}{\partial y} \right\}$

$= \phi \left[\bar{i} \left(\dfrac{\partial u_3}{\partial y} - \dfrac{\partial u_2}{\partial z} \right) + \bar{j} \left(\dfrac{\partial u_1}{\partial z} - \dfrac{\partial u_3}{\partial x} \right) + \bar{k} \left(\dfrac{\partial u_2}{\partial x} - \dfrac{\partial u_1}{\partial y} \right) \right]$

$\qquad + \bar{i} \left(u_3 \dfrac{\partial \phi}{\partial y} - u_2 \dfrac{\partial \phi}{\partial z} \right) + \bar{j} \left(u_1 \dfrac{\partial \phi}{\partial z} - u_3 \dfrac{\partial \phi}{\partial x} \right) + \bar{k} \left(u_2 \dfrac{\partial \phi}{\partial x} - u_1 \dfrac{\partial \phi}{\partial y} \right)$

$= \phi (\nabla \times \bar{u}) + \nabla \phi \times \bar{u}$

For $\quad \nabla \phi \times \bar{u} = \begin{vmatrix} \bar{i} & \bar{j} & \bar{k} \\ \dfrac{\partial \phi}{\partial x} & \dfrac{\partial \phi}{\partial y} & \dfrac{\partial \phi}{\partial z} \\ u_1 & u_2 & u_3 \end{vmatrix}$

$= \bar{i} \left(u_3 \dfrac{\partial \phi}{\partial y} - u_2 \dfrac{\partial \phi}{\partial z} \right) + \bar{j} \left(u_1 \dfrac{\partial \phi}{\partial z} - u_3 \dfrac{\partial \phi}{\partial x} \right) + \bar{k} \left(u_2 \dfrac{\partial \phi}{\partial x} - u_1 \dfrac{\partial \phi}{\partial y} \right)$

which proves the result.

Alternatively, $\nabla \times (\phi \bar{u}) = \nabla_\phi \times (\phi \bar{u}) + \nabla_{\bar{u}} \times (\phi \bar{u})$

$\qquad\qquad\qquad = \phi (\nabla_\phi \times \bar{u}) + \nabla_{\bar{u}} \times (\phi \bar{u})$

$\qquad\qquad\qquad = \phi (\nabla \times \bar{u}) + \nabla \phi \times \bar{u} \qquad$ (Dropping the suffixes)

(3) $\nabla \cdot (\bar{u} \times \bar{v}) = \bar{v} \cdot (\nabla \times \bar{u}) - \bar{u} \cdot (\nabla \times \bar{v})$

or $\quad\quad \text{Div}(\bar{u} \times \bar{v}) = \bar{v} \cdot \text{curl }\bar{u} - \bar{u} \cdot \text{curl }\bar{v}$

Using symbolic procedure,

$$\nabla \cdot (\bar{u} \times \bar{v}) = \nabla_{\bar{u}} \cdot (\bar{u} \times \bar{v}) + \nabla_{\bar{v}} \cdot (\bar{u} \times \bar{v})$$

Using the property of scalar triple product and remembering that $\nabla_{\bar{u}}$ must immediately precede $\bar{v}$ as $\bar{u}$ is to be treated as constant and $\nabla_{\bar{v}}$ must precede $\bar{u}$ as $\bar{v}$ is to be treated as constant, we write

$$\nabla \cdot (\bar{u} \times \bar{v}) = -\bar{u} \cdot (\nabla_{\bar{u}} \times \bar{v}) + \bar{v} \cdot (\nabla_{\bar{v}} \times \bar{u})$$

$$[\bar{a} \cdot \bar{b} \times \bar{c}] = -\bar{b} \cdot (\bar{a} \times \bar{c}) = \bar{c} \cdot (\bar{a} \times \bar{b})$$

Dropping the suffixes $= -\bar{u} \cdot (\nabla \times \bar{v}) + \bar{v} \cdot (\nabla \times \bar{u})$

which establishes the result.

Students are advised to establish the result by components method i.e. taking

$$\bar{u} = u_1 \bar{i} + u_2 \bar{j} + u_3 \bar{k} \text{ etc. and proving}$$

L.H.S. = R.H.S. by actually obtaining dot and cross products.

(4) $\nabla \times (\bar{u} \times \bar{v}) = \bar{u}(\nabla \cdot \bar{v}) - (\bar{u} \cdot \nabla)\bar{v} + (\bar{v} \cdot \nabla)\bar{u} - \bar{v}(\nabla \cdot \bar{u})$

$$\nabla \times (\bar{u} \times \bar{v}) = \nabla_{\bar{u}} \times (\bar{u} \times \bar{v}) + \nabla_{\bar{v}} \times (\bar{u} \times \bar{v}) \quad\quad\ldots(1)$$

Using $\bar{a} \times (\bar{b} \times \bar{c}) = (\bar{a} \cdot \bar{c})\bar{b} - (\bar{a} \cdot \bar{b})\bar{c}$ and remembering that when $\bar{u}$ is to be treated as constant $\bar{u} \cdot \nabla$ is meaningful rather than $\nabla \cdot \bar{u}$ and $\nabla_{\bar{u}}$ must precede $\bar{v}$ etc.

$$\nabla_{\bar{u}} \times (\bar{u} \times \bar{v}) = (\nabla_{\bar{u}} \cdot \bar{v})\bar{u} - (\bar{u} \cdot \nabla_{\bar{u}})\bar{v},$$

$$\nabla_{\bar{v}} \times (\bar{u} \times \bar{v}) = (\bar{v} \cdot \nabla_{\bar{v}})\bar{u} - (\nabla_{\bar{v}} \cdot \bar{u})\bar{v}$$

Dropping the suffixes and putting the values of $\nabla_{\bar{u}}(\bar{u} \times \bar{v})$ and $\nabla_{\bar{v}} \times (\bar{u} \times \bar{v})$ in (1), we get $\quad \nabla \times (\bar{u} \times \bar{v}) = (\nabla \cdot \bar{v})\bar{u} - (\bar{u} \cdot \nabla)\bar{v} + (\bar{v} \cdot \nabla)\bar{u} - (\nabla \cdot \bar{u})\bar{v}$
which establishes the result.

(5) $\nabla(\bar{u} \cdot \bar{v}) = \bar{u} \times (\nabla \times \bar{v}) + (\bar{u} \cdot \nabla)\bar{v} + \bar{v} \times (\nabla \times \bar{u}) + (\bar{v} \cdot \nabla)\bar{u}$

$$\nabla(\bar{u} \cdot \bar{v}) = \nabla_{\bar{u}}(\bar{u} \cdot \bar{v}) + \nabla_{\bar{v}}(\bar{u} \cdot \bar{v}) \quad\quad\ldots(1)$$

Consider $\bar{u} \times (\nabla_{\bar{u}} \times \bar{v}) = \nabla_{\bar{u}} (\bar{u} \cdot \bar{v}) - (\bar{u} \cdot \nabla_{\bar{u}}) \bar{v}$

$\therefore \quad \nabla_{\bar{u}} (\bar{u} \cdot \bar{v}) = \bar{u} \times (\nabla_{\bar{u}} \times \bar{v}) + (\bar{u} \cdot \nabla_{\bar{u}}) \bar{v}$

$\qquad\qquad\qquad = \bar{u} \times (\nabla \times \bar{v}) + (\bar{u} \cdot \nabla) \bar{v}$ (Dropping the suffixes)

Similarly, $\bar{v} \times (\nabla_{\bar{v}} \times \bar{u}) = \nabla_{\bar{v}} (\bar{u} \cdot \bar{v}) - (\bar{v} \cdot \nabla_{\bar{v}}) \bar{u}$

$\therefore \quad \nabla_{\bar{v}} (\bar{u} \cdot \bar{v}) = \bar{v} \times (\nabla_{\bar{v}} \times \bar{u}) + (\bar{v} \cdot \nabla_{\bar{v}}) \bar{u}$

$\qquad\qquad\qquad = \bar{v} \times (\nabla \times \bar{u}) + (\bar{v} \cdot \nabla) \bar{u}$ (Dropping the suffixes)

Putting the values of $\nabla_{\bar{u}} (\bar{u} \cdot \bar{v})$ and $\nabla_{\bar{v}} (\bar{u} \cdot \bar{v})$ in (1), the required result is established.

Results (iv) and (v) can also be established by component method.

Using component method, the expressions involving second order differential operators can also be obtained.

Let us find equivalent expressions for

(1) $\nabla \cdot \nabla \phi$ or divergence Grade ϕ

$$\nabla \cdot \nabla \phi = \nabla \cdot \left\{ \bar{i} \frac{\partial \phi}{\partial x} + \bar{j} \frac{\partial \phi}{\partial y} + \bar{k} \frac{\partial \phi}{\partial z} \right\}$$

$$= \frac{\partial}{\partial x} \left(\frac{\partial \phi}{\partial x} \right) + \frac{\partial}{\partial y} \left(\frac{\partial \phi}{\partial y} \right) + \frac{\partial}{\partial z} \left(\frac{\partial \phi}{\partial z} \right)$$

$$= \frac{\partial^2 \phi}{\partial x^2} + \frac{\partial^2 \phi}{\partial y^2} + \frac{\partial^2 \phi}{\partial z^2}$$

We can write $\nabla \cdot \nabla \phi = (\nabla \cdot \nabla) \phi = \nabla^2 \phi$

Thus $\qquad \nabla^2 \phi = \frac{\partial^2 \phi}{\partial x^2} + \frac{\partial^2 \phi}{\partial y^2} + \frac{\partial^2 \phi}{\partial z^2}$

Operator $\qquad \nabla^2 \equiv \frac{\partial^2}{\partial x^2} + \frac{\partial^2}{\partial y^2} + \frac{\partial^2}{\partial z^2}$

which is a second order differential operator and is known as Laplacian operator and the equation $\nabla^2 \phi = 0$ is called Laplace equation, frequently encountered in engineering problems.

(2) $\nabla \times (\nabla \phi)$ or curl Grad ϕ

$$\nabla \times (\nabla \phi) = \nabla \times \left\{ \bar{i} \frac{\partial \phi}{\partial x} + \bar{j} \frac{\partial \phi}{\partial y} + \bar{k} \frac{\partial \phi}{\partial z} \right\}$$

$$= \begin{vmatrix} \bar{i} & \bar{j} & \bar{k} \\ \dfrac{\partial}{\partial x} & \dfrac{\partial}{\partial y} & \dfrac{\partial}{\partial z} \\ \dfrac{\partial \phi}{\partial x} & \dfrac{\partial \phi}{\partial y} & \dfrac{\partial \phi}{\partial z} \end{vmatrix}$$

$$= \bar{i}\left\{\dfrac{\partial^2 \phi}{\partial y \partial z} - \dfrac{\partial^2 \phi}{\partial y \partial z}\right\} + \bar{j}\left\{\dfrac{\partial^2 \phi}{\partial x \partial z} - \dfrac{\partial^2 \phi}{\partial x \partial z}\right\} + \bar{k}\left\{\dfrac{\partial^2 \phi}{\partial x \partial y} - \dfrac{\partial^2 \phi}{\partial x \partial y}\right\}$$

$$= 0$$

We can write $\nabla \times (\nabla \phi) = (\nabla \times \nabla) \phi = 0$

Thus curl Grad $\phi = 0$

(3) $\nabla (\nabla \cdot \bar{u}) =$ **Grad Div $\bar{u}$**

Let
$$\bar{u} = u_1 \bar{i} + u_2 \bar{j} + u_3 \bar{k}$$

$$\nabla \cdot \bar{u} = \dfrac{\partial u_1}{\partial x} + \dfrac{\partial u_2}{\partial y} + \dfrac{\partial u_3}{\partial z}$$

$$\nabla (\nabla \cdot \bar{u}) = \bar{i} \dfrac{\partial}{\partial x}\left\{\dfrac{\partial u_1}{\partial x} + \dfrac{\partial u_2}{\partial y} + \dfrac{\partial u_3}{\partial z}\right\} + \bar{j} \dfrac{\partial}{\partial y}\left\{\dfrac{\partial u_1}{\partial x} + \dfrac{\partial u_2}{\partial y} + \dfrac{\partial u_3}{\partial z}\right\}$$

$$+ \bar{k} \dfrac{\partial}{\partial z}\left\{\dfrac{\partial u_1}{\partial x} + \dfrac{\partial u_2}{\partial y} + \dfrac{\partial u_3}{\partial z}\right\}$$

$$= \bar{i}\left[\dfrac{\partial^2 u_1}{\partial x^2} + \dfrac{\partial^2 u_2}{\partial x \partial y} + \dfrac{\partial^2 u_3}{\partial x \partial z}\right] + \bar{j}\left[\dfrac{\partial^2 u_1}{\partial x \partial y} + \dfrac{\partial^2 u_2}{\partial y^2} + \dfrac{\partial^2 u_3}{\partial y \partial z}\right]$$

$$+ \bar{k}\left[\dfrac{\partial^2 u_1}{\partial x \partial z} + \dfrac{\partial^2 u_2}{\partial y \partial z} + \dfrac{\partial^2 u_3}{\partial z^2}\right]$$

(4) $\nabla \cdot (\nabla \times \bar{u})$ **or Div curl $\bar{u}$**

$$\nabla \times \bar{u} = \begin{vmatrix} \bar{i} & \bar{j} & \bar{k} \\ \dfrac{\partial}{\partial x} & \dfrac{\partial}{\partial y} & \dfrac{\partial}{\partial z} \\ u_1 & u_2 & u_3 \end{vmatrix} = \bar{i}\left(\dfrac{\partial u_3}{\partial y} - \dfrac{\partial u_2}{\partial z}\right) + \bar{j}\left(\dfrac{\partial u_1}{\partial z} - \dfrac{\partial u_3}{\partial x}\right) + \bar{k}\left(\dfrac{\partial u_2}{\partial x} - \dfrac{\partial u_1}{\partial y}\right)$$

$$\nabla \cdot (\nabla \times \bar{u}) = \dfrac{\partial}{\partial x}\left\{\dfrac{\partial u_3}{\partial y} - \dfrac{\partial u_2}{\partial z}\right\} + \dfrac{\partial}{\partial y}\left\{\dfrac{\partial u_1}{\partial z} - \dfrac{\partial u_3}{\partial x}\right\} + \dfrac{\partial}{\partial z}\left\{\dfrac{\partial u_2}{\partial x} - \dfrac{\partial u_1}{\partial y}\right\}$$

$$= \dfrac{\partial^2 u_3}{\partial x \partial y} - \dfrac{\partial^2 u_2}{\partial x \partial z} + \dfrac{\partial^2 u_1}{\partial y \partial z} - \dfrac{\partial^2 u_3}{\partial x \partial y} + \dfrac{\partial^2 u_2}{\partial x \partial z} - \dfrac{\partial^2 u_1}{\partial y \partial z} = 0$$

Thus Divergence curl $\bar{u} = 0$. (Note that scalar triple product with two identical vectors is zero.)

(5) $\nabla \times (\nabla \times \overline{u})$ **or curl curl** $\overline{u}$

Instead of taking $\overline{u} = u_1 \overline{i} + u_2 \overline{j} + u_3 \overline{k}$, etc., we find the equivalent expression by using the property $\overline{a} \times (\overline{b} \times \overline{c}) = (\overline{a} \cdot \overline{c}) \overline{b} - (\overline{a} \cdot \overline{b}) \overline{c}$.

$$\nabla \times (\nabla \times \overline{u}) = \nabla (\nabla \cdot \overline{u}) - (\nabla \cdot \nabla) \overline{u} = \nabla (\nabla \cdot \overline{u}) - \nabla^2 \overline{u}$$

LIST OF FORMULAE

• $\nabla = \overline{i} \dfrac{\partial}{\partial x} + \overline{j} \dfrac{\partial}{\partial y} + \overline{k} \dfrac{\partial}{\partial z}$	• $\nabla \phi = \overline{i} \dfrac{\partial \phi}{\partial x} + \overline{j} \dfrac{\partial \phi}{\partial y} + \overline{k} \dfrac{\partial \phi}{\partial z}$
• $\nabla (u \pm v) = \nabla u \pm \nabla v$	• $\nabla (uv) = u \nabla v + v \nabla u$
• $\nabla \left(\dfrac{u}{v} \right) = \dfrac{v \nabla u - u \nabla v}{v^2}$	• $\nabla (au) = a \nabla u$
• $\nabla (f(u)) = f'(u) (\nabla u)$	• $\nabla f(r) = \left(\dfrac{f'(r)}{r} \right) \overline{r}$
• $d\phi \equiv \nabla \phi \cdot d\overline{r}$	• D.D. of $\phi = \nabla \phi \cdot \hat{a}$
• $\text{div } \overline{F} = \nabla \cdot \overline{F} = \dfrac{\partial F_1}{\partial x} + \dfrac{\partial F_2}{\partial y} + \dfrac{\partial F_3}{\partial z}$	• $\nabla \cdot \overline{F} = 0 \Rightarrow \overline{F}$ is solenoidal
• $\text{rot } \overline{F} = \text{curl } \overline{F} = \nabla \times \overline{F} = \begin{vmatrix} \overline{i} & \overline{j} & \overline{k} \\ \dfrac{\partial}{\partial x} & \dfrac{\partial}{\partial y} & \dfrac{\partial}{\partial z} \\ F_1 & F_2 & F_3 \end{vmatrix}$	• $\nabla \times \overline{F} = 0 \Rightarrow \overline{F}$ is irrotational.
• $\nabla (\overline{a} \cdot \overline{r}) = \overline{a}$	• $\nabla (\overline{a} \cdot \overline{b}) = 0$
• $\nabla \cdot \overline{a} = 0, \nabla \times \overline{a} = 0$	• $\nabla \cdot \overline{r} = 3, \nabla \times \overline{r} = 0$
• $\nabla \cdot (\phi \overline{u}) = \phi (\nabla \cdot \overline{u}) + \nabla \phi \cdot \overline{u}$	• $\nabla \times (\phi \overline{u}) = \phi (\nabla \times \overline{u}) + \nabla \phi \times \overline{u}$
• $\nabla \cdot (\overline{u} \times \overline{v}) = \overline{v} \cdot (\nabla \times \overline{u}) - \overline{u} \cdot (\nabla \times \overline{v})$	• $\nabla \times (\overline{u} \times \overline{v}) = \overline{u} (\nabla \cdot \overline{v}) - (\overline{u} \cdot \nabla) \overline{v} + (\overline{v} \cdot \nabla) \overline{u} - \overline{v} (\nabla \cdot \overline{u})$
• $\nabla (\overline{u} \cdot \overline{v}) = \overline{u} \times (\nabla \times \overline{v}) + (\overline{u} \cdot \nabla) \overline{v} + \overline{v} \times (\nabla \times \overline{u}) + (\overline{v} \cdot \nabla) \overline{u}$	
• $\nabla \cdot (r^n \overline{r}) = (n + 3) r^n$	• $\nabla \times (r^n \overline{r}) = 0$
• $\nabla \cdot (\nabla \phi) = (\nabla \cdot \nabla) \phi$ $\nabla^2 \phi = \dfrac{\partial^2 \phi}{\partial x^2} + \dfrac{\partial^2 \phi}{\partial y^2} + \dfrac{\partial^2 \phi}{\partial z^2}$	• $\nabla^2 \equiv \dfrac{\partial^2}{\partial x^2} + \dfrac{\partial^2}{\partial y^2} + \dfrac{\partial^2}{\partial z^2}$; $\nabla^2 \phi = 0$ is Laplace equation
• $\nabla \times (\nabla \phi) = 0; \nabla \cdot (\nabla \times \overline{u}) = 0$	• Curl curl $\overline{u} = \nabla \times (\nabla \times \overline{u}) = \nabla (\nabla \cdot \overline{u}) - \nabla^2 \overline{u}$

- $\nabla (\nabla \cdot \bar{u}) = \nabla \times (\nabla \times \bar{u}) + \nabla^2 \bar{u}$

- Group operator
$$\equiv \bar{a} \cdot \nabla \equiv a_1 \frac{\partial}{\partial x} + a_2 \frac{\partial}{\partial y} + a_3 \frac{\partial}{\partial z}$$
$$(\bar{a} \cdot \nabla) \bar{r} = \bar{a}$$

ILLUSTRATIONS

Ex. 1 : *Given*
$$\bar{u} = xyz\,\bar{i} + (2x^2z - y^2x)\,\bar{j} + xz^3\,\bar{k}$$
$$\bar{v} = x^2\,\bar{i} + 2yz\,\bar{j} + (1 + 2z)\,\bar{k}$$
$$\phi = xy + yz + z^2$$

Find (i) $\nabla \cdot \bar{u}$ *(ii)* $\nabla \times \bar{v}$ *(iii)* $\nabla \cdot (\phi \bar{u})$ *(iv)* $\nabla \times (\phi \bar{v})$ *at (1, 0, –1).*

Sol. :

(i) $\nabla \cdot \bar{u} = \dfrac{\partial}{\partial x}(xyz) + \dfrac{\partial}{\partial y}(2x^2z - y^2x) + \dfrac{\partial}{\partial z}(xz^3) = yz - 2xy + 3xz^2$

$\therefore \quad [\nabla \cdot \bar{u}]_{(1, 0, -1)} = 3$

(ii) $[\nabla \times \bar{v}] = \begin{vmatrix} \bar{i} & \bar{j} & \bar{k} \\ \dfrac{\partial}{\partial x} & \dfrac{\partial}{\partial y} & \dfrac{\partial}{\partial z} \\ x^2 & 2yz & (1+2z) \end{vmatrix}$

$\qquad = \bar{i}(0 - 2y) + \bar{j}(0 - 0) + \bar{k}(0 - 0) = -2y\,\bar{i}$

$\therefore \quad [\nabla \times \bar{v}]_{(1, 0, -1)} = 0$

(iii) $\nabla \cdot (\phi \bar{u}) = \nabla\phi \cdot \bar{u} + \phi \nabla \cdot \bar{u}$

$\qquad \nabla\phi = \bar{i}\dfrac{\partial\phi}{\partial x} + \bar{j}\dfrac{\partial\phi}{\partial y} + \bar{k}\dfrac{\partial\phi}{\partial z} = y\,\bar{i} + (x+z)\,\bar{j} + (y+2z)\,\bar{k}$

$\qquad \nabla\phi\,|_{(1, 0, -1)} = 0 + 0 - 2\bar{k} = -2\bar{k}$

$\qquad \phi\,|_{(1, 0, -1)} = 1, \quad \nabla \cdot \bar{u} = 3$

$\therefore \quad \nabla \cdot (\phi \bar{u}) = -2\bar{k} \cdot (-2\bar{j} - \bar{k}) + 1(3) = 2 + 3 = 5$

(iv) $\nabla \times (\phi \bar{v}) = \nabla\phi \times \bar{v} + \phi \nabla \times \bar{v}$

$\qquad\qquad\qquad = \nabla\phi \times \bar{v}$ as $\nabla \times \bar{v} = 0$

$\qquad \bar{v}\,|_{(1, 0, -1)} = \bar{i} - \bar{k}, \quad \nabla\phi = -2\bar{k}$

$\therefore \quad \nabla \times (\phi \bar{v}) = \nabla\phi \times \bar{v} = -2\bar{k} \times (\bar{i} - \bar{k}) = -2\bar{j}$

Ex. 2 : *For scalar functions ϕ and ψ, show that*
(i) $\nabla \cdot (\phi \nabla \psi - \psi \nabla \phi) = \phi \nabla^2 \psi - \psi \nabla^2 \phi$.
(ii) $\nabla^2 (\phi \psi) = \phi \nabla^2 \psi + 2 \nabla \phi \cdot \nabla \psi + \psi \nabla^2 \phi$ **(Decd. 2010)**

Sol. : (i) $\quad \nabla \cdot (\phi \nabla \psi) = \nabla \phi \cdot \nabla \psi + \phi (\nabla \cdot (\nabla \psi)) = \nabla \phi \cdot \nabla \psi + \phi \nabla^2 \psi$

$\nabla \cdot (\psi \nabla \phi) = \nabla \psi \cdot \nabla \phi + \psi \nabla^2 \phi$

$\therefore \quad \nabla \cdot (\phi \nabla \psi - \psi \nabla \phi) = \nabla \cdot (\phi \nabla \psi) - \nabla \cdot (\psi \nabla \phi)$

$= \nabla \phi \cdot \nabla \psi + \phi \nabla^2 \psi - \nabla \psi \cdot \nabla \phi - \psi \nabla^2 \phi$

$= \phi \nabla^2 \psi - \psi \nabla^2 \phi$

(ii) $\nabla^2 (\phi \psi) = \nabla \cdot \nabla (\phi \psi) = \nabla \cdot (\phi \nabla \psi + \psi \nabla \phi)$

$= \nabla \cdot (\phi \nabla \psi) + \nabla \cdot (\psi \nabla \phi)$

$= \nabla \phi \cdot \nabla \psi + \phi \nabla^2 \psi + \nabla \psi \cdot \nabla \phi + \psi \nabla^2 \phi$

$= \phi \nabla^2 \psi + 2 \nabla \phi \cdot \nabla \psi + \psi \nabla^2 \phi$

Ex. 3 : *For constant vector $\bar{a}$, show that,*
(i) $\nabla (\bar{a} \cdot \bar{r}) = \bar{a}$ (ii) $\nabla \times (\bar{a} \times \bar{r}) = 2 \bar{a}$ **(May 2011)**

(iii) $\nabla \left(\dfrac{\bar{a} \cdot \bar{r}}{r^n} \right) = \dfrac{\bar{a}}{r^n} - \dfrac{n (\bar{a} \cdot \bar{r})}{r^{n+2}} \bar{r}$ **(May 2005, 2012, 2014; Dec. 2006, 2007, 2014)**

where, $\quad \bar{r} = x \bar{i} + y \bar{j} + z \bar{k}, \qquad\qquad r = \sqrt{x^2 + y^2 + z^2}$

Sol. : (i) Let $\quad \bar{a} = a_1 \bar{i} + a_2 \bar{j} + a_3 \bar{k}$

$\therefore \qquad \bar{a} \cdot \bar{r} = a_1 x + a_2 y + a_3 z$

$\nabla (\bar{a} \cdot \bar{r}) = \bar{i} \dfrac{\partial}{\partial x} (a_1 x + a_2 y + a_3 z) + \bar{j} \dfrac{\partial}{\partial y} (a_1 x + a_2 y + a_3 z)$

$+ \bar{k} \dfrac{\partial}{\partial z} (a_1 x + a_2 y + a_3 z)$

$= \bar{i} a_1 + \bar{j} a_2 + \bar{k} a_3$

$\therefore \qquad \nabla (\bar{a} \cdot \bar{r}) = \bar{a}$

(ii) $\qquad \nabla \times (\bar{a} \times \bar{r}) = (\nabla \cdot \bar{r}) \bar{a} - (\bar{a} \cdot \nabla) \bar{r}$

$= 3 \bar{a} - \bar{a}$ $\qquad\qquad\qquad [(\bar{a} \cdot \nabla) \bar{r} = \bar{a}]$

$= 2 \bar{a}$

(iii) $\quad \nabla \left(\dfrac{\bar{a} \cdot \bar{r}}{r^n} \right) = \dfrac{1}{r^n} \nabla (\bar{a} \cdot \bar{r}) + (\bar{a} \cdot \bar{r}) \nabla \left(\dfrac{1}{r^n} \right)$

$\qquad\qquad\qquad = \dfrac{\bar{a}}{r^n} + (\bar{a} \cdot \bar{r})(-n)\, r^{-n-2}\, \bar{r}$

$\qquad\qquad\qquad = \dfrac{\bar{a}}{r^n} - \dfrac{n\,(\bar{a} \cdot \bar{r})}{r^{n+2}}\, \bar{r}$

Ex. 4 : *With usual notations, show that*

(i) $\quad \nabla \times [\bar{a} \times (\bar{b} \times \bar{r})] = \bar{a} \times \bar{b}$ **(Dec. 2004, May 2010)**

(ii) $\nabla [(\bar{r} \times \bar{a}) \cdot (\bar{r} \times \bar{b})] = \bar{b} \times (\bar{r} \times \bar{a}) + \bar{a} \times (\bar{r} \times \bar{b})$

Sol. : (i) $\quad \bar{a} \times (\bar{b} \times \bar{r}) = (\bar{a} \cdot \bar{r})\bar{b} - (\bar{a} \cdot \bar{b})\bar{r}$

$\nabla \times [\bar{a} \times (\bar{b} \times \bar{r})] = \nabla \times [(\bar{a} \cdot \bar{r})\bar{b} - (\bar{a} \cdot \bar{b})\bar{r}]$

$\qquad\qquad\qquad = \nabla \times [(\bar{a} \cdot \bar{r})\bar{b}] - \nabla \times [(\bar{a} \cdot \bar{b})\bar{r}]$

$\qquad\qquad\qquad = \nabla (\bar{a} \cdot \bar{r}) \times \bar{b} + (\bar{a} \cdot \bar{r}) \nabla \times \bar{b}$

$\qquad\qquad\qquad\qquad - \nabla (\bar{a} \cdot \bar{b}) \times \bar{r} - (\bar{a} \cdot \bar{b})(\nabla \times \bar{r})$

$\qquad\qquad\qquad = \bar{a} \times \bar{b} \quad [\bar{a}, \bar{b} \text{ being constant vectors}]$

$\nabla \times \bar{b} = 0,\ \nabla (\bar{a} \cdot \bar{b}) = 0 \text{ and } \nabla \times \bar{r} = 0$

(ii) $\qquad$ L.H.S. $= \nabla [(\bar{r} \times \bar{a}) \cdot (\bar{r} \times \bar{b})]$

Let $\qquad \bar{p} = \bar{r} \times \bar{a}$

$\therefore\quad (\bar{r} \times \bar{a}) \cdot (\bar{r} \times \bar{b}) = \bar{p} \cdot (\bar{r} \times \bar{b}) = (\bar{p} \times \bar{r}) \cdot \bar{b}$ [by interchanging dot and cross]

$\qquad\qquad\qquad = \{(\bar{r} \times \bar{a}) \times \bar{r}\} \cdot \bar{b} = -\{\bar{r} \times (\bar{r} \times \bar{a})\} \cdot \bar{b}$

$\qquad\qquad\qquad = -\{(\bar{r} \cdot \bar{a})\bar{r} - (\bar{r} \cdot \bar{r})\bar{a}\} \cdot \bar{b}$

$\qquad\qquad\qquad = -(\bar{r} \cdot \bar{a})(\bar{r} \cdot \bar{b}) + (\bar{r} \cdot \bar{r})(\bar{a} \cdot \bar{b})$

$\therefore\qquad$ L.H.S. $= \nabla [(\bar{r} \cdot \bar{r})(\bar{a} \cdot \bar{b}) - (\bar{r} \cdot \bar{a})(\bar{r} \cdot \bar{b})]$

$\qquad\qquad\qquad = \nabla \{(\bar{r} \cdot \bar{r})(\bar{a} \cdot \bar{b})\} - \nabla \{(\bar{r} \cdot \bar{a})(\bar{r} \cdot \bar{b})\}$

$\qquad\qquad\qquad = (\bar{a} \cdot \bar{b}) \nabla (r^2) - (\bar{r} \cdot \bar{r}) \nabla (\bar{a} \cdot \bar{b}) - (\bar{r} \cdot \bar{b}) \nabla (\bar{r} \cdot \bar{a})$

$\qquad\qquad\qquad\qquad - (\bar{r} \cdot \bar{a}) \nabla (\bar{r} \cdot \bar{b})$

Now, $\nabla(r^2) = 2\bar{r}$, $\nabla(\bar{a}\cdot\bar{b}) = 0$, $\nabla(\bar{r}\cdot\bar{a}) = \bar{a}$, $\nabla(\bar{r}\cdot\bar{b}) = \bar{b}$

L.H.S. $= 2(\bar{a}\cdot\bar{b})\bar{r} - (\bar{r}\cdot\bar{b})\bar{a} - (\bar{r}\cdot\bar{a})\bar{b}$ $[\nabla(\bar{a}\cdot\bar{b}) = 0]$

R.H.S. $= \bar{b}\times(\bar{r}\times\bar{a}) + \bar{a}\times(\bar{r}\times\bar{b})$

$= (\bar{b}\cdot\bar{a})\bar{r} - (\bar{b}\cdot\bar{r})\bar{a} + (\bar{a}\cdot\bar{b})\bar{r} - (\bar{a}\cdot\bar{r})\bar{b}$

$= 2(\bar{a}\cdot\bar{b})\bar{r} - (\bar{r}\cdot\bar{b})\bar{a} - (\bar{r}\cdot\bar{a})\bar{b}$

L.H.S. = R.H.S. which proves the result.

Ex. 5 : *Show that*

(i) $\nabla^2[\nabla\cdot(\bar{r}/r^2)] = \dfrac{2}{r^4}$ (Dec. 2006, 2007, 2008; May 2010, 2014)

(ii) $\nabla\times\left(\dfrac{\bar{a}\times\bar{r}}{r^3}\right) = -\dfrac{\bar{a}}{r^3} + \dfrac{3(\bar{a}\cdot\bar{r})}{r^5}\bar{r}$ (May 2006, 2007; Dec. 2011)

Sol. : (i) $\nabla\cdot(\bar{r}/r^2) = \nabla\cdot(\bar{r}\,r^{-2}) = \nabla(r^{-2})\cdot\bar{r} + r^{-2}\nabla\cdot\bar{r}$

$= -2r^{-4}\bar{r}\cdot\bar{r} + 3r^{-2}$ $[\because \nabla\cdot\bar{r} = 3]$

$= -\dfrac{2}{r^2} + \dfrac{3}{r^2} = \dfrac{1}{r^2}$

$\nabla^2[\nabla\cdot(\bar{r}/r^2)] = \nabla^2\left(\dfrac{1}{r^2}\right) = \nabla\cdot\nabla\left(\dfrac{1}{r^2}\right)$

$= \nabla\cdot\{-2r^{-4}\bar{r}\} = -2[\nabla(r^{-4})\cdot\bar{r} + r^{-4}(\nabla\cdot\bar{r})]$

$= -2[-4r^{-6}\bar{r}\cdot\bar{r} + 3r^{-4}] = -2[-4r^{-6}r^2 + 3r^{-4}] = \dfrac{2}{r^4}$

(ii) $\nabla\times\left(\dfrac{\bar{a}\times\bar{r}}{r^3}\right) = \nabla\times(\bar{a}\times\bar{r}\,r^{-3})$

$= \{\nabla\cdot(\bar{r}\,r^{-3})\}\bar{a} - (\bar{a}\cdot\nabla)\bar{r}\,r^{-3}$

$\nabla\cdot(\bar{r}\,r^{-3}) = \nabla(r^{-3})\cdot\bar{r} + r^{-3}\nabla\cdot\bar{r}$

$= -3r^{-5}\bar{r}\cdot\bar{r} + 3r^{-3} = -3r^{-3} + 3r^{-3} = 0$

Treating operator $\bar{a}\cdot\nabla$ like operator D,

$(\bar{a}\cdot\nabla)\bar{r}\,r^{-3} = r^{-3}(\bar{a}\cdot\nabla)\bar{r} + \bar{r}(\bar{a}\cdot\nabla)r^{-3}$

But $(\bar{a}\cdot\nabla)\bar{r} = \bar{a}$

and $(\bar{a}\cdot\nabla)r^{-3} = \bar{a}\cdot\nabla r^{-3} = \bar{a}\cdot(-3)r^{-5}\bar{r} = \dfrac{-3(\bar{a}\cdot\bar{r})}{r^5}$

$$\therefore \quad (\bar{a} \cdot \nabla)\,\bar{r}\,r^{-3} = \frac{\bar{a}}{r^3} - \frac{3(\bar{a}\cdot\bar{r})}{r^5}\,\bar{r}$$

$$\therefore \quad \nabla \times \left(\frac{\bar{a}\times\bar{r}}{r^3}\right) = \frac{-\bar{a}}{r^3} + \frac{3(\bar{a}\cdot\bar{r})}{r^5}\,\bar{r}$$

Ex. 6 : *Show that*

(i) $\nabla^2 f(r) = \dfrac{d^2 f}{dr^2} + \dfrac{2}{r}\dfrac{df}{dr}$ (Dec. 2004, 2011, 2012, 2014; May 2006, 2008)

(ii) $\nabla^4 e^r = e^r + \dfrac{4}{r} e^r$ (May 2007, 2010; Dec. 2012, Nov. 2015)

Sol. : (i) $\nabla^2 f(r) = \nabla\cdot(\nabla f(r)) = \nabla\cdot\left\{\dfrac{f'(r)}{r}\bar{r}\right\} = \dfrac{f'(r)}{r}(\nabla\cdot\bar{r}) + \nabla\left(\dfrac{f'(r)}{r}\right)\cdot\bar{r}$

$$= \frac{f'(r)}{r}(3) + \left(\frac{r f''(r) - f'(r)}{r^2}\right)\frac{\bar{r}}{r}\cdot\bar{r}$$

$$= \frac{3 f'(r)}{r} + \left(\frac{r f''(r) - f'(r)}{r^3}\right)(\bar{r}\cdot\bar{r})$$

$$= \frac{3 f'(r)}{r} + \left(\frac{r f''(r) - f'(r)}{r}\right) = \frac{3 f'(r)}{r} + f''(r) - \frac{f'(r)}{r}$$

$$\therefore \quad \nabla^2 f(r) = f''(r) + \frac{2}{r} f'(r) \qquad \ldots (i)$$

(ii) $\nabla^4 e^r = \nabla^2 \nabla^2 (e^r)$

Let $f(r) = e^r \Rightarrow f'(r) = e^r, \quad f''(r) = e^r$

$$\therefore \quad \nabla^2 (e^r) = \frac{2}{r} e^r + e^r = \left(\frac{2}{r} + 1\right) e^r \qquad \ldots \text{by result (i)}$$

Let $F(r) = e^r\left(\dfrac{2}{r} + 1\right) \Rightarrow F'(r) = e^r\left(\dfrac{2}{r} + 1\right) + e^r\left(-\dfrac{2}{r^2}\right)$

$$\therefore \quad F''(r) = e^r\left(\frac{2}{r} + 1\right) + e^r\left(-\frac{2}{r^2}\right) + \frac{4}{r^3} e^r - \frac{2}{r^2} e^r$$

$$= e^r\left(\frac{2}{r} + 1 - \frac{4}{r^2} + \frac{4}{r^3}\right)$$

$$\therefore \quad \frac{2}{r} F'(r) = \frac{4}{r^2} e^r + \frac{2}{r} e^r - \frac{4}{r^3} e^r$$

and $\nabla^4 e^r = \nabla^2(\nabla^2 e^r) = \nabla^2\left\{e^r\left(\dfrac{2}{r} + 1\right)\right\}$

$$= e^r\left\{\frac{2}{r} + 1 - \frac{4}{r^2} + \frac{4}{r^3} + \frac{4}{r^2} + \frac{2}{r} - \frac{4}{r^3}\right\} \qquad \ldots \text{by result (i)}$$

$$= \frac{4}{r} e^r + e^r.$$

Ex. 7 : If $\rho \bar{E} = \nabla \phi$, prove that $\bar{E} \cdot curl\, \bar{E} = 0$. **(Dec. 04; May 08)**

Sol. :
$$\bar{E} = \frac{1}{\rho} \nabla \phi$$

$\therefore \quad curl\, \bar{E} = \nabla \times \left(\frac{1}{\rho} \nabla \phi\right) = \nabla \left(\frac{1}{\rho}\right) \times \nabla \phi + \frac{1}{\rho} \nabla \times (\nabla \phi)$

$$= \nabla \left(\frac{1}{\rho}\right) \times \nabla \phi \qquad [\text{as } \nabla \times \nabla \phi = 0]$$

$$\bar{E} \cdot curl\, \bar{E} = \bar{E} \cdot \left[\nabla \left(\frac{1}{\rho}\right) \times \nabla \phi\right]$$

$$= \nabla \left(\frac{1}{\rho}\right) \cdot [\nabla \phi \times \bar{E}] \qquad [\text{By } \bar{a} \cdot (\bar{b} \times \bar{c}) = \bar{b} \cdot (\bar{c} \times \bar{a})]$$

$$= \nabla \left(\frac{1}{\rho}\right) \cdot [\rho \bar{E} \times \bar{E}] = 0 \qquad [\text{as } \bar{E} \times \bar{E} = 0]$$

Ex. 8 : For a solenoidal vector field $\bar{E}$, show that $curl\, curl\, curl\, curl\, \bar{E} = \nabla^4 \bar{E}$.
(Dec. 2004, May 2007)

Sol. : $\bar{E}$ being solenoidal,

$$\nabla \cdot \bar{E} = 0$$

$$curl\, curl\, \bar{E} = \nabla \times (\nabla \times \bar{E})$$

$$= \nabla (\nabla \cdot \bar{E}) - (\nabla \cdot \nabla) \bar{E}$$

$$= - \nabla^2 \bar{E} \qquad [\text{as } \nabla \cdot \bar{E} = 0]$$

Let $\bar{F} = - \nabla^2 \bar{F}$

$\therefore \quad curl\, curl\, curl\, curl\, \bar{E} = curl\, curl\, \bar{F}$

$$= \nabla \times (\nabla \times \bar{F}) = \nabla (\nabla \cdot \bar{F}) - (\nabla \cdot \nabla) \bar{F}$$

$$= \nabla [\nabla \cdot (- \nabla^2 \bar{E})] - \nabla^2 \bar{F}$$

$$= \nabla [- \nabla^2 (\nabla \cdot \bar{E})] - \nabla^2 (- \nabla^2 \bar{E})$$

[By commutative property of partial derivatives]

$$= \nabla^4 \bar{E} \qquad [\text{as } \nabla \cdot \bar{E} = 0]$$

Ex. 9 : *Show that* $\bar{F} = (6xy + z^3)\bar{i} + (3x^2 - z)\bar{j} + (3xz^2 - y)\bar{k}$ *is irrotational. Find scalar ϕ such that* $\bar{F} = \nabla\phi$. **(May 05, 06; Dec. 10)**

Sol. : $\nabla \times \bar{F} = \begin{vmatrix} \bar{i} & \bar{j} & \bar{k} \\ \dfrac{\partial}{\partial x} & \dfrac{\partial}{\partial y} & \dfrac{\partial}{\partial z} \\ 6xy + z^3 & 3x^2 - z & 3xz^2 - y \end{vmatrix}$

$= \bar{i}\left\{\dfrac{\partial}{\partial y}(3xz^2 - y) - \dfrac{\partial}{\partial z}(3x^2 - z)\right\} + \bar{j}\left\{\dfrac{\partial}{\partial z}(6xy + z^3) - \dfrac{\partial}{\partial x}(3xz^2 - y)\right\}$

$+ \bar{k}\left\{\dfrac{\partial}{\partial x}(3x^2 - z) - \dfrac{\partial}{\partial y}(6xy + z^3)\right\}$

$= \bar{i}\{-1 + 1\} + \bar{j}\{3z^2 - 3z^2\} + \bar{k}\{6x - 6x\} = 0$

which shows that $\bar{F}$ is irrotational. To find corresponding scalar ϕ, consider the relation

$d\phi \equiv \nabla\phi \cdot d\bar{r}$

but $\bar{F} \equiv \nabla\phi$

$\therefore \quad d\phi \equiv \bar{F} \cdot d\bar{r}$

$\equiv [(6xy + z^3)\bar{i} + (3x^2 - z)\bar{j} + (3xz^2 - y)\bar{k}] \cdot [\bar{i}\,dx + \bar{j}\,dy + \bar{k}\,dz]$

$\equiv (6xy + z^3)\,dx + (3x^2 - z)\,dy + (3xz^2 - y)\,dz$

$\equiv (6xy\,dx + 3x^2\,dy) + (z^3\,dx + 3xz^2\,dz) - (z\,dy + y\,dz)$

$\equiv d(3x^2 y) + d(z^3 x) - d(yz)$

Integrating, we get

$\phi = 3x^2 y + z^3 x - yz + c$

Ex. 10 : *Show that the vector field* $f(r)\,\bar{r}$ *is always irrotational and determine $f(r)$ such that the field is solenoidal also. Also find $f(r)$ such that* $\nabla^2 f(r) = 0$.

(Dec. 2004, 2007, 2010, 2014, 2011; May 2009, 2015)

Sol. : Consider $\nabla \times f(r)\,\bar{r} = [\nabla f(r)] \times \bar{r} + f(r)\,[\nabla \times \bar{r}]$

$= \dfrac{f'(r)}{r}\,\bar{r} \times \bar{r} + \bar{0} \qquad (\because \nabla \times \bar{r} = 0)$

$= \bar{0} \qquad (\because \bar{r} \times \bar{r} = \bar{0})$

Hence the vector field $f(r)\,\bar{r}$ is irrotational. Now, for vector field $f(r)\,\bar{r}$ to be solenoidal, we must have

$$\nabla \cdot [f(r)\,\bar{r}] = 0$$

$$\nabla \cdot [f(r)\,\bar{r}] = \nabla f(r) \cdot \bar{r} + f(r)[\nabla \cdot \bar{r}]$$

$$= \frac{f'(r)}{r}\,\bar{r} \cdot \bar{r} + 3 f(r) = f'(r)\,r + 3 f(r)$$

$$\therefore \quad f'(r)\,r + 3 f(r) = 0 \quad \text{or} \quad \frac{f'(r)}{f(r)} + \frac{3}{r} = 0$$

On integrating,

$$\log f(r) + 3 \log r = \log C \quad \text{or} \quad \log f(r)\,r^3 = \log C$$

or $\quad f(r)\,r^3 = C \quad$ or $\quad f(r) = \dfrac{C}{r^3}$

Now, to find $f(r)$ such that $\nabla^2 f(r) = 0$, we have

$$\nabla^2 f(r) = f''(r) + \frac{2}{r} f'(r)$$

$$\therefore \quad f''(r) + \frac{2}{r} f'(r) = 0$$

$$\frac{f''(r)}{f'(r)} + \frac{2}{r} = 0$$

On integrating,

$$\log f'(r) + 2 \log r = \log C_1$$

or $\quad \log f'(r)\,r^2 = \log C_1$

or $\quad f'(r) = \dfrac{C_1}{r^2}$

Again integrating, we have

$$f(r) = \int \frac{C_1}{r^2}\,dr + C_2$$

$$f(r) = -\frac{C_1}{r} + C_2$$

Ex. 11 : *Prove that* $\nabla \times \left(\bar{a} \times \nabla \dfrac{1}{r}\right) + \nabla \left(\bar{a} \cdot \nabla \dfrac{1}{r}\right) = 0$ **(Dec. 2004)**

Sol. : $\quad \nabla \times \left(\bar{a} \times \nabla \dfrac{1}{r}\right) = \nabla \times \left(\bar{a} \times -\dfrac{1}{r^3}\bar{r}\right)$

$$= -\nabla \times (\bar{a} \times \bar{r}\,r^{-3})$$

$$= -\left\{[\nabla \cdot (r^{-3}\bar{r})]\,\bar{a} - (\bar{a} \cdot \nabla)(\bar{r}\,r^{-3})\right\}$$

$$= -\left\{0 - [(\bar{a} \cdot \nabla)\,\bar{r}]\,r^{-3} - \bar{r}\,[(\bar{a} \cdot \nabla)\,r^{-3}]\right\}$$

$$= (\bar{a})r^{-3} + \bar{r}\,[\bar{a} \cdot \nabla(r^{-3})]$$

$$= \frac{\bar{a}}{r^3} + \bar{r}\left[\bar{a} \cdot \left(\frac{-3}{r^5}\right)\bar{r}\right]$$

$$\nabla \times \left(\bar{a} \times \nabla \frac{1}{r}\right) = \frac{\bar{a}}{r^3} - \frac{3(\bar{a} \cdot \bar{r})\bar{r}}{r^5} \quad \ldots (1)$$

$$\nabla\left(\bar{a} \cdot \nabla \frac{1}{r}\right) = \nabla\left[\bar{a} \cdot -\frac{1}{r^3}\bar{r}\right]$$

$$= -(\bar{a} \cdot \bar{r})\nabla(r^{-3}) - r^{-3}\nabla(\bar{a} \cdot \bar{r})$$

$$= -(\bar{a} \cdot \bar{r})\left(-\frac{3}{r^5}\right)\bar{r} - r^{-3}\bar{a}$$

$$\nabla\left(\bar{a} \cdot \nabla \frac{1}{r}\right) = \frac{3(\bar{a} \cdot \bar{r})\bar{r}}{r^5} - \frac{\bar{a}}{r^3} \quad \ldots (2)$$

By adding (1) and (2), $\nabla \times \left(\bar{a} \times \nabla \frac{1}{r}\right) + \nabla\left(\bar{a} \cdot \nabla \frac{1}{r}\right) = 0$

Ex. 12 : *Prove that*

(i) $\nabla(\bar{r} \cdot \bar{u}) = \bar{r} \times (\nabla \times \bar{u}) + (\bar{r} \cdot \nabla)\bar{u} + \bar{u}$

(ii) $\nabla \times (\bar{r} \times \bar{u}) = \bar{r}(\nabla \cdot \bar{u}) - (\bar{r} \cdot \nabla)\bar{u} - 2\bar{u}$ **(Nov. 2015)**

Sol. : (i) We have,

$$\nabla(\bar{u} \cdot \bar{v}) = \bar{u} \times (\nabla \times \bar{v}) + (\bar{u} \cdot \nabla)\bar{v} + \bar{v} \times (\nabla \times \bar{u}) + (\bar{v} \cdot \nabla)\bar{u}$$

$\therefore \quad \nabla(\bar{r} \cdot \bar{u}) = \bar{r} \times (\nabla \times \bar{u}) + (\bar{r} \cdot \nabla)\bar{u} + \bar{u} \times (\nabla \times \bar{r}) + (\bar{u} \cdot \nabla)\bar{r}$

$\quad \nabla(\bar{r} \cdot \bar{u}) = \bar{r} \times (\nabla \times \bar{u}) + (\bar{r} \cdot \nabla)\bar{u} + \bar{u}$

$$(\because \nabla \times \bar{r} = 0, (\bar{u} \cdot \nabla)\bar{r} = \bar{u})$$

(ii) We have, $\nabla \times (\bar{u} \times \bar{v}) = \bar{u}(\nabla \cdot \bar{v}) - (\bar{u} \cdot \nabla)\bar{v} + (\bar{v} \cdot \nabla)\bar{u} - \bar{v}(\nabla \cdot \bar{u})$

$\therefore \quad \nabla \times (\bar{r} \times \bar{u}) = \bar{r}(\nabla \cdot \bar{u}) - (\bar{r} \cdot \nabla)\bar{u} + (\bar{u} \cdot \nabla)\bar{r} - \bar{u}(\nabla \cdot \bar{r})$

$$= \bar{r}(\nabla \cdot \bar{u}) - (\bar{r} \cdot \nabla)\bar{u} + \bar{u} - 3\bar{u}$$

$$(\because \nabla \cdot \bar{r} = 3, (\bar{u} \cdot \nabla)\bar{r} = \bar{u})$$

$$= \bar{r}(\nabla \cdot \bar{u}) - (\bar{r} \cdot \nabla)\bar{u} - 2\bar{u}$$

Ex. 13 : *Show that* $\bar{F} = \dfrac{1}{r} [r^2 \, \bar{a} + (\bar{a} \cdot \bar{r}) \, \bar{r}]$ *is irrotational. Hence find scalar potential* ϕ. **(Dec. 2008, Nov. 2015)**

Sol. :
$$\bar{F} = r\bar{a} + (\bar{a} \cdot \bar{r}) \dfrac{\bar{r}}{r}$$

$$\nabla \times \bar{F} = \nabla \times (r\bar{a}) + \nabla \times \left[(\bar{a} \cdot \bar{r}) \dfrac{\bar{r}}{r}\right]$$

$$= r(\nabla \times \bar{a}) + \nabla r \times \bar{a} + (\bar{a} \cdot \bar{r})\left(\nabla \times \dfrac{\bar{r}}{r}\right) + \nabla(\bar{a} \cdot \bar{r}) \times \dfrac{\bar{r}}{r}$$

$$= \dfrac{\bar{r}}{r} \times \bar{a} + \bar{a} \times \dfrac{\bar{r}}{r} = 0$$

$\therefore \quad \nabla \times \bar{F} = 0 \;\Rightarrow\; \bar{F}$ is irrotational.

We have $\quad d\phi \equiv \nabla \phi \cdot d\bar{r}$

Since $\bar{F}$ is irrotational, therefore $\bar{F} = \nabla \phi$

$\therefore \quad d\phi \equiv \bar{F} \cdot d\bar{r} \equiv \left[r\bar{a} + (\bar{a} \cdot \bar{r})\dfrac{\bar{r}}{r}\right] \cdot d\bar{r}$

$$\equiv r(\bar{a} \cdot d\bar{r}) + (\bar{a} \cdot \bar{r}) \dfrac{\bar{r} \cdot d\bar{r}}{r}$$

$$\equiv r\, d(\bar{a} \cdot \bar{r}) + (\bar{a} \cdot \bar{r})\left(\dfrac{r\, dr}{r}\right) \qquad (\because \bar{r} \cdot d\bar{r} = r\, dr)$$

$\therefore \quad \equiv r\, d(\bar{a} \cdot \bar{r}) + (\bar{a} \cdot \bar{r})\, dr$

$$\equiv d\,[r(\bar{a} \cdot \bar{r})]$$

$\therefore \quad \phi = r(\bar{a} \cdot \bar{r}) + c$

Ex. 14 : *Find curl curl* $\bar{F}$ *at the point* (0, 1, 2) *where,*
$$\bar{F} = x^2 y\, \bar{i} + xyz\, \bar{j} + z^2 y\, \bar{k}$$

Sol.
$$(\nabla \times \bar{F}) = \begin{vmatrix} \bar{i} & \bar{j} & \bar{k} \\ \dfrac{\partial}{\partial x} & \dfrac{\partial}{\partial y} & \dfrac{\partial}{\partial z} \\ x^2 y & xyz & z^2 y \end{vmatrix}$$

$$= \bar{i}\,(z^2 - xy) + \bar{j}\,(0 - 0) + \bar{k}\,(yz - x^2)$$

$$\nabla \times (\nabla \times \overline{F}) = \begin{vmatrix} \overline{i} & \overline{j} & \overline{k} \\ \dfrac{\partial}{\partial x} & \dfrac{\partial}{\partial y} & \dfrac{\partial}{\partial z} \\ z^2 - xy & 0 & yz - x^2 \end{vmatrix}$$

$$= \overline{i}(z) + \overline{j}(2z + 2x) + \overline{k}(x)$$

$\therefore$ curl curl $\overline{F}$ at $(0, 1, 2) = 2\overline{i} + 4\overline{j}$

Ex. 15 : *Show that $\overline{F} = r^2 \overline{r}$ is conservative and obtain the scalar potential associated with it.* **(May 2007)**

Sol. :
$$\nabla \times \overline{F} = \nabla \times (r^2 \overline{r}) = \nabla r^2 \times \overline{r} + r^2 \nabla \times \overline{r}$$
$$= 2r^{2-2} \overline{r} \times \overline{r} + r^2 \nabla \times \overline{r}$$
$$= 0 + 0$$

$\therefore$ $\overline{F}$ is conservative.

$$d\phi = \overline{F} \cdot d\overline{r}$$
$$= r^2 \overline{r} \cdot d\overline{r} = \frac{1}{2} r^2 d(\overline{r} \cdot \overline{r}) = \frac{1}{2} r^2 d(r^2)$$
$$= \frac{1}{2} r^2 \cdot 2r \, dr = r^3 \, dr$$
$$\phi = \frac{r^4}{4} + c$$

Ex. 16 : *Show that $\overline{F} = (ye^{xy} \cos z)\overline{i} + (xe^{xy} \cos z)\overline{j} - e^{xy} \sin z\, \overline{k}$ is irrotational. Find corresponding scalar ϕ, such that $\overline{F} = \nabla\phi$.* **(May 2008, 2010, 2012; Dec. 2012)**

Sol. :
$$\nabla \times \overline{F} = \begin{vmatrix} \overline{i} & \overline{j} & \overline{k} \\ \dfrac{\partial}{\partial x} & \dfrac{\partial}{\partial y} & \dfrac{\partial}{\partial z} \\ ye^{xy} \cos z & x e^{xy} \cos z & -e^{xy} \sin z \end{vmatrix}$$

$$= \overline{i}(-x e^{xy} \sin z + x e^{xy} \sin z) + \overline{j}(-y e^{xy} \sin z + y e^{xy} \sin z)$$
$$+ \overline{k}(e^{xy} \cos z + xy e^{xy} \cos z - e^{xy} \cos z - xy e^{xy} \cos z)$$
$$= 0$$

$$d\phi = \nabla\phi \cdot d\bar{r} = \bar{F} \cdot d\bar{r}$$
$$= F_1\, dx + F_2\, dy + F_3\, dz$$
$$= y\, e^{xy} \cos z\, dx + x\, e^{xy} \cos z\, dy - e^{xy} \sin z\, dz$$
$$= \cos z\, (y\, e^{xy}\, dx + x\, e^{xy}\, dy) - e^{xy} \sin z\, dz$$
$$= \cos z\, d(e^{xy}) + e^{xy}\, d(\cos z)$$
$$= d(e^{xy} \cos z)$$
$$\therefore \quad \phi = e^{xy} \cos z + c$$

Ex. 17 : *Evaluate* $\displaystyle\int_C \frac{x\, dx + y\, dy}{(x^2 + y^2)^{3/2}}$ *along the curve* $\bar{r}(t) = e^t \cos t\, \bar{i} + e^t \sin t\, \bar{j}$ *from $(1, 0)$ to $(2\pi, 0)$.*

Sol. :
$$x = e^t \cos t,\quad y = e^t \sin t$$
$$dx = (e^t \cos t - e^t \sin t)\, dt,\quad dy = (e^t \sin t + e^t \cos t)\, dt$$
$$x^2 + y^2 = e^{2t}(\cos^2 t + \sin^2 t) = e^{2t}$$
$$I = \int \frac{e^{2t}(\cos^2 t - \sin t \cos t + \sin^2 t + \sin t \cos t)\, dt}{e^{2t}}$$

$x = 1, y = 0$ correspond to $t = 0$.

$x = 2\pi, y = 0$ correspond to $t = \log 2\pi$.

$$\therefore \quad I = \int_0^{\log 2\pi} dt = [t]_0^{\log 2\pi} = \log 2\pi$$

EXERCISE 8.2

1. Find $\nabla\phi$ for
   (i) $\phi = \log(x^2 + y^2 + z^2)$ (ii) $\phi = 2x\, z^4 - x^2 y$; at $(2, -2, 1)$

   (Ans. (i) $\dfrac{2}{(x^2 + y^2 + z^2)}(x\,\bar{i} + y\,\bar{j} + z\,\bar{k})$, (ii) $10\,\bar{i} - 4\,\bar{j} + 6\,\bar{k}$ **)**

2. For $\bar{u} = 3xyz^2\,\bar{i} + 2xy^3\,\bar{j} - x^2yz\,\bar{k}$, $\bar{v} = x^3yz\,\bar{i} + 2xy\,\bar{j} + z^2\bar{k}$, $\phi = 3x^2 - yz$

   find (i) $\nabla \cdot \bar{u}$, (ii) $\bar{u} \cdot \nabla\phi$, (iii) $\nabla \cdot (\phi\bar{u})$, (iv) $\nabla \times \bar{v}$, (v) $\nabla \times (\phi\bar{u})$,

   (vi) $\bar{u} \times \nabla\phi$ at $(1, 2, -1)$.

   (Ans. (i) 28, (ii) 48, (iii) 188, (iv) $2\bar{i} + 3\bar{k}$, (v) $\bar{i} - 72\,\bar{j} + 129\,\bar{k}$, (vi) 6 **)**

3. If $\bar{v}_1, \bar{v}_2$ are the vectors which join the fixed points $P(x_1, y_1, z_1)$, $Q(x_2, y_2, z_2)$ to the variable point $R(x, y, z)$ then, show that **(May 2009)**

   (i) $\nabla(\bar{v}_1 \cdot \bar{v}_2) = \bar{v}_2 + \bar{v}_1$, (ii) $\nabla \times (\bar{v}_1 \times \bar{v}_2) = 2(\bar{v}_1 - \bar{v}_2)$, (iii) $\nabla \cdot (\bar{v}_1 \times \bar{v}_2) = 0$.

   (Ans. (i) Irrotational, $xy \sin z + \cos x + y^2 z$, (ii) Irrotational log r,

   (iii) Irrotational, $\frac{1}{2}(a \cdot r)^2$)

4. Show that $\nabla \int f(u)\, du = f(u)\, \nabla u$.

5. If $\bar{F} = (x^2 - y^2 + 2xz)\bar{i} + (xz - xy + yz)\bar{j} + (z^2 + x^2)\bar{k}$

   then show that curl $\bar{F}$ at $(1, 2, -3)$ and $(2, 3, 12)$ are orthogonal.

6. If $u = x + y$, $v = x - y + z$, $w = (2x + z)^2 + (2y - z)^2$ then show that $\nabla u, \nabla v, \nabla w$ are coplanar vectors.

7. If $\bar{F} = 2x^3 \bar{i} - 3yz\, \bar{j} + xz\, \bar{k}$ and $\phi = 2x - z^3 y$, find

   (i) $\bar{F} \cdot \nabla \phi$, (ii) $\bar{F} \times \nabla \phi$ at the point $(1, 2, 1)$.

   (Ans. (i) 4, (ii) $37\bar{i} + 14\bar{j} + 10\bar{k}$)

8. Find the directional derivative of $\phi = 4xz^3 - 3x^2 y^2 z$ at $(2, -1, 2)$

   (i) In the direction $2\bar{i} - 3\bar{j} + 6\bar{k}$. (ii) Towards the point $\bar{i} + \bar{j} - \bar{k}$.

   (iii) Along a line equally inclined with co-ordinate axes, **(May 2008)**

   (iv) Along tangent to the curve $x = e^t \cos t$, $y = e^t \sin t$, $z = e^t$ at $t = 0$. **(Dec. 11)**

   (Ans. (i) $\frac{664}{7}$, (ii) $\frac{64}{\sqrt{14}}$, (iii) $\frac{140}{\sqrt{3}}$, (iv) $\frac{140}{\sqrt{3}}$)

9. Find directional derivative of $xy^2 + yz^3$ at $(2, -1, 1)$ along the line $2(x - 2) = (y + 1) = (z - 1)$. **(Dec. 2007)**

10. Find the directional derivative of the function $\phi = e^{2x - y - z}$ at $(1, 1, 1)$ in the direction of the tangent to the curve $x = e^{-t}$, $y = 2\sin t + 1$, $z = t - \cos t$ at $t = 0$. **(Dec. 2009)**

    (Ans. $-5/\sqrt{6}$)

11. Find the directional derivative of f at $(1, 2, -1)$ where $f(x, y, z) = x^2 y + xyz + z^3$ along normal to the surface $x^2 y^3 = 4xy + y^2 z$ at the point $(1, 2, 0)$. **(Dec. 2009, Nov. 2015)**

    (Ans. $-\frac{1}{3}$)

12. If the directional derivative of $\phi = a(x + y) + b(y + z) + c(x + z)$ has maximum value 12 in the direction parallel to the line $\frac{x - 1}{1} = \frac{y - 2}{2} = \frac{z - 1}{3}$, find the values of a, b, c.

13. Find the values of the constants a, b, c so that the directional derivative of $\phi = axy^2 + byz + cz^2x^2$ at $(2, 1, 1)$ has a maximum magnitude 12 in a direction parallel to x-axis.

(Ans. $a = 4$, $b = -16$, $c = 2$)

14. The directional derivative of a given function $f(x, y)$ at a point $P(2, 3)$ in a direction towards $Q(1, -1)$ is $\sqrt{17}$ and in a direction towards $R(-2, 1)$ is $\sqrt{20}$. Find the directional derivative of $f(x, y)$ at $P(2, 3)$ towards the point $S(6, 2)$.

(Ans. $\dfrac{-68}{7\sqrt{17}}$)

15. Find the constants a and b, so that the surface $ax^2 - byz = (a + 2)x$ will be orthogonal to the surface $4x^2y + z^3 = 4$ at the point $(1, -1, 2)$.

(Dec. 06, 07, 12; May 05, 06, 09) (Ans. $a = \dfrac{5}{2}$, $b = 1$)

16. Evaluate (i) $\nabla \cdot (r^3 \bar{r})$, (ii) $\nabla \cdot [r\nabla (1/r^3)]$

(Ans. (i) $3r^3 + 3r$, (ii) $\dfrac{3}{r^4}$)

17. Show that

(i) $\nabla \cdot \left(\dfrac{\bar{a} \times \bar{r}}{r} \right) = 0$ (Dec. 2008)

(ii) $\nabla \times \left(\dfrac{\bar{a} \times \bar{r}}{r^n} \right) = \dfrac{(2-n)}{r^n} \bar{a} + \dfrac{n}{r^{n+2}} (\bar{a} \cdot \bar{r}) \bar{r}$. (Dec. 2005, 10, 12)

18. $\bar{a} \cdot \nabla \left[\bar{b} \cdot \nabla \left(\dfrac{1}{r} \right) \right] = \dfrac{3(\bar{a} \cdot \bar{r})(\bar{b} \cdot \bar{r})}{r^5} - \dfrac{\bar{a} \cdot \bar{b}}{r^3}$ (Dec. 2005; May 2008, 2009, 2015)

19. Prove that $\bar{b} \times \nabla [\bar{a} \cdot \nabla \log r] = \dfrac{\bar{b} \times \bar{a}}{r^2} - \dfrac{2(\bar{a} \cdot \bar{r})}{r^4} (\bar{b} \times \bar{r})$ (May 2005)

20. Show that

(i) $\nabla^4 (r^2 \log r) = \dfrac{6}{r^2}$ (Dec. 2006, 2009)

(ii) $\nabla \cdot \left[r \nabla \left(\dfrac{1}{r^n} \right) \right] = \dfrac{n(n-2)}{r^{n+1}}$ (May 2005, 2006, 2015; Dec. 2009, 2010)

(iii) $\nabla^2 \left(\dfrac{\bar{a} \cdot \bar{b}}{r} \right) = 0$. (May 2006)

21. If $\bar{r}$ be a position vector such that $r = |\bar{r}|$ and $\bar{u}$ be a differentiable vector function, then using vector identities, prove that,

    (i) $\nabla \int r^n \, dr = r^{n-1} \bar{r}$

    (ii) $\nabla^2 (r^n \log r) = [n(n+1) \log r + 2n + 1] r^{n-2}$ **(May 2005)**

22. For scalars ϕ and ψ, show that $\nabla \times (\phi \nabla \psi) = \nabla \phi \times \nabla \psi = -\nabla \times (\psi \nabla \phi)$.

23. If $\bar{F} = (y+z)\bar{i} + (z+x)\bar{j} + (x+y)\bar{k}$ then show that

    curl curl curl curl $\bar{F} = \nabla^4 [(y+z)\bar{i} + (z+x)\bar{j} + (x+y)\bar{k}]$ **(Dec. 2007)**

24. If $\bar{w}$ is constant vector and $\bar{v} = \bar{w} \times \bar{r}$, prove that div $\bar{v} = 0$.

25. (i) Prove that $\bar{F} = \dfrac{1}{(x^2+y^2)} (x\bar{i} + y\bar{j})$ is solenoidal.   **(May 2006)**

    (ii) Find the function $f(r)$ so that $f(r)\bar{r}$ is solenoidal.   **(Dec. 2004)**

26. If $\bar{u}$ and $\bar{v}$ are irrotational vectors then prove that $\bar{u} \times \bar{v}$ is solenoidal vector.
         (Dec. 2005, 2006, 2007)

27. If ϕ, ψ satisfy Laplace equation, then prove that the vector $(\phi \nabla \psi - \psi \nabla \phi)$ is solenoidal.   **(May 2010, 2014)**

28. Show that $\bar{F} = \dfrac{\bar{a} \times \bar{r}}{r^n}$ is solenoidal field.

29. If $\bar{F}_1 = yz\bar{i} + zx\bar{j} + xy\bar{k}$, $\bar{F}_2 = (\bar{a} \cdot \bar{r})\bar{a}$ then show that $\bar{F}_1 \times \bar{F}_2$ is solenoidal.

30. Verify whether following fields are irrotational and if so, find corresponding potential ϕ.

    (i) $(y \sin z - \sin x)\bar{i} + (x \sin z + 2yz)\bar{j} + (xy \cos z + y^2)\bar{k}$.   **(May 2009)**

    (ii) $\dfrac{\bar{r}}{r^2}$ (iii) $(\bar{a} \cdot \bar{r})\bar{a}$.

31. Show that the vector field given by $\bar{F} = (y^2 \cos x + z^2)\bar{i} + (2y \sin x)\bar{j} + 2xz\bar{k}$ is conservative and find scalar field such that $\bar{F} = \nabla \phi$.   **(Dec. 2004)**

32. If the vector field $\bar{F} = (x + 2y + az)\bar{i} + (bx - 3y - z)\bar{j} + (4x + cy + 2z)\bar{k}$ is irrotational, find a, b, c and determine ϕ such that $\bar{F} = \nabla \phi$.   **(Dec. 05, 06; May 10)**

33. Show that $\bar{F} = r^2 \bar{r}$ is conservative and obtain the scalar potential associated with it.

34. Show that $\bar{F} = (2xz^3 + 6y)\bar{i} + (6x - 2yz)\bar{j} + (3x^2z^2 - y^2)\bar{k}$ is irrotational. Find scalar potential ϕ such that $\bar{F} = \nabla \phi$.   **(Ans.** $\phi = 6xy + x^2z^3 - y^2z$**)**

35. Show that vector field $\bar{F} = (x^2 - yz)\bar{i} + (y^2 - zx)\bar{j} + (z^2 - xy)\bar{k}$ is irrotational. Find scalar potential ϕ such that $\bar{F} = \nabla\phi$.   (**Ans.** $\phi = x^3/3 + y^3/3 + z^3/3 - xyz + c$)

MULTIPLE CHOICE QUESTIONS (MCQ's)

Type : Gradient, Divergence, Curl and Directional Derivative

1. Vector differential oprator ∇ is defined by   (1)
   (A) $\bar{i}\dfrac{\partial}{\partial x} + \bar{j}\dfrac{\partial}{\partial y} + \bar{k}\dfrac{\partial}{\partial z}$
   (B) $\dfrac{\partial}{\partial x} + \dfrac{\partial}{\partial y} + \dfrac{\partial}{\partial z}$
   (C) $\dfrac{\partial^2}{\partial x^2} + \dfrac{\partial^2}{\partial y^2} + \dfrac{\partial^2}{\partial z^2}$
   (D) $\bar{i}\dfrac{\partial^2}{\partial x^2} + \bar{j}\dfrac{\partial^2}{\partial y^2} + \bar{k} + \dfrac{\partial^2}{\partial z^2}$

2. Gradient of scalar point function $\phi(x, y, z)$ is   (1)
   (A) $\dfrac{\partial^2\phi}{\partial x^2} + \dfrac{\partial^2\phi}{\partial y^2} + \dfrac{\partial^2\phi}{\partial z^2}$
   (B) $\dfrac{\partial\phi}{\partial x} + \dfrac{\partial\phi}{\partial y} + \dfrac{\partial\phi}{\partial z}$
   (C) $\dfrac{\partial\phi}{\partial x} \dfrac{\partial\phi}{\partial y} \dfrac{\partial\phi}{\partial z}$
   (D) $\dfrac{\partial\phi}{\partial x}\bar{i} + \dfrac{\partial\phi}{\partial y}\bar{j} + \dfrac{\partial\phi}{\partial z}\bar{k}$

3. For the level surface $\phi(x, y, z) = c$, gradient of ϕ represents   (1)
   (A) unive vector
   (B) tangent vector
   (C) normal vector
   (D) radius vector

4. For the scalar point functions ϕ and ψ, $\nabla(\phi\psi) =$ (1)
   (A) $\phi\nabla\psi - \psi\nabla\phi$
   (B) $\phi\nabla\psi + \psi\nabla\phi$
   (C) $\phi(\nabla^2\psi) + \psi(\nabla^2\phi)$
   (D) $\dfrac{\phi\nabla\psi - \psi\nabla\phi}{\psi^2}$

5. For the scalar point function ϕ and ψ, $\nabla\left(\dfrac{\phi}{\psi}\right) =$ (1)
   (A) $\phi\nabla\psi + \psi\nabla\phi$
   (B) $\dfrac{\phi\nabla\psi - \psi\nabla\phi}{\psi^2}$
   (C) $\dfrac{\psi\nabla\phi + \phi\nabla\psi}{\psi^2}$
   (D) $\dfrac{\psi\nabla\phi - \phi\nabla\psi}{\psi^2}$

6. If $\bar{F} = F_1(x, y, z)\bar{i} + F_2(x, y, z)\bar{j} + F_3(x, y, z)\bar{k}$ is a vector field then divergence of $\bar{F}$ is   (1)
   (A) $\dfrac{\partial F_1}{\partial x} + \dfrac{\partial F_2}{\partial y} + \dfrac{\partial F_3}{\partial z}$
   (B) $\dfrac{\partial F_1}{\partial x}\bar{i} + \dfrac{\partial F_2}{\partial y}\bar{j} + \dfrac{\partial F_3}{\partial z}\bar{k}$
   (C) $\dfrac{\partial F_1}{\partial x} \dfrac{\partial F_2}{\partial y} \dfrac{\partial F_3}{\partial z}$
   (D) $\left(\bar{i}\dfrac{\partial}{\partial x} + \bar{j}\dfrac{\partial}{\partial y} + \bar{k}\dfrac{\partial}{\partial z}\right) \times (F_1\bar{i} + F_2\bar{j} + F_3\bar{k})$

7. If $\bar{F} = F_1(x, y, z)\bar{i} + F_2(x, y, z)\bar{j} + F_3(x, y, z)\bar{k}$ is a vector field then curl of $\bar{F}$ is (1)

   (A) $\dfrac{\partial F_1}{\partial x}\bar{i} + \dfrac{\partial F_2}{\partial y}\bar{j} + \dfrac{\partial F_3}{\partial z}\bar{k}$

   (B) $\dfrac{\partial F_1}{\partial x} + \dfrac{\partial F_2}{\partial y} + \dfrac{\partial F_3}{\partial z}$

   (C) $\left(\bar{i}\dfrac{\partial}{\partial x} + \bar{j}\dfrac{\partial}{\partial y} + \bar{k}\dfrac{\partial}{\partial z}\right) \times (F_1\bar{i} + F_2\bar{j} + F_3\bar{k})$

   (D) $\dfrac{\partial F_1}{\partial x}\dfrac{\partial F_2}{\partial y}\dfrac{\partial F_3}{\partial z}$

8. A rigid body rotating with costant angular velocity $\bar{\omega}$ about a fixed axis, if $\bar{v}$ is the linear velocity of a point of the body then curl $\bar{v}$ is (1)

   (A) $\bar{\omega}$
   (B) $2\bar{\omega}$
   (C) $\dfrac{\bar{\omega}}{2}$
   (D) $3\bar{\omega}$

9. Vector field $\bar{F}$ is solenoidal if (1)

   (A) $\nabla \times \bar{F} = 0$
   (B) $\nabla \cdot \bar{F} = 0$
   (C) $\nabla^2 \bar{F} = 0$
   (D) $\bar{F} \cdot \nabla = 0$

10. Vector field $\bar{F}$ is irrotational if (1)

    (A) $\nabla \cdot \bar{F} = 0$
    (B) $\bar{F} \times \nabla = 0$
    (C) $\nabla^2 \bar{F} = 0$
    (D) $\nabla \times \bar{F} = \bar{0}$

11. Directional derivative of scalar point function $\phi(x, y, z)$ at a point $P(x_1, x_2, x_3)$ in the direction of vector $\bar{u}$ is (1)

    (A) $\nabla \cdot (\phi \hat{u})_{(x_1, x_2, x_3)}$
    (B) $(\nabla \phi)_{(x_1, x_2, x_3)} \times \hat{u}$
    (C) $(\nabla \phi)_{(x_1, x_2, x_3)} \cdot \hat{u}$
    (D) $(\nabla^2 \phi)_{(x_1, x_2, x_3)} \cdot \hat{u}$

12. Magnitude of maximum directional derivative of scalar point function $\phi(x, y, z)$ in the given direction is (1)

    (A) $|\nabla \phi|$
    (B) $|\nabla^2 \phi|$
    (C) $|\phi \nabla \phi|$
    (D) zero

13. Maximum directional derivative of scalar point function $\phi(x, y, z)$ is in the direction of (1)

(A) tangent vector (B) $\bar{i} + \bar{j} + \bar{k}$
(C) radius vector (D) normal vector

14. If $\phi = xy^2 + yz^2$ and $(\nabla\phi)_{(1, -1, 1)} = \bar{i} - \bar{j} - 3\bar{k}$ then the value of maximum directional derivative is (1)

(A) $\dfrac{\bar{i} - \bar{j} - 3\bar{k}}{\sqrt{11}}$ (B) $\dfrac{1}{\sqrt{11}}$
(C) $\sqrt{4}$ (D) $\sqrt{11}$

15. If $\bar{r} = x\bar{i} + y\bar{j} + z\bar{k}$ and $r = \sqrt{x^2 + y^2 + z^2}$ then ∇r is given by (2)

(A) $\dfrac{\bar{r}}{r}$ (B) $\bar{r}$
(C) $\dfrac{\bar{r}}{r^2}$ (D) $\dfrac{1}{r^3}$

16. If $\phi = x + y + z$, $\bar{a} = \bar{i} + \bar{j} + \bar{k}$ then $\nabla\phi \cdot \hat{a}$ is equal to (2)

(A) $\dfrac{3}{2}$ (B) $\sqrt{3}$
(C) 0 (D) $-\dfrac{5}{2}$

17. If $\phi = mx^2 + y + z$, $\bar{b} = 2\bar{i} + 3\bar{j} - \bar{k}$ and $\nabla\phi$ at the point $(1, 0, 1)$ is perpendicular to $\bar{b}$ then m is equal to (2)

(A) 0 (B) $\dfrac{3}{2}$
(C) $\dfrac{1}{2}$ (D) $-\dfrac{5}{2}$

18. The divergence of vector field $\bar{F} = 3xz\,\bar{i} + 2xy\,\bar{j} - yz^2\,\bar{k}$ at a point $(1, 1, 1)$ is (2)
(A) 3 (B) 4
(C) 7 (D) 0

19. The divergence of vector field $\bar{F} = x^2y\,\bar{i} + y^2\,\bar{j} + z^2x\,\bar{k}$ at a point $(1, 2, 1)$ is (2)
(A) 5 (B) 8
(C) 10 (D) 12

20. If vector field $\bar{v} = (x+3y)\bar{i} + (y-2z)\bar{j} + (x+az)\bar{k}$ is solenoidal then value of a is (2)

    (A) 0 (B) 3
    (C) 2 (D) –2

21. The value of λ so that the vector field $\bar{u} = (2x+3y)\bar{i} + (4y-2z)\bar{j} + (3x-\lambda 6z)\bar{k}$ is solenoidal is (2)

    (A) –6 (B) 1
    (C) 0   (D) –1

22. The curl of vector field $\bar{F} = x^2y\,\bar{i} + xyz\,\bar{j} + z^2y\,\bar{k}$ at the point (0, 1, 2) is (2)

    (A) $4\bar{i} - 2\bar{j} + 2\bar{k}$ (B) $4\bar{i} + 2\bar{j} + 2\bar{k}$
    (C) $4\bar{i} + 2\bar{k}$ (D) $2\bar{i} + 4\bar{k}$

23. If the vector field $\bar{F} = (x+2y+az)\bar{i} + (2x-3y-z)\bar{j} + (4x-y+2z)\bar{k}$ is irrotational then the value of a is (2)

    (A) –4 (B) 3
    (C) –3 (D) 4

24. If $\bar{u} = x^2y\,\bar{i} + y^2x^3\,\bar{j} - 3x^2z^2\,\bar{k}$ and $\phi = x^2yz$, then $(\bar{u}\cdot\nabla)\phi$ at the point (1, 2, 1) is (2)

    (A) 6   (B) 9
    (C) 18 (D) 5

25. If $u = x+y+z$, $v = x+y$, $w = -2xz - 2yz - z^2$ then $\nabla u \cdot (\nabla v \times \nabla w)$ is (2)

    (A) $-2y - 2z$ (B) 0
    (C) $-4x - 4y - 4z$ (D) $-2x - 2y - 2z$

26. Unit vector in the direction normal to the surface $x^2 + y^2 + z^2 = 9$ at (1, 2, 2) is (2)

    (A) $\frac{1}{3}(\bar{i} + 2\bar{j} + 2\bar{k})$ (B) $\frac{1}{3}(\bar{i} - 2\bar{j} - 2\bar{k})$
    (C) $\frac{1}{3}(\bar{i} + \bar{j} + \bar{k})$ (D) $\frac{1}{9}(\bar{i} + 2\bar{j} + 2\bar{k})$

27. Unit vector in the direction normal to the surface $xy = z^2$ at (1, 1, 1) is (2)

    (A) $\frac{1}{\sqrt{6}}(2\bar{i} + \bar{j} + 2\bar{k})$ (B) $\frac{1}{\sqrt{6}}(\bar{i} - \bar{j} + 2\bar{k})$
    (C) $\frac{1}{6}(\bar{i} - \bar{j} - 2\bar{k})$ (D) $\frac{1}{\sqrt{6}}(\bar{i} + \bar{j} - 2\bar{k})$

28. Unit vector in the direction normal to the surfae $2x + 3y + 4z = 7$ at $(1, -1, 2)$ is (2)

(A) $\frac{1}{\sqrt{29}}(2\bar{i} + \bar{j} - 4\bar{k})$ (B) $\frac{1}{\sqrt{29}}(2\bar{i} + 3\bar{j} + 4\bar{k})$

(C) $\frac{1}{29}(2\bar{i} - 3\bar{j} + 4\bar{k})$ (D) $\frac{1}{\sqrt{29}}(8\bar{i} + 6\bar{j} + 48\bar{k})$

29. Unit vector in the direction of tangent to the curve $x = \sin t$, $y = \cos t$, $z = t$ at $t = \frac{\pi}{4}$ is (2)

(A) $\frac{1}{2}(\bar{i} - \bar{j} + \bar{k})$ (B) $-\frac{1}{2}\bar{i} + \frac{1}{2}\bar{j} + \frac{1}{\sqrt{2}}\bar{k}$

(C) $\frac{1}{2}\bar{i} - \frac{1}{2}\bar{j} + \frac{1}{\sqrt{2}}\bar{k}$ (D) $\frac{1}{4}\bar{i} - \frac{1}{4}\bar{j} + \frac{1}{\sqrt{2}}\bar{k}$

30. Unit vector in the direction of tangent to the curve $x = e^{-t}$, $y = 2 \sin t + 1$, $z = t - \cos t$ at $t = 0$ is (2)

(A) $\frac{1}{\sqrt{6}}(-\bar{i} + 2\bar{j} + \bar{k})$ (B) $\frac{1}{6}(-\bar{i} + 2\bar{j} + \bar{k})$

(C) $\frac{1}{\sqrt{6}}(-2\bar{i} + \bar{j} + \bar{k})$ (D) $\frac{1}{\sqrt{6}}(-\bar{i} + \bar{j} - \bar{k})$

31. Unit vector in the direction of tangent to the curve $x = t^3 - 1$, $y = 3t - 1$, $z = t^2 - 1$ at $t = 1$ is (2)

(A) $\frac{1}{22}(3\bar{i} + 3\bar{j} + \bar{k})$ (B) $\frac{1}{\sqrt{22}}(3\bar{i} + \bar{j} + \bar{k})$

(C) $\frac{1}{\sqrt{22}}(\bar{i} - 3\bar{j} + 2\bar{k})$ (D) $\frac{1}{\sqrt{22}}(3\bar{i} + 3\bar{j} + 2\bar{k})$

32. Unit vector along the line equally inclined with co-ordinate axes is (2)

(A) $\frac{1}{\sqrt{3}}(\bar{i} + \bar{j} + \bar{k})$ (B) $\frac{1}{\sqrt{3}}(\bar{i} - \bar{j} - \bar{k})$

(C) $\frac{1}{3}(\bar{i} + \bar{j} + \bar{k})$ (D) $\frac{1}{\sqrt{3}}(-\bar{i} + \bar{j} - \bar{k})$

33. Unit vector along the direction of line $2(x - 2) = (y + 1) = (z - 1)$ is (2)

(A) $\frac{1}{\sqrt{3}}(\bar{i} + 2\bar{j} - 2\bar{k})$ (B) $\frac{1}{3}(\bar{i} + 2\bar{j} + 2\bar{k})$

(C) $\frac{1}{3}(\bar{i} - 2\bar{j} + 2\bar{k})$ (D) $\frac{1}{3}(2\bar{i} + \bar{j} + 2\bar{k})$

34. Unit vector along the direction of line $\dfrac{x-1}{2} = \dfrac{y+2}{1} = \dfrac{z-3}{5}$ is (2)

   (A) $\dfrac{1}{\sqrt{14}}(\bar{i} - 2\bar{j} - 3\bar{k})$
   (B) $\dfrac{1}{\sqrt{30}}(\bar{i} + 2\bar{j} + 5\bar{k})$
   (C) $\dfrac{1}{30}(2\bar{i} + \bar{j} - 5\bar{k})$
   (D) $\dfrac{1}{\sqrt{30}}(2\bar{i} + \bar{j} + 5\bar{k})$

35. The directional derivative of $\phi = 2x^2 + 3y^2 + z^2$ at the point (2, 1, 3) in the direction of vector $\bar{u} = \bar{i} - 2\bar{j} + 2\bar{k}$ is (2)

   (A) $\dfrac{8}{3}$
   (B) 8
   (C) $\dfrac{4}{3}$
   (D) $\dfrac{16}{3}$

36. The directional derivative of $\phi = xy^2 + yz^3$ at the point (1, −1, 1) in the direction of vector $\bar{u} = 2\bar{i} + 4\bar{j} + 4\bar{k}$ is (2)

   (A) $\dfrac{7}{3}$
   (B) $-\dfrac{7}{3}$
   (C) -7
   (D) $-\dfrac{7}{6}$

37. The directional derivative of $\phi = xy + yz + xz$ at the point (1, 2, 0) in the direction of vector $\bar{u} = 2\bar{i} + \bar{j} + 3\bar{k}$ is (2)

   (A) $\dfrac{14}{\sqrt{6}}$
   (B) $\dfrac{10}{\sqrt{14}}$
   (C) $\sqrt{14}$
   (D) $\dfrac{8}{\sqrt{14}}$

38. The directional derivative of $\phi = e^{2x - y - z}$ at the point (1, 1, 1) in the direction of vector $\bar{u} = -\bar{i} + 2\bar{j} + \bar{k}$ is (2)

   (A) $-\dfrac{5}{2}$
   (B) $-\dfrac{1}{\sqrt{6}}$
   (C) $-\dfrac{5}{\sqrt{6}}$
   (D) $\dfrac{5}{\sqrt{6}}$

39. The directional derivative of $\phi = e^{2x} \cos(yz)$ at origin in the direction of vector $\bar{u} = \bar{i} + \bar{j} + \bar{k}$ is (2)

   (A) $\dfrac{4}{\sqrt{3}}$
   (B) $\dfrac{2}{\sqrt{3}}$
   (C) 0
   (D) $\dfrac{5}{\sqrt{3}}$

40. The directional derivative of $\phi = xy^2 + yz^3$ at $(1, -1, 1)$ in the direction towards the point $(2, 1, -1)$ is [Given : $(\nabla\phi)_{(1,-1,1)} = \bar{i} - \bar{j} - 3\bar{k}$]   (2)

(A) $\dfrac{5}{3}$ (B) 5

(C) 3   (D) $\dfrac{5}{\sqrt{3}}$

41. If the partial derivatives of certain function $\phi(x, y)$ are given by the equations $-\dfrac{\partial\phi}{\partial x} + \dfrac{\partial\phi}{\partial y} = 6$, $\dfrac{\partial\phi}{\partial x} + \dfrac{\partial\phi}{\partial y} = -4$ then the directional derivative of $\phi(x, y)$, along the direction of the vector $\bar{i} + \bar{j}$ is given by   (2)

(A) $2\sqrt{2}$ (B) $3\sqrt{2}$
(C) $\sqrt{2}$ (D) $-2\sqrt{2}$

42. For what values of a, b, c the directional derivative of $\phi = axy + byz + czx$ at $(1, 1, 1)$ has maximum magnitude 4 in a direction paralllel to x-axis   (2)

[Given : $(\nabla\phi)_{(1,1,1)} = (a+c)\bar{i} + (a+b)\bar{j} + (b+c)\bar{k}$]

(A) $a = -2, b = 2, c = -2$ (B) $a = 1, b = -1, c = 1$
(C) $a = 2, b = -2, c = 2$ (D) $a = 2, b = 2, c = 2$

43. For what values of a, b, c the directional derivative of $\phi = axy^2 + byz + cz^2x^3$ at $(1, 2, -1)$ has maximum magnitude 64 in a direction parallel to z-axis   (2)

[Given : $(\nabla\phi)_{(1,2,-1)} = (4a + 3c)\bar{i} + (4a - b)\bar{j} + (2b - 2c)\bar{k}$]

(A) $a = 24, b = 6, c = -8$ (B) $a = -6, b = -24, c = 8$
(C) $a = 4, b = 16, c = 16$ (D) $a = 6, b = 24, c = -8$

44. The directional derivative of $\phi = x^2yz^3$ at $(2, 1, -1)$ has maximum value in the direction of vector   (2)

(A) $-4\bar{i} - 4\bar{j} - 2\bar{k}$ (B) $-4\bar{i} - 4\bar{j} + 12\bar{k}$
(C) $-\bar{i} + 4\bar{j} + 12\bar{k}$ (D) $4\bar{i} - 4\bar{j} - 12\bar{k}$

45. The dierctional derivative of $\phi = xy + yz + xz$ at $(1, 2, 0)$ has maximum value in the direction of vector   (2)

(A) $2\bar{i} + \bar{j} + 3\bar{k}$ (B) $\bar{i} + 2\bar{j} + 3\bar{k}$
(C) $2\bar{i} + 3\bar{j}$ (D) $2\bar{j} + 3\bar{j} + \bar{k}$

46. The directional derivative of $f = x^2y + 2y^2x$ at $(1, 3)$ has maximum value in the direction of vector (2)

   (A) $42\bar{i} + 13\bar{j}$ (B) $24\bar{i} + 31\bar{j}$

   (C) $13\bar{i} + 24\bar{j}$ (D) $24\bar{i} + 13\bar{j}$

47. If the directional derivatived of $\phi = ax + by$ has maximum magnitude 2 along x-axis, then a, b are respectively given by (2)

   (A) 1, 0 (B) 0, 1
   (C) 2, 0 (D) 1, 1

48. Maximum value of directional derivative of $\phi = 4xy^2 - 16yz + 2z^2x^2$ at $(2, 1, 1)$ is (2)

   (A) 12 (B) 8
   (C) 16 (D) 4

49. Maximum value of directional derivative of $\phi = xyz^2$ at $(1, 0, 3)$ is (2)

   (A) 12 (B) 9
   (C) 3 (D) 17

50. Maximum value of directional derivative of $\phi = 2xy - 2yz + 2xz$ at $(1, 1, 1)$ is (2)

   (A) 2 (B) 13
   (C) 4 (D) 11

51. The angle between the surfaces $\phi = x \log z - y^2 - 1 = 0$ and $\psi = x^2y + z + 2 = 0$ at $(1, 1, 1)$ is [Given : $\nabla\phi = \log z\, \bar{i} + (-2y)\bar{j} + \frac{x}{z}\bar{k}$ and $\nabla\psi = 2xy\,\bar{i} + x^2\,\bar{j} + \bar{k}$] (2)

   (A) $\cos^{-1}\left(-\frac{3}{\sqrt{10}}\right)$ (B) $\cos^{-1}\left(-\frac{1}{\sqrt{30}}\right)$

   (C) $\cos^{-1}\left(-\frac{1}{2\sqrt{3}}\right)$ (D) $\cos^{-1}-\left(\frac{2}{\sqrt{30}}\right)$

52. The angle between the surfaces $\phi = \frac{5}{2}x^2 - yz - \frac{9}{2}x = 0$ and $\psi = 4x^2y + z^3 - 4 = 0$ at $(1, 1, 1)$ is (2)

   [Given : $\nabla\phi = \left(5x - \frac{9}{2}\right)\bar{i} + (-z)\bar{j} + (-y)\bar{k}$ and $\nabla\psi = 8xy\,\bar{i} + 4x^2\,\bar{j} + 3z^2\,\bar{k}$]

   (A) $\cos^{-1}\left(-\frac{2}{\sqrt{89}}\right)$ (B) $\cos^{-1}\left(-\frac{9}{2\sqrt{89}}\right)$

   (C) $\cos^{-1}\left(\frac{2}{\sqrt{89}}\right)$ (D) $\cos^{-}\left(-\frac{10}{3\sqrt{89}}\right)$

53. If the surfaces $\phi_1 = xyz - 1 = 0$ and $\phi_2 = x^2 + ay^2 + z^2 = 0$ are orthogonal at (1, 1, 1) then a is equal to (2)

   (A) –1
   (B) 2
   (C) 1
   (D) –2

Answers

1. (A)	2. (D)	3. (C)	4. (B)	5. (D)	6. (A)	7. (C)	8. (B)
9. (B)	10. (D)	11. (C)	12. (A)	13. (D)	14. (D)	15. (A)	16. (B)
17. (C)	18. (A)	19. (C)	20. (D)	21. (B)	22. (C)	23. (D)	24. (A)
25. (B)	26. (A)	27. (D)	28. (B)	29. (C)	30. (A)	31. (D)	32. (A)
33. (B)	34. (D)	35. (A)	36. (B)	37. (C)	38. (C)	39. (B)	40. (A)
41. (D)	42. (C)	43. (D)	44. (B)	45. (A)	46. (D)	47. (C)	48. (A)
49. (B)	50. (C)	51. (B)	52. (A)	53. (D)			

Type : Vector Identities :

1. $\nabla f(r)$ is equal to (1)

   (A) $\dfrac{f(r)}{r}\bar{r}$
   (B) $\dfrac{f'(r)}{r}\bar{r}$
   (C) $\dfrac{r}{f'(r)}\bar{r}$
   (D) $f'(r)\bar{r}$

2. For a constant vector $\bar{a}$, $\nabla(\bar{a}\cdot\bar{r})$ is equal to (1)

   (A) $\bar{a}$
   (B) $3\bar{a}$
   (C) $\bar{r}$
   (D) 0

3. For constant vectors $\bar{a}$ and $\bar{b}$, $\nabla(\bar{a}\cdot\bar{b})$ is equal to (1)

   (A) $\bar{a}\cdot\bar{b}$
   (B) $\bar{a}$
   (C) $\bar{b}$
   (D) 0

4. $\nabla\cdot\bar{r}$ is equal to (1)

   (A) 0
   (B) $\dfrac{1}{r}\bar{r}$
   (C) 3
   (D) 1

5. $\nabla\times\bar{r} =$ (1)

   (A) $\bar{r}$
   (B) 3
   (C) $\dfrac{1}{r}\bar{r}$
   (D) $\bar{0}$

6. For a constant vector $\bar{a}$, $(\bar{a} \cdot \nabla) \bar{r}$ is equal to (1)

    (A) $\bar{a}$
    (B) $\bar{a} \cdot \bar{r}$
    (C) $\bar{a} \cdot \dfrac{1}{r} \bar{r}$
    (D) 3

7. For scalar function ϕ and vector function $\bar{u}$, $\nabla \cdot (\phi \bar{u})$ is equal to (1)

    (A) $\phi(\nabla \times \bar{u}) + \nabla\phi \times \bar{u}$
    (B) $\phi(\nabla \cdot \bar{u}) + \nabla\phi \cdot \bar{u}$
    (C) $\phi(\nabla \cdot \bar{u}) - \nabla\phi \cdot \bar{u}$
    (D) $\phi(\bar{u} \cdot \nabla) + \bar{u} \cdot \nabla\phi$

8. For scalar function ϕ and vector function $\bar{u}$, $\nabla \times (\phi \bar{u})$ is equal to (1)

    (A) $\phi(\nabla \times \bar{u}) + \bar{u} \times \nabla\phi$
    (B) $\phi(\nabla \cdot \bar{u}) - \nabla\phi \cdot \bar{u}$
    (C) $\phi(\nabla \times \bar{u}) + \nabla\phi \times \bar{u}$
    (D) $\phi(\nabla \cdot \bar{u}) + \nabla\phi \cdot \bar{u}$

9. For the vector function $\bar{u}$ and $\bar{v}$, $\nabla \cdot (\bar{u} \times \bar{v})$ is equal to (1)

    (A) $\bar{v} \cdot (\nabla \times \bar{u}) - \bar{u} \cdot (\nabla \times \bar{v})$
    (B) $\bar{v} \times (\nabla \cdot \bar{u}) - \bar{u} \times (\nabla \cdot \bar{v})$
    (C) $\bar{u} \cdot (\nabla \times \bar{v}) - \bar{v} \cdot (\nabla \times \bar{u})$
    (D) $\bar{v} \cdot (\bar{u} \times \nabla) + \bar{u} \cdot (\bar{v} \times \nabla)$

10. For the scalar function ϕ, div (grad ϕ) is equal to (1)

    (A) 1
    (B) $\dfrac{\partial \phi}{\partial x} \bar{i} + \dfrac{\partial \phi}{\partial y} \bar{j} + \dfrac{\partial \phi}{\partial z} \bar{k}$
    (C) $\dfrac{\partial^2 \phi}{\partial x^2} + \dfrac{\partial^2 \phi}{\partial y^2} + \dfrac{\partial^2 \phi}{\partial z^2}$
    (D) 0

11. For the scalar function ϕ, curl (grad ϕ) is equal to (1)

    (A) $\dfrac{\partial^2 \phi}{\partial x^2} \bar{i} + \dfrac{\partial^2 \phi}{\partial y^2} \bar{j} + \dfrac{\partial^2 \phi}{\partial z^2} \bar{k}$
    (B) $\dfrac{\partial \phi}{\partial x} \bar{i} + \dfrac{\partial \phi}{\partial y} \bar{j} + \dfrac{\partial \phi}{\partial z} \bar{k}$
    (C) $\dfrac{\partial^2 \phi}{\partial x^2} + \dfrac{\partial^2 \phi}{\partial y^2} + \dfrac{\partial^2 \phi}{\partial z}$
    (D) $\bar{0}$

12. For vector function $\bar{u}$, div (curl $\bar{u}$) is equal to (1)

    (A) $(\nabla \cdot \bar{u}) - \nabla^2 \bar{u}$
    (B) 0
    (C) $\nabla (\nabla \cdot \bar{u}) - \nabla^2 \bar{u}$
    (D) $\nabla (\nabla \cdot \bar{u}) + \nabla^2 \bar{u}$

13. For vector function $\bar{u}$, curl (curl $\bar{u}$) is equal to (1)

    (A) $\nabla (\nabla \cdot \bar{u}) - \nabla^2 \bar{u}$
    (B) $\nabla (\nabla \cdot \bar{u}) + \nabla^2 \bar{u}$
    (C) $\nabla (\nabla \times \bar{u}) - \nabla \cdot \bar{u}$
    (D) $\nabla \cdot (\nabla \times \bar{u}) + \nabla^2 \bar{u}$

14. $\nabla^2 f(r)$ is equal to (1)

(A) $\dfrac{f'(r)}{r} \bar{r}$

(B) $\dfrac{d^2f}{dr^2} + \dfrac{df}{dr}$

(C) $\dfrac{d^2f}{dr^2} - \dfrac{2}{r}\dfrac{df}{dr}$

(D) $\dfrac{d^2f}{dr^2} + \dfrac{2}{r}\dfrac{df}{dr}$

15. If $\bar{F}$ is irrotational vector field then there exists scalar potential ϕ such that (1)

(A) $\bar{F} = \nabla^2 \phi$

(B) $\bar{F} = \nabla \phi$

(C) $\phi = \nabla \cdot \bar{F}$

(D) $\nabla \times \bar{F} = \nabla \phi$

16. ∇e^r is equal to (1)

(A) $e^r \bar{r}$

(B) $\dfrac{e^r}{r}$

(C) $\dfrac{e^r}{r} \bar{r}$

(D) $\dfrac{r}{e^r} \bar{r}$

17. $\nabla \log r$ is equal to (1)

(A) $\dfrac{\log r}{r} \bar{r}$

(B) $\dfrac{1}{r^2} \bar{r}$

(C) $\bar{r}$

(D) $\dfrac{1}{r} \bar{r}$

18. ∇r^n is equal to (1)

(A) $n\, r^{n-1}$

(B) $\dfrac{r^{n+1}}{n+1} \bar{r}$

(C) $\dfrac{3r^{n-2}}{r}$

(D) $n\, r^{n-2}\, \bar{r}$

19. $\nabla(r^2 e^{-r})$ is given by (2)

(A) $(2-r)\, \bar{r}\, e^{-r}$

(B) $(2+r^2)\, \bar{r}\, e^{-r}$

(C) $(2-r)\, e^{-r}$

(D) $\bar{r}\, e^{-r}$

20. $\nabla(r^2 \log r)$ is equal to (2)

(A) $(2 \log r + 1)\, r\, \bar{r}$

(B) $(2r + 1) \log r\, \bar{r}$

(C) $(2 \log r + 1)\, \bar{r}$

(D) $(2 \log r + 1)$

21. For constant vector $\bar{a}$, $\nabla\left(\dfrac{\bar{a}\cdot\bar{r}}{r^n}\right)$ is equal to (2)

(A) $\dfrac{\bar{a}\cdot\bar{r}}{r^n} - \dfrac{1}{r^{n+2}}\bar{r}$

(B) $\dfrac{\bar{a}}{r^n} - \dfrac{n(\bar{a}\cdot\bar{r})}{r^{n+2}} \bar{r}$

(C) $\dfrac{\bar{a}}{r^n} + \dfrac{(\bar{a}\cdot\bar{r})}{r^{n+2}} \bar{r}$

(D) $\dfrac{\bar{a}}{r^n} - \dfrac{n(\bar{a}\cdot\bar{r})}{r^{n+1}}$

22. $\nabla \cdot (r^n \bar{r})$ is equal to (2)

(A) $(n + 3) r^n$ (B) $3r^n + \dfrac{n}{r^{-n-2}}$

(C) $(n - 3) r^n$ (D) $(n + 3) r^{-n}$

23. For constant vector $\bar{a}$, $\nabla \cdot [(\bar{a} \cdot \bar{r}) \bar{a}]$ is equal to (2)

(A) $\bar{a} \cdot \bar{r}$ (B) 0

(C) $\bar{a} \cdot \bar{a}$ (D) $|\bar{a}|$

24. $\nabla \cdot [(\log r) \bar{r}]$ is equal to (2)

(A) $3 \log r + \dfrac{1}{r}$ (B) $3 \log r + \dfrac{1}{r^2} \bar{r}$

(C) $5 + 6 \log r$ (D) $1 + 3 \log r$

25. $\nabla \cdot \left[r \nabla \left(\dfrac{1}{r^3} \right) \right]$ is equal to (2)

(A) $\dfrac{3}{r^4}$ (B) $\dfrac{3}{r^2}$

(C) $\dfrac{1}{r^4}$ (D) $3r^4$

26. If $\nabla^2 \phi = 0$ and $\nabla^2 \psi = 0$ then $\nabla \cdot [\phi \nabla \psi - \psi \nabla \phi]$ is equal to (2)

(A) 0   (B) $2\nabla \phi \cdot \nabla \psi$

(C) $\nabla \phi + \nabla \psi$ (D) $[\phi \nabla \psi - \psi \nabla \phi]$

27. $\nabla \left[\bar{b} \cdot \nabla \left(\dfrac{1}{r} \right) \right] =$ (2)

(A) $\dfrac{\bar{b}}{r^3} - \dfrac{3}{r^4} (\bar{b} \cdot \bar{r}) \bar{r}$ (B) $-\dfrac{\bar{b}}{r^3} + \dfrac{3}{r^5} \bar{r}$

(C) $\dfrac{\bar{b}}{r^3} - \dfrac{3}{r^5} (\bar{b} \cdot \bar{r})$ (D) $-\dfrac{\bar{b}}{r^3} + \dfrac{3}{r^5} (\bar{b} \cdot \bar{r}) \bar{r}$

28. $\nabla [\bar{a} \cdot \nabla \log r] =$ (2)

(A) $\dfrac{\bar{a}}{r^2} + \dfrac{2}{r^4} \bar{r}$ (B) $\dfrac{\bar{a}}{r} + \dfrac{1}{r^3} (\bar{a} \cdot \bar{r}) \bar{r}$

(C) $\dfrac{\bar{a}}{r^2} - \dfrac{2}{r^4} (\bar{a} \cdot \bar{r}) \bar{r}$ (D) $\dfrac{\bar{a}}{r^2} - \dfrac{2}{r^3} (\bar{a} \cdot \bar{r})$

29. $\nabla \times \left(\dfrac{\bar{r}}{r^3}\right)$ is equal to (2)

(A) $\dfrac{3}{r^2}$

(B) $\bar{0}$

(C) $-\dfrac{2}{r^2}$

(D) $\dfrac{1}{r^2}\bar{r}$

30. $\nabla \times \left(\dfrac{\bar{a} \times \bar{r}}{r^n}\right) =$ (2)

(A) $\dfrac{2+n}{r^n}\bar{a} + \dfrac{1}{r^{n+2}}(\bar{a} \cdot \bar{r})\bar{r}$

(B) $\dfrac{2-n}{r^n} + \dfrac{n}{r^n}(\bar{a} \cdot \bar{r})\bar{r}$

(C) $\dfrac{2-n}{r^n}\bar{a} + \dfrac{n}{r^{n+2}}(\bar{a} \cdot \bar{r})\bar{r}$

(D) $\dfrac{2-n}{r^n}\bar{a} + \dfrac{n}{r^{-n-2}}(\bar{a} \cdot \bar{r})$

31. $\nabla \times \left((\bar{a} \cdot \bar{r})\dfrac{\bar{r}}{r}\right) =$ (2)

(A) $\bar{a} \times \dfrac{\bar{r}}{r}$

(B) $\dfrac{\bar{r}}{r} \times \bar{a}$

(C) $\bar{a} \times \bar{r}$

(D) $\dfrac{\bar{r}}{r} + \dfrac{1}{r^2}(\bar{a} \cdot \bar{r})$

32. Given $\bar{v} = 2y^2z\,\bar{i} + (3xy - yz^4)\,\bar{j} + 2x^3z\,\bar{k}$, the value of $\nabla(\nabla \cdot \bar{v})$ at $(1, 1, 2)$ is (2)

(A) $7\bar{i} + 8\bar{j} - 32\bar{k}$

(B) $2\bar{i} + 3\bar{j} + 2\bar{k}$

(C) $9\bar{i} + 32\bar{k}$

(D) $9\bar{i} - 32\bar{k}$

33. $\nabla^2\left(\dfrac{1}{r^2}\right)$ is equal to (2)

(A) $\dfrac{1}{r^3}$

(B) $\dfrac{2}{r^4}$

(C) $-\dfrac{2}{r^4}\bar{r}$

(D) $\dfrac{6}{r^4}$

34. $\nabla^2 e^r$ is equal to (2)

(A) $e^r + \dfrac{2}{r}e^r$

(B) $e^r + \dfrac{1}{r}e^r$

(C) $\dfrac{e^r}{r}\bar{r}$

(D) $e^r - \dfrac{2}{r}e^r$

35. $\nabla^2 (r^2 \log r)$ is equal to (2)

(A) $\dfrac{(1+\log r)}{r}\bar{r}$ 　　　　　(B) $(3 + 2 \log r)$

(C) $(5 + 6 \log r)$ 　　　　　(D) $(5 + 6 \log r) r$

36. $\nabla^2 \left(\dfrac{\bar{a}\cdot\bar{b}}{r}\right)$ is equal to (2)

(A) $-(\bar{a}\cdot\bar{b})\dfrac{1}{r^2}\bar{r}$ 　　　　　(B) $\dfrac{4}{r^3}(\bar{a}\cdot\bar{b})$

(C) $(\bar{a}\cdot\bar{b})\left(\dfrac{2}{r^3}-\dfrac{1}{r^2}\right)$ 　　　　　(D) 0

37. If $\nabla^2 (r^2 \log r) = 5 + 6 \log r$ then $\nabla^4 (r^2 \log r) =$ (2)

(A) $\dfrac{18}{r^2}$ 　　　　　(B) $\dfrac{6}{r^2}$

(C) $-\dfrac{6}{r^2}$ 　　　　　(D) $-\dfrac{6}{r^2}+\dfrac{6}{r}$

38. If $\phi = 2xz + 2yz + z^2$ then $\nabla^2 \phi$ is (2)

(A) $2(x + y + z)$ 　　　　　(B) 2

(C) 0 　　　　　(D) $6z$

39. For constant vector $\bar{a}$, $\nabla \times (\bar{a} \times \bar{r}) =$ (2)

(A) $3\bar{a}$ 　　　　　(B) $\bar{a}$

(C) 0 　　　　　(D) $2\bar{a}$

40. div (grad r^3) = $\nabla \cdot (\nabla r^3) =$ (2)

(A) $12r$ 　　　　　(B) $8r$

(C) $2r$ 　　　　　(D) $4r$

41. If $\phi = 2x^2 - 3y^2 + 4z^2$ then curl (grad ϕ) is (2)

(A) 3 　　　　　(B) $4x\bar{i} - 6y\bar{j} + 8z\bar{k}$

(C) 0 　　　　　(D) $4x - 6y + 2z$

42. If $\bar{F}$ is a solenoidal vector field then curl curl $\bar{F}$ is (2)

(A) $\nabla^2 \bar{F}$ (B) $-\nabla^2 \bar{F}$

(C) $\nabla^4 \bar{F}$ (D) $\nabla (\nabla \cdot \bar{F})$

43. If $\bar{F}$ is a solenoidal vector field and curl curl $\bar{F} = -\nabla^2 \bar{F}$ then curl curl curl curl $\bar{F}$ is (2)

(A) $\nabla^2 \bar{F}$ (B) $\nabla^4 \bar{F}$

(C) $-\nabla^4 \bar{F}$ (D) $\bar{0}$

44. For the vector field $\bar{F} = (6xy + z^3) \bar{i} + (3x^2 - z) \bar{j} + (3xz^2 - y) \bar{k}$, $\nabla \times \bar{F}$ is (2)

(A) $6y \bar{i} + 6xz \bar{k}$ (B) $-2\bar{i} + 6z^2 \bar{j} + 12x \bar{k}$

(C) $\bar{0}$ (D) $6y + 6xz$

45. For the vector field $\bar{F} = (2xz^3 + 6y) \bar{i} + (6x - 2yz) \bar{j} + (3x^2z^2 - y^2) \bar{k}$, $\nabla \times \bar{F}$ is (2)

(A) $2z^3 \bar{i} - 2z \bar{j} + 6xz^2 \bar{k}$ (b) $4y \bar{i} - 12xz^2 \bar{j} + 12 \bar{k}$

(C) $2z^3 - 2z + 6xz^2$ (D) $\bar{0}$

46. If for the vector field $\bar{u}$ and $\bar{v}$ are irrotational vectors then the value of $\nabla \cdot (\bar{u} \times \bar{v})$ is (2)

(A) 2 (B) 1

(C) 3 (D) 0

47. The vector field $\bar{F} = (6xy + z^3) \bar{i} + (3x^2 - z) \bar{j} + (3xz^2 - y) \bar{k}$ is irrotational. Corresponding scalar function ϕ satisfying $\bar{F} = \nabla \phi$ is (2)

(A) $3x^2 y + z^3 x - yz + c$ (B) $3x^2 y + z^2 x + c$

(C) $6x^2 y + x^3 + xy - yz + c$ (D) $x^2 y + z^3 x - y^3 + c$

48. For irrotational vector field $\bar{F} = (x + 2y + 4z) \bar{i} + (2x - 3y - z) \bar{j} + (4x - y + 2z) \bar{k}$, scalar function ϕ such that $\bar{F} = \nabla \phi$ is (2)

(A) $\dfrac{x^2}{2} + 2xy + 4xz - \dfrac{3}{2} y^2 - yz + z^2 + c$ (B) $x^2 + xy + xz - y^2 - yz + z^2 + c$

(C) $\dfrac{x^2}{2} + 2xy + 4xz - \dfrac{1}{2} y^2 - yz + c$ (D) $\dfrac{x^2}{2} + y^2 + 4xz - yz + 2z^2 + c$

49. For irrotational vector field $\bar{F} = (2xz^3 + 6y)\bar{i} + (6x - 2yz)\bar{j} + (3x^2z^2 - y^2)\bar{k}$, scalar function ϕ such that $\bar{F} = \nabla\phi$ is (2)

(A) $x^2z^3 + 3y^2 + 3x^2 - \dfrac{y^3}{3} + c$

(B) $x^2z^3 + 6xy + 3x^2 - 2y^2z + x^2z^3 + c$

(C) $xz^3 + 6xy + y^2z + \dfrac{y^3}{3} + c$

(D) $x^2z^3 + 6xy - y^2z + c$

50. For irrotational vector field $\bar{F} = (y^2 \cos x + z^2)\bar{i} + (2y \sin x - 4)\bar{j} + (2xz + 2)\bar{k}$, scalar function ϕ such that $\bar{F} = \nabla\phi$ is (2)

(A) $-y^2 \sin x + z^2x + y^2 \sin x + xz^2 + c$

(B) $y^2 \sin x + z^2x - 4y + 2z + c$

(C) $y^2 \cos x + z^2x + y^2 \sin x - 4y + xz^3 + c$

(D) $\dfrac{y^2}{3} \sin x + z^3y + 2y \cos x - 4x + c$

51. If $\bar{F} = yz\,\bar{i} + zx\,\bar{j} + xy\,\bar{k}$ and $\bar{F} = \nabla\phi$, then ϕ is given by (2)

(A) $x + y + z + c$

(B) $x^2 + y^2 + z^2 + c$

(C) $xyz + c$

(D) $x^2 + y + z + c$

52. If $\nabla\phi = (y^2 + 2y + z)\bar{i} + (2xy + 2x)\bar{j} + x\,\bar{k}$ and $\phi(1, 1, 0) = 5$ then ϕ is (2)

(A) $xy^2 + 4xy + 2zx + xy^2 - 5$

(B) $xy^2 + 2xy + zx + 2$

(C) $xy^2 + xy + zx + 2$

(D) $xy^2 + 2xy + 2zx + y^2 - 2$

53. If $\bar{F} = r^2\,\bar{r}$ is conservative, then scalar ϕ associated with it is given by (2)

(A) $\dfrac{r^4}{4} + c$

(B) $\dfrac{r^2}{2} + c$

(C) $\dfrac{r^3}{3} + c$

(D) $r + c$

54. If $\nabla\{f(r)\,\bar{r}\} = 0$, then $f(r)$ is given by (c is constant) (2)

(A) $\dfrac{c}{r^2}$

(B) $\dfrac{c}{r}$

(C) $\dfrac{c}{r^4}$

(D) $\dfrac{c}{r^3}$

Answers

1. (B)	2. (A)	3. (D)	4. (C)	5. (D)	6. (A)	7. (B)	8. (C)
9. (A)	10. (C)	11. (D)	12. (B)	13. (A)	14. (D)	15. (B)	16. (C)
17. (B)	18. (D)	19. (A)	20. (C)	21. (B)	22. (A)	23. (C)	24. (D)
25. (A)	26. (A)	27. (D)	28. (C)	29. (B)	30. (C)	31. (A)	32. (D)
33. (B)	34. (A)	35. (C)	36. (D)	37. (B)	38. (B)	39. (D)	40. (A)
41. (C)	42. (B)	43. (B)	44. (C)	45. (D)	46. (D)	47. (A)	48. (A)
49. (D)	50. (B)	51. (C)	52. (B)	53. (A)	54. (D)		

UNIT - V : VECTOR INTEGRAL CALCULUS AND APPLICATIONS
CHAPTER NINE

VECTOR INTEGRATION

9.1 LINE INTEGRAL

Uptil now we have discussed various aspects of vector differentiation. We shall now consider integration of vector point functions. Let $\overline{F}(x, y, z)$ be a vector point function defined in certain region of the space. 'C' is some smooth continuous curve in this region. Let $P(\overline{r})$ be certain point on the curve 'C' at which $\overline{F}$ acts in a direction shown (See Fig. 9.1).

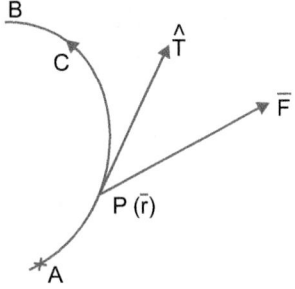

Fig. 9.1

$\hat{T}$ is unit tangent vector at P. Integral of tangential component of $\overline{F}$ along the curve 'C' between some fixed points A and B is denoted by $\int_{C:A}^{B} \overline{F} \cdot \hat{T} \, ds$ [δs is an arc element] and is called line integral of $\overline{F}$ along the curve C between points A and B. In general, line integral along the curve 'C' is written as $\int_{C} \overline{F} \cdot \hat{T} \, ds$, if the curve 'C' is closed one, it is written as $\oint_{C} \overline{F} \cdot \hat{T} \, ds$.

$\overline{F} \cdot \hat{T} \, \delta s$ represents work done in the force field $\overline{F}$ in displacing the particle of unit mass through distance δs along the curve 'C'. Integration being summation process. $\int_{C:A}^{B} \overline{F} \cdot \hat{T} \, ds$ will represent work done in moving a particle of unit mass along the curve 'C' from A to B in the force field $\overline{F}$. This is the physical interpretation of Line integration.

For evaluation of line integral,

$$\hat{T} = \frac{d\overline{r}}{ds} \text{ hence } \int_{C} \overline{F} \cdot \hat{T} \, ds = \int_{C} \overline{F} \cdot \frac{d\overline{r}}{ds} \, ds = \int_{C} \overline{F} \cdot d\overline{r}$$

$\therefore \quad \boxed{\text{A line integral} = \int_{C} \overline{F} \cdot d\overline{r}}$

(9.1)

This form is quite convenient for calculating the value of the integral.

Let
$$\bar{F} = F_1\bar{i} + F_2\bar{j} + F_3\bar{k}$$

$$d\bar{r} = \bar{i}\,dx + \bar{j}\,dy + \bar{k}\,dz$$

$$\therefore \int_C \bar{F} \cdot d\bar{r} = \int_C (F_1\bar{i} + F_2\bar{j} + F_3\bar{k}) \cdot (\bar{i}\,dx + \bar{j}\,dy + \bar{k}\,dz)$$

$$= \int_C F_1\,dx + F_2\,dy + F_3\,dz$$

$$\therefore \boxed{\text{A line integral} = \int_C \bar{F} \cdot d\bar{r} = \int_C F_1\,dx + F_2\,dy + F_3\,dz}$$

As an illustration, consider $\bar{F} = x^2\bar{i} + xy\,\bar{j}$, we shall obtain $\int_C \bar{F} \cdot d\bar{r}$ for the two cases (i) C is the curve $y^2 = x$ joining (0, 0) and (1, 1). (ii) C is the curve $y = x$ joining the same points.

$$\int_C \bar{F} \cdot d\bar{r} = \int_C (x^2\bar{i} + xy\,\bar{j}) \cdot (\bar{i}\,dx + \bar{j}\,dy) = \int_C x^2\,dx + xy\,dy$$

(i) Consider the parabolic path OP joining (0, 0) and (1, 1).

Equation of parabola is $y^2 = x$

$\therefore \quad 2y\,dy = dx$

$$\therefore \int_C x^2\,dx + xy\,dy = \int_0^1 y^4 \cdot 2y\,dy + y^2 \cdot y\,dy$$

$$= \int_0^1 (2y^5 + y^3)\,dy$$

$$= \left[2\frac{y^6}{6} + \frac{y^4}{4}\right]_0^1$$

$$= \frac{1}{3} + \frac{1}{4} = \frac{7}{12}$$

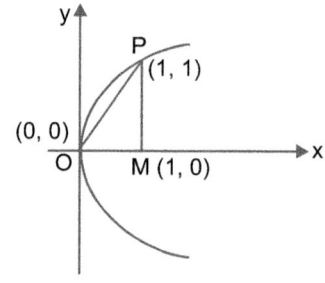

Fig. 9.2

(ii) Consider the straight line path $y = x$ joining (0, 0) and (1, 1).

$$y = x \qquad \therefore dy = dx$$

$$\therefore \int_C x^2\,dx + xy\,dy = \int_0^1 x^2\,dx + x \cdot x\,dx = \int_0^1 (x^2 + x^2)\,dx = 2\left[\frac{x^3}{3}\right]_0^1 = \frac{2}{3}$$

Thus we get different values for different paths.

Normally the value of line integral $\int_{C:A}^{B} \bar{F} \cdot d\bar{r}$ depends upon the curve C joining the points A and B i.e. we get different values of line integrals along the different curves joining the same points. But if $\bar{F}$ is expressible as gradient of scalar point function ϕ.

i.e. $\bar{F} = (\nabla \phi)$ then $\int_{C:A}^{B} \bar{F} \cdot d\bar{r} = \int_{C:A}^{B} \nabla \phi \cdot d\bar{r} = \int_{C:A}^{B} d\phi = \phi)\Big|_{A}^{B} = \phi_B - \phi_A$

Thus in this case, the value of the line integral depends upon the value that ϕ takes at A and B irrespective of the curve joining A and B. Such field $\bar{F} = \nabla \phi$ is called **conservative field**.

In particular for a closed path integration in a conservative field,

$$\oint_C \bar{F} \cdot d\bar{r} = \oint_C \nabla \phi \cdot dr = \oint_C d\phi = \phi\Big|_A^A = \phi_A - \phi_A = 0$$

[For a closed curve, starting point and end point are the same.]

$\oint_C \bar{F} \cdot d\bar{r}$ for a closed curve 'C' is called **circulation**, which is zero in a conservative field. Physically it means, work done in carrying a particle of unit mass along a closed curve in a conservative force field is zero.

It may also be noted that conservative force field $\bar{F} = \nabla \phi$ is also irrotational, for $\nabla \times \bar{F} = \nabla \times \nabla \phi = 0$.

As an illustration, consider the conservative (irrotational) field $\bar{F} = x^2 \bar{i} + y^2 \bar{j}$ (This field can be easily seen to be an irrotational field) and let us find $\int_C \bar{F} \cdot d\bar{r}$ along the same two paths considered in earlier problem.

(i) Consider the path $y^2 = x$ joining (0, 0) and (1, 1).

$$\int_C \bar{F} \cdot d\bar{r} = \int_C x^2 dx + y^2 dy$$

Now $2y \, dy = dx$ $\therefore \int_C \bar{F} \cdot d\bar{r} = \int_0^1 y^4 \cdot 2y \, dy + y^2 \, dy = \int_0^1 (2y^5 + y^2) \, dy$

$$= \left[2\frac{y^6}{6} + \frac{y^3}{3}\right]_0^1 = \frac{2}{6} + \frac{1}{3} = \frac{2}{3}$$

(ii) Consider the path $y = x$ (straight line).

$$\int_C \bar{F} \cdot d\bar{r} = \int_C x^2 dx + y^2 dy, \qquad [x = y \Rightarrow dx = dy]$$

$$= \int_0^1 y^2 dy + y^2 dy = \int_0^1 2y^2 dy = 2 \cdot \frac{y^3}{3}\Big|_0^1 = \frac{2}{3}$$

To illustrate the point further, consider the path OMP (See Fig. 9.2).

(iii) $\quad \int_C \bar{F} \cdot d\bar{r} = \int_{OM} \bar{F} \cdot d\bar{r} + \int_{MP} \bar{F} \cdot d\bar{r}$

$\qquad\qquad\quad = \int_{OM} x^2\, dx + y^2\, dy + \int_{MP} x^2\, dx + y^2\, dy$

along OM, $y = 0, \; dy = 0$

along MP, $x = 1, \; dx = 0$

$\int_C \bar{F} \cdot d\bar{r} = \int_0^1 x^2\, dx + \int_0^1 y^2\, dy = \left.\dfrac{x^3}{3}\right]_0^1 + \left.\dfrac{y^3}{3}\right]_0^1 = \dfrac{1}{3} + \dfrac{1}{3} = \dfrac{2}{3}$

Values of $\int_C \bar{F} \cdot d\bar{r}$ come out to be the same for all the three paths joining (0, 0) and (1, 1) because $\bar{F}$ is conservative.

9.2 GREEN'S LEMMA

Consider the closed curve C enclosing an area A. Let $u(x, y)$, $v(x, y)$ and their first partials $\dfrac{\partial u}{\partial x}$, $\dfrac{\partial u}{\partial y}$, $\dfrac{\partial v}{\partial x}$, $\dfrac{\partial v}{\partial y}$ be continuous and single valued over the region bounded by the curve C, then

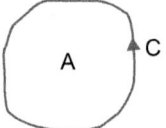

Fig. 9.3

$$\oint_C u\, dx + v\, dy = \iint_A \left(\dfrac{\partial v}{\partial x} - \dfrac{\partial u}{\partial y}\right) dx\, dy$$

To express it in vector form

let $\bar{F} = u\,\bar{i} + v\,\bar{j}$ [a vector function in xy plane]

$$\nabla \times \bar{F} = \begin{vmatrix} \bar{i} & \bar{j} & \bar{k} \\ \dfrac{\partial}{\partial x} & \dfrac{\partial}{\partial y} & \dfrac{\partial}{\partial z} \\ u & v & 0 \end{vmatrix}$$

$\qquad\qquad = \bar{i}\left(0 - \dfrac{\partial v}{\partial z}\right) + \bar{j}\left(\dfrac{\partial u}{\partial z} - 0\right) + \bar{k}\left(\dfrac{\partial v}{\partial x} - \dfrac{\partial u}{\partial y}\right)$

as the vector function is in xy plane

$\therefore \quad z = 0 \qquad \therefore \quad \dfrac{\partial v}{\partial z} = \dfrac{\partial u}{\partial z} = 0$

$$\therefore \quad \nabla \times \bar{F} = \bar{k}\left(\frac{\partial v}{\partial x} - \frac{\partial u}{\partial y}\right)$$

$$\bar{k} \cdot (\nabla \times \bar{F}) = \bar{k} \cdot \bar{k}\left(\frac{\partial v}{\partial x} - \frac{\partial u}{\partial y}\right) = \frac{\partial v}{\partial x} - \frac{\partial u}{\partial y}$$

dx dy = dS is an area element in xy plane.

$$\therefore \quad \iint_A \left(\frac{\partial v}{\partial x} - \frac{\partial u}{\partial y}\right) dx\, dy \text{ can be expressed as } \iint \bar{k} \cdot (\nabla \times \bar{F})\, dS$$

$$\oint_C u\, dx + v\, dy = \oint_C \bar{F} \cdot d\bar{r}$$

Thus the Green's Lemma can be expressed in vector form as

$$\oint_C \bar{F} \cdot d\bar{r} = \iint_A \bar{k} \cdot (\nabla \times \bar{F})\, dS.$$

To illustrate the use of Green's Lemma in evaluation of line integral, consider the following example.

Evaluate $\oint_C (\cos y\, \bar{i} + x(1 - \sin y)\, \bar{j}) \cdot d\bar{r}$ for a closed curve which is given by $x^2 + y^2 = 1, z = 0$. **(Dec. 2006, 2007)**

Given integral is written as

$$I = \oint_C \cos y\, dx + \{x(1 - \sin y)\}\, dy.$$

Here $\quad u = \cos y, \quad v = x(1 - \sin y)$

$$\frac{\partial v}{\partial x} = 1 - \sin y, \quad \frac{\partial u}{\partial y} = -\sin y$$

$$I = \iint_A \left(\frac{\partial v}{\partial x} - \frac{\partial u}{\partial y}\right) dy\, dx \quad [A \text{ is the area of circle } x^2 + y^2 = 1]$$

$$I = \iint_A (1 - \sin y + \sin y)\, dx\, dy$$

$$= \iint_A dx\, dy$$

$$= \pi \cdot (1)^2 = \pi, \quad \left[\text{The area of the circle is given by } \iint_A dx\, dy\right]$$

Consider some more illustrations on the line integration.

ILLUSTRATIONS

Ex. 1 : Evaluate $\int_C \bar{F} \cdot d\bar{r}$ for $\bar{F} = 3x^2 \bar{i} + (2xz - y) \bar{j} + z \bar{k}$ along the following paths :

(i) The straight line joining (0, 0, 0) and (2, 1, 3). **(May 2008, 2010)**

(ii) The curve $x = 2t^2$, $y = t$, $z = 4t^2 - t$ from $t = 0$ to $t = 1$.

(iii) Along the curve defined by $x^2 = 4y$, $3x^3 = 8z$ from $x = 0$ to $x = 2$. **(Nov. 2015)**

Sol. : (i) $\int_C \bar{F} \cdot d\bar{r} = \int_C 3x^2 dx + (2xz - y) dy + z \, dz$

Along the straight line joining (0, 0, 0) and (2, 1, 3) which is given by $\frac{x}{2} = \frac{y}{1} = \frac{z}{3} = t$

i.e. $x = 2t$, $y = t$, $z = 3t$ and $dx = 2 \, dt$, $dy = dt$, $dz = 3 \, dt$ and t varies from 0 to 1 along the path.

$$\int_C \bar{F} \cdot d\bar{r} = \int_0^1 3(4t^2) 2 \, dt + (12t^2 - t) \, dt + 3t \cdot 3 \, dt$$

$$= \int_0^1 (24t^2 + 12t^2 - t + 9t) \, dt = \int_0^1 (36t^2 + 8t) \, dt$$

$$= \left[36 \frac{t^3}{3} + 8 \frac{t^2}{2} \right]_0^1 = \frac{36}{3} + \frac{8}{2} = 12 + 4 = 16$$

(ii) Along the curve $x = 2t^2$, $y = t$, $z = 4t^2 - t$

$dx = 4t \, dt$, $dy = dt$, $dz = (8t - 1) \, dt$

$$\int_C \bar{F} \cdot d\bar{r} = \int_0^1 3(4t^4) 4t \, dt + (16t^4 - 4t^3 - t) \, dt + (4t^2 - t)(8t - 1) \, dt$$

$$= \int_0^1 (48t^5 + 16t^4 - 4t^3 - t + 32t^3 - 12t^2 + t) \, dt$$

$$= \int_0^1 (48t^5 + 16t^4 + 28t^3 - 12t^2) \, dt$$

$$= \left[48 \frac{t^6}{6} + 16 \frac{t^5}{5} + 28 \frac{t^4}{4} - 12 \frac{t^3}{3} \right]_0^1 = 8 + \frac{16}{5} + 7 - 4 = 11 + \frac{16}{5} = \frac{71}{5}$$

(iii) Along the curve $x^2 = 4y$, $3x^3 = 8z$ from $x = 0$ to $x = 2$.

The parametric equations may be taken as

$x = 2t$, $y = t^2$, $z = 3t^3$ (from $t = 0$ to $t = 1$)

$dx = 2 \, dt$, $dy = 2t \, dt$, $dz = 9t^2 \, dt$

$$\int_C \overline{F} \cdot d\overline{r} = \int_0^1 3(4t^2)\, 2t\, dt + (12t^4 - t^2)\, 2t\, dt + 3t^3 \cdot 9t^2\, dt$$

$$= \int_0^1 (24t^2 + 24t^5 - 2t^3 + 27t^5)\, dt = \int_0^1 (51\, t^5 - 2t^3 + 24\, t^2)\, dt$$

$$= 51\frac{t^6}{6} - 2\frac{t^4}{4} + 24\frac{t^3}{3} \Big]_0^1$$

$$= \frac{51}{6} - \frac{1}{2} + 8 = \frac{51 - 3 + 48}{6} = \frac{96}{6} = 16$$

Ex. 2 : *Find the work done in moving a particle once round the ellipse $\frac{x^2}{25} + \frac{y^2}{16} = 1$, $z = 0$ under the field of force given by*

$$\overline{F} = (2x - y + z)\,\overline{i} + (x + y - z^2)\,\overline{j} + (3x - 2y + 4z)\,\overline{k}$$

Is the field conservative ? **(May 2010, Dec. 2011)**

Sol. : Work done, $\quad W = \oint_C (2x - y + z)\, dx + (x + y - z^2)\, dy + (3x - 2y + 4z)\, dz$

where, C is the arc of the ellipse.

Since $\qquad z = 0 \qquad \therefore\ dz = 0$

$\therefore \qquad W = \oint_C (2x - y)\, dx + (x + y)\, dy$

Taking the parametric equations of the ellipse

$$x = 5\cos\theta,\ y = 4\sin\theta$$
$$dx = -5\sin\theta\, d\theta,\ dy = 4\cos\theta\, d\theta$$

$$W = \int_0^{2\pi} (10\cos\theta - 4\sin\theta)(-5\sin\theta)\, d\theta + (5\cos\theta + 4\sin\theta)(4\cos\theta)\, d\theta$$

$$= \int_0^{2\pi} \{-50\sin\theta\cos\theta + 20\sin^2\theta + 20\cos^2\theta + 16\sin\theta\cos\theta\}\, d\theta$$

$$= \int_0^{2\pi} 20(\sin^2\theta + \cos^2\theta)\, d\theta - 34 \int_0^{2\pi} \sin\theta\cos\theta\, d\theta$$

$$= 20\,[\theta]_0^{2\pi} = 40\pi \qquad \left[\because \int_0^{2\pi} \sin\theta\cos\theta\, d\theta = 0 \right]$$

Since the work done is not zero, the vector field is not conservative.

Ex. 3 : *Verify Green's theorem for the field* $\bar{F} = x^2\,\bar{i} + xy\,\bar{j}$ *over the region R enclosed by* $y = x^2$ *and then line* $y = x$. **(Dec. 2008, 2012)**

Sol. : By Green's theorem

$$\oint_C u\,dx + v\,dy = \iint_R \left(\frac{\partial v}{\partial x} - \frac{\partial u}{\partial y}\right) dx\,dy$$

$$\text{L.H.S.} = \oint_C x^2\,dx + xy\,dy = \int_{OP} x^2\,dx + xy\,dy + \int_{PAO} x^2\,dx + xy\,dy$$

$$= I_1 + I_2$$

For
$$I_1 = \int_{OP} x^2\,dx + xy\,dy$$

$$y = x, \quad \therefore \quad dy = dx$$

$$\therefore \quad I_1 = \int_0^1 x^2\,dx + x^2\,dx = 2\left[\frac{x^3}{3}\right]_0^1 = \frac{2}{3}$$

For
$$I_2 = \int_{PAO} x^2\,dx + xy\,dy$$

$$y = x^2, \quad \therefore \quad dy = 2x\,dx$$

$$= \int x^2\,dx + x \cdot x^2 \cdot 2x\,dx$$

$$= \int_1^0 (x^2 + 2x^4)\,dx$$

$$= \left[\frac{x^3}{3} + 2\frac{x^5}{5}\right]_1^0 = -\frac{1}{3} - \frac{2}{5} = \frac{-11}{15}$$

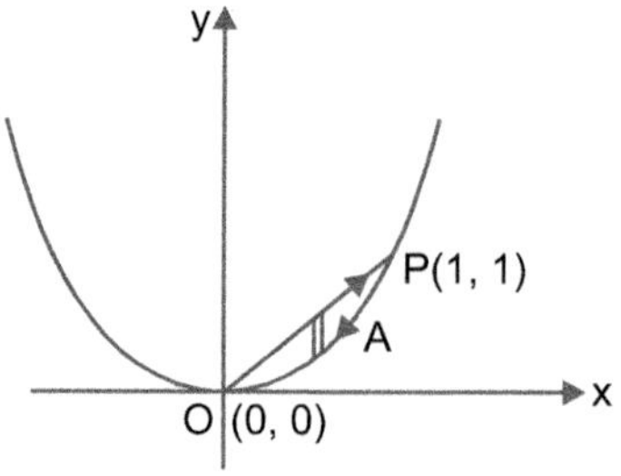

Fig. 9.4

$$\therefore \quad \text{L.H.S.} = I_1 + I_2 = \frac{2}{3} - \frac{11}{15} = \frac{10 - 11}{15} = -\frac{1}{15}$$

Now,
$$\text{R.H.S.} = \iint_R \left(\frac{\partial v}{\partial x} - \frac{\partial u}{\partial y}\right) dx\,dy$$

Put $v = xy$, $u = x^2$
$$= \int_0^1 \int_{x^2}^{x} (y - 0)\,dx\,dy = \int_0^1 \left[\frac{y^2}{2}\right]_{x^2}^{x} dx$$

$$= \frac{1}{2} \int_0^1 (x^2 - x^4)\,dx = \frac{1}{2} \left[\frac{x^3}{3} - \frac{x^5}{5}\right]_0^1$$

$$\therefore \quad \text{R.H.S.} = \frac{1}{2}\left[\frac{1}{3} - \frac{1}{5}\right] = \frac{1}{15} \quad \text{and} \quad \text{L.H.S.} = -\frac{1}{15}$$

L.H.S. value is with –ve sign ($\because$ the path is considered clockwise.)

Hence the theorem is verified.

Ex. 4 : *Verify Green's theorem for* $\bar{F} = x\bar{i} + y^2\bar{j}$ *over the first quadrant of the circle* $x^2 + y^2 = a^2$.

Sol. :

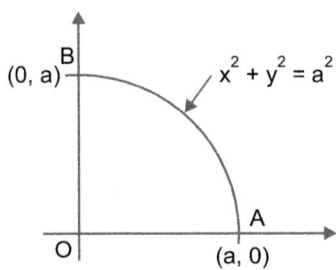

Fig. 9.5

$$I = \int F \cdot d\bar{r} = \int_{OABO} x\, dx + y^2\, dy$$

By Green's theorem,

$$I = \int_C P\, dx + Q\, dy = \iint_A \left(\frac{\partial Q}{\partial x} - \frac{\partial P}{\partial y}\right) dx\, dy$$

$$Q = y^2, \quad \frac{\partial Q}{\partial x} = 0, \quad P = x, \quad \frac{\partial P}{\partial y} = 0$$

∴ $\iint_A \left(\frac{\partial Q}{\partial x} - \frac{\partial P}{\partial y}\right) dx\, dy = 0$

$\int_C x\, dx + y^2\, dy$ where, C is the path OABO

Along OA, $y = 0, \quad dy = 0, \quad I_1 = \int_0^a x\, dx = \left[\frac{x^2}{2}\right]_0^a = \frac{a^2}{2}$

Along arc AB, $x = a\cos\theta, \quad y = a\sin\theta$
$dx = -a\sin\theta\, d\theta, \quad dy = a\cos\theta\, d\theta$

$$I_2 = \int_{AB} x\, dx + y^2\, dy = \int_0^{\pi/2} (-a^2\sin\theta\cos\theta + a^3\sin^2\theta\cos\theta)\, d\theta$$

$$= a^2\left[-\frac{1.1}{2} + \frac{1.1}{3.1}a\right] = \frac{-a^2}{2} + \frac{a^3}{3}$$

$I_3 = \int_{BO} y^2\, dy$ as $dx = 0$

$$= \left[\frac{y^3}{3}\right]_a^0 = -\frac{a^3}{3}$$

∴ $I = \frac{a^2}{2} - \frac{a^2}{2} + \frac{a^3}{3} - \frac{a^3}{3} = 0$ [Adding I_1, I_2, I_3]

L.H.S. = R.H.S.

∴ Green's theorem is verified.

Ex. 5 : *Using Green's theorem, show that the area bounded by a simple closed curve C is given by $\frac{1}{2} \int x\,dy - y\,dx$. Hence find the area of the ellipse $x = a\cos\theta$, $y = b\sin\theta$.*

Sol. : By Green's theorem, **(May 2007)**

$$\oint_C P\,dx + Q\,dy = \iint_A \left(\frac{\partial Q}{\partial x} - \frac{\partial P}{\partial y}\right) dx\,dy$$

Comparing $\oint_C P\,dx + Q\,dy$ with $\frac{1}{2}\int x\,dy - y\,dx$

we get $P = -\frac{y}{2}$, $Q = \frac{x}{2}$

$\therefore \quad \frac{\partial Q}{\partial x} = \frac{1}{2}, \quad \frac{\partial P}{\partial y} = -\frac{1}{2}$

$\therefore \quad \frac{1}{2}\oint_C x\,dy - y\,dx = \iint_A \left(\frac{1}{2} + \frac{1}{2}\right) dx\,dy = \iint_A dx\,dy$

i.e. the area bounded by closed curve.

In case of ellipse $x = a\cos\theta$, $y = b\sin\theta$

$\frac{1}{2}\oint_C x\,dy - y\,dx = \frac{1}{2}\int (a\cos\theta\, b\cos\theta + b\sin\theta\, a\sin\theta)\,d\theta$

$= \frac{1}{2}\int_0^{2\pi} ab(\cos^2\theta + \sin^2\theta)\,d\theta = \frac{1}{2}ab\,[\theta]_0^{2\pi}$

$= \frac{1}{2}ab \cdot 2\pi = \pi ab$ which is the area of the ellipse.

EXERCISE 9.1

1. Show that $\int_C \phi\nabla\phi \cdot d\bar{r} = 0$ for any closed curve C.

2. Evaluate $\int_C \bar{F} \cdot d\bar{r}$ for $\bar{F} = (2x + y)\bar{i} + (3y - x)\bar{j}$ and C is the curve
   (i) Straight line joining (0, 0) and (3, 2)
   (ii) Along the path joining (0, 0) and (2, 0) and then from (2, 0) to (0, 3).

   Ans. (i) 15, (ii) $\frac{15}{2}$

3. Evaluate $\int_C \bar{F} \cdot d\bar{r}$ for $\bar{F} = (2y + 3)\bar{i} + xz\bar{j} + (yz - x)\bar{k}$ along the following paths :
   (i) $x^2 = 2t^2$, $y = t$, $z = t^3$ from $t = 0$ to $t = 1$. **(May 2006)**
   (ii) The straight lines from (0, 0, 0) to (0, 0, 1), then to (0, 1, 1) and then to (2, 1, 1).
   (iii) The straight line joining (0, 0, 0) and (3, 1, 1).

   Ans. (i) $\frac{483\sqrt{2} + 60}{140}$, (ii) 10, (iii) $\frac{71}{6}$

4. A vector field is given by

$$\overline{F} = \sin y\,\overline{i} + x(1 + \cos y)\,\overline{j},$$ evaluate the integral $\int_C \overline{F} \cdot d\overline{r}$

where, C is the ellipse $\dfrac{x^2}{a^2} + \dfrac{y^2}{b^2} = 1,\ z = 0.$ **Ans.** πab **(May 2005)**

5. Find the work done in moving a particle from $(0, 1, -1)$ to $\left(\dfrac{\pi}{2}, -1, 2\right)$ in a force field

$$\overline{F} = (y^2 \cos x + z^3)\,\overline{i} + (2y \sin x - 4)\,\overline{j} + (3xz^2 + 2)\,\overline{k}.$$ Is the field conservative?

Ans. $15 + 4\pi$ **(May 2007, Dec. 2008)**

6. If $\overline{F} = (2x + y^2)\,\overline{i} + (3y - 4x)\,\overline{j}$ then evaluate $\int_C \overline{F} \cdot d\overline{r}$ around the following paths:

   (i) Triangle ABC where A, B, C have the co-ordinates $(0, 0)$, $(2, 0)$, $(2, 1)$ respectively.

   (ii) The parabolic arc $y = x^2$ joining $(0, 0)$ and $(1, 1)$.

   (iii) The parabolic arc $y^2 = x$ joining $(0, 0)$ and $(1, 1)$. **(May 2012, 2014)**

   Ans. (i) $-\dfrac{14}{3}$, (ii) $\dfrac{1}{30}$, (iii) $\dfrac{5}{3}$

7. Find the work done in moving a particle along $x = a \cos\theta$, $y = a \sin\theta$, $z = b\theta$ from $\theta = \dfrac{\pi}{4}$ to $\theta = \dfrac{\pi}{2}$ under a field of force given by

$$\overline{F} = -3a \sin^2\theta \cos\theta\,\overline{i} + a(2\sin\theta - 3\sin^3\theta)\,\overline{j} + b\sin 2\theta\,\overline{k}.$$ **(Dec. 06) Ans.** $\dfrac{a^2 + b^2}{2}$

8. Find work done by the force $(x^2 - yz)\,\overline{i} + (y^2 - zx)\,\overline{j} + (z^2 - xy)\,\overline{k}$ in taking a particle from $(1, 1, 1)$ to $(3, -5, 7)$. **Ans.** $\left(\dfrac{560}{3}\right)$

(May 2005, 2006; Dec. 2012)

9. Evaluate $\oint_C \overline{F} \cdot d\overline{r}$ where $\overline{F} = \sin z\,\overline{i} + \cos x\,\overline{j} + \sin y\,\overline{k}$ and C is the boundary of the rectangle $0 \le x \le \pi$ and $0 \le y \le 1$ and $z = 3$. **(May 2012) Ans.** -2

10. If $\overline{F} = (2xy + 3z^2)\,\overline{i} + (x^2 + 4yz)\,\overline{j} + (2y^2 + 6xz)\,\overline{k}$, evaluate $\int_C \overline{F} \cdot d\overline{r}$ where C is the curve $x = t$, $y = t^2$, $z = t^3$ joining the points $(0, 0, 0)$ and $(1, 1, 1)$.

(Dec. 04, 05, 2014) Ans. 6

11. If $\bar{F} = \dfrac{1}{x^2+y^2}(-y\,\bar{i} + x\,\bar{j})$ then show that $\oint_C \bar{F} \cdot d\bar{r} = 2\pi$, where, C is a circle containing the origin. **(May 2006, Dec. 2014)**

12. Verify green's theorem for $\bar{F} = x\bar{i} + y^2\bar{j}$ over the first quadrant of the circle $x^2 + y^2 = 1$.

9.3 SURFACE INTEGRAL

The surface integral of a vector point function $\bar{F}$ over a surface S is defined as the integral of the normal component of $\bar{F}$ taken over the surface S.

Consider a surface S (Fig. 9.6). Let $\bar{F}$ act at P enclosed by an element of area δS, $\hat{n}$ is a unit vector normal to the surface at P. Normal component of $\bar{F}$ is given by $\bar{F} \cdot \hat{n}$. The surface integral can be expressed as

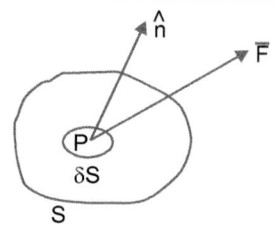

Fig. 9.6

$$\int_S \bar{F} \cdot \hat{n}\, dS \quad \text{or} \quad \iint_S (\bar{F} \cdot \hat{n})\, dS$$

If we write $d\bar{S} = \hat{n}\, dS$, the above integral can also be written as

$$\int_S \bar{F} \cdot d\bar{S} \quad \text{or} \quad \iint_S \bar{F} \cdot d\bar{S}$$

Physically the surface integral of a vector function $\bar{F}$ expresses the normal flux through a surface. If $\bar{F}$ represents velocity vector $\bar{q}$ of a fluid, the surface integral of $\bar{q}$ over a closed surface, represents the rate of flow of fluid through the surface.

We shall now consider an important theorem known as Gauss-Divergence theorem, which connects a surface integral with volume integral.

9.4 GAUSS-DIVERGENCE THEOREM

Statement : Gauss-Divergence theorem states that **the surface integral of the normal component of a vector point function $\bar{F}$ over a closed surface S is equal to the volume integral of the Divergence of $\bar{F}$ taken throughout the volume V enclosed by the surface S.**

It is written as

$$\boxed{\iint_S \bar{F} \cdot \hat{n}\, dS = \iiint_V \nabla \cdot \bar{F}\, dV} \qquad \ldots (1)$$

Here $\hat{n}$ is a unit vector at a point P enclosed by an element of area δS, along an outward drawn normal to the surface at P.

Equation (1) sometimes, could also be expressed in the form

$$\int_S \overline{F} \cdot d\overline{S} = \int_V \nabla \cdot \overline{F} \, dV$$

where $\quad d\overline{S} = \hat{n} \, dS$

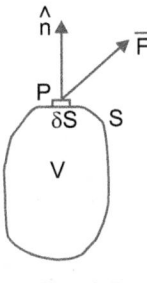

Fig. 9.7

Proof : Let S be a closed surface which is such that any line parallel to the co-ordinate axes cuts S in atmost two points. Let the equations of the upper and lower portions be $z = f(x, y)$ and $z = \phi(x, y)$ respectively. Let the projection on the xy plane be R.

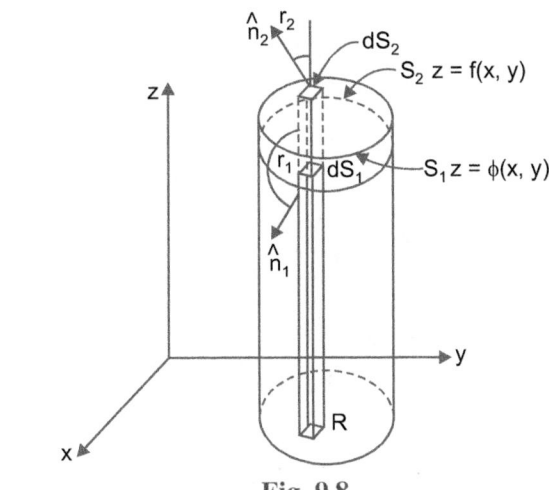

Fig. 9.8

Let, $\quad\quad\quad \overline{F} = F_1 \hat{i} + F_2 \hat{j} + F_3 \hat{k}$

Consider $\quad \iiint_V \frac{\partial F_3}{\partial z} dV = \iiint_V \frac{\partial F_3}{\partial z} dx \, dy \, dz$

Integrating $\quad = \iint_R \left[\int_{\phi(x, y)}^{f(x, y)} \frac{\partial F_3}{\partial z} dz \right] dx \, dy$

$\quad\quad\quad\quad\quad = \iint_R F_3(x, y, z) \Big\}_{z=\phi(x, y)}^{z=f(x, y)} dx \, dy$

$\quad\quad\quad\quad\quad = \iint_R \{F_3(x, y, f) - F_3(x, y, \phi)\} dx \, dy$

For the upper portion S_2, $dx \, dy = \cos \gamma_2$, $dS_2 = \overline{k} \cdot \hat{n}_2 \, dS_2$.

For the lower portion S_1, $dx\,dy = -\cos\gamma_1$, $dS_1 = -\bar{k} \cdot \hat{n}_1\, dS_1$

(Since the normal $\hat{n}_1$ to S_1 makes an obtuse angle γ_1 with $\bar{k}$)

Now
$$\iint_R F_3(x, y, f)\, dx\, dy = \iint_{S_2} F_3\, \bar{k} \cdot \hat{n}_2\, dS_2$$

$$\iint_R F_3(x, y, \phi)\, dx\, dy = -\iint_{S_1} F_3\, \bar{k} \cdot \hat{n}_1\, dS_1$$

$\therefore \quad \iint_R F_3(x, y, f)\, dx\, dy = -\iint_R F_3(x, y, \phi)\, dx\, dy$

$$= \iint_{S_2} F_3\, \bar{k} \cdot \hat{n}_2\, dS_1 + \iint_{S_1} F_3\, \bar{k} \cdot \hat{n}_1\, dS_1$$

$$= \iint_S F_3\, \bar{k} \cdot \hat{n}\, dS$$

Thus
$$\iiint_V \frac{\partial F_3}{\partial z}\, dV = \iint_S F_3\, \bar{k} \cdot \hat{n}\, dS$$

Similarly by projecting S on the other co-ordinate planes, we can establish that

$$\iiint_V \frac{\partial F_2}{\partial z}\, dV = \iint_S F_2\, \bar{j} \cdot \hat{n}\, dS$$

$$\iiint_V \frac{\partial F_1}{\partial z}\, dV = \iint_S F_1\, \bar{i} \cdot \hat{n}\, dS$$

$\therefore$ Summation gives

$$\iiint_V \left(\frac{\partial F_1}{\partial x} + \frac{\partial F_2}{\partial y} + \frac{\partial F_3}{\partial z}\right) dV = \iint_S (F_1\, \bar{i} + F_2\, \bar{j} + F_3\, \bar{k}) \cdot \hat{n}\, ds$$

or
$$\iiint_V \nabla \cdot \bar{F}\, dV = \iint_S \bar{F} \cdot \hat{n}\, dS$$

which proves the theorem.

ILLUSTRATIONS

Ex. 1 : *Verify Divergence theorem for* $\bar{F} = 4xz\,\bar{i} - y^2\,\bar{j} + yz\,\bar{k}$ *and S, the surface of the cube bounded by the planes* $x = 0$, $x = 2$, $y = 0$, $y = 2$, $z = 0$, $z = 2$. **(Dec. 2005, 2014)**

Sol. : Taking the co-ordinate axes as shown in Fig. 9.9, we proceed to evaluate volume and surface integrals.

$$\nabla \cdot \bar{F} = \frac{\partial}{\partial x}(4xz) + \frac{\partial}{\partial y}(-y^2) + \frac{\partial}{\partial z}(yz) = 4z - 2y + y = 4z - y$$

$$\iiint \nabla \cdot \overline{F} \, dV = \int_{x=0}^{2} \int_{y=0}^{2} \int_{z=0}^{2} (4z - y) \, dx \, dy \, dz$$

$$= \int_{0}^{2} \int_{0}^{2} \left(\frac{4z^2}{2} - yz\right)_{0}^{2} dx \, dy = \int_{0}^{2} \int_{0}^{2} (8 - 2y) \, dx \, dy$$

$$= \int_{0}^{2} \left(8y - \frac{2y^2}{2}\right)_{0}^{2} dx = \int_{0}^{2} (16 - 4) \, dx = 12 \, [x]_{0}^{2} = 24$$

Thus $\iiint_V \nabla \cdot \overline{F} \, dV = 24$

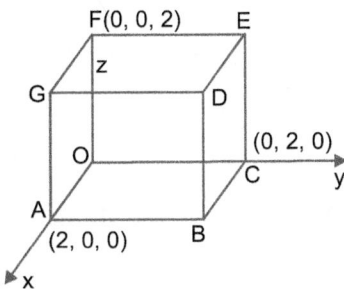

Fig. 9.9

Now to evaluate surface integrals, consider the surfaces $S_1 = OABC$, $S_2 = GDEF$, $S_3 = OAGF$, $S_4 = BCED$, $S_5 = OCEF$, $S_6 = ABDG$.

$$I_1 = \iint_{S_1} \overline{F} \cdot \hat{n} \, dS$$

For S_1, $\hat{n} = -\overline{k}$, $dS = dx \, dy$

$$\overline{F} \cdot \hat{n} = \overline{F} \cdot (-\overline{k}) = (4xz \, \overline{i} - y^2 \overline{j} + yz \, \overline{k}) \cdot (-\overline{k}) = -yz$$

$I_1 = \iint -yz \, dx \, dy$. But $z = 0$ in the plane OABC

$I_1 = 0$

For S_2, $\hat{n} = \overline{k}$, $dS = dx \, dy$, $\overline{F} \cdot \hat{n} = yz$

$I_2 = \iint yz \, dx \, dy$. Here $z = 2$

$$= 2 \int_{0}^{2} \int_{0}^{2} y \, dx \, dy = 2 \int_{0}^{2} \left[\frac{y^2}{2}\right]_{0}^{2} dx = 4 \, [x]_{0}^{2} = 8$$

For S_3, i.e. surface OAGF,

$$\hat{n} = -\overline{j}$$

$$dS = dx\, dz, \quad \bar{F} \cdot \hat{n} = \bar{F} \cdot (-\bar{j}) = y^2$$

$$I_3 = \iint y^2\, dx\, dz. \text{ But } y = 0 \text{ in the plane } S_3$$

$$\therefore \quad I_3 = 0$$

For S_4, i.e. surface BCED, $\hat{n} = \bar{j}$, $dS = dx\, dz$

$$\bar{F} \cdot \hat{n} = -y^2$$

$$I_4 = \int_0^2 \int_0^2 -y^2\, dx\, dz$$

but $y = 2$

$$= -4 \int_0^2 [z]_0^2\, dx = -4 \int_0^2 2\, dx = -8\, [x]_0^2 = -16$$

For S_5, i.e. surface OCEF, $\hat{n} = -\bar{i}$

$$dS = dy\, dz, \quad \bar{F} \cdot \hat{n} = \bar{F} \cdot (-\bar{i}) = -4xz$$

$$I_5 = \int_0^2 \int_0^2 -4xz\, dy\, dz. \text{ But } x = 0 \text{ in this plane}$$

$$\therefore \quad I_5 = 0$$

Lastly for the surface S_6 i.e. ABDG, $\hat{n} = \bar{i}$

$$\bar{F} \cdot \hat{n} = \bar{F} \cdot \bar{i} = 4xz, \quad dS = dy\, dz, \quad x = 2,$$

$$\therefore \quad I_6 = \int_0^2 \int_0^2 4xz\, dy\, dz = \int_0^2 \int_0^2 8z\, dy\, dz$$

$$= 8 \int_0^2 \left[\frac{z^2}{2}\right]_0^2 dy = 16\, [y]_0^2 = 32$$

Thus the surface integral which is the sum of all these integrals

$$= I_1 + I_2 + I_3 + I_4 + I_5 + I_6$$
$$= 0 + 8 + 0 - 16 + 0 + 32 = 24$$

i.e. $\iint_S \bar{F} \cdot \hat{n}\, dS = 24 = \iiint_V \nabla \cdot \bar{F}\, dV$

which verifies the divergence theorem.

Ex. 2 : *Verify the divergence theorem for*

$$\bar{F} = (x + y^2)\, \bar{i} - 2x\, \bar{j} + 2yz\, \bar{k} \qquad \textit{(Nov. 2015)}$$

and the volume of a tetrahedron bounded by co-ordinate planes and the plane $2x + y + 2z = 6$.

Sol. : Let us first evaluate the volume integral.

Given plane cuts-off intercepts 3, 6, 3 on x, y and z axes respectively.

$$\nabla \cdot \bar{F} = \frac{\partial}{\partial x}(x + y^2) + \frac{\partial}{\partial y}(-2x) + \frac{\partial}{\partial z}(2yz)$$

$$= 1 + 0 + 2y = (1 + 2y)$$

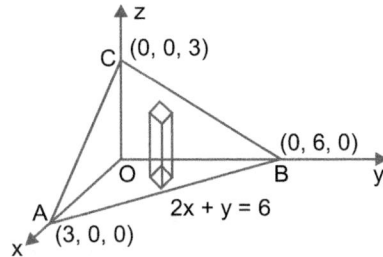

Fig. 9.10

$$\iiint_V \nabla \cdot \bar{F} \, dV = \int_0^3 \int_0^{6-2x} \int_0^{(6-2x-y)/2} (1 + 2y) \, dx \, dy \, dz$$

$$= \int_0^3 \int_0^{6-2x} (1 + 2y) \, [z]_0^{(6-2x-y)/2} \, dx \, dy$$

$$= \int_0^3 \int_0^{6-2x} (1 + 2y) \frac{(6 - 2x - y)}{2} \, dx \, dy$$

$$= \frac{1}{2} \int_0^3 \left\{ (6 - 2x)\left(y + 2\frac{y^2}{2}\right) - \frac{y^2}{2} - 2\frac{y^3}{3} \right\}_0^{6-2x} dx$$

$$= \frac{1}{2} \int_0^3 \left[(6 - 2x)\{6 - 2x + (6 - 2x)^2\} - \frac{(6 - 2x)^2}{2} - \frac{2}{3}(6 - 2x)^3 \right] dx$$

∴ Volume integral $= \frac{1}{2} \left[\frac{(6-2x)^3}{-6} + \frac{(6-2x)^4}{-8} + \frac{(6-2x)^3}{12} + \frac{(6-2x)^4}{12} \right]_0^3$

$$= \frac{1}{2} [36 + 162 - 18 - 108] = 36$$

To evaluate the surface integrals, consider the four surfaces S_1 [plane ABC (S_2) plane $z = 0$], S_3 (plane $y = 0$), S_4 (plane $x = 0$). First consider the surface S_1 whose equation is $2x + y + 2z - 6 = 0$

Let, $\phi = 2x + y + 2z - 6$

$$\frac{\partial \phi}{\partial x} = 2, \quad \frac{\partial \phi}{\partial y} = 1, \quad \frac{\partial \phi}{\partial z} = 2$$

$$\nabla \phi = 2\bar{i} + \bar{j} + 2\bar{k}$$

$$\hat{n} = \frac{2\bar{i} + \bar{j} + 2\bar{k}}{\sqrt{4+1+4}} = \frac{2\bar{i} + \bar{j} + 2\bar{k}}{3}$$

$$\bar{F} \cdot \hat{n} = \left\{ (x+y^2)\bar{i} - 2x\bar{j} + 2yz\bar{k} \right\} \cdot \left\{ \frac{2\bar{i} + \bar{j} + 2\bar{k}}{3} \right\}$$

$$= \frac{1}{3} \{ 2(x+y^2) - 2x + 4yz \}$$

Let dS be an element of area in plane ABC.

Taking its projection in xoy plane, we get dS cos θ = dx dy, where θ is angle between normals to the surfaces S_1 and xoy plane respectively. Unit normal to the xoy plane is $\bar{k}$.

$$\therefore \quad \cos\theta = \hat{n} \cdot \bar{k} \quad \text{or} \quad dS = \frac{dx\,dy}{|\hat{n} \cdot \bar{k}|}$$

In the problem, $\quad \hat{n} = \dfrac{2\bar{i} + \bar{j} + 2\bar{k}}{3}$

$$\hat{n} \cdot \bar{k} = \frac{(2\bar{i} + \bar{j} + 2\bar{k})}{3} \cdot \bar{k} = \frac{2}{3}$$

$$dS = \frac{dx\,dy}{2/3} = \frac{3}{2} dx\,dy$$

$$I_1 = \iint_{S_1} \bar{F} \cdot \hat{n}\, dS = \iint_{S_1} \frac{1}{3} \{ 2(x+y^2) - 2x + 4yz \} \cdot \frac{3}{2} dx\,dy$$

Putting $\quad z = \dfrac{6 - 2x - y}{2}$

$$I_1 = \frac{1}{2} \int_0^3 \int_0^{6-2x} \left\{ 2(x+y^2) - 2x + 4y\left(\frac{6-2x-y}{2}\right) \right\} dx\,dy$$

$$= \frac{1}{2} \int_0^3 \left\{ 2\frac{y^3}{3} + (6-2x) 2\frac{y^2}{2} - 2\frac{y^3}{3} \right\}_0^{6-2x} dx$$

$$= \frac{1}{2} \int_0^3 (6-2x)^3 dx = \frac{1}{2} \frac{(6-2x)^4}{-8} \Big|_0^3 = 81$$

Next consider the surface S_2, (plane z = 0)

$$\hat{n} = -\bar{k}, \quad \bar{F} \cdot \hat{n} = \bar{F} \cdot (-\bar{k}) = -2yz, \quad dS = dx\,dy$$

$$I_2 = \int\int -2yz\, dx\, dy = 0 \quad \text{as } z = 0$$

Now consider the surface S_3, (plane $y = 0$)

$$\hat{n} = -\bar{j} \qquad \bar{F} \cdot (-\bar{j}) = 2x$$

$$I_3 = \int_0^3 \int_0^{3-x} 2x\, dx\, dz = \int_0^3 2x\, [z]_0^{3-x}\, dx$$

$$= \int_0^3 2x(3-x)\, dx = \left\{6\frac{x^2}{2} - 2\frac{x^3}{3}\right\}_0^3 = 27 - 18 = 9$$

Lastly consider the surface S_4 (plane $x = 0$)

$$\hat{n} = -\bar{i},\ \bar{F} \cdot (-\bar{i}) = -(x+y^2)$$

$$I_4 = \iint_{S_4} -(x+y^2)\, dy\, dz$$

$$= \int_0^6 \int_0^{(6-y)/2} -y^2\, dz = -\int_0^6 y^2\, [z]_0^{(6-y)/2}\, dy$$

$$= -\frac{1}{2}\int_0^6 y^2(6-y)\, dy = -\frac{1}{2}\left[\frac{6y^3}{3} - \frac{y^4}{4}\right]_0^6$$

$$= -\frac{1}{2}[2\times 216 - 324] = -\frac{108}{2} = -54$$

Surface integral $= I_1 + I_2 + I_3 + I_4$

$= 81 + 0 + 9 - 54 = 36 =$ Volume integral.

Hence the divergence theorem is verified.

Ex. 3 : *Verify divergence theorem for* $\bar{F} = 4xz\,\bar{i} + xyz^2\,\bar{j} + 3z\,\bar{k}$ *over the region above the xoy plane bounded by the cone* $z^2 = x^2 + y^2$ *and the plane* $z = 4$.

Sol. : Region is the interior of the cone bounded by the plane $z = 4$. (See Fig. 9.11).

To verify divergence theorem, let us first evaluate volume integral.

$$\nabla \cdot \bar{F} = \frac{\partial}{\partial x}(4xz) + \frac{\partial}{\partial y}(xyz^2) + \frac{\partial}{\partial z}(3z) = 4z + xz^2 + 3$$

Volume integral $= \iiint_V \nabla \cdot \bar{F}\, dV$, where V is the volume of the cone.

$$I = \iiint (4z + xz^2 + 3)\, dx\, dy\, dz$$

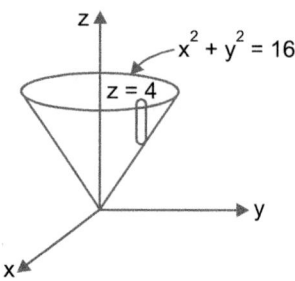

Fig. 9.11

To evaluate the integral, let us transform to cylindrical system

$$x = \rho \cos \phi, \ y = \rho \sin \phi, \ z = z$$

$$dx \, dy \, dz = \rho \, d\rho \, d\phi \, dz$$

$$I = \int_{\phi=0}^{2\pi} \int_{\rho=0}^{4} \int_{z=\rho}^{4} (4z + \rho \cos \phi \, z^2 + 3) \, \rho \, d\rho \, d\phi \, dz$$

[Limits of z are obtained by considering a rectangular block which touches the cone $z^2 = \rho^2$ i.e. $z = \rho$ and the plane $z = 4$. Limits of ρ and ϕ are obtained from the circle $x^2 + y^2 = 16$ i.e. $\rho = 4$]

$$I = \int_0^{2\pi} \int_0^4 \left\{ \frac{4z^2}{2} \rho \cos \phi \frac{z^3}{3} + 3z \right\}_\rho^4 \rho \, d\rho \, d\phi$$

$$= \int_0^{2\pi} \int_0^4 \left\{ 2 \times 16 - 2\rho^2 + \frac{\rho \cos \phi}{3} \times 64 - \frac{\rho^4 \cos \phi}{3} + 12 - 3\rho \right\} \rho \, d\rho \, d\phi$$

$$= \int_0^{2\pi} \left\{ 32 \frac{\rho^2}{2} - 2 \frac{\rho^4}{4} + \frac{64}{3} \frac{\rho^3}{3} \cos \phi - \frac{\cos \phi}{3} \frac{\rho^6}{6} + \frac{12 \rho^2}{2} - \frac{3\rho^3}{3} \right\}_0^4 d\phi$$

$$I = \int_0^{2\pi} \left\{ 256 - 128 + \frac{64 \times 64}{9} \cos \phi - \frac{1}{18}(16 \times 256) \cos \phi + 96 - 64 \right\} d\phi$$

Integrals of terms containing $\cos \phi$ vanish as the limits are from 0 to 2π.

$$\therefore \quad I = \int_0^{2\pi} 160 \, d\phi = 160 \, [\phi]_0^{2\pi} = 160 \times 2\pi = 320 \, \pi$$

To obtain surface integrals, we have to consider two surfaces S_1, S_2 where S_1 is the plane surface of the circle $x^2 + y^2 = 16$ in the plane $z = 4$ and surface S_2 which is curved surface of the cone.

For surface S_1, $\quad \hat{n} = \bar{k}, \quad dS = dx \, dy$

$$\bar{F} \cdot \hat{n} = \bar{F} \cdot \bar{k} = 3z$$

$$I_1 = \iint_{S_1} 3z \, dx \, dy, \qquad \text{where } z = 4$$

$$= 12 \iint_{S_1} dx \, dy = 12 \times \text{Area of circle} = 12 \times \pi (4)^2 = 192\,\pi$$

For surface S_2, $\hat{n} = \dfrac{\nabla \phi}{|\nabla \phi|}$, where $\phi = x^2 + y^2 - z^2$

$$\nabla \phi = 2x\,\bar{i} + 2y\,\bar{j} - 2z\,\bar{k}$$

$$\hat{n} = \frac{2x\,\bar{i} + 2y\,\bar{j} - 2z\,\bar{k}}{\sqrt{4x^2 + 4y^2 + 4z^2}} = \frac{x\,\bar{i} + y\,\bar{j} - z\,\bar{k}}{\sqrt{x^2 + y^2 + z^2}}$$

$$\bar{F} \cdot \hat{n} = (4xz\,\bar{i} + xyz^2\,\bar{j} + 3z\bar{k}) \cdot \left(\frac{x\,\bar{i} + y\,\bar{j} + z\,\bar{k}}{\sqrt{x^2 + y^2 + z^2}}\right) = \frac{4x^2 z + xy^2 z^2 - 3z^2}{\sqrt{x^2 + y^2 + z^2}}$$

Let dS be an element of area on the curved surface of the cone.

Taking its projection in xoy plane,

$$dS \cos \theta = dx \, dy$$

or

$$dS = \frac{dx \, dy}{|\hat{n} \cdot \bar{k}|}$$

$$\hat{n} \cdot \bar{k} = \frac{x\,\bar{i} + y\,\bar{j} - z\,\bar{k}}{\sqrt{x^2 + y^2 + z^2}} \cdot \bar{k} = \frac{-z}{\sqrt{x^2 + y^2 + z^2}}$$

$$dS = \frac{\sqrt{x^2 + y^2 + z^2}}{z} \, dx \, dy$$

$$I_2 = \iint \bar{F} \cdot \hat{n} \, dS = \iint \frac{4x^2 z + xy^2 z^2 - 3z^2}{\sqrt{x^2 + y^2 + z^2}} \cdot \frac{\sqrt{x^2 + y^2 + z^2}}{z} \, dx \, dy$$

$$= \iint (4x^2 + xy^2 z - 3z) \, dx \, dy$$

where, the integration is to be carried over the circle $x^2 + y^2 = 16$ in xoy plane after replacing z by $\sqrt{x^2 + y^2}$.

$$I_2 = \iint \left\{ 4x^2 + xy^2 \sqrt{x^2 + y^2} - 3\sqrt{x^2 + y^2} \right\} dx \, dy$$

For evaluation of the integral over the plane of the circle, transforming to polars.

i.e. $x = r \cos \theta$ and $y = r \sin \theta$

$\therefore \qquad dx \, dy = r \, dr \, d\theta$

$$I_2 = \int_{\theta=0}^{2\pi} \int_{r=0}^{4} \{4r^2\cos^2\theta + r\cos\theta \, r^2\sin^2\theta \cdot r - 3r\} \, r \, d\theta \, dr$$

$$= \int_{0}^{2\pi} \left\{ 4\cos^2\theta \frac{r^4}{4} + \frac{r^6}{6}\sin^2\theta\cos\theta - \frac{3r^3}{3}\right\}_0^4 d\theta$$

$$= \int_{0}^{2\pi} \left\{ 4\cos^2\theta \times 64 + \frac{64 \times 64}{6}\sin^2\theta\cos\theta - 64\right\} d\theta$$

Integral of the second term is zero as the limits are from 0 to 2π.

$$I_2 = \int_{0}^{2\pi} (256\cos^2\theta - 64) \, d\theta = 4\int_{0}^{\pi/2} (256\cos^2\theta - 64) \, d\theta$$

$$= 4\left\{256\frac{1}{2}\frac{\pi}{2} - 64\,[\theta]_0^{\pi/2}\right\} = 4\,[64\pi - 32\pi] = 128\pi$$

Surface integral $= I_1 + I_2 = 192\pi + 128\pi = 320\pi =$ Volume integral.

Hence the divergence theorem is verified.

Ex. 4 : *Use the divergence theorem to evaluate* $\iint_S (y^2z^2\,\bar{i} + z^2x^2\,\bar{j} + x^2y^2\,\bar{k}) \cdot d\bar{S}$, *where, S is the upper part of the sphere* $x^2 + y^2 + z^2 = 9$ *above the xoy plane.* **(May 11)**

Sol. : To apply the divergence theorem, consider the closed surface S bounded by plane surface S_1 (plane of the circle $x^2 + y^2 = 9$).

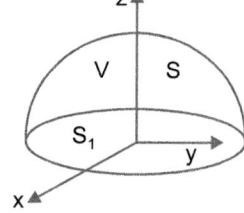

Fig. 9.12

$$\bar{F} = y^2z^2\,\bar{i} + z^2x^2\,\bar{j} + x^2y^2\,\bar{k}$$

$$\nabla \cdot \bar{F} = \frac{\partial}{\partial x}(y^2z^2) + \frac{\partial}{\partial y}(z^2x^2) + \frac{\partial}{\partial z}(x^2y^2) = 0$$

By the divergence theorem,

$$\iiint_V \nabla \cdot \bar{F} \, dV = \iint_S \bar{F} \cdot d\bar{S} + \iint_{S_1} \bar{F} \cdot d\bar{S}$$

where, V is the volume enclosed between S and S_1.

Now, $\iiint\limits_V \nabla \cdot \bar{F} \, dV = 0$ as $\nabla \cdot \bar{F} = 0$

$\therefore \quad \iint\limits_S \bar{F} \cdot d\bar{S} = -\iint\limits_{S_1} \bar{F} \cdot d\bar{S}$

For surface S_1, $\quad \hat{n} = -\bar{k}$

$\bar{F} \cdot \hat{n} = \bar{F} \cdot (-\bar{k}) = (y^2 z^2 \bar{i} + z^2 x^2 \bar{j} + x^2 y^2 \bar{k}) \cdot (-\bar{k})$
$\qquad = -x^2 y^2$

$dS = dx \, dy$

$\iint\limits_{S_1} \bar{F} \cdot d\bar{S} = \iint\limits_{S_1} \bar{F} \cdot \hat{n} \, dx \, dy = -\iint\limits_{S_1} x^2 y^2 \, dx \, dy$

S_1 is the plane of the circle $x^2 + y^2 = 9$.

Converting to polars $x = r \cos \theta$, $y = r \sin \theta$, $x^2 + y^2 = 9$

$\qquad dx \, dy = r \, d\theta \, dr$

$\iint\limits_{S_1} x^2 y^2 \, dx \, dy = \int_0^{2\pi} \int_{r=0}^{3} r^4 \cos^2 \theta \sin^2 \theta \, r \, d\theta \, dr$

$\qquad = \int_0^{2\pi} \left[\frac{r^6}{6} \right]_0^3 \cos^2 \theta \sin^2 \theta \, d\theta = \int_0^{2\pi} \frac{27 \times 27}{6} \cos^2 \theta \sin^2 \theta \, d\theta$

$\qquad = 4 \int_0^{2\pi} \frac{243}{2} \cos^2 \theta \sin^2 \theta \, d\theta$

$\qquad = 2 \times 243 \, \frac{1 \cdot 1}{4 \cdot 2} \frac{\pi}{2} \qquad$ [Applying reduction formula]

$\qquad = \frac{243 \, \pi}{8}$

$\iint\limits_{S_1} \bar{F} \cdot d\bar{S} = -\frac{243 \, \pi}{8}$

$\iint\limits_S \bar{F} \cdot d\bar{S} = -\left(-\frac{243 \, \pi}{8} \right) = \frac{243 \, \pi}{8}$

Ex. 5 : *Evaluate* $\iint_S (x^3\,\overline{i} + y^3\,\overline{j} + z^3\,\overline{k}) \cdot d\overline{S}$, *where S is the surface of the sphere* $x^2 + y^2 + z^2 = 16$. **(Dec. 04, 11; May 06, 08, 10)**

Sol. :
$$\overline{F} = x^3\,\overline{i} + y^3\,\overline{j} + z^3\,\overline{k}$$
$$\nabla \cdot \overline{F} = \frac{\partial}{\partial x}(x^3) + \frac{\partial}{\partial y}(y^3) + \frac{\partial}{\partial z}(z^3) = 3x^2 + 3y^2 + 3z^2$$

Applying the divergence theorem,
$$\iint_S (x^3\,\overline{i} + y^3\,\overline{j} + z^3\,\overline{k}) \cdot d\overline{S} = \iiint_V \nabla \cdot \overline{F}\, dV$$
$$I = \iiint 3(x^2 + y^2 + z^2)\, dx\, dy\, dz$$

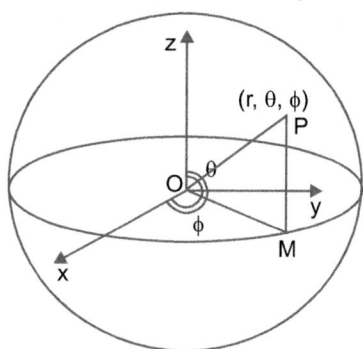

Fig. 9.13

Transforming to spherical polars
$$x = r\sin\theta\cos\phi,\quad y = r\sin\theta\sin\phi,\quad z = r\cos\theta$$
$$x^2 + y^2 + z^2 = r^2,\quad dx\, dy\, dz = r^2 \sin\theta\, dr\, d\theta\, d\phi$$

For the entire sphere, r will vary from $r = 0$ to $r = 4$, θ from 0 to π, ϕ from 0 to 2π.
Substituting the limits for I

$$I = \int_{\phi=0}^{2\pi} \int_{\theta=0}^{\pi} \int_{r=0}^{4} 3\, r^2\, r^2 \sin\theta\, dr\, d\theta\, d\phi$$

$$= 3 \int_0^{2\pi} \int_0^{\pi} \left[\frac{r^5}{5}\right]_0^4 \sin\theta\, d\theta\, d\phi = 3 \cdot \frac{(4)^5}{5} \int_0^{2\pi} [-\cos\theta]_0^{\pi}\, d\phi$$

$$= \frac{3}{5} \times 4 \times 256 \int_0^{2\pi} (1+1)\, d\phi$$

$$= \frac{6}{5} \times 4 \times 256\, [\phi]_0^{2\pi} = \frac{48 \times 256\,\pi}{5} = \frac{12288\,\pi}{5}$$

Ex. 6 : *Evaluate* $\iint_S 2x^2 y \, dy \, dz - y^2 \, dz \, dx + 4xz^2 \, dx \, dy$ *over the curved surface of the cylinder* $y^2 + z^2 = 9$, *bounded by* $x = 0$ *and* $x = 2$. **(Dec. 2006, 2007)**

Sol. : Let dS be the element of the area on the curved surface of the cylinder.

Expressing $d\bar{S}$ in terms of its projections on co-ordinate planes, we can write

$$d\bar{S} = \bar{i} \, dy \, dz + \bar{j} \, dz \, dx + \bar{k} \, dx \, dy$$

Taking $\quad \bar{F} = 2x^2 y \, \bar{i} - y^2 \bar{j} + 4xz^2 \, \bar{k}$

the given integral can be written as

$$\iint_S \bar{F} \cdot d\bar{S}, \qquad \text{where S is the curved surface of the cylinder.}$$

$d\bar{S} = \hat{n} \, dS$, where $\hat{n}$ is unit outward drawn normal vector to the cylinder

Let $\quad \phi = y^2 + z^2 - 9$

$$\frac{\partial \phi}{\partial x} = 0, \qquad \frac{\partial \phi}{\partial y} = 2y, \qquad \frac{\partial \phi}{\partial z} = 2z$$

$$\nabla \phi = 2y \, \bar{j} + 2z \, \bar{k}, \qquad \hat{n} = \frac{\nabla \phi}{|\nabla \phi|}$$

$$\hat{n} = \frac{2y \, \bar{j} + 2z \, \bar{k}}{\sqrt{4y^2 + 4z^2}} = \frac{y \, \bar{j} + z \, \bar{k}}{\sqrt{y^2 + z^2}} = \frac{1}{3} (y \, \bar{j} + z \, \bar{k})$$

$$\bar{F} \cdot \hat{n} = (2x^2 y \, \bar{i} - y^2 \bar{j}) + 4xz^2 \bar{k} \cdot \frac{1}{3} (y \, \bar{j} + z \, \bar{k}) = \frac{1}{3} (-y^3 + 4xz^3)$$

$$I = \iint_S \bar{F} \cdot d\bar{S} = \frac{1}{3} \iint (-y^3 + 4xz^3) \, dS$$

Transforming to cylindrical co-ordinate system

$$y = \rho \cos \phi, \quad z = \rho \sin \phi, \quad x = x$$
$$dS = \rho \, dx \, d\phi$$

but $\quad \rho = 3$

$$I = \frac{1}{3} \int_{\phi=0}^{2\pi} \int_{x=0}^{2} (-27 \cos^3 \phi + 4x \cdot 27 \sin^3 \phi) \, 3 \, dx \, d\phi$$

$$= \int_0^{2\pi} \left\{ -27 \cos^3 \phi \, x + 108 \sin^3 \phi \, \frac{x^2}{2} \right\}_0^2 d\phi$$

$$= \int_0^{2\pi} \{ -54 \cos^3 \phi + 216 \sin^3 \phi \} \, d\phi = 0$$

[Integrals of odd powers of sine and cosine vanish for limits 0 to 2π]

Ex. 7 : *Show that* $\iiint_V \dfrac{dV}{r^2} = \iint_S \dfrac{\bar{r} \cdot \hat{n}}{r^2} dS.$ **(Dec. 2005, May 2006)**

Sol. : By divergence theorem,

$$\iint_S \dfrac{\bar{r} \cdot \hat{n}\, dS}{r^2} = \iiint_V \nabla \cdot \left(\dfrac{\bar{r}}{r^2}\right) dV$$

Now, $\nabla \cdot \left(\dfrac{\bar{r}}{r^2}\right) = \nabla \cdot (\bar{r}\, r^{-2}) = (\nabla \cdot \bar{r})\, r^{-2} + \nabla(r^{-2}) \cdot \bar{r}$

$$= \dfrac{3}{r^2} - 2r^{-4}\bar{r} \cdot \bar{r} = \dfrac{3}{r^2} - \dfrac{2}{r^4} r^2 = \dfrac{1}{r^2}$$

$\therefore \quad \iint_S \dfrac{\bar{r} \cdot \hat{n}\, dS}{r^2} = \iiint_V \dfrac{dV}{r^2}$ which is the required result.

Ex. 8 : *Prove that :* $\iint_S (\phi\nabla\psi - \psi\nabla\phi) \cdot d\bar{S} = \iiint_V (\phi\nabla^2\psi - \psi\nabla^2\phi)\, dV.$ **(Dec. 06, 11)**

Sol. : Let $\bar{F} = \phi\nabla\psi - \psi\nabla\phi$

$$\nabla \cdot \bar{F} = \nabla \cdot [\phi\nabla\psi - \psi\nabla\phi]$$
$$\nabla \cdot (\phi\nabla\psi) = \nabla\phi \cdot \nabla\psi + \phi\nabla \cdot \nabla\psi$$
$$= \nabla\phi \cdot \nabla\psi + \phi\nabla^2\psi$$
$$\nabla \cdot (\psi\nabla\phi) = \nabla\psi \cdot \nabla\phi + \psi\nabla \cdot \nabla\phi$$
$$= \nabla\psi \cdot \nabla\phi + \psi\nabla^2\phi$$
$$\nabla \cdot \bar{F} = \nabla\phi \cdot \nabla\psi + \phi\nabla^2\psi - \nabla\psi \cdot \nabla\phi - \psi\nabla^2\phi$$
$$= \phi\nabla^2\psi - \psi\nabla^2\phi$$

By divergence theorem,

$$\iint_S (\phi\nabla\psi - \psi\nabla\phi) \cdot d\bar{S} = \iiint_V \nabla \cdot \{\phi\nabla\psi - \psi\nabla\phi\}\, dV = \iiint \{\phi\nabla^2\psi - \psi\nabla^2\phi\}\, dV$$

which is the required result.

Ex. 9 : *If $\bar{u} \cdot \bar{v}$ are two vector point functions, show that for a closed surface S,*

$$\iiint_V [\bar{v} \cdot (\nabla \times \nabla \times \bar{u}) - \bar{u} \cdot (\nabla \times \nabla \times \bar{v})]\, dV = \iint_S [\bar{u} \times (\nabla \times \bar{v}) - \bar{v} \times (\nabla \times \bar{u})] \cdot d\bar{S}$$

Sol. : By the divergence theorem,

$$\iint_S [\bar{u} \times (\nabla \times \bar{v}) - \bar{v} \times (\nabla \times \bar{u})] \cdot d\bar{S} = \iiint_V \nabla \cdot [\bar{u} \times (\nabla \times \bar{v}) - \bar{v} \times (\nabla \times \bar{u})]\, dV$$

$$= \iiint_V \{\nabla \cdot [\bar{u} \times (\nabla \times \bar{v})] - \nabla \cdot [\bar{v} \times (\nabla \times \bar{u})]\}\, dV$$

... (1)

Now $\nabla \cdot [\bar{u} \times (\nabla \times \bar{v})] = (\nabla \times \bar{v}) \cdot (\nabla \times \bar{u}) - \bar{u} \cdot (\nabla \times \nabla \times \bar{v})$

Similarly $\nabla \cdot [\bar{v} \times (\nabla \times \bar{u})] = (\nabla \times \bar{u}) \cdot (\nabla \times \bar{v}) - \bar{v} \cdot (\nabla \times \nabla \times \bar{u})$

$\therefore \nabla \cdot [\bar{u} \times (\nabla \times \bar{v})] - \nabla \cdot [\bar{v} \times (\nabla \times \bar{u})] = (\nabla \times \bar{v}) \cdot (\nabla \times \bar{u}) - \bar{u} \cdot (\nabla \times \nabla \times \bar{v})$
$\qquad - (\nabla \times \bar{u}) \cdot (\nabla \times \bar{v}) + \bar{v} \cdot (\nabla \times \nabla \times \bar{u})$
$\qquad = \bar{v} \cdot (\nabla \times \nabla \times \bar{u}) - \bar{u} \cdot (\nabla \times \nabla \times \bar{v})$

Substituting in (1), required result follows.

Ex. 10 : *Show that the value of* $\iint p \left(\dfrac{x^4}{a^2} + \dfrac{y^4}{b^2} + \dfrac{z^4}{c^2} \right) dS$ *taken over the surface of the ellipsoid* $\dfrac{x^2}{a^2} + \dfrac{y^2}{b^2} + \dfrac{z^2}{c^2} = 1$, *where p is the length of the perpendicular from origin to the tangent plane at (x, y, z) is :* $\dfrac{4\pi}{5} abc\, (a^2 + b^2 + c^2)$.

Sol. : Tangent plane of the ellipsoid at (x, y, z) is

$$\dfrac{X \cdot x}{a^2} + \dfrac{Y \cdot y}{b^2} + \dfrac{Z \cdot z}{c^2} = 1$$

$$p = \dfrac{1}{\sqrt{\dfrac{x^2}{a^4} + \dfrac{y^2}{b^4} + \dfrac{z^2}{c^4}}}$$

$$I = \iint \dfrac{1}{\sqrt{\dfrac{x^2}{a^4} + \dfrac{y^2}{b^4} + \dfrac{z^2}{c^4}}} \left(\dfrac{x^4}{a^2} + \dfrac{y^4}{b^2} + \dfrac{z^4}{c^2} \right) dS$$

$$\Phi = \dfrac{x^2}{a^2} + \dfrac{y^2}{b^2} + \dfrac{z^2}{c^2} - 1$$

$$\nabla \phi = \dfrac{2x\,\bar{i}}{a^2} + \dfrac{2y\,\bar{j}}{b^2} + \dfrac{2z\,\bar{k}}{c^2}$$

$$\hat{n} = \dfrac{\nabla \phi}{|\nabla \phi|} = \dfrac{\dfrac{x}{a^2}\bar{i} + \dfrac{y}{b^2}\bar{j} + \dfrac{z}{c^2}\bar{k}}{\sqrt{\dfrac{x^2}{a^4} + \dfrac{y^2}{b^4} + \dfrac{z^2}{c^4}}}$$

If $\bar{F} = x^3\,\bar{i} + y^3\,\bar{j} + z^3\,\bar{k}$

$I = \iint \bar{F} \cdot \hat{n}\, dS$

$I = \iiint \nabla \cdot \bar{F}\, dV$ (by divergence theorem)

$\quad = 3 \iiint_V (x^2 + y^2 + z^2)\, dx\, dy\, dz$

where, V is the volume of the ellipsoid

$$\frac{x^2}{a^2} + \frac{y^2}{b^2} + \frac{z^2}{c^2} = 1$$

Put $\quad x = aX, \quad y = bY, \quad z = cZ$

$$I = 3 \iiint_V (a^2X^2 + b^2Y^2 + c^2Z^2) \, abc \, dX \, dY \, dZ$$

where, V is the volume of the sphere

$$X^2 + Y^2 + Z^2 = 1$$

Put $\quad X = r \sin\theta \cos\phi, \quad Y = r \sin\theta \sin\phi, \quad Z = r \cos\theta$

$$dX \, dY \, dZ = r^2 \sin\theta \, dr \, d\theta \, d\phi$$

$$I = 3 \int_0^{2\pi} \int_{\theta=0}^{\pi} \int_{r=0}^{1} \{a^2 r^2 \sin^2\theta \cos^2\phi + b^2 r^2 \sin^2\theta \sin^2\phi + c^2 r^2 \cos^2\theta\}$$

$$\times abc \, r^2 \sin\theta \, dr \, d\theta \, d\phi$$

$$= 4 \times 3 \times 2 \int_0^{\pi/2} \int_0^{\pi/2} \int_0^{1} \{r^4 a^2 \sin^3\theta \cos^2\phi + r^4 b^2 \sin^3\theta \sin^2\phi$$

$$+ r^4 c^2 \cos^2\theta \sin\theta\} \, dr \, d\theta \, d\phi \, abc$$

$$= 24 \left[\frac{r^5}{5}\right]_0^1 \int_0^{\pi/2} \int_0^{\pi/2} \{a^2 \sin^3\theta \cos^2\phi + b^2 \sin^3\theta \sin^2\phi + c^2 \cos^2\theta \sin\theta\} \, d\theta \, d\phi \, abc$$

$$= \frac{24}{5} \int_0^{\pi/2} \left\{a^2 \cos^2\phi \cdot \frac{2}{3} + b^2 \sin^2\phi \cdot \frac{2}{3} + c^2 \cdot \frac{1 \cdot 1}{3}\right\} d\phi \, abc$$

$$= \frac{24}{5} \left[a^2 \frac{1}{2} \frac{\pi}{2} \cdot \frac{2}{3} + b^2 \frac{1}{2} \frac{\pi}{2} \cdot \frac{2}{3} + c^2 \cdot \frac{1}{3} \frac{\pi}{2}\right] abc$$

$$= \frac{24}{5} \left[\frac{\pi}{6} a^2 + \frac{\pi}{6} b^2 + \frac{\pi}{6} c^2\right] abc = \frac{4}{5} \pi \, abc \, (a^2 + b^2 + c^2)$$

Ex. 11 : *Evaluate* $\iint_S (x\overline{i} + y\overline{j} + z^2 \overline{k}) \cdot d\overline{s}$ *where S is the curved surface of the cylinder* $x^2 + y^2 = 4$, *bounded by the planes* $z = 0$ *and* $z = 2$. **(Dec. 2008)**

Sol. : S_1 is the plane surface of the circle $z = 0$, $x^2 + y^2 = 4$ and S_2 is the plane surface of the circle $z = 2$, $x^2 + y^2 = 4$. S_1, S_2 and S together enclose the volume bounded by the cylinder.

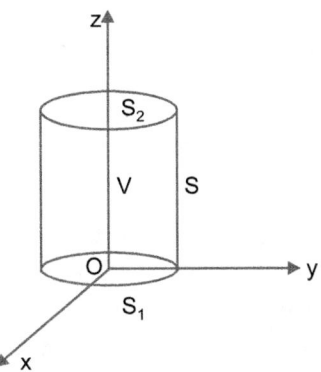

Fig. 9.14

By divergence theorem,

$$\iint_S \bar{F} \cdot d\bar{s} + \iint_{S_1} \bar{F} \cdot d\bar{s} + \iint_{S_2} \bar{F} \cdot d\bar{s} = \iiint_V \nabla \cdot \bar{F} \cdot dv$$

where, $\bar{F} = x\bar{i} + y\bar{j} + z^2\bar{k}$

$\nabla \cdot \bar{F} = 1 + 1 + 2z$

$$\text{R.H.S.} = \iiint (2 + 2z)\, dx\, dy\, dz$$

$$= 2 \iint \int_{z=0}^{2} (1 + z)\, dx\, dy\, dz$$

$$= 2 \iint \left\{ z + \frac{z^2}{2} \right\}_0^2 dx\, dy = 2 \iint_{S_1} \left(2 + \frac{4}{2} \right) dx\, dy$$

$$= 8 \iint_{S_1} dx\, dy = 8 \cdot \pi \times 4 = 32\pi$$

For S_1, $\hat{n} = -\bar{k}$, $\bar{F} \cdot d\bar{s} = \bar{F} \cdot (-\bar{k})\, ds = -z^2\, dx\, dy$

$\iint_{S_1} -z^2\, dx\, dy = 0$ as the plane is $z = 0$.

For S_2, $\hat{n} = \bar{k}$, $\bar{F} \cdot \hat{n}\, ds = z^2\, dx\, dy$

$$\iint_{S_2} \bar{F} \cdot d\bar{s} = \iint_{S_2} \bar{F} \cdot \hat{n}\, ds = \iint_{S_2} z^3\, dx\, dy \text{ where } z = 2$$

$\therefore \quad \iint_{S_2} \bar{F} \cdot d\bar{s} = \iint_{S_2} 4\, dx\, dy = 4 \cdot \pi 4 = 16\pi$

$$\therefore \iint_S \overline{F} \cdot d\overline{s} = \iiint_V \nabla \cdot \overline{F} \, dv - \iint_{S_1} \overline{F} \cdot d\overline{s} - \iint_{S_2} \overline{F} \cdot d\overline{s}$$

$$= 32\pi - 0 - 16\pi$$

$$= 16\pi$$

EXERCISE 9.2

1. Verify divergence theorem for $\overline{F} = 2y^2 x \, \overline{i} + (xz^2 - y^3) \, \overline{j} + z^3 \, \overline{k}$ over the volume of a cube with edges of length unity parallel to the co-ordinate axes.

   Ans. Common value $= -\dfrac{2}{3}$

2. Show that $\iint \dfrac{\overline{r}}{r^3} \cdot \hat{n} \, dS = 0$. **(Dec. 2012)**

3. Evaluate $\iint_S (2xy \, \overline{i} + yz^2 \, \overline{j} + xz \, \overline{k}) \cdot d\overline{S}$ over the surface of the region bounded by $x = 0, y = 0, y = 3, z = 0$ and $x + 2z = 6$. **Ans.** $\dfrac{351}{2}$ **(Dec. 2010)**

4. Evaluate $\iint_S \overline{r} \cdot \hat{n} \, dS$ over the surface of a sphere of radius 1 with centre at origin.

   (May 2012) Ans. 4π

5. If $\overline{w} = \dfrac{1}{2} \nabla \times \overline{v}$ and $\overline{v} = \nabla \times \overline{u}$, then show that

   $$\dfrac{1}{2} \iiint_V (\overline{v} \cdot \overline{v}) \, dV = \dfrac{1}{2} \iint_S \overline{u} \times \overline{v} \, d\overline{S} + \iiint_V (\overline{u} \cdot \overline{w}) \, dV.$$

6. Verify divergence theorem for $\overline{F} = 2xy \, \overline{i} - y \, \overline{j} + z^2 \, \overline{k}$ over the volume bounded by $2x + y + 2z = 4$ and the co-ordinate planes. **Ans.** Common value $= \dfrac{16}{3}$

7. Evaluate $\iint_S \overline{F} \cdot d\overline{S}$ over the surface of the parabolic cylinder $y^2 = 8x$ in the first octant bounded by the planes $y = 4$ and $z = 6$ where $\overline{F} = 2y \, \overline{i} - z \, \overline{j} + x^2 \, \overline{k}$. **(Ans. 132)**

8. Evaluate $\iint_S xz^2 \, dy \, dz + (x^2 y - z^3) \, dz \, dx + (2xy + y^2 z) \, dx \, dy$, where S is the surface enclosing a region bounded by hemisphere $x^2 + y^2 + z^2 = 4$ above the xoy plane.

   Ans. $\dfrac{64\pi}{5}$ **(May 2009, Dec. 2014)**

9. Evaluate $\iint_S \overline{F} \cdot d\overline{S}$ over a closed surface of a triangular prism of unit length in the x-direction whose base is bounded by the positive y and z axes and the line $y + z = 1$, $x = 0$, where $\overline{F} = 2y^2 z \, \overline{j} + yz^2 \, \overline{k}$. **Ans.** $\dfrac{1}{3}$

10. Evaluate the surface integral $\iint_S (y^2 z^2 \, \overline{i} + z^2 x^2 \, \overline{j} + x^2 y^2 \, \overline{k}) \cdot d\overline{S}$, where S is the surface of the sphere $x^2 + y^2 + z^2 = a^2$ in the positive octant. **Ans.** $\dfrac{\pi a^6}{36}$

11. Evaluate $\iint_S \dfrac{dS}{\sqrt{a^2 x^2 + b^2 y^2 + c^2 z^2}}$ over the closed surface of the ellipsoid $ax^2 + by^2 + cz^2 = 1$, by applying Gauss Divergence theorem. **Ans.** $\left(\dfrac{4\pi}{\sqrt{abc}}\right)$

12. Evaluate $\iint_S (lx^2 + my^2 + nz^2) \, dS$, where S is the surface of the sphere $(x - a)^2 + (y - b)^2 + (z - c)^2 = R^2$; l, m, n being the direction cosines of the outward normal to the surface. **Ans.** $\dfrac{8}{3} \pi (a + b + c) R^3$

13. Calculate the rate at which volume of a fluid into a cube of edges of length 2a, if the velocity field is given by $\overline{q} = -x^3 y^2 \, \overline{i} + y^2 z \, \overline{j} + z^2 x \, \overline{k}$ where origin is at the centre of the cube and axes parallel to the edges of the cube. **Ans.** $\left[\dfrac{8}{3} a^7\right]$

14. Evaluate $\iint_S \overline{F} \cdot d\overline{S}$ where $\overline{F} = yz \, \overline{i} + zx \, \overline{j} + xy \, \overline{k}$ and S is the part of the surface of the sphere $x^2 + y^2 + z^2 = 1$ which lies in the first octant. **Ans.** $\dfrac{3}{8}$

15. Verify the divergence theorem for $\overline{F} = x \, \overline{i} + y \, \overline{j} + z^2 \overline{k}$ over the cylindrical region bounded by $x^2 + y^2 = 4$, $z = 0$, $z = 2$. **Ans.** Common value = 32π

16. Prove that $\iiint_V \frac{1}{r^2} dV = \iint_S \frac{1}{r^2} \bar{r} \cdot d\bar{S}$ where S is closed surface enclosing the volume V. Hence evaluate $\iint_S \frac{x\bar{i} + y\bar{j} + z\bar{k}}{r^2} \cdot d\bar{S}$ where S is the surface of the sphere $x^2 + y^2 + z^2 = a^2$. **Ans.** $4\pi a$

17. Evaluate $\iint_S (yz\,\bar{i} + zx\,\bar{j} + xy\,\bar{k}) \cdot d\bar{S}$ where S is the curved surface of the cone $x^2 + y^2 = z^2$, $z = 4$. **Ans.** 0

18. Verify Gauss divergence theorem for $\bar{F} = (x + y^2)\bar{i} - 2x\,\bar{j} + 2z\,\bar{k}$ over the volume of the tetrahedron bounded by co-ordinate planes and the plane $x + y + z = 1$. **(Dec. 2005) Ans.** Common value $= \frac{1}{2}$

19. Evaluate the surface integral $\iint_S \bar{r} \cdot \bar{n}\, dS$, $\bar{r} = x\bar{i} + y\bar{j} + z\bar{k}$ over the part of the spherical surface S of the sphere $x^2 + y^2 + z^2 = a^2$ that lies within the vertical cylinder $x^2 + y^2 = ax$. **Ans.** $2\pi a^3$

20. Evaluate $\iint_S (x^2 y^3\,\bar{i} + z^2 x^3\,\bar{j} + x^2 y^3\,\bar{i}) \cdot d\bar{s}$, where S is the curved surface of sphere $x^2 + y^2 + z^2 = a^2$ above the plane $z = 0$. **Ans.** $\frac{\pi a^8}{64}$

9.5 STOKE'S THEOREM AND RELATED PROBLEMS

We shall now consider Stoke's theorem which connects a surface integral with a line integral.

Statement : *The surface integral of the normal component of the curl of the vector point function $\bar{F}$ taken over an open surface S bounded by closed curve C is equal to the line integral of the tangential component of $\bar{F}$ taken around the curve C.*

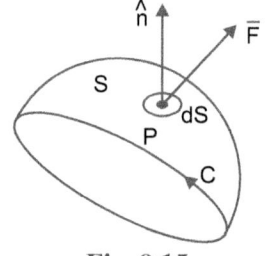

Fig. 9.15

In Fig. 9.15, S is the open surface to which $\hat{n}$ is unit outward drawn normal vector. $\bar{F}$ is acting at P enclosed by element dS. Curve 'C' is the boundary of the surface.

The Stoke's theorem can be expressed as

$$\iint_S \hat{n} \cdot \text{curl}\,\bar{F}\, dS = \oint_C \bar{F} \cdot d\bar{r} \quad \text{or} \quad \int_S \hat{n} \cdot \text{curl}\,\bar{F}\, dS = \oint_C \bar{F} \cdot d\bar{r}$$

or sometimes written as $\boxed{\oint_C \bar{F} \cdot d\bar{r} = \iint_S (\nabla \times \bar{F}) \cdot d\bar{S}}$

Proof : Let $\bar{F} = F_1 \bar{i} + F_2 \bar{j} + F_3 \bar{k}$

Consider the surface S bounded by the curve C.

$$\oint_C \bar{F} \cdot d\bar{r} = \int_C F_1 dx + F_2 dy + F_3 dz$$

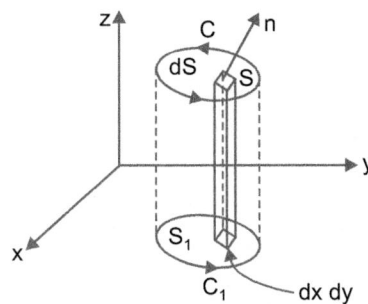

Fig. 9.16

We want to prove that $\iint_S \hat{n} \cdot \text{curl } \bar{F} \, dS$ equals the line integral. Let the equation of the surface S be $z = f(x, y)$, [It could also be $x = g(y, z)$ or $y = h(x, z)$] which is single valued and differentiable.

$$\iint_S \hat{n} \cdot \text{curl } \bar{F} \, dS = \iint_S \text{curl } \bar{F} \cdot \hat{n} \, dS = \iint_S (\nabla \times \bar{F}) \cdot \hat{n} \, dS$$

$$= \iint_S \nabla \times (F_1 \bar{i} + F_2 \bar{j} + F_3 \bar{k}) \cdot \hat{n} \, dS$$

$$= \iint_S \{\nabla \times (F_1 \bar{i})\} \cdot \hat{n} \, dS + \iint_S \{\nabla \times (F_2 \bar{j})\} \cdot \hat{n} \, dS$$

$$+ \iint_S \{\nabla \times (F_3 \bar{k})\} \cdot \hat{n} \, dS$$

Let us consider $\iint_S \{\nabla \times (F_1 \bar{i})\} \cdot \hat{n} \, dS$

Now, $\nabla \times F_1 \bar{i} = \begin{vmatrix} \bar{i} & \bar{j} & \bar{k} \\ \dfrac{\partial}{\partial x} & \dfrac{\partial}{\partial y} & \dfrac{\partial}{\partial z} \\ F_1 & 0 & 0 \end{vmatrix} = \bar{j} \dfrac{\partial F_1}{\partial z} - \bar{k} \dfrac{\partial F_1}{\partial y}$

$$[\nabla \times (F_1 \bar{i})] \cdot \hat{n} \, dS = \left(\dfrac{\partial F_1}{\partial z} \bar{j} \cdot \hat{n} - \dfrac{\partial F_1}{\partial y} \bar{k} \cdot \hat{n} \right) ds \qquad \ldots (1)$$

Let $\bar{r} = x\bar{i} + y\bar{j} + z\bar{k}$ be the position vector of any point on S.
But $z = f(x, y)$ on S.

$\therefore \quad \bar{r} = x\bar{i} + y\bar{j} + f(x, y)\bar{k}$

$$\frac{\partial \bar{r}}{\partial y} = \bar{j} + \frac{\partial f}{\partial y}\bar{k},$$

which is a tangent vector to S and hence perpendicular to $\hat{n}$.

$\therefore \quad \hat{n} \cdot \dfrac{\partial \bar{r}}{\partial y} = 0 = \hat{n} \cdot \bar{j} + \dfrac{\partial f}{\partial y}\hat{n} \cdot \bar{k}$

Or $\quad \hat{n} \cdot \bar{j} = -\dfrac{\partial f}{\partial y}\hat{n} \cdot \bar{k}$

i.e. $\quad \hat{n} \cdot \bar{j} = -\dfrac{\partial z}{\partial y}\hat{n} \cdot \bar{k}$

Putting in (1),

$$[\nabla \times (F_1 \bar{i})] \cdot \hat{n}\, dS = -\left(\frac{\partial F_1}{\partial z} \cdot \frac{\partial z}{\partial y} + \frac{\partial F_1}{\partial y}\right)\hat{n} \cdot \bar{k}\, dS$$

On S, $\quad F_1(x, y, z) = F_1[x, y, f(x, y)] = \phi(x, y)$ say

Differentiating w.r.t. y,

$$\frac{\partial F_1}{\partial y} + \frac{\partial F_1}{\partial z} \cdot \frac{\partial F_1}{\partial y} = \frac{\partial \phi}{\partial y}$$

If dx dy is the projection of dS in xoy plane, $dS \cos\theta = dx\, dy$ or $(\hat{n} \cdot \bar{k})\, dS = dx\, dy$

$$[\nabla \times (F_1 \bar{i})] \cdot \hat{n}\, dS = -\frac{\partial \phi}{\partial y}\, dx\, dy$$

$\therefore \quad \displaystyle\iint_S [\nabla \times (F_1 \bar{i})] \cdot n\, dS = \iint_{S_1} -\frac{\partial \phi}{\partial y}\, dx\, dy$

where, S_1 is the projection of S in xoy plane.

By Green's Lemma, $\displaystyle\int_C u\, dx + v\, dy = \iint_A \left(\frac{\partial v}{\partial x} - \frac{\partial u}{\partial y}\right) dx\, dy$

Taking $u = \phi$, $v = 0$

$$\iint_{S_1} -\frac{\partial \phi}{\partial y}\, dx\, dy = \int_{C_1} \phi\, dx \quad [C_1 \text{ is the boundary of } S_1]$$

At each point (x, y) of C_1 the value of ϕ is the same as that of F_1 at each point (x, y, z) of C and dx is the same for both curves, we have

$$\int_{C_1} \phi \, dx = \int_C F_1 \, dx$$

Thus it is established that

$$\iint_S [\nabla \times (F_1 \bar{i})] \cdot \hat{n} \, dS = \int_C F_1 \, dx$$

Similarly by considering projections of S on the other co-ordinate planes

$$\iint_S [\nabla \times (F_2 \bar{j})] \cdot \hat{n} \, dS = \int_C F_2 \, dy$$

and

$$\iint_S [\nabla \times (F_3 \bar{k})] \cdot \hat{n} \, dS = \int_C F_3 \, dz$$

$$\iint_S [\nabla \times (F_1 \bar{i} + F_2 \bar{j} + F_3 \bar{k})] \cdot \hat{n} \, dS = \int_C F_1 \, dx + F_2 \, dy + F_3 \, dz$$

which proves the Stoke's theorem.

ILLUSTRATIONS

Ex. 1 : *Verify Stoke's theorem for*

$$\bar{F} = xy^2 \bar{i} + y \bar{j} + z^2 x \bar{k}$$

for the surface of rectangular lamina bounded by $x = 0$, $y = 0$, $x = 1$, $y = 2$, $z = 0$.

(May 2010)

Sol. : $\bar{F} = xy^2 \bar{i} + y \bar{j}$ as $z = 0$

$$\int_C \bar{F} \cdot d\bar{r} = \int_C xy^2 \, dx + y \, dy$$

where C is the path OABCO as shown in Fig. 9.17.

Along OA,	y = 0,	dy = 0,	
Along AB,	x = 1,	dx = 0,	
Along BC,	y = 2,	dy = 0,	
Along CO,	x = 0,	dx = 0.	

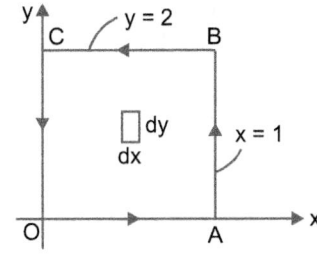

Fig. 9.17

$$\int_C \overline{F} \cdot d\overline{r} = \int_{OA} xy^2 \, dx + \int_{AB} y \, dy + \int_{BC} xy^2 \, dx + \int_{CO} y \, dy$$

$$= 0 + \int_0^2 y \, dy + \int_1^0 4x \, dx + \int_2^0 y \, dy = \int_0^2 y \, dy + \left[4\frac{x^2}{2}\right]_1^0 - \int_0^2 y \, dy$$

$$= 2[x^2]_1^0 = -2$$

To obtain surface integral

$$\nabla \times \overline{F} = \begin{vmatrix} \overline{i} & \overline{j} & \overline{k} \\ \frac{\partial}{\partial x} & \frac{\partial}{\partial y} & \frac{\partial}{\partial z} \\ xy^2 & y & 0 \end{vmatrix} = \overline{i}(0) + \overline{j}(0) + \overline{k}(-2xy)$$

normal to the surface $\hat{n} = \overline{k}$, $dS = dx \, dy$ is the surface element in S

$$\iint_S (\nabla \times \overline{F}) \cdot \hat{n} \, dS = \iint_S (-2xy) \, \overline{k} \cdot \overline{k} \, dx \, dy$$

$$= -2 \int_{x=0}^1 \int_0^2 xy \, dx \, dy = -2 \int_0^1 x \left[\frac{y^2}{2}\right]_0^2 dx$$

$$= -2 \int_0^1 x \left[\frac{4}{2}\right] dx = -4 \left[\frac{x^2}{2}\right]_0^1 = -2$$

Thus $\int_C \overline{F} \cdot d\overline{r} = \iint_S (\nabla \times \overline{F}) \cdot \hat{n} \, ds = -2$

which verifies the Stoke's theorem.

Ex. 2 : *Verify Stoke's theorem for $\overline{F} = (y - z + 2)\overline{i} + (yz + 4)\overline{j} - xz\overline{k}$ over the surface of a cube $x = 0$, $y = 0$, $z = 0$, $x = 2$, $z = 2$ above the xoy plane (open at the bottom).*

Sol. : Consider the surface of the cube as shown in Fig. 9.18. Bounding path is OABCO shown by arrows

$$\int_C \overline{F} \cdot d\overline{r} = \int_C F_1 \, dx + F_2 \, dy \quad [\text{as } z = 0]$$

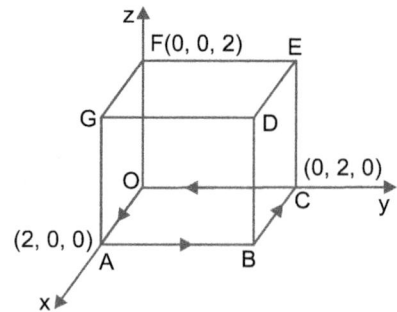

Fig. 9.18

$$\int_C \overline{F} \cdot d\overline{r} = \int (y+2)\, dx + 4\, dy \qquad \text{[Putting } z = 0 \text{ in } F_1 \text{ and } F_2\text{]}$$

$$= \int_{OA} (y+2)\, dx + 4\, dy + \int_{AB} (y+2)\, dx + 4\, dy$$

$$+ \int_{BC} (y+2)\, dx + 4\, dy + \int_{CO} (y+2)\, dx + 4\, dy$$

Along OA, $y = 0$, $z = 0$ $\therefore dy = 0$

$$\int_{OA} (y+2)\, dx + 4\, dy = \int_0^2 2\, dx = 2\,[x]_0^2 = 4$$

Along AB, $x = 2$, $dx = 0$

$$\int_{AB} (y+2)\, dx + 4\, dy = \int_0^2 4\, d = 4\,[y]_0^2 = 8$$

Along BC, $y = 2$, $dy = 0$

$$\int_{BC} (y+2)\, dx + 4\, dy = \int_2^0 4\, dx = 4\,[x]_2^0 = -8$$

Along CO, $x = 0$, $dx = 0$

$$\int_{CO} (y+2)\, dx + 4\, dy = \int_2^0 4\, dy = 4\,[y]_2^0 = -8$$

$$\therefore \int_C \overline{F} \cdot d\overline{r} = 4 + 8 - 8 - 8 = -4$$

To evaluate surface integral,

$$\text{consider} \quad \nabla \times \overline{F} = \begin{vmatrix} \overline{i} & \overline{j} & \overline{k} \\ \dfrac{\partial}{\partial x} & \dfrac{\partial}{\partial y} & \dfrac{\partial}{\partial z} \\ y-z+2 & yz+4 & -xz \end{vmatrix}$$

$$= \overline{i}\,(0-y) + \overline{j}\,(-1+z) + \overline{k}\,(0-1)$$

$$= -y\,\overline{i} + (z-1)\,\overline{j} - \overline{k}$$

Over the surface GDEF, $\hat{n} = \overline{k}$, $dS = dx\, dy$

$$\nabla \times \overline{F} \cdot \hat{n} = [-y\,\overline{i} + (z-1)\,\overline{j} - \overline{k}] \cdot \overline{k} = -1$$

$$I_1 = \int_{x=0}^{2} \int_{y=0}^{2} (-1)\, dx\, dy = (-1) \int_0^2 \int_0^2 dx\, dy = -4$$

Over the surface OCEF, $(x = 0)$, $\hat{n} = -\overline{i}$

$$\text{Curl } \overline{F} \cdot \hat{n} = (-y\overline{i} + (z-1)\overline{j} - \overline{k}) \cdot (-\overline{i}) = y$$

$$I_2 = \int_{y=0}^{2} \int_{z=0}^{2} y \, dy \, dz = \int_0^2 y \, [z]_0^2 \, dy = 2 \left[\frac{y^2}{2}\right]_0^2 = 4$$

Over the surface GABD, $\hat{n} = \overline{i}$ $(x = 2)$

$$\text{Curl } \overline{F} \cdot \hat{n} = -y$$

$$I_3 = \int_0^2 \int_0^2 -y \, dy \, dz = -4$$

Over the surface OAGF, $(y = 0)$, $\hat{n} = -\overline{j}$

$$\text{Curl } \overline{F} \cdot \hat{n} = [-y\overline{i} + (z-1)\overline{j} - \overline{k}] \cdot (-\overline{j}) = 1 - z$$

$$I_4 = \int_{x=0}^{2} \int_{z=0}^{2} (1-z) \, dx \, dz = \int_0^2 \left(z - \frac{z^2}{2}\right)_0^2 dx$$

$$= \int_0^2 (2-2) \, dx = 0$$

Over the surface BDEC, $(y = 2)$, $\hat{n} = \overline{j}$

$$\text{Curl } \overline{F} \cdot \hat{n} = (z-1)$$

$$I_5 = \int_0^2 \int_0^2 (z-1) \, dx \, dz = 0$$

$$\text{Surface integral} = I_1 + I_2 + I_3 + I_4 + I_5$$
$$= -4 + 4 - 4 + 0 + 0 = -4$$

Thus $\iint_S \text{Curl } \overline{F} \cdot \hat{n} \, dS = \int_C \overline{F} \cdot d\overline{r} = -4$

which verifies Stoke's theorem.

Ex. 3 : *Verify Stoke's theorem for $\overline{F} = (x^2 + y - 4)\overline{i} + 3xy\overline{j} + (2xz + z^2)\overline{k}$ over the surface of hemisphere $x^2 + y^2 + z^2 = 16$ above the xoy plane. Evaluate $\iint_S \text{curl } \overline{F} \cdot \hat{n} \, ds$ for the surface of the paraboloid $z = 9 - (x^2 + y^2)$.* **(May 2006, 2010)**

Sol. : For verification of Stoke's theorem, consider $\int_C \overline{F} \cdot d\overline{r}$, where C is the bounding circle $x^2 + y^2 = 16$ (bounding the hemispherical surface).

$$= \int_C \overline{F} \cdot d\overline{r} = \int_C (x^2 + y - 4) \, dx + 3xy \, dy + (2xz + z^2) \, dz$$

As $z = 0$

$$= \int_C (x^2 + y - 4) \, dx + 3xy \, dy$$

Put $x = 4 \cos \theta$, $y = 4 \sin \theta$

$$dx = -4 \sin \theta \, d\theta, \quad dy = 4 \cos \theta \, d\theta$$

$$= \int_0^{2\pi} (16 \cos^2 \theta + 4 \sin \theta - 4)(-4 \sin \theta) \, d\theta + 48 \sin \theta \cos \theta (4 \cos \theta) \, d\theta$$

$$= \int_0^{2\pi} -16 \sin^2 \theta \, d\theta$$

[other integrals containing odd powers of sine and cosine vanish for the limits 0 to 2π]

$$= -16 \times 4 \int_0^{\pi/2} \sin^2 \theta \, d\theta = -64 \cdot \frac{1}{2} \cdot \frac{\pi}{2} = -16\pi$$

To evaluate the surface integral,

$$\text{Curl } \overline{F} = \begin{vmatrix} \overline{i} & \overline{j} & \overline{k} \\ \frac{\partial}{\partial x} & \frac{\partial}{\partial y} & \frac{\partial}{\partial z} \\ x^2 + y - 4 & 3xy & 2xz + z^2 \end{vmatrix}$$

$$= \overline{i}(0 - 0) + \overline{j}(0 - 2z) + \overline{k}(3y - 1)$$

$$\hat{n} = \frac{\nabla \phi}{|\nabla \phi|} \text{ where } \phi = x^2 + y^2 + z^2 - 16$$

$$\frac{\partial \phi}{\partial x} = 2x, \quad \frac{\partial \phi}{\partial y} = 2y, \quad \frac{\partial \phi}{\partial z} = 2z$$

$$\hat{n} = \frac{2x \overline{i} + 2y \overline{j} + 2z \overline{k}}{\sqrt{4x^2 + 4y^2 + 4z^2}} = \frac{x \overline{i} + y \overline{j} + z \overline{k}}{4}$$

$$\text{Curl } \overline{F} \cdot \hat{n} = \{-2z \overline{j} + (3y - 1) \overline{k}\} \cdot \left\{ \frac{x \overline{i} + y \overline{j} + z \overline{k}}{4} \right\}$$

$$= \frac{-2yz + (3y - 1)z}{4}$$

The surface element dS on hemisphere in spherical polar system is given by
$$dS = r^2 \sin\theta \, d\theta \, d\phi = 16 \sin\theta \, d\theta \, d\phi$$

For hemispherical surface, θ varies from 0 to $\pi/2$ and ϕ varies from 0 to 2π.

$$I = \iint_S \text{curl}\,\bar{F}\cdot\hat{n}\,dS = \frac{1}{4}\iint_S \{-2yz + (3y-1)z\}\,dS$$

Putting, $y = r\sin\theta\sin\phi = 4\sin\theta\sin\phi$
$\qquad\quad z = r\cos\theta = 4\cos\theta$

$$I = \frac{1}{4}\int_{\phi=0}^{2\pi}\int_{\theta=0}^{\pi/2}\{-32\sin\theta\cos\theta\sin\phi + (12\sin\theta\sin\phi - 1)\times 4\cos\theta\}\,16\sin\theta\,d\theta\,d\phi$$

$$= \frac{1}{4}\int_0^{2\pi}\int_0^{\pi/2}\{-512\sin^2\theta\cos\theta\sin\phi + 768\sin^2\theta\cos\theta\sin\phi - 64\sin\theta\cos\theta\}\,d\theta\,d\phi$$

Applying reduction formula,

$$I = \frac{1}{4}\int_0^{2\pi}\left\{-512\frac{1.1}{3.1}\sin\phi + 768\frac{1.1}{3.1}\sin\phi - 64\frac{1.1}{2}\right\}d\phi$$

Integrals of first two terms are zero between the limits 0 to 2π.

$$\therefore\quad I = \frac{1}{4}\int_0^{2\pi}-32\,d\phi = -8\,[\phi]_0^{2\pi} = -16\pi$$

The line integral is equal to the surface integral, hence Stoke's theorem is verified.

To obtain $\iint_S \text{curl}\,\bar{F}\cdot\hat{n}\,dS$ for the surface of paraboloid, we apply alternative method based on Stoke's theorem. Taking the section of the paraboloid by the plane $z = 0$, it gives a circle $x^2 + y^2 = 9$, $z = 0$. The perimeter of circle thus bounds the surface of paraboloid as well as plane surface of the circle.

By Stoke's theorem,

$$\iint_S \text{curl}\,\bar{F}\cdot\hat{n}\,dS = \int_C \bar{F}\cdot d\bar{r} = \iint_{S_1} \text{curl}\,\bar{F}\cdot\hat{n}\,dS$$

where, S is the surface of the paraboloid, C is the perimeter of the circle and S_1 is the plane surface of the circle.

For S_1, $\hat{n} = \bar{k}$, $\text{curl}\,\bar{F}\cdot\hat{n} = \{-2z\bar{j} + (3y-1)\bar{k}\}\cdot\bar{k} = (3y-1)$
$\qquad\qquad\qquad dS = dx\,dy$

$$\iint_S \text{curl}\,\bar{F}\cdot\hat{n}\,dS = \iint_{S_1} \text{curl}\,\bar{F}\cdot\hat{n}\,dS = \iint_{S_1}(3y-1)\,dx\,dy$$

where, S_1 is the plane of the circle $x^2 + y^2 = 9$.

Putting $x = r \cos\theta$, $y = r \sin\theta$, $dx\, dy = r\, d\theta\, dr$

$$\iint_{S_1} (3y - 1)\, dx\, dy = \int_{\theta=0}^{2\pi} \int_{r=0}^{2} (3r \sin\theta - 1)\, r\, d\theta\, dr$$

$$= \int_0^{2\pi} \left[\frac{3r^3}{3} \sin\theta - \frac{r^2}{2}\right]_0^3 d\theta = \int_0^{2\pi} \left(27 \sin\theta - \frac{9}{2}\right) d\theta$$

$$= -\frac{9}{2} \int_0^{2\pi} d\theta = -\frac{9}{2} [\theta]_0^{2\pi} \qquad \left[\because \int_0^{2\pi} 27 \sin\theta\, d\theta = 0\right]$$

$$= -\frac{9}{2} \times 2\pi = -9\pi$$

Ex. 4 : *Apply Stoke's theorem to calculate $\int_C 4y\, dx + 2z\, dy + 6y\, dz$, where C is the curve of intersection of $x^2 + y^2 + z^2 = 6z$ and $z = x + 3$.* **(Dec. 2006, 2014)**

Sol. : Taking $\bar{F} = 4y\,\bar{i} + 2z\,\bar{j} + 6y\,\bar{k}$ and applying Stoke's theorem,

$$\int_C 4y\, dx + 2z\, dy + 6y\, dz = \iint_S (\nabla \times F) \cdot \hat{n}\, dS \text{ where, S is the surface of the circle}$$

$x^2 + y^2 + z^2 = 6z$, $z = x + 3$, $\hat{n}$ is normal to the plane $x - z + 3 = 0$

Let, $\phi = x - z + 3$, $\dfrac{\partial \phi}{\partial x} = 1$, $\dfrac{\partial \phi}{\partial y} = 0$, $\dfrac{\partial \phi}{\partial z} = 1$

$$\hat{n} = \frac{\nabla \phi}{|\nabla \phi|} = \frac{\bar{i} - \bar{k}}{\sqrt{2}}$$

$$\nabla \times \bar{F} = \begin{vmatrix} \bar{i} & \bar{j} & \bar{k} \\ \dfrac{\partial}{\partial x} & \dfrac{\partial}{\partial y} & \dfrac{\partial}{\partial z} \\ 4y & 2z & 6y \end{vmatrix} = \bar{i}(6-2) + \bar{j}(0-0) + \bar{k}(0-4)$$

$$= 4\bar{i} - 4\bar{k}$$

$$(\nabla \times \bar{F}) \cdot \hat{n} = (4\bar{i} - 4\bar{k}) \cdot \left(\frac{\bar{i} - \bar{k}}{\sqrt{2}}\right) = \frac{1}{\sqrt{2}}(4+4) = \frac{8}{\sqrt{2}} = 4\sqrt{2}$$

$$\iint_S (\nabla \times \bar{F}) \cdot \hat{n}\, dS = \iint_S 4\sqrt{2}\, dS = 4\sqrt{2} \times \text{area of circle.}$$

Centre of the sphere $x^2 + y^2 + (z-3)^2 = 9$, $(0, 0, 3)$ lies on plane $z = x + 3$, that means given circle is a great circle of the sphere, where radius is same as that of the sphere.

∴   Radius of circle = 3,   Area = $\pi (3)^2 = 9\pi$

∴ $\iint_S (\nabla \times \bar{F}) \cdot \hat{n}\, dS = 4\sqrt{2} \times 9\pi = 36\pi\sqrt{2}$.

Ex. 5 : Evaluate $\iint_S (\nabla \times \bar{F}) \cdot d\bar{S}$, where $\bar{F} = (x^3 - y^3)\bar{i} - xyz\bar{j} + y^3\bar{k}$ and S is the surface $x^2 + 4y^2 + z^2 - 2x = 4$ above the plane $x = 0$. **(May 2008, 2009, 2012; Dec. 12)**

Sol. : $\iint_S (\nabla \times \bar{F}) \cdot dS = \int_C \bar{F} \cdot d\bar{r}$ [by Stoke's theorem], where C is the bounding curve.

$$4y^2 + z^2 = 4 \quad \text{[Putting } x = 0 \text{ in the equation of surface]}$$

i.e. the ellipse $\dfrac{y^2}{1} + \dfrac{z^2}{4} = 1$

whose parametric equations are $y = \cos\theta$, $z = 2\sin\theta$.

$$\int_C \bar{F} \cdot d\bar{r} = \int_C (x^3 - y^3)\,dx - xyz\,dy + y^3\,dz$$

Putting $x = 0$, $dx = 0$

$$= \int_C y^3\,dz = \int_0^{2\pi} \cos^3\theta \cdot 2\cos\theta\,d\theta$$

$$= 8 \int_0^{\pi/2} \cos^4\theta\,d\theta = 8 \cdot \frac{3}{4} \cdot \frac{1}{2} \cdot \frac{\pi}{2} = \frac{3\pi}{2}$$

Ex. 6 : Evaluate $\iint_S (\nabla \times \bar{F}) \cdot \hat{n}\,ds$ where 'S' is the curved surface of the paraboloid $x^2 + y^2 = 2z$ bounded by the plane $z = 2$, where $\bar{F} = 3(x - y)\bar{i} + 2xz\bar{j} + xy\bar{k}$. **(Dec. 08)**

Sol. :
$$\nabla \times \bar{F} = \begin{vmatrix} \bar{i} & \bar{j} & \bar{k} \\ \dfrac{\partial}{\partial x} & \dfrac{\partial}{\partial y} & \dfrac{\partial}{\partial z} \\ 3(x-y) & 2xz & xy \end{vmatrix}$$

$$= \bar{i}(x - 2x) + \bar{j}(0 - y) + \bar{k}(2z + 3)$$

$$= -x\bar{i} - 7\bar{j} + (2z + 3)\bar{k}$$

Curved surface of the paraboloid is bounded by the arc of the circle $x^2 + y^2 = 4$ [∵ $z = 2$] which is also the boundary of the plane of the circle $x^2 + y^2 = 4$ for which $\hat{n} = \bar{k}$.

∴ $\text{curl}\,\bar{F} \cdot \hat{n}\,ds = \text{curl}\,\bar{F} \cdot \hat{k}\,ds = (2z + 3)\,dx\,dy$

∴ $\iint_S (\nabla \times \bar{F}) \cdot \hat{n}\,ds = \iint_{S_1} (2z + 3)\,dx\,dy$ where $z = 2$ and S_1 is the plane of the circle $x^2 + y^2 = 4$.

∴ $I = \iint 7\,dx\,dy = 7 \times \text{Area of circle} = 7 \times 4\pi = 28\pi$

Ex. 7 : Evaluate $\iint_S \nabla \times \overline{F} \cdot d\overline{s}$ for $\overline{F} = y\overline{i} + z\overline{j} + x\overline{k}$,

where S is the surface of the paraboloid $z = 1 - x^2 - y^2$, $z \geq 0$. **(Dec. 2012)**

Sol. : $\nabla \times \overline{F} = \begin{vmatrix} \overline{i} & \overline{j} & \overline{k} \\ \dfrac{\partial}{\partial x} & \dfrac{\partial}{\partial y} & \dfrac{\partial}{\partial z} \\ y & z & x \end{vmatrix} = \overline{i}(0-1) + \overline{j}(0-1) + \overline{k}(0-1) = -\overline{i} - \overline{j} - \overline{k}$

Surface of paraboloid has boundary, the circle, which is also the boundary of plane surface S_1 of the circle $x^2 + y^2 = 1$.

$$\iint_S (\nabla \times \overline{F}) \cdot d\overline{s} = \iint_{S_1} (\nabla \times \overline{F}) \cdot \hat{n}\, ds$$

$$\hat{n} = \overline{k} \text{ for } S_1$$

$$(\nabla \times \overline{F}) \cdot \overline{k} = -1$$

$$\therefore \iint_{S_1} (-1)\, dx\, dy = -\pi$$

EXERCISE 9.3

1. Verify Stoke's theorem for $\overline{F} = x^2\,\overline{i} + xy\,\overline{j}$ for the surface of a square lamina bounded by $x = -1$, $x = 1$, $y = -1$, $y = 1$. **Ans.** 0 **(Dec. 2005, 2011)**

2. Evaluate using Stoke's theorem $\int_C (y\, dx + z\, dy + x\, dz)$, C being intersection of $x^2 + y^2 + z^2 = a^2$, $x + z = a$. **Ans.** $-\dfrac{\pi a^2}{\sqrt{2}}$ **(May 2009)**

3. Verify Stoke's theorem for $\overline{F} = xz\,\overline{i} - y\,\overline{j} + x^2 y\,\overline{k}$, where S is the surface of the region bounded by $y = 0$, $z = 0$, $3x + y + 3z = 6$ which is not included in the yz plane. **Ans.** Common value $\dfrac{4}{3}$

4. Verify Stoke's theorem for $\overline{F} = yz\,\overline{i} + zx\,\overline{j} + xy\,\overline{k}$ and C is the curve of intersection of $x^2 + y^2 = 1$ and $y = z^2$. **Ans.** Common value 0

5. Evaluate $\iint_S \nabla \times \overline{F} \cdot \hat{n}\, dS$ for the surface of the paraboloid $z = 4 - x^2 - y^2$ $(z \geq 0)$ and $\overline{F} = y^2\overline{i} + z\,\overline{j} + xy\,\overline{k}$. **(May 2015) Ans.** 0

6. Evaluate $\iint_S \nabla \times \bar{F} \cdot \hat{n}\, dS$ where, $\bar{F} = (x - y)\,\bar{i} + (x^2 + yz)\,\bar{j} - 3xy^2\,\bar{k}$ and S is the surface of the cone $z = 4 - \sqrt{x^2 + y^2}$ above xoy plane. **Ans.** -16π

7. Verify Stoke's theorem for the vector field $\bar{F} = (2y + z)\,\bar{i} + (x - z)\,\bar{j} + (y - x)\,\bar{k}$ over the portion of the plane $x + y + z = 1$ cut off by the co-ordinate planes.
Ans. Common value $\dfrac{3}{2}$

8. Verify Stoke's theorem for $\bar{F} = -y^3\,\bar{i} + x^3\,\bar{j}$ and the closed curve C is the boundary of the ellipse $\dfrac{x^2}{a^2} + \dfrac{y^2}{b^2} = 1$. **Ans.** Common value $\dfrac{3\pi\, ab}{16}(a^2 + b^2)$

9. Using Stoke's theorem, deduce that the surface integral of curl $\bar{F}$ taken over a closed surface is zero.

10. Using Stoke's and Gauss's theorem, prove that Curl grad $\phi = 0$, Div curl $\bar{F} = 0$ respectively.

11. Prove that $\int_C (\bar{a} \times \bar{r}) \cdot d\bar{r} = 2\bar{a} \cdot \iint_S d\bar{S}$

12. Evaluate $\int_C (xy\, dx + xy^2\, dy)$ by Stoke's theorem, where C is the square in x-y plane with vertices $(1, 0)$, $(-1, 0)$, $(0, 1)$, $(0, -1)$. **(Dec. 2008) Ans.** $-\dfrac{1}{3}$

13. Verify Stoke's theorem for $\bar{F} = xy^2\,\bar{i} + y\,\bar{j} + z^2 x\,\bar{k}$ for the surface of a rectangular lamina bounded by $x = 0$, $y = 0$, $x = 1$, $y = 2$, $z = 0$. **Ans.** Common value -2

14. Use Stoke's theorem to evaluate $\int_C (4y\,\bar{i} + 2z\,\bar{j} + 6y\,\bar{k}) \cdot d\bar{r}$, where, C is the curve of intersection of $x^2 + y^2 + z^2 = 2z$ and $x = z - 1$. **(May 2014) Ans.** $4\pi\sqrt{2}$

15. Show that $\int_C [\bar{u} \times (\bar{r} \times \bar{v})] \cdot d\bar{r} = -(\bar{u} \times \bar{v}) \cdot \iint_S d\bar{S}$ **(May 2005)** where S is the open surface bounded by closed curve C and $\bar{u}$ and $\bar{v}$ are constant vectors.

16. Verify Stoke's theorem when $\bar{F} = (2x - y)\,\bar{i} - yz^2\,\bar{j} - y^2 z\,\bar{k}$, where S is the upper half surface of the sphere $x^2 + y^2 + z^2 = 1$ and C is the boundary. **Ans.** Common value π **(May 07)**

17. Apply Stoke's theorem to prove that $\int_C (y\,\bar{i} + z\,\bar{j} + x\,\bar{k}) \cdot d\bar{r} = -2\sqrt{2}\,\pi a^2$, where C is the curve given by $x^2 + y^2 + z^2 - 2ax - 2ay = 0$, $x + y = 2a$. **(Dec. 2007) Ans.** $-2\sqrt{2}\,\pi a^2$

CHAPTER TEN

APPLICATIONS OF VECTORS TO ELECTROMAGNETIC FIELDS

In this chapter, we will consider applications of vector calculus to some of the problems involved in electromagnetic field theory.

10.1 COULOMB FORCES AND ELECTRIC FIELD INTENSITY

Coulomb's Law : If two electric charges q_1, q_2 are separated in free space by distance r, the force $\bar{F}$ between them is given by,

$$\bar{F} = \frac{q_1 q_2}{4\pi \varepsilon_0 r^2} \hat{r}$$

or
$$= \frac{q_1 q_2}{4\pi \varepsilon_0 r^3} \bar{r}$$

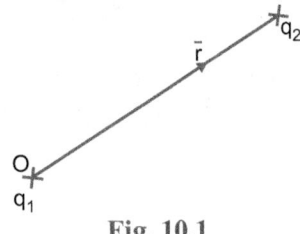

Fig. 10.1

$[\bar{r} = r \hat{r}]$ [r = distance OP]

ε_0 is called *permittivity of free space* and is given by $\varepsilon_0 = 8.854 \times 10^{-12} \approx \dfrac{10^{-9}}{36\pi}$ F/m

where F/m is farads per meter.

Unit of charge is coulomb C or micro coulomb μC.

ILLUSTRATION

Ex. 1 : *Find the force on charge $q_1 = 20\ \mu C$ due to charge $q_2 = -300\ \mu C$, where q_1 is at the point M (0, 1, 2) and q_2 at N (2, 0, 0).*

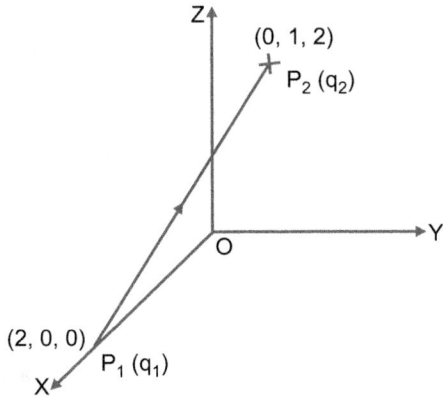

Fig. 10.2

(10.1)

Sol. : $\bar{r} = \overrightarrow{P_1P_2} = (0-2)\bar{i} + (1-0)\bar{j} + (2-0)\bar{k} = -2\bar{i} + \bar{j} + 2\bar{k}$

$$\hat{r} = \frac{-2\bar{i} + \bar{j} + 2\bar{k}}{\sqrt{4+1+4}} = \frac{-2\bar{i} + \bar{j} + 2\bar{k}}{3}$$

$$\bar{F} = \frac{(20 \times 10^{-6})(-300 \times 10^{-6})}{4\pi(10^{-9}/36\pi)(3)^2} \left(\frac{-2\bar{i} + \bar{j} + 2\bar{k}}{3}\right)$$

[Here 1 μC = 10^{-6} C and r = $\sqrt{(0-2)^2 + (1-0)^2 + (2-0)^2}$ = 3]

$$\therefore \bar{F} = -6\left(\frac{-2\bar{i} + \bar{j} + 2\bar{k}}{3}\right) \text{ N}$$

The force magnitude is 6 N and the direction is such that q_1 is attracted to q_2.

10.2 ELECTRIC FIELD INTENSITY

The electric field intensity $\bar{E}$ at a point is the force experienced by a unit charge placed at that point.

The field intensity at P due to charge q at O is given by,

$$\bar{E} = \frac{q}{4\pi \varepsilon_0 r^2} \hat{r}$$

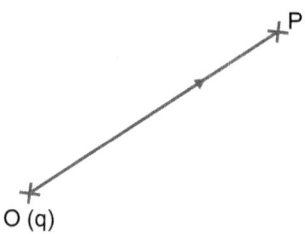

Fig. 10.3

ILLUSTRATION

Ex. 2 : *Find $\bar{E}$ at (0, 0, 5) due to q_1 = 0.35 μC at (0, 4, 0) m and q_2 = – 0.55 μC at (3, 0, 0) m.*

Sol. : $\bar{r}_1 = \overrightarrow{P_1P_3} = -4\bar{j} + 5\bar{k}$ $\bar{r}_2 = \overrightarrow{P_2P_3} = -3\bar{i} + 5\bar{k}$

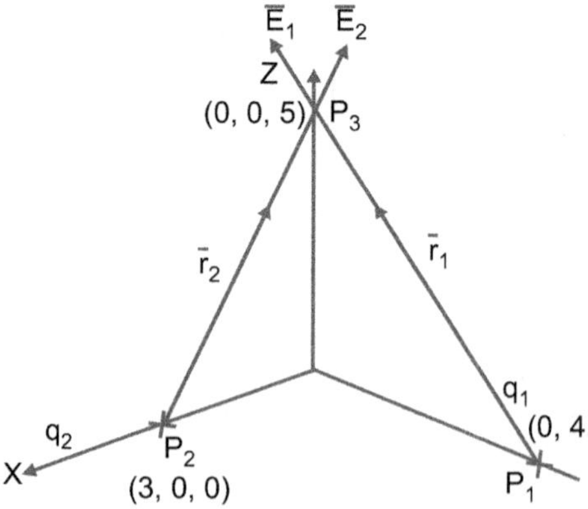

Fig. 10.4

$$\bar{E}_1 = \frac{0.35 \times 10^{-6}}{4\pi (10^{-9}/36\pi)(41)} \left(\frac{-4\bar{j} + 5\bar{k}}{\sqrt{41}} \right) = -48\bar{j} + 60\bar{k} \text{ (V/m)}$$

$$\bar{E}_2 = \frac{-0.55 \times 10^{-6}}{4\pi (10^{-9}/36\pi)(34)} \left(\frac{-3\bar{i} + 5\bar{k}}{\sqrt{34}} \right) = 74.9\bar{i} - 124.9\bar{k} \text{ (V/m)}$$

$$\therefore \quad \bar{E} = \bar{E}_1 + \bar{E}_2 = 74.9\bar{i} - 48\bar{j} - 64.9\bar{k} \text{ (V/m)}$$

10.3 ELECTRIC FLUX AND GAUSS'S LAW

Charge density ρ is defined by $\rho = \frac{dq}{dv}$. Net charge contained in a specified volume is given by,
$$q = \int_V \rho \, dV \text{ (C)}$$

Electric flux : Electric flux, ψ, originates on positive charge and terminates on negative charge. In the absence of negative charge, the flux ψ terminates at infinity. One coulomb of electric charge gives rise to one coulomb of electric flux. Hence, $\quad \psi = Q \text{ (coulomb C)}$

While the electric flux ψ is a scalar quantity, the density of electric flux $\bar{D}$ is a vector quantity.

$$\bar{D} = \frac{d\psi}{dS} \hat{n}$$

where $\hat{n}$ is the direction of lines of flux.

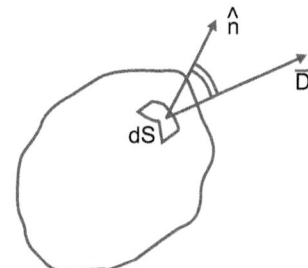

Fig. 10.5

$$d\psi = \bar{D} \cdot \hat{n} \, dS = \bar{D} \cdot d\bar{S}$$

$d\psi$ is the amount of flux passing from the interior of s to the exterior of s through ds. According to **Gauss's law**,

$$\oint_S \bar{D} \cdot d\bar{S} = Q$$

Since $\psi = Q$, **Gauss's law** states that *the total flux out of a closed surface S is equal to the net charge within the surface.*

Relation between $\bar{D}$ and $\bar{E}$ is given by,

$$\bar{D} = \varepsilon_0 \bar{E}$$

ILLUSTRATIONS

Ex. 3 : *Find the charge in the volume defined by* $0 \leq x \leq 1$ m, $0 \leq y \leq 1$ m *and* $0 \leq z \leq 1$ m.

Sol. : If
$$\rho = 30x^2 y \; (\mu C/m^3)$$

$$Q = \int_V \rho \, dv = \int_0^1 \int_0^1 \int_0^1 30 \, x^2 \, y \, dx \, dy \, dz$$

$$= \int_0^1 \int_0^1 30 \, x^2 \, y \, [z]_0^1 \, dx \, dy = 30 \int_0^1 x^2 \left[\frac{y^2}{2}\right]_0^1 dx$$

$$= \frac{30}{2} \left[\frac{x^3}{3}\right]_0^1 = \frac{30}{6} = 5 \; \mu C$$

Ex. 4 : *Find the charge in the volume defined by* $1 \leq r \leq 2$ (m) *in spherical co-ordinates, if*
$$\rho = \frac{5 \cos^2 \phi}{r^4} \; (C/m^3)$$

Sol. :
$$Q = \int_0^{2\pi} \int_0^{\pi} \int_1^2 \frac{5 \cos^2 \phi}{r^4} \, r^2 \sin \theta \, dr \, d\theta \, d\phi$$

$$= \int_0^{2\pi} \int_0^{\pi} 5 \cos^2 \phi \left[-\frac{1}{r}\right]_1^2 \sin \theta \, d\theta \, d\phi$$

$$= \frac{5}{2} \int_0^{2\pi} \cos^2 \phi \, (-\cos \theta)_0^{\pi} \, d\phi$$

$$= \frac{5}{2} \cdot 2 \int_0^{2\pi} \cos^2 \phi \, d\phi = 5.4 \int_0^{\pi/2} \cos^2 \phi \, d\phi$$

$$= 5.4 \frac{1}{2} \frac{\pi}{2} = 5\pi \; (C)$$

Ex. 5 : *Determine the flux crossing an area of 1 mm² on the surface of a cylindrical shell at* $r = 10$ m, $z = 2$ m, $\phi = 53.2°$ *where,*

$$\bar{D} = 2x \, \bar{i} + 2 \, (1 - y) \, \bar{j} + 4z \, \bar{k} \; (C/m^2)$$
$$x = r \cos \phi = 10 \cos (53.2°) = 6$$
$$y = r \sin \phi = 10 \sin (53.2°) = 8$$
$$\bar{D} = 12 \, \bar{i} - 14 \, \bar{j} + 8 \, \bar{k} \; (C/m^2)$$
$$1 \; mm^2 = 10^{-6} \, m^2$$

Sol.: Equation of cylindrical surface is,
$$x^2 + y^2 = 100$$
Let
$$\phi = x^2 + y^2 - 100$$
$$\frac{\partial \phi}{\partial x} = 2x, \quad \frac{\partial \phi}{\partial y} = 2y, \quad \frac{\partial \phi}{\partial z} = 0$$

$$\hat{n} = \frac{\nabla \phi}{|\nabla \phi|} = \frac{2x\,\bar{i} + 2y\,\bar{j}}{\sqrt{4x^2 + 4y^2}} = \frac{x\,\bar{i} + y\,\bar{j}}{10}$$

$$d\bar{S} = \hat{n}\, dS = 10^{-6}\left(\frac{6\,\bar{i} + 8\,\bar{j}}{10}\right) = 10^{-6}(0.6\,\bar{i} + 0.8\,\bar{j})\ m^2$$

Then
$$d\psi = \bar{D} \cdot d\bar{S} = (12\,\bar{i} - 14\,\bar{j} + 8\,\bar{k}) \cdot 10^{-6}(0.6\,\bar{i} + 0.8\,\bar{j}) = 4.0\ \mu C$$

Flux crosses the surface along inwardly drawn normal direction.

Ex. 6: *A charge density in cylindrical co-ordinates is given by $\rho = 5\,re^{-2r}\ (C/m^3)$. Use Gauss's law to find $\bar{D}$.*

Sol.: Since ρ is not a function of ϕ or z, flux ψ is completely radial. It is also clear that for r constant, the flux density $\bar{D}$ must be of constant magnitude. The Gaussian surface is a closed right circular cylinder. The integrals over the plane ends vanish, so that Gauss's law becomes,

$$Q = \int_S \bar{D} \cdot d\bar{S} \qquad \text{(S is lateral surface)}$$

$$\int_0^l \int_0^{2\pi} \int_0^r 5\,re^{-2r}\, r\, dr\, d\phi\, dz = D(2\pi r l)$$

$$\text{L.H.S.} = 5\int_0^l \int_0^{2\pi} \left[r^2\left(\frac{e^{-2r}}{-2}\right) - (2r)\left(\frac{e^{-2r}}{4}\right) + (2)\left(\frac{e^{-2r}}{-8}\right)\right]_0^r d\phi\, dz$$

$$= \left[5\,e^{-2r}\left(-\frac{r^2}{2} - \frac{r}{2} - \frac{1}{4}\right) + \frac{5}{4}\right] 2\pi l = 5\pi l\left[e^{-2r}\left(-r^2 - r - \frac{1}{2}\right) + \frac{1}{2}\right]$$

Equating with right hand side,

$$5\pi l\left[e^{-2r}\left(-r^2 - r - \frac{1}{2}\right) + \frac{1}{2}\right] = D(2\pi r l)$$

$$\therefore \quad \bar{D} = \frac{5}{2r}\left[\frac{1}{2} - e^{-2r}\left(r^2 + r + \frac{1}{2}\right)\right] \hat{n}\ (C/m^2)$$

10.4 WORK DONE IN MOVING A POINT CHARGE

In an electric field $\bar{E}$, a point charge q experiences a force given by,

$$\bar{F} = q\bar{E}$$

This unbalanced force will result in an acceleration of the charged particle and its motion will be in the direction of the field if q is positive. To put the charge in equilibrium, an applied force is required which is equal in magnitude and opposite in direction to the force from the field.

$$\bar{F}a = -q\bar{E}$$

Work done in an electric field is defined as $\int_C -q\bar{E} \cdot d\bar{r}$

With this definition, positive value will mean that work had to be done by the external agent in order to bring about charge in position, a negative result will mean that work is done by the field.

ILLUSTRATION

Ex. 7 : *Find the work done in moving a charge of + 2 C from (2, 0, 0) m to (0, 2, 0) m along the straight line path joining the two points, if the electric field is*

$$\bar{E} = 2x\,\bar{i} - 4y\,\bar{j}\ (V/m)$$

Sol. :
$$\bar{E} \cdot d\bar{r} = 2x\,dx - 4y\,dy$$

$$\therefore \quad W = \int_{AB} -2(2x\,dx - 4y\,dy)$$

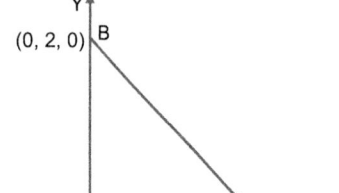

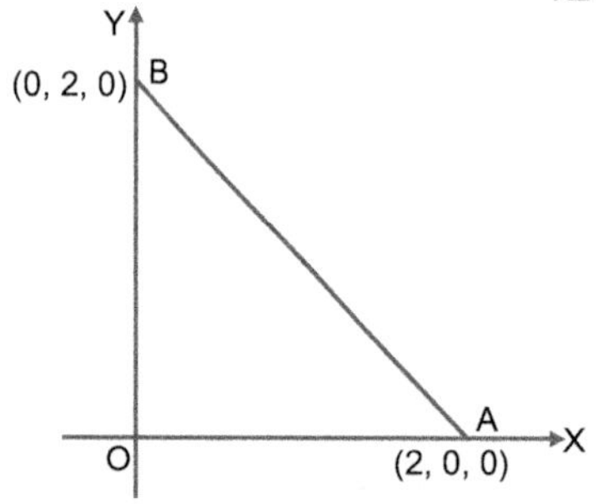

Equation of AB is

$$\frac{x}{2} + \frac{y}{2} = 1$$

$$\text{or } y = 2 - x$$

$$dy = -dx$$

Fig. 10.6

$$W = \int_2^0 -2\{2x\,dx - 4(2-x)(-dx)\} = \int_2^0 (-4x - 16 + 8x)\,dx$$

$$= \int_2^0 (4x - 16)\,dx = \left[4\frac{x^2}{2} - 16x\right]_2^0 = -8 + 32 = 24\ (J)$$

10.5 ELECTRIC POTENTIAL BETWEEN TWO POINTS

The potential of point A with respect to point B is defined as the work done in moving a unit positive charge 'q_u' from B to A.

$$\therefore \quad V_{AB} = \frac{W}{q_u} = -\int_B^A \bar{E} \cdot d\bar{r}\ (J/C \text{ or } V)$$

V_{AB} may be considered as the potential difference between points A and B. In last example, if point B is taken as (2, 0, 0) m and A (0, 2, 0) m, then

$$V_{AB} = \frac{24 \text{ J}}{2 \text{ C}} = 12 \text{ V}$$

Point A is at higher potential than B, 12 V higher. Again the potential $V_{BA} = -12$ V.

10.6 POTENTIAL OF A CHARGE DISTRIBUTION

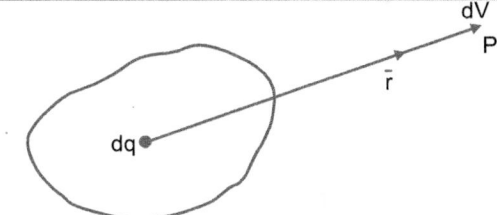

Fig. 10.7

If charge is distributed throughout some finite volume with a known charge density ρ (C/m³) then the potential at some external point can be determined.

$$dV = \frac{dq}{4\pi \varepsilon_0 r} = \int_{Vol} \frac{\rho \, dV}{4\pi \varepsilon_0 r}$$

10.7 CONDUCTION CURRENT DENSITY

Conduction current that occurs in the presence of an electric field within a conductor of fixed cross-section is of particular interest. The current density is given by,

$$\bar{J} = \rho \bar{U} \text{ (A/m}^2\text{)}$$

where $\bar{U}$ is velocity of a set of charged particles and $\bar{U} = \mu \bar{E}$ [μ is mobility]

$$\therefore \quad \bar{J} = \rho \mu \bar{E} = \sigma \bar{E}$$

where $\sigma = \rho \mu$ is called conductivity of the material.

The total current I (in A) crossing a surface S is given by,

$$I = \int_S \bar{J} \cdot d\bar{S} = -\frac{dq}{dt} = \frac{\partial}{\partial t} \int \rho \, dV$$

10.8 MAGNETIC FIELD

A static magnetic field can originate from either a constant current or a permanent magnet.

If $\bar{R}$ is positive vector of a point in space,

$$d\bar{H} = \frac{I \, d\bar{r} \times \hat{R}}{4\pi R^2} \text{ (A/m)}$$

$$\bar{H} = \oint \frac{I \, d\bar{r} \times \hat{R}}{4\pi R^2}$$

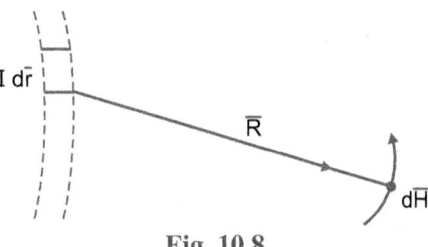

Fig. 10.8

The closed line integral requires that all current elements be inclined in order to obtain complete $\bar{H}$, the magnetic field strength.

The line integral of tangential component of $\bar{H}$ around a closed path is equal to the current enclosed by the path, this is called Ampere's law.

$$I_{(enclosed)} = \oint \bar{H} \cdot d\bar{r}$$

The x-component of $\nabla \times \bar{H}$ is determined by $\oint \bar{H} \cdot d\bar{r}$, where the path lies in a plane normal to the x-axis. According to Ampere's law, this integral is equal to the current enclosed. The direction is along $\bar{i}$ (along x-axis), so the current can be called I_x.

Thus $$(\text{curl } \bar{H}) \cdot i = \lim_{\Delta S \to 0} \frac{I_x}{\Delta S} = J_x$$

which is the x-component of current density $\bar{J}$. Similarly we can obtain J_y and J_z.

$$\therefore \quad \nabla \times \bar{H} = \bar{J}$$

Like $\bar{D}$, the magnetic field strength $\bar{H}$ depends only on moving charges and is independent of the medium. The force field associated with $\bar{H}$ is the magnetic flux density $\bar{B}$, which is given by $\bar{B} = \mu \bar{H}$ where μ is the permeability of the medium.

Magnetic flux ϕ through a surface is defined as

$$\phi = \int_S \bar{B} \cdot d\bar{S}$$

For static fields, curl $\bar{H}$ is equal to $\bar{J}$, the current density at the point. This current density which is due to the motion of actual charges such as electrons, protons and ions is generally called conduction current density and is denoted by $\bar{J}_c$.

$$\nabla \cdot \bar{J}_c = \nabla \cdot (\nabla \times \bar{H}) = 0$$

Displacement current density $\bar{J}_D$ is defined as, $\bar{J}_D = \dfrac{\partial \bar{D}}{\partial t}$

10.9 MAXWELL'S EQUATIONS

A static field $\bar{E}$ can exist in the absence of a magnetic field $\bar{H}$; a capacitor with static charge q is an example. Similarly a conductor with a constant current I has a magnetic field $\bar{H}$ without an electric field. When fields are time variable, $\bar{H}$ and $\bar{E}$ cannot co-exist.

Although static field theory gives quite a valuable information, full value of electromagnetic field theory can be realised with time variable fields. The experiments of Faraday and Hertz and the theoretical analysis of Maxwell, all involved time-variable fields.

Equations given below are called Maxwell's equations in most general form, where charges and conduction current may be present in the region.

(a) Maxwell's equations in point form are,

$$\nabla \times \bar{H} = \bar{J}_c + \frac{\partial \bar{D}}{\partial t} \qquad \ldots (1)$$

$$\nabla \times \bar{E} = -\frac{\partial \bar{B}}{\partial t} \qquad \ldots (2)$$

$$\nabla \cdot \bar{D} = \rho \qquad \ldots (3)$$

$$\nabla \cdot \bar{B} = 0 \qquad \ldots (4)$$

(b) Maxwell's equations in integral form are,

$$\oint \bar{H} \cdot d\bar{r} = \int_S \left(\bar{J}_c + \frac{\partial \bar{D}}{\partial t} \right) \cdot d\bar{S} \qquad \ldots (1)$$

$$\oint_C \bar{E} \cdot d\bar{r} = \int_S \left(-\frac{\partial \bar{B}}{\partial t} \right) \cdot d\bar{S} \qquad \ldots (2)$$

$$\int_S \bar{D} \cdot d\bar{s} = \int_V \rho \, dV \qquad \ldots (3)$$

$$\int_S \bar{B} \cdot d\bar{S} = 0 \qquad \ldots (4)$$

Equations (1), (2) of (a) and equations (1), (2) of (b) are equivalent under Stoke's theorem and equations (3), (4) of (a) and (3), (4) of (b) are equivalent under Gauss divergence theorem. For free space, where there are no charges i.e. $\rho = 0$ and no conduction currents $\bar{J}_c = 0$ Maxwell's equations take the forms :

(c) Point form equations as,

$$\nabla \times \bar{H} = \frac{\partial \bar{D}}{\partial t} \qquad \ldots (1)$$

$$\nabla \times \bar{E} = -\frac{\partial \bar{B}}{\partial t} \qquad \ldots (2)$$

$$\nabla \cdot \bar{D} = 0 \qquad \ldots (3)$$

$$\nabla \cdot \bar{B} = 0 \qquad \ldots (4)$$

(d) Integral form equations as,

$$\oint \bar{H} \cdot d\bar{r} = \int_S \left(\frac{\partial \bar{D}}{\partial t} \right) \cdot d\bar{S} \qquad \ldots (1)$$

$$\oint_C \bar{E} \cdot d\bar{r} = \int_S \left(-\frac{\partial \bar{B}}{\partial t} \right) \cdot d\bar{S} \qquad \ldots (2)$$

$$\int_S \bar{D} \cdot d\bar{S} = 0 \qquad \ldots (3)$$

$$\int_S \bar{B} \cdot d\bar{S} = 0 \qquad \ldots (4)$$

We will now consider some illustrative examples.

ILLUSTRATIONS

Ex. 8 : Given $\bar{E} = E_m \sin(\omega t - \beta z) \bar{j}$ in free space, find $\bar{D}$, $\bar{B}$ and $\bar{H}$.

$$\bar{D} = \varepsilon_o \bar{E} = \varepsilon_o E_m \sin(\omega t - \beta z) \bar{j}$$

Sol. : The Maxwell's equation $\nabla \times \bar{E} = -\dfrac{\partial \bar{B}}{\partial t}$ gives

$$\begin{vmatrix} \bar{i} & \bar{j} & \bar{k} \\ \dfrac{\partial}{\partial x} & \dfrac{\partial}{\partial y} & \dfrac{\partial}{\partial z} \\ 0 & E_m \sin(\omega t - \beta z) & 0 \end{vmatrix} = -\dfrac{\partial \bar{B}}{\partial t}$$

$$\therefore \quad -\dfrac{\partial \bar{B}}{\partial t} = \beta E_m \cos(\omega t - \beta z) \bar{i}$$

Integrating we get, $\quad \bar{B} = -\dfrac{\beta E_m}{\omega} \sin(\omega t - \beta z) \bar{i}$

where the constant of integration, which is a static field has been neglected then

$$\bar{H} = \dfrac{\bar{B}}{\mu} = \dfrac{\beta E_m}{\omega \mu} \sin(\omega t - \beta z) \bar{i}$$

Ex. 9 : *Maxwell's equations are given by*

$$\nabla \cdot \bar{E} = 0, \quad \nabla \cdot \bar{H} = 0, \quad \nabla \times \bar{E} = -\dfrac{\partial \bar{H}}{\partial t}, \quad \nabla \times \bar{H} = \dfrac{\partial \bar{E}}{\partial t}$$

[These equations follow from article 10.9 (c) by putting $\bar{B} = \mu \bar{H}$ and $\bar{D} = \varepsilon_o \bar{E}$]

Show that $\bar{E}$ and $\bar{H}$ satisfy $\nabla^2 u = \dfrac{\partial^2 u}{\partial t^2}$. **(Dec. 11; May 07, 08, 10)**

Sol. : $\quad \nabla \times (\nabla \times \bar{E}) = \nabla(\nabla \cdot \bar{E}) - (\nabla \cdot \nabla)\bar{E} = 0 - \nabla^2 \bar{E} \qquad [\because \nabla \cdot \bar{E} = 0]$

Again $\quad \nabla \times (\nabla \times \bar{E}) = \nabla \times \left(-\dfrac{\partial \bar{H}}{\partial t}\right) \qquad \left[\because \nabla \times \bar{E} = -\dfrac{\partial \bar{H}}{\partial t}\right]$

$$= -\dfrac{\partial}{\partial t}(\nabla \times \bar{H}) = -\dfrac{\partial}{\partial t}\left(\dfrac{\partial \bar{E}}{\partial t}\right) \qquad \left[\because \nabla \times \bar{H} = \dfrac{\partial \bar{E}}{\partial t}\right]$$

$$\therefore \quad -\nabla^2 \bar{E} = -\frac{\partial}{\partial t}\left(\frac{\partial \bar{E}}{\partial t}\right) \quad \text{or} \quad \nabla^2 \bar{E} = \frac{\partial^2 \bar{E}}{\partial t^2}$$

which shows that $\bar{E}$ satisfies $\nabla^2 u = \dfrac{\partial^2 u}{\partial t^2}$

Similarly, $\quad \nabla \times (\nabla \times \bar{H}) = \nabla(\nabla \cdot \bar{H}) - (\nabla \cdot \nabla)\bar{H}$

$$= -\nabla^2 \bar{H} \qquad [\because \nabla \cdot \bar{H} = 0]$$

$$\nabla \times (\nabla \times \bar{H}) = \nabla \times \left(\frac{\partial \bar{E}}{\partial t}\right) \qquad \left[\because \nabla \times \bar{H} = \frac{\partial \bar{E}}{\partial t}\right]$$

$$= \frac{\partial}{\partial t}(\nabla \times \bar{E}) = \frac{\partial}{\partial t}\left(-\frac{\partial \bar{H}}{\partial t}\right) = -\frac{\partial^2 \bar{H}}{\partial t^2}$$

$$\therefore \quad -\nabla^2 \bar{H} = -\frac{\partial^2 \bar{H}}{\partial t^2} \quad \text{or} \quad \nabla^2 \bar{H} = \frac{\partial^2 \bar{H}}{\partial t^2}$$

which proves the result for $\bar{H}$.

Ex. 10 : *Equations of electromagnetic wave theory are given by,*

(i) $\nabla \cdot \bar{D} = \rho$, (ii) $\nabla \cdot \bar{H} = 0$ (iii) $\nabla \times \bar{H} = \dfrac{1}{c}\left(\dfrac{\partial \bar{D}}{\partial t} + \rho \bar{V}\right)$

(iv) $\nabla \times \bar{D} = -\dfrac{1}{c}\dfrac{\partial \bar{H}}{\partial t}$, *where c is constant.*

Prove that

$$\nabla^2 \bar{D} - \frac{1}{c^2}\frac{\partial^2 \bar{D}}{\partial t^2} = \nabla \rho + \frac{1}{c^2}\frac{\partial}{\partial t}(\rho \bar{V})$$

and $\quad \nabla^2 \bar{H} - \dfrac{1}{c^2}\dfrac{\partial^2 \bar{H}}{\partial t^2} = -\dfrac{1}{c}\nabla \times (\rho \bar{V})$ **(Dec. 2005, 2010; May 2006, 2015)**

Sol. : As in the previous problem

$$\nabla \times (\nabla \times \bar{H}) = \nabla(\nabla \cdot \bar{H}) - (\nabla \cdot \nabla)\bar{H}$$

$$= 0 - \nabla^2 \bar{H}$$

From (iii), $\quad \nabla \times \bar{H} = \dfrac{1}{c}\left(\dfrac{\partial \bar{D}}{\partial t} + \rho \bar{v}\right)$

$$\therefore \quad \nabla \times (\nabla \times \bar{H}) = \nabla \times \left\{\frac{1}{c}\left(\frac{\partial \bar{D}}{\partial t}\right) + \rho \bar{V}\right\} = \frac{1}{c}\frac{\partial}{\partial T}(\nabla \times \bar{D}) + \frac{1}{c}\nabla \times (\rho \bar{V})$$

$$= \frac{1}{c}\frac{\partial}{\partial t}\left(-\frac{1}{c}\frac{\partial \bar{H}}{\partial t}\right) + \frac{1}{c}\nabla \times (\rho \bar{V})$$

but $\nabla \times (\nabla \times \bar{H}) = -\nabla^2 \bar{H}$

$\therefore \quad -\nabla^2 \bar{H} = -\dfrac{1}{c^2} \dfrac{\partial^2 \bar{H}}{\partial t^2} + \dfrac{1}{c} \nabla \times (\rho \bar{V})$

$\therefore \quad \nabla^2 \bar{H} - \dfrac{1}{c^2} \dfrac{\partial^2 \bar{H}}{\partial t^2} = -\dfrac{1}{c} \nabla \times (\rho \bar{V})$

which proves second result.

To prove first result, consider

$$\nabla \times (\nabla \times \bar{D}) = \nabla (\nabla \cdot \bar{D}) - (\nabla \cdot \nabla) \bar{D} = \nabla \rho - \nabla^2 \bar{D}$$

From (iv), $\quad \nabla \times \bar{D} = -\dfrac{1}{c} \dfrac{\partial \bar{H}}{\partial t}$

$\therefore \quad \nabla \times (\nabla \times \bar{D}) = \nabla \times \left(-\dfrac{1}{c} \dfrac{\partial \bar{H}}{\partial t} \right) = -\dfrac{1}{c} \dfrac{\partial}{\partial t} (\nabla \times \bar{H}) = -\dfrac{1}{c} \dfrac{\partial}{\partial t} \left\{ \dfrac{1}{c} \left(\dfrac{\partial \bar{D}}{\partial t} + \rho \bar{V} \right) \right\}$

$\therefore \quad \nabla \rho - \nabla^2 \bar{D} = -\dfrac{1}{c^2} \dfrac{\partial^2 \bar{D}}{\partial t^2} - \dfrac{1}{c^2} \dfrac{\partial}{\partial t} (\rho \bar{V})$

By transposing

$$\nabla^2 \bar{D} - \dfrac{1}{c^2} \dfrac{\partial^2 \bar{D}}{\partial t^2} = \nabla \rho + \dfrac{1}{c^2} \dfrac{\partial}{\partial t} (\rho \bar{V})$$

which proves first result.

Ex. 11 : *Two of Maxwell's electromagnetic equations are* $\nabla \cdot \bar{B} = 0$, $\nabla \times \bar{E} = -\dfrac{\partial \bar{B}}{\partial t}$.

Given $\bar{B} = \text{curl } \bar{A}$ *then deduce that* $\bar{E} + \dfrac{\partial \bar{A}}{\partial t} = -\text{grad } V$, *where V is a scalar point function.* **(May 2005, 2009; Dec. 2006, 2007, 2012, 2014, Nov. 2015)**

Sol. : Given $\quad \nabla \cdot \bar{B} = 0 \quad$ and $\quad \nabla \times \bar{E} = -\dfrac{\partial \bar{B}}{\partial t}$

and $\quad \bar{B} = \nabla \times \bar{A}$

$\therefore \quad \dfrac{\partial \bar{B}}{\partial t} = \dfrac{\partial}{\partial t} (\nabla \times \bar{A}) = \nabla \times \dfrac{\partial \bar{A}}{\partial t}$

but $\quad \dfrac{\partial \bar{B}}{\partial t} = -\nabla \times \bar{E}$

$\therefore \quad \nabla \times \dfrac{\partial \bar{A}}{\partial t} = -\nabla \times \bar{E}$

$$\therefore \quad \nabla \times \left[\bar{E} + \frac{\partial \bar{A}}{\partial t} \right] = 0$$

$$\because \quad \nabla \times \bar{F} = 0, \quad \bar{F} = -\nabla V, \text{ where V is scalar point function.}$$

$$\therefore \quad \bar{E} + \frac{\partial \bar{A}}{\partial t} = -\nabla V$$

or $\quad \bar{E} + \frac{\partial \bar{A}}{\partial t} = -\nabla V$

Ex. 12 : *If* $\bar{E} = \nabla \phi$ *and* $\nabla^2 \phi = -4\pi \rho$ *prove that*

$$\iint_S \bar{E} \cdot d\bar{S} = -4\pi \iiint_V \rho \, dV$$

where V is volume enclosed by closed surface S. **(May 2012)**

Sol. : $\quad \iint_S \bar{E} \cdot d\bar{S} = \iiint_V \nabla \cdot \bar{E} \, dV \qquad$ [By divergence theorem]

$$= \iiint_V \nabla \cdot \nabla \phi \, dV = \iiint_V \nabla^2 \phi \, dV$$

$$= \iiint_V -4\pi \rho \, dV = -4\pi \iiint_V \rho \, dV$$

Ex. 13 : *Show that* $\bar{E} = -\nabla \phi - \frac{1}{c} \frac{\partial \bar{A}}{\partial t}$ $\bar{H} = \nabla \times \bar{A}$ *are solutions of Maxwell's equations*

(i) $\nabla \times \bar{H} = \frac{1}{c} \frac{\partial \bar{E}}{\partial t}$ (ii) $\nabla \times \bar{E} = -\frac{1}{c} \frac{\partial \bar{H}}{\partial t}$ (iii) $\nabla \cdot \bar{H} = 0$ (iv) $\nabla \cdot \bar{E} = 4\pi \rho$

If (a) $\nabla \cdot \bar{A} + \frac{1}{c} \frac{\partial \phi}{\partial t} = 0$; (b) $\nabla^2 \phi - \frac{1}{c^2} \frac{\partial^2 \phi}{\partial t^2} = -4\pi \rho$; (c) $\nabla^2 \bar{A} = \frac{1}{c^2} \frac{\partial^2 \bar{A}}{\partial t}$

where c is the velocity of light and $\bar{A}$, ϕ *are the vector and scalar potentials respectively.*
(Dec. 2008, May 2014)

Sol. : $\quad \bar{H} = \nabla \times \bar{A}$

$\nabla \cdot \bar{H} = \nabla \cdot (\nabla \times \bar{A}) = 0 \quad$ which proves (iii)

$\nabla \times \bar{H} = \nabla \times (\nabla \times \bar{A}) = \nabla (\nabla \cdot \bar{A}) - \nabla^2 \bar{A} \qquad \ldots (1)$

$\frac{\partial \bar{E}}{\partial t} = \frac{\partial}{\partial t} (-\nabla \phi) - \frac{1}{c} \frac{\partial^2 \bar{A}}{\partial t^2}$

$$\therefore \quad \frac{1}{c}\frac{\partial \bar{E}}{\partial t} = -\frac{1}{c}\nabla\left(\frac{\partial \phi}{\partial t}\right) - \frac{1}{c^2}\frac{\partial^2 \bar{A}}{\partial t^2}$$

$$= -\frac{1}{c}\nabla(-c\nabla \cdot A) - \nabla^2 \bar{A} \qquad \text{[From (a) and (c)]}$$

$$= \nabla(\nabla \cdot \bar{A}) - \nabla^2 \bar{A} \qquad \ldots (2)$$

From (1) and (2), we get

$$\nabla \times \bar{H} = \frac{1}{c}\frac{\partial \bar{E}}{\partial t} \quad \text{which proves (i)} \quad \nabla \times \bar{E} = \nabla \times \left[-\nabla\phi - \frac{1}{c}\frac{\partial \bar{A}}{\partial t}\right]$$

$$= -\frac{1}{c}\frac{\partial}{\partial t}(\nabla \times \bar{A}) = -\frac{1}{c}\frac{\partial \bar{H}}{\partial t} \quad \text{which proves (ii)}$$

$$\nabla \cdot \bar{E} = \nabla \cdot \left\{-\nabla\phi - \frac{1}{c}\frac{\partial \bar{A}}{\partial t}\right\} = -\nabla^2 \phi - \frac{1}{c}\frac{\partial}{\partial t}(\nabla \cdot \bar{A})$$

$$= -\nabla^2 \phi + \frac{1}{c^2}\frac{\partial^2 \phi}{\partial t^2} = 4\pi\rho \quad \text{which proves (iv)}$$

EXERCISE 10.1

1. If ψ is a scalar function of x, y, z and time t, the electric and magnetic vectors $\bar{E}$ and $\bar{H}$ are given by $\bar{E} = \frac{\partial \psi}{\partial z}\bar{i} - \frac{\partial \psi}{\partial x}\bar{k}$ and $\bar{H} = -\frac{1}{c}\frac{\partial \psi}{\partial t}\bar{j}$, show that

   (i) $\nabla \times \bar{H} = \frac{1}{c}\frac{\partial \bar{E}}{\partial t}$, (ii) $\nabla \cdot \bar{H} = 0$, (iii) $\nabla \cdot \bar{E} = 0$, (iv) $\nabla \times \bar{E} = -\frac{1}{c}\frac{\partial \bar{E}}{\partial t}$.

   if, ψ satisfies the equation $\frac{\partial^2 \psi}{\partial x^2} + \frac{\partial^2 \psi}{\partial z^2} = \frac{1}{c^2}\frac{\partial^2 \psi}{\partial t^2}$.

2. In free space $\bar{D} = D_m \sin(\omega t + \beta z)\bar{i}$. Using Maxwell's equation, show that

   $$\bar{B} = -\frac{\omega\mu_o D_m}{\mu}\sin(\omega t + \beta z)\bar{j}$$

3. Use Maxwell's equations

   (i) $\nabla \cdot \bar{E} = 0$, (ii) $\nabla \cdot H = 0$, (iii) $\nabla \times \bar{E} = -\frac{\mu}{c}\frac{\partial \bar{H}}{\partial t}$, (iv) $\nabla \times \bar{H} = \frac{k}{c}\frac{\partial \bar{E}}{\partial t}$.

   to show that both $\bar{E}$ and $\bar{H}$ satisfy wave equation

   $$\nabla^2 \bar{A} = \frac{\mu k}{c^2}\frac{\partial^2 \bar{A}}{\partial t^2}.$$

   (May 98)

UNIT - VI : COMPLEX VARIABLES

CHAPTER ELEVEN

COMPLEX DIFFERENTIATION

11.1 INTRODUCTION

Students are already acquainted with utility of complex numbers in Electrical Engineering. Functions of complex variable are well defined and the concepts of limit, continuity and differentiability are extended to cover functions of complex variable. Theory of function of complex variable is widely used in fluid mechanics, potential theory, electrostatics, electromagnetic engineering and many areas of electronics and computer engineering. It is proposed to introduce this subject to the students taking these branches of engineering.

11.2 COMPLEX VARIABLE

A number of the form $a + ib$ where $i = \sqrt{-1}$ and a, b are certain real numbers, is called a complex number. It can be represented in xoy plane by means of a point whose cartesian coordinates are (a, b). If $z = x + iy$ where x, y are real variables, then z is called a complex variable.

x is the real part of z and y is the imaginary part of z.

Briefly we write, $\quad x = R(z)$
and $\quad y = I(z)$.
Writing $\quad z = x + iy = r(\cos\theta + i\sin\theta)$
and by equating real and imaginary parts, we get $x = r\cos\theta$, $y = r\sin\theta$. From these, we get, $r = \sqrt{x^2 + y^2}$ and $\tan\theta = \dfrac{y}{x}$.

Here $r = \sqrt{x^2 + y^2}$ is called modulus of z, written as $|z|$ and $\theta = \tan^{-1}\dfrac{y}{x}$ is called amplitude or argument of z. It is written as amp z or arg z.

Geometrically, $|z| = a$ [a is some real number] represents a circle $x^2 + y^2 = a^2$ in xoy plane with centre at origin and radius equal to a.

If $z_0 = x_0 + iy_0$ then $|z - z_0| = a$ i.e. $|(x + iy) - (x_0 + iy_0)| = a$ or $|(x - x_0) + i(y - y_0)| = a$ represents a circle $(x - x_0)^2 + (y - y_0)^2 = a^2$ with centre at $z_0 = x_0 + iy_0$ or (x_0, y_0) and radius equal to a.

$|z - z_0| \leq a$ represents the interior region of the circle, including points on the arc of the circle.

$|z - z_0| > a$ represents the exterior region of the circle.

$I(z) \geq 0$ represents the entire region above x-axis, including points on the x-axis.

$I(z) < 0$ represents the region below x-axis.

$R(z) > 0$ represents the region to the right side of y-axis.

$R(z) \leq 0$ represents the region to the left of y-axis including points on the y-axis.

11.3 FUNCTION OF COMPLEX VARIABLE

Consider two complex variables z and w. If corresponding to each value of z in some region, there is assigned a value of w, through the relation $w = f(z)$, then $w = f(z)$ is defined as the function of complex variable z.

Various examples of the functions of complex variable are $w = z^2$, $w = \sin z$, $w = e^z$, $w = \log z$ etc.

Consider, $\quad w = z^2 = (x + iy)^2 = x^2 + 2ixy + i^2 y^2$

Or $\quad w = x^2 - y^2 + 2ixy = u + iv \quad [\because i^2 = -1]$

Here $u(x, y) = x^2 - y^2$ is the real part of the function $w = f(z)$ and $v(x, y) = 2xy$ represents the imaginary part.

Similarly, $\quad w = e^z = e^{(x+iy)} = e^x \cdot e^{iy} = e^x(\cos y + i \sin y) = u + iv$

Here, $\quad R(f(z)) = u = e^x \cos y$

$\quad I(f(z)) = v = e^x \sin y$

Various complex functions can be expressed in the form $w = f(z) = u(x, y) + iv(x, y)$ or $u + iv$. u, v being functions of real variables x and y, concepts of limit, continuity and differentiability of differential calculus of real variable can be applied to differential calculus of complex variable z.

For $y = f(x)$, $\quad \dfrac{dy}{dx} = f'(x) = \displaystyle\lim_{h \to 0} \dfrac{f(x+h) - f(x)}{h}$

Similarly, for $w = f(z)$ the derivative of $f(z)$ can be defined as,

$\dfrac{dw}{dz} = f'(z) = \displaystyle\lim_{h \to 0} \dfrac{f(z+h) - f(z)}{h}$, $z = x + iy$, $h = h_1 + ih_2$

and h approaches '0' via any path. $f'(z)$ exists, if the limit exists.

Limit when exists, is unique and finite. Definition of derivative of the function of complex variable $f(z)$ being similar to the definition of the derivative of function of real variable x i.e. $f'(x)$, all the elementary rules of real differential calculus are applicable in case of complex differential calculus. It can be easily established that,

$\dfrac{d}{dz}(\sin z) = \cos z$, $\dfrac{d}{dz}(\log z) = \dfrac{1}{z}$, $\dfrac{d}{dz}(e^z) = e^z$, etc.

11.4 ANALYTIC FUNCTION

A function $f(z)$ is said to be analytic at a point $z = z_0$ if it is defined, and has derivative, at every point in some neighbourhood of z_0. It is said to be analytic in a region R if it is analytic at every point in region R. Analytic function is also called Regular or Holomorphic. The point $z = z_1$, where function ceases to be analytic is called the singular point of the function $f(z)$.

For example, $f(z) = \dfrac{1}{z}$ is differentiable everywhere except at the point $z = 0$, which is a singular point of the function $f(z)$.

11.5 NECESSARY CONDITIONS FOR ANALYTIC FUNCTION

We will now investigate the conditions which must be satisfied if the function is analytic.

Let us assume that $f(z) = u + iv$ is analytic at any point z in region R of the complex plane. This means function $f(z)$ is differentiable at all the points in some neighbourhood of the point z.

$$\therefore f'(z) = \lim_{h \to 0} \frac{f(z+h) - f(z)}{h}$$ exists at all the points in the neighbourhood of z

and limit exists and is unique if $h \to 0$ via any path.

$$z = x + iy$$
$$h = h_1 + ih_2$$
$$\therefore z + h = (x + h_1) + i(y + h_2)$$
$$f(z) = u(x, y) + iv(x, y)$$

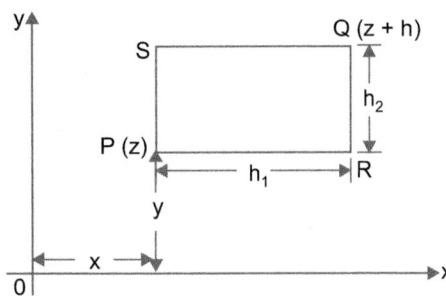

Fig. 11.1

$$f(z+h) = u(x+h_1, y+h_2) + iv(x+h_1, y+h_2)$$
$$f(z+h) - f(z) = \{u(x+h_1, y+h_2) - u(x, y)\} + i\{v(x+h_1, y+h_2) - v(x, y)\}$$
$$f'(z) = \lim_{\substack{h_1 \to 0 \\ h_2 \to 0}} \left[\frac{\{u(x+h_1, y+h_2) - u(x, y)\} + i\{v(x+h_1, y+h_2) - v(x, y)\}}{h_1 + ih_2}\right]$$

As $h \to 0$, $h_1 \to 0$, $h_2 \to 0$ and the point Q approaches P.

Let us consider the path QRP, via this path $h_2 \to 0$ first and then $h_1 \to 0$.

$$\therefore f'(z) = \lim_{h_1 \to 0}\left[\frac{u(x+h_1, y) - u(x, y)}{h_1} + i \frac{v(x+h_1, y) - v(x, y)}{h_1}\right]$$

$$= \lim_{h_1 \to 0} \frac{u(x+h_1, y) - u(x, y)}{h_1} + i \lim_{h_1 \to 0} \frac{v(x+h_1, y) - v(x, y)}{h_1}$$

$$= \frac{\partial u}{\partial x} + i \frac{\partial v}{\partial x} \qquad \ldots (1)$$

Now, we consider the path QSP. In this case, $h_1 \to 0$ first and then $h_2 \to 0$.

$$\therefore f'(z) = \lim_{h_2 \to 0}\left[\left\{\frac{u(x, y+h_2) - u(x, y)}{ih_2}\right\} + \left\{\frac{v(x, y+h_2) - v(x, y)}{h_2}\right\}\right]$$

$$= \lim_{h_2 \to 0} \frac{1}{i} \frac{u(x, y+h_2) - u(x, y)}{h_2} + \lim_{h_2 \to 0} \frac{v(x, y+h_2) - v(x, y)}{h_2}$$

$$= \frac{1}{i}\frac{\partial u}{\partial y} + \frac{\partial v}{\partial y}$$

$$= -i\frac{\partial u}{\partial y} + \frac{\partial v}{\partial y} \quad \ldots (2)$$

Since $f(z)$ is analytic, $f'(z)$ exists and its values given by (1) and (2) must be same. Equating (1) and (2), we get

$$\frac{\partial u}{\partial x} + i\frac{\partial v}{\partial x} = -i\frac{\partial u}{\partial y} + \frac{\partial v}{\partial y} \quad \ldots (3)$$

Equating real and imaginary parts on both sides of (3), we obtain

$$\frac{\partial u}{\partial x} = \frac{\partial v}{\partial y} \text{ and } \frac{\partial u}{\partial y} = -\frac{\partial v}{\partial x} \quad \ldots (4)$$

Equation (4) gives the necessary conditions for the function $f(z)$ to be analytic at any point z in the region R. These conditions go by the name Cauchy-Riemann conditions.

Thus, if $f(z) = u + iv$ is known to be analytic then Cauchy-Riemann equations or C.R. equations

$$\frac{\partial u}{\partial x} = \frac{\partial v}{\partial y}, \quad \frac{\partial u}{\partial y} = \frac{-\partial v}{\partial x} \text{ are satisfied.}$$

To verify these conditions, consider $f(z) = z^2$, which is analytic everywhere.

$$f(z) = z^2 = (x+iy)^2 = (x^2 - y^2) + 2ixy = u + iv$$

∴ $u = x^2 - y^2$, $v = 2xy$.

$$\frac{\partial u}{\partial x} = 2x, \quad \frac{\partial u}{\partial y} = -2y; \quad \frac{\partial v}{\partial x} = 2y, \quad \frac{\partial v}{\partial y} = 2x.$$

Thus $\frac{\partial u}{\partial x} = \frac{\partial v}{\partial y} = 2x$ and $\frac{\partial u}{\partial y} = \frac{-\partial v}{\partial x} = -2y$ are satisfied for all values of x and y.

To establish the sufficiency of Cauchy-Riemann equations, we have to assume that u, v and their first order partial derivatives $\frac{\partial u}{\partial x}, \frac{\partial u}{\partial y}, \frac{\partial v}{\partial x}, \frac{\partial v}{\partial y}$ are continuous.

Under this assumption, we shall show that Cauchy-Riemann conditions are sufficient conditions for $f(z)$ to be analytic.

Let, $f(z) = u(x, y) + iv(x, y)$

$f(z+h) = u(x+h_1, y+h_2) + iv(x+h_1, y+h_2)$

∴ $f(z+h) - f(z) = \{u(x+h_1, y+h_2) - u(x, y)\} + i\{v(x+h_1, y+h_2) - v(x, y)\}$

$= \delta u + i\delta v$

where, $\delta u = u(x+h_1, y+h_2) - u(x, y)$

$\delta v = v(x+h_1, y+h_2) - v(x, y)$

Consider, $\delta u = u(x + h_1, y + h_2) - u(x, y)$

$= u(x + h_1, y + h_2) - u(x, y + h_2) + u(x, y + h_2) - u(x, y)$

$= h_1 \left\{ \dfrac{u(x + h_1, y + h_2) - u(x, y + h_2)}{h_1} \right\} + h_2 \left\{ \dfrac{u(x, y + h_2) - u(x, y)}{h_2} \right\}$

$= h_1 \left\{ \dfrac{\partial u}{\partial x} + \varepsilon_1 \right\} + h_2 \left\{ \dfrac{\partial u}{\partial y} + \eta_1 \right\}$

where $\varepsilon_1, \eta_1 \to 0$ as $h_1 \to 0$, $h_2 \to 0$ (Because of the continuity of partial derivatives)
Similarly, we shall have

$$\delta v = h_1 \left\{ \dfrac{\partial v}{\partial x} + \varepsilon_2 \right\} + h_2 \left\{ \dfrac{\partial v}{\partial y} + \eta_2 \right\}$$

where $\varepsilon_2, \eta_2 \to 0$ as $h_1 \to 0$, $h_2 \to 0$

$\delta u + i\, \delta v = h_1 \left\{ \dfrac{\partial u}{\partial x} + i\dfrac{\partial v}{\partial x} \right\} + h_2 \left\{ \dfrac{\partial u}{\partial y} + i\dfrac{\partial v}{\partial y} \right\} + h_1(\varepsilon_1 + i\varepsilon_2) + h_2(\eta_1 + i\eta_2)$

Using C.R. equations, $\dfrac{\partial u}{\partial x} = \dfrac{\partial v}{\partial y}$, $\dfrac{\partial u}{\partial y} = \dfrac{-\partial v}{\partial x}$

$\delta u + i\, \delta v = h_1 \left\{ \dfrac{\partial u}{\partial x} + i\dfrac{\partial v}{\partial x} \right\} + h_2 \left\{ \dfrac{-\partial v}{\partial x} + i\dfrac{\partial u}{\partial x} \right\} + h_1 \varepsilon + h_2 \eta$

where $\varepsilon = \varepsilon_1 + i\varepsilon_2$, $\eta = \eta_1 + i\eta_2$ and $\varepsilon, \eta \to 0$ as $h_1, h_2 \to 0$.

$\delta u + i\delta v = h_1 \left\{ \dfrac{\partial u}{\partial x} + i\dfrac{\partial v}{\partial x} \right\} + h_2 \left\{ i^2 \dfrac{\partial v}{\partial x} + i\dfrac{\partial u}{\partial x} \right\} + h_1 \varepsilon + h_2 \eta$

$= h_1 \left\{ \dfrac{\partial u}{\partial x} + i\dfrac{\partial v}{\partial x} \right\} + i h_2 \left\{ \dfrac{\partial u}{\partial x} + i\dfrac{\partial v}{\partial x} \right\} + h_1 \varepsilon + h_2 \eta$

$= \left\{ \dfrac{\partial u}{\partial x} + i\dfrac{\partial v}{\partial x} \right\}(h_1 + ih_2) + h_1 \varepsilon + h_2 \eta$

$\therefore \quad \dfrac{\delta u + i\delta v}{h_1 + ih_2} = \dfrac{\partial u}{\partial x} + i\dfrac{\partial v}{\partial x} + \dfrac{h_1}{h_1 + ih_2} \varepsilon + \dfrac{h_2}{h_1 + ih_2} \eta \qquad \begin{array}{l} \varepsilon, \eta \to 0 \\ h_1, h_2 \to 0 \end{array}$

Now $\quad \delta u + i\delta v = f(z + h) - f(z)$ and $h = h_1 + ih_2$

$\therefore \quad \lim\limits_{h \to 0} \dfrac{f(z + h) - f(z)}{h} = \dfrac{\partial u}{\partial x} + i\dfrac{\partial v}{\partial x}$

$\left[\because \left| \dfrac{h_1}{h_1 + ih_2} \right| \le 1, \left| \dfrac{h_2}{h_1 + ih_2} \right| \le 1, \text{ last two terms tend to zero as } \varepsilon \text{ and } \eta \to 0 \right]$

which proves that f'(z) exists and its value is,

$$f'(z) = \frac{\partial u}{\partial x} + i\frac{\partial v}{\partial x}$$

$$= \frac{\partial v}{\partial y} - i\frac{\partial u}{\partial y} \quad \text{(By C.R. equations)}$$

Thus, the function $f(z) = u(x, y) + iv(x, y)$ is analytic in region R, if two real valued functions $u(x, y)$, $v(x, y)$ and their first partial derivatives are continuous in region R and satisfy Cauchy-Riemann equations.

Note : If $f(z) = u + iv$ is analytic at any point z, C.R. equations are definitely satisfied at z, while if C.R. equations are satisfied at the point z that does not necessarily mean f(z) is analytic at z, for this continuity of partial derivatives of u, v must also be ensured. In problems where u, v are continuous, if C.R. equations are satisfied, the function f(z) is analytic, while if C.R. equations are not satisfied, f(z) is not analytic.

11.6 CAUCHY-RIEMANN EQUATIONS IN POLAR FORM

Consider $\quad f(z) = u + iv$

where, $\quad z = r(\cos\theta + i\sin\theta) = re^{i\theta}$

∴ $\quad f(re^{i\theta}) = u + iv \quad$ ... (1)

Differentiating (1) partially w.r.t. r,

$$f'(re^{i\theta}) \cdot e^{i\theta} = \frac{\partial u}{\partial r} + i\frac{\partial v}{\partial r} \quad \text{... (2)}$$

Differentiating (1) partially w.r.t. θ,

$$f'(re^{i\theta}) rie^{i\theta} = \frac{\partial u}{\partial \theta} + i\frac{\partial v}{\partial \theta}$$

Or $\quad f'(re^{i\theta}) e^{i\theta} = \frac{1}{ri}\left[\frac{\partial u}{\partial \theta} + i\frac{\partial v}{\partial \theta}\right]$

$$= \frac{-i}{r}\frac{\partial u}{\partial \theta} + \frac{1}{r}\frac{\partial v}{\partial \theta} \quad \text{... (3)}$$

From (2) and (3), equating right hand sides, we get

$$\frac{\partial u}{\partial r} + i\frac{\partial v}{\partial r} = \frac{-i}{r}\frac{\partial u}{\partial \theta} + \frac{1}{r}\frac{\partial v}{\partial \theta}$$

Equating real and imaginary parts, we get

$$\frac{\partial u}{\partial r} = \frac{1}{r}\frac{\partial v}{\partial \theta}, \quad \frac{\partial v}{\partial r} = -\frac{1}{r}\frac{\partial u}{\partial \theta} \quad \text{... (4)}$$

which are C.R. equations in Polar form.

11.7 HARMONIC FUNCTION

A function $\phi(x, y)$ is said to be harmonic if it is continuous and has continuous first and second order partial derivatives and satisfies Laplace equation,

$$\frac{\partial^2 \phi}{\partial x^2} + \frac{\partial^2 \phi}{\partial y^2} = 0$$

We can show that if $f(z) = u + iv$ is analytic then both u, v are harmonic.

Since $f(z)$ is analytic, u, v and their partial derivatives are continuous and C.R. equations are satisfied.

i.e.
$$\frac{\partial u}{\partial x} = \frac{\partial v}{\partial y} \qquad \ldots (1)$$

$$\frac{\partial u}{\partial y} = \frac{-\partial v}{\partial x} \qquad \ldots (2)$$

Differentiating (1) partially w.r.t. x and (2) w.r.t. y, we get,

$$\frac{\partial^2 u}{\partial x^2} = \frac{\partial^2 v}{\partial x \, \partial y}, \quad \frac{\partial^2 u}{\partial y^2} = \frac{-\partial^2 v}{\partial x \, \partial y}$$

Adding these results, we obtain

$$\frac{\partial^2 u}{\partial x^2} + \frac{\partial^2 u}{\partial y^2} = 0 \text{ which shows that u is harmonic.}$$

Similarly, differentiating (1) partially w.r.t. y and (2) w.r.t. x and subtracting, we get,

$$\frac{\partial^2 v}{\partial x^2} + \frac{\partial^2 v}{\partial y^2} = 0 \text{ which shows that v is harmonic.}$$

11.8 MILNE-THOMSON METHOD

This method is used to find $f(z) = u(x, y) + i \, v(x, y)$ in terms of z when $u(x, y)$ and $v(x, y)$ are given.

We have $z = x + iy$ and $\bar{z} = x - iy$

$\therefore \quad z + \bar{z} = 2x \quad$ or $\quad x = \dfrac{z + \bar{z}}{2} \quad$ and $\quad z - \bar{z} = 2iy \quad$ or $\quad y = \dfrac{1}{2i}(z - \bar{z})$

$$f(z) = u(x, y) + i \, v(x, y) = u\left\{\frac{z+\bar{z}}{2}, \frac{z-\bar{z}}{2i}\right\} + iv\left\{\frac{z+\bar{z}}{2}, \frac{z-\bar{z}}{2i}\right\}$$

This being an identity in two independent variables z and $\bar{z}$, we put $\bar{z} = z$ i.e. $x = z$ and $y = 0$.

Thus, $f(z)$ is obtained in terms of z.

If $f'(z) = \dfrac{\partial u}{\partial x} + i \dfrac{\partial v}{\partial x}$ is given, then $\dfrac{\partial u}{\partial x}, \dfrac{\partial v}{\partial x}$ being functions of x, y, by substituting $x = z, y = 0$, we get $f'(z)$ in terms of z. By integration, we get $f(z)$ in terms of z.

11.9 TO FIND ANALYTIC FUNCTION F(Z) WHOSE REAL OR IMAGINARY PART IS GIVEN

Consider analytic function $f(z) = u + iv$, whose real part $u(x, y)$ is given. To find $v(x, y)$.

First we find $\dfrac{\partial u}{\partial x}$ and $\dfrac{\partial u}{\partial y}$.

By first C.R. equation, $\dfrac{\partial u}{\partial x} = \dfrac{\partial v}{\partial y}$ ∴ $\dfrac{\partial v}{\partial y}$ is known.

We now integrate $\dfrac{\partial v}{\partial y}$ w.r.t. y treating x as constant.

∴ $\quad v = \phi(x, y) + f(x)$

Here constant of integration is taken as function of x, since in integration of $\dfrac{\partial v}{\partial x}$, x is considered as constant. Now we differentiate v partially w.r.t. x treating y as constant.

$$\dfrac{\partial v}{\partial x} = \dfrac{\partial \phi}{\partial x} + f'(x) = -\dfrac{\partial u}{\partial y} \text{ by second C.R. equation.}$$

This gives the value of $f'(x)$ and by integration, $f(x)$ is determined, determining the value of $v(x, y)$. Same procedure is adopted when $v(x, y)$ is given to find $u(x, y)$.

ILLUSTRATIONS

Ex. 1 : *If $u = \dfrac{1}{2} \log(x^2 + y^2)$, find v such that $f(z) = u + iv$ is analytic. Determine $f(z)$ in terms of z.*

Sol. : $\quad u = \dfrac{1}{2} \log(x^2 + y^2)$

∴ $\quad \dfrac{\partial u}{\partial x} = \dfrac{1}{2} \cdot \dfrac{1 \cdot 2x}{x^2 + y^2} = \dfrac{x}{x^2 + y^2}, \quad \dfrac{\partial u}{\partial y} = \dfrac{1}{2} \cdot \dfrac{1 \cdot 2y}{x^2 + y^2} = \dfrac{y}{x^2 + y^2}$

Now, $\quad \dfrac{\partial u}{\partial x} = \dfrac{\partial v}{\partial y}$

∴ $\quad \dfrac{\partial v}{\partial y} = \dfrac{x}{x^2 + y^2}$

Integrating w.r.t. y treating x as constant,

$$v = \int \dfrac{x}{x^2 + y^2} \, dy + f(x)$$

$$= x \cdot \dfrac{1}{x} \tan^{-1} \dfrac{y}{x} + f(x) = \tan^{-1} \dfrac{y}{x} + f(x)$$

$$\dfrac{\partial v}{\partial x} = \dfrac{1}{1 + \dfrac{y^2}{x^2}} \left(\dfrac{-y}{x^2}\right) + f'(x) = -\dfrac{y}{x^2 + y^2} + f'(x)$$

By second C.R. equation,
$$\frac{\partial v}{\partial x} = -\frac{\partial u}{\partial y}$$

∴ $\dfrac{-y}{x^2+y^2} = \dfrac{-y}{x^2+y^2} + f'(x)$

∴ $f'(x) = 0$ or $f(x) = $ constant

∴ $v = \tan^{-1}\dfrac{y}{x} + f(x) = \tan^{-1}\dfrac{y}{x} + c$

∴ $f(z) = \dfrac{1}{2}\log(x^2+y^2) + i\tan^{-1}\dfrac{y}{x} + c$

To find $f(z)$ in terms of z, we put $x = z, y = 0$ using Milne-Thompson method.

∴ $f(z) = \dfrac{1}{2}\log(z^2) + c$

∴ $f(z) = \dfrac{1}{2}\cdot 2\log z + c$ or $f(z) = \log z + c$.

Ex. 2 : *If $v = 3x^2y - y^3$, find its harmonic conjugate u. Find $f(z) = u + iv$ in terms of z.* **(Dec. 2011)**

Sol. : $v = 3x^2y - y^3$

∴ $\dfrac{\partial v}{\partial x} = 6xy, \quad \dfrac{\partial v}{\partial y} = 3x^2 - 3y^2$

$\dfrac{\partial u}{\partial x} = \dfrac{\partial v}{\partial y} = 3x^2 - 3y^2$ (By first C.R. equation)

Integrating $\dfrac{\partial u}{\partial x}$ w.r.t. x, treating y as constant, we get

$u = \dfrac{3x^3}{3} - 3y^2x + f(y)$ ... (1)

$\dfrac{\partial u}{\partial y} = -6xy + f'(y)$

By second C.R. equation,
$$\frac{\partial u}{\partial y} = -\frac{\partial v}{\partial x}$$

∴ $-6xy + f'(y) = -6xy$

∴ $f'(y) = 0$ or integrating $f(y) = c$.

(1) now gives, $u = x^3 - 3y^2x + c$

∴ $f(z) = u + iv = x^3 - 3y^2x + i(3x^2y - y^3) + c$ ... (2)

To find $f(z)$ in terms of z, put $x = z, y = 0$ in (2).

$f(z) = z^3 + c$

Ex. 3 : *Show that* $u = x \sin x \cosh y - y \cos x \sinh y$ *is harmonic and find its harmonic conjugate.*

Sol. : $\dfrac{\partial u}{\partial x} = x \cos x \cosh y + \sin x \cosh y + y \sin x \sinh y$

$\dfrac{\partial^2 u}{\partial x^2} = \cos x \cosh y - x \sin x \cosh y + \cos x \cosh y + y \cos x \sinh y$ ... (1)

$\dfrac{\partial u}{\partial y} = x \sin x \sinh y - \cos x \sinh y - y \cos x \cosh y$

$\dfrac{\partial^2 u}{\partial y^2} = x \sin x \cosh y - \cos x \cosh y - \cos x \cosh y - y \cos x \sinh y$ ... (2)

Adding (1) and (2), we get

$\dfrac{\partial^2 u}{\partial x^2} + \dfrac{\partial^2 u}{\partial y^2} = 0$ which shows that u is harmonic.

To find v, $\dfrac{\partial u}{\partial x} = \dfrac{\partial v}{\partial y} = x \cos x \cosh y + \sin x \cosh y + y \sin x \sinh y$

Integrating $\dfrac{\partial v}{\partial y}$ w.r.t. y, treating x as constant,

$v = x \cos x \sinh y + \sin x \sinh y + \sin x \int y \sinh y \, dy + f(x)$

$= x \cos x \sinh y + \sin x \sinh y + \sin x (y \cosh y - \sinh y) + f(x)$

$v = x \cos x \sinh y + y \sin x \cosh y + f(x)$ ... (3)

$\dfrac{\partial v}{\partial x} = \cos x \sinh y - x \sin x \sinh y + y \cos x \cosh y + f'(x)$

$= \dfrac{-\partial u}{\partial y} = -x \sin x \sinh y + \cos x \sinh y + y \cos x \cosh y$

∴ $f'(x) = 0$ or $f(x) =$ constant, (3) then gives

$v = x \cos x \sinh y + y \sin x \cosh y + c.$

Ex. 4 : *If* $w = \phi + i\psi$ *represents the complex potential for an electric field and* $\phi = -2xy + \dfrac{y}{x^2 + y^2}$, *determine the function* ψ. **(Dec. 2005)**

Sol. : $\dfrac{\partial \phi}{\partial x} = -2y - \dfrac{y \cdot 2x}{(x^2 + y^2)^2} = -2y - \dfrac{2xy}{(x^2 + y^2)^2}$

$\dfrac{\partial \phi}{\partial y} = -2x + \dfrac{(x^2 + y^2) - 2y^2}{(x^2 + y^2)^2} = -2x + \dfrac{x^2 - y^2}{(x^2 + y^2)^2}$

By first C.R. equation,

$$\frac{\partial \phi}{\partial x} = \frac{\partial \psi}{\partial y}$$

$$\therefore \quad \frac{\partial \psi}{\partial y} = -2y - \frac{2xy}{(x^2+y^2)^2}$$

Integrating w.r.t. y treating x as constant,

$$\psi = \frac{-2y^2}{2} - \int \frac{2xy\ dy}{(x^2+y^2)^2} + f(x)$$

$$= -y^2 + \frac{x}{x^2+y^2} + f(x)$$

$$\frac{\partial \psi}{\partial x} = \frac{(x^2+y^2) - 2x^2}{(x^2+y^2)^2} + f'(x) = \frac{y^2 - x^2}{(x^2+y^2)^2} + f'(x)$$

By second C.R. equation, $\dfrac{\partial \psi}{\partial x} = -\dfrac{\partial \phi}{\partial y}$

$$\therefore \quad \frac{y^2 - x^2}{(x^2+y^2)^2} + f'(x) = 2x + \frac{y^2 - x^2}{(x^2+y^2)^2}$$

$$\therefore \quad f'(x) = 2x \quad \text{or integrating } f(x) = x^2$$

$$\therefore \quad \psi = -y^2 + \frac{x}{x^2+y^2} + x^2 = x^2 - y^2 + \frac{x}{x^2+y^2}$$

Ex. 5 : *Find the conditions under which $u = ax^3 + bx^2y + cxy^2 + dy^3$ is harmonic.*

Sol. : $\quad \dfrac{\partial u}{\partial x} = 3ax^2 + 2bxy + cy^2, \quad \dfrac{\partial u}{\partial y} = bx^2 + 2cxy + 3dy^2$

$$\frac{\partial^2 u}{\partial x^2} = 6ax + 2by, \quad \frac{\partial^2 u}{\partial y^2} = 2cx + 6dy$$

For u to be harmonic,

$$\frac{\partial^2 u}{\partial x^2} + \frac{\partial^2 u}{\partial y^2} = 0,$$

i.e. $\quad 6ax + 2by + 2cx + 6dy = 0$

Or $\quad x(6a + 2c) + y(2b + 6d) = 0$

$\therefore \quad 6a + 2c = 0$ and $2b + 6d = 0$

$\therefore \quad c = -3a$ and $b = -3d$

which are the required conditions.

Ex. 6 : If $f(z) = u + iv$ is analytic, find $f(z)$, if $u - v = (x - y)(x^2 + 4xy + y^2)$.

(Dec. 04, 2010)

Sol. :
$$\frac{\partial u}{\partial x} - \frac{\partial v}{\partial x} = (x^2 + 4xy + y^2) + (x - y)(2x + 4y) \quad \ldots (1)$$

$$\frac{\partial u}{\partial y} - \frac{\partial v}{\partial y} = -(x^2 + 4xy + y^2) + (x - y)(4x + 2y) \quad \ldots (2)$$

Using C.R. equations in (2),

$$-\frac{\partial v}{\partial x} - \frac{\partial u}{\partial x} = -(x^2 + 4xy + y^2) + (x - y)(4x + 2y) \quad \ldots (3)$$

Adding (1) and (3),
$$-2\frac{\partial v}{\partial x} = (x - y)(6x + 6y) = 6(x^2 - y^2)$$

Subtracting (3) from (1),
$$2\frac{\partial u}{\partial x} = 2(x^2 + 4xy + y^2) + (x - y)(-2x + 2y)$$
$$= 8xy + 4xy = 12xy$$

Now
$$f'(z) = \frac{\partial u}{\partial x} + i\frac{\partial v}{\partial x}$$
$$= 6xy + i(-3x^2 + 3y^2)$$
$$= -3i(x^2 - y^2 + 2ixy) = -3i(x + iy)^2 = -3iz^2$$

$\therefore \quad f(z) = -3i\frac{z^3}{3} + c = -iz^3 + c$

Ex. 7 : If $u + v = e^x(\cos y + \sin y) + \frac{x - y}{x^2 + y^2}$, find analytic function $f(z) = u + iv$, where $f(1) = 1$.

(May 2011)

Sol. :
$$u + v = e^x(\cos y + \sin y) + \frac{x - y}{x^2 + y^2}$$

$$\frac{\partial u}{\partial x} + \frac{\partial v}{\partial x} = e^x(\cos y + \sin y) + \frac{(x^2 + y^2) - 2x(x - y)}{(x^2 + y^2)^2}$$

$$= e^x(\cos y + \sin y) + \frac{y^2 - x^2 + 2xy}{(x^2 + y^2)^2} \quad \ldots (1)$$

$$\frac{\partial u}{\partial y} + \frac{\partial v}{\partial y} = e^x(-\sin y + \cos y) + \frac{-(x^2 + y^2) - 2y(x - y)}{(x^2 + y^2)^2}$$

$$= e^x(\cos y - \sin y) + \frac{y^2 - x^2 - 2xy}{(x^2 + y^2)^2}$$

By C.R. equation, $\frac{\partial u}{\partial x} = \frac{\partial v}{\partial y}, \frac{\partial u}{\partial y} = -\frac{\partial v}{\partial x}$.

$$-\frac{\partial v}{\partial x} + \frac{\partial u}{\partial x} = e^x(\cos y - \sin y) + \frac{y^2 - x^2 - 2xy}{(x^2 + y^2)^2} \quad \ldots (2)$$

Adding (1) and (2), $\quad 2\dfrac{\partial u}{\partial x} = 2e^x \cos y + \dfrac{2(y^2 - x^2)}{(x^2 + y^2)^2}$

Subtracting (2) from (1), $\quad 2\dfrac{\partial v}{\partial x} = 2e^x \sin y + \dfrac{4xy}{(x^2 + y^2)^2}$

$$f'(z) = \dfrac{\partial u}{\partial x} + i\dfrac{\partial v}{\partial x}$$

$$= e^x(\cos y + i \sin y) + \dfrac{y^2 - x^2 + 2ixy}{(x^2 + y^2)^2}$$

Putting $x = z$, $y = 0$, $\quad f'(z) = e^z + \dfrac{-z^2}{z^4} = e^z - \dfrac{1}{z^2}$

Integrating, $\quad f(z) = e^z + \dfrac{1}{z} + c$

Putting $z = 1$, $\quad 1 = e + 1 + c \quad \therefore c = -e$

$\therefore \quad f(z) = e^z + \dfrac{1}{z} - e$

Ex. 8 : *Find the analytic function,*
$$f(z) = u + iv$$
where $\quad u = r^3 \cos 3\theta + r \sin \theta$ **(May 2015)**

Sol. : u is given in polar form, so we use C.R. equations in polar form,

$$\dfrac{\partial u}{\partial r} = \dfrac{1}{r}\dfrac{\partial v}{\partial \theta}, \quad \dfrac{\partial v}{\partial r} = \dfrac{-1}{r}\dfrac{\partial u}{\partial \theta}$$

Here, $\dfrac{\partial u}{\partial r} = 3r^2 \cos 3\theta + \sin \theta$, $\dfrac{\partial u}{\partial \theta} = -3r^3 \sin 3\theta + r \cos \theta$

$$\dfrac{\partial v}{\partial \theta} = r\dfrac{\partial u}{\partial r} = 3r^3 \cos 3\theta + r \sin \theta$$

Integrating w.r.t. θ, treating r as constant,

$$v = 3r^3 \dfrac{\sin 3\theta}{3} - r \cos \theta + f(r)$$

$$= r^3 \sin 3\theta - r \cos \theta + f(r)$$

$$\dfrac{\partial v}{\partial r} = 3r^2 \sin 3\theta - \cos \theta + f'(r) = -\dfrac{1}{r}\dfrac{\partial u}{\partial \theta} = 3r^2 \sin 3\theta - \cos \theta$$

$\therefore \quad f'(r) = 0$ or $f(r) = $ constant

$$v = r^3 \sin 3\theta - r \cos \theta + c$$

$$f(z) = u + iv = r^3 \cos 3\theta + r \sin \theta + i(r^3 \sin 3\theta - r \cos \theta + c)$$

$$= r^3(\cos 3\theta + i \sin 3\theta) + r(\sin \theta - i \cos \theta) + ic$$

$$\therefore \quad f(z) = r^3 e^{3i\theta} - ir(\cos\theta + i\sin\theta) + c$$
$$= r^3 e^{3i\theta} - ire^{i\theta} + c$$

But $\quad z = re^{i\theta}$

$\therefore \quad f(z) = z^3 - iz + c$

Ex. 9 : *If $f(z) = u + iv$ is analytic, show that u, v satisfy Laplace equation in polar form* $\dfrac{\partial^2 \phi}{\partial r^2} + \dfrac{1}{r}\dfrac{\partial \phi}{\partial r} + \dfrac{1}{r^2}\dfrac{\partial^2 \phi}{\partial \theta^2} = 0.$

Sol. : Since $f(z) = u + iv$ is analytic u, v satisfy C.R. equations in polar form.

$$\frac{\partial u}{\partial r} = \frac{1}{r}\frac{\partial v}{\partial \theta}, \quad \frac{\partial v}{\partial r} = -\frac{1}{r}\frac{\partial u}{\partial \theta}$$

$$r\frac{\partial u}{\partial r} = \frac{\partial v}{\partial \theta} \qquad \ldots (1)$$

$$\frac{\partial v}{\partial r} = -\frac{1}{r}\frac{\partial u}{\partial \theta} \qquad \ldots (2)$$

Differentiating (1) partially w.r.t. r and (2) w.r.t. θ,

$$r\frac{\partial^2 u}{\partial r^2} + \frac{\partial u}{\partial r} = \frac{\partial^2 v}{\partial r \partial \theta} \qquad \ldots (3)$$

$$\frac{\partial^2 v}{\partial r \partial \theta} = -\frac{1}{r}\frac{\partial^2 u}{\partial \theta^2} \qquad \ldots (4)$$

Combining (3) and (4), we get

$$r\frac{\partial^2 u}{\partial r^2} + \frac{\partial u}{\partial r} = -\frac{1}{r}\frac{\partial^2 u}{\partial \theta^2}$$

Or $\quad \dfrac{\partial^2 u}{\partial r^2} + \dfrac{1}{r}\dfrac{\partial u}{\partial r} + \dfrac{1}{r^2}\dfrac{\partial^2 u}{\partial \theta^2} = 0$

which proves that u satisfies Laplace equation in polar form.

Now, consider the equations, $\dfrac{\partial u}{\partial r} = \dfrac{1}{r}\dfrac{\partial v}{\partial \theta} \qquad \ldots (5)$

$$\frac{\partial u}{\partial \theta} = -r\frac{\partial v}{\partial r} \qquad \ldots (6)$$

Differentiating (5) partially w.r.t. θ and (6) w.r.t. r,

$$\frac{\partial^2 u}{\partial r \partial \theta} = \frac{1}{r}\frac{\partial^2 v}{\partial \theta^2} \qquad \ldots (7)$$

$$\frac{\partial^2 u}{\partial r \partial \theta} = \frac{-\partial v}{\partial r} - r\frac{\partial^2 v}{\partial r^2} \qquad \ldots (8)$$

Combining (7) and (8), $\quad \dfrac{1}{r} \dfrac{\partial^2 v}{\partial \theta^2} = -\dfrac{\partial v}{\partial r} - r \dfrac{\partial^2 v}{\partial r^2}$

Or $\quad \dfrac{\partial^2 v}{\partial r^2} + \dfrac{1}{r} \dfrac{\partial v}{\partial r} + \dfrac{1}{r^2} \dfrac{\partial^2 v}{\partial \theta^2} = 0$

which shows that v satisfies Laplace equation in polar form.

Ex. 10 : *Find k such that the function,*
$$f(z) = r^3 \cos 3\theta + ir^3 \sin k\theta \text{ is analytic}$$

Sol. : Let $\quad f(z) = u + iv = r^3 \cos 3\theta + ir^3 \sin k\theta$

$u = r^3 \cos 3\theta, \quad v = r^3 \sin k\theta$

Using C.R. equations in polar form, $\dfrac{\partial u}{\partial r} = \dfrac{1}{r} \dfrac{\partial v}{\partial \theta}, \quad \dfrac{\partial v}{\partial r} = -\dfrac{1}{r} \dfrac{\partial u}{\partial \theta}$

$\dfrac{\partial u}{\partial r} = 3r^2 \cos 3\theta, \quad \dfrac{\partial u}{\partial \theta} = -3r^3 \sin 3\theta, \quad \dfrac{\partial v}{\partial r} = 3r^2 \sin k\theta$

$$\dfrac{\partial v}{\partial \theta} = kr^3 \cos k\theta$$

Using C.R. equations, $3r^2 \cos 3\theta = kr^2 \cos k\theta, \quad 3r^2 \sin k\theta = 3r^2 \sin 3\theta$

Both these equations are satisfied for k = 3.

Ex. 11 : *Determine k such that the function*
$$f(z) = e^x \cos y + i e^x \sin ky \text{ is analytic.}$$

Sol. : Here $u = e^x \cos y, \qquad v = e^x \sin ky$

$\dfrac{\partial u}{\partial x} = e^x \cos y, \quad \dfrac{\partial u}{\partial y} = -e^x \sin y, \quad \dfrac{\partial v}{\partial x} = e^x \sin ky, \quad \dfrac{\partial v}{\partial y} = ke^x \cos ky$

By C.R. equations, $\dfrac{\partial u}{\partial x} = \dfrac{\partial v}{\partial y}, \quad \dfrac{\partial u}{\partial y} = \dfrac{-\partial v}{\partial x}$

$\therefore \quad e^x \cos y = k e^x \cos ky, \quad -e^x \sin y = -e^x \sin ky$

Both these equations are satisfied by k = 1.
So k = 1 is the required value.

Ex. 12 : *Verify whether f(z) = xy + iy is analytic.*

Sol. : Here $\qquad f(z) = u + iv = xy + iy$

$\therefore \quad u = xy, \quad v = y$

$\dfrac{\partial u}{\partial x} = y, \quad \dfrac{\partial u}{\partial y} = x, \quad \dfrac{\partial v}{\partial x} = 0, \quad \dfrac{\partial v}{\partial y} = 1$

Here $\frac{\partial u}{\partial x} = \frac{\partial v}{\partial y}$ gives y = 1 and $\frac{\partial u}{\partial y} = -\frac{\partial v}{\partial x}$ gives x = 0.

∴ C.R. equations are satisfied only at the point (0, 1) i.e. at z = i and no where else.

∴ Function is not analytic anywhere, not even at the point z = i [because for f(z) to be analytic at any point z_0, it should be differentiable in some neighbourhood of z_0].

Ex. 13 : *Show that following functions are not analytic : (i) $\bar{z}$, (ii) $|z|^2$.*

Sol. : (i) $\qquad f(z) = \bar{z} = x - iy = u + iv$

$u = x, \ v = -y, \ \frac{\partial u}{\partial x} = 1, \ \frac{\partial u}{\partial y} = 0, \ \frac{\partial v}{\partial x} = 0, \ \frac{\partial v}{\partial y} = -1.$

C.R. equations $\frac{\partial u}{\partial x} = \frac{\partial v}{\partial y}, \ \frac{\partial u}{\partial y} = -\frac{\partial v}{\partial x}.$

C.R. equations are not satisfied.

∴ $\qquad f(z) = \bar{z}$ is not analytic.

(ii) $\qquad f(z) = |z|^2 = x^2 + y^2 = u + iv$

$\qquad u = x^2 + y^2, \ v = 0$

$\frac{\partial u}{\partial x} = 2x, \ \frac{\partial u}{\partial y} = 2y, \ \frac{\partial v}{\partial x} = 0, \ \frac{\partial v}{\partial y} = 0.$

C.R. equations are satisfied only at origin, no where else, hence f(z) is not analytic.

Ex. 14 : *Show that $f(z) = \sqrt{xy}$ is not analytic at origin eventhough C.R. equations are satisfied at origin.*

Sol. : $\qquad f(z) = u + iv = \sqrt{xy}$

∴ $\qquad u = \sqrt{xy}, \ v = 0$

$\frac{\partial u}{\partial x} = \lim_{h_1 \to 0} \frac{u(x+h_1, y) - u(x, y)}{h_1}$

$\left.\frac{\partial u}{\partial x}\right]_{(0,0)} = \lim_{h_1 \to 0} \frac{u(0+h_1, 0) - u(0, 0)}{h_1} = \lim_{h_1 \to 0} \frac{\sqrt{(0+h_1)0} - 0}{h_1} = 0$

$\left.\frac{\partial u}{\partial y}\right]_{(0,0)} = \lim_{h_1 \to 0} \frac{u(0, 0+h_1) - u(0, 0)}{h_1} = \lim_{h_1 \to 0} \frac{\sqrt{0(0+h_1)}}{h_1} = 0$

$\frac{\partial v}{\partial x} = 0, \ \frac{\partial v}{\partial y} = 0$

∴ C.R. equations are satisfied at origin.

To show that f(z) is not analytic at origin, consider

$$f'(z) = \lim_{h \to 0} \frac{f(z+h) - f(z)}{h} \qquad [\because h = h_1 + ih_2]$$

$$f'(0) = \lim_{h \to 0} \frac{f(0+h) - f(0)}{h} = \lim_{h \to 0} \frac{f(h) - f(0)}{h}$$

$$= \lim_{z \to 0} \frac{f(z) - f(0)}{z}$$

$$= \lim_{\substack{x \to 0 \\ y \to 0}} \frac{\sqrt{xy} - 0}{x + iy}$$

To find the limit, consider the path $y = mx$

$$f'(0) = \lim_{x \to 0} \frac{\sqrt{x \times mx}}{x + imx} = \lim_{x \to 0} \frac{x\sqrt{m}}{x(1+im)}$$

$$= \frac{\sqrt{m}}{1 + im}$$

As $f'(0)$ depends upon the value of m, limit is not unique. Therefore $f'(0)$ does not exist. Hence $f(z)$ is not analytic at origin.

Ex. 15 : *A function f(z) is defined as*

$$f(z) = \frac{x^3(1+i) - y^3(1-i)}{x^2 + y^2}, \qquad z \neq 0$$

$$= 0, \qquad z = 0$$

Show that Cauchy-Riemann equations are satisfied at origin but f(z) is not analytic there.

Sol. : First we shall prove that C.R. equations are satisfied at origin.

Here, $\qquad f(z) = \dfrac{(x^3 - y^3) + i(x^3 + y^3)}{x^2 + y^2} = u + iv$

$\therefore \qquad u(x, y) = \dfrac{x^3 - y^3}{x^2 + y^2}, \quad v(x, y) = \dfrac{x^3 + y^3}{x^2 + y^2}$

Also $u(0, 0) = 0$, $v(0, 0) = 0$ as $f(z) = 0$ at $z = 0$.

$$\frac{\partial u}{\partial x} = \lim_{h_1 \to 0} \frac{u(x + h_1, y) - u(x, y)}{h_1}$$

$$\left.\frac{\partial u}{\partial x}\right]_{(0,0)} = \lim_{h_1 \to 0} \frac{u(0 + h_1, 0) - u(0, 0)}{h_1}$$

$$= \lim_{h_1 \to 0} \frac{\frac{h_1^3}{h_1^2} - 0}{h_1} = \lim_{h_1 \to 0} \frac{h_1}{h_1} = 1$$

$$\frac{\partial u}{\partial y} = \lim_{h_2 \to 0} \frac{u(x, y + h_2) - u(x, y)}{h_2}$$

$$\left.\frac{\partial u}{\partial y}\right]_{(0,0)} = \lim_{h_2 \to 0} \frac{u(0, h_2) - u(0, 0)}{h_2}$$

$$= \lim_{h_2 \to 0} \frac{\frac{-h_2^3}{h_2^2}}{h_2} = -1$$

Similarly, $\left.\dfrac{\partial v}{\partial x}\right]_{(0,0)} = \lim_{h_1 \to 0} \dfrac{v(h_1, 0) - v(0, 0)}{h_1} = \lim_{h_1 \to 0} \dfrac{\frac{h_1^3}{h_1^2}}{h_1} = 1$

$$\left.\frac{\partial v}{\partial y}\right]_{(0,0)} = \lim_{h_2 \to 0} \frac{v(0, h_2) - v(0, 0)}{h_2} = \lim_{h_2 \to 0} \frac{\frac{h_2^3}{h_2^2}}{h_2} = 1$$

∴ C.R. equations $\dfrac{\partial u}{\partial x} = \dfrac{\partial v}{\partial y} = 1$ and $\dfrac{\partial u}{\partial y} = -\dfrac{\partial v}{\partial x} = -1$ are satisfied at origin.

Now to show that f(z) is not analytic at origin, we shall show that f'(0) does not exist.

$$f'(0) = \lim_{z \to 0} \frac{f(z) - f(0)}{z}$$

$$= \lim_{\substack{x \to 0 \\ y \to 0}} \frac{(x^3 - y^3) + i(x^3 + y^3)}{(x^2 + y^2)(x + iy)} \qquad (\because f(0) = 0)$$

Here $z \to 0$ via any path. Let us consider the path $y = mx$.

∴ $$f'(0) = \lim_{x \to 0} \frac{(x^3 - m^3 x^3) + i(x^3 + m^3 x^3)}{(x^2 + m^2 x^2)(x + imx)}$$

$$= \lim_{x \to 0} \frac{x^3\{(1 - m^3) + i(1 + m^3)\}}{x^3(1 + m^2)(1 + im)}$$

$$= \frac{(1 - m^3) + i(1 + m^3)}{(1 + m^2)(1 + im)}$$

f'(0) is obtained in terms of m i.e. f'(0) is not unique (it can take different values for different m).

∴ f'(0) does not exist or f(z) is not analytic at origin.

Ex. 16 : *f(z) is defined as*

$$f(z) = \frac{x^2 y^5 (x + iy)}{x^6 + y^{10}}, \quad z \neq 0$$
$$= 0, \quad z = 0$$

Show that f(z) is not analytic at origin, eventhough Cauchy-Riemann conditions are satisfied there.

Sol. : $u(x, y) = \dfrac{x^3 y^5}{x^6 + y^{10}}$, $v(x, y) = \dfrac{x^2 y^6}{x^6 + y^{10}}$

$u(0, 0) = 0$, $v(0, 0) = 0$

$\left.\dfrac{\partial u}{\partial x}\right]_{(0,0)} = \lim\limits_{x \to 0} \dfrac{u(x, 0) - u(0, 0)}{x} = 0$ as $u(x, 0) = 0$

$\left.\dfrac{\partial u}{\partial y}\right]_{(0,0)} = \lim\limits_{y \to 0} \dfrac{u(0, y) - u(0, 0)}{y} = 0$

$\left.\dfrac{\partial v}{\partial x}\right]_{(0,0)} = \lim\limits_{x \to 0} \dfrac{v(x, 0) - v(0, 0)}{x} = 0$

$\left.\dfrac{\partial v}{\partial y}\right]_{(0,0)} = \lim\limits_{y \to 0} \dfrac{v(0, y) - v(0, 0)}{y} = 0$

Thus C.R. equations are satisfied at origin.

To show that f(z) is not analytic at origin, we show that $f'(0)$ does not exist.

$f'(0) = \lim\limits_{z \to 0} \dfrac{f(z) - f(0)}{z} = \lim\limits_{\substack{x \to 0 \\ y \to 0}} \dfrac{x^2 y^5 (x + iy)}{(x^6 + y^{10})(x + iy)}$

$= \lim\limits_{\substack{x \to 0 \\ y \to 0}} \dfrac{x^2 y^5}{x^6 + y^{10}}$

Consider the path $x = y^2$.

$f'(0) = \lim\limits_{y \to 0} \dfrac{y^4 \cdot y^5}{y^{12} + y^{10}} = \lim\limits_{y \to 0} \dfrac{y^9}{y^{12} + y^{10}}$

$= \lim\limits_{y \to 0} \dfrac{y^9}{y^{12}\left(1 + \dfrac{1}{y^2}\right)} = \lim\limits_{y \to 0} \dfrac{1}{y^3\left(1 + \dfrac{1}{y^2}\right)}$

$= \lim\limits_{y \to 0} \dfrac{1}{y^3 + y} = \infty$

∴ $f'(0)$ does not exist. Therefore f(z) is not analytic at origin.

Note : To show that $f'(0)$ does not exist we have to choose a path by trial, such that $f'(0)$ does not exist.

Ex. 17 : *Show that analytic function f(z) with constant modulus is constant.*

(Dec. 2004, 2006; May 2011)

Sol. : Let $f(z) = u + iv$ and $|f(z)| = c$ then $u^2 + v^2 = c^2$.

Differentiating partially w.r.t. x and y respectively,

$2u \dfrac{\partial u}{\partial x} + 2v \dfrac{\partial v}{\partial x} = 0$ or $u \dfrac{\partial u}{\partial x} + v \dfrac{\partial v}{\partial x} = 0$ ... (1)

Similarly, $u \dfrac{\partial u}{\partial y} + v \dfrac{\partial v}{\partial y} = 0$ ... (2)

Using C.R. equations (1) and (2), take the form

$$u\frac{\partial u}{\partial x} - v\frac{\partial u}{\partial y} = 0 \qquad \ldots (3)$$

$$u\frac{\partial u}{\partial y} + v\frac{\partial u}{\partial x} = 0 \qquad \ldots (4)$$

Hence, $\left(u\dfrac{\partial u}{\partial x} - v\dfrac{\partial u}{\partial y}\right)^2 + \left(u\dfrac{\partial u}{\partial y} + v\dfrac{\partial u}{\partial x}\right)^2 = 0$

Or $u^2\left(\dfrac{\partial u}{\partial x}\right)^2 + v^2\left(\dfrac{\partial u}{\partial x}\right)^2 + v^2\left(\dfrac{\partial u}{\partial y}\right)^2 + u^2\left(\dfrac{\partial u}{\partial y}\right)^2 = 0$

Or $(u^2 + v^2)\left\{\left(\dfrac{\partial u}{\partial x}\right)^2 + \left(\dfrac{\partial u}{\partial y}\right)^2\right\} = 0$

but $u^2 + v^2 = c$ (given) $\qquad \ldots (5)$

$\therefore \qquad c^2\left\{\left(\dfrac{\partial u}{\partial x}\right)^2 + \left(\dfrac{\partial u}{\partial y}\right)^2\right\} = 0 \qquad \ldots (6)$

If $c = 0$ then from (5), $u = 0$, $v = 0$.

If $c \neq 0$ then by (6), $\left(\dfrac{\partial u}{\partial x}\right)^2 + \left(\dfrac{\partial u}{\partial y}\right)^2 = 0$ i.e. $\dfrac{\partial u}{\partial x} = 0$, $\dfrac{\partial u}{\partial y} = 0$ and by C.R. equations, $\dfrac{\partial v}{\partial y} = 0$, $\dfrac{\partial v}{\partial x} = 0$.

Integrating $\dfrac{\partial u}{\partial x} = 0$ w.r.t. x, treating y as constant,

$u = f(y)$. Differentiating $\dfrac{\partial u}{\partial y} = f'(y) = 0$ $\therefore$ $f(y) = c$ or u = constant.

Similarly, v = constant. Hence, $f(z)$ = constant.

Ex. 18 : *Show that analytic function f(z) with constant amplitude is constant.*

(Dec. 2008, 2012, May 2014)

Sol. : Let, $f(z) = u + iv$

$$\text{Amp}\{f(z)\} = \tan^{-1}\frac{v}{u} = c$$

Or $\qquad \dfrac{v}{u} = \tan c = k \qquad \ldots (1)$

Differentiating (1) partially w.r.t. x,

$$\frac{u\dfrac{\partial v}{\partial x} - v\dfrac{\partial u}{\partial x}}{u^2} = 0$$

Or $\qquad u\dfrac{\partial v}{\partial x} - v\dfrac{\partial u}{\partial x} = 0 \qquad \ldots (2)$

Similarly, differentiating (1) partially w.r.t. y,

$$u\frac{\partial v}{\partial y} - v\frac{\partial u}{\partial y} = 0 \qquad \ldots (3)$$

Or $$u\frac{\partial u}{\partial x} + v\frac{\partial v}{\partial x} = 0 \qquad \text{[using C.R. equations]} \ldots (4)$$

Multiplying (2) by v and (4) by u, subtraction gives

$$(u^2 + v^2)\frac{\partial u}{\partial x} = 0 \quad \text{but} \quad u^2 + v^2 \neq 0$$

$$\therefore \qquad \frac{\partial u}{\partial x} = 0.$$

Similarly, $\frac{\partial v}{\partial x} = 0$ and by C.R. equations, $\frac{\partial v}{\partial y} = 0, \frac{\partial u}{\partial y} = 0.$

As per the procedure of the previous problem, $u = c$, $v = c$ or $f(z) = $ constant.

Ex. 19 : *Express Laplace equation* $\frac{\partial^2 \phi}{\partial x^2} + \frac{\partial^2 \phi}{\partial y^2} = 0$ *in terms of variables z and $\bar{z}$.*

Sol. : $z = x + iy, \ \bar{z} = x - iy$

Or $x = \frac{1}{2}(z + \bar{z}), \ y = \frac{1}{2i}(z - \bar{z}) \quad \therefore \quad \phi(x, y) = \phi(z, \bar{z})$

$$\frac{\partial \phi}{\partial x} = \frac{\partial \phi}{\partial z} \cdot \frac{\partial z}{\partial x} + \frac{\partial \phi}{\partial \bar{z}} \cdot \frac{\partial \bar{z}}{\partial x}$$

$$\frac{\partial z}{\partial x} = 1, \ \frac{\partial \bar{z}}{\partial x} = 1$$

$$\therefore \qquad \frac{\partial \phi}{\partial x} = \frac{\partial \phi}{\partial z} + \frac{\partial \phi}{\partial \bar{z}}$$

$$\therefore \qquad \frac{\partial}{\partial x} = \frac{\partial}{\partial z} + \frac{\partial}{\partial \bar{z}}$$

$$\frac{\partial^2 \phi}{\partial x^2} = \frac{\partial}{\partial x}\left(\frac{\partial \phi}{\partial x}\right) = \left(\frac{\partial}{\partial z} + \frac{\partial}{\partial \bar{z}}\right)\left(\frac{\partial \phi}{\partial z} + \frac{\partial \phi}{\partial \bar{z}}\right)$$

$$= \frac{\partial^2 \phi}{\partial z^2} + 2\frac{\partial^2 \phi}{\partial z \partial \bar{z}} + \frac{\partial^2 \phi}{\partial \bar{z}^2} \qquad \ldots (1)$$

$$\frac{\partial \phi}{\partial y} = \frac{\partial \phi}{\partial z} \cdot \frac{\partial z}{\partial y} + \frac{\partial \phi}{\partial \bar{z}} \cdot \frac{\partial \bar{z}}{\partial y}$$

Now, $\dfrac{\partial z}{\partial y} = i,\ \dfrac{\partial \bar{z}}{\partial y} = -i$

$\therefore\quad \dfrac{\partial \phi}{\partial y} = i\left(\dfrac{\partial \phi}{\partial z} - \dfrac{\partial \phi}{\partial \bar{z}}\right)$

$\therefore\quad \dfrac{\partial}{\partial y} = i\left(\dfrac{\partial}{\partial z} - \dfrac{\partial}{\partial \bar{z}}\right)$

$\therefore\quad \dfrac{\partial^2 \phi}{\partial y^2} = \dfrac{\partial}{\partial y}\left(\dfrac{\partial \phi}{\partial y}\right) = i\left(\dfrac{\partial}{\partial z} - \dfrac{\partial}{\partial \bar{z}}\right)\left\{i\left(\dfrac{\partial \phi}{\partial z} - \dfrac{\partial \phi}{\partial \bar{z}}\right)\right\}$

$= -\left[\dfrac{\partial^2 \phi}{\partial z^2} - 2\dfrac{\partial^2 \phi}{\partial z\,\partial \bar{z}} + \dfrac{\partial^2 \phi}{\partial \bar{z}^2}\right]$ ...(2)

Adding (1) and (2),

$$\dfrac{\partial^2 \phi}{\partial x^2} + \dfrac{\partial^2 \phi}{\partial y^2} = 4\dfrac{\partial^2 \phi}{\partial z\,\partial \bar{z}}$$

Ex. 20 : *If $f(z)$ is analytic, show that* $\left(\dfrac{\partial^2}{\partial x^2} + \dfrac{\partial^2}{\partial y^2}\right)|f(z)|^2 = 4|f'(z)|^2$. **(Dec. 10; May 12)**

Sol. : Let $\quad f(z) = u + iv\ \therefore\ |f(z)|^2 = u^2 + v^2$

$\dfrac{\partial}{\partial x}|f(z)|^2 = \dfrac{\partial}{\partial x}(u^2 + v^2) = 2uu_x + 2vv_x \qquad \left[u_x = \dfrac{\partial u}{\partial y}\text{ etc.}\right]$

$\dfrac{\partial^2}{\partial x^2}|f(z)|^2 = \dfrac{\partial}{\partial x}[2uu_x + 2vv_x] = 2uu_{xx} + 2u_x^2 + 2vv_{xx} + 2v_x^2$

Similarly, $\quad \dfrac{\partial^2}{\partial y^2}|f(z)|^2 = 2uu_{yy} + 2u_y^2 + 2vv_{yy} + 2v_y^2$

$\therefore\ \left(\dfrac{\partial^2}{\partial x^2} + \dfrac{\partial^2}{\partial y^2}\right)|f(z)|^2 = 2[u(u_{xx}+u_{yy}) + v(v_{xx}+v_{yy}) + u_x^2 + v_x^2 + u_y^2 + v_y^2]$

... (1)

Since $f(z)$ is analytic, u, v satisfy Laplace equation.

$\therefore\ u_{xx} + u_{yy} = 0$ and $v_{xx} + v_{yy} = 0$

Also $\quad f'(z) = \dfrac{\partial u}{\partial x} + i\dfrac{\partial v}{\partial x} = \dfrac{\partial v}{\partial y} - i\dfrac{\partial u}{\partial y}$

$\therefore\quad |f'(z)|^2 = u_x^2 + v_x^2 = v_y^2 + u_y^2$

Using these results, (1) becomes

$\left(\dfrac{\partial^2}{\partial x^2} + \dfrac{\partial^2}{\partial y^2}\right)|f(z)|^2 = 2[2|f'(z)|^2] = 4|f'(z)|^2$

Alternative method :

In example 19, we have established that

$$\frac{\partial^2 \phi}{\partial x^2} + \frac{\partial^2 \phi}{\partial y^2} = 4 \frac{\partial^2 \phi}{\partial z \, \partial \bar{z}}$$

$$\therefore \quad \frac{\partial^2}{\partial x^2} + \frac{\partial^2}{\partial y^2} = 4 \frac{\partial}{\partial z} \frac{\partial}{\partial \bar{z}}$$

Let $\quad \phi = |f(z)|^2 = f(z) \cdot \bar{f}(\bar{z})$

where $\bar{f}(\bar{z})$ is conjugate of $f(z)$.

$$\therefore \quad \left(\frac{\partial^2}{\partial x^2} + \frac{\partial^2}{\partial y^2}\right) |f'(z)|^2 = 4 \frac{\partial}{\partial z} \frac{\partial}{\partial \bar{z}} \{f(z) \cdot \bar{f}(\bar{z})\}$$

$$= 4 \frac{\partial}{\partial z} \{f(z) \cdot \bar{f}'(\bar{z})\}$$

$$= 4 f'(z) \cdot \bar{f}'(\bar{z})$$

$$= 4 |f'(z)|^2$$

Ex. 21 : *If $f(z)$ is analytic, show that* $\left(\frac{\partial^2}{\partial x^2} + \frac{\partial^2}{\partial y^2}\right) |f(z)|^n = n^2 |f(z)|^{n-2} |f'(z)|^2$.

(May 2008, 2009)

Sol. : $\quad |f(z)|^n = \{|f(z)|^2\}^{n/2}$

$$= \{f(z) \cdot \bar{f}(\bar{z})\}^{n/2}$$

$$\text{L.H.S.} = \left(\frac{\partial^2}{\partial x^2} + \frac{\partial^2}{\partial y^2}\right) \{f(z) \cdot \bar{f}(\bar{z})\}^{n/2}$$

$$= 4 \frac{\partial}{\partial z} \frac{\partial}{\partial \bar{z}} \{f(z) \cdot \bar{f}(\bar{z})\}^{n/2}$$

$$= 4 \frac{\partial}{\partial z} (f(z))^{n/2} \cdot \frac{\partial}{\partial \bar{z}} (\bar{f}(\bar{z}))^{n/2}$$

$$= 4 \cdot \frac{n}{2} f(z)^{\frac{n}{2}-1} \cdot f'(z) \cdot \frac{n}{2} \bar{f}(\bar{z})^{\frac{n}{2}-1} \cdot \bar{f}'(\bar{z})$$

Now, $\quad f'(z) \cdot \bar{f}'(\bar{z}) = |f'(z)|^2$

and $\quad \{f(z)\}^{\frac{n}{2}-1} \cdot \{\bar{f}(\bar{z})\}^{\frac{n}{2}-1} = \{f(z) \cdot \bar{f}(\bar{z})\}^{\frac{n-2}{2}}$

$$= \{|f(z)|^2\}^{\frac{n-2}{2}} = |f(z)|^{n-2}$$

$$\therefore \quad \text{L.H.S.} = 4 \cdot \frac{n^2}{4} |f(z)|^{n-2} |f'(z)|^2$$

$$= n^2 |f(z)|^{n-2} |f'(z)|^2 = \text{R.H.S.}$$

Ex. 22 : $\qquad f(z) = \dfrac{2xy(x-iy)}{x^2+y^2}$, $z \neq 0$
$\qquad\qquad\qquad = 0$, $z = 0$

Show that C.R. equations are satisfied at origin, but still the function is not analytic there.

Sol. : $\qquad u(x, y) = \dfrac{2x^2 y}{x^2+y^2}$, $v(x, y) = \dfrac{-2xy^2}{x^2+y^2}$

$u(0, 0) = 0, \quad v(0, 0) = 0$

$\left.\dfrac{\partial u}{\partial x}\right]_{(0,0)} = \lim_{x \to 0} \dfrac{u(x, 0) - u(0, 0)}{x} = \lim_{x \to 0} \dfrac{0-0}{x} = 0$

$\left.\dfrac{\partial u}{\partial y}\right]_{(0,0)} = \lim_{y \to 0} \dfrac{u(0, y) - u(0, 0)}{y} = \lim_{y \to 0} \dfrac{0-0}{y} = 0$

$\left.\dfrac{\partial v}{\partial x}\right]_{(0,0)} = \lim_{x \to 0} \dfrac{v(x, 0) - v(0, 0)}{y} = \lim_{y \to 0} \dfrac{0-0}{x} = 0$

$\left.\dfrac{\partial v}{\partial y}\right]_{(0,0)} = \lim_{y \to 0} \dfrac{v(0, y) - v(0, 0)}{y} = \lim_{y \to 0} \dfrac{0-0}{y} = 0$

Thus C.R. equations are satisfied at origin

$f'(0) = \lim_{z \to 0} \dfrac{f(z) - f(0)}{z} = \lim_{\substack{x \to 0 \\ y \to 0}} \dfrac{\dfrac{2xy(x-iy)}{x^2+y^2} - 0}{x + iy}$

$\qquad = \lim_{\substack{x \to 0 \\ y \to 0}} \dfrac{2xy(x-iy)}{(x^2+y^2)(x+iy)}$

Choosing the path $y = m$,

$f'(0) = \lim_{x \to 0} \dfrac{2mx^2(x-imx)}{(x^2+m^2 x^2)(x+imx)}$

$\qquad = \lim_{x \to 0} \dfrac{2mx^3(1-im)}{x^3(1+m^2)(1+im)} = \dfrac{2m(1-im)}{(1+m^2)(1+im)}$

$f'(0)$ depends upon m. Limit is not unique.

$\therefore \quad f'(0)$ does not exist at origin.

Ex. 23 : If $f(z) = u + iv$ is analytic and $u - v = e^x \{(x-y)\cos y - (x+y)\sin y\}$. Find $f(z)$ if $f(0) = 1$.

Sol. : $\qquad u - v = e^x \{(x-y)\cos y - (x+y)\sin y\}$

$\dfrac{\partial u}{\partial x} - \dfrac{\partial v}{\partial x} = e^x \{(x-y)\cos y - (x+y)\sin y\} + e^x \{\cos y - \sin y\}$ ... (1)

$\dfrac{\partial u}{\partial y} - \dfrac{\partial v}{\partial y} = e^x \{-x \sin y - \cos y + y \sin y - x \cos y - \sin y - y \cos y\}$

$\qquad\qquad\qquad\qquad\qquad\qquad\qquad\qquad\qquad\qquad\qquad\qquad$ ... (2)

$\qquad = e^x \{-(x+y)\cos y + (y-x)\sin y\} - e^x \{\cos y + \sin y\}$

Using C.R. equations $\dfrac{\partial u}{\partial y} = -\dfrac{\partial v}{\partial x}$, $\dfrac{\partial u}{\partial x} = \dfrac{\partial v}{\partial y}$

$$-\dfrac{\partial v}{\partial x} - \dfrac{\partial u}{\partial x} = e^x \{-(x+y)\cos y + (y-x)\sin y\} - e^x \{\cos y + \sin y\} \ldots (3)$$

Subtracting (3) from (1)

$$2\dfrac{\partial u}{\partial x} = e^x \{2x\cos y - 2y\sin y\} + 2e^x \cos y$$

Adding (1) and (2)

$$-\dfrac{\partial v}{\partial x} = e^x \{-2y\cos y - 2x\sin y\} - 2e^x \sin y$$

$$f'(z) = \dfrac{\partial u}{\partial x} + i\dfrac{\partial v}{\partial x} = e^x$$

$$(x\cos y + iy\cos y - y\sin y + ix\sin y) + e^x(\cos y + i\sin y)$$

Replacing x by z and y by 0, by Milne Thomson method,

$$f'(z) = z e^z + e^z$$

Integrating $\quad f(z) = z e^z + c$

$\quad f(0) = c = 1$

$\therefore \quad f(z) = z e^z + 1$

Ex. 24 : If $v = -\dfrac{y}{x^2 + y^2}$, find u, such that $f(z) = u + iv$ is analytic and determine $f(z)$ in terms of z. **(May 2009, 2010)**

Sol. : $\quad v = -\dfrac{y}{x^2 + y^2} \quad \therefore \dfrac{\partial v}{\partial x} = \dfrac{2xy}{(x^2+y^2)^2}, \quad \dfrac{\partial v}{\partial y} = \dfrac{y^2 - x^2}{(x^2+y^2)^2}$

By C.R. equation $\dfrac{\partial u}{\partial y} = -\dfrac{\partial v}{\partial x} = \dfrac{-2xy}{(x^2+y^2)^2}$

Integrating w.r.t. y, treating x as constant.

$$u = \dfrac{x}{(x^2+y^2)} + f(x)$$

$$\dfrac{\partial u}{\partial x} = \dfrac{(x^2+y^2) - 2x^2}{(x^2+y^2)^2} + f'(x) = \dfrac{y^2 - x^2}{(x^2+y^2)^2} + f'(x)$$

$\therefore \quad u = \dfrac{x}{(x^2+y^2)} + f(x) = \dfrac{x}{x^2+y^2} + c$

$$f(z) = u + iv = \dfrac{x}{x^2+y^2} + c + i\dfrac{(-y)}{x^2+y^2}$$

Replacing x by z and y by zero, by Milne Thomson method,

$$f(z) = \dfrac{z}{z^2} + c = \dfrac{1}{z} + c$$

Ex. 25 : If $f(z)$ is an analytic function of z, and $f(z) = u + iv$, prove that

$$\left(\frac{\partial^2}{\partial x^2} + \frac{\partial^2}{\partial y^2}\right) |\text{Re } f(z)|^2 = 2 |f'(z)|^2.$$ **(May 2006, Nov. 2015)**

Sol. : L.H.S. $= \left(\frac{\partial^2}{\partial x^2} + \frac{\partial^2}{\partial y^2}\right) u^2 = \frac{\partial}{\partial x}\frac{\partial}{\partial x}(u^2) + \frac{\partial}{\partial y}\frac{\partial}{\partial y}(u^2)$

$$= \frac{\partial}{\partial x}\left(2u \frac{\partial u}{\partial x}\right) + \frac{\partial}{\partial y}\left(2u \frac{\partial u}{\partial y}\right)$$

$$= 2\left(\frac{\partial u}{\partial x}\right)^2 + 2u \frac{\partial^2 u}{\partial x^2} + 2\left(\frac{\partial u}{\partial y}\right)^2 + 2u \frac{\partial^2 u}{\partial y^2}$$

$\because$ u is harmonic $\frac{\partial^2 u}{\partial x^2} + \frac{\partial^2 u}{\partial y^2} = 0$

L.H.S. $= 2\left[\left(\frac{\partial u}{\partial x}\right)^2 + \left(\frac{\partial u}{\partial y}\right)^2\right] = 2\left[\left(\frac{\partial u}{\partial x}\right)^2 + \left(\frac{\partial v}{\partial x}\right)^2\right]$

$= 2 |f'(z)|^2 \qquad \left[f'(z) = \frac{\partial u}{\partial x} + i\frac{\partial v}{\partial x} \quad |f'(z)|^2 = \left(\frac{\partial u}{\partial x}\right)^2 + \left(\frac{\partial v}{\partial x}\right)^2\right]$

Ex. 26 : Find the analytic function, whose real part is $\dfrac{\sin 2x}{\cosh 2y - \cos 2x}$. **(Dec. 2008)**

Sol. : $f(z) = u + iv$ where $u = \dfrac{\sin 2x}{\cosh 2y - \cos 2x}$

$$f'(z) = \frac{\partial u}{\partial x} + i\frac{\partial v}{\partial x} = \frac{\partial u}{\partial x} - i\frac{\partial u}{\partial y}$$

$$\frac{\partial u}{\partial x} = \frac{2\cos 2x (\cosh 2y - \cos 2x) - 2\sin^2 2x}{(\cosh 2y - \cos 2x)^2}$$

$$\frac{\partial u}{\partial y} = \frac{-2\sin 2x \sinh 2y}{(\cosh 2y - \cos 2x)^2}$$

$$f'(z) = \frac{\partial u}{\partial x} - i\frac{\partial u}{\partial y}$$

$$= \frac{2\cos 2x (\cosh 2y - \cos 2x) - 2\sin^2 2x + 2i \sin 2x \sinh 2y}{(\cosh 2y - \cos 2x)^2}$$

By Milne Thomson method, replace x by z and y by zero.

$\therefore \qquad f'(z) = \dfrac{2\cos 2z - 2}{(1 - \cos 2z)^2} = \dfrac{-2}{(1 - \cos 2z)} = \dfrac{-2}{2\sin^2 z}$

$= -\text{cosec}^2 z$

By integrating $f(z) = \cot z + c$

Ex. 27 : If $f(z)$ is analytic, show that $\left(\dfrac{\partial^2}{\partial x^2} + \dfrac{\partial^2}{\partial y^2}\right) |f(z)|^4 = 16 |f(z)|^2 |f'(z)|^2$. **(May 09)**

Sol. : $|f(z)|^4 = [|f(z)|^2]^2 = (f(z))^2 (\overline{f(\overline{z})})^2 \qquad [\because |f(z)|^2 = f(z)\, \overline{f(\overline{z})}]$

$$\frac{\partial^2}{\partial x^2} + \frac{\partial^2}{\partial y^2} = 4\frac{\partial^2}{\partial z \, \partial \bar{z}}$$

$$\text{L.H.S.} = 4\frac{\partial^2}{\partial z \, \partial \bar{z}} (f(z))^2 \, (\bar{f}(\bar{z}))^2$$

$$= 4\frac{\partial}{\partial z}\frac{\partial}{\partial \bar{z}} (f(z))^2 \, (\bar{f}(\bar{z}))^2 = 4\frac{\partial}{\partial z} (f(z))^2 \frac{\partial}{\partial \bar{z}} (\bar{f}(\bar{z}))^2$$

$$= 8\frac{\partial}{\partial z}\frac{\partial}{\partial \bar{z}} f'(z) + 2\bar{f}(\bar{z})\bar{f}'(\bar{z})$$

$$= 16 \, f(z) \, f(z) \, \bar{f}(\bar{z}) \, f'(z) \, \bar{f}'(\bar{z}) = 16 \, |f(z)|^2 \, |f'(3)|^2$$

EXERCISE 11.1

1. Show that following functions are analytic : (i) z^3, (ii) e^z, (iii) $\sinh z$.
   [**Hint** : Express in terms of u + iv and show that C.R. equations are satisfied etc.]

2. If $f(z) = u + iv$ is analytic, show that, family of curves u = constant, v = constant are orthogonal.
   [**Hint** : For orthogonality, product of the slopes = –1]

3. Show that following functions are harmonic and find their harmonic conjugates. Also find corresponding analytic functions in terms of z.
   (i) $u = x^4 - 6x^2 y^2 + y^4$ [**Ans.** $v = 4x^3 y - 4xy^3$, $f(z) = z^4$]
   (ii) $v = \dfrac{-y}{x^2 + y^2 + 2x + 1}$ $\left[\textbf{Ans. } u = \dfrac{x+1}{x^2 + y^2 + 2x + 1}, f(z) = \dfrac{1}{z+1}\right]$
   (iii) $u = \cosh x \cos y$
            (Dec. 2012, May 2014) [**Ans.** $v = \sinh x \sin y$, $f(z) = \cosh z$]
   (iv) $v = \dfrac{-y}{x^2 + y^2}$ **(May 2010)** $\left[\textbf{Ans. } u = \dfrac{x}{x^2 + y^2}, f(z) = \dfrac{1}{z}\right]$
   (v) $u = e^x [(x^2 - y^2) \cos y - 2xy \sin y]$ **(Dec. 2005)**
            [**Ans.** $v = -e^x \{2xy \cos y + (x^2 - y^2) \sin y\}$, $f(z) = z^2 e^z$]

4. If $f(z) = u + iv$ is analytic function, find f(z) if
   (i) $u + v = e^{-x} (\cos y - \sin y)$ **(Dec. 2006, May 2015)** [**Ans.** $f(z) = e^{-z}$]
   (ii) $u - v = \dfrac{\cos x + \sin x - e^{-y}}{2 \cos x - e^y - e^{-y}}$, given $f\left(\dfrac{\pi}{2}\right) = 0$ $\left[\textbf{Ans. } f(z) = \dfrac{1}{2}\left(1 - \cot \dfrac{z}{2}\right)\right]$

5. Find the analytic function f(z) whose imaginary part is $r^n \sin n\theta$.   **(May 2012)**
            [**Ans.** $f(z) = z^n$]

6. Find the analytic function $f(z) = u + iv$, where $u = \left(r + \dfrac{1}{r}\right) \cos \theta$, $r \neq 0$.
        (May 08, Dec. 2014) $\left[\textbf{Ans. } f(z) = z + \dfrac{1}{z}\right]$

7. Examine for analyticity, the functions
   (i) $3xy + i(x^2 - y^2)$, (ii) $\dfrac{x + iy}{x^2 + y^2}$ [**Ans.** (i) not analytic, (ii) not analytic]

8. An electrostatic field in the xy plane is given by the potential function $x^3 - 3xy^2$. Find the stream function. [**Ans.** $3x^2y - y^3 + c$]

9. Find the orthogonal trajectories of
   (i) $\tan^{-1}\dfrac{y}{x} = c$, (ii) $\dfrac{x}{x^2 + y^2} = c$. $\left[\text{**Ans.** (i) } \dfrac{1}{2}\log(x^2 + y^2),\ (ii)\ \dfrac{-y}{x^2 + y^2}\right]$

10. Determine k such that the function
    $f(z) = \dfrac{1}{2}\log(x^2 + y^2) + i\tan^{-1}\dfrac{ky}{x}$ is analytic. [**Ans.** k = 1]

11. Show that the function defined as
    $$f(z) = e^{-z^{-4}}, \quad z \neq 0$$
    $$ = 0, \quad z = 0$$
    is not analytic at origin, eventhough Cauchy-Riemann equations are satisfied there.

12. If f(z) is defined as $f(z) = \dfrac{x^2 y(y - ix)}{x^6 + y^2}, \quad z \neq 0$
    $$ = 0, \quad z = 0$$
    show that Cauchy-Riemann equations are satisfied at origin but still f(z) is not analytic at origin. What is the possible reason ?

13. If f(z) is analytic, show that
    $$\left(\dfrac{\partial^2}{\partial x^2} + \dfrac{\partial^2}{\partial y^2}\right)\{R(f(z))\}^n = n(n-1)\{R(f(z))\}^{n-2}|f'(z)|^2.$$

14. If s and t satisfy Laplace equation, show that $f(z) = u + iv$ is analytic, where
    $$u = \dfrac{\partial s}{\partial y} - \dfrac{\partial t}{\partial x},\ v = \dfrac{\partial s}{\partial x} + \dfrac{\partial t}{\partial y}.$$

15. Show that $u = x^3 - 3xy^2$ and $v = \dfrac{x - y}{x^2 + y^2}$ are both harmonic functions but $u + iv$ is not analytic.

16. If the function $f(z) = u + iv$ is analytic, find $f(z)$ if $u + v = \sin x \cosh y + \cos x \sinh y$. (**May 2007**) [**Ans.** $f(z) = \sin z + c$]

17. If $f(z) = u + iv$ is analytic, find $f(z)$ if $u + v = 3(x + y) + \dfrac{x - y}{x^2 + y^2}$. (**Dec. 2007**)

    $\left[\text{**Ans.** } f(z) = 6z + \dfrac{1}{z} + c\right]$

18. If $u = 3x^2 - 3y^2 + 2y$, find v such that $f(z) = u + iv$ is analytic. Determine $f(z)$ in terms of z. (**Dec. 2007**) [**Ans.** $v = 6xy - 2x + c$, $f(z) = 3z^2 - 2iz + c$]

CHAPTER TWELVE

COMPLEX INTEGRATION AND CONFORMAL MAPPING

12.1 INTRODUCTION

In this section, we shall consider the integration of function f(z) along a given curve 'c' in the region of a complex plane.

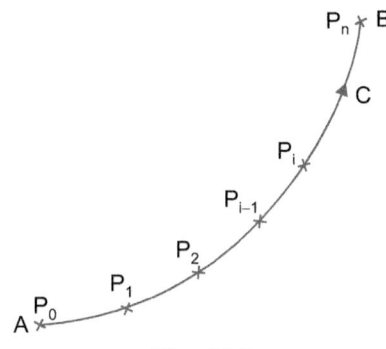

Fig. 12.1

Let 'c' be the curve in the region R of the complex plane (xoy plane).

$$f(z) = u + iv$$

is continuous function and is defined in this region.

$A = P_0(z_0), P_1(z_1), P_2(z_2), \ldots, P_{i-1}(z_{i-1}), P_i(z_i) \ldots P_n(z_n)$ are points located on the curve.

δz_i is the length of arc of the curve joining $P_{i-1}(z_{i-1})$ and $P_i(z_i)$. ζ_i is any point on this arc joining P_{i-1} and P_i. $f(\zeta_i)$ represents the value of the function f(z) along this arc.

Limit of the sum $\sum_{i=1}^{n} f(\zeta_i) \delta z_i$ as $n \to \infty$ or $\delta z_i \to 0$ is called the line integral of f(z) taken along the curve c, and is denoted by

$$I = \int_c f(z) \, dz$$

Since $f(z) = u + iv$, $z = x + iy$ or $dz = dx + i \, dy$

$$I = \int_c (u + iv)(dx + i \, dy) = \int_c (u \, dx - v \, dy) + i \int_c v \, dx + u \, dy$$

As u(x, y), v(x, y) are real, evaluation of I is equivalent to evaluation of real integrals, and the value of I will depend upon the path of integration or the equation of the curve c.

ILLUSTRATIONS

Ex. 1 : *Evaluate* $\int_c f(z) \, dz$ *where* $f(z) = z^2$ *and 'c' is the path joining the points* $A(z = 0), B(z = 1 + i),$ *where*
  (i) *'c' is a parabola* $y = x^2$ *joining the points A and B.*
  (ii) *'c' is a straight line* $y = x$, *joining the points A and B.*
  (iii) *'c' is the path* $A(0, 0), M(1, 0), B(1, 1)$.

(12.1)

Sol. :

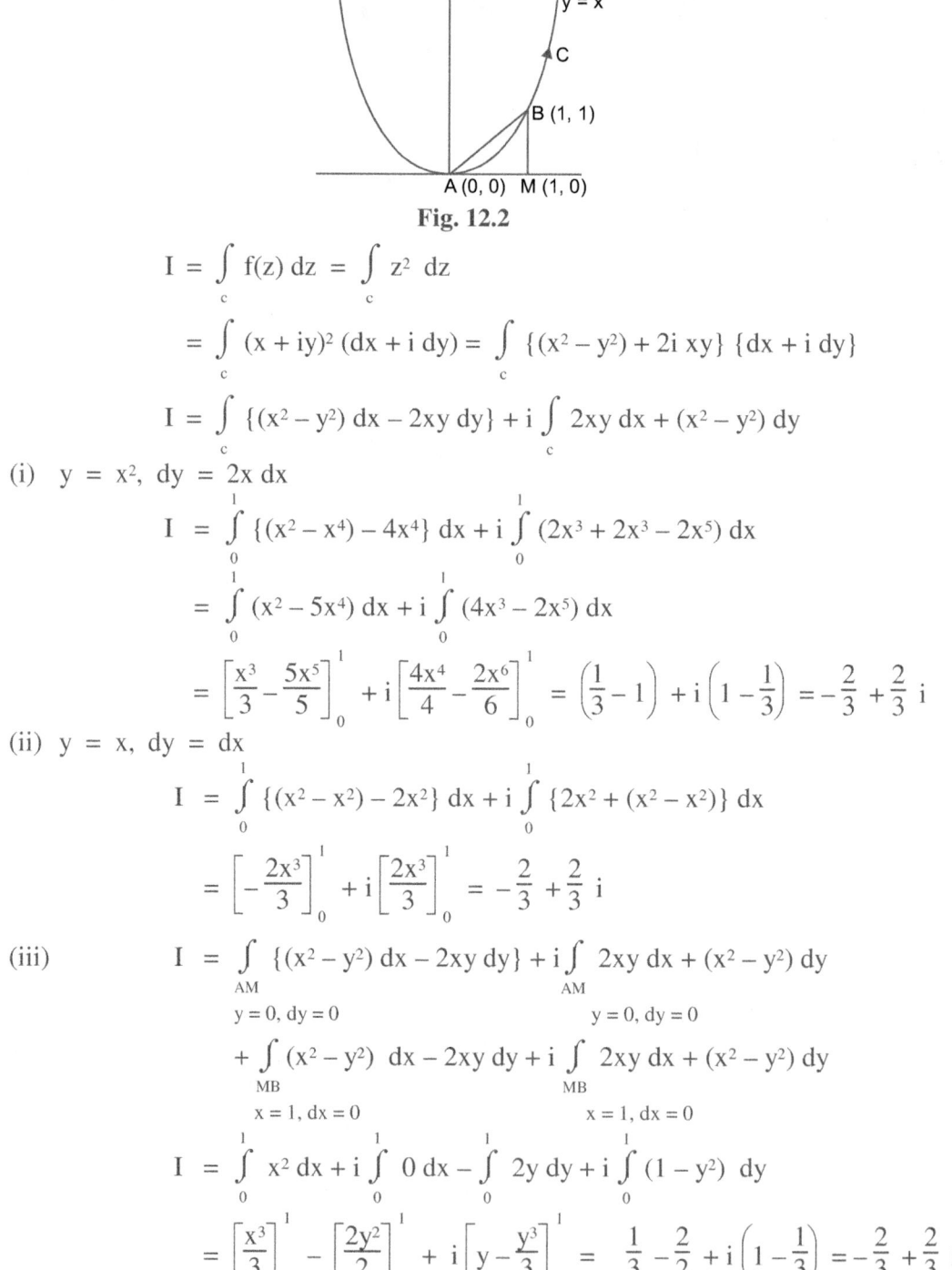

Fig. 12.2

$$I = \int_c f(z)\, dz = \int_c z^2\, dz$$

$$= \int_c (x+iy)^2 (dx+i\,dy) = \int_c \{(x^2-y^2)+2i\,xy\}\{dx+i\,dy\}$$

$$I = \int_c \{(x^2-y^2)\,dx - 2xy\,dy\} + i\int_c 2xy\,dx + (x^2-y^2)\,dy$$

(i) $y = x^2$, $dy = 2x\,dx$

$$I = \int_0^1 \{(x^2-x^4)-4x^4\}\,dx + i\int_0^1 (2x^3+2x^3-2x^5)\,dx$$

$$= \int_0^1 (x^2-5x^4)\,dx + i\int_0^1 (4x^3-2x^5)\,dx$$

$$= \left[\frac{x^3}{3}-\frac{5x^5}{5}\right]_0^1 + i\left[\frac{4x^4}{4}-\frac{2x^6}{6}\right]_0^1 = \left(\frac{1}{3}-1\right)+i\left(1-\frac{1}{3}\right) = -\frac{2}{3}+\frac{2}{3}i$$

(ii) $y = x$, $dy = dx$

$$I = \int_0^1 \{(x^2-x^2)-2x^2\}\,dx + i\int_0^1 \{2x^2+(x^2-x^2)\}\,dx$$

$$= \left[-\frac{2x^3}{3}\right]_0^1 + i\left[\frac{2x^3}{3}\right]_0^1 = -\frac{2}{3}+\frac{2}{3}i$$

(iii)
$$I = \int_{AM} \{(x^2-y^2)\,dx - 2xy\,dy\} + i\int_{AM} 2xy\,dx+(x^2-y^2)\,dy$$
$$\qquad y=0,\,dy=0 \qquad\qquad\qquad y=0,\,dy=0$$
$$+ \int_{MB} (x^2-y^2)\,dx - 2xy\,dy + i\int_{MB} 2xy\,dx+(x^2-y^2)\,dy$$
$$\qquad x=1,\,dx=0 \qquad\qquad\qquad x=1,\,dx=0$$

$$I = \int_0^1 x^2\,dx + i\int_0^1 0\,dx - \int_0^1 2y\,dy + i\int_0^1 (1-y^2)\,dy$$

$$= \left[\frac{x^3}{3}\right]_0^1 - \left[\frac{2y^2}{2}\right]_0^1 + i\left[y-\frac{y^3}{3}\right]_0^1 = \frac{1}{3}-\frac{2}{2}+i\left(1-\frac{1}{3}\right) = -\frac{2}{3}+\frac{2}{3}i$$

It is seen that values of I in all the three cases are same i.e. $-\frac{2}{3} + \frac{2}{3} i$.

It is to be noted that the value of $\int_{c_{AB}} f(z)\, dz$ is independent of the path joining the points A and B if the function f(z) is analytic.

Ex. 2 : *Evaluate $\int_c f(z)\, dz$ where $f(z) = \overline{z}$ and c is the path joining the points O (0, 0), A (1, 1) where*

(i) *'c' is the straight line $y = x$, joining the points O (0, 0) and A (1, 1).*

(ii) *'c' is the path O (0, 0), M (1, 0), A (1, 1).*

Sol. :
$$I = \int_c f(z)\, dz = \int_c \overline{z}\, dz = \int_c (x - iy)(dx + i\, dy)$$

$$= \int_c (x\, dx + y\, dy) + i \int_c (x\, dy - y\, dx)$$

(i) $y = x,\ dy = dx$

$$I = \int_0^1 x\, dx + x\, dx + i \int_0^1 x\, dx - x\, dx$$

$$= \int_0^1 2x\, dx + i\,(0) = \left[2\frac{x^2}{2}\right]_0^1 = 1$$

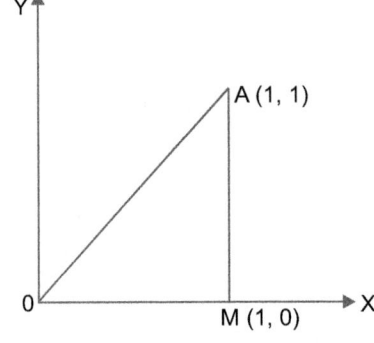

Fig. 12.3

(ii) $\quad I = \int_c x\,dx + y\,dy + i\int_c x\,dy - y\,dx + \int_c x\,dx + y\,dy + i\int_c x\,dy - y\,dx$

$\quad\quad\quad\quad$ OM $\quad\quad\quad\quad$ OM $\quad\quad\quad\quad$ MA $\quad\quad\quad\quad$ MA
$\quad\quad$ y = 0, dy = 0 $\quad\quad$ y = 0, dy = 0 $\quad\quad$ x = 1, dx = 0 $\quad\quad$ x = 1, dx = 0

$$I = \int_0^1 x\,dx + \int_0^1 y\,dy + i\int_0^1 dy$$

$$= \left[\frac{x^2}{2}\right]_0^1 + \left[\frac{y^2}{2}\right]_0^1 + i\,[y]_0^1$$

$$= \frac{1}{2} + \frac{1}{2} + i = 1 + i$$

Note that in this case, $f(z) = \bar{z}$ is not analytic function and the values of two integrals along different paths joining same two points are different.

Ex. 3 : *Evaluate* $\int_c \dfrac{dz}{z - z_0}$, *where c is the upper arc of the circle* $|z - z_0| = a$.

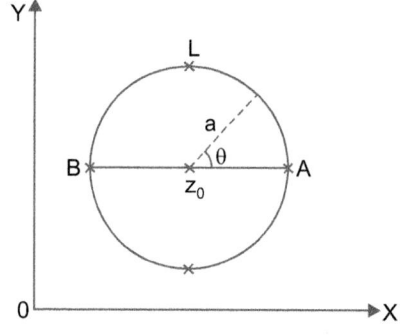

Fig. 12.4

Sol. : Here we have to integrate along the semi-circular arc ALB.

Consider the parametric equation of the circle

$z - z_0 = ae^{i\theta}$, where θ varies from 0 to π as z describes the arc ALB.

$$dz = ai\,e^{i\theta}\,d\theta$$

$$I = \int_c \frac{dz}{z - z_0} = \int_0^\pi \frac{ai\,e^{i\theta}\,d\theta}{a\,e^{i\theta}} = i\,[\theta]_0^\pi = \pi i$$

Ex. 4 : *Evaluate* $\int_{2+4i}^{5-5i} (x + iy + 1)\,dz$

(i) along the path $x = t^2 + 1,\ y = 3t + 1$ $\quad\quad\quad\quad\quad\quad\quad\quad$ **(May 2011)**

(ii) along the straight line joining $2 + 4i$ and $5 - 5i$.

Sol. : (i) $\quad I = \int_{2+4i}^{5-5i} (x + iy + 1)(dx + i\, dy)$

$$= \int_c (x+1)\,dx - y\,dy + i \int_c (x+1)\,dy + y\,dx$$

where c is the path $x = t^2 + 1$, $y = 3t + 1$ joining the points $2 + 4i$ and $5 - 5i$.

As $x = 2$, $y = 4$, $t = 1$; $x = 5$, $y = -5$, $t = -2$, $dx = 2t\,dt$, $dy = 3\,dt$.

$$I = \int_1^{-2} (t^2+2)\,2t\,dt - (3t+1)\,3\,dt + i\int_1^{-2} (t^2+2)\,3\,dt + (3t+1)\,2t\,dt$$

$$= \int_1^{-2} (2t^3 - 5t - 3)\,dt + i\int_1^{-2} (9t^2 + 2t + 6)\,dt$$

$$= \left[2\frac{t^4}{4} - 5\frac{t^2}{2} - 3t\right]_1^{-2} + i\left[9\frac{t^3}{3} + 2\frac{t^2}{2} + 6t\right]_1^{-2}$$

$$= 9 - 42i$$

(ii) Straight line joining $2 + 4i$ and $5 - 5i$ is given by

$$\frac{x-2}{3} = \frac{y-4}{-9} = t$$

$\therefore\ x = 3t + 2$, $y = -9t + 4$, $dx = 3\,dt$, $dy = -9\,dt$.

$$I = \int_0^1 \{(3t+3)\,3 - (-9t+4)(-9)\}\,dt + i\int_0^1 \{(3t+3)(-9) + (-9t+4)\,3\}\,dt$$

$$= \int_0^1 (-72t + 45)\,dt + i\int_0^1 (-54t - 15)\,dt$$

$$= \left[-72\frac{t^2}{2} + 45t\right]_0^1 + i\left[-54\frac{t^2}{2} - 15t\right]_0^1$$

$$= 9 - 42i$$

Note that in this example, $f(z) = x + iy + 1 = z + 1$ being analytic, values of the integrals, which involve two different curves joining same two points, have the same values.

Ex. 5 : Evaluate $\int_c (z + z^2)\, dz$, where c is the upper arc of the circle $|z| = 1$.

Sol. : Taking parametric equation of the circle $z = e^{i\theta}$,

∴ $\quad dz = i e^{i\theta}\, d\theta$

$$I = \int_0^\pi (e^{i\theta} + e^{2i\theta})\, i e^{i\theta}\, d\theta$$

$$= i \int_0^\pi (e^{2i\theta} + e^{3i\theta})\, d\theta = i \left[\frac{e^{2i\theta}}{2i} + \frac{e^{3i\theta}}{3i}\right]_0^\pi$$

$$= \frac{1}{2}[e^{2i\pi} - 1] + \frac{1}{3}[e^{3i\pi} - 1]$$

$$= 0 - \frac{2}{3} = -\frac{2}{3}$$

EXERCISE 12.1

1. Evaluate $\int_{1+i}^{2-3i} \bar{z}^2\, dz$ along the straight line joining the points $(1 + i, 2 - 3i)$.

$$\left[\text{Ans. } \frac{11}{3}(4 + i)\right]$$

2. Evaluate $\int_0^{1+i} (z^2 + 1)\, dz$

   (i) along the arc of the parabola $x = t,\ y = t^2$.

   (ii) along the straight line. $\left[\text{Ans. } \frac{1}{3}(1 + 5i)\right]$

3. Evaluate $\int_{1-i}^{2+i} (2z + 4)\, dz$ along the path $x = t + 1,\ y = 2t^2 - 1$. [Ans. $7 + 14i$]

4. Evaluate $\int_c \frac{2z - 1}{z}\, dz$, where c is lower half of the circle $|z| = 3$, described in anticlockwise direction.

$$[\text{Ans. } 12 + \pi i]$$

5. Evaluate $\int_c (z^2 - 3z\bar{z} + 1)\, dz$ where c is the circle $|z| = 4$. **(Dec. 2014)** [Ans. 0]

6. Evaluate $\int (x^2 - 2iy)\, dz$ along the square, joining the points $(0, 0),\ (1, 0),\ (1, 1),\ (0, 1)$ in anticlockwise sense. [Ans. i]

7. Prove that (i) $\int_c \frac{f(z)}{z - a}\, dz = 2\pi i$ where $c : |z - a| = r$

   (ii) $\int_c (z - a)^n\, dz = 0$, (n any integer $\neq -1$), $c : |z - a| = r$

12.2 CAUCHY'S THEOREM

If f(z) is analytic on and within a closed curve c then

$$\int_c f(z)\, dz = 0$$

When c is a closed curve, $\int_c f(z)\, dz$ is denoted by $\oint_c f(z)\, dz$ and is called contour integral. The direction of description of c is taken as anticlockwise. Closed curve c is called closed contour c or simply contour c.

To prove Cauchy's theorem, we use Green's theorem, which we state here without proof.

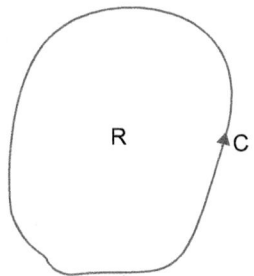

Fig. 12.5

If c is a closed curve, enclosing the region R and P (x, y), Q (x, y) are continuous on and within c, then

$$\oint_c P\, dx + Q\, dy = \iint_R \left(\frac{\partial Q}{\partial x} - \frac{\partial P}{\partial y}\right) dx\, dy$$

Consider $\quad\oint_c f(z)\, dz = \oint_c (u + iv)(dx + i\, dy)$

Or $\quad\oint_c f(z)\, dz = \oint_c (u\, dx - v\, dy) + i \oint_c v\, dx + u\, dy \quad\ldots(1)$

Applying Green's theorem on both the integrals on R.H.S. of (1),

$$\oint_c f(z)\, dz = \iint_R \left\{-\frac{\partial v}{\partial x} - \frac{\partial u}{\partial y}\right\} dx\, dy + i \iint_R \left(\frac{\partial u}{\partial x} - \frac{\partial v}{\partial y}\right) dx\, dy$$

By virtue of C.R. equation, $\dfrac{\partial u}{\partial y} = \dfrac{-\partial v}{\partial x}$ and $\dfrac{\partial u}{\partial x} = \dfrac{\partial v}{\partial y}$ both the integrals on R.H.S. become equal to zero.

$$\therefore \quad \oint_c f(z)\, dz = 0$$

This proves the Cauchy's theorem.

Corollary 1 : Using Cauchy's integral theorem, we shall prove that $\int_{z_1}^{z_2} f(z)\, dz$ is independent of the path joining the points z_1 and z_2, if f(z) is analytic function.

Proof : Any curve c_1 joins z_1, z_2 and c_2 joins z_2 and z_1.

Consider the contour c which consists of c_1 and c_2.

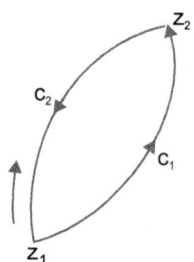

Fig. 12.6

$$\therefore \oint_c f(z)\,dz = \int_{c_1} f(z)\,dz + \int_{c_2} f(z)\,dz = 0,$$

by Cauchy's theorem.

$$\therefore \int_{c_1} f(z)\,dz + \int_{c_2} f(z)\,dz = 0 \quad \text{or} \quad \int_{c_1} f(z)\,dz = -\int_{c_2} f(z)\,dz$$

If we reverse the direction of description of c_2 then $-\int_{c_2} f(z)\,dz = \int_{c_2} f(z)\,dz$, where c_2 is now the curve joining z_1 and z_2.

$$\therefore \int_{z_1(c_1)}^{z_2} f(z)\,dz = -\int_{z_2(c_2)}^{z_1} f(z)\,dz = \int_{z_1(c_2)}^{z_2} f(z)\,dz$$

Since c_1 and c_2 are arbitrary, it is proved that $\int_{z_1}^{z_2} f(z)\,dz$ is independent of the path connecting the points z_1 and z_2, if f(z) is analytic function. Line integrals evaluated earlier have already demonstrated this result.

Corollary 2 : If f(z) is analytic in the region R between two simple closed contours c and c_1 then $\oint_c f(z)\,dz = \oint_{c_1} f(z)\,dz$ (where c and c_1 are described in a same direction).

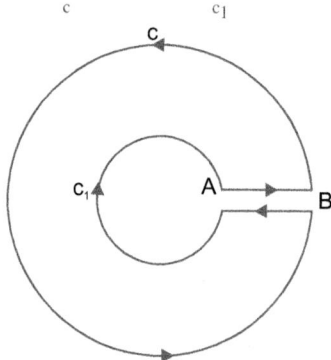

Fig. 12.7

Proof : To prove the result we introduce the cross-cut BA.

Consider now the closed path consisting of c in anticlockwise sense, path BA, c_1 in clockwise sense and AB described in opposite sense of BA. AB and BA are the same paths described in opposite directions.

∴ By Cauchy's theorem,

$$\oint_c f(z)\,dz + \int_{BA} f(z)\,dz + \oint_{c_1} f(z)\,dz + \oint_{AB} f(z)\,dz = 0$$

Now, $\int_{BA} f(z)\,dz + \int_{AB} f(z)\,dz = \int_{BA} f(z)\,dz - \int_{BA} f(z)\,dz = 0$

∴ $\oint_c f(z)\,dz + \oint_{c_1} f(z)\,dz = 0$

∴ $\oint_c f(z)\,dz = -\oint_{c_1} f(z)\,dz$

Reversing the direction of description of c_1 i.e. making it same as that of c (anticlockwise)

∴ $\oint_c f(z)\,dz = \oint_{c_1} f(z)\,dz$

that proves the result.

12.3 CAUCHY'S INTEGRAL FORMULA

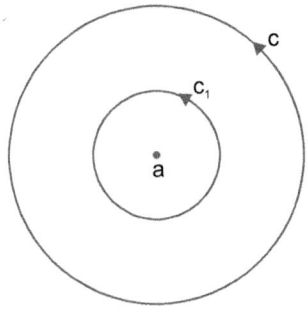

Fig. 12.8

If f(z) is analytic on and within closed contour c and if 'a' is any point within c then $f(a) = \dfrac{1}{2\pi i} \oint_c \dfrac{f(z)}{z-a}\,dz$.

Proof : $\dfrac{f(z)}{z-a}$ is analytic everywhere within 'c' except at the point 'a'.

Let us draw a small circle of radius 'ρ' surrounding the point 'a' with the point 'a' as centre.

Now, $\dfrac{f(z)}{z-a}$ is analytic in the region enclosed within 'c' and 'c_1'.

By virtue of corollary 2 of Cauchy's theorem,

$$\oint_c \frac{f(z)}{z-a}\,dz = \oint_{c_1} \frac{f(z)}{z-a}\,dz \qquad \ldots (1)$$

Now consider, $\oint_{c_1} \dfrac{f(z)}{z-a}\,dz$ where $z - a = \rho\, e^{i\theta}$ [c_1 is a circle with centre 'a' and radius ρ]

$$dz = \rho\, i\, e^{i\theta}\, d\theta$$

$$\therefore \quad \oint_{c_1} \frac{f(z)}{z-a} \, dz = \int_0^{2\pi} \frac{f(a + \rho e^{i\theta})}{\rho e^{i\theta}} \rho i e^{i\theta} \, d\theta$$

$$= i \int_0^{2\pi} f(a + \rho e^{i\theta}) \, d\theta \qquad \ldots (2)$$

Since c_1 is drawn just to enclose the point 'a' we take the limiting value of R.H.S. of (2) as $\rho \to 0$.

$\therefore$ R.H.S. of (2) as $\rho \to 0$ is $i \int_0^{2\pi} f(a) \, d\theta = i \, f(a) \, [\theta]_0^{2\pi} = 2\pi i \, f(a)$.

$$\therefore \quad \int_{c_1} \frac{f(z)}{z-a} \, dz = 2\pi i \, f(a)$$

Substituting in R.H.S. of (1), we get

$$\oint_c \frac{f(z)}{z-a} \, dz = 2\pi i \, f(a)$$

Or
$$f(a) = \frac{1}{2\pi i} \oint_c \frac{f(z)}{z-a} \, dz$$

which establishes Cauchy's-Integral formula.

Corollary : $\quad f(a) = \dfrac{1}{2\pi i} \oint_c \dfrac{f(z)}{z-a} \, dz$

Differentiating under the integral sign,

$$f'(a) = \frac{1}{2\pi i} \oint_c \frac{\partial}{\partial a}\left\{\frac{f(z)}{z-a}\right\} dz$$

$$= \frac{1}{2\pi i} \oint_c -\frac{f(z)}{(z-a)^2} (-1) \, dz = \frac{1}{2\pi i} \oint_c \frac{f(z)}{(z-a)^2} \, dz$$

Similarly, $\quad f''(a) = \dfrac{1 \cdot 2}{2\pi i} \oint_c \dfrac{f(z)}{(z-a)^3} \, dz = \dfrac{2!}{2\pi i} \oint_c \dfrac{f(z)}{(z-a)^3} \, dz$

$$f'''(a) = \frac{1 \cdot 2 \cdot 3}{2\pi i} \oint_c \frac{f(z)}{(z-a)^4} \, dz = \frac{3!}{2\pi i} \oint_c \frac{f(z)}{(z-a)^4} \, dz$$

Or, differentiating n times,

$$f^n(a) = \frac{n!}{2\pi i} \oint_c \frac{f(z)}{(z-a)^{n+1}} \, dz$$

ILLUSTRATIONS

Ex. 1 : *Verify Cauchy's theorem for $f(z) = z^2 + 1$ over the path of a rectangle whose vertices are the points $-2, 2, 2 + 2i, -2 + 2i$.*

Sol. :

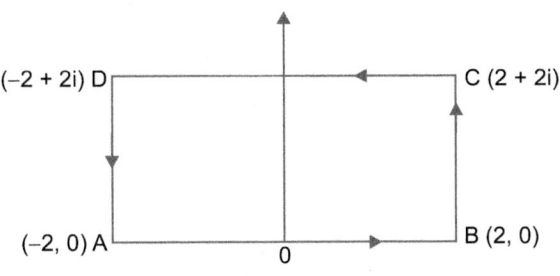

Fig. 12.9

Consider the closed path ABCDA as shown in Fig. 12.9.

$$f(z) = z^2 + 1 = (x + iy)^2 + 1$$
$$= x^2 - y^2 + 2ixy + 1$$

$$\oint_c f(z)\, dz = \int_{ABCDA} \{(x^2 - y^2 + 1) + 2ixy\}\{dx + i\,dy\}$$

$$I = \int_{ABCDA} (x^2 - y^2 + 1)\, dx - 2xy\, dy + i \int_{ABCDA} (x^2 - y^2 + 1)\, dy + 2xy\, dx$$

We will consider evaluation of I along AB, BC, CD, DA separately and add these results.

$$I_1 = \int_{AB} (x^2 - y^2 + 1)\, dx - 2xy\, dy + i \int_{AB} (x^2 - y^2 + 1)\, dy + 2xy\, dx$$

Along AB, $y = 0$, $dy = 0$; x varies from -2 to 2.

$$I_1 = \int_{-2}^{2} (x^2 + 1)\, dx = 2 \int_{0}^{2} (x^2 + 1)\, dx = 2\left[\frac{x^3}{3} + x\right]_0^2 = \frac{28}{3}$$

$$I_2 = \int_{BC} (x^2 - y^2 + 1)\, dx - 2xy\, dy + i \int_{BC} (x^2 - y^2 + 1)\, dy + 2xy\, dx$$

Along BC, $x = 2$, $dx = 0$; y varies from 0 to 2.

$$I_2 = \int_0^2 -4y\, dy + i \int (5 - y^2)\, dy = \left[-4\frac{y^2}{2}\right]_0^2 + i\left[5y - \frac{y^3}{3}\right]_0^2$$

$$= -8 + \frac{22}{3} i$$

$$I_3 = \int_{CD} (x^2 - y^2 + 1)\, dx - 2xy\, dy + i \int_{CD} (x^2 - y^2 + 1)\, dy + 2xy\, dx$$

Along CD, $y = 2$, $dy = 0$; x varies from 2 to -2.

$$= \int_2^{-2} (x^2 - 3) \, dx + i \int_2^{-2} 4x \, dx$$

$$= -2 \int_0^2 (x^2 - 3) \, dx + 0$$

$$= -2 \left[\frac{x^3}{3} - 3x \right]_0^2 = -2 \left[\frac{8}{3} - 6 \right] = \frac{20}{3}$$

$$I_4 = \int_{DA} (x^2 - y^2 + 1) \, dx - 2xy \, dy + i \int_{DA} (x^2 - y^2 + 1) \, dy + 2xy \, dx$$

Along DA, $x = -2$, $dx = 0$; y varies from 2 to 0.

$$I_4 = \int_2^0 4y \, dy + i \int_2^0 (5 - y^2) \, dy$$

$$= \left[4 \frac{y^2}{2} \right]_2^0 + i \left[5y - \frac{y^3}{3} \right]_2^0 = -8 - \frac{22}{3} i$$

$$I = \oint_c f(z) \, dz = I_1 + I_2 + I_3 + I_4$$

$$= \frac{28}{3} - 8 + \frac{22}{3} i + \frac{20}{3} - 8 - \frac{22}{3} i = 16 - 16 = 0$$

Here $f(z) = z^2 + 1$ which is analytic everywhere, hence Cauchy's theorem is verified for the closed path ABCDA.

Ex. 2 : *Evaluate $\oint_c \log z \, dz$, where 'c' is the circle $|z| = 1$.*

Sol. : Consider $\oint_c \log z \, dz$ and $z = e^{i\theta}$, $dz = ie^{i\theta} \, d\theta$

$$I = \oint_c \log z \, dz = \int_0^{2\pi} \log(e^{i\theta}) \, i \, e^{i\theta} \, d\theta$$

$$= \int_0^{2\pi} i\theta \cdot i \, e^{i\theta} \, d\theta = -\int_0^{2\pi} \theta \cdot e^{i\theta} \, d\theta$$

Integrating by parts,

$$I = -\left[\theta \cdot \frac{e^{i\theta}}{i} - \int 1 \cdot \frac{e^{i\theta}}{i} \, d\theta \right]_0^{2\pi}$$

$$= -\left[\theta \cdot \frac{e^{i\theta}}{i} - \frac{e^{i\theta}}{i^2} \right]_0^{2\pi} = -[\theta \cdot e^{i\theta}(-i) + e^{i\theta}]_0^{2\pi}$$

$$= [i\theta \, e^{i\theta} - e^{i\theta}]_0^{2\pi} = i \cdot 2\pi \, e^{2\pi i} - e^{2\pi i} + 1 = 2\pi i - 1 + 1 = 2\pi i$$

Note : Here $f(z) = \log z$, $f'(z) = \frac{1}{z}$, $f(z)$ is not analytic at origin and result is $2\pi i \neq 0$.

Ex. 3 : *Evaluate* $\oint_c \frac{1}{z^2} dz$, *where c is* $|z| = 1$.

Sol. : $z = e^{i\theta}$ ∴ $dz = i e^{i\theta} d\theta$

$$I = \oint_c \frac{1}{z^2} dz = \int_0^{2\pi} \frac{1}{e^{2i\theta}} i e^{i\theta} d\theta = i \int_0^{2\pi} e^{-i\theta} d\theta$$

$$= i \left[\frac{e^{-i\theta}}{-i} \right]_0^{2\pi} = -[e^{-2\pi i} - 1] = 0$$

Note : $f(z) = \frac{1}{z^2}$, $f'(z) = \frac{-2}{z^3}$ which shows that f(z) is not analytic at z = 0 which is a point inside the contour, but still $\oint_c f(z) dz = 0$.

This shows that converse of Cauchy's theorem is not necessarily true.

Ex. 4 : *Evaluate* $\oint_c \frac{z^2 + 1}{z - 2} dz$

where *(i) c is the circle* $|z - 2| = 1$, *(ii) c is the circle* $|z| = 1$.

Sol. : (i) $\oint_c \frac{f(z)}{z - a} dz = \oint_c \frac{z^2 + 1}{z - 2} dz$

Here $f(z) = z^2 + 1$ is analytic everywhere and a = 2 is the point inside the contour $|z - 2| = 1$. ∴ By Cauchy's-integral formula,

$$\oint_c \frac{z^2 + 1}{z - 2} dz = 2\pi i \, f(2)$$

$$= 2\pi i (2^2 + 1) = 10\pi i$$

(ii) Here, $\oint_c \frac{z^2 + 1}{z - 2} dz = \oint_c f(z) dz$

$f(z) = \frac{z^2 + 1}{z - 2}$ is not analytic at z = 2, but this point lies outside the contour $|z| = 1$.

As f(z) is analytic on and within 'c', by Cauchy's theorem, $\oint_c \frac{z^2 + 1}{z - 2} dz = 0$.

Ex. 5 : *Evaluate* $\oint_c \frac{z + 4}{z^2 + 2z + 5} dz$, *where 'c' is the circle* $|z - 2i| = \frac{3}{2}$.

(Dec. 2004, 2005, 2007, 2014)

Sol. : $\frac{z + 4}{z^2 + 2z + 5} = \frac{z + 4}{(z + 1)^2 + 4} = \frac{z + 4}{(z + 1 + 2i)(z + 1 - 2i)}$

This function has two singularities at $z_1 = -1 - 2i$ and $z_2 = -1 + 2i$. Out of these two singular points, z_2 lies within the contour 'c' $|z - 2i| = \frac{3}{2}$.

∴ $f(z) = \dfrac{z+4}{z+1+2i}$ is analytic on and within 'c'.

∴ $I = \oint_c \dfrac{z+4}{z^2+2z+5} \, dz = \oint_c \dfrac{z+4}{(z+1+2i)(z+1-2i)} \, dz$

$= \oint_c \dfrac{f(z)}{z+1-2i} \, dz = \oint_c \dfrac{f(z)}{z-(-1+2i)} \, dz$

Here $f(z) = \dfrac{z+4}{z+1+2i}$ is analytic on and within 'c' and $a = -1+2i$ lies inside 'c'.

∴ By Cauchy-integral formula,

$I = 2\pi i \, f(a) = 2\pi i \left\{ \dfrac{-1+2i+4}{-1+2i+1+2i} \right\}$

$= 2\pi i \left(\dfrac{3+2i}{4i} \right) = \dfrac{\pi}{2}(3+2i)$

Ex. 6 : *Evaluate* $\oint_c \dfrac{4z^2+z}{z^2-1} \, dz$, *where c is the contour* $|z-1| = \dfrac{1}{2}$.

(Dec. 2010, May 2014)

Sol. : Here $\dfrac{4z^2+z}{z^2-1} = \dfrac{4z^2+z}{(z-1)(z+1)}$ has singularities at $z = 1$ and $z = -1$, out of which $z = 1$ lies inside the contour and $z = -1$ lies outside the contour.

$I = \oint_c \dfrac{4z^2+z}{(z^2-1)} \, dz = \oint_c \dfrac{4z^2+z}{(z-1)(z+1)} \, dz = \dfrac{1}{2} \oint_c \dfrac{4z^2+z}{z-1} \, dz - \dfrac{1}{2} \oint_c \dfrac{4z^2+z}{z+1} \, dz$

$f(z) = 4z^2+z$ is analytic everywhere and $z = 1$ lies inside 'c'. Therefore by Cauchy's-integral formula,

$\dfrac{1}{2} \oint_c \dfrac{4z^2+z}{z-1} \, dz = \dfrac{1}{2} \cdot 2\pi i \, f(1) = \pi i \, (4+1) = 5\pi i$

and $f(z) = \dfrac{4z^2+z}{z+1}$ is analytic on and within 'c'

∴ By Cauchy's theorem,

$\oint_c \dfrac{4z^2+z}{z+1} \, dz = 0$

∴ $I = 5\pi i$

Alternative method :

$I = \oint_c \dfrac{4z^2+z}{z^2-1} \, dz = \oint_c \dfrac{(4z^2+z)/z+1}{z-1} \, dz$

Now, $f(z) = \dfrac{4z^2+z}{z+1}$ is analytic on and within 'c' and $z = 1$ is any point within 'c'.

∴ By Cauchy's-integral formula,

$I = 2\pi i \, f(1) = 2\pi i \, \dfrac{(4+1)}{1+1} = 5\pi i$

Ex. 7 : *Evaluate* $\oint_c \dfrac{4z^2 + z}{(z-1)^2} \, dz$, *where 'c' is the contour* $|z-1| = 2$. **(May 2005)**

Sol. : $\quad I = \oint_c \dfrac{4z^2 + z}{(z-1)^2} \, dz = \oint_c \dfrac{f(z)}{(z-1)^2} \, dz$

Here $f(z) = 4z^2 + z$ is analytic on and within 'c', $z = 1$ is a point within c.

∴ By corollary to Cauchy's-integral formula,

$\quad\quad I = 2\pi i \, f'(1), \quad f'(z) = 8z + 1 \quad \therefore \quad f'(1) = 9$

∴ $\quad\quad I = 2\pi i \times 9 = 18\pi i$

Ex. 8 : *Evaluate* $\oint_c \dfrac{e^z}{(z+1)^3 (z-1)^2} \, dz$, *where 'c' is the contour* $|z+1| = \dfrac{1}{2}$.

(May 2008)

Sol. : $\quad I = \oint_c \dfrac{f(z)}{(z+1)^3} \, dz$, where $f(z) = \dfrac{e^z}{(z-1)^2}$

Here $f(z)$ is analytic on and within 'c' and $z = -1$ is a point within 'c'.

∴ By corollary to Cauchy's-integral formula,

$$I = \dfrac{2\pi i \, f''(-1)}{2!} \quad \text{where} \quad f(z) = \dfrac{e^z}{(z-1)^2}$$

$$f'(z) = \dfrac{e^z (z-1)^2 - 2(z-1) e^z}{(z-1)^4} = \dfrac{e^z (z-1) - 2 e^z}{(z-1)^3} = \dfrac{e^z (z-3)}{(z-1)^3}$$

$$f''(z) = \dfrac{\{(z-3) e^z + e^z\} (z-1)^3 - 3(z-1)^2 e^z (z-3)}{(z-1)^6}$$

$$= \dfrac{e^z [(z-2)(z-1) - 3(z-3)]}{(z-1)^4}$$

$$f''(-1) = e^{-1} \left[\dfrac{(-1-2)(-1-1) - 3(-1-3)}{(-1-1)^4} \right] = e^{-1} \left[\dfrac{6 + 12}{16} \right] = \dfrac{1}{e} \cdot \dfrac{9}{8}$$

∴ $\quad\quad I = \dfrac{9\pi i}{8e}$

Ex. 9 : *Evaluate* $\oint_c \dfrac{\sin 2z}{(z + \pi/3)^4} \, dz$, *where 'c' is* $|z| = 2$. **(Dec. 2008)**

Sol. : Here $\sin 2z$ is analytic within 'c' and $z = -\pi/3$ is within c.

∴ By Cauchy's-integral formula corollary,

$$I = \oint_c \dfrac{f(z)}{\left(z + \dfrac{\pi}{3}\right)^4} \, dz = 2\pi i \, \dfrac{f'''(-\pi/3)}{3!}$$

where $f(z) = \sin 2z$, $f'(z) = 2 \cos 2z$, $f''(z) = -4 \sin 2z$, $f'''(z) = -8 \cos 2z$.

$$f'''\left(\dfrac{-\pi}{3}\right) = -8 \cos\left(\dfrac{-2\pi}{3}\right) = -8 \cos \dfrac{2\pi}{3} = 8 \cos \dfrac{\pi}{3} = 8 \cdot \dfrac{1}{2} = 4$$

∴ $\quad\quad I = \dfrac{2\pi i}{6} \times 4 = \dfrac{4\pi i}{3}$

Ex. 10 : *Evaluate* $\oint_c \dfrac{2z^2 + z + 5}{\left(z - \dfrac{3}{2}\right)^2} dz$, where 'c' is the ellipse $\dfrac{x^2}{4} + \dfrac{y^2}{9} = 1$. **(May 2010)**

Sol. : $f(z) = 2z^2 + z + 5$ is analytic everywhere and $z = \dfrac{3}{2}$ lies within the ellipse.

∴ By corollary to Cauchy's-integral formula,

$$I = \int_c \dfrac{2z^2 + z + 5}{\left(z - \dfrac{3}{2}\right)^2} dz = 2\pi i\, f'\left(\dfrac{3}{2}\right), \text{ where } f(z) = 2z^2 + z + 5$$

$$f'(z) = 4z + 1$$

$$f'\left(\dfrac{3}{2}\right) = 4 \times \dfrac{3}{2} + 1 = 7$$

∴ $\quad I = 2\pi i \times 7 = 14\pi i$

Ex. 11 : *Evaluate* $\oint_c \dfrac{(z^2 + \cos^2 z)\, dz}{\left(z - \dfrac{\pi}{4}\right)^3}$, where 'c' is $|z| = 1$. **(May 2009)**

Sol. : $z = \dfrac{\pi}{4}$ lies within the circle. From deduction of Cauchy-integral formula,

$$\oint_c \dfrac{(z)}{\left(z - \dfrac{\pi}{4}\right)^3} dz = \dfrac{2\pi i\, f''\left(\dfrac{\pi}{4}\right)}{2i}$$

$f(z) = z^2 + \cos^2 z,\quad f'(z) = 2z - \sin 2z,\quad f''(z) = 2 - 2\cos 2z$

$$f''\left(\dfrac{\pi}{4}\right) = 2 - 2\cos 2 \cdot \dfrac{\pi}{4} = 2 - 2\cos \dfrac{\pi}{2} = 2$$

∴ $\quad \int_c \dfrac{z^2 + \cos^2 z}{\left(z - \dfrac{\pi}{4}\right)^3} dz = \dfrac{2\pi i \cdot 2}{2} = 2\pi i$

EXERCISE 12.2

1. Verify Cauchy's theorem for the closed path of the triangle whose vertices are the points (0, 0), (1, 0), (1, 2).

2. Evaluate $\oint_c \dfrac{dz}{z - z_0}$, where

   (i) 'c' is the closed contour containing the point z_0.
   (ii) point z_0 is outside the contour 'c'. **[Ans. (i) $2\pi i$, (ii) 0]**

3. Evaluate $\int_c f(z)\, dz$

   where   (i) $f(z) = \dfrac{e^z}{(z + 2)}$ 'c' is the circle $|z + 2| = 2$

(ii) $f(z) = \dfrac{e^z}{(z+1)(z+2)}$ 'c' is the circle $|z+1| = \dfrac{1}{2}$.

$$\left[\text{Ans. (i) } \dfrac{2\pi i}{e^2}, \text{ (ii) } \dfrac{2\pi i}{e}\right]$$

4. If $f(z_0) = \oint_c \dfrac{3z^3 + 5z + 2}{z - z_0}$ where 'c' is the ellipse $\dfrac{x^2}{4} + \dfrac{y^2}{9} = 1$, find (i) $f(1)$, (ii) $f''(1-i)$. **(May 2008, Nov. 2015)**

[Ans. (i) $20\pi i$, (ii) $36\pi(1+i)$]

5. Evaluate $\oint_c \dfrac{\sin^2 z}{\left(z - \dfrac{\pi}{6}\right)^3} dz$, where c is $|z| = 1$. **(Dec. 2012, Nov. 2015)** [Ans. πi]

Hint : $\dfrac{2\pi i}{2!} f''\left(\dfrac{\pi}{6}\right) = \pi i \left[\dfrac{d^2}{dz^2} \sin^2 z\right]_{z=\frac{\pi}{6}} = \pi i \left[2\cos 2z\right]_{z=\frac{\pi}{6}}$

6. Use Cauchy's integral formula to evaluate $\oint_c \dfrac{\sin \pi z^2 + \cos \pi z^2}{(z-1)(z-2)} dz$ where c is the circle $|z| = 3$. **(May 2006, Dec. 2008)** [Ans. $4\pi i$]

Hint : $\oint_c (\sin \pi z^2 + \cos \pi z^2) \left(\dfrac{1}{z-2} - \dfrac{1}{z-1}\right) dz = 2\pi i [f(2) - f(1)]$

7. Evaluate $\oint_c \dfrac{e^z}{(z+1)^2 (z+2)^2} dz$, where c is the contour $|z+1| = \dfrac{1}{2}$. **(Dec. 2011)**

(Dec. 2006) $\left[\text{Ans. } \dfrac{-2\pi i}{e}\right]$

8. Evaluate $\oint_c \dfrac{z+3}{(z-2)(z+1)^2} dz$ where c is the boundary of the square with vertices $(\pm 1.5, \pm 1.5 i)$. **(May 2007)** $\left[\text{Ans. } \dfrac{-10\pi i}{9}\right]$

9. Evaluate $\oint_c \dfrac{z^2 - z + 1}{z - 1} dz$ where c is the circle (i) $|z| = 1$ (ii) $|z| = \dfrac{1}{2}$

[Ans. (i) $2\pi i$, (ii) 0]

10. Evaluate $\oint_c \dfrac{e^{2z}}{(z-1)(z-2)} dz$ where c is the circle $|z| = 3$. **(May 2015)**

Hint : $\oint_c e^{2z} \left(\dfrac{1}{z-2} - \dfrac{1}{z-1}\right) dz = 2\pi i [f(2) - f(1)]$ [Ans. $2\pi i (e^4 - e^2)$]

12.4 SINGULAR POINT, POLE, RESIDUE

It was earlier pointed out that the point z_0, where the function $f(z)$ ceases to be analytic is called the singular point of the function $f(z)$. If in the small neighbourhood of z_0, say $|z - z_0| < \epsilon$, there is no singular point of $f(z)$ other than z_0, then z_0 is called isolated singular point. In such a case, $f(z)$ can be expanded around $z = z_0$ in a series of the form

$$f(z) = a_0 + a_1(z - z_0) + a_2(z - z_0)^2 + \ldots$$
$$+ a_{-1}(z - z_0)^{-1} + a_{-2}(z - z_0)^{-2} + \ldots a_{-n}(z - z_0)^n$$

called Laurent's series.

This series contains two parts : (i) Series consisting of positive powers of $(z - z_0)$ is called analytic part of the Laurent's series. (ii) Series consisting of negative powers of $(z - z_0)$ is called principal part of the Laurent's series. a_n and a_{-n} are given by the integral

$$a_n = \frac{1}{2\pi i} \oint_c \frac{f(z)}{(z - z_0)^{n+1}} \, dz, \quad n = 0, \pm 1, \pm 2 \ldots$$

'c' is the circle surrounding the singular point z_0.

If the principal part of the Laurent's series contains n terms

$$a_{-1}(z - z_0)^{-1} + a_{-2}(z - z_0)^{-2} + \ldots a_{-n}(z - z_0)^{-n}$$

then singular point z_0 is called pole of the order n.

If the principal part of the Laurent's series contains only one term $a_{-1}(z - z_0)^{-1}$ then z_0 is called simple pole. If it contains two terms $a_{-1}(z - z_0)^{-1} + a_{-2}(z - z_0)^{-2}$ then z_0 is a double pole or the pole of the order 2. Like this we can have poles of various orders.

a_{-1} which is the residue of $f(z)$ at isolated singular point z_0 is given by $a_{-1} = \frac{1}{2\pi i} \oint_c f(z) \, dz$.

In practice, we calculate residues at the poles by different formulae.

12.5 CAUCHY RESIDUE THEOREM

If $f(z)$ is analytic on and within a closed contour 'c' except at finite number of isolated singular points within 'c', then

$$\oint_c f(z) \, dz = 2\pi i \, (r_1 + r_2 \ldots r_n)$$

where $r_1, r_2 \ldots r_n$ are the residues at the singular points within 'c'.

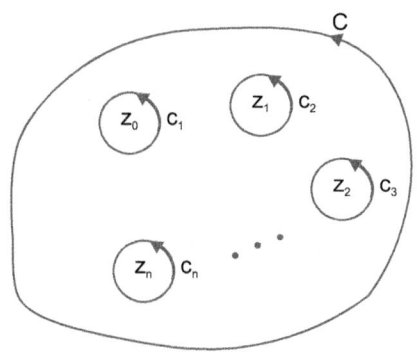

Fig. 12.10

Proof : Let us surround each of the isolated singular points $z_0, z_1, z_2 \ldots z_n$ within 'c' by circles $c_1, c_2 \ldots c_n$. 'c', 'c_1', 'c_2' ... 'c_n' are all described in anticlock-wise sense.

Since $f(z)$ is analytic in a region included within 'c', 'c_1', 'c_2' ... 'c_n', by corollary (2) to Cauchy's theorem (article 12.2).

$$\oint_c f(z)\, dz = \oint_{c_1} f(z)\, dz + \oint_{c_2} f(z)\, dz + \ldots \oint_{c_n} f(z)\, dz$$

$$= 2\pi i\, \{r_1 + r_2 \ldots r_n\}$$

$$\therefore \quad r_1 = \frac{1}{2\pi i} \oint_{c_1} f(z)\, dz, \text{ etc.}$$

In practice, to determine the order of the pole, if $\lim\limits_{z \to z_0} (z - z_0)\, f(z)$ is finite and non-zero then $z = z_0$ is a simple pole, and this value of the limit also gives the value of residue at simple pole $z = z_0$.

If $\lim\limits_{z \to z_0} (z - z_0)^2 f(z)$ is non-zero and finite, $f(z)$ has z_0 as the pole of the order two. By observing the function $f(z)$, we can easily decide the order of various poles.

$$f(z) = \frac{z + 2}{(z - 1)^3 (z - i)^2 (z + 1)}$$

has pole of the order 3 at $z = 1$. Pole of the order 2 at $z = i$ and $z = -1$ is a simple pole. General formula for calculating residue r at the pole $z = z_0$ of order n is given by

$$r = \frac{1}{(n - 1)!} \left[\frac{d^{n-1}}{dz^{n-1}} \{(z - z_0)^n f(z)\} \right]_{z = z_0} \quad \ldots (1)$$

ILLUSTRATIONS

Ex. 1 : *Find residues at each of the poles of*

$$f(z) = \frac{z^3 + 2}{(z + 1)^2 (z - i)(z + 2)}$$

Sol. : $f(z)$ has simple poles at $z = i$, $z = -2$ and double pole at $z = -1$.

Let r_1, r_2, r_3 be the residues at $z = -2$, $z = i$ and $z = -1$ respectively.

$$r_1 = \left[(z+2) \cdot \frac{z^3+2}{(z+1)^2(z-i)(z+2)}\right]_{z=-2}$$

$$= \left[\frac{z^3+2}{(z+1)^2(z-i)}\right]_{z=-2} = \frac{-8+2}{(-2+1)^2(-2-i)}$$

$$= \frac{6}{2+i} \times \frac{2-i}{2-i} = \frac{6(2-i)}{4+1} = \frac{6}{5}(2-i)$$

$$r_2 = \left[(z-i)\frac{z^3+2}{(z+1)^2(z-i)(z+2)}\right]_{z=i}$$

$$= \left[\frac{z^3+2}{(z+1)^2(z+2)}\right]_{z=i} = \frac{i^3+2}{(i+1)^2(i+2)} = \frac{2-i}{2i(i+2)}$$

$$= \frac{2-i}{-2+4i} \times \frac{-2-4i}{-2-4i} = \frac{-4-4-6i}{4+16} = \frac{-8-6i}{20}$$

$$= -\frac{1}{10}(4+3i)$$

$$r_3 = \frac{1}{(2-1)!}\left[\frac{d^{2-1}}{dz^{2-1}}\left\{(z+1)^2 \cdot \frac{z^3+2}{(z+1)^2(z-i)(z+2)}\right\}\right]_{z=-1}$$

$$= \left[\frac{d}{dz}\left(\frac{z^3+2}{z^2+z(2-i)-2i}\right)\right]_{z=-1}$$

$$= \left[\frac{3z^2(z^2+z(2-i)-2i)-\{2z+(2-i)\}(z^3+2)}{\{z^2+z(2-i)-2i\}^2}\right]_{z=-1}$$

$$= \frac{3(1-2+i-2i)-(-2+2-i)(-1+2)}{(1-2+i-2i)^2}$$

$$= \frac{-2+3i}{2}$$

Ex. 2 : *Find the residues at each of the poles of* $\frac{1}{z^2+1}$.

Sol. : $\quad f(z) = \frac{1}{z^2+1} = \frac{1}{(z+i)(z-i)}$

It has two simple poles at $z = i$, $z = -i$.

$$r_1 = \text{residue at } z = i = \left[(z-i)\frac{1}{(z+i)(z-i)}\right]_{z=i} = \frac{1}{2i} = \frac{-i}{2}$$

$$r_2 = \text{residue at } z = -i = \left[(z+i)\frac{1}{(z+i)(z-i)}\right]_{z=-i} = \frac{-1}{2i} = \frac{i}{2}$$

Ex. 3 : *Evaluate using residue theorem* $\oint_c \dfrac{2z^2 + 2z + 1}{(z+1)^3 (z-3)} dz$, *where c is the contour* $|z + 1| = 2$. **(Dec. 2006, 2010)**

Sol. :
$$I = \oint_c f(z) \, dz$$

where
$$f(z) = \dfrac{2z^2 + 2z + 1}{(z+1)^3 (z-3)}$$

has simple pole at $z = 3$ and the pole of the order 3 at $z = -1$. Out of these two poles, $z = -1$ lies in the circle $|z + 1| = 2$ while $z = 3$ lies outside the contour.

$\therefore \qquad \oint_c f(z) \, dz = 2\pi i R$

where R is the residue at $z = -1$.

$$R = \dfrac{1}{2!} \left[\dfrac{d^2}{dz^2} \left\{ (z+1)^3 \cdot \dfrac{2z^2 + 2z + 1}{(z+1)^3 (z-3)} \right\} \right]_{z=-1}$$

$$= \dfrac{1}{2} \left[\dfrac{d}{dz} \left\{ \dfrac{d}{dz} \left(\dfrac{2z^2 + 2z + 1}{(z-3)} \right) \right\} \right]_{z=-1}$$

$$= \dfrac{1}{2} \left[\dfrac{d}{dz} \left\{ \dfrac{(4z+2)(z-3) - (2z^2 + 2z + 1)}{(z-3)^2} \right\} \right]_{z=-1}$$

$$= \dfrac{1}{2} \left[\dfrac{d}{dz} \left\{ \dfrac{2z^2 - 12z - 7}{(z-3)^2} \right\} \right]_{z=-1}$$

$$= \dfrac{1}{2} \left[\dfrac{(4z-12)(z-3)^2 - 2(z-3)(2z^2 - 12z - 7)}{(z-3)^4} \right]_{z=-1}$$

$$= \dfrac{1}{2} \left[\dfrac{(4z-12)(z-3) - 2(2z^2 - 12z - 7)}{(z-3)^3} \right]_{z=-1}$$

$$= \dfrac{1}{2} \left[\dfrac{50}{(z-3)^2} \right]_{z=-1} = \dfrac{-25}{64}$$

$\therefore \qquad \oint_c f(z) \, dz = 2\pi i \left(\dfrac{-25}{64} \right) = \dfrac{-25}{32} \pi i$

Ex. 4 : *Evaluate* $\oint_c \cot z \, dz$, *where 'c' is the circle* $|z| = 4$.

Sol. :
$$I = \oint_c \cot z \, dz = \oint_c \dfrac{\cos z}{\sin z} dz$$

Poles of $f(z) = \cot z$ are given by $\sin z = 0$. i.e. $z = 0$, $z = \pm \pi$, $z = \pm 2\pi$.
Out of these poles, only $z = 0$, $z = \pi$, $z = -\pi$ lie within the contour $|z| = 4$.
To calculate the residues at these poles, we use the following result :

If $f(z) = \dfrac{f_1(z)}{f_2(z)}$ and $f_2(z) = (z - z_0) f(z)$, where $f(z_0) \neq 0$.

Residue of $f(z)$ at $z = z_0 = \dfrac{f_1(z_0)}{f_2'(z_0)}$.

In the present problem, $f(z) = \dfrac{\cos z}{\sin z}$.

$r_1 = $ residue at $z_0 = 0$ is $\dfrac{\cos z}{\dfrac{d}{dz}(\sin z)}\bigg]_{z=0} = \dfrac{\cos z}{\cos z}\bigg]_{z=0} = 1$

$r_2 = $ residue at $z_0 = \pi$ is $\dfrac{\cos z}{\dfrac{d}{dz}(\sin z)}\bigg]_{z=\pi} = \dfrac{\cos z}{\cos z}\bigg]_{z=\pi} = 1$

$r_3 = $ residue at $z_0 = -\pi$ is $\dfrac{\cos z}{\dfrac{d}{dz}(\sin z)}\bigg]_{z=-\pi} = \dfrac{\cos z}{\cos z}\bigg]_{z=-\pi} = 1$

∴ By residue theorem,

$$\oint_c \cot z \, dz = 2\pi i \, (r_1 + r_2 + r_3)$$

$$= 2\pi i \,(1 + 1 + 1) = 6\pi i$$

Ex. 5 : *Evaluate* $\oint_c e^z \sec z \, dz$, *where 'c' is* $|z| = 2$.

Sol. : $\quad I = \oint_c f(z) \, dz = \oint_c \dfrac{e^z}{\cos z} \, dz$

Poles of $f(z) = \dfrac{e^z}{\cos z}$ are given by $\cos z = 0$, where $z = (2n+1)\dfrac{\pi}{2}$, $n = 0, 1, 2 \ldots$

i.e. $z = \pm \dfrac{\pi}{2}, \pm \dfrac{3\pi}{2}$

Out of these, $z = \pm \dfrac{\pi}{2}$ lie within the contour $|z| = 2$.

$\text{Res } f\left(\dfrac{\pi}{2}\right) = \lim\limits_{z \to \pi/2} \dfrac{e^z}{\dfrac{d}{dz}(\cos z)} = \lim\limits_{z \to \pi/2} \dfrac{e^z}{-\sin z} = \dfrac{e^{\pi/2}}{-1}$.

$\text{Res } f\left(\dfrac{-\pi}{2}\right) = \dfrac{e^z}{\dfrac{d}{dz}(\cos z)}\bigg]_{z=-\pi/2} = \dfrac{e^z}{-\sin z}\bigg]_{z=-\pi/2} = \dfrac{e^{-\pi/2}}{+1}$

∴ By residue theorem,

$$\oint_c e^z \sec z \, dz = 2\pi i \left\{ \frac{e^{\pi/2}}{-1} + \frac{e^{-\pi/2}}{+1} \right\}$$

$$= -2\pi i \left\{ \frac{e^{\pi/2} - e^{-\pi/2}}{2} \times 2 \right\}$$

$$= -4\pi i \sinh \frac{\pi}{2}$$

Ex. 6 : *Evaluate* $\int_c \frac{\sin \pi z^2 + 2z}{(z-1)^2 (z-2)} \, dz$, *where 'c' is the circle* $|z| = 4$.

Sol. : $\quad I = \oint_c \frac{\sin \pi z^2 + 2z}{(z-1)^2 (z-2)} \, dz = \oint_c f(z) \, dz \qquad$ **(May 05)**

Here, $\quad f(z) = \frac{\sin \pi z^2 + 2z}{(z-1)^2 (z-2)}$ is analytic at all the points except $z = 1$, $z = 2$, where it has poles of the orders 2 and 1 respectively.

∴ $\quad I = \oint_c f(z) \, dz = 2\pi i \{r_1 + r_2\}$

$$r_1 = \text{Res } f(1) = \frac{d}{dz} \{(z-1)^2 f(z)\}_{z=1}$$

$$= \frac{d}{dz} \left\{ \frac{\sin \pi z^2 + 2z}{(z-2)} \right\}_{z=1}$$

$$= \left\{ \frac{\{\cos \pi z^2 (2\pi z) + 2\} (z-2) - 1 \{\sin \pi z^2 + 2z\}}{(z-2)^2} \right\}_{z=1}$$

$$= \frac{(2\pi \cos \pi + 2)(-1) - \{\sin \pi + 2\}}{1}$$

$$= -2 + 2\pi - 2 = 2\pi - 4$$

$$r_2 = \text{Res } f(2) = \left[(z-2) \left\{ \frac{\sin \pi z^2 + 2z}{(z-1)^2 (z-2)} \right\} \right]_{z=2}$$

$$= \frac{\sin 4\pi + 4}{1} = 4$$

$$I = 2\pi i \{r_1 + r_2\} = 2\pi i \{2\pi - 4 + 4\} = 4\pi^2 i$$

We now consider, evaluation of some real definite integrals, by using contour integration.

Ex. 7 : *Evaluate* $\int_0^{2\pi} \dfrac{d\theta}{(5 - 3\cos\theta)^2}$.

Sol. : Consider the circular contour of radius unity, $|z| = 1$. Parametric equation being $z = e^{i\theta}$ or $\dfrac{1}{z} = e^{-i\theta}$, $dz = i e^{i\theta} d\theta$ $\therefore d\theta = \dfrac{dz}{iz}$

$\therefore \qquad z + \dfrac{1}{z} = e^{i\theta} + e^{-i\theta} = 2\cos\theta$

$\therefore \qquad \cos\theta = \dfrac{1}{2}\left(z + \dfrac{1}{z}\right) = \dfrac{1}{2z}(z^2 + 1)$

$$I = \oint_c \dfrac{dz}{iz\left\{5 - 3\left(\dfrac{z^2+1}{2z}\right)\right\}^2} = \dfrac{1}{i}\oint_c \dfrac{4z^2\,dz}{z(10z - 3z^2 - 3)^2}$$

$$= \dfrac{1}{i}\oint_c \dfrac{4z\,dz}{(3z-1)^2(z-3)^2} = \dfrac{4}{i}\oint_c f(z)\,dz$$

$f(z) = \dfrac{z}{(3z-1)^2(z-3)^2}$ has double poles at $z = \dfrac{1}{3}$ and $z = 3$.

Out of these, $z = \dfrac{1}{3}$ lies within the contour.

$$\text{Res } f\left(\dfrac{1}{3}\right) = \left[\dfrac{d}{dz}\left\{\left(z - \dfrac{1}{3}\right)^2 \cdot \dfrac{z}{9\left(z - \dfrac{1}{3}\right)^2 (z-3)^2}\right\}\right]_{z=\frac{1}{3}}$$

$$= \dfrac{1}{9}\left[\dfrac{d}{dz}\left\{\dfrac{z}{(z-3)^2}\right\}\right]_{z=\frac{1}{3}}$$

$$= \dfrac{1}{9}\left[\dfrac{(z-3)^2 \cdot 1 - 2(z-3)z}{(z-3)^4}\right]_{z=\frac{1}{3}} = \dfrac{1}{9}\left[\dfrac{(z-3) - 2z}{(z-3)^3}\right]_{z=\frac{1}{3}}$$

$$= \dfrac{5}{64 \times 4}$$

$\therefore \qquad I = \dfrac{4}{i} \cdot 2\pi i \times \dfrac{5}{64 \times 4} = \dfrac{5\pi}{32}$

Ex. 8 : *Evaluate* $\int_0^{2\pi} \dfrac{\sin 2\theta}{5 + 4\cos\theta}\,d\theta$. **(May 2010)**

Sol. : Put $z = e^{i\theta}$ $\quad \therefore dz = i e^{i\theta} d\theta \quad \therefore d\theta = \dfrac{dz}{iz}$

$z^2 = e^{2i\theta}, \quad \dfrac{1}{z^2} = e^{-2i\theta}$

$$I = \frac{1}{2i} \oint_c \frac{\left(z^2 - \frac{1}{z^2}\right)}{5 + 4 \cdot \frac{1}{2}\left(z + \frac{1}{z}\right)} \frac{dz}{iz}, \text{ where 'c' is } |z| = 1$$

$$= \frac{1}{2i} \times \frac{1}{i} \oint_c \frac{z^4 - 1}{z^2(2z^2 + 5z + 2)} dz = -\frac{1}{2} \oint_c \frac{z^4 - 1}{z^2(2z+1)(z+2)} dz$$

Here $f(z) = \dfrac{z^4 - 1}{z^2(2z+1)(z+2)}$ has poles at $z = 0$, $z = -\dfrac{1}{2}$ and $z = -2$. Out of these, $z = 0$ is a double pole and $z = -\dfrac{1}{2}$ simple pole, lie within the circle $|z| = 1$.

$$\text{Res } f(0) = \frac{d}{dz}\left[\frac{z^4 - 1}{2z^2 + 5z + 2}\right] \text{ at } z = 0$$

$$= \frac{4z^3(2z^2 + 5z + 2) - (z^4 - 1)(4z + 5)}{(2z^2 + 5z + 2)^2}\bigg|_{z=0} = \frac{5}{4}$$

$$\text{Res } f\left(-\frac{1}{2}\right) = \left[\left(z + \frac{1}{2}\right) \cdot \frac{z^4 - 1}{z^2(2z+1)(z+2)}\right]_{z=-\frac{1}{2}}$$

$$= \frac{1}{2}\left[\frac{\frac{1}{16} - 1}{\frac{1}{4} \times \frac{3}{2}}\right] = -\frac{5}{4}$$

$$I = 2\pi i \left(-\frac{1}{2}\right)\left[\frac{5}{4} - \frac{5}{4}\right] = 0$$

Ex. 9 : *Evaluate* $\displaystyle\int_0^{2\pi} \frac{\sin^2 \theta}{5 + 4 \sin \theta} d\theta.$ **(Dec. 2005, May 2011)**

Sol. : Put $z = e^{i\theta}$, $z^{-1} = e^{-i\theta}$ $\therefore$ $z - \dfrac{1}{z} = \dfrac{e^{i\theta} - e^{-i\theta}}{2i} \cdot 2i$

$\therefore \quad \sin \theta = \dfrac{1}{2i}\left(z - \dfrac{1}{z}\right)$

$$I = \oint_c \frac{-\frac{1}{4}\left(z - \frac{1}{z}\right)^2}{5 + 4 \cdot \frac{1}{2i}\left(z - \frac{1}{z}\right)} \frac{dz}{iz}, \text{ where c is } |z| = 1$$

$$= \frac{1}{i} \oint_c -\frac{1}{4} \frac{(z^2 - 1)^2}{z^3\left\{5 - 2i\frac{(z^2-1)}{z}\right\}} dz = -\frac{1}{4i} \oint_c \frac{(z^2 - 1)^2}{z^2\{-2i\,z^2 + 5z + 2i\}} dz$$

$$f(z) = \frac{(z^2 - 1)^2}{z^2\{-2i\,z^2 + 5z + 2i\}} = \frac{(z^2 - 1)^2}{(-2i)z^2\left(z - \frac{1}{2i}\right)(z + 2i)}$$

has pole of the order 2 at $z = 0$ and simple poles at $z = \dfrac{-i}{2}$ and $-2i$.

Out of these, $z = 0$, $z = -\dfrac{i}{2}$ lie within the contour.

$$\text{Res } f(0) = \dfrac{d}{dz}\left\{\dfrac{(z^2-1)^2}{-2iz^2+5z+2i}\right\}_{z=0}$$

$$= \left[\dfrac{\{2(z^2-1)\,2z\}(-2iz^2+5z+2i)-(-4iz+5)(z^2-1)^2}{(-2iz^2+5z+2i)^2}\right]_{z=0}$$

$$= \dfrac{5}{4}$$

$$\text{Res } f\left(-\dfrac{i}{2}\right) = \left[\left(z+\dfrac{i}{2}\right)\left\{\dfrac{(z^2-1)^2}{(-2i)\,z^2\left(z+\dfrac{i}{2}\right)(z+2i)}\right\}\right]_{z=-\frac{i}{2}}$$

$$= \left[\dfrac{(z^2-1)^2}{(-2i)(z^2)(z+2i)}\right]_{z=-\frac{i}{2}} = -\dfrac{25}{12}$$

$$I = -\dfrac{1}{4i}\,2\pi i\left\{\dfrac{5}{4}-\dfrac{25}{12}\right\} = \dfrac{5\pi}{12}$$

Ex. 10 : *Evaluate* $\displaystyle\int_0^{2\pi} \dfrac{d\theta}{1-2a\cos\theta+a^2}$ $(0 < a < 1)$.

Sol. : Put $z = e^{i\theta}$ $\therefore$ $\cos\theta = \dfrac{1}{2}\left(z+\dfrac{1}{z}\right)$ $|z| = 1$, $d\theta = \dfrac{dz}{iz}$

$$I = \oint_c \dfrac{dz}{iz\left\{1-2a\cdot\dfrac{1}{2}\left(z+\dfrac{1}{z}\right)+a^2\right\}}$$

$$= \oint_c \dfrac{dz}{iz\left\{1-a\left(\dfrac{z^2+1}{z}\right)+a^2\right\}}$$

$$I = \oint_c \dfrac{dz}{i\{z-az^2-a+a^2z\}}$$

$$= \dfrac{1}{i}\oint_c \dfrac{dz}{\{-az^2+z(a^2+1)-a\}}$$

$$= -i\oint_c \dfrac{dz}{-a\left(z-\dfrac{1}{a}\right)(z-a)}$$

Here $f(z) = \dfrac{1}{\left(z - \dfrac{1}{a}\right)(z - a)}$ has simple poles at $z = \dfrac{1}{a}$, $z = a$ and as $0 < a < 1$,

$z = a$ lies within the contour $|z| = 1$.

$$\text{Res } f(a) = \left[(z-a) \dfrac{1}{\left(z - \dfrac{1}{a}\right)(z-a)}\right]_{z=a} = \dfrac{1}{\left(a - \dfrac{1}{a}\right)} = \dfrac{a}{a^2 - 1}$$

$$I = 2\pi i \left(\dfrac{i}{a}\right) \left[\dfrac{a}{a^2 - 1}\right]$$

$$= \dfrac{2\pi}{1 - a^2}$$

EXERCISE 12.3

1. Find the residues of the poles of the following functions :

(i) $\dfrac{z+1}{z^2+1}$ (ii) $\dfrac{z^2+2z}{(z+1)^3(z^2-9)}$ **(Dec. 2004)**

(iii) $\dfrac{1 - e^{2z}}{z^3}$ (iv) $\sec z$

(v) $\cot z$ [**Ans.** (i) $-\dfrac{1}{2}(-1+i)$, $\dfrac{1}{2}(1+i)$, (ii) $-\dfrac{13}{128}$, $\dfrac{5}{128}$, $\dfrac{1}{16}$, (iii) -2,

(iv) $\pm \dfrac{\pi}{2}$, $\pm \dfrac{3\pi}{2}$ ..., (v) $n\pi$, $n = 0, \pm 1, \pm 2$ ......]

2. Applying residue theorem, evaluate the following integrals :

$\displaystyle\oint_c \dfrac{z^2 + 2z}{(z+1)^3(z^2-9)}$, where 'c' is $|z - 3| = 5$. **(May 2009, Dec. 2011)** $\left[\text{Ans. } -\dfrac{\pi i}{8}\right]$

3. $\displaystyle\oint_c \dfrac{z+2}{z^2+1}\, dz$, where c is $|z - i| = \dfrac{1}{2}$.   **(Dec. 2012)** [**Ans.** $\pi(2+i)$]

4. $\displaystyle\oint_c \dfrac{z^2\, dz}{(z^2+1)^2(z^2+2z+2)}$, where 'c' is the semi-circular contour $|z| = 2$, $I(z) \geq 0$.

$\left[\text{Ans. } \dfrac{7\pi}{50}\right]$

5. $\displaystyle\oint_c^{2\pi} \dfrac{d\theta}{5 + 4\sin\theta}$ **(May 2012)** $\left[\text{Ans. } \dfrac{2\pi}{3}\right]$

6. $\int_0^{2\pi} \dfrac{\cos 3\theta}{5 - 4\cos\theta}\, d\theta$ \hfill (May 2006) $\left[\text{Ans. } \dfrac{\pi}{12}\right]$

7. $\int_0^{2\pi} \dfrac{d\theta}{1 - 2a\sin\theta + a^2}$, $0 < a < 1$ \hfill $\left[\text{Ans. } \dfrac{2\pi}{1 - a^2}\right]$

8. $\int_0^{2\pi} \dfrac{\sin^2\theta\, d\theta}{3 + 2\cos\theta}$ \hfill [Ans. 0]

9. $\int_0^{2\pi} \dfrac{16\cos 2\theta\, d\theta}{16 - 8\cos\theta + 1}$ \hfill $\left[\text{Ans. } \dfrac{2\pi}{15}\right]$

10. $\int_0^{2\pi} \dfrac{\cos^2 3\theta}{5 - 4\cos 2\theta}\, d\theta$ \hfill $\left[\text{Ans. } \dfrac{3\pi}{8}\right]$

11. Evaluate $\oint_c \dfrac{z^3 - 5}{(z+1)^2(z-2)}\, dz$ where c is the circle $|z| = 3$.

\hfill (Dec. 07, May 2012) [Ans. 0]

12. Evaluate $\oint_c \dfrac{2z + 3}{z^2 + z + 1}\, dz$, where c is the circle $\left|z + \dfrac{\sqrt{3}\, i}{2}\right| = 1$.

\hfill (Dec. 07) $\left[\text{Ans. } \dfrac{2\pi}{\sqrt{3}}(i\sqrt{3} - 2)\right]$

12.6 CONFORMAL TRANSFORMATION

Consider the function of complex variable w = f(z) where $z_0, z_1, z_2 \ldots z_n$ is set of points in z-plane. In view of relation w = f(z), we get, $w_0 = f(z_0)$, $w_1 = f(z_1)$, $w_2 = f(z_2) \ldots w_n = f(z_n)$. Thus the points $z_0, z_1, \ldots z_n$ are associated with the points $w_0, w_1, \ldots w_n$.

Since z = x + iy, any point z is represented in complex plane xoy, by cartesian coordinates of a point (x, y).

Now, $\qquad$ w = f(z) = u (x, y) + iv (x, y)

$\qquad\qquad\quad w_0 = f(z_0) = u(x_0, y_0) + iv(x_0, y_0)$

w_0, which corresponds to z_0, is represented by a point whose coordinates are $u_0 = u_0(x_0, y_0)$, $v_0 = v_0(x_0, y_0)$ in another complex plane uov. Point whose coordinates are (u_0, v_0) represents the point w_0 in plane uov. Likewise the points $z_n = x_n + iy_n$, n = 1, 2, 3 … are represented in the complex plane xoy and corresponding points $w_n = u_n + iv_n$, n = 1, 2, 3 … are represented in the complex plane uov.

As an example, consider $w = z^2 = (x + iy)^2$

∴ $\qquad\qquad\qquad$ w = u + iv = $(x + iy)^2 = x^2 - y^2 + 2ixy$

or $\qquad\qquad\qquad$ u = $x^2 - y^2$, v = 2xy

$z_0 = 1 + i$ corresponds to $w_0 = (1 - 1) + i\, 2(1 \times 1) = 2i$

$z_1 = 2 - 3i$ will correspond to $w_1 = (2 - 9) + i\, 2(2 \times -3) = -7 - 12i$

likewise other points. We say that $w_0, w_1, w_2 \ldots$ etc. are the maps of the points $z_0, z_1, z_2 \ldots$ etc. under the transforming relation (mapping relation) or merely under the transformation $w = f(z)$. In particular, if $z_0, z_1, z_2 \ldots z_n$ lie on some curve 'c' in xoy plane or z-plane and corresponding points $w_0, w_1, w_2 \ldots w_n$ lie on the curve c' in uov or w-plane, we say that curve c in z-plane is mapped on to the curve c' in w-plane.

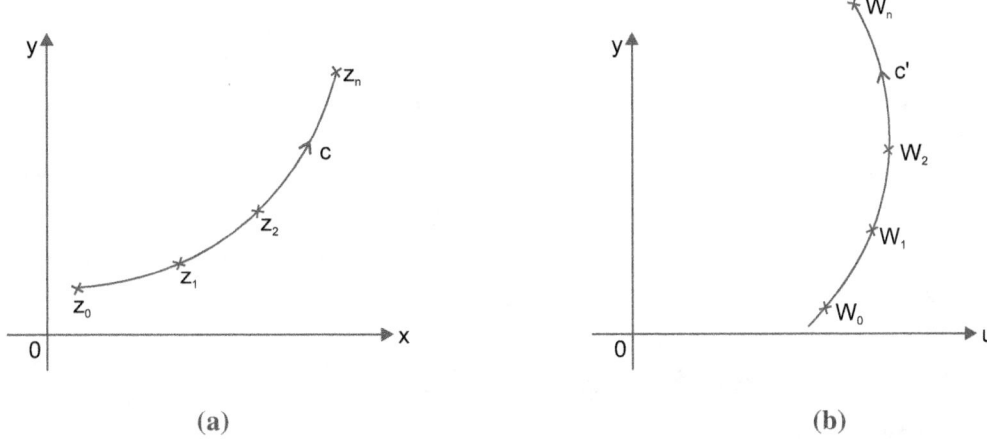

Fig. 12.11

Curve c' of Fig. 12.11 (b) is map of the curve c in Fig. 12.11 (a).

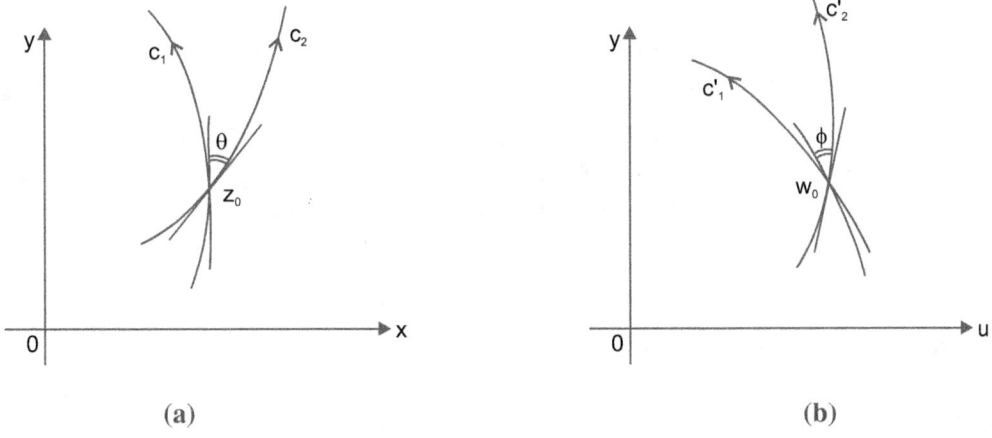

Fig. 12.12

Consider curves c_1 and c_2, intersecting at the point z_0, in xoy plane [Fig. 12.12 (a)]. Curve c_1' in w-plane is the map or transform of the curve c_1 and curve c_2' in w-plane or uov plane is the map or transform of the curve c_2. w_0 is the intersection of the curves c_1', c_2' and is the transform of the point z_0. θ is the angle between tangents to the curves c_1 and c_2, and ϕ is the angle between the tangents to the curves c_1' and c_2'.

If $\theta = \phi$, both in magnitude and sense, the mapping or transformation $w = f(z)$ is said to be conformal.

If $w = f(z)$ is analytic function, then the transformation $w = f(z)$ is conformal at all points of the z-plane where $f'(z) \neq 0$. In particular, if $f'(z_0) = 0$, mapping (or transformation) $w = f(z)$ will cease to be conformal at z_0, that is angle preservation property will not be satisfied for the curves intersecting at z_0. This angle preservation property is important from physical point of view. In the flow of incompressible fluid in a plane, $\phi(x, y)$ and $\psi(x, y)$ represent velocity potential and stream function and $w = f(z) = \phi(x, y) + i\psi(x, y)$ is analytic. As we had seen earlier, curves $\phi(x, y) = c_1$, $\psi(x, y) = c_2$ are orthogonal and their transforms $x = A$ and $x = B$ are also orthogonal. Conjugate functions $\phi(x, y)$, $\psi(x, y)$ under the conformal transformation remain conjugate and satisfy Laplace equation.

12.7 SOME IMPORTANT TRANSFORMATIONS

(1) Translation : Consider the transformation $w = z + h$, where $w = u + iv$, $z = x + iy$, $h = h_1 + ih_2$.

$$\therefore \quad u + iv = x + iy + h_1 + ih_2 = (x + h_1) + i(y + h_2)$$

or $\quad u = x + h_1, \quad v = y + h_2$

Thus the map of the point $z = x + iy$ or (x, y) is the point $w = u + iv$ or (u, v) i.e. $(x + h_1, y + h_2)$. This is true for all the points (x, y), which shows that the image of region in z-plane is simply translated in w-plane. Figures in the z-plane and their maps or images in w-plane will have same shape, size and orientation. Under the transformation $w = z + h$ rectangles in z-plane will be transformed into rectangles in w-plane or circles in z-plane will be mapped onto circles in w-plane.

(2) Rotation and Magnification : Consider the transformation $w = cz$

where $c = c_1 + ic_2 = a(\cos\alpha + i\sin\alpha) = ae^{i\alpha}$

Here $a\cos\alpha = c_1$, $a\sin\alpha = c_2$ or $a = \sqrt{c_1^2 + c_2^2}$, $\tan\alpha = \dfrac{c_2}{c_1}$.

Similarly, $\quad z = x + iy = r(\cos\theta + i\sin\theta) = re^{i\theta}$

$$r = |z| \text{ and } \theta = \text{amp}(z)$$

$$|w| = |cz| = |c||z| = ar$$

and $\quad \text{amp}(w) = \text{amp}(cz) = \alpha + \theta = \text{amp } c + \text{amp } z$

w which is a map of z is obtained by magnification of z by the amount a i.e. by ar and rotation of z through an angle α i.e. by amount amp c.

Consider the transformation $w = (1 + i\sqrt{3})z$ i.e. $c = 1 + i\sqrt{3}$

$$|c| = \sqrt{1+3} = 2, \text{ amp } c = \tan^{-1}\sqrt{3} = 60°$$

$\therefore \quad |w| = |c||z| = 2|z|$

$$\text{amp } w = \text{amp } c + \text{amp } z = 60° + \theta$$

Thus modulus of z is magnified two times and rotation of z is through 60°.

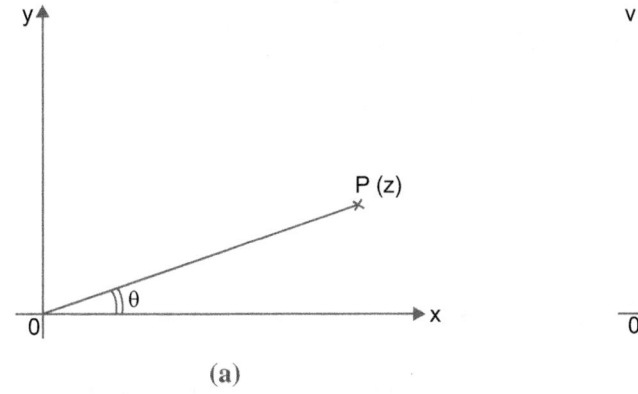
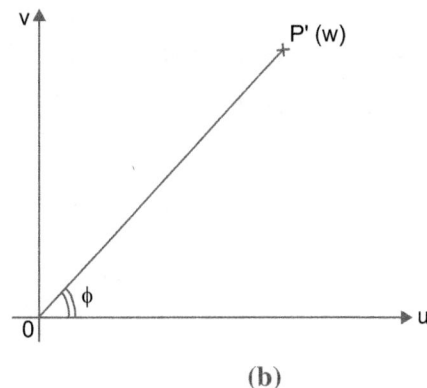

(a) (b)

Fig. 12.13

Here $OP' = |w| = 2\ OP = 2|z|$ and $\phi = \theta + 60°$

With this transformation, a rectangle in z-plane will be rotated through 60° in w-plane, with lengths of all the sides doubled.

(3) Inversion : Consider $w = \dfrac{1}{z}$.

Let $w = u + iv = \rho e^{i\phi}$, where $\rho = \sqrt{u^2 + v^2}$ and $\phi = \tan^{-1}\dfrac{v}{u}$ and $z = x + iy = re^{i\theta}$, where $r = \sqrt{x^2 + y^2}$ and $\theta = \tan^{-1}\dfrac{y}{x}$.

$\therefore \quad \rho e^{i\phi} = \dfrac{1}{r}e^{-i\theta}$ or $\rho = \dfrac{1}{r}$ and $\phi = -\theta$

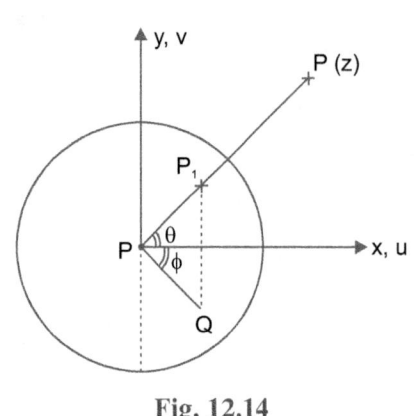

Fig. 12.14

Let $P(r, \theta)$ be the point in xoy plane and P_1 be $\left(\dfrac{1}{r}, \theta\right)$ i.e. P_1 is inverse of P w.r.t. the unit circle. Then we take Q as the image of the point P_1 in real x-axis.

Q is the image of point P under the transformation $w = \dfrac{1}{z}$. Thus, this transformation $w = \dfrac{1}{z}$ is an inversion of z w.r.t. the unit circle $|z| = 1$ and then the reflection of this inverse into the real axis. So $w = \dfrac{1}{z}$ is the combination of two successive transformations $w = \overline{z}'$ and $z' = \dfrac{1}{r} e^{i\theta}$.

(4) Bilinear transformation : Consider $w = \dfrac{az+b}{cz+d}$ or $\dfrac{a+bz}{c+dz}$ which is linear in w and z, and hence it is called bilinear transformation. Writing the transformation as

$$czw + dw = az + b$$

$$z(cw - a) = b - dw \quad \text{or} \quad z = \dfrac{b-dw}{cw-a}$$

which expresses z in terms of w.

$$w = \dfrac{az+b}{cz+d} = \dfrac{a(z+b/a)}{c(z+d/c)}$$ shows that there are three

constants $\dfrac{a}{c}, \dfrac{b}{a}, \dfrac{d}{c}$ to be determined. If any three points in z-plane and corresponding points in w-plane are given, then the bilinear transformation can be completely determined.

It can be easily seen that bilinear transformation is a combination of three basic transformations : (i) translation, (ii) magnification and rotation, (iii) inversion, discussed earlier.

Main properties of bilinear transformation are
(i) it maps circles onto circles, including straight lines in limiting case,
(ii) the cross ratio is constant, that is if (z_1, z_2, z_3, z_4) and (w_1, w_2, w_3, w_4) are the corresponding points under $w = \dfrac{a+bz}{c+dz}$ then

$$(w_1, w_2, w_3, w_4) = (z_1, z_2, z_3, z_4) \qquad \ldots (1)$$

or $$\dfrac{(w_1-w_3)(w_2-w_4)}{(w_1-w_4)(w_2-w_3)} = \dfrac{(z_1-z_3)(z_2-z_4)}{(z_1-z_4)(z_2-z_3)}$$

We can determine the bilinear transformation $w = \dfrac{a + bz}{c + dz}$ when z_1, z_2, z_3 and corresponding points w_1, w_2, w_3 are given, by determining $\dfrac{a}{c}, \dfrac{b}{a}, \dfrac{d}{c}$ directly or using the cross-ratio property. In this case, we take fourth points as z and w. We write (1) as

$$(w, w_1, w_2, w_3) = (z, z_1, z_2, z_3)$$

or $$\dfrac{(w - w_2)(w_1 - w_3)}{(w - w_3)(w_1 - w_2)} = \dfrac{(z - z_2)(z_1 - z_3)}{(z - z_3)(z_1 - z_2)} \qquad \ldots (2)$$

Now, we substitute the values of z_1, z_2, z_3 and w_1, w_2, w_3 in (2) and find the relation between w and z or vice-versa. In particular, if one of the points $z_1 = \infty$, then we take the ratio $\dfrac{z_1 - z_3}{z_1 - z_2} = 1$ and R.H.S. of (2), is $\dfrac{z - z_2}{z - z_3}$. This considerably simplifies the calculations to find bilinear transformation.

We shall now discuss some conformal transformations, which are widely used.

(1) $w = z^2$.

Here $$w = u + iv = (x + iy)^2 = x^2 - y^2 + 2ixy$$

i.e. $$u = x^2 - y^2, \quad v = 2xy$$

Consider the maps of lines $u = c$ and $v = d$, which are two perpendicular lines in uov plane. Their maps in xoy plane are the hyperbolas $x^2 - y^2 = c$ and $2xy = d$.

$$2x - 2y \dfrac{dy}{dx} = 0 \text{ or } \dfrac{dy}{dx} = \dfrac{x}{y}, \text{ slope} = \dfrac{x}{y}$$

Similarly, differentiating w.r.t. x, $2xy = d$

$$x \dfrac{dy}{dx} + y = 0 \text{ or slope} = -\dfrac{y}{x}$$

Product of the slopes $= \dfrac{x}{y} \times -\dfrac{y}{x} = -1$.

Hence, these hyperbolas cut each other at right angles, and their maps $u = c, v = d$, which are two straight lines intersecting at right angles. This clearly exhibits conformality.

Now consider the two perpendicular straight lines $x = a$ and $y = b$. To obtain the map of $x = a$, $u = a^2 - y^2$, $v = 2ay$ or $y = \dfrac{v}{2a}$

$\therefore$ $$u = a^2 - \dfrac{v^2}{4a^2} \text{ or } u - a^2 = \dfrac{-v^2}{4a^2} \qquad \ldots (1)$$

which represents the parabola with vertex $(a^2, 0)$. Differentiating w.r.t. u, we get

$$1 = -\frac{2v}{4a^2}\frac{dv}{du}$$

i.e. $\quad\dfrac{dv}{du} = -\dfrac{2a^2}{v}$ ... (2)

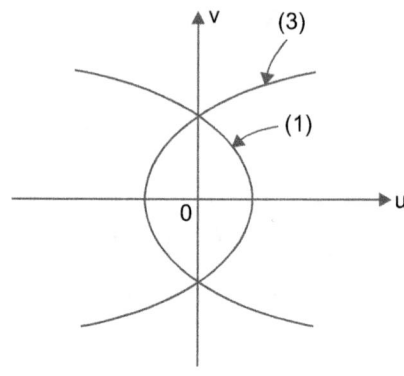

Fig. 12.15

To obtain map of $y = b$,

$$u = x^2 - b^2, \quad v = 2bx \quad \text{or} \quad u = \frac{v^2}{4b^2} - b^2$$

i.e. $\quad u + b^2 = \dfrac{v^2}{4b^2}$ ... (3)

which represents the parabola with vertex $(-b^2, 0)$.

Parabolas as (1) and (3) are as shown in Fig. 12.15.

Now, differentiating w.r.t. u equation (3),

$$1 = \frac{2v}{4b^2}\frac{dv}{du} \quad \text{or} \quad \frac{dv}{du} = \frac{2b^2}{v} \qquad \ldots (4)$$

Product of the slopes given by (2) and (4) $= \dfrac{-2a^2}{v} \cdot \dfrac{2b^2}{v}$.

$$P = \frac{-4a^2 b^2}{v^2} \quad \text{but for } x = a, \ y = b, \ v = 2ab \ \text{or} \ v^2 = 4a^2 b^2$$

$\therefore \qquad P = \dfrac{-4a^2 b^2}{4a^2 b^2} = -1$

Thus the two straight lines at right angles $x = a$, $y = b$ meeting at (a, b) are mapped onto two orthogonal parabolas meeting at $(a^2 - b^2, 2ab)$.

Now, consider the maps of $x = 0$, $y = 0$, which are two perpendicular coordinate axes passing through origin, in xoy plane.

Map of $x = 0$ is $u = -y^2$ and $v = 0$ i.e. negative part of u-axis in uov plane.

Map of y = 0 is u = x², v = 0 i.e. positive part of u-axis in uov plane, while the angle between x = 0, y = 0 is $\frac{\pi}{2}$, angle between positive u-axis and negative u-axis is π. Here angle preservation property is not satisfied. The reason is w = f(z) = z² and f'(z) = 2z = 0 at z = 0 i.e. at (x = 0, y = 0). Mapping ceases to be conformal at z = 0.

This transformation can represent the electrostatic field near a corner conductor.

(2) w = e^z.

Here $\qquad$ w = u + iv = e$^{x + iy}$

Considering w in polar form,

$$w = \rho(\cos\phi + i\sin\phi) = \rho e^{i\phi}$$

we have, $\qquad \rho e^{i\phi} = e^x \cdot e^{iy}$

This gives $\rho = e^x$, $\phi = y$ $\qquad\qquad$ ... (1)

Consider the two perpendicular straight lines x = a, y = b.

From (1), map of x = a is $\rho = e^a$ = constant.

ρ = constant represents a circle with centre at origin in uov plane. If 'a' takes different values, x = a represents lines parallel to y-axis in xoy plane. This means the lines parallel to y-axis in z-plane, are mapped onto concentric circles with centre at origin in w-plane. Relation ϕ = y gives the map of y = constant as the radial line ϕ = constant. That is lines parallel to x-axis in z-plane are mapped on to radial lines, ϕ = constant in w-plane. As y varies from y = 0 to y = 2π, ϕ varies from ϕ = 0 to ϕ = 2π. That is a semi-infinite strip of height 2π is mapped on to the entire w-plane. [Fig. 12.16 (a) and (b)]. Rectangular region given by a ≤ x ≤ b, c ≤ y ≤ d, in w-plane is mapped on to the region e^a ≤ ρ ≤ e^b, c ≤ ϕ ≤ d. Lines x = constant, y = constant are at right angles, similarly ρ = constant, ϕ = constant are at right angles, exhibiting the conformal character of the mapping.

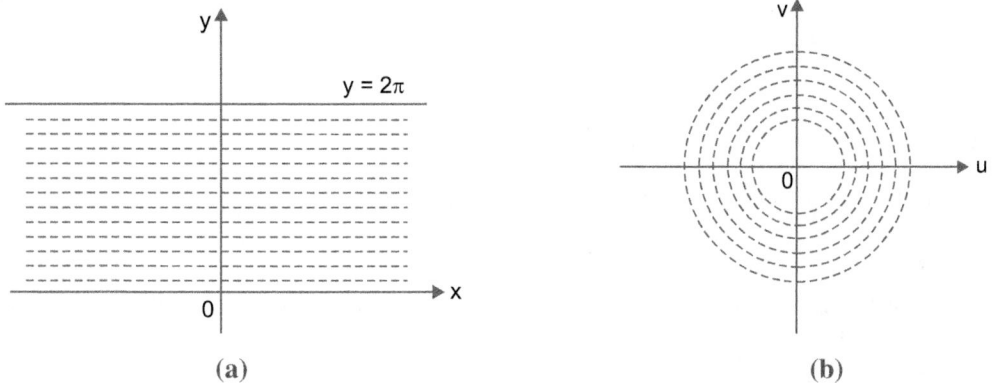

Fig. 12.16

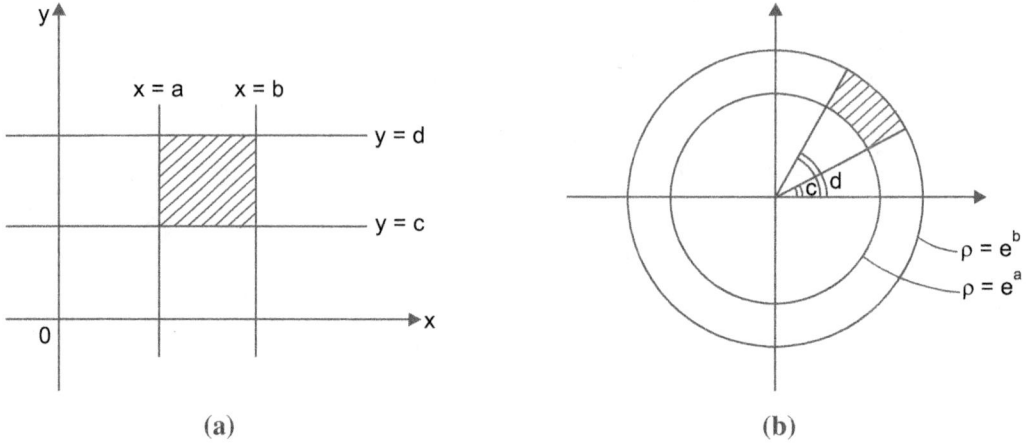

Fig. 12.17

(3) $w = z + \dfrac{1}{z}$.

This transformation is called Joukowski's transformation named after Russian mathematician.

Consider $w = u + iv = z + \dfrac{1}{z} = r(\cos\theta + i\sin\theta) + \dfrac{1}{r}(\cos\theta - i\sin\theta)$

$\therefore \qquad u = \left(r + \dfrac{1}{r}\right)\cos\theta \text{ and } v = \sin\theta \left(r - \dfrac{1}{r}\right)$ ... (1)

$\therefore \qquad u^2 = \left(r + \dfrac{1}{r}\right)^2 \cos^2\theta \text{ and } v^2 = \left(r - \dfrac{1}{r}\right)^2 \sin^2\theta$

or $\qquad \dfrac{u^2}{\left(r + \dfrac{1}{r}\right)^2} + \dfrac{v^2}{\left(r - \dfrac{1}{r}\right)^2} = 1$ ... (2)

If we consider the circle $|z| = c$ or $r = c$ in z-plane, then from (2), map of $r = c$ is the ellipse $\dfrac{u^2}{\left(c + \dfrac{1}{c}\right)^2} + \dfrac{v^2}{\left(c - \dfrac{1}{c}\right)^2} = 1$. $[c \ne 1]$

The family of circles in z-plane are transformed into family of ellipses. These ellipses are confocal as $\left(c + \dfrac{1}{c}\right)^2 - \left(c - \dfrac{1}{c}\right)^2 = 4 = $ constant.

In particular, if the radius of the circle in z-plane is $c = 1$, then it's transform is given by $u = 2\cos\theta$ and $v = 0$, which represents real axis (or u-axis) in w-plane.

$\theta = 0, \ u = 2; \ \theta = \dfrac{\pi}{2}, \ u = 0; \ \theta = \pi, u = -2; \ \theta = \dfrac{3\pi}{2}, \ u = 0; \ \theta = 2\pi, \ u = 2$.

That is, as the arc of the circle r = 1 is described from $\theta = 0$ to $\theta = 2\pi$, real axis in w-plane is described from u = 2 to u = – 2 and then u = – 2 to u = 2.

From (1), we get,

$$\frac{u^2}{\cos^2 \theta} - \frac{v^2}{\sin^2 \theta} = \left(r + \frac{1}{r}\right)^2 - \left(r - \frac{1}{r}\right)^2 = 4$$

or $\qquad \dfrac{u^2}{4\cos^2 \theta} - \dfrac{v^2}{4\sin^2 \theta} = 1 \qquad \qquad \ldots (3)$

From (3), we see that maps of radial lines θ = constant (except $\theta = 0$ and $\theta = \pi$) are the confocal hyperbolas given by (3).

Family of circles r = c (c $\neq$ 1) and θ = constant ($\theta \neq 0$ or π) in z-plane are orthogonal and their maps in w plane, family of ellipses and family of hyperbolas are also orthogonal.

Mapping ceases to be conformal at z = $\pm$ 1, where $f'(z) = 1 - \dfrac{1}{z^2} = 0$.

(4) $\quad$ w = sinh z $\hfill$ **(May 2005, Dec. 2011)**

Here $\qquad \qquad$ w = u + iv = sinh (x + iy)

$\therefore \qquad \qquad$ u + iv = sinh x cosh iy + cosh x sinh iy

$\qquad \qquad \qquad \quad$ = sinh x cos y + i cosh x sin y

Equating real and imaginary parts,

$\qquad \qquad$ u = sinh x cos y $\quad$ and $\quad$ v = cosh x sin y $\hfill \ldots (1)$

$\therefore \qquad \qquad \dfrac{u}{\sinh x} = \cos y \quad$ and $\quad \dfrac{v}{\cosh x} = \sin y$

or $\qquad \dfrac{u^2}{\sinh^2 x} + \dfrac{v^2}{\cosh^2 x} = 1 \qquad \qquad \ldots (2)$

Again $\qquad \qquad \dfrac{u}{\cos y} = \sinh x \quad$ and $\quad \dfrac{v}{\sin y} = \cosh x$

$\therefore \qquad \dfrac{v^2}{\sin^2 y} - \dfrac{u^2}{\cos^2 y} = 1 \qquad \qquad \ldots (3)$

Map of x = c is the ellipse.

$\qquad \dfrac{u^2}{\sinh^2 c} + \dfrac{v^2}{\cosh^2 c} = 1 \qquad \qquad \ldots (4)$

Map of y = c is the hyperbola.

$\qquad \dfrac{v^2}{\sin^2 c} - \dfrac{u^2}{\cos^2 c} = 1 \qquad \qquad \ldots (5)$

Family of straight lines parallel to y-axis and x-axis, which are orthogonal, are mapped onto family of ellipses and hyperbolae respectively in w-plane, which are also orthogonal.

ILLUSTRATIONS

Ex. 1 : *Find the bilinear transformation, which maps the points $0, -1, i$ of the z-plane on to the points $2, \infty, \frac{1}{2}(5+i)$ of the w-plane.*(**Dec. 2005, May 2010, Nov. 2015**)

Sol. : Let the transformation be $w = \dfrac{a+bz}{c+dz}$.

$z = 0$ $\quad\quad$ $w = 2$ $\quad\quad$ $\therefore \dfrac{a}{c} = 2$ $\quad\quad \therefore a = 2c$

$z = -1$ $\quad\quad$ $w = \infty$ $\quad\quad$ $\therefore c - d = 0 \quad d = c$

$z = i$ $\quad\quad$ $w = \dfrac{1}{2}(5+i)$ $\quad \therefore \dfrac{1}{2}(5+i) = \dfrac{a+bi}{c+di} = \dfrac{2c+bi}{c+ci}$

or $\quad\quad \dfrac{c}{2}(1+i)(5+i) = 2c + bi \quad \therefore \dfrac{c}{2}(4+6i) = 4c + 2bi$

$\therefore \quad\quad\quad\quad b = 3c$

$\therefore \quad\quad\quad\quad w = \dfrac{2c+3cz}{c+cz} = \dfrac{2+3z}{1+z}$

Alternative method : Using the cross-ratio property,

$$(w, w_1, w_2, w_3) = (z, z_1, z_2, z_3)$$

$$\dfrac{(w-w_2)(w_1-w_3)}{(w-w_3)(w_1-w_2)} = \dfrac{(z-z_2)(z_1-z_3)}{(z-z_3)(z_1-z_2)} \quad\quad\quad \ldots (1)$$

$z_1 = 0, \ z_2 = -1, \ z_3 = i; \ w_1 = 2, \ w_2 = \infty, \ w_3 = \dfrac{1}{2}(5+i)$.

Since $z_2 = -1$ corresponds to $w_2 = \infty$, we take the ratio $\dfrac{w-w_2}{w_1-w_2} = 1$ (this property can always be used when one of the points w or z is equal to ∞).

Putting the values of w_1, w_3, z_1, z_2, z_3 in (1),

$$\dfrac{2 - \dfrac{1}{2}(5+i)}{w - \dfrac{1}{2}(5+i)} = \dfrac{(z+1)(-i)}{(z-i) \cdot 1}$$

Cross multiplying,

$$\left(-\dfrac{1}{2}-\dfrac{1}{2}i\right)(z-i) = \left(w - \dfrac{5}{2} - \dfrac{1}{2}i\right)(-iz - i)$$

On simplification,

$$w(-iz - i) = -3iz - 2i \quad \text{or} \quad w = \dfrac{3z+2}{z+1}$$

Ex. 2 : *Find the bilinear transformation which maps the points $z = 1,\ i,\ 2i$ on the points $w = -2i,\ 0,\ 1$ respectively.* **(Dec. 2010)**

Sol. : Let the transformation be
$$w = \frac{a + bz}{c + dz}$$

$z = 1,\ w = -2i\quad \therefore\quad -2i = \dfrac{a+b}{c+d}\ $ or $\ a + b = -2ic - 2id$ ... (1)

$z = i,\ w = 0\quad \therefore\quad a + bi = 0\ $ or $\ a = -bi$ ... (2)

$z = 2i,\ w = 1\qquad 1 = \dfrac{a+2ib}{c+2di}\ $ or $\ c + 2di = a + 2ib$ ... (3)

or $\qquad c + 2di = -bi + 2ib = bi$ ... (4)

Combining (1), (2), (4), we get
$$a = -bi,\quad c = \frac{2bi}{2i+4},\quad d = \frac{b+bi}{2i+4}$$

$\therefore\qquad w = \dfrac{-bi + bz}{\dfrac{2bi}{2i+4} + \dfrac{b+bi}{2i+4}z} = \dfrac{(2-4i) + (2i+4)z}{2i + (1+i)z}$

which is the required transformation.

Ex. 3 : *Find the bilinear transformation, which sends the points $1,\ i,\ -1$ from z-plane into the points $i,\ 0,\ -i$ of the w-plane.* **(Dec. 2004, May 2005)**

Sol. : Let the transformation be
$$w = \frac{a + bz}{c + dz}$$

$z = 1,\ w = i\qquad \therefore\ i = \dfrac{a+b}{c+d}\ $ or $\ a + b = ic + id$ ... (1)

$z = i,\ w = 0\qquad \therefore\ a + ib = 0\ $ or $\ a = -bi$ ... (2)

$z = -1,\ w = -i\quad \therefore\ -i = \dfrac{a-b}{c-d}\ $ or $\ -ic + id = a - b$ ... (3)

Combining (1), (2) and (3), we get
$$w = \frac{i - z}{i + z}$$

or $\qquad w = \dfrac{1 + iz}{1 - iz}$

which is the required transformation.

Ex. 4 : *Find the bilinear transformation, which maps the points $z = -1, 0, 1$ on to the points $w = 0, i, 3i$.* **(May 2011, 2014, 2015)**

Sol. : Let the transformation be

$$w = \frac{a + bz}{c + dz}$$

$z = -1, w = 0 \quad \therefore a - b = 0 \text{ or } b = a$ ... (1)

$z = 0, w = i \qquad i = \dfrac{a}{c} \text{ or } c = -ai$ ... (2)

$z = 1, w = 3i \qquad 3i = \dfrac{a + b}{c + d} \text{ or } a + b = (c + d) 3i$ ...(3)

Putting $b = a$, $c = -ai$ in (3), $d = \dfrac{ai}{3}$

$$\therefore \quad w = \frac{a + az}{-ai + \dfrac{ai}{3} z} = \frac{3z + 3}{i(z - 3)} = \frac{3i + 3iz}{3 - z}$$

which is the required transformation.

Ex. 5 : *Show that the map $w = \dfrac{2z + 3}{z - 4}$ transforms the circle $x^2 + y^2 - 4x = 0$ into the straight line $4u + 3 = 0$.* **(Dec. 2010, May 2011)**

Sol. :
$$w = u + iv = \frac{2(x + iy) + 3}{(x + iy) - 4} = \frac{(2x + 3) + 2iy}{(x - 4) + iy}$$

$$u + iv = \frac{(2x + 3) + 2iy}{(x - 4) + iy} \times \frac{(x - 4) - iy}{(x - 4) - iy}$$

$$u + iv = \frac{\{(2x + 3)(x - 4) + 2y^2\} + i\{2y(x - 4) - y(2x + 3)\}}{(x - 4)^2 + y^2}$$

Equating real parts,

$$u = \frac{(2x + 3)(x - 4) + 2y^2}{(x - 4)^2 + y^2} = \frac{2x^2 - 5x + 2y^2 - 12}{x^2 + y^2 - 8x + 16}$$

$$4u + 3 = \frac{4(2x^2 + 2y^2 - 5x - 12)}{x^2 + y^2 - 8x + 16} + 3 = \frac{11x^2 + 11y^2 - 44x - 48 + 48}{x^2 + y^2 - 8x + 16}$$

Map of $4u + 3 = 0$ is –

$11x^2 + 11y^2 - 44x = 0$ or $x^2 + y^2 - 4x = 0$

$\therefore$ Circle $x^2 + y^2 - 4x = 0$ is transformed into the straight line $4u + 3 = 0$.

Ex. 6 : *Find the map of the straight line $y = x$ under the transformation $w = \dfrac{z-1}{z+1}$.*

(Dec. 2004, 2007, May 2015)

Sol. : $\quad w = \dfrac{z-1}{z+1}$

$\therefore \quad zw + w = z - 1$ or $z(w-1) = -1 - w$

$\therefore \quad z = x + iy = \dfrac{w+1}{1-w} = \dfrac{u+iv+1}{1-(u+iv)} = \dfrac{(u+1)+iv}{(1-u)-iv} \times \dfrac{(1-u)+iv}{(1-u)+iv}$

$\therefore \quad x + iy = \dfrac{(1-u^2-v^2) + i\{v(1-u) + v(u+1)\}}{(1-u)^2 + v^2}$

$\therefore \quad x = \dfrac{1-u^2-v^2}{(1-u)^2+v^2}, \quad y = \dfrac{2v}{(1-u)^2+v^2}$

Map of $y = x$ is

$\quad 1 - u^2 - v^2 = 2v$ or $u^2 + v^2 + 2v = 1$

or $\quad u^2 + (v+1)^2 = 2$

which is a circle in w-plane with centre $(0, -1)$ i.e. $w = -i$ and radius $= \sqrt{2}$.

Ex. 7 : *Show that the transformation $w = \dfrac{z-b}{z+b}$ maps the right half of the z-plane into the unit circle $|w| < 1$ (b is real positive number).* **(Dec. 2008, Nov. 2015)**

Sol. : $\quad w = \dfrac{z-b}{z+b} \quad \therefore \quad zw + bw = z - b$

or $\quad z(w-1) = -b - bw$ i.e. $z = -b\dfrac{(w+1)}{w-1}$

$\therefore \quad x + iy = b\dfrac{(1+u+iv)}{(1-u-iv)} \times \dfrac{(1-u)+iv}{(1-u)+iv}$

$\therefore \quad x + iy = b\left[\dfrac{\{(1-u^2)-v^2\} + i\{v(1+u) + v(1-u)\}}{(1-u)^2+v^2}\right]$

$\therefore \quad x = b\dfrac{(1-u^2-v^2)}{(1-u)^2+v^2}$

$x > 0$ gives $b(1-u^2-v^2) > 0$

$\because$ b is positive and real, $\quad 1 - u^2 - v^2 > 0$

or $\quad u^2 + v^2 < 1$

i.e. $\quad |w| < 1$

$\therefore$ Map of $x > 0$ i.e. right half plane is mapped on to the circle $|w| < 1$.

Ex. 8 : *Show that under the transformation,* $w = \dfrac{1}{2} \log \dfrac{1+z}{1-z}$, *circle* $|z| < 1$ *is mapped on to the strip* $-\dfrac{\pi}{4} < v < \dfrac{\pi}{4}$ *of the w-plane.*

Sol. :
$$w = \frac{1}{2} \log \frac{1+z}{1-z} = \frac{1}{2} \log(1+z) - \frac{1}{2} \log(1-z)$$

$$w = u + iv = \frac{1}{2} \log\{1 + x + iy\} - \frac{1}{2} \log\{1 - x - iy\}$$

$$= \frac{1}{2}\left[\log\sqrt{(1+x)^2 + y^2} + i \tan^{-1}\frac{y}{1+x} - \log\sqrt{(1-x)^2 + y^2} - i\tan^{-1}\left(\frac{-y}{1-x}\right)\right]$$

$$\therefore \quad u = \frac{1}{4} \log \frac{(1+x)^2 + y^2}{(1-x)^2 + y^2}$$

$$v = \frac{1}{2}\left[\tan^{-1}\frac{y}{1+x} + \tan^{-1}\frac{y}{1-x}\right]$$

$$\therefore \quad 2v = \tan^{-1}\frac{y}{1+x} + \tan^{-1}\frac{y}{1-x}$$

$$= \tan^{-1}\left\{\frac{\frac{y}{1+x} + \frac{y}{1-x}}{1 - \frac{y^2}{(1+x)(1-x)}}\right\} = \tan^{-1}\left\{\frac{y(1-x) + y(1+x)}{1 - x^2 - y^2}\right\}$$

$$= \tan^{-1}\frac{2y}{1 - x^2 - y^2}$$

For $|w| < 1$ i.e. $x^2 + y^2 < 1$, $1 - x^2 - y^2$ is positive.

$$\therefore \quad \tan 2v = \frac{2y}{1 - x^2 - y^2}$$

For $v = \dfrac{\pi}{4}$, $\tan 2v = \infty$ when $|w| = 1$ and y is positive.

For $v = -\dfrac{\pi}{4}$, $\tan 2v = -\infty$ when $|w| = 1$ and y is negative.

$\therefore \quad |w| < 1$ corresponds to $-\dfrac{\pi}{4} < v < \dfrac{\pi}{4}$.

Ex. 9 : *Show that the transformation* $w = z + \dfrac{1}{z} - 2i$ *maps the circle* $|z| = 2$ *into an ellipse. Find the centre of the ellipse and its semi-major and minor axes.*(**May 08, 10, 2014**)

Sol. : $w = u + iv = x + iy + \dfrac{1}{x + iy} - 2i$

$$= x + iy + \frac{x - iy}{x^2 + y^2} - 2i$$

$$= \left(x + \frac{x}{x^2 + y^2}\right) + i\left(y - 2 - \frac{y}{x^2 + y^2}\right)$$

For the circle $|z| = 2$, $x^2 + y^2 = 4$

$\therefore \quad u = x + \dfrac{x}{4} = \dfrac{5x}{4}, \quad v = y - 2 - \dfrac{y}{4} = \dfrac{3y}{4} - 2$

$\therefore \quad x = \dfrac{4u}{5}, \quad y = \dfrac{4}{3}(v+2)$

Now, $x^2 + y^2 = 4 \quad \therefore \quad \dfrac{16u^2}{25} + \dfrac{16(v+2)^2}{9} = 4$

$\therefore \quad \dfrac{u^2}{25/4} + \dfrac{(v+2)^2}{9/4} = 1$, which represents the ellipse with centre $(0, -2)$ and semi-major axis $= \dfrac{5}{2}$ and semi-minor axis $= \dfrac{3}{2}$.

Ex. 10 : Show that, under the transformation $w = \dfrac{i-z}{i+z}$, x-axis in z-plane is mapped onto the circle $|w| = 1$. **(Dec. 2006, 2010)**

Sol. : $wi + wz = i - z \quad \therefore \quad z(w+1) = i(1-w)$

or $\quad z = i\dfrac{1-w}{1+w} = i\dfrac{1-u-iv}{1+u+iv} = i\dfrac{(1-u)-iv}{(1+u)+iv} \times \dfrac{(1+u)-iv}{(1+u)-iv}$

or $\quad z = x + iy = i\left[\dfrac{\{(1-u)(1+u) - v^2\} - i\{v(1+u) + v(1-u)\}}{(1+u)^2 + v^2}\right]$

Equating imaginary parts, $y = \dfrac{1 - u^2 - v^2}{(1+u)^2 + v^2}$

$\therefore$ Map of x-axis i.e. $y = 0$ is $u^2 + v^2 = 1$ or $|w| = 1$.

EXERCISE 12.4

1. Find the bilinear transformation which maps the points $-i, 0, 2+i$ of the z-plane on to the points $0, -2i, 4$ of the w-plane. $\left[\text{Ans. } w = \dfrac{2(z+i)}{z-1}\right]$ **(May 2009)**

2. Find the bilinear transformation which maps the points $1, 0, i$ of the z-plane on to the points $\infty, -2, -\dfrac{1}{2}(1+i)$ of the w-plane. $\left[\text{Ans. } w = \dfrac{iz+2}{z-1}\right]$

3. Find the invariant points of the transformation $w = \dfrac{2z-6}{z-2}$. $[\text{Ans. } 2 \pm \sqrt{2}\, i]$

4. Find the map of the circle $|z - i| = 1$ under the mapping $w = \dfrac{1}{z}$, into the w-plane. **(Dec. 2014)** $\left[\text{Ans. } v = -\dfrac{1}{2}, \ -\dfrac{1}{2} \leq u \leq \dfrac{1}{2}\right]$

5. Show that under the transformation $w = z + \dfrac{4}{z}$, the circle $|z| = 2$ is mapped on to the straight line, but the circle $|z| = 3$ is mapped on to the ellipse. **(May 2012)**

6. Show that under the transformation $w = \cosh z$ lines parallel to x-axis are mapped on to the hyperbolas in w-plane. **(May 2009)**

7. Find the image of the hyperbola $x^2 - y^2 = 1$ under the transformation $w = \dfrac{1}{z}$.

    [**Ans.** $\rho^2 = \cos 2\phi$]

8. Find the map of the strip $x > 0$, $0 < y < 4$ under the transformation $w = iz + 2$.

9. Find the image of the triangular region bounded by $x = 0$, $y = 0$, $x + y = 1$, under the transformation $w = z^2$. **(May 2008)**

10. Show that $\omega = \dfrac{z - i}{1 - iz}$ maps upper half of z-plane onto interior of the unit circle in ω-plane. **(May 2007)**

11. Find the bilinear transformation which maps the points 0, 1, 2 from z-plane on to the points 1, 1/2, 1/3, of the ω-plane. **(May 2007, Dec. 2012)** $\left[\text{Ans. } \omega = \dfrac{1}{z + 1}\right]$

12. Find the bilinear transformation, which maps the points $0, \dfrac{1}{2}, 1 + i$ from z-plane into the points $-4, \infty, \dfrac{(13 - 12i)}{5}$ of the w-plane. **(Dec. 07)** $\left[\text{Ans. } \omega = \dfrac{2z + 4}{2z - 1}\right]$

Model Question Paper (Theory Exam.)

1. (a) Solve any two : (08)
   (i) $(D^2 + 2D + 1)y = xe^{-x} \cos x$
   (ii) $(D^2 + 9)y = \dfrac{1}{1 + \sin 3x}$ (By method of variation of parameters)
   (iii) $(2x + 3)^2 \dfrac{d^2y}{dx^2} - 2(2x + 3)\dfrac{dy}{dx} - 12y = 6x$

   (b) Obtain $f(k)$, given that $f(k + 1) + \dfrac{1}{2} f(k) = \left(\dfrac{1}{2}\right)^k$; $k \geq 0$, $f(0) = 0$. (04)

OR

2. (a) An e.m.f. $E \sin pt$ is applied at $t = 0$ to a circuit containing a condenser C and inductance L in series. The current x satisfies the equation $L\dfrac{dx}{dt} + \dfrac{1}{C}\int x\, dt = E \sin pt$, where $x = -\dfrac{dq}{dt}$. If $p^2 = \dfrac{1}{LC}$ and initially the current x and charge q are 0 then show that the current in the circuit at time t is given by $\dfrac{E}{2L} t \sin pt$. (04)

   (b) Find the Fourier sine and cosine transform of $f(x) = x^{m-1}$. (04)
   (c) Attempt any one : (04)
   (i) Find the z-transform of $f(k) = \sin\left(\dfrac{1}{2}\right)^{|x|}$; for all k
   (ii) Find $Z^{-1}\left[\dfrac{1}{(z-3)(z-2)}\right]$ by inversion integral method.

3. (a) Find interpolating polynomial passing through following tabulated data. (04)

x	0	0.1	0.2	0.3	0.4	0.5
y	1	1.046	1.094	1.44	1.297	1.252

   Estimate the values of y at $x = 0.05$ and $\dfrac{dy}{dx}$ at $x = 0.5$.

   (b) Using Modified-Euler's method solve the equation $\dfrac{dy}{dx} + \dfrac{y}{x} = \dfrac{1}{x^2}$; $y(1) = 1$ (04) to find y at $x = 1.2$ correct to three decimal places taking $h = 0.1$.
   (c) Find the values of a, b, c so that the directional derivative of $\phi = axy^2 + byz + cz^2x^2$ at (2, 1, 1) has maximum magnitude 12 in the direction parallel to x-axis. (04)

OR

4. (a) Establish any one of the following : (04)
   (i) For a solenoidal vector field $\bar{E}$, show that curl curl curl curl $\bar{E} = \nabla^4 \bar{E}$.
   (ii) $\nabla \left(\dfrac{\bar{a} \times \bar{r}}{r^n}\right) = \dfrac{(2-n)}{r^n}\bar{a} + \dfrac{n}{r^{n+2}}(\bar{a} \cdot \bar{r})\bar{a}$

   (b) Show that $\bar{F} = (x^2 - yz)\bar{i} + (y^2 - zx)\bar{j} - (z^2 - xy)\bar{k}$ is irrotational. Also determine ϕ such that $\bar{F} = \nabla \phi$. (04)

(c) Evaluate $\int_0^1 \sqrt{\sin x + \cos x}\, dx$ by using Simpson's 3/8th rule correct to two decimal places, taking seven ordinates. **(04)**

5. (a) Evaluate $\int_C \bar{F} \cdot d\bar{r}$ for $\bar{F} = (2y + 3)\bar{i} + xz\bar{j} + (yz - x)\bar{k}$ along the straight line joining (0, 0, 0) to (3, 1, 1). **(04)**

(b) Apply Stoke's theorem to calculate $\int_C (4y\bar{i} + 2z\bar{j} + 6y\bar{k}) \cdot d\bar{r}$ where C is the curve of intersection of $x^2 + y^2 + z^2 = 2z$ and $x = z - 1$. **(04)**

(c) Evaluate $\iint_S (x\bar{i} + y\bar{j} + z^2\bar{k}) \cdot d\bar{S}$ where S is the surface of the cylinder $x^2 + y^2 = 4$ bounded by the planes $z = 0$ and $z = 2$. **(04) OR**

6. (a) Using Green's lemma evaluate $\oint_c x^2 dx + xy\, dy$ over the region R enclosed By $y = x^2$ and line $y = x$. **(04)**

(b) Evaluate $\iint_S (\nabla \times \bar{F}) \cdot d\bar{S}$ where $\bar{F} = y^2\hat{i} + z\hat{j} + xy\hat{k}$ and S is the surface of paraboloid $z = 4 - x^2 - y^2, z \geq 0$. **(05)**

(c) Two Maxwell's electromagnetic equations are $\nabla \cdot \bar{B} = 0$, $\nabla \times \bar{E} = -\frac{\partial \bar{B}}{\partial t}$. Given that $\bar{B} = \text{curl } \bar{A}$ then deduce that $\bar{E} + \frac{\partial \bar{A}}{\partial t} = -\text{grad } v$, where v is a scalar function.

7. (a) Show that the function $u = -2xy + \frac{y}{x^2 + y^2}$ is harmonic and find its harmonic conjugate. **(04)**

(b) Use Cauchy's integral formula $\oint_C \frac{e^z}{(z+1)^2 (z+2)^2} dz$ where C is the contour $|z + 1| = \frac{1}{2}$. **(05)**

(c) Find the bilinear transformation, which maps the points –i, 0, 2 + i of the Z-plane on the points 0, –2i, 4 of the W-plane. **(04) OR**

8. (a) Show that analytic function f(z) with constant amplitude is constant. **(04)**

(b) Evaluate using residue theorem $\int_0^{2\pi} \frac{d\theta}{(5 - 3\cos\theta)^2}$ **(05)**

(c) Show that the map $w = \frac{2z + 3}{z - 4}$ transform the circle $x^2 + y^2 - 4x = 0$ into the straight line $4u + 3 = 0$. **(04)**

MODEL QUESTION PAPER
Online Examination (Phase-I)

Unit I : Linear Differential Equations

1. The solution of differential equation $\dfrac{d^3y}{dx^3} - 7\dfrac{dy}{dx} - 6y = 0$ is (2)

    (A) $c_1e^x + c_2e^{2x} + c_3e^{3x}$
    (B) $c_1e^{-x} + c_2e^{-2x} + c_3e^{6x}$
    (C) $c_1e^{-x} + c_2e^{2x} + c_3e^x$
    (D) $c_1e^{-x} + c_2e^{-2x} + c_3e^{3x}$

2. Particular integral of differential equation $(D - 2)^3 y = e^{2x} + 3^x$ is (2)

    (A) $\dfrac{x^3}{3!}e^{2x} + \dfrac{1}{(\log 3 - 2)^3} 3^x$
    (B) $\dfrac{x^3}{3!}e^{2x} + \dfrac{1}{(e^3 - 2)^3} 3^x$
    (C) $\dfrac{x}{3!}e^{2x} + \dfrac{1}{(\log 3 - 2)^3} 3^x$
    (D) $\dfrac{x^3}{3!}e^{2x} + \dfrac{1}{(\log 3 - 2)^3}$

3. Particular integral of differential equation $(D^2 - 4D + 4) y = e^{2x}x^4$ is (2)

    (A) $\dfrac{x^6}{120} e^{2x}$
    (B) $\dfrac{x^6}{60} e^{2x}$
    (C) $\dfrac{x^6}{30} e^{2x}$
    (D) $\dfrac{x^5}{20} e^{2x}$

4. For the differential equation $(x + 2)^2 \dfrac{d^2y}{dx^2} - (x + 2)\dfrac{dy}{dx} + y = (3x + 6)$, complimentary function is given by (2)

    (A) $c_1(x + 2) + c_2(x + 2)^{-1}$
    (B) $[c_1 \log (x + 2) + c_2] (x + 2)$
    (C) $c_1(x - 2) + c_2(x - 2)^{-1}$
    (D) $c_1 \log (x + 2) + c_2$

5. Using a set of multiplier as x^3, y^3, z^3 the solution of DE
$\dfrac{dx}{x(2y^4 - z^4)} = \dfrac{dy}{y(z^4 - 2x^4)} = \dfrac{dz}{z(x^4 - y^4)}$ is (2)

    (A) $x^3 + y^3 + z^3 = c$
    (B) $x + y + z = c$
    (C) $x^4 + y^4 + z^4 = c$
    (D) $xyz = c$

6. The solution of differential equation $\dfrac{d^2y}{dx^2} + 6\dfrac{dy}{dx} + 9y = 0$ is (1)

    (A) $c_1e^{-6x} + c_2e^{-9x}$
    (B) $(c_1x + c_2) e^{-3x}$
    (C) $(c_1x + c_2) e^{3x}$
    (D) $c_1e^{3x} + c_2e^{2x}$

Engg. Maths –III (Electronics & Telecommunication)

7. Particular integral $\dfrac{1}{\phi(D)} e^{ax} V$ where V is any function of x and $D \equiv \dfrac{d}{dx}$ is (1)

(A) $e^{ax} \dfrac{1}{\phi(D+a)} V$

(B) $e^{ax} \dfrac{1}{\phi(a)} V$

(C) $e^{ax} \dfrac{1}{\phi(D-a)} V$

(D) $\dfrac{1}{\phi(D+a)} V$

8. The general form of symmetric simultaneous DE is (1)

(A) $a_0 \dfrac{d^n y}{dx^n} + a_1 \dfrac{d^{n-1} y}{dx^{n-1}} + a_2 \dfrac{d^{n-2} y}{dx^{n-2}} + \ldots + a_n y = f(x)$, where $a_0, a_1, a_2 \ldots, a_n$ are constants.

(B) $a_0 (ax+b)^n_y \dfrac{d^n y}{dx^n} + a_1 (ax+b)^{n-1} \dfrac{d^{n-1} y}{dx^{n-1}} + a_2 (ax+b)^{n-2} \dfrac{d^{n-2} y}{dx^{n-2}} + \ldots + a_n y = f(x)$, where $a_0, a_1, a_2 \ldots, a_n$ are constants.

(C) $a_0 x^n \dfrac{d^n y}{dx^n} + a_1 x^{n-1} \dfrac{d^{n-1} y}{dx^{n-1}} + a_2 x^{n-2} \dfrac{d^{n-2} y}{dx^{n-2}} + \ldots + a_n y = f(x)$, where $a_0, a_1, a_2 \ldots, a_n$ are constants.

(D) $\dfrac{dx}{P} = \dfrac{dy}{Q} = \dfrac{dz}{R}$, where P, Q, R are functions of x, y, z.

Unit II : Fourier and Z-Transform :

9. The Fourier transform $F(\lambda)$ of $f(x) = \begin{cases} 2+x, & x > 0 \\ 0, & x < 0 \end{cases}$ is (2)

(A) $-\dfrac{1}{\lambda^2} - i\dfrac{2}{\lambda}$

(B) $\dfrac{1}{\lambda^2} - i\dfrac{2}{\lambda}$

(C) $\dfrac{1}{\lambda^2} + i\dfrac{2}{\lambda}$

(D) $-\dfrac{1}{\lambda^2} + i\dfrac{2}{\lambda}$

10. The solution f(x) of integral equation $\int\limits_0^\infty f(x) \cos \lambda x \, dx = e^{-\lambda}, \lambda > 0$ is (2)

(A) $\dfrac{2}{\pi}\left(\dfrac{e^{-x}}{1+x^2}\right)$

(B) $\dfrac{2}{\pi}\left(\dfrac{x}{1+x^2}\right)$

(C) $\dfrac{2}{\pi}\left(\dfrac{1}{1-x^2}\right)$

(D) $\dfrac{2}{\pi}\left(\dfrac{1}{1+x^2}\right)$

11. If $f(k) = 2^k \sin \frac{\pi}{3} k$, $k \geq 0$, then Z-transform of $\{2^k \sin \frac{\pi}{3} k\}$ is given by (2)

(A) $\frac{\sqrt{3}z}{z^2 - 2z + 4}$, $|z| < 2$

(B) $\frac{\sqrt{3}z}{z^2 - 2z + 4}$, $|z| > 2$

(C) $\frac{\sqrt{3}z}{z^2 + 2z + 4}$, $|z| > 2$

(D) $\frac{\sqrt{3}z}{z^2 + 2z + 4}$, $|z| < 2$

12. If $2 < |z| < 3$, $Z^{-1}\left[\frac{1}{(z-3)(z-2)}\right]$ is given by (2)

(A) $3^{k+1}_{(k\leq 0)} - 2^{k+1}_{(k\leq 0)}$

(B) $3^{k-1}_{(k\leq 0)} + 2^{k-1}_{(k\geq 2)}$

(C) $-3^{k-1}_{(k\leq 0)} - 2^{k-1}_{(k\geq 1)}$

(D) $\left(\frac{1}{3}\right)^{k+1}_{(k\leq 1)} - \left(\frac{1}{2}\right)^{k+1}_{(k\leq 2)}$

13. For the difference equation
$12f(k + 2) - 7f(k + 1) + f(k) = 0$, $k \geq 0$, $f(0) = 0$, $f(1) = 3$, $F(z)$ is given by (2)

(A) $\frac{36z}{12z^2 - 7z - 1}$

(B) $\frac{36z}{12z^2 + 7z + 1}$

(C) $\frac{36z}{12z^2 - 7z + 1}$

(D) $\frac{36z}{12z^2 + 7z - 1}$

14. The Fourier sine integral representation of an odd function $f(x)$ defined in the interval $-\infty < x < \infty$ is (1)

(A) $\int_0^\infty \int_0^\infty f(u) \sin \lambda u \cos \lambda x \, du \, d\lambda$

(B) $\int_0^\infty \int_0^\infty f(u) \cos \lambda u \sin \lambda x \, du \, d\lambda$

(C) $\frac{2}{\pi} \int_0^\infty \int_0^\infty f(u) \cos \lambda u \cos \lambda x \, du \, d\lambda$

(D) $\frac{2}{\pi} \int_0^\infty \int_0^\infty f(u) \sin \lambda u \sin \lambda x \, du \, d\lambda$

15. If $f(k) = \cos 2k$, $k \geq 0$, then Z-transform of $\{\cos 2k\}$ is given by (1)

(A) $\frac{z(z + \cos 2)}{z^2 - 2z \cos 2 + 1}$, $|z| > 1$

(B) $\frac{z(z - \cos 2)}{z^2 - 2z \cos 2 + 1}$, $|z| > 1$

(C) $\frac{z(z - \cos 2)}{z^2 - 2z \cos 2 + 1}$, $|z| < 1$

(D) $\frac{z \cos 2}{z^2 + 2z \cos 2 + 1}$, $|z| > 1$

ANSWERS

1. (D)	2. (A)	3. (C)	4. (B)	5. (C)	6. (B)	7. (A)	8. (D)
9. (A)	10. (D)	11. (B)	12. (C)	13. (C)	14. (D)	15. (B)	

MODEL QUESTION PAPER
Online Examination (Phase-II)

Unit III : Numerical Methods

1. Lagrange's polynomial through the points (2)

x	0	1	2
y	4	0	6

   is given by

   (A) $y = 5x^2 - 3x + 4$ (B) $y = 5x^2 + 3x + 4$

   (C) $y = 5x^2 - 9x + 4$ (D) $y = x^2 - 9x + 4$

2. Given that (2)

x	4	6	8	10
y	1	3	8	16

   using Newton's forward formula, the value of y when x = 5 is,

   (Use : $\Delta y_0 = 2$, $\Delta^2 y_0 = 3$, $\Delta^3 y_0 = 0$ and $x = x_0 + uh$)

   (A) 2   (B) 1.625

   (C) 1.15   (D) 2.37

3. The value of $\int_0^{\frac{\pi}{2}} \sqrt{\cos\theta}\, d\theta$ evaluated by trapezoidal rule taking $h = \frac{\pi}{4}$ is given by (2)

   (Given : $\cos\frac{\pi}{4} = 0.8409$)

   (A) 1.0526   (B) 1.8981

   (C) 2.55   (D) 2.9898

4. Given equation is $\frac{dy}{dx} = \frac{x+y}{x}$ with initial condition $y(2) = 2$ and step size $h = 0.5$ by Euler's formula y_1 at $x = 2.5$ is equal to 3. First approximation $y_1^{(1)}$ at $x = 2.5$ calculated by modified Euler's formula is (2)

   (A) 1.375   (B) 4.5

   (C) 3.375   (D) 3.05

5. Given equation is $\frac{dy}{dx} = \frac{1}{x+y}$ with initial condition x = 0, y = 1 and step size h = 0.2. In Runge-Kutta method k_1, k_2, k_3, k_4 are calculated and are given by $k_1 = 0.2$, $k_2 = 0.167$, $k_3 = 0.169$, $k_4 = 0.1461$. y at x = 0.2 is given by (2)

   (A) 1.1697 (B) 1.4231
   (C) 1.3522 (D) 1.5291

6. Shifting operator E is equivalent to (1)

   (A) $1 - \delta$ (B) $1 + \Delta$
   (C) $1 + \delta^2$ (D) $2 - \delta$

7. Simpson's $\frac{1}{3}^{rd}$ rule for evaluating $\int_{x_0}^{x_n} f(x)\,dx$ where f(x) takes the values y_0, y_1, y_2, ..., y_n for equally spaced values x_0, x_1, x_2, ..., x_n with step size h is (1)

   (A) $\frac{h}{2}[(y_0 + y_n) + 2(y_1 + y_2 + \ldots + y_{n-1})]$

   (B) $\frac{3h}{8}[(y_0 + y_n) + 3(y_1 + y_2 + y_4 + y_5 \ldots) + 2(y_3 + y_6 + \ldots)]$

   (C) $\frac{h}{3}[(y_0 + y_n) + 4(y_1 + y_3 + \ldots) + 2(y_2 + y_4 + \ldots)]$

   (D) $\frac{1}{2}[(y_0 + y_n) + (y_1 + y_2 + \ldots + y_{n-1})]$

Unit IV : Vector Differential Calculus

8. If $\bar{r}(t) = t^2\,\bar{i} + t\bar{j} - 2t^3\,\bar{k}$ value of $\bar{r} \times \frac{d^2\bar{r}}{dt^2}$ is (2)

   (A) $12t^2\,\bar{i} + 8t^3\,\bar{j} + 2t\,\bar{k}$ (B) $-12t^2\,\bar{i} + 8t^3\,\bar{j}$
   (C) $-12t^2\bar{i} + 16t^3\,\bar{j} + (t^2 - 2t)\,\bar{k}$ (D) $-12t^2\,\bar{i} + 8t^2\,\bar{j} - 2t\,\bar{k}$

9. If $\phi = x + y + z$, $\bar{a} = \bar{i} + \bar{j} + \bar{k}$ then $\nabla\phi \cdot \bar{a}$ is equal to (2)

   (A) $\frac{3}{2}$ (B) $\sqrt{3}$
   (C) 0 (D) $-\frac{5}{2}$

10. The directional derivative of $\phi = xy^2 + yz^3$ at $(1, -1, 1)$ in the direction towards the point $(2, 1, -1)$ is [Given : $(\nabla\phi)_{(1, -1, 1)} = \bar{i} - \bar{j} - 3\bar{k}$] (2)

   (A) $\dfrac{5}{3}$ (B) 5

   (C) 3 (D) $\dfrac{5}{\sqrt{3}}$

11. $\nabla [\bar{a} \cdot \nabla \log r] =$ (2)

   (A) $\dfrac{\bar{a}}{r^2} + \dfrac{2}{r^4}\bar{r}$ (B) $\dfrac{\bar{a}}{r} + \dfrac{1}{r^3}(\bar{a} \cdot \bar{r})\bar{r}$

   (C) $\dfrac{\bar{a}}{r^2} - \dfrac{2}{r^3}(\bar{a} \cdot \bar{r})$ (D) $\dfrac{\bar{a}}{r^2} - \dfrac{2}{r^4}(\bar{a} \cdot \bar{r})\bar{r}$

12. $\nabla^2 (r^2 \log r)$ is equal to (2)

   (A) $\dfrac{(1 + \log r)}{r}\bar{r}$ (B) $(3 + 2 \log r)$

   (C) $(5 + 6 \log r)$ (D) $(5 + 6 \log r)\, r$

13. For vector functions $\bar{u}(t)$ and $\bar{v}(t)$, $\dfrac{d}{dt}(\bar{u} \times \bar{v}) =$ (1)

   (A) $\bar{v} \times \dfrac{d\bar{u}}{dt} + \dfrac{d\bar{v}}{dt} \times \bar{u}$ (B) $\dfrac{d\bar{u}}{dt} \times \bar{v} + \bar{u} \times \dfrac{d\bar{v}}{dt}$

   (C) $\dfrac{d\bar{u}}{dt} \times \bar{v} - \bar{u} \times \dfrac{d\bar{v}}{dt}$ (D) $\bar{u} \cdot \dfrac{d\bar{v}}{dt} + \dfrac{d\bar{u}}{dt} \cdot \bar{v}$

14. For scalar function ϕ and vector function $\bar{u}$, $\nabla \times (\phi\bar{u})$ is equal to (1)

   (A) $\phi(\nabla \times \bar{u}) + \bar{u} \times \nabla\phi$ (B) $\phi(\nabla \cdot \bar{u}) - \nabla\phi \cdot \bar{u}$

   (C) $\phi(\nabla \times \bar{u}) + \nabla\phi \times \bar{u}$ (D) $\phi(\nabla \cdot \bar{u}) + \nabla\phi \cdot \bar{u}$

15. For the scalar function ϕ, curl (grad ϕ) is equal to (1)

   (A) $\dfrac{\partial^2\phi}{\partial x^2}\bar{i} + \dfrac{\partial^2\phi}{\partial y^2}\bar{j} + \dfrac{\partial^2\phi}{\partial z^2}\bar{k}$ (B) $\dfrac{\partial\phi}{\partial x}\bar{i} + \dfrac{\partial\phi}{\partial y}\bar{j} + \dfrac{\partial\phi}{\partial z}\bar{k}$

   (C) $\dfrac{\partial^2\phi}{\partial x^2} + \dfrac{\partial^2\phi}{\partial y^2} + \dfrac{\partial^2\phi}{\partial z^2}$ (D) $\bar{0}$

ANSWERS

1. (C)	2. (B)	3. (A)	4. (D)	5. (A)	6. (B)	7. (C)	8. (D)
9. (B)	10. (A)	11. (D)	12. (C)	13. (B)	14. (C)	15. (D)	

University Question Papers
May 2014

1. (a) Solve (any two) (8)
   (i) $(D^2 - 1) y = x \sin x + (1 + x^2) e^x$
   (ii) $\frac{d^2y}{dx^2} + y = \csc x$ (by variation of parameters)
   (iii) $x^2 \frac{d^2y}{dx^2} - 4x \frac{dy}{dx} + 6y = x^5$

   (b) Find Fourier cosine transform of the function (4)
   $f(x) = \begin{cases} \cos x & 0 < x < a \\ 0 & x > 4 \end{cases}$

   OR

2. (a) A resistance of 50 ohms, an inductor of 2 henries and a 0.005 farad capacitor are all in series with an e.m.f. of 40 volts. Find the instantaneous change and current after the switch is closed at t = 0, assuming that at that time the change on the capacitor is 4 coloumb. (4)

   (b) Solve (any one) (4)
   (i) Find z transform for $f(k) = (1/3)^{|k|}$
   (ii) Find inverse z transform of $[Z^2/(Z - 1/4)(Z - 1/5)]$ for $|Z| < 1/5$

   (c) Solve $f(k + 2) + 3 f(k + 1) + 2 f(k) = 0$ (4)
   Given $f(0) = 0$, $f(1) = 1$.

3. (a) Solve the following differential equation to get y (0, 1). (4)
   $\frac{dy}{dx} = x - y^2$, $y(0) = 1$ by using Runge-Kutta fourth order method. (h = 0.1)

   (b) Find Lagrange's long interpolating polynomial passing through set of points. (4)

x	0	1	2
y	2	3	6

   Use it to find y at x = 1.5 and find $\int_0^2 y \, dx$.

   (c) Find the directional derivative of $\phi = 3 \log (x + y + z)$ at (1, 1, 1) in the direction of tangent to the curve $x = b \sin t$, $y = b \cos t$, $z = bt$ at $t = 0$. (4)

   OR

4. (a) Show that (any one) (4)
   (i) $\nabla^2 [\nabla \cdot (\bar{r}/r^2)] = 2/r^4$
   (ii) $\nabla(\bar{a} \cdot \bar{r}/r^3) = \bar{a}/r^3 - 3(\bar{a} \cdot \bar{r})/r^5 \, \bar{r}$

   (b) If ϕ, ψ satisfy Laplace equation then prove that the vector $(\phi \nabla \psi - \nabla \psi \phi)$ is solenoidal. (4)

Engineering Mathematics – III (Electronics /E & TC)   P.2   May 2014

(c) Use Simpsons $1/3^{rd}$ rule to find : $\int_{0}^{0.6}$ dx by taking seven ordinates. (4)

5. (a) Find the work done by $\overline{F} = (2x + y^2) \hat{i} + (3y - 4x) \hat{j}$ in taking a particle around the parabolic arc $y = x^2$ from (0, 0) to (1, 1). (4)

(b) Apply stoke's theorem to evaluate $\oint_{C}$ (4y dx + 2z dy + 6y dz) where is curve of intersection of $x^2 + y^2 + z^2 = 2z$ and $z = x + 1$. (5)

(c) Evaluate $\iint_{S} (2y\hat{i} + yz\hat{j} + 2xz\hat{k}) \cdot \overline{ds}$ over the surface of region bounded by $y = 0$, $y = 3$, $x = 0$, $z = 0$, $x + 2z = 6$. (4)

OR

6. (a) Using Green's Lemma, evaluate $\int_{C} \overline{F} \cdot \overline{dr}$ where $\overline{F} = 3y\hat{i} + 2x\hat{j}$ and c is boundary of region bounded by $y = 0$, $y = \sin x$ for $0 \leq x \leq \Pi$. (4)

(b) Evaluate $\iint_{S} (z^2 - x)\, dy\, dz - xy\, dx\, dz + 3z\, dx\, dy$ (5)

where s is closed surface of region bounded by $x = 0$, $x = 3$, $z = 0$, $z = 4 - y^2$

(c) Show that $\overline{E} = -\nabla\phi - 1/c \dfrac{\partial \overline{A}}{\partial t^2}$; $\overline{H} = \nabla \times \overline{A}$ are solutions of Maxwell's equations (4)

(i) $\nabla \cdot \overline{H} = 0$ (ii) $\nabla \times \overline{H} = 1/c \dfrac{\partial \overline{E}}{\partial t}$ if $\nabla \overline{A} + 1/c \dfrac{\partial \phi}{\partial t} = 0$ and $\nabla^2 \overline{A} = 1/c \dfrac{\partial^2 A}{\partial t^2}$

7. (a) Show that the analytic function with constant amplitude is constant. (4)

(b) By using Cauchy's integral formula, evaluate $\oint_{C} \dfrac{(2z^2 + z)}{z^2 - 1}$ dz Where c is the circle $|z - 1| = 1$.

(c) Find the bilinear transformation which maps the points $z = -1, 0, 1$ on the points $W = 0, i, 3i$ of w-plane. (4)

OR

8. (a) If $u = \cos hx \cos y$ then find the harmonic conjugate v such that $f(z) u + iv$ is analytical function. (4)

(b) Evaluate (5)

$\int_{c} \dfrac{12z - 7}{c(z - 1)^2 (2z + 3)}$ dz where c is the circle $|z| = 2$ using Cauchy's residue theorem.

(c) Show that the transformation $w = z + 1/z - 2i$ maps the circle $|z| = 2$ into an ellipse. (4)

November 2014

1. (a) Solve (any two) (8)
   (i) $(D^2 - 2D) y = e^x \sin x$ by method of variation of parameters.
   (ii) $x^2 \dfrac{d^2y}{dx^2} - x \dfrac{dy}{dx} + 4y = \cos(\log x) + x \sin(\log x)$
   (iii) $(D^2 - 2D + 1) y = x e^x \sin x$

   (b) Find Fourier sine transform of
   $$f(x) = x^2, \quad 0 \le x \le 1$$
   $$= 0, \quad x > 1$$

   OR

2. (a) An electric current consists of an inductance 0.1 henry, a resistance R of 20 ohms and a condenser of capacitance C of 25 microfarads. If the difference equation of electric circuit is : $L \dfrac{d^2q}{dt^2} + R \dfrac{dq}{dt} + \dfrac{q}{C} = 0$ then find the at time t, given that at t = 0, q = 0.05 coulombs $\dfrac{dq}{dt} = 0$. (4)

   (b) Solve (any one) : (4)
   (i) Find z transform of $f(k) = \dfrac{2^k}{k}, k \ge 1$
   (ii) Find inverse z transform : $F(z) = \dfrac{1}{(z-3)(z-2)}, |z| < 2$

   (c) Solve : $12 f(k+2) - 7 f(k+1) + f(k) = 0, k \ge 0$. (4)
   $F(0) = 0, F(1) = 3$.

3. (a) Solve the following differential equation to get y (0, 2). (4)
   $\dfrac{dy}{dx} = \dfrac{1}{x+y}, y(0) = 1, h = 0.2$
   by using Runge-Kutta fourth order method.

   (b) Find Lagrange's interpolating polynomial passing through set of points. (4)

x	0	1	2
y	4	3	6

   Use it to find y at x = 2, $\dfrac{dy}{dx}$ at x = 0.5 and $\int_0^3 y \, dx$.

   (c) Find the directional derivative of $\phi = 5x^2y - 5y^2z + 2z^2x$ (4)
   at the point (1, 1, 1) in the direction of the line :
   $\dfrac{x-1}{2} = \dfrac{y-3}{-2} = \dfrac{z}{2}$

   OR

4. (a) Show that (any one) (4)
   (i) $\nabla \left(\dfrac{\bar{a} \cdot \bar{r}}{r^n} \right) = \dfrac{\bar{a}}{r^n} - \dfrac{n(\bar{a} \cdot \bar{r})}{r^{n+2}} \bar{r}$
   (ii) $\nabla^2 f(r) = \dfrac{d^2f}{dt^2} + \dfrac{2}{4} \dfrac{df}{dr}$

(P.3)

(b) Find the function $f(r)$ so that $f(r)\bar{r}$ is solenidal. **(4)**

(c) Evaluate : $\int_0^1 \dfrac{dx}{1+x^2}$ using Simpson's $\dfrac{3}{8}$ rule taking $h = \dfrac{1}{6}$.

5. (a) Find the work done by the force : $(2xy + 3z^2)\bar{i} + (x^2 + 4yz)\bar{j} + (2y^2 + 6xz)\bar{k}$ **(4)**
   in taking a particle from $(0, 0, 0)$ to $(1, 1, 1)$.

   (b) Apply stoke's theorem to calculate : $\int_C (4y\, dx + 2z\, dy + 6y + dz)$ **(5)**
   where c is the curve of intersection of $x^2 + y^2 + z^2 = 6z$, $z = x + 3$.

   (c) Evaluate : $\iint_S (xz^2\, dydz + (x^2y - z^2)\, dz\, dx + (2xy + y^2z)\, dx\, dy)$ **(4)**
   where s is the surface enclosing a region bounded by hemisphere $x^2 + y^2 + z^2 = 4$ above xoy plane.

OR

6. (a) If $\bar{F} = \dfrac{1}{x^2 + y^2}(-y\bar{i} + x\bar{j})$ then show that $\int_C \bar{F} \cdot d\bar{r} = 2\pi$ where c is circle $x^2 + y^2 = 1$. **(4)**

   (b) Evaluate : $\iint_S (4xz\, \bar{i} - y^2\bar{j} + yz\bar{k}) \cdot d\bar{s}$ over the cube bounded by the planes : $x = 0$, $x = 2$, $y = 0$, $y = 2$, $z = 0$, $z = 2$. **(5)**

   (c) Maxwell's electromagnetic equations are : **(4)**

   $\nabla \cdot \bar{B} = 0$, $\nabla \times \bar{E} = -\dfrac{\partial \cdot \bar{B}}{\partial t}$. Given $\bar{B} = \text{curl }\bar{A}$ then deduce that $\bar{E} + \dfrac{\partial \bar{A}}{\partial t} = -\text{grad } V$

   where V is the scalar point function.

7. (a) Show that : $u = e^{-x}(x \sin y - y \cos y)$ **(5)**
   is harmonic and determine an analytic function $f(z) = u + iv$.

   (b) Evaluate : $\int_C (z - z^2)\, dz$ where c is the upper half of the unit circle $|z| = 1$. **(4)**

   (c) Find the Bilinear transformation which maps the points $z = 0, -1, 8$ in the z-plane onto the points $w = -1, -(2 + i), i$ in the w-plane. **(4)**

OR

8. (a) Find the analytic function $f(z) = u + iv$ if : $v = (r - 1/r)\sin \theta$, $r \neq 0$

   (b) Using Cauchy's integral formula, evaluate the integral : **(5)**

   $\int_C \dfrac{(z + 4)}{(z^2 + 2z + 5)}\, dz$ where c is the circle $|z + 1 - i| = 2$

   (c) Find the image in the w-plane of the circle $|z - 3| = 2$ in the z-plane under the inverse mapping $w = \dfrac{1}{z}$ **(4)**

May 2015

1. (a) Solve any two : **(8)**

(i) $\dfrac{d^2y}{dx^2} + 5\dfrac{dy}{dx} + 6y = e^{-2x}\sin 2x$

(ii) $(D^2 - 4D + 4)y = e^{2x} x^{-2}$ (by variation of parameters)

(iii) $x^3 \dfrac{d^3y}{dx^3} + 2x^2 \dfrac{d^2y}{dx^2} + 2y = x + \dfrac{1}{x}$

(b) Solve : $f(k) - 4f(k-2) = \left(\dfrac{1}{2}\right)^k$, $k \geq 0$ **(4)**

OR

2. (a) The charge Q on the plate of condencer satisfies the differential equation : **(4)**
$\dfrac{d^2Q}{dt^2} + \dfrac{Q}{LC} = \dfrac{E}{L}\sin\dfrac{t}{\sqrt{LC}}$. Assuming $\dfrac{1}{LC} = \omega^2$ find the charge Q at any time 't'.

(b) Find the Fourier sine integral representation for the function : **(4)**

$f(x) = \begin{cases} \dfrac{\pi}{2} & ; \ 0 < x < \pi \\ 0 & ; \ x > \pi \end{cases}$

(c) Attempt any one : (i) Find z-transform of $f(k) = ke^{-3k}$, $k \geq 0$ (ii) Find : $z^{-1}\left[\dfrac{z^2}{z^2 + 1}\right]$ **(4)**

3. (a) Given : $\dfrac{dy}{dx} = 3x + \dfrac{y}{2}$; $y(0) = 1$, $h = 0.1$. Evaluate $y(0.1)$ by using Runge-Kutta method of fourth order. **(4)**

(b) The distance travelled by a point p in XY-plane in a mechanism is given by y in the following table. Estimate distance travelled by p when x = 4.5. **(4)**

x	y
1	14
2	30
3	62
4	116
5	198

(c) Find the directional derivative of function $\phi = xy^2 + yz^3$ at $(1, -1, 1)$ along the direction normal to the surface $2x^2 + y^2 + 2z^2 = 9$ at $(1, 2, 1)$. **(4) OR**

4. (a) Prove that (any one) : **(4)**

(i) $\bar{a}\cdot\nabla\left[\bar{b}\cdot\nabla\dfrac{1}{r}\right] = -\dfrac{(\bar{a}\cdot\bar{b})}{r^3} + \dfrac{3(\bar{b}\cdot\bar{r})(\bar{a}\cdot\bar{r})}{r^5}$ (ii) $\nabla\cdot\left[\bar{r}\nabla\dfrac{1}{r^5}\right] = \dfrac{15}{r^6}$

(b) Use Trapezoidal Rule to estimate the value of : $\displaystyle\int_0^2 \dfrac{x}{\sqrt{2+x^2}}\,dx$ by taking $h = 0.5$. **(4)**

(c) Show that the vector field $f(r)\bar{r}$ is always irrotational and then determine $F(r)$ such that vector field $f(r)\bar{r}$ is solenoidal. **(4)**

(P.5)

5. (a) Evaluate : $\int_C [(2x^2y + y + z^2) i + 2 (1 + yz^3) j + (2z + 3y^2z^2) k] \cdot \overline{dr}$ along the curve
   $C : y^2 + z^2 = a^2, x = 0$. (4)

   (b) Find $\iint_S \overline{F} \cdot \hat{n}\, ds$ where s is the sphere $x^2 + y^2 + z^2 = 9$ and $\overline{F} = (4x + 3yz^2) \hat{i} - (x^2z^2 + y) \hat{j} + (y^3 + 2z) \hat{k}$ (4)

   (c) Evaluate : $\iint_S \nabla \times \overline{F} \cdot \hat{n}\, ds$ for the surface of the paraboloid $z = 4 - x^2 - y^2$; $(z \geq 0)$ and
   $\overline{F} = y^2 \hat{i} + z \hat{j} + xy \hat{k}$. (5)

   OR

6. (a) Find the total work done in moving a particle is a force field $\overline{F} = 3xy \hat{i} - 5z \hat{j} + 10 x \hat{k}$
   along the curve $x = t^2 + 1$, $y = 2t^2$, $z = t^3$ from $t = 1$ and $t = 2$. (5)

   (b) Using divergence theorem to evaluate the surface integral $\iint_S \overline{F} \cdot \hat{n}\, ds$ where
   $\overline{F} = \sin x\, i + (2 - \cos x) j$ and S is the total surface area of the parallelopiped bounded
   $x = 0$, $x = 3$, $y = 0$, $y = 2$, $z = 0$ and $z = 1$. (4)

   (c) Equations of electromagnetic wave theory are given by :

   (i) $\nabla \cdot \overline{D} = \rho$ (ii) $\nabla \cdot \overline{H} = 0$

   (iii) $\nabla \times \overline{D} = \dfrac{-1}{C} \dfrac{\partial \overline{H}}{\partial t}$ and   (iv) $\nabla \cdot \overline{H} = \dfrac{1}{C} \left[\dfrac{\partial \overline{D}}{\partial t} + \rho \overline{v} \right]$

   Prove that : $\nabla^2 \overline{D} - \dfrac{1}{C} \dfrac{\partial^2 \overline{D}}{\partial t^2} = \nabla \rho + \dfrac{1}{C^2} \dfrac{\partial}{\partial t}(\rho \overline{v})$ (4)

7. (a) Find the analytic function $f(z) = u + iv$ if $2u + v = e^x (\cos y - \sin y)$. (5)

   (b) Evaluate : $\int_C \dfrac{e^{2z}}{(z-1)(z-2)} dz$ Where C is circle $|z| = 3$. (4)

   (c) Find the bilinear transformation which maps the points $z = -1, 0, 1$ of z-plane into
   the points $\omega = 0, i, 3i$ of ω-plane. (4)

   OR

8. (a) Find the analytic function $f(z) = u + iv$ where $u = r^3 \cos 3\theta + r \sin \theta$ (4)

   (b) Evaluate : $\int_C \dfrac{1 - 2z}{z(z-1)(z-2)} dz$ where C is $|z| = 1.5$. (4)

   (c) Find the map of the straight line $y = 2x$ under the transformation : $w = \dfrac{z-1}{z+1}$ (5)

November 2015

1. (a) Attempt and solve any two : (8)
  (i) $(D^2 + 13D + 36)y = e^{-4x} + \sin hx$
  (ii) $x^2 \dfrac{d^2y}{dx^2} - 2x \dfrac{dy}{dx} - 4y = x^2 + 2\log x$
  (iii) $\dfrac{d^2y}{dx^2} + y = \sec x \tan x$ (by variation of parameters)

(b) Find the Fourier cosine integral representation of the function : (4)
$$f(x) = \begin{cases} x & 0 \le x \le a \\ 0 & x > a \end{cases}$$

OR

2. (a) An inductor of 0.5 henries is connected in series with a resistor of 6 ohms, a capacitor 0.02 farads, a generator having alternative voltage as 24 sin 10 t, t > 0. Find the charge and current at time 't'. (4)

(b) Attempt any one : (4)
  (i) Find z transform of $\left(\dfrac{2}{3}\right)^{|k|}$ for all k.
  (ii) Find z inverse of $\dfrac{3z^2 + 2z}{z^2 - 3z + 2}$, $1 < |z| < 2$.

(c) Solve : $f(k+2) + 6f(k+1) + 9f(k) = 2^k$ given $f(0) = f(1) = 0$. (4)

3. (a) Solve the following differential equation $\dfrac{dy}{dx} = x - 2y$, using Runge-Kutta fourth order method, given that y = 1 when x = 0 and find y at x = 0.1. (4)

(b) Find Lagrange's Interpolating Polynomial satisfying the data : (4)

x	y
0	2
1	3
2	12
5	147

(c) Find the directional derivative of the function $\phi = x^2y + xyz + z^3$, at (1, 2, −1) along the normal to the surface $x^2y^3 = 4xy + y^2z$ at (1, 2, 0). (4)

OR

4. (a) Show that (any one) : (4)
  (i) $\nabla \times (\bar{r} \times \bar{u}) = \bar{r}(\nabla \cdot \bar{u}) - (\bar{r} \cdot \nabla)\bar{u} - 2\bar{u}$
  (ii) $\nabla^4 e^r = \left(1 + \dfrac{4}{r}\right)e^r$.

(b) Show that : $\bar{F} = \dfrac{1}{r}\left[r^2\bar{a} + (\bar{a} \cdot \bar{r})\bar{r}\right]$ is irrotational where $\bar{a}$ is a constant vector. (4)

Engineering Mathematics – IIII (E & TC) P.8 May 20

(c) Evaluate : $\int_{1}^{2} \dfrac{dx}{x}$ using Simpson's $\left(\dfrac{1}{3}\right)^{rd}$ rule, taking h = 0.25. (4)

5. (a) Evaluate : $\int_{C} \bar{F} \cdot \bar{dr}$, where $\bar{F} = (3x^2 - 6yz)i + (2y + 3xz)j + (1 - 4xyz^2)k$ (4)
along a line joining (0, 0, 0) and (1, 2, 3).

(b) Use Green's Lemma to evaluate : $\int_{C} (xy - x^2) dx + x^2 y \, dy$, over the region bounded by the curves y = x, y = 0, x = 1. (4)

(c) Use Stoke's theorem to evaluate : $\oint \bar{F} \cdot \bar{dr}$, where $\bar{F} = xyi + yzj + z^2 k$, over a cube 'a' unit. (5)

OR

6. (a) Find the work done by a force field : $\bar{F} = 3x^2 i + (2xz - y) j + zk$, along the path $x^2 = 4y$, $3x^3 = 8z$ from x = 0 to x = 2. (4)

(b) Use Gauss Divergence theorem to evaluate : $\iint_{S} (\bar{F} \cdot \bar{n}) \, dS$ where $\bar{F} = (x + y^2)i - 2xj + 2yzk$, where S is a surface of tetrahedron by co-ordinate planes and 2x + y + 2z = 6. (4)

(c) If $\nabla \cdot \bar{B} = 0$, $\bar{B} = \nabla \times \bar{A}$, $\nabla \times \bar{E} = -\dfrac{\partial \bar{B}}{\partial t}$, prove that : $\bar{E} + \dfrac{\partial \bar{A}}{\partial t} = \text{grad } v$, where v is some scalar point function. (4)

7. (a) If $u = 4xy(x^2 - y^2)$ find its harmonic conjugate v. (4)

(b) Evaluate $\int_{C} \dfrac{\sin^2 z}{\left(z - \dfrac{\pi}{6}\right)^3} dz$ where C is |z| = 1. (5)

(c) Find bilinear transformation which maps 0, –1, i on to the points 2, ∞, $\dfrac{1}{2}(5 + i)$. (4)

OR

8. (a) Show that the transformation $\omega = \dfrac{z - a}{z + a}$ maps the right half of the z-plane into the unit circle |ω| < 1. (4)

(b) If $f(a) = \int_{C} \dfrac{3z^2 + 5z + 2}{z - a} dz$ where C is ellipse $\dfrac{x^2}{4} + \dfrac{y^2}{9} = 1$ find f(1). (4)

(c) If f(z) is an analytic function of z, f(z) = u + iv, prove that : (5)
$\left(\dfrac{\partial^2}{\partial x^2} + \dfrac{\partial^2}{\partial y^2}\right) |Ref(z)|^2 = 2 |f'(z)|^2$

www.ingramcontent.com/pod-product-compliance
Lightning Source LLC
Chambersburg PA
CBHW081141290426
44108CB00018B/2406